大清律例源流辑校

大清律例

同治九年

陈颐 点校

国家出版基金项目
NATIONAL PUBLICATION FOUNDATION

法律出版社
LAW PRESS · CHINA
北京

图书在版编目(CIP)数据

大清律例：同治九年／陈颐点校. -- 北京：法律出版社，2022
(大清律例源流辑校)
ISBN 978-7-5197-7060-0

Ⅰ. ①大… Ⅱ. ①陈… Ⅲ. ①清律－研究 Ⅳ. ①D929.49

中国版本图书馆 CIP 数据核字(2022)第 158543 号

大清律例(同治九年)
DAQING LÜLI (TONGZHI JIUNIAN)

陈 颐 点校

责任编辑 张雪纯 张 岩
装帧设计 李 瞻

出版发行 法律出版社
编辑统筹 重大项目办公室
责任校对 晁明慧
责任印制 吕亚莉
经 销 新华书店

开本 710 毫米×1000 毫米 1/16
印张 42.5 字数 817 千
版本 2022 年 10 月第 1 版
印次 2022 年 10 月第 1 次印刷
印刷 北京虎彩文化传播有限公司

地址：北京市丰台区莲花池西里 7 号(100073)
网址：www.lawpress.com.cn
投稿邮箱：info@lawpress.com.cn
举报盗版邮箱：jbwq@lawpress.com.cn

销售电话：010-83938349
客服电话：010-83938350
咨询电话：010-63939796

书号：ISBN 978-7-5197-7060-0
定价：198.00 元
凡购买本社图书，如有印装错误，我社负责退换。电话：010-83938349

点校说明

一、有清一代律典纂修，始于清入关之后，先后于顺治三年(1646)奏定《大清律集解附例》30卷459条、雍正三年(1725)奏定《大清律集解》30卷446条律文并附条例824条和乾隆五年(1740)颁行《大清律例》47卷436条律文并附条例1049条。自乾隆五年(1740)定律至宣统二年(1910)颁行《大清现行刑律》，律文沿用不改，而条例时有损益。① 自乾隆八年(1743)至同治九年(1870)(光绪末年变法修律前最后一次纂修条例)，先后纂修条例23次，②条例数量增至1907条。③

二、《大清律例》虽历经修订，但非每次纂修皆全书刊刻颁发，大多只就现定新例分门别类附刊于原本各条之后。《大清律例》汉文本自乾隆六年(1741)武英殿刻《钦定大清律例四十七卷》之后，全书仅于乾隆五十五年(1790)因旧版字迹多有模糊而重刻一次。自乾隆六年(1741)以后的其他版本皆为这两个版本的抽换补刊本。乾隆三十三年(1768)增修本《钦定大清律例四十七卷》、乾隆四十三年(1778)内府刻本《大清律例四十七卷》系由乾隆六年(1741)武英殿刻本《钦定大清律例四十七卷》抽换补刊而成；嘉庆七年(1802)增修本《大清律例四十七卷首一卷》、道光六年(1826)递修本《大清律例三十九卷首一卷》、道光二十七年(1847)递修本《大清律例三十九卷首一卷》系由乾隆五十五年(1790)武英殿刻本《大清律例四十七卷首一卷》抽换补刊而成。④

---

① 乾隆十一年(1746)定例“五年一小修，十年一大修”。参见刘统勋等：《奏请纂修条例折(乾隆三十一年)》，载本书。

② 历次编例时间(括号内为完成时间)如下：乾隆八年、乾隆十一年、乾隆十六年、二十一年、二十六年、三十一年(三十三年)、三十七年、四十一年(四十三年)、四十七年、五十二年(五十三年)、五十八年(六十年)，嘉庆四年(嘉庆六年)、嘉庆九年(嘉庆十一年)、嘉庆十四年(嘉庆十五年)、嘉庆十九年、嘉庆二十四年(道光元年)，道光四年(道光五年)、道光九年(道光十年)、道光十四年(道光十五年)、道光十九年(道光二十年)、道光二十四年(道光二十五年)、道光二十九年(咸丰二年)，同治二年(同治九年)。

③ 《清史稿·刑法志》称同治九年(1870)《大清律例》共有条例1892条；沈家本为薛允升《读例存疑》所作序文亦称“同治九年修定之本凡条例一千八百九十二条”。而薛允升《读例存疑》实收条例1907条；点校者逐条点算，亦为1907条。分别参见赵尔巽等：《清史稿》(第15册)，中华书局1976年版，卷第4186页；(清)薛允升：《读例存疑(重刊本)》(第1册)，黄静嘉编校，成文出版社有限公司1970年版，第4页、第60页。

④ 清代内府刊刻律例书目，参见翁连溪：《清代内府刻书研究(下)》，故宫出版社2013年版，第364～470页。参见中国古籍总目编纂委员会编：《中国古籍总目·史部》(第6册)，中华书局、上海古籍出版社2009年版，第3411～3464页。

目前点校整理出版的《大清律例》计有三种,分别为《顺治三年奏定律》(王宏治、李建渝点校)①、《大清律例》(田涛、郑秦点校)②及《大清律例》(张荣铮、刘勇强、金懋初点校)③,分别以顺治三年(1646)《大清律集解附例》、乾隆六年(1741)《钦定大清律例》及道光六年(1826)递修本《大清律例》为底本。所据底本最晚的张荣铮等点校本,亦未能涵盖道光十年(1830)至同治九年(1870)6次纂修条例。道光十年(1830)至宣统二年(1910)的80年,是传统中国政治社会变迁最为剧烈的80年,因此,整理出版《大清律例(同治九年)》仍有其重要意义。

三、《大清律例(同治九年)》以道光二十七年(1847)递修本④为底版,将咸丰二年(1852)、同治九年(1870)刑部刊刻的两版《大清律纂修条例》所载条例分门别类附刊于原本各条之后,并于各卷相应律目下方盖咸丰二年(1852)、同治九年(1870)的戳记,在各相应条例页眉盖咸丰二年(1852)改、并、删、续,同治九年(1870)改、并、删、续的戳记,即为本书所用底本。为免烦冗,本书将所有修改、修并、续纂条例补入相应位置,删去原条例,并以脚注注明;咸丰二年(1852)、同治九年(1870)删除的条例,不予录入。条例次序仍依原书,续纂条例按咸丰二年(1852)、同治九年(1870)原书次序附入相应律例之后。仍保留《督捕则例》《三流道里表》,《洗冤录》《验骨格》则略而不录。

四、为便于检阅,以7编、30门、436条律目为基础,编制全新目录,并于律目后标注所附条例数目。原书总目及各卷卷首所列明本卷律目,为免重复,不录。原书卷号仍予以保留,在方括号〔 〕标明。原书总目卷号之下列明门类,通常一卷号对应一门类,亦有数卷号对应一门类,新编目录以门类为纲,如一卷号对应一门类者,则将卷号标于门类之前,如数卷号对应一门类者,在相应门类后依次标明卷号。

五、原书书前奏疏无标题者,酌拟标题,并以方括号〔 〕标识。

六、原书律文、条例均未经编号,为便检索,为全部律文、条例及所附《比引律条》、《督捕则例》添注编号,将编号以[上标格式]标识于全书律目、律文、条例及所附《比引律条》、《督捕则例》各条之前。编号规则如下:

1. 全部7编、30门及436条律目均以阿拉伯数字连续编号。如[3.8.144],即表示第3编“户律”第8门“课程”第144条“私茶”。因“名例”编下无门,为编号统一,“名例”编编为[1.1],如[1.1.18],即表示“名例”编第18条“犯罪存留养亲”。

---

① 收入杨一凡、田涛主编:《中国珍稀法律典籍续编》(第5册),黑龙江人民出版社2002年版。所用底本为康熙刻本《大清律》,并载顺治二年(1645)《大清律附》。

② 收入刘海年、杨一凡主编:《中国珍稀法律典籍集成》(丙编第1册),科学出版社1994年版;后由法律出版社列入“中华传世法典”于1998年再版。该书并附乾隆八年(1743)、十一年(1746)、十五年(1750)《续纂条例》三种。

③ 天津古籍出版社1993年版。

④ 道光二十七年(1847)刊刻的《大清律例》共26册,含《大清律例》39卷、卷首1卷,附《比引律条》1卷、《督捕则例》2卷、《洗冤录》4卷、《验骨格》1卷、《三流道里表》不分卷。

2. 条例随所附之律目序号编号，所附条例在圆括号内以阿拉伯数字连续编号。如[3.8.141.(15)]，即第3编“户律”第8门“课程”第141条“盐法”所附第15条条例“盐商雇募巡役不许私带鸟枪”。

3. 律文中如原分若干条或如原有分节者（原书以符号“○”间隔），则在律文编号后以阿拉伯数字连续编号。律文中原分若干条者，如第3编“户律”第8门“课程”第141条“盐法”原分11条，则各条依序从1～11编号，如[3.8.141.4]，即第3编“户律”第8门“课程”第141条“盐法”原分第4条；律文原有分节者（原书以符号“○”间隔），如第3编“户律”第8门“课程”第148条“人户亏兑课程”原分3节，则各节依序从1～3编号，如[3.8.148.3]，即第3编“户律”第8门“课程”第148条“人户亏兑课程”原分第3节。

律文小注中有分节者，如以单行大字符号“○”间隔者，视为分节，予以编号；如以双行小字符号“○”间隔者，则不予编号。前者如第1编“名例”第39条“称与同罪”第1节末小注“斩、绞”二字后以单行大字符号“○”间隔，则小注“斩、绞”二字之后的小注“凡称同罪者，至死减一等；称罪同者，至死不减等”视为新节，予以编号[1.1.39.2]；后者如第2编“吏律”第3门“公式”第73条“漏使印信”第3节（编号为[2.3.73.3]）小注以双行小字符号“○”间隔，即不予编号。

律文如不分条、分节，则仍以阿拉伯数字“1”表示，如前所举[3.8.144.1]表示第3编“户律”第8门“课程”第144条“私茶”律文之例。

律文原分若干条下如仍有分节者（原书以符号“○”间隔），不在编号之列，如第3编“户律”第8门“课程”第141条“盐法”原分第1条、第6条、第7条、第8条等即是。

条例中偶有分节者，亦不在编号之列，如第6编“刑律”第20门“斗殴”第319条“殴祖父母父母”所附第6条条例“义子于义父母及义父之祖父母父母并期尊外祖父母有犯”［编号为[6.20.319(6)]］等即是。

4. 卷二“诸图”部分编号为[0.1]，所列15张服图分别以阿拉伯数字连续，如[0.1.3]，即表示第3图“过失杀伤收赎图”。

卷三“服制”部分编号为[0.2]，其下各服制以阿拉伯数字连续编号，各服制下各节以阿拉伯数字单独编号，如[0.2.3.11]，即“服制”“齐衰不杖期”第11节（“女适人，为兄弟之为父后者”）。

5.《比引律条》《督捕则例》编号首部分别冠以字母[B]、字母[D]，其后以阿拉伯数字连续编号。如编号[B.4]为《比引律条》第4条“男女定婚未曾过门私下通奸”；编号[D.35]为《督捕则例》第35条“旗人契买民人”。

七、原书律文有目，而条例无目，现据黄静嘉先生为薛允升《读例存疑》①所拟例

---

① （清）薛允升：《读例存疑（重刊本）》，黄静嘉编校，成文出版社有限公司1970年版。

目，略作增删改易，在方括号〔 〕内标注于条例编号后、条例正文前；原书所附《比引律条》亦无目，现酌拟添加，亦在方括号〔 〕内标注于各条编号后、正文前。同时编制《大清律例(同治九年)》律例全目(附《比引律条》《督捕则例》全目)作为附录，以便通览《大清律例(同治九年)》律例全貌。

八、原书为竖排，现改为简体横排；原书双行排印部分，仍保留双行排印格式。

九、原书中繁体字、异体字均改为现代汉语通用简化字。

十、原书偶有显系误字者，则在正文中径行校正。

十一、原书使用年号纪年的，在圆括号( )内标明公元纪年。

御制大清律例序（乾隆五年）

象刑有典，肇见《虞书》，其用之之道，则曰“钦”、曰“恤”、曰“明”、曰“允”，一篇之中，三致意焉。武王诰康叔，以用其义刑义杀。而《吕刑》，则曰“士制百姓于刑之中，以教祗德”。古先哲王所为设法饬刑，布之象魏，县之门闾，自朝廷达于邦国，共知遵守者。惟是适于义、协于中，弼成教化，以洽其好生之德。非徒示之禁令，使知所畏惧而已。

我列祖受天明命，抚绥万邦，颁行《大清律例》，仁育义正，各得其宜。圣祖仁皇帝至仁如天，化成久道，德洋恩溥，涵浃群生。皇考世宗宪皇帝际重熙累洽之运，振起而作新之，亲定《大清律集解》，刊示中外，甄陶训迪，刑期无刑，法外之仁，垂为明训。有曰宽严之用，必因乎其时。洋洋圣谟，洵用法之权衡，制刑之准则也。

朕寅绍丕基，恭承德意，深念因时之义，期以建中于民。简命大臣，取律文及递年奏定成例，详悉参定，重加编辑。揆诸天理，准诸人情，一本于至公而归于至当。折中损益为四百三十六门，千有余条，凡四十七卷。条分缕析，伦叙秩然，颁布宇内，用昭画一之守。于戏，五刑五用，以彰天讨而严天威。予一人恭天成命，监成宪以布于下民，敢有弗钦？虽然有定者律令，无穷者情伪也。《易》曰：“君子以明慎用刑而不留狱”，《书》曰：“式敬尔由狱，以长我王国”。忠信之长，慈惠之师，尚其慎厥用、敬厥由，体钦恤明允之意，率乂于民棐彝，克协于中，以弼予祈天永命，允升于大猷，从事于斯者，胥懋敬哉。

是为序。

乾隆五年（1740）仲冬月既望御笔①

---

① 落款钤“所宝惟贤”“乾隆御笔”印。

目　　录

卷首

卷一　律目

卷二　诸图

0.1 诸　图

卷三　服制

0.2 服　制

1.1 名　例

卷四　名例律上

卷五　名例律下

2吏 律

卷六 吏律·职制

2.2职 制

卷七 吏律·公式

2.3公 式

3 户 律

卷八 户律·户役

3.4 户 役

卷九 户律·田宅

3.5 田 宅

卷十　户律·婚姻

3.6 婚　姻

3.7 仓　库

卷十一　户律·仓库上

卷十二 户律·仓库下

卷十三 户律·课程

3.8 课　程

卷十四 户律·钱债

3.9 钱 债

卷十五 户律·市廛

3.10 市 廛

4 礼 律

卷十六 礼律·祭祀

4.11 祭 祀

卷十七　礼律·仪制

4.12仪　制

5兵　律

卷十八　兵律·宫卫

5.13宫　卫

卷十九　兵律·军政

5.14 军　政

卷二十　兵律·关津

5.15 关　津

卷二十一　兵律·厩牧

5.16 厩　牧

卷二十二　兵律·邮驿

5.17 邮　驿

6 刑 律

6.18 贼 盗

卷二十三 刑律·贼盗上

卷二十四 刑律·贼盗中

卷二十五　刑律·贼盗下

卷二十六　刑律·人命

6.19 人　命

6.20 斗　殴

卷二十七　刑律・斗殴上

卷二十八　刑律・斗殴下

卷二十九　刑律·骂詈

6.21 骂　詈

卷三十　刑律·诉讼

6.22 诉　讼

卷三十一　刑律·受赃

6.23受　赃

卷三十二　刑律·诈伪

6.24诈　伪

卷三十三　刑律·犯奸

6.25 犯　奸

卷三十四　刑律·杂犯

6.26 杂　犯

卷三十五　刑律·捕亡

6.27 捕　亡

6.28 断 狱

卷三十六 刑律·断狱上

卷三十七 刑律·断狱下

7 工 律

卷三十八 工律 · 营造

7.29 营 造

卷三十九 工律 · 河防

7.30 河 防

卷四十七 总类 · 比引律条

督捕则例

三流道里表

卷首

奏疏

〔三泰等:《大清律》纪(乾隆五年)〕

律例馆总裁臣三泰等谨查:

《大清律》自世祖章皇帝定鼎之初,即命刑部尚书吴达海等详绎明律,参以国制,书成奏进,刊布中外。圣祖仁皇帝康熙九年(1670),命大学士管刑部尚书事对喀纳等复行校正。十八年(1679),特谕刑部,将定律之外所有条例应去应存,详加酌定,刊刻通行,名为《见行则例》。二十八年(1689),准台臣盛符升奏请,将《见行则例》载入《大清律》条例内。命尚书图纳、张玉书等为总裁,至四十六年(1707)缮写进呈,留览未发。世宗宪皇帝雍正元年(1723),复命大学士朱轼、尚书查郎阿等为总裁,于应增应减之处,再行详加分晰,作速修完,至雍正五年(1727)奏准颁行。

我皇上御极之元年(1736),允尚书傅鼐陈奏,特命臣三泰等为总裁。臣等奉命,遴选提调臣何瞻、纂修臣岳泰等,逐条考正,重加编辑,又详校定例,纂入一千四十九条,节次恭缮进呈,蒙皇上亲加鉴定。间有未协之处,悉经谕旨改正。特命刊布内外,永远遵行。

臣等幸生盛世,仰见典章之大成,谨拜手稽首敬录世祖章皇帝御制原序一篇,圣祖仁皇帝上谕一道,世宗宪皇帝御制序文一篇、谕旨一道冠诸卷首,其诸臣章奏附录于后云。

臣三泰等恭纪。

〔刚林等:题请颁行《大清律集解附例》疏(顺治四年)〕

内翰林国史院掌院事、大学士臣刚林等谨题:为《清律》奉旨审校,臣等考订已完,恭请圣裁颁布,以昭法守事。

前刑部尚书吴达海等屡遵谕旨,纂修《清律》,该刑部侍郎党崇雅、启心郎额尔革图,率同郎中耿爰,主事科尔坤、乌赫纳,员外郎柯士芳、许弘祚、宋调元,将前书纂完,随送到院。该臣范文程、臣刚林、臣祁充格、臣冯铨、臣洪承畴、臣宁完我,暨刑部启心郎额尔革图裁议已定。

又,该刑部侍郎提桥、房可壮再四详核,率同启心郎白色纯、周天成,郎中范芝、张毓中、宋炳、夏之中、萧应聘、宋从心、周璜、段腾藻、毛永龄、韩养醇,员外郎王凤林,司务周再勋、傅作衡,逐篇磨勘,尚书吴达海督令员外郎金灿缮写进呈。

皇上惟恐一有未当,不便遵行,仍命臣范文程、臣刚林、臣祁充格、臣冯铨、臣宁完我、臣宋权再加审定,斟酌满汉,务合时宜。臣等谨同学士蒋元恒,督主事科尔坤、亢得时、能图、他赤哈哈番、萨尔图,及刑部郎中范芝、宋炳、张毓中逐款翻阅校正,他赤哈哈番、齐纳红,笔帖式哈番莽伊图、笔帖式戴阳、阿年哈等缮写完毕,仍发刑部,随该侍郎房可壮、员外郎王凤林、司务傅作衡等对阅,随付郎中韩养醇、员外郎金灿订刻,今已告竣。

臣等谨将刊完《大清律集解附例》十卷,具疏奏进,伏乞圣鉴,裁定颁行中外。庶法守昭明,臣民永知遵守矣。

为此具本谨题请旨。

奉圣旨:"是《大清律》着颁行。"

〔图纳等:题请重定《大清律》疏(康熙二十八年)〕

刑部等衙门尚书臣图纳等谨题:为律例须归一贯,旧刻未为全书,谨陈应删应补之事宜,仰乞重加考定,以垂法守事。

该臣等会议:得据广西道试监察御史盛符升条奏,疏称“民生之大命,系于刑狱,历朝之大法,载在律书。皇上诚恐正律之外,条例过严,特谕刑部会同九卿、詹事、科道详加酌议,刊为《见行则例》。查职制等目,悉依旧律编次,则凡属新例,皆可分入各条,并载正律之内。至若《大清律》一书所载诸事,有仍袭前代之旧文,而于本朝之法制绝不相蒙者,如郡王将军中尉亲自赴京者治罪等项,其类尚多。明载律中,实非遵行正法。所当删定改正,以成善本。伏乞将律例之分别者合之,新旧之不符者通之,轻重之可议者酌之,务期尽善。然后刊刻全书,勒成定本”等语。先经刑部议复,“律文乃系递沿成书,例乃因时酌定。凡《见行则例》,或遇事而定,或遵旨而定。若将此等陆续定例事件附入律内,则律文难以告成。其律内所有郡王将军中尉亲自赴京治罪等项,虽非遵行正法,若将此等条件删去,恐以后比照定拟者无凭查考”,将御史盛符升条奏之处,俱毋庸议等因具题。奉旨:“九卿、詹事、科道会议具奏。钦此。”

查康熙九年(1670),将律文满汉文义复行校正;二十七年(1688),又将《见行则例》会同九卿、詹事、科道详加酌定,具题刊布。但律文、条例乃将历代所行之条,有摭拾汇辑者;《见行则例》,系因时著定者,若使重复繁多,倘详查不周,则情罪虽一而轻重或异。又往代所拟罪名,有与今不相符合者,其不用之条,如不尽行删除,则律文、条例反致繁冗,舛错参差,均未可定。应如台臣盛符升所奏,将《见行则例》载入《大清律》条例内。其律例内有满汉文义互相参差,或律文内已有各罪本律,而定例重复浮赘,或官员衙役各色及所拟罪条,于今不便引用等项,及应删之条,均为划一,各归各款删除。所有关系纂修事宜,应听该部另行具题等因,于康熙二十八年(1689)八月二十八日题。

九月十九日奉旨:“依议。”

〔图纳等:题请遣官监修《大清律》疏(康熙二十八年)〕

刑部尚书臣图纳等谨题:为请旨事。

据广西道试监察御史盛符升条奏一疏,经九卿会议,应如所奏,将《见行则例》载入《大清律》条例内,均为划一等因具复。奉旨"依议",钦遵在案。今将律文、则例删定、改正,汇为一书。体皇上好生之德,垂万世不易之规,相应遣官监修。所有堂官职名开列具奏,伏候圣裁。

谨题请旨。

康熙二十八年(1689)九月三十日题。

十月初八日奉旨:"图纳、苏赫、张玉书、杜臻、西安、郭世隆、顾汧着为总裁官。"

〔张玉书等：呈进《大清律·名例》疏（康熙三十四年）〕

律例馆总裁、户部尚书、文华殿大学士臣张玉书等谨题：为恭缮律文"名例"先呈御览，仰祈睿鉴裁定事。

窃惟帝王好生，首重民命，国家垂宪，务定刑书。臣等奉命重修律例，自顾才识谫陋，夙夜凛凛，惧不胜任。钦惟我圣上至仁如天，群生率育。凡有刑狱奏谳，圣心辄加矜悯，时于无可宽释之中，曲求格外生全之路。每一岁之内，特旨免死宽减者甚多。湛恩汪濊，洽于海隅。历稽前史，实所罕觏。臣等敬体皇上明慎用刑至意，详阅全律，逐条辩晰，以刑部见行例分别载入律内；有满汉文义互相参差者，通加改正；或罪有本律，而例系重复者，即行删除；或名目事款旧有今无及旧无今有者，酌量增删；或一款应分两条，或数条同属一类者，悉与分并；其今虽不行而宜备参考者，仍照例附载，以备引证；别部事例间有与律义相合者，亦照刑部见行例采入；如律例内有应具题请旨者，俟另题请旨。至于律文，仿自唐律，辞简义赅，诚恐讲晰未明，易致讹舛。臣等汇集众说，于每篇正文后增用总注，疏解律义，期于明白晓畅，使人易知。今酌定"名例"四十六条，已会集九卿、詹事、科道面同勘阅，谨录满汉文各六本，遵照前题，先呈御览，伏冀皇上睿鉴裁定。俾立一代之章程，示万世以法守。候命下后，即将全律依式纂成，次第缮写恭进。臣等不胜悚栗之至，谨题请旨等因。

于康熙三十四年（1695）二月初九日题。

三十六年（1697）十一月十二日奉旨："新纂律书'名例'，朕已览阅。奏闻后又有更改处，发回刑部，将更改之处增入，着九卿看阅具奏。"

〔佛格等:请修定例疏(雍正元年)〕

刑部等衙门尚书臣宗室佛格等谨题:为请修定例,以昭法守,以光圣治事。

该臣等会议:得据巡视东城、陕西道监察御史汤之旭奏称,"律例最关紧要。今六部见行则例或有从重改轻、从轻拟重,有先行而今停、事同而法异者,未经划一昭著。伏乞特简谙练律例大臣,专掌律例馆总裁,将康熙六十一年(1722)以前之例,并《大清会典》,逐条互参考订,划一例款"等语。

查先据原任广西道试监察御史盛符升条奏,"将律例之分别者合之,新旧之不符者通之,轻重之可议者酌之,务期尽善"等语,经九卿议复,将《见行则例》载入《大清律》条例内,其律例内有满汉文义互相参差,或律文内已有各罪本条而定例重复,均为划一删除等因具题。奉旨:"依议。钦此。"于康熙二十八年(1689)十月内钦点总裁,开馆纂辑,汇成一书。经九卿将原旧律例并续增见行例逐款校阅,参酌考订,缮写清汉各四十二本,于四十六年(1707)六月初二日进呈,未蒙颁发。

自康熙四十七年(1708)起至六十一年(1722)止,见在纂辑之新增定例一百一十五条内,或有应删应改者,相应请旨,令律例馆总裁速行审定。并前纂成四十二本,一并交与九卿,互相参酌考订划一,缮写清汉,进呈御览。统候皇上钦定,交与刑部刊刻,颁发遵行。

今律例馆见有总裁、提调、纂修等官修辑,其该御史所奏特简大臣专掌律例馆总裁之处,毋庸议。

再凡奉上谕,臣等钦奉遵行。嗣后雍正元年(1723)起,每年仍令律例馆陆续咨取,逐一纂修增入,应将该御史所奏,令科臣年底造册进呈,发与律例馆纂修之处,亦毋庸议。

雍正元年(1723)八月二十三日题。

九月十七日奉旨:"朱轼、卢询、阿锡鼐、伊都立着充为总裁官。其应增应减之处,再行详加分晰,作速修完。至纂修、誊录官,着派出总裁于各部官员内酌取,指名具奏。余依议。"

〔总理事务大臣会同九卿议复傅鼐奏请修律例疏(乾隆元年)〕

该总理事务王大臣,会同九卿会议,得刑部尚书傅鼐奏称,“窃惟刑罚世轻世重,乃帝王宜民宜人之权。我朝律例刊布于顺治三年(1646),酌议于康熙十八年(1679),重刊于雍正三年(1725),固已法度修明,纪纲整饬矣。臣伏读我世宗宪皇帝遗诏,有曰‘国家刑罚禁令之设,所以诘奸除暴,惩贪黜邪,以端风俗,以肃官方者也。然宽严之用,又必因乎其时。从前朕见人情浅薄,官吏营私,相习成风,罔知省改,势不得不惩治整理,以诫将来。今人心共知警惕矣。凡各衙门条例,有从前本严而朕改易从宽者,此乃从前部臣定议未协,朕与廷臣悉心斟酌,而后更定,以垂永久者,应照更定之例行。若从前之例本宽而朕改易从严者,此乃整饬人心风俗之计,原欲暂行于一时。俟诸弊革除之后,仍可酌复旧章。此朕本意也。向后遇此等事件,则再加斟酌。若有应照旧例者,仍照旧例行’,钦此钦遵。臣思圣心惓惓,于此盖必有所轸念而未及更正者也。我皇上御极以来,凡事皆以世宗宪皇帝之心为心,每遇奏谳之时,斟酌详慎,好生之德,固已洽于民心矣。伏查《大清律集解附例》一书,系雍正三年(1725)刊刻之板,现今不行之例,犹载其中。如窃盗三犯,已经改议分别赃物十两上下递为重轻,而例内所载,乃系赃数不多奏请改遣;如遣犯脱逃行凶为匪,已经改议分别所犯情罪递为重轻,而例内所载,乃系即行正法,如此之类颇多。恐问刑之员援引舛错,吏胥因缘为奸。且与其临时斟酌、时时上廑圣怀,不若先事精详,事事立之准则。应请皇上特降谕旨,简命通达治体、熟谙律例之大臣为总裁,将雍正三年(1725)刊行律例,详加核议。除律文、律注仍旧外,其所载条例,有先行而今已斟酌定议者改之,或有因时制宜应行斟酌而未逮者,亦即钦遵世宗宪皇帝遗诏,酌照旧章,务期平允,逐款缮折,恭请皇上钦定,勒限纂辑缮写成书,进呈御览,请旨刊刻,颁行各省,俾知遵守,以昭划一之会则。世宗宪皇帝义尽仁至之心,我皇上善继善述之政,接钦恤之传而养万年之福”等语。

查律为一定不易之成法,例为因时制宜之良规。故凡律所不备,必借有例以权其大小轻重之衡,使之纤悉比附,归于至当。我世宗宪皇帝临御十有三年,宵旰励精,勤求至治,而于刑狱尤加详慎。凡有所降谕旨,及诸臣条奏经由廷议者,必悉心斟酌,然后颁行。犹虑愚民一时未能遍知,每行一例,必定以年限,使之家喻户晓。再有所犯,方始照例问拟。仰惟圣心哀矜恻怛,慎重周详,洵足昭亿万年之法守矣。第刑罚世轻世重,自昔为然,而宽严之道,遂如温肃之异,用而同功。时而崇尚惇大,禁令渐驰,道在整饬,不得不济之以严;时而振兴明作,百度具张,道在休养,不得不济之以宽。宽严合乎大中,而用中本乎因时。盖所谓中无定体,随时而在。是以世宗宪皇帝遗诏,惓惓于条例之宽严有宜再加斟酌之训谕,深有望于我皇上继志述事,敷时绎思,绍执中建极之谟,永臻于荡平正直之治也。伏读《大清律集解附例》一书所刊原例、增例、钦定例三项,非尽现行之条。而自刊刻后至今,前例又多酌改。若不加以参订,归于划一,恐内外问刑之员,易于援引舛错,而吏胥因得高下其手,足滋任意轻重之弊。应如刑部尚书傅鼐所奏,恭请皇上特简大臣为总裁官,将以前刊刻律例,并自刊刻后至今通行各例,统加检查核议。有宜因时变通,如先经定例而后经改易者,或前例未协而后亦未经改易者,应作何斟酌损益,宽严得中,逐一缕析条分,务期平允。其应删除者即行删除,应增入者即行增入,应更正者即行更正,应仍照旧例行者亦即酌复旧章。除律文、律注仍旧外,其刊入之例,必将某条附载某律之处确切不移,使宏纲细目,大小咸赅,仁育义正,折中尽善。敬谨拟议,恭请皇上钦定。纂辑缮写成书,进呈御览,请旨刊刻颁行。则因时用中,先后同揆,以彰绍庭罔斁之孝思,益垂世守不愆之令典矣。至作何拣选、分修及定限一切事宜,恭候命下之日,另行奏闻,请旨遵行等因。

乾隆元年(1736)六月十九日题。

二十一日奉旨:“依议。钦此。”

随经刑部将应开列总裁官列名奏请,奉朱笔点出三泰、徐本、庆复、杨超曾为总裁官。

〔徐本等:进《大清律例》表(乾隆五年)〕

经筵讲官、太子太保、东阁大学士,兼礼部尚书,兼管户部尚书事务,加六级,律例馆总裁官臣徐本等谨题:恭承敕旨,纂刻《大清律例》,今已成书,谨奉表上进者。

伏以帝德好生,玉律重慈祥之义,皇心敕法,丹书昭钦恤之仁。布解泽于离明,有伦有要,寓春温于秋肃,是训是行。曲成不遗,咸中有庆。

臣等诚惶诚恐,稽首顿首,上言:窃惟上古之世,修德而后修刑。三代以还,敬官必先敬典。自三章、九章,而后更张润色,渐涉繁芜。溯五刑五用之初,挞记侯明,宜归划一。惟我朝之宪典,经列圣之精详,纲举目张,象魏悬而民知敬听,衡平鉴朗,令甲布而吏罔深文。钦惟皇帝陛下道隆参赞,德懋中和。瑞霭春田,列井有囷仓之乐,明澄秋镜,圜扉多芝菌之祥。临以简而御以宽,痌瘝念切,罪惟轻而功惟重,轸恤时殷。乃于乾隆元年(1736)钦遵世宗宪皇帝明训,于律例全书更加厘定。化民成俗,祗期执两而用中,载德行仁,将使回心而向道。特命臣等悉心参酌,揆理准情,缘情定法。宽严胥协,统归睿鉴之精纯,疑似尽捐,全赖宸衷之昭彻。反复于三刺三宥,千百国顺帝则而不知,简孚于五罚五辞,亿万年遵王路而无斁。

臣等才惭听断,虽式敬之维殷,志切平反,幸简编之甫竟。伏愿泰符凝命,乾德体元。修五礼以牖民率教者,造之党庠术序,协三才而建极从欲者,逮于侯甸要荒。将见文成象纬,占贯索而长销,草卧桁杨,画衣冠而永治矣。

臣等无任瞻天,仰圣激切屏营之至。谨奉表随进以闻。

〔刘统勋等:奏请纂修条例折(乾隆三十一年)〕

经筵日讲起居注官、太子太保、东阁大学士、礼部尚书,管理刑部事务臣刘统勋等谨奏:为请旨事。

臣等伏查乾隆十一年(1746)七月内经内阁衙门于遵旨议复御史戴章甫条奏案内议定,刑部律例虽奏明三年一次纂修,而三年内或酌改无多,不必拘定三年之限,应以五年为期,纂修一次等因,奏准遵行。臣部于十六(1751)、二十一(1756)、二十六(1761)等年俱届期请旨纂修在案。今计自乾隆二十六年(1761)至三十一年(1766)已届五年之期,理合奏请将五年以来所奉上谕,以及议准内外臣工条奏应纂为定例者,并加参考,分类编辑,缮写进呈,恭候钦定。

再查律例全书自乾隆五年(1740)纂修告成以来,迄今二十余载。条例日繁,增改不一。虽每届五年修辑一次,亦止就现定新例依类编入,其从前旧例有与新例未合,以及辗转比附、文义倒置,应行增添删改之处,积久渐多,引用窒碍。臣等节年钦遵圣训改正条例,曾将缘由奏明在案。今将全书所载条例,逐一较对,悉心参酌改正,务归划一。随时缮写黄册,陆续进呈俟钦定。

奉旨之日,臣部将续纂新例,并二十六年(1761)所纂条例,各按门类归入律例全书,附刊于原本各条之后。其改正旧例,亦即于全书内逐一改刊。则翻阅既易,引用不致互歧。至纂修日期,向年编辑新例俱系定限十个月,今全书所载旧例多有应须改正之处,应请展限四个月,以便悉心参核。俟命下之日,臣部遵照办理。

为此谨奏请旨。

乾隆三十一年(1766)正月二十七日奏。

本日奉旨:“知道了。钦此。”

〔刘统勋等:先行进呈名例等纂修条例六卷折(乾隆三十二年)〕

臣刘统勋等谨奏:为奏闻事。

窃查臣部于乾隆三十一年(1766)正月内奏准开馆,纂修律例。因全书自乾隆五年(1740)至今二十余载,条例增改不一,虽经五次修辑,止就现定新例依类编入,其从前旧例与新例不合之处,俱未增删改并。请定限十四个月告竣,陆续缮写黄册进呈等因。奉旨"知道了。钦此"钦遵。

臣等随督率提调、纂修等官,上紧赶办。所有历年钦奉上谕,及议准内外臣工条奏,并吏、户、礼、兵、工等部议准,有与刑名交涉,应纂为例者,各详细复核,分类编辑。并将全部条例逐一比较,其中或新旧不符,或词意重复,或文义未甚明晰,俱详加酌核,增删改并,以归划一。今已依限办就,督令供事缮写黄册。缘此次卷帙繁多,臣等分为三次陆续进呈。今将"名例"上下两卷及"吏律"、"户律"、"礼律"、"兵律"四卷纂修条例先行进呈。内除照例纂辑修改以及节删重复字句闲文,即于各条下谨按语内分晰陈明,毋庸另为声叙外,如于罪名适轻适重,臣等参酌律例,遇有增改之处,即于本条例上粘贴黄签,恭呈御览,伏候钦定。统俟命下之日,臣馆另缮清汉样册进呈,并将前次续纂条例一并归入全书,照例送交武英殿刊刻,颁发内外问刑衙门一体遵行。此后或奉有谕旨及臣工条奏准行应入例册者,于未经刊刻以前,仍行添纂。合并声明。

为此谨奏请旨。

乾隆三十二年(1767)五月初六日奏。

本日奉旨:"知道了。册留览。钦此。"

〔刘统勋等:进呈第三次纂修条例折(乾隆三十二年)〕

臣刘统勋等谨奏:为奏闻事。

窃臣部纂修全部律例,前经奏明分为三次进呈,所有"名例""吏律""户律""礼律""兵律",并"刑律"贼盗、人命、斗殴共十二卷,已于本年五月初六日及六月初九日具折进呈御览,均蒙钦定。今将第三次纂修"刑律"诉讼、受赃、诈伪、犯奸、杂犯、捕亡、断狱,"工律",共八卷,《督捕则例》一卷,并毋庸纂辑条例一卷,谨缮黄册进呈御览,恭候钦定。俟命下之日,臣馆将此次及前两次纂修条例,另缮清汉样册进呈,照例送交武英殿刊刻。臣馆一面先行刊刻草本通行各省督抚、将军,一体遵行。

为此谨奏请旨。

乾隆三十二年(1767)七月初六日奏。

初七日奉旨:"知道了。钦此。"

〔刘统勋等:奏明律例清汉全书告竣折(乾隆三十三年)〕

经筵日讲起居注官、太子太保、东阁大学士、礼部尚书,管理刑部事务臣刘统勋等谨奏:为奏明律例清汉全书告竣事。

窃查臣部于乾隆三十一年(1766)奏准开馆,纂修律例。经臣等将历年钦奉上谕,及议准内外臣工条奏,应纂为例者,详细复核,敬谨编辑,恭缮汉字黄册进呈。并声明钦定后,臣部按照汉文次第,翻译汇缮清汉黄册,恭呈御览。并此后或奉有谕旨及臣工条奏准行应入例册者,于未经刊刻以前,仍行添纂等因,奏准在案。今臣等督率提调、纂修、翻译等官,谨遵钦定黄册,先行刊刷草本,颁发各省遵照办理。仍逐条重加誊写,分门别类,翻译清文,恭缮清汉黄册进呈。并将续奉谕旨,暨臣工奏准事件,应行添纂、修改、删除之处详加酌核,按类编辑,一体缮写清汉黄册,装订成帙。并于各条例后,加具谨按、粘贴黄签,恭呈御览。俟钦定后,将补纂各条,仍先刊刷草本,颁行各省督抚、将军,一体遵行。

再查律例全书自乾隆二十年(1755)以后,虽经两次修辑,均只就现纂新例另为一编,并未归入全书,不第艰于翻阅,而援引亦恐疏漏。此次增删改并,既经厘正,应请将前次续纂并此次编辑各条,以及总类,均按照律目逐一归入清汉全书,以便查阅引用。俟命下之日,臣部即将新旧条例俱按门归入,缮写清汉样本,送交武英殿刊刻,颁发遵行。

臣等更有请者,此次归入全书新例清文,俱已遵照钦定新语翻译,惟旧例各条因系已刻旧板,其清语尚属旧文,前后似未划一,应请将全部清书内旧语,俱用清书房翻译新语逐一厘正,抽换刊刻,庶免参差。合并声明。

为此谨奏请旨等因。

乾隆三十三年(1768)六月二十九日奏。

七月初一日奉旨:“知道了。钦此。”

〔舒赫德等:奏请纂修条例折(乾隆四十一年)〕

经筵日讲起居注官、太子太保、武英殿大学士、文渊阁领阁事,兼翰林院掌院教习,庶吉士管理,吏部刑部户部三库兼管,镶黄旗满洲都统,云骑尉臣舒赫德等谨奏:为请旨事。

臣等伏查乾隆十一年(1746)七月内经内阁等衙门于遵旨议复御史戴章甫条奏案内议定,刑部律例虽奏明三年一次纂修,而三年内或酌改无多,不必拘定三年之限,应以五年为期,纂修一次等因,奏准遵行。臣部届期,俱照例请旨纂修在案。今计自乾隆三十七年(1772)至四十二年(1777)已届五年之期,理合奏请将五年内所奉上谕,以及议准内外臣工条奏,应纂为定例者,详加参考,分类编辑。再查律例全书自乾隆三十三年(1768)纂修告成,至四十二年(1777)即届十载,条例加多,增改不一,虽经三十七年修辑一次,亦止就现定新例依类编入。其从前旧例有与新例未合,以及辗转比附、文义倒悬应行增添删改之处,积久渐多,引用窒碍。臣等将全书所载条例,逐一较对,悉心参酌改正,务归划一。缮写黄册,陆续进呈,俟钦定。奉旨之日,臣部将续纂新例,并三十七年(1772)所纂条例,各按门类归入律例全书,附刊于原本各条之后。其改正旧例,亦即于全书内逐一改刊。则翻阅既易,引用不致互歧。至纂修日期,向年编辑新例,俱系定限十个月,以开印之日为始。今全书所载旧例内,有应须改正之处,请展限两个月,以便悉心参核。

为此谨奏请旨。

乾隆四十一年(1776)十二月初三日奏。

本日奉旨:“知道了。钦此。”

〔英廉等:奏明纂修律例告竣折(乾隆四十三年)〕

经筵日讲起居注官、议政大臣、协办大学士、户部尚书、兼管刑部事务,管理三库,兼翰林院掌院学主事,教习庶吉士,正黄旗满洲都统,总管内务府大臣臣英廉等谨奏:为奏明纂修律例告竣事。

窃查臣部于乾隆四十一年(1776)十二月内奏明开馆,纂修律例,并因三十三年(1768)所修律例至今已届十载,条例加多,增改不一,其间三十七年(1772)虽经修辑一次,亦止就现定新例依类编辑,其从前旧例与新例不合之处,俱未厘定删改,请定限十二个月赶办告竣,缮写黄册进呈等因,奉旨"知道了。钦此"。臣等遵即督率提调、纂修等官,分派供事,上紧办理。所有历年钦奉上谕,及议准内外臣工条奏,并吏、户、礼、兵、工等部议准,有与刑名交涉,应纂为例者,详细复核,分类编辑,并将全部条例逐一比较,其中或有新旧不符及词意重复并文义未甚明晰者,俱详加参考,酌量修改,以期引用无讹。其旧例内有业已奏准不行,及与新例全不符合者,俱酌拟删除,以归划一。至条奏准行事件内有与律例无涉者,酌拟毋庸编辑,以省繁琐。今已依限办竣。

所有续纂新例及修改旧例如增删字句无多者,即于本条下添具按语,分晰陈明;其有罪名轻重新旧不符者,谨先叙原例,次列修改本条,仍于各条之首粘贴黄签,分别"续纂""修改"字样,缮写黄册,装成二函。又纂修《督捕则例》并毋庸纂辑及删除条例各一函,共计装潢五函,敬呈御览,恭候钦定。俟命下之日,臣馆谨将纂修条例翻译清文,另缮清汉黄册进呈后,再将现在纂修各例与上届续纂条例,一并归入全书刊刻颁发。臣馆仍照向来旧例,一面先行刊刷草本,通行内外问刑衙门,一体遵照。

为此谨奏请旨。

乾隆四十三年(1778)二月十三日奏。

十四日奉旨:"知道了。钦此。"

〔英廉等:奏明律例清汉全书告竣折(乾隆四十四年)〕

经筵日讲起居注官,议政大臣,协办大学士,户部尚书,兼管刑部事务,管理三库,兼翰林院掌院学主事,教习庶吉士,正黄旗满洲都统,总管内务府大臣臣英廉等谨奏:为奏明律例清汉全书告竣事。

窃查臣部于乾隆四十一年(1776)奏准开馆纂修律例,经臣等将历年钦奉上谕,及议准内外臣工条奏,应纂为例者,详细复核,敬谨编辑,恭缮汉字黄册进呈。并声明,钦定后,臣部按照汉文次第翻译,汇缮清汉黄册,恭呈御览,暨先行刊刷汉字草本,颁发各省遵办等因,奏准在案。今臣等督率提调、纂修、翻译等官,并拣派供事,谨遵钦定黄册先行刊刷汉字草本,颁发各省遵照办理。仍逐条重加誊写,分门别类,翻译清文,缮写清汉黄册,装订成帙,恭呈御览。伏候钦定后,臣等谨将乾隆三十三年(1768)起至四十三年(1778)止,两次所修续纂条例以及总类,均按照律目次序,逐一抽换,归入清汉全书,以便查阅引用。俟命下之日,臣部即将新旧律例俱按门归入,缮写清汉样本,送交武英殿刊刻,颁发遵行。

臣等更有请者,此次归入全书新例,清文俱已遵照钦定新语翻译。惟旧例各条因系已刻旧板,其清语尚属旧文,前后似未划一,应请将全部清书内旧语,俱用清书房翻译新语,逐一厘正,抽换刊刻,庶免参差。合并声明。

为此谨奏请旨。

乾隆四十四年(1779)三月初四日奏。

初五日奉旨:“知道了。钦此。”

〔刑部:进呈纂修条例并请重加编辑刊刻律例折(乾隆五十三年)〕

刑部谨奏:为奏闻事。

窃臣部于乾隆五十二年(1787)正月奏明开馆,纂修律例,因全书自乾隆四十三年(1778)至今已届十载,条例加多,增改不一。虽经四十七年(1782)修辑一次,亦止就现定新例依类编入。其从前旧例应修应删之处积久渐多,奏请逐一厘正,俟告竣之日,缮写黄册进呈等因,奉旨"知道了。钦此"。臣等随遴选熟谙律例之提调、纂修等官,并拣派勤能供事,将历年钦奉上谕,及议准内外臣工条奏,并吏、户、礼、兵、工等部议准,有与刑名交涉,应纂为例者,各详加复核,分类增辑,并将全部条例逐一比较。其间有钦奉谕旨改定,而例内仍载原文者,亦有旧例相沿,与钦定之例稍涉参差者,更有一事数款不隶一门,而散见于各条者,又有本例已经删除,而别条仍复援引入例者。若不划一更正,内外问刑衙门恐援引舛错,而吏胥因得高下其手,易滋任意轻重之弊。今悉心参考,酌拟修改、移并、删除,俱于本条之下加具按语,分晰陈明。先叙原例于前,次列修改新例于后,仍在本条之首分别"续纂""修改""移并""删除"字样。庶厘正益清,援据悉归划一,以期引用无讹。缘此次卷帙繁多,应请分次陆续进呈。今将"名例"上下两卷及"吏律""户律""礼律""兵律"四卷分门别类,挨次办竣,缮写黄册,装潢成帙,敬呈御览,恭候钦定。

臣等更有请者,从前节次纂辑例文,均系附载原例之后,即间有修改之处,亦系补刊抽换,其逐条次序,悉依旧式。所有全部板片,自乾隆六年(1741)刊刻以后,迄今四十余年,未经翻刻,其中字迹多有模糊。此次修辑条例,原因旧例重复繁杂,奏请删并,以期词简义赅,便于引用。臣等现于律内各门,查有数条同属一类,则并作一条;一事分列两门,则移归一处;或旧例今已停止,则悉行删除;或原例本有未协,则详加更正。统计全例增删修改条款较多,若仍照前抽换补刊,不惟板片字体新旧参差,且逐条移前补后,工费亦觉繁多。臣等公同酌议,应将现在删繁就简各条,仿照旧式重加编辑刊刻,俾全书悉归一律,庶引用不致牵混。是否有当,伏候命下,臣馆敬缮清汉样册进呈,另行刊刻颁发遵行。所有旧板及印成之书,即存贮臣衙门大库内,以备稽考。至此后奉有谕旨及臣工条奏准行应入例册者,凡在未经纂定以前,仍行添纂。

再此次纂辑律例,前经臣等照依向例,奏请给限一年,今将全书详加归并,卷帙浩繁,纂辑尚需时日,应请展限半年,以资办理。

为此谨奏请旨。

乾隆五十三年(1788)五月十五日奏。

本日奉旨:“知道了。钦此。”

〔刑部:奏闻纂修律例告竣折(乾隆五十三年)〕

刑部谨奏:为奏闻纂修律例告竣事。

窃照臣部先经奏明开馆,纂修律例,当将历年钦奉上谕,及议准内外臣工条奏,并吏、户、礼、兵、工等部议准,有与刑名交涉,应纂为例者,详加复核,并将全部条例悉心参考,以期引用无讹。嗣于本年五月十五日先将"名例"上下及"吏律"、"户律"、"礼律"、"兵律"共六卷,缮写黄册,恭呈御览。并于折内声明,全书板片自乾隆六年(1741)刊刻以后,迄今四十余年未经重刻,字迹多有模糊,板片新旧参差,应将现在删并各条同旧存全例重加编辑,另为刊刻。其旧板及印成之书,存贮臣衙门大库内,以备稽考等因具奏,奉旨"知道了。钦此",钦遵在案。今臣等督率提调、纂修等官,将"刑律"、"工律"并"督捕"诸例及条奏准行事件,逐细参考。除奏准为例各条按类编辑外,其有前后未能赅括、罪名轻重失平者;亦有此条例文援引别条治罪,而别条业已停止、修改,以致此条无从援引者;又有数条同属一类,或一事分隶各门;及从前定例尚未允协,必须重加修辑者,详加参会,遵照原奏办理章程,分别续纂、修改、删除名目,于各条之下逐加按语,仍于酌增条例之上粘贴黄签。至条奏案内止系申明禁例,与律例无涉者,酌议毋庸纂辑,以省繁琐。今将纂辑各例缮写黄册,装潢成帙,敬呈御览。至此内酌议增改例文有二十条,臣等谨摘录清单,随折进呈,恭候御览。发下后,以便先行知照各直省督抚、将军、府尹遵照办理。一面再将此次及前次纂修各例,另缮清汉黄册进呈后,全行归并,分写清汉样册,咨呈武英殿刊刻颁发,以垂永久。臣馆仍先将现纂之例刊刷正本,通行内外问刑衙门一体遵照。

为此谨奏请旨等因。

乾隆五十三年(1788)十二月二十二日奏。

本日奉旨:"知道了。钦此。"

〔**刑部:奏明清汉律例告竣折**(乾隆五十五年)〕

刑部谨奏:为奏明清汉律例告竣事。

窃照臣部于乾隆五十三年(1788)开馆,纂修律例,当将应纂各条敬谨编辑,奏蒙圣鉴,遵行在案。兹臣等督率提调、纂修、翻译等官,并拣派供事,按照汉文次第,重加誊写,分门别类,翻译清文,缮写清汉黄册,装潢成帙。并将前次告成后续奉谕旨及臣工奏准事件应行增纂入例之处,详加酌核,按类编辑,于各条之下加具按语,分晰陈明。仍于本条之首分别"续纂""修改"字样,另缮清汉黄册,一并进呈。统俟钦定后,将增纂各条先行刊刷副本,通行各省督抚、将军、府尹一体遵行。

再查律例板片自乾隆六年(1741)刊刷以后,迄今四十余年未经翻刻,字迹多有模糊,先经臣等奏明仿照旧式重加刊刻,应将此次厘正例文及前次纂修各条以及总类等书,均按照律目次序,全行归并,分写清汉样本,咨呈武英殿刊刻板片,发交臣馆颁发,以垂永久。

为此谨奏请旨等因。

乾隆五十五年(1790)二月初三日奏。

本日奉旨:"知道了。钦此。"

〔刑部:奏闻纂修律例告竣折(乾隆六十年)〕

刑部谨奏:为奏闻纂修律例告竣事。

窃照臣部于乾隆五十八年(1793)十月内奏明开馆,纂修律例,请将五十三年(1788)以后所奉上谕,及议准内外臣工条奏,应纂为例者,分类编辑。其旧例内有与新例未合,应修应删及应行添改之条,逐一厘正。俟告竣之日,缮写黄册进呈。奉旨"知道了。钦此"钦遵。臣等随率同提调、纂修等官,分派供事,详加核办。自乾隆五十三年(1788)起至本年二月止,所有历年钦奉上谕,及议准内外臣工条奏,并吏、户、礼、兵、工等部议准,有与刑名交涉,应纂为例者,逐细复核,分类增辑,并将全部条例逐一比较。其中有新旧不符者,俱逐条参考,酌量修改,以期引用无讹。至条奏案内止系申明禁例,与律例无涉者,酌议毋庸编辑,以省繁琐。今已分门别类,挨次办竣,谨各加按语于后。其续纂新例及修改旧例如增删字句无多者,即于本条按语内分晰陈明。其有罪名轻重新旧不符者,谨先叙原例于前,次列修改新例于后,仍于各条之首分别"续纂""修改"字样,缮写黄册,装潢成帙,敬呈御览,恭候钦定。俟命下之日,臣馆将新例翻译清文,另缮清汉黄册进呈后,再行分写清汉样册,咨呈武英殿刊刻颁发。仍一面先行刊刷,通行内外问刑衙门一体遵照。

为此谨奏请旨。

乾隆六十年(1795)三月十七日奏。

十八日奉旨:"知道了。钦此。"

〔刑部:奏明清汉律例告竣折(乾隆六十年)〕

刑部谨奏:为奏明清汉律例告竣事。

窃照臣部于乾隆五十八年(1793)奏明开馆,纂修律例,当将历年钦奉上谕,及议准内外臣工条奏,应纂为例者,敬谨编辑,恭缮汉字黄册进呈,并声明,钦定后,臣部按照汉文次第,翻译汇缮清汉黄册,恭呈御览等因具奏,奉旨"知道了。钦此",钦遵在案。随经臣等督率提调、纂修、翻译等官,并拣派供事,谨照黄册逐条重加誊写,分门别类,各行归入本律本例,翻译清文,缮写黄册,装潢成帙,恭呈御览,伏候钦定。俟命下之日,另行缮写清汉样本,咨呈武英殿刊刻板片,发交臣馆颁发,以垂永久。

为此谨奏请旨。

乾隆六十年(1795)十二月十一日奏。

十二日奉旨:"知道了。钦此。"

〔刑部:进呈纂修名例条例两卷折(嘉庆五年)〕

刑部谨奏:为奏闻事。

窃臣部于嘉庆四年(1799)二月奏明开馆,纂修条例。因全书自乾隆五十三年(1788)至今已阅十载,条例加多,增改不一,虽经五十八年(1793)小修一次,止就现定新例依类编入,其从前旧例应修应删之处,积久渐多。且查近年条例,间有一事一案,随时惩创,加重问拟者,即纂为新例,致与旧例多有参差,殊非圣谕不得律外加重之意,奏请逐一厘正,自四年(1799)二月初七日起至五年(1800)五月初七日止,酌限十六个月告成等因,奉旨"依议。钦此"。臣等随选委熟谙律例之提调、纂修等官,并拣派勤能供事,将历年钦奉上谕,及议准内外臣工条奏,并吏、户、礼、兵、工等部议准,有与刑名交涉,应纂为例者,各详加复核,分类增辑,并将全部条例逐一比较。其间有钦奉谕旨酌改,而例内仍行存载者,亦有旧例相沿,与钦定之例稍涉参差者,更有一事数款不隶一门,而散见各条者,又有本例已经删除,而别条仍复援引入例者。若不划一更正,内外问刑衙门恐援引舛错。今悉心参考,反复讲求,酌拟修并、修改、移改、续纂、删除,分为五项名目,开列本例之首,粘贴黄签,并于本条之下,逐条加具按语,分晰陈明。有原例者,先叙原例于前,次列新例于后,以期眉目分明。惟此次卷帙繁多,应请分次进呈。今限期届满,先将"名例"上下两卷缮写黄册,装潢成帙,敬呈御览,恭候钦定。其余各例,臣等现在督同提调等官赶紧校核,再行分次进呈,以便颁发遵行。

谨奏请旨。

嘉庆五年(1800)闰四月十七日奏。

本日奉旨:"知道了。钦此。"

〔刑部:进呈纂修吏户礼兵等律条例折(嘉庆五年)〕

刑部谨奏:为奏闻事。

窃臣部先经奏明开馆,纂修条例,当将历年钦奉上谕,及议准内外臣工条奏,应纂为例者,分类增辑,并将全部条例详加复校,以期引用无讹。嗣于本年闰四月十七日,先将“名例”上下两卷缮写黄册,恭呈御览。因此次卷帙繁多,应请分次进呈等因具奏,奉旨“知道了。钦此”,钦遵在案。今臣等督率提调、纂修等官,将吏、户、礼、兵等律应行修并、修改、移改、续纂、删除者,悉心参考,仍照前次奏定章程,分为五项名目,开列本例之首,粘贴黄签,并于本条之下,逐条加具按语,分晰陈明。有原例者,先叙原例于前,次列新例于后,以期眉目分明。缮写黄册,装潢成帙,敬呈御览,恭候钦定。其“刑律”及《督捕则例》,臣等现在督同提调、纂修等官,赶紧校核,俟完竣日,再行进呈,以便颁发遵行。

谨奏请旨等因。

嘉庆五年(1800)七月初七日奏。

本日奉旨:“知道了。钦此。”

〔刑部:奏闻纂修律例告竣折(嘉庆六年)〕

刑部谨奏:为奏闻纂修律例告竣事。

窃臣部先经奏明开馆,纂修条例,当将历年钦奉上谕,及议准内外臣工条奏,应纂为例者,分类增辑,并将全部条例详加复校,统行厘正,以期引用无讹。嗣于上年业将“名例”及吏、户、礼、兵等律,两次缮写黄册,恭呈御览,奏蒙圣鉴,各在案。今臣等督率提调、纂修等官,将“刑律”及《督捕则例》详加确核,凡钦奉谕旨及议准内外臣工条奏,除止系申明例禁,无关罪名出入者,毋庸编辑外,其有关罪名轻重应行添改,及旧例与新例未符,此条与彼条未协,应修应删者,悉心参考,并“名例”犯罪存留养亲门内应行续纂二条,均仍照前次奏定章程,分为修改、修并、续纂、移改、删除五项名目,开列本例之首,粘贴黄签,并于本条之下,逐条加具按语,分晰陈明。有原例者,先叙原例于前,次列新例于后,以期眉目分明。谨将修辑例文及毋庸编辑各条一并缮写黄册,装潢成帙,敬呈御览,恭候钦定。应俟命下,臣部将全部内业经修改各原例悉行抽换,另缮样册,咨呈武英殿抽换刊刻。臣馆仍一面捐资先行刊刷草本,通行内外问刑衙门一体遵照。

为此谨奏请旨。

嘉庆六年(1801)二月十二日奏。

十三日奉旨:“知道了。钦此。”

〔刑部:奏明清汉律例告竣折(嘉庆七年)〕

刑部谨奏:为奏明清汉律例告竣事。

窃查臣部于嘉庆四年(1799)二月奏明开馆,纂修条例,经臣等将历年钦奉上谕,及议准内外臣工条奏,应纂为例者,详细复核,敬谨编辑,恭缮汉字黄册进呈。并声明,钦定后,臣部按照汉文次第,翻译汇缮清汉黄册进呈等因具奏,奉旨"知道了。钦此"钦遵。臣等随督率提调、纂修、翻译等官,并拣派供事,谨照进呈黄册缮写楷书刊刻刷印汉字草本,业经颁发内外问刑各衙门一体遵照,仍逐条分门别类归入本律本例,并翻译清文,缮写清汉黄册,装潢成帙,恭呈御览,伏候钦定。应俟命下,臣部即行抽换板片,缮写清汉样本,咨呈武英殿刊刻,颁发遵行。

为此谨奏请旨。

嘉庆七年(1802)三月初二日奏。

本日奉旨:"依议。钦此。"

〔刑部:奏闻纂修条例告竣折(嘉庆十一年)〕

刑部谨奏:为奏闻纂修条例告竣事。

窃臣部于嘉庆九年(1804)十一月内奏明开馆,纂修条例,请将历年钦奉上谕,及议准内外臣工条奏,应纂为例者,分类编辑。其旧例内有应修应删者,逐条厘正。俟告竣之日,敬缮黄册进呈等因具奏。奉旨"依议。钦此",钦遵。臣等随率同提调、纂修等官,分派供事,详加确核。凡钦奉谕旨及议准内外臣工条奏,除止系申明例禁,无关议拟罪名者,毋庸编辑外,其有关罪名轻重,应行添改,及旧例与新例未符,应修应删者,悉心参考,均照历次奏准章程,分为修改、修并、续纂、删除各名目,开列本例之首,粘贴黄签,并于本条之下,逐条加具按语,分晰陈明。有原例者,先叙原例于前,次列新例于后,以期眉目分明。谨将修辑例文及毋庸编辑各条,一并缮写黄册,装潢成帙,敬呈御览,恭候钦定。应俟命下,臣馆将新例翻译清文。另,缮清汉黄册进呈后,再行分写清汉样册,咨呈武英殿刊刻颁发。臣馆仍一面捐资先行刊刷草本,通行内外问刑衙门一体遵照。

至在馆办事人员,除臣等及提调、纂修等官不敢仰邀议叙外,所有拣派各供事内,正、副收掌徐普、马景南、潘云、郭锳、袁鸣皋、傅林、宋谦、沈云林八名,总司一切,较众倍劳,其余留馆及额缺效力供事冯昭等三十四名,均系自备资斧在馆当差,缮写黄册等项,亦系该供事等捐资办理,俱各始终黾勉,应请照臣馆上届书成之例,给予议叙,以示鼓励。至各供事内有未经考职者,无论已未役满,应听吏部掣定职衔。其未满五年者,仍令在馆当差,俟扣满年限,方准铨选。将来缮写清汉黄册等事,即令该供事等妥协办理。如蒙俞允,臣馆照例分别等第,造册移咨吏部查照办理。

为此谨奏请旨。

嘉庆十一年(1806)十一月十六日奏。

本日奉旨:"准其议叙。钦此。"

〔刑部:奏闻纂修条例告竣折(嘉庆十五年)〕

刑部谨奏:为奏闻纂修条例告竣事。

窃照臣部于嘉庆十四年(1809)三月内奏明开馆,纂修条例,请将历年钦奉上谕,及议准内外臣工条奏,应纂为例者,详加参考,悉心校对,逐条厘正。俟告竣之日,敬缮黄册进呈等因具奏。奉旨"依议。钦此",钦遵。臣等随率同提调、纂修等官,分派供事,详加确核。凡钦奉谕旨及议准内外臣工条奏,除止系申明例禁,无关议拟罪名者,毋庸编辑外,其有关罪名轻重,应行添改,及旧例与新例未符,应修应删者,悉心参考,均照历次奏定章程,分为修改、修并、移改、续纂、删除各名目,开列本例之首,粘贴黄签,并于本条之下,逐条加具按语,分晰陈明。有原例者,先叙原例于前,次列新例于后,以期眉目分明。谨将修辑例文及毋庸编辑各条,一并缮写黄册,装潢成帙,敬呈御览,恭候钦定。应俟命下,臣馆将新例翻译清文,另缮清汉黄册进呈后,再行分写清汉样册,咨呈武英殿刊刻颁发。臣馆仍一面捐资先行刊刻草本,通行内外问刑衙门一体遵照。

至在馆办事人员,除臣等及提调、纂修等官不敢仰邀议叙外,所有拣派各供事内,正、副收掌郭锳、陈瀛、楼国柱、刘涵煇、傅林、宋谦、傅大刚、沈衣德八名,总司一切,较众倍劳,其余留馆及额缺效力供事潘云等四十五名,均系自备资斧在馆当差,缮写黄册等项,亦系该供事等捐资办理,俱各始终黾勉,应请照例给予议叙,以示鼓励。至各供事内有未经考职者,无论已未役满,应听吏部掣定职衔。其未满五年者,仍令在馆当差,俟扣满年限,方准铨选。将来缮写清汉黄册等事,即令该供事等妥协办理。如蒙俞允,臣馆照例分别等第,造册移咨吏部查照办理。

为此谨奏请旨。

嘉庆十五年(1810)五月二十四日奏。

本日奉旨:"赏给,议叙。钦此。"

〔刑部:奏闻纂修条例告竣折(嘉庆十九年)〕

刑部谨奏:为奏闻纂修条例告竣事。

窃照臣部于本年二月内奏明开馆,纂修条例,请将历年钦奉上谕,及议准内外臣工条奏,应纂为例者,详加参考,悉心校对,逐条厘正。俟告竣之日,敬缮黄册进呈等因具奏。奉旨"依议。钦此",钦遵。臣等随率同提调、纂修等官,分派供事,详加确核。凡钦奉谕旨及议准内外臣工条奏,并曾经臣部议奏奉旨准行各条例,除止系申明例禁,无关议拟罪名者,毋庸编辑外,其有关罪名轻重,应纂辑为例者,逐条编入。并旧例内有应行添改者,臣等悉心参考。均照历次奏定章程,分为修改、修并、移并、续纂、删除各名目,开列本例之首,粘贴黄签,并于本条之下,逐条加具按语,分晰陈明。有原例者,先叙原例于前,次列新例于后,以期眉目分明。谨将修辑例文及毋庸编辑各条一并缮写黄册,装潢成帙,敬呈御览,恭候钦定。应俟命下,臣馆将新例翻译清文,另缮清汉黄册进呈后,再行分写清汉样册,咨呈武英殿刊刻颁发。臣馆仍一面捐资先行刊刷草本,通行内外问刑衙门一体遵照。

至在馆办事人员,除臣等及提调、纂修等官不敢仰邀议叙外,所有拣派各供事内,正、副收掌沈宗元、汤聘三、周铨、韩昌晋、范巽木、王尚美、陈玉田、常镕八名,总司一切,较众尤为出力,其余留馆及额缺效力供事潘云等五十二名,均系自备资斧在馆当差,缮写黄册等项,亦系该供事等捐资办理,俱各始终黾勉,应请照上次书成之例,给予议叙,以示鼓励。至各供事内有未经考职者,无论已未役满,应听吏部掣定职衔。其未满五年者,仍令在馆当差,俟扣满年限,方准铨选。将来缮写清汉黄册等事,即令该供事等妥协办理。如蒙俞允,臣馆照例分别等第,造册移咨吏部查照办理。

为此谨奏请旨。

嘉庆十九年(1814)十二月十二日奏。

本日奉旨:"依议。钦此。"

〔刑部:纂修条例告竣恭缮黄册进呈御览折(道光元年)〕

刑部谨奏:为纂修条例告竣恭缮黄册进呈御览事。

窃臣部于嘉庆二十四年(1819)四月内奏明开馆,纂修条例,请将历年钦奉上谕,及议准内外臣工条奏,应纂为例者,详加参考,悉心校对,逐条厘正。俟告竣之日,敬缮黄册进呈等因具奏。奉旨"依议。钦此"。臣等随率同提调、纂修等官,分派供事,凡嘉庆年间钦奉谕旨及现奉谕旨,并议准内外臣工条奏,除止系申明例禁,无关议拟罪名者,毋庸编辑外,其有关罪名轻重,应行纂辑为例,及旧例与新例未符,应修应删者,臣等悉心参考。俱照历次奏定章程,分为修改、修并、移改、续纂、删除各名目,开列本例之首,粘贴黄签,并于本条之下,逐加按语,分晰陈明。有原例者,先叙原例于前,次列现修新例于后,以期眉目分明。除由吉林、黑龙江改发新疆、内地,及由新疆、回疆改发内地各项,现于应修例内逐条修改,因止系调发地方,并未更改罪名,毋庸列入黄册外,谨将修辑例文及毋庸编辑各条,一并缮写黄册,装潢成帙,敬呈御览,恭候钦定。应俟命下,臣馆将新例翻译清文,另缮清汉黄册进呈后,再行分写清汉样册,咨呈武英殿刊刻颁发。臣馆仍一面捐资先行刊刷草本,通行内外问刑衙门一体遵照。

至在馆办事人员,除臣等及提调、纂修等官不敢仰邀议叙外,所有拣派各供事内,正、副收掌周铨、韩昌晋、孙浩、钟殿选、范巽木、王尚美、余禄、周步春八名,总司一切,较众尤为出力,其余留馆及额缺效力供事王槐等五十二名,均系自备资斧在馆当差,缮写黄册等项,亦系该供事等捐资办理,俱各始终黾勉,应请照上次书成之例,给与议叙,以示鼓励。至各供事内有未经考职者,无论已未役满,应听吏部掣定职衔。其未满五年者,仍令在馆当差,俟扣满年限,方准铨选。将来缮写清汉黄册等事,即仍令该供事等妥协办理。如蒙俞允,臣馆照例分别等第,造册移咨吏部查照办理。

为此谨奏请旨。

道光元年(1821)十二月二十二日奏。

本日奉旨:"依议。钦此。"

〔刑部:纂修条例告竣恭缮黄册进呈御览折(道光五年)〕

刑部谨奏:为纂修条例告竣恭缮黄册进呈御览事。

窃臣部于道光四年(1824)八月内奏明开馆,纂修条例,请将历年钦奉上谕,及议准内外臣工条奏,应纂为例者,详加参考,悉心校对,逐条厘正。俟告竣之日,敬缮黄册进呈等因具奏。奉旨"依议。钦此"钦遵。臣等随率同提调、纂修等官,分派供事,详加确核。凡钦奉谕旨及议准内外臣工条奏,除止系申明例禁,无关议拟罪名者,毋庸编辑外,其有关罪名轻重,应纂辑为例者,逐条编入,并旧例内有应行添改者,臣等悉心参考,均照历次奏定章程,分为修改、移改、续纂、删除各名目,开列本例之首,粘贴黄签,并于本条之下,逐条加具按语,分晰陈明。有原例者,先叙原例于前,次列新例于后,以期眉目分明。谨将修辑例文,一并缮写黄册,装潢成帙,敬呈御览,恭候钦定。应俟命下,臣馆将新例翻译清文,另缮清汉黄册进呈后,再行分写清汉样册,咨呈武英殿刊刻颁发。臣馆仍一面捐资先行刊刷草本,通行内外问刑衙门一体遵照。

至在馆办事人员,除臣等及提调、纂修等官不敢仰邀议叙外,所有拣派各供事内,正、副收掌孙浩、钟殿选、韩昌祺、周步春、朱本、詹思政、孙嘉会等七名,总司一切,较众尤为出力,其余留馆及额缺效力供事冯建揆等七十名,均系自备资斧在馆当差,缮写黄册等项,亦系该供事等捐资办理,均各始终黾勉,应请照上次书成之例,给与议叙,以示鼓励。至各供事内有未经考职者,无论已未役满,应听吏部掣定职衔。其未满五年者,仍令在馆当差,俟扣满年限,方准铨选。将来缮写清汉黄册等事,即令该供事等妥协办理。如蒙俞允,臣馆照例分别等第,造册移咨吏部查照办理。

为此谨奏请旨。

道光五年(1825)十二月十三日奏。

本日奉旨:"依议。钦此。"

〔刑部:纂修条例告竣恭缮黄册进呈御览折(道光十年)〕

刑部谨奏:为纂修条例告竣恭缮黄册进呈御览事。

窃臣部于道光九年(1829)八月内奏明开馆,纂修条例,请将历年钦奉上谕,及议准内外臣工条奏,应纂为例者,详加参考,悉心校对,逐条厘正。俟告竣之日,敬缮黄册进呈等因具奏。奉旨"依议。钦此"钦遵。臣等随率同提调、纂修等官,分派供事,详加确核。凡钦奉谕旨及议准内外臣工条奏,除止系申明例禁,无关议拟罪名者,毋庸编辑外,其有关罪名轻重,应纂辑为例者,逐条编入,并旧例内有应行添改者,臣等悉心参考,均照历次奏定章程,分为修改、修并、移并、续纂、删除各名目,开列本例之首,粘贴黄签,并于本条之下,逐条加具按语,分晰陈明。有原例者,先叙原例于前,次列新例于后,以期眉目分明。谨将修辑各条例文,一并缮写黄册,装潢成帙,敬呈御览,恭候钦定。应俟命下,臣馆将新例翻译清文,另缮清汉黄册进呈后,再行分写清汉样册,咨呈武英殿刊刻颁发。臣馆仍一面捐资先行刊刷草本,通行内外问刑衙门一体遵照。

至在馆办事人员,除臣等及提调、纂修等官不敢仰邀议叙外,所有拣派各供事内,正、副收掌韩昌祺、万家学、鲍慎之、钱尚志、周步春、金成基、朱梿等七名,总司一切,较众尤为出力,其余留馆及额缺效力供事赵玢等五十三名,均系自备资斧在馆当差,缮写黄册等项,亦系该供事等捐资办理,均各始终黾勉,应请照上次书成之例,给与议叙,以示鼓励。将来缮写清汉黄册等事,即令该供事等妥协办理。如蒙俞允,臣馆照例分别等第,造册移咨吏部查照办理。

为此谨奏请旨。

道光十年(1830)十一月十七日奏。

二十日奉旨:"依议。钦此。"

〔刑部:纂修条例告竣恭缮黄册进呈御览折(道光十五年)〕

刑部谨奏:为纂修条例告竣恭缮黄册进呈御览事。

窃臣部于道光十四年(1934)十月内奏明开馆,纂修条例,请将历年钦奉上谕,及议准内外臣工条奏,应纂为例者,详加参考,悉心校对,逐条厘正。俟告竣之日,敬缮黄册进呈等因具奏。奉旨:"依议。钦此"。臣等随率同提调、纂修等官,分派供事,详加确核。凡钦奉谕旨及议准内外臣工条奏,除止系申明例禁,无关议拟罪名者,毋庸编辑外,其有关罪名轻重,应纂辑为例者,逐条编入,并旧例内有应行添改者,臣等悉心参考,均照历次奏定章程,分为修改、修并、移改、续纂、删除各名目,开列本例之首,粘贴黄签,并于本条之下,逐条加具按语,分晰陈明。有原例者,先叙原例于前,次列新例于后,以期眉目分明。谨将修辑各条例文,一并缮写黄册,装潢成帙,敬呈御览,恭候钦定。应俟命下,臣馆将新例翻译清文,另缮清汉黄册进呈后,再行分写清汉样册,咨呈武英殿刊刻颁发。臣馆仍一面捐资先行刊刷草本,通行内外问刑衙门一体遵照。

至在馆办事人员,除臣等及提调、纂修等官不敢仰邀议叙外,所有拣派各供事内,正、副收掌韩昌祺、万调阳、周佩勤、钟清达、赵玢等五名,总司一切,较众尤为出力,其余留馆及额缺效力供事劳廷锡等五十五名,均系自备资斧在馆当差,缮写黄册等项,亦系该供事等捐资办理,均各始终黾勉,应请照上次书成之例,给与议叙,以示鼓励。将来缮写清汉黄册等事,即令该供事等妥协办理。如蒙俞允,臣馆照例分别等第,造册移咨吏部查照办理。

为此谨奏请旨。

道光十五年(1835)十二月十八日奏。

十九日奉旨:"依议。钦此。"

〔刑部:纂修条例告竣恭缮黄册进呈御览折(道光二十年)〕

刑部谨奏:为纂修条例告竣恭缮黄册进呈御览事。

窃臣部于道光十九年(1839)十二月内奏明开馆,纂修条例,请将历年钦奉上谕,及议准内外臣工条奏,应纂为例者,详加参考,悉心校对,逐条厘正。俟告竣之日,敬缮黄册进呈等因具奏。奉旨:"依议。钦此"。臣等随率同提调、纂修等官,分派供事,详加确核。凡钦奉谕旨及议准内外臣工条奏,除止系申明例禁,无关议拟罪名者,毋庸编辑外,其有关罪名轻重,应纂辑为例者,逐条编入,并旧例内有应行添改者,臣等悉心参考,均照历次奏定章程,分为修改、续纂、删除各名目,开列本例之首,粘贴黄签,并于本条之下,逐条加具按语,分晰陈明。有原例者,先叙原例于前,次列新例于后,以期眉目分明。谨将修辑各条例文,一并缮写黄册,装潢成帙,敬呈御览,恭候钦定。应俟命下,臣馆将新例翻译清文,另缮清汉黄册进呈后,再行分写清汉样册,咨呈武英殿刊刻颁发。臣馆仍一面捐资先行刊刷草本,通行内外问刑衙门一体遵照。

至在馆办事人员,除臣等及提调、纂修等官不敢仰邀议叙外,所有拣派各供事六十名,均系自备资斧在馆当差,缮写黄册等项,亦系该供事等捐资办理,均各始终黾勉,应请照上次书成之例,给与议叙,以示鼓励。将来缮写清汉黄册等事,即令该供事等妥协办理。如蒙俞允,臣馆照例分别等第,造册移咨吏部查照办理。

为此谨奏请旨。

道光二十年(1840)十二月二十四日具奏。

二十五日奉旨:"依议。钦此。"

〔刑部：纂修条例告竣恭缮黄册进呈御览(道光二十五年)〕

刑部谨奏：为纂修条例告竣恭缮黄册进呈御览事。

窃臣部于道光二十四年(1844)十二月内奏明开馆，纂修条例，请将历年钦奉上谕，及议准内外臣工条奏，应纂为例者，详加参考，悉心校对，逐条厘正。俟告竣之日，敬缮黄册进呈等因具奏。奉旨："依议。钦此"。臣等随率同提调、纂修等官，分派供事，详加确核。凡钦奉谕旨及议准内外臣工条奏，除止系申明例禁，无关议拟罪名者，毋庸编辑外，其有关罪名轻重，应纂辑为例者，逐条编入，并现行例文有奏准仍复旧例者，及旧例内有应行添改者，臣等悉心参考，均照历次奏定章程，分为修改、续纂、删除各名目，开列本例之首，粘贴黄签，并于本条之下，逐条加具按语，分晰陈明。有原例者，先叙原例于前，次列新例于后，以期眉目分明。谨将修辑各条例文，一并缮写黄册，装潢成帙，敬呈御览，恭候钦定。应俟命下，臣馆将新例翻译清文，另缮清汉黄册进呈后，再行分写清汉样册，咨呈武英殿刊刻颁发。臣馆仍一面捐资先行刊刷草本，通行内外问刑衙门一体遵照。

至在馆办事人员，除臣等及提调、纂修等官不敢仰邀议叙外，所有拣派供事六十名，均系自备资斧在馆当差，缮写黄册等项，亦系该供事等捐资办理，均各始终黾勉，应请照上次书成之例，给与议叙，以示鼓励。将来缮写清汉黄册等事，即令该供事等妥协办理。如蒙俞允，臣馆照例分别等第，造册移咨吏部查照办理。

为此谨奏请旨。

道光二十五年(1845)十二月二十二日具奏。

本日奉旨："依议。钦此。"

〔刑部:纂修条例告竣恭缮黄册进呈御览折(咸丰二年)〕

刑部谨奏:为纂修条例告竣恭缮黄册进呈御览事。

窃臣部于道光二十九年(1849)十二月内奏明开馆,纂修条例,请将历年钦奉上谕,及议准内外臣工条奏,应纂为例者,详加参考,逐条厘正。俟告竣之日,敬缮黄册进呈等因具奏。奉旨:"依议。钦此"。臣等随率同提调、纂修等官,分派供事,将道光年间钦奉谕旨及现奉谕旨,并议准内外臣工条奏,除止系申明例禁,无关议拟罪名者,毋庸编辑外,其有关罪名轻重,应纂为例者,逐条编入,并旧例内有应修应删者,臣等悉心参考,均照历次奏定章程,分为修改、修并、移改、续纂、删除各名目,开列本例之首,粘贴黄签,并于本条之下,逐条加具按语,分晰陈明。有原例者,先叙原例于前,次列现修新例于后,以期眉目分明。谨将修辑各条例文,一并缮写黄册,装潢成帙,敬呈御览。应俟命下,臣馆翻译清文,另缮清汉黄册进呈后,再行分写清汉样册,咨呈武英殿刊刻颁发。臣馆仍一面捐资先行刊刷草本,通行内外问刑衙门一体遵照。

至在馆办事人员,除臣等及提调、纂修等官不敢仰邀议叙外,所有拣派各供事内,正、副收掌金兆基、鲍桂芬、钱鸿逵、顾翰书等四名,总司一切,较众尤为出力,其余效力供事潘树桂等五十六名,均系自备资斧在馆当差,缮写黄册等项,亦系该供事等捐资办理,均各始终黾勉,应请照历次书成之例,给与议叙,以示鼓励。将来缮写清汉黄册等事,即令该供事等妥协办理。如蒙俞允,臣馆照例分别等第,造册移咨吏部查照办理。

为此谨奏请旨。

咸丰二年(1852)十二月二十五日奏。

二十九日奉朱批:"依议。钦此。"

〔刑部:纂修条例告竣恭缮黄册进呈御览折(同治九年)〕

刑部谨奏:为纂修条例告竣恭缮黄册进呈御览事。

窃臣部于同治二年(1863)五月内奏明开馆,纂修条例,请将历年钦奉上谕,及议准内外臣工条奏,应纂为例者,详加参考,逐条厘正。俟告竣之日,敬缮黄册进呈等因具奏。奉旨:"依议。钦此"。臣等随率同提调、纂修等官,分派供事,将咸丰年间钦奉谕旨及现奉谕旨,并议准内外臣工条奏,除止系申明例禁,无关议拟罪名者,毋庸编辑外,其有关罪名轻重,应纂为例者,逐条编入,并旧例内有应修应删者,臣等悉心参考,均照历次奏定章程,分为修改、修并、移改、续纂、删除各名目,开列本例之首,粘贴黄签,并于本条之下,逐条加具按语,分晰陈明。有原例者,先叙原例于前,次列现修新例于后,以期眉目分明。谨将修辑各条例文,一并缮写黄册,装潢成帙,敬呈御览。应俟命下,臣馆翻译清文,另缮清汉黄册进呈后,再行分写清汉样册,咨呈武英殿刊刻颁发。臣馆仍一面捐资先行刊刷草本,通行内外问刑衙门一体遵照。

至在馆办事人员,除臣等及提调、纂修等官不敢仰邀议叙外,所有各供事向额六十名,近年因投效较少,拣派三十二名,均系自备资斧在馆当差,缮写黄册等项,除由臣部饭银项下提捐外,余系该供事等捐资办理,均各始终黾勉,应请照历次书成之例,给与议叙,以示鼓励。将来缮写清汉黄册等事,即令该供事等妥协办理。如蒙俞允,臣馆照例分别等第,造册移咨吏部查照办理。

再,嗣后纂修条例,如该供事等投效人数足额,仍照历届成案,准以六十名为额,以符定章。合并声明。

谨恭折具奏请旨。

同治九年(1870)二月初十日奏。

本日奉旨:"依议。钦此。"

衔　名

〔衔名(乾隆五年)〕

武英殿监理

和硕和亲王	臣	弘　昼

总裁官

经筵讲官、太子太保、东阁大学士,兼礼部尚书,兼管户部尚书事务,加六级	臣	徐　本
经筵讲官、议政大臣,协办内阁大学士事务,礼部尚书,仍管太常寺鸿胪寺事务,加二级	臣	三　泰
经筵讲官、吏部尚书,教习庶吉士,加三级,又军功加二级,纪录十八次,军功纪录二次	臣	史贻直
议政大臣、内大臣、刑部尚书,兼内务府总管,纪录四次,革职留任	臣	来　保
太子少保、吏部尚书,今任两广总督,承恩公	臣	庆　复
太子少保、吏部尚书,今任湖广总督	臣	孙嘉淦
太子少保、刑部尚书,今任川陕总督	臣	尹继善
议政大臣、刑部尚书,今任闽浙总督,世袭云骑尉	臣	那苏图
原任经筵讲官、吏部尚书	臣	杨超曾
原任工部尚书,降三级调用	臣	赵殿最

提调官

刑部主事	臣	德　昌
刑部郎中,升任陕西粮驿道	臣	孙陈典
盛京户部郎中	臣	何　瞻
吏部稽勋司员外郎	臣	戴章甫
原任刑部员外郎	臣	永　奇
原任翰林院编修	臣	查　祥

纂修官

刑部贵州司郎中	臣	唐绍祖
原任刑部督捕司郎中	臣	周　琬
原任刑部员外郎	臣	阿林泰
原任巴沟理事通判	臣	兆珠纳
盛京礼部郎中	臣	岳　泰
盛京户部员外郎	臣	赵之埰
盛京工部员外郎	臣	纳　海
原任刑部员外郎,兼佐领	臣	殷　珠
原任兵部主事	臣	常　鼐
刑部四川司主事	臣	王　洛
刑部督捕司主事	臣	吴绍诗
原任河南郾城县知县	臣	包洪基

收掌官

刑部笔帖式	臣	岳　宁
刑部笔帖式	臣	富尼汉
刑部笔帖式,升任熊岳理事通判	臣	德　禄
刑部笔帖式,升任通州理事通判	臣	伊兰泰
九品笔帖式	臣	马宁安
吏部笔帖式	臣	雅哈理

翻译官

候补笔帖式	臣	明　德
	臣	成　善
	臣	法　宝
	臣	德　馨
	臣	丰阿泰
	臣	宁古礼
	臣	丰盛阿
	臣	九　哥
贴写中书	臣	噶　绅
盛京助教	臣	专　图
七品笔帖式	臣	常　云

满誊录官

候补笔帖式	臣	福尔泰
	臣	马受福
	臣	德克进
	臣	克星额
	臣	明　善
	臣	坤　禄
	臣	满　普
	臣	马进泰
	臣	赫楞额
	臣	德　云
	臣	安　元
	臣	爱隆阿
	臣	扎禄顺
	臣	新　成
	臣	速　成
	臣	发福利
	臣	机兰泰
	臣	禄　昌
	臣	九　十
	臣	永　德
	臣	喀米图
户部缮本笔帖式	臣	明　德
贴写中书	臣	永　泰

汉誊录官

候选知县	臣	张　巽
候选教谕	臣	张洪浚
	臣	吴　溶
候选县丞	臣	陈　钥
候选吏目	臣	孟毓蕃
	臣	卢士琛
贡生	臣	嵇耀增

监生	臣	舒继英
生员	臣	张为柱
	臣	李承绩
	臣	张克济
监生	臣	潘　溶
	臣	沈奂文
	臣	顾宗预

武英殿监造

内务府南苑郎中,兼佐领,加五级,纪录十次	臣	雅尔岱
内务府钱粮衙门郎中,兼佐领,加五级,纪录十一次	臣	永　保
内务府慎刑司员外郎,纪录一次	臣	永　忠
同知,加一级,纪录九次	臣	英　廉
内务府广储司司库,加二级	臣	三　格
监造,加一级	臣	李　保
监造	臣	郑桑格
库掌	臣	李延伟
	臣	虎什泰

〔衔名(乾隆五十五年)〕

刑部堂官

经筵日讲起居注官、太子太保、议政大臣、武英殿大学士,领文渊阁事,管理兵部、刑部、户部三库,兼掌翰林院事、御前大臣,领侍卫内大臣,兼管镶黄旗满洲都统,诚谋英勇公	臣	阿 桂
议政大臣、刑部尚书、正白旗汉军都统,世袭一等男,又一云骑尉	臣	喀宁阿
太子少保,刑部尚书	臣	胡季堂
都统职衔左侍郎	臣	穆精阿
左侍郎,升任湖南巡抚	臣	姜 晟
右侍郎	臣	玉 德
右侍郎	臣	王 昶

提调官

刑部四川清吏司郎中	臣	崇 禄
刑部四川清吏司郎中,候补京堂	臣	金光悌
刑部广东清吏司郎中,升任直隶按察使	臣	阿精阿
刑部安徽清吏司郎中,候补京堂	臣	祖之望

纂修官

刑部云南清吏司郎中	臣	赫 敏
刑部广西清吏司郎中	臣	兆 坊
刑部直隶清吏司郎中,升任甘肃甘州府	臣	刘 烒
刑部直隶清吏司员外郎	臣	沈廷瑛

协办纂修官

刑部广西清吏司郎中,升任广西右江道	臣	萨腾安
刑部广东清吏司员外郎	臣	那 缙
刑部陕西清吏司员外郎,升任山东青州府	臣	公 峩
刑部奉天清吏司郎中,升任四川川北道	臣	博 纯
刑部福建清吏司郎中,升任广东高廉道	臣	韩 崶

刑部福建清吏司郎中	臣	王朝梧
刑部湖广清吏司郎中,升任河南归德府	臣	彭翼蒙
刑部山东清吏司郎中	臣	潘绍观
分校官		
候补主事	臣	洪其绅
	臣	潘 鹭
	臣	俞廷棆
	臣	汪彦博
收掌官		
刑部笔帖式	臣	惠 保
	臣	固宁阿
翻译官		
刑部笔帖式	臣	台 福
	臣	哈 理
	臣	瑭 璐
	臣	臣德合
	臣	德 通
誊录官		
刑部笔帖式	臣	舒 进
	臣	德 泰
	臣	永 清
	臣	福 山
	臣	永 庆
	臣	富勒赫

〔衔名(嘉庆七年)〕

刑部堂官

经筵讲官,太子太傅,文华殿大学士同,管理刑部事务,世袭骑都尉,稽察钦奉上谕事件处	臣	董　诰
尚书,镶蓝旗满洲都统	臣	德　瑛
原任经筵讲官,尚书,调任户部尚书	臣	成　德
尚书,调任户部尚书,兼理步军统领	臣	宗室禄康
原任尚书	臣	张若渟
左侍郎,正黄旗满洲副都统	臣	瑚素通阿
左侍郎,升任尚书	臣	熊　枚
左侍郎,前任陕西巡抚	臣	祖之望
左侍郎,今任工部侍郎	臣	初彭龄
右侍郎,升任湖南巡抚	臣	高　杞
右侍郎,今任礼部左侍郎	臣	莫瞻菉

提调官

刑部江西清吏司郎中,升任奉天锦州府	臣	佛喜保
刑部江西清吏司主事,升任安徽巡抚	臣	阿林保
前任刑部山西清吏司员外郎	臣	景　禄
刑部陕西清吏司郎中,升任山东按察使	臣	金光悌
刑部河南清吏司郎中,升任福建按察使	臣	韩　崶
刑部陕西清吏司郎中,升任山东沂州府	臣	刘　珏
刑部直隶清吏司员外郎,升任左侍郎	臣	姜　晟
刑部云南清吏司郎中,升任山西朔平府	臣	广　玉
刑部浙江清吏司郎中	臣	灵　保
刑部山东清吏司郎中	臣	沈华旭
刑部直隶清吏司郎中	臣	陈若霖

纂修官

刑部奉天清吏司郎中	臣	台　福

刑部贵州清吏司员外郎，升任右侍郎	臣	赓　音
刑部云南清吏司主事	臣	明　山
刑部广东清吏司郎中	臣	常　豫
刑部陕西清吏司郎中	臣	恒　敬
刑部广东清吏司员外郎	臣	明　达
刑部陕西清吏司员外郎	臣	福森泰
刑部奉天清吏司员外郎	臣	杨曰鲲
刑部浙江清吏司郎中，升任江西抚州府	臣	邱先德
刑部山东清吏司员外郎，升任山东济南府	臣	张鹏昇
刑部广东清吏司郎中，升任四川保宁府	臣	言朝标
刑部陕西清吏司郎中，升任安徽庐州府	臣	张祥云
刑部江西清吏司主事	臣	韩文绮
分校官		
刑部福建清吏司员外郎	臣	祁　埙
刑部候补主事	臣	李　威
收掌官		
刑部笔帖式，升任贵州清吏司主事	臣	西隆阿
刑部笔帖式，升任黑龙江主事	臣	塔清阿
翻译官		
刑部笔帖式，升任山东青州府理事同知	臣	安兴阿
刑部笔帖式	臣	祥　德
	臣	纳清阿
	臣	善　麟
誊录官		
刑部笔帖式	臣	伊绵泰
	臣	诚　明
	臣	文　勇
	臣	嵩　宁
	臣	释迦保
	臣	福　祥

〔衔名(道光五年)〕

刑部堂官

太子少保,体仁阁大学士,管理刑部事务	臣	蒋攸铦
尚书,正黄旗汉军都统	臣	明　山
尚书,今任湖广总督	臣	嵩　孚
经筵讲官,太子太傅,内大臣,东阁大学士,阅兵大臣,管理理藩院事务,正白旗满洲都统,崇文门正监督,署尚书	臣	托　津
尚书	臣	陈若霖
左侍郎,管理圆明园八旗包衣三旗官兵事务,镶黄旗蒙古副都统	臣	英　瑞
左侍郎	臣	戴敦元
右侍郎,正红旗汉军副都统,国史馆清文总校	臣	昇　寅
右侍郎,稽察左翼宗学	臣	刘彬士
右侍郎,调任礼部右侍郎,福建学政	臣	史致俨
二品顶戴,署右侍郎	臣	韩　崶

提调官

河南清吏司郎中	臣	春　昭
广东清吏司郎中	臣	明安福
陕西清吏司郎中	臣	郑敦允
直隶清吏司郎中	臣	戚宗彝
山西清吏司郎中	臣	赵炳言
山西清吏司郎中,现任直隶按察使	臣	戴宗沅
江苏清吏司员外郎	臣	怡　良
山西清吏司员外郎	臣	凤　来
直隶清吏司员外郎	臣	瑞　元
奉天清吏司员外郎	臣	闵受昌

纂修官

河南清吏司员外郎	臣	英　昭

山西清吏司主事	臣	三龙泰
陕西清吏司候补主事	臣	嵩 麟
汉档房堂主事,升任盛京户部员外郎	臣	吉尔杭阿

校对官

浙江清吏司主事	臣	王 铸
河南清吏司主事	臣	吴毓英
候补主事	臣	方用仪

收掌官

笔帖式,今升湖广司主事	臣	琦成额
笔帖式	臣	荣 兴
	臣	怡 昌

翻译官

笔帖式	臣	瑞 昌
	臣	哈忠阿
	臣	蔡良保
	臣	丰 林

誊录官

笔帖式	臣	于溶保
	臣	都尔逊
笔帖式,今升延安府理事同知	臣	广 崇
笔帖式	臣	英 勋
	臣	文 翰
	臣	玉 崑
	臣	福克精阿

〔衔名(道光二十五年)〕

刑部堂官

经筵讲官,文渊阁大学士,翰林院掌院学士,上书房总师傅,管理刑部事务,正白旗汉军都统	臣	觉罗宝兴
尚书,正红旗汉军都统	臣	阿勒清阿
尚书	臣	李振祜
左侍郎,正黄旗满洲副都统	臣	赓　福
左侍郎,稽查左翼宗学	臣	周祖培
右侍郎,广东学政	臣	全　庆
右侍郎	臣	张澧中

提调官

江苏司郎中,户部坐粮厅	臣	奎　绶
奉天司郎中	臣	承　芳
浙江司郎中	臣	张春育
山东司郎中	臣	文　桂
安徽司员外郎	臣	胡光莹
员外郎上行走,前任直隶宣化府知府	臣	毓　科
直隶司郎中	臣	恩　锡
湖广司郎中	臣	陶文潞
河南司郎中	臣	袁彦龄

分校官

湖广司员外郎	臣	孟先颖
广西司员外郎	臣	王之斌
山东司主事	臣	郑敦谨
奉天司主事	臣	李维醇

收掌官

笔帖式	臣	奎　麟
笔帖式,今升伊犁粮饷章京	臣	桂　星

翻译官

笔帖式	臣	庆 玉
笔帖式,今升四川司主事	臣	恩 龄
笔帖式,今升贵州司主事	臣	崇 龄
笔帖式,今升直隶司主事	臣	明 绪

誊录官

笔帖式	臣	锡 昌
	臣	贵 山
笔帖式,今升湖广司主事	臣	觉罗奎栋
笔帖式	臣	博 文
	臣	奎 龄
	臣	赵文麟
	臣	庆 纯

凡　例[①]

一、律文四百五十七条,历代相因,至雍正五年(1727)删改增并,定为四百三十六门,今仍其旧。至条例则世轻世重,有随时酌中之义。今自雍正五年(1727)刻本所载至雍正五年(1727)以后道光二十五年(1845)十二月以前现行则例,详为订正,增删改并计共一千八百五十三条,分门别类,悉附律文之后。

一、律内小注,释难明之义解,达未足之语气,句斟字酌,实足补律所未备,今皆照旧详载。间有增损,务在理明辞顺,无取更张。其律文之后大字总注,虽亦原本《笺释》《辑注》等书,但意在敷宣,易生支蔓,又或义本明显,无事笺疏,今皆不载。其中有于律义有所发明,实可补律之所不逮,则竟别立一条,著为成例,以便引用。

一、律例一书,乃圣朝成宪,间亦允准群议,无不酌自皇衷。从前刊本于条款中间载钦奉上谕,今皆编纂成例,著之于篇。其与例款无涉,或止申饬训诫之文,通送上谕馆恭修,不更登载。

一、雍正五年(1727)刻本于每条之上分别原例、增例、钦定例各名目,既以时代为先后,势必不能依类编辑,今将原例、增例等名目概不登载。如钱粮则由仓库而次及杂项侵挪,贼盗则由正犯而次及搜赃举首,庶几条分缕析,次序秩然。

一、律目有数,例款繁多,间有不应隶此门而误为附入者,今皆考订详明,亦如本条之下。如飞诡税粮两百石以上与滥设官吏无涉,承审承缉诸限期与官文书稽程无涉,而皆入之吏律,今分载户律田宅、刑律捕亡断狱各条之下。阅者以此类推,则按籍而稽,展卷了然矣。

一、文武官罚俸降革事隶处分,间亦载入律例,然多不全不备。今吏、兵两部开馆编辑,各有专书,无庸于律例内纷见杂出。其有应议罪款而兼及处分之处,并改交部议处,或改交部分别议处。事以类从,义仍贯串,参观自得。

一、凡道光二十五年(1845)十二月以前之例,已经逐条考校,奏准颁行。其道光二十六年(1846)正月以后之例,依乾隆十一年(1746)奏准,嗣后有陆续增修之处,定限五年一次,编辑附律例之后颁行,直省从此永著为例。

一、纳赎各条并冠名例之首,其应否准其纳赎,开载未能详悉,易至高下其手。今依律例中已经开明各条,因类比附,并查照《读律佩觿》所载不准纳赎罪名,详加酌定,于各条下注明,以免畸轻畸重之失。

---

① 道光二十五年(1845)改定。

一、首卷诸图，皆仍旧刻。惟收赎，过失杀伤人律云"依律收赎"，而例内又止有收赎过失杀人银数，并无收赎过失伤人若干银两之文，内外办理，向无凭准。查收赎过失杀人绞罪银十二两四钱二分，即律图内收赎杂犯绞斩五钱二分五厘之数合成。盖缘前明钱钞并收，故图内亦照钞数折算。今将收赎伤人银数，亦照收赎杀人银数，按其致伤轻重、应得罪名，合算折银，另立一图，附诸图之后，以备稽考。

一、颁发之后，内外问刑衙门凡有问拟，悉令遵照办理。其有从前例款，此次修辑所不登入者，皆经奏准删除，毋得以曾经通行，仍复援引。违者，论如律。

卷一　律目

律　目（略）

以上通计四百三十六条。

附例共计一千八百五十三条。[1]

---

① 附例数目为道光二十五年(1845)数目。经咸丰二年(1852)、同治九年(1870)两次增删,附例数目增至1907条。

附:例分八字之义

<table>
<tr><td rowspan="8">例分八字之义</td><td>以</td><td>“以”者,与实犯同。谓如监守贸易官物,无异实盗,故“以枉法论”“以盗论”,并除名、刺字,罪至斩、绞,并全科</td></tr>
<tr><td>准</td><td>“准”者,与实犯有间矣。谓如“准枉法”“准盗论”,但准其罪,不在除名、刺字之例,罪止杖一百、流三千里</td></tr>
<tr><td>皆</td><td>“皆”者,不分首从,一等科罪。谓如“监临、主守、职役同情盗所监守官物,并赃满数,皆斩”之类</td></tr>
<tr><td>各</td><td>“各”者,彼此同科此罪。谓如“诸色人匠,拨赴内府工作,若不亲自应役,雇人冒名私自代替,及替之人,各杖一百”之类</td></tr>
<tr><td>其</td><td>“其”者,变于先意。谓如“论八议罪犯,先奏请议。其犯十恶,不用此律”之类</td></tr>
<tr><td>及</td><td>“及”者,事情连后。谓如“彼此俱罪之赃及应禁之物则没官”之类</td></tr>
<tr><td>即</td><td>“即”者,意尽而复明。谓如“犯罪事发在逃者,众证明白,即同狱成”之类</td></tr>
<tr><td>若</td><td>“若”者,文虽殊而会上意。谓如“犯罪未老疾,事发时老疾,以老疾论。若在徒年限内老疾者,亦如之”之类</td></tr>
</table>

卷二　诸图

0.1 诸　图

0.1.1 六赃图

	监守盗	常人盗	坐　赃	枉法 无禄人减一等	不枉法 无禄人减一等	窃　盗
笞二十			一两以下			
三十			一两至一十两			
四十			二十两			
五十			三十两			
杖六十			四十两		一两以下	一两以下
七十		一两以下	五十两	一两以下	一十两	一十两
八十	一两以下	一两至五两	六十两	一两至五两	二十两	二十两
九十	一两至二两五钱	一十两	七十两	一十两	三十两	三十两
一百	五两	一十五两	八十两	一十五两	四十两	四十两
徒一年、杖六十	七两五钱	二十两	一百两	二十两	五十两	五十两
一年半、杖七十	一十两	二十五两	二百两	二十五两	六十两	六十两
二年、杖八十	一十二两五钱	三十两	三百两	三十两	七十两	七十两
二年半、杖九十	一十五两	三十五两	四百两	三十五两	八十两	八十两
三年、杖一百	一十七两五钱	四十两	五百两	四十两	九十两	九十两
流二千里、杖一百	二十两	四十五两		四十五两	一百两	一百两
二千五百里、杖一百	二十五两	五十两		五十两	一百一十两	一百一十两

续表

		监守盗	常人盗	坐　赃	枉法 无禄人减一等	不枉法 无禄人减一等	窃　盗
三千里、杖一百		三十两	五十五两		五十五两	一百二十两 无禄人罪止	一百二十两
杂犯	绞		八十两				
	斩	四十两					
实犯	绞				有禄人八十两,无禄人一百二十两	一百二十两以上	一百二十两以上

0.1.2 纳赎诸例图

	无　力 依律决配	有　力 照例赎罪	稍有力	收　赎 老幼废疾、天文生及妇人折杖,照例收赎	赎　罪 官员正妻、例难的决及妇人有力者照例赎罪
例		折银上库 折谷上仓,每谷一石折米五斗,每米一石折银五钱			
笞一十	杖之小者	赎银二钱五分,如纳米五斗,如谷一石	赎银三钱,照做工一月,例折银三钱	赎银七厘五毫	赎银一钱
二十		赎银五钱,如纳米一石,如谷二石	赎银四钱五分	赎银一分五厘	赎银二钱
三十		赎银七钱五分,如纳米一石五斗,如谷三石	赎银六钱	赎银二分二厘五毫	赎银三钱
四十		赎银一两,如纳米二石,如谷四石	赎银七钱五分	赎银三分	赎银四钱
五十		赎银一两二钱五分,如纳米二石五斗,如谷五石	赎银九钱	赎银三分七厘五毫	赎银五钱
杖六十	杖之大者	赎银三两,如纳米六石,如谷十二石	赎银一两二钱	赎银四分五厘	赎银六钱
七十		赎银三两五钱,如纳米七石,如谷十四石	赎银一两三钱五分	赎银五分二厘五毫	赎银七钱

续表

	无　力 依律决配	有　力 照例赎罪	稍有力	收　赎 老幼废疾、天文生及妇人折杖，照例收赎	赎　罪 官员正妻、例难的决及妇人有力者照例赎罪
八十		赎银四两，如纳米八石，如谷十六石	赎银一两五钱	赎银六分	赎银八钱
九十		赎银四两五钱，如纳米九石，如谷十八石	赎银一两六钱五分	赎银六分七厘五毫	赎银九钱
一百	以上俱的决	赎银五两，如纳米十石，如谷二十石	赎银一两八钱	赎银七分五厘	赎银一两
					妇人余罪收赎例
徒一年		赎银七两五钱，如纳米十五石，如谷三十石	赎银三两六钱	赎银一钱五分	杖六十连徒，共折杖一百二十，其一百正罪赎银一两，其二十余罪折银七分五厘
一年半		赎银十两，如纳米二十石，如谷四十石	赎银五两四钱	赎银一钱八分七厘五毫	杖七十连徒，折杖一百四十，其一百正罪赎银一两，其四十余罪折银一钱一分二厘五毫
二年		赎银十二两五钱，如纳米二十五石，如谷五十石	赎银七两二钱	赎银二钱二分五厘	杖八十连徒，共折杖一百六十，其一百正罪赎银一两，其六十余罪折银一钱五分
二年半		赎银十五两，如纳米三十石，如谷六十石	赎银九两	赎银二钱六分二厘五毫	杖九十连徒，共折杖一百八十，其一百正罪赎银一两，其八十余罪折银一钱八分七厘五毫

续表

	无　力 依律决配	有　力 照例赎罪	稍有力	收　赎 老幼废疾、天文生及妇人折杖,照例收赎	赎　罪 官员正妻、例难的决及妇人有力者照例赎罪
三年	以上五徒俱发本省驿递	赎银十七两五钱,如纳米三十五石,如谷七十石	赎银十两零八钱	赎银三钱	杖一百连徒,共折杖二百,其一百正罪赎银一两,其一百余罪折银二钱二分五厘
流二千里				赎银三钱七分五厘	该折杖二百二十,其一百正罪赎银一两,其一百二十余罪折银三钱
二千五百里				赎银四钱一分二厘五毫	该折杖二百四十,其一百正罪赎银一两,其一百四十余罪折银三钱三分七厘五毫
三千里				赎银四钱五分	该折杖二百六十,其一百正罪赎银一两,其一百六十余罪折银三钱七分五厘
总徒四年		赎银二十两,如纳米四十石,如谷八十石	赎银十四两四钱	迁徙准徒二年,折赎罪银四钱五分	
杂犯五年		赎银二十五两,如纳米五十石,如谷一百石	赎银一十八两		
绞、斩				赎银五钱二分五厘	除赎正罪银一两外,余罪折银四钱五分

0.1.3 过失杀伤收赎图

过失杀	废疾笃疾	折伤以上	折伤以下
绞，依律收赎，折银十二两四钱二分，给被杀之家营葬	杖一百、徒三年 七两九分七厘	杖一百 一两七钱七分四厘	笞二十 三钱五分四厘
	杖一百、流三千里 十两六钱四分五厘	杖六十、徒一年 三两五钱四分八厘	笞三十 五钱三分二厘
		杖八十、徒二年 五两三钱二分二厘	笞四十 七钱九厘
			笞五十 八钱八分七厘
			杖八十 一两四钱一分九厘

0.1.4 徒限内老疾收赎图

徒一年 杖六十	凡犯杖六十、徒一年,老疾,合计全赎银一钱五分。除已受杖六十,准去四分五厘,剩徒一年,该赎银一钱零五厘。计算每徒一月,赎银八厘七毫五丝。如已役一月,准赎徒银八厘七毫五丝外,未役十一个月,该收赎银九分六厘二毫五丝
一年半 杖七十	凡犯杖七十、徒一年半,老疾,合计全赎银一钱八分七厘五毫。除已受杖七十,准去五分二厘五毫,剩徒一年半,该赎银一钱三分五厘。计算每徒一月,赎银七厘五毫。如已役一月,准赎徒银七厘五毫外,未役一十七个月,该收赎银一钱二分七厘五毫
二年 杖八十	凡犯杖八十、徒二年,老疾,合计全赎银二钱二分五厘。除已受杖八十,准去六分,剩徒二年,该赎银一钱六分五厘。计算每徒一月,赎银六厘八毫七丝五忽。如已役一月,准赎徒银六厘八毫七丝五忽外,未役二十三个月,该收赎银一钱五分八厘一毫二丝五忽
二年半 杖九十	凡犯杖九十、徒二年半,老疾,合计全赎银二钱六分二厘五毫。除已受杖九十,准去六分七厘五毫,剩徒二年半,该赎银一钱九分五厘。计算每徒一月,赎银六厘五毫。如已役一月,准赎徒银六厘五毫外,未役二十九个月,该收赎银一钱八分八厘五毫
三年 杖一百	凡犯杖一百、徒三年,老疾,合计全赎银三钱。除已受杖一百,准去七分五厘,剩徒三年,该赎银二钱二分五厘。计算每徒一月,赎银六厘二毫五丝。如已役一月,准赎徒银六厘二毫五丝外,未役三十五个月,该收赎银二钱一分八厘七毫五丝
按:此凡各受杖赎银计算无异,惟已役徒一月,有八厘七毫五丝者、七厘五毫者、六厘八毫七丝五忽者、六厘五毫者、六厘二毫五丝者,其不同何也?盖徒之全赎原有差等也	

0.1.5 诬轻为重收赎图

凡诬轻为重,如告人一百杖,内止四十杖得实,所诬六十杖,被诬之人已经受决,告诬者必全抵,杖决六十,不准赎银,如未决,方准照后收赎	
笞一十	杖之小者。每一十赎银七厘五毫。杖亦同之,徒折杖亦同之
二十	
三十	如告人笞三十,内止一十得实,所剩诬二十已经受决,将告诬者必全抵,笞决二十。如未决,准赎银一分五厘
四十	如告人笞四十,内止一十得实,所剩诬三十已经受决,将告诬者必全抵,笞决三十。如未决,准赎银二分二厘五毫
五十	如告人笞五十,内止二十得实,所剩诬三十已经受决,将告诬者必全抵,笞决三十。如未决,准赎银二分二厘五毫
杖六十	如告人杖六十,内止二十得实,所剩诬四十已经受决,将告诬者必全抵,杖决四十。如未决,准赎银三分
七十	如告人杖七十,内止三十得实,所剩诬四十已经受决,将告诬者必全抵,杖决四十。如未决,准赎银三分
八十	如告人杖八十,内止三十得实,所剩诬五十已经受决,将告诬者必全抵,杖决五十。如未决,准赎银三分七厘五毫
九十	如告人杖九十,内止四十得实,所剩诬五十已经受决,将告诬者必全抵,杖决五十。如未决,准赎银三分七厘五毫
一百	如告人杖一百,内止四十得实,所剩诬六十已经受决,将告诬者必全抵,杖决六十。如未决,准赎银四分五厘
徒一年 杖六十	如告人杖六十、徒一年,内止笞五十得实,被诬之人若已论决,将告诬者必全抵,剩杖一十、徒一年之罪。如未决杖六十、徒一年,折杖一百二十,除告实笞五十外,剩杖七十,准赎银五分二厘五毫
一年半 杖七十	如告人杖七十、徒一年半,内止杖七十得实,被诬之人若已论决,将告诬者必全抵,剩徒一年半之罪。如未决杖七十、徒一年半,折杖一百四十,除告实杖七十外,剩杖七十,准赎银五分二厘五毫
二年 杖八十	如告人杖八十、徒二年,内止杖八十得实,被诬之人若已论决,将告诬者必全抵,剩徒二年之罪。如未决杖八十、徒二年,折杖一百六十,除告实杖八十外,剩杖八十,准赎银六分

续表

二年半 杖九十	如告人杖九十、徒二年半,内止杖六十、徒一年得实,被诬之人若已论决,将告诬者必全抵,剩杖三十、徒一年半之罪。如未决杖九十、徒二年半,折杖一百八十,除告实杖六十、徒一年折杖一百二十外,剩杖六十,准赎银四分五厘
三年 杖一百	如告人杖一百、徒三年,内止杖八十得实,被诬之人若已论决,将告诬者必全抵,剩杖二十、徒三年之罪。如未决杖一百、徒三年,折杖二百,除告实杖八十外,剩杖一百二十,仍决杖一百,余杖二十方准赎银一分五厘
流二千里 杖一百	如告人杖一百、流二千里,内止笞二十得实,被诬之人若已论决,三流并准徒四年,仍包原杖一百,除告实笞二十外,剩杖八十、徒四年,务必全抵。如未决,三流准徒四年,皆以一年为剩罪,折杖四十,共该折杖二百四十,除告实笞二十外,决杖一百,剩杖一百二十,准作杖六十、徒一年,方准赎银一钱五分
二千五百里 杖一百	如告人杖一百、流二千五百里,内止杖六十、徒一年得实,被诬之人若已论决,三流并准徒四年,仍包原杖一百,除告实杖六十、徒一年外,剩杖四十、徒三年,务必全抵。如未论决,三流准徒四年,皆以一年为剩罪,折杖四十,共该折杖二百四十,除告实杖六十、徒一年折杖一百二十外,剩杖一百二十,决杖一百,余杖二十,方准赎银一分五厘
三千里 杖一百	如告人杖一百、流三千里,内止杖一百、流二千里得实,被诬之人若已论决,其近流入远流,每流一等准徒半年,除告实外,务必全抵。徒一年之罪,如未论决,每流一等亦折杖二十,流三千里共该折杖二百六十,除告实杖一百、流二千里折杖二百二十外,剩杖四十,准赎银三分
此赎与老幼妇人收赎不同,彼徒、流皆直照徒年限收赎,此徒、流皆折杖,照杖收赎	
按:图内已论决之笞、杖、徒、流全抵,剩罪俱无异,即未论决之笞、杖准赎亦无异,惟未论决之徒、流折杖,既每一等折杖二十,则杖六十、徒一年者当于原杖六十之上加杖二十,似不应折杖至一百二十,不知徒罪起于一年、杖数起于六十,折杖之法,即视其原杖之数。徒一年者,原杖六十,将徒一年亦折杖六十,合之原杖六十,得一百二十;徒一年半者,原杖七十,将徒一年半亦折杖七十,合之原杖七十,得一百四十;徒二年者,原杖八十,将徒二年亦折杖八十,合之原杖八十,得一百六十;徒二年半者,原杖九十,将徒二年半亦折杖九十,合之原杖九十,得一百八十;徒三年者,原杖一百,将徒三年亦折杖一百,合之原杖一百,得二百。此徒罪折杖之法也。过此以往,即入于流罪。三流原杖总皆一百,流二千里者较徒三年加一等,徒三年折杖一百,则流二千里应折杖一百二十,合之原杖一百,得二百二十;流二千五百里较流二千里又加一等,流二千里折杖一百二十,则流二千五百里应折杖一百四十,合之原杖一百,得二百四十;流三千里较流二千五百里又加一等,流二千五百里折杖一百四十,则流三千里应折杖一百六十,合之原杖一百,得二百六十。此流罪折杖之法也。凡被告之人本系近流而诬入远流,未决者,俱准此科算。若被告之人本系笞、杖及徒罪而乃诬入流罪,未决,则不论远近,三流准徒四年,皆以一年为剩罪,盖徒五等至三年而止,今准徒四年,则比满徒多一年,即比满徒多二等,每一等折杖二十,应折杖四十,连满徒之折杖一百,原杖一百,共该折杖二百四十,内将告实或笞或杖或徒之本罪照数除去外,余下折杖不及一百俱收赎,若过一百,则决杖一百外,所剩杖数收赎	

0.1.6 五刑之图

<table>
<tr><td rowspan="22">五刑之图</td><td rowspan="5">笞刑五</td><td>一十</td><td rowspan="5">笞者，谓人有轻罪，用小荆杖决打。自一十至五十为五等，每一十为一等加减。今以竹板折责</td></tr>
<tr><td>二十</td></tr>
<tr><td>三十</td></tr>
<tr><td>四十</td></tr>
<tr><td>五十</td></tr>
<tr><td rowspan="5">杖刑五</td><td>六十</td><td rowspan="5">杖者，谓人犯罪，用大荆杖决打。自六十至一百为五等，亦每一十为一等加减。今以竹板折责</td></tr>
<tr><td>七十</td></tr>
<tr><td>八十</td></tr>
<tr><td>九十</td></tr>
<tr><td>一百</td></tr>
<tr><td rowspan="5">徒刑五</td><td>一年、杖六十</td><td rowspan="5">徒者，谓人犯罪稍重，发本省驿递应一切用力辛苦之役。自一年起加至三年止，为五等，每杖一十及徒半年为一等加减</td></tr>
<tr><td>一年半、杖七十</td></tr>
<tr><td>二年、杖八十</td></tr>
<tr><td>二年半、杖九十</td></tr>
<tr><td>三年、杖二百</td></tr>
<tr><td rowspan="3">流刑三</td><td>二千里、杖一百</td><td rowspan="3">流者，谓人犯重罪，不忍刑杀，流去远方，终身不得还乡。自二千里加至三千里，为三等，每五百里为一等加罪，减概从徒</td></tr>
<tr><td>二千五百里、杖一百</td></tr>
<tr><td>三千里、杖一百</td></tr>
<tr><td rowspan="2">死刑二</td><td>绞 全其肢体</td><td rowspan="2">刑之极者</td></tr>
<tr><td>斩 身首异处</td></tr>
<tr><td colspan="2"></td></tr>
<tr><td colspan="2"></td></tr>
<tr><td>迁　徙</td><td colspan="3">谓迁离乡土一千里之外</td></tr>
</table>

0.1.7 狱具之图

板	大头阔二寸,小头阔一寸五分,长五尺五寸,重不过二斤	板以竹篦为之,须削去粗节毛根,照尺寸较准。应决者,执小头,臀受
枷	长三尺,阔二尺九寸	枷以干木为之,重二十五斤,斤数刻志枷上。再律例内有特用重枷者,不在此限
杻	长一尺六寸,厚一寸	手杻亦以干木为之。死罪重囚用,轻罪及妇人不用
铁索	长七尺,重五斤	索以铁为之。轻重罪俱用
镣	连环共重一斤	脚镣亦以铁为之。徒罪以上罪囚用

0.1.8 丧服总图

斩衰		三年	
用至粗麻布为之，不缝下边			
齐衰			
五月	杖期	不杖期	三月
用稍粗麻布为之，缝下边			
大功		九月	
用粗熟布为之			
小功		五月	
用稍粗熟布为之			
缌麻		三月	
用稍细熟布为之			

0.1.9 本宗九族五服正服之图

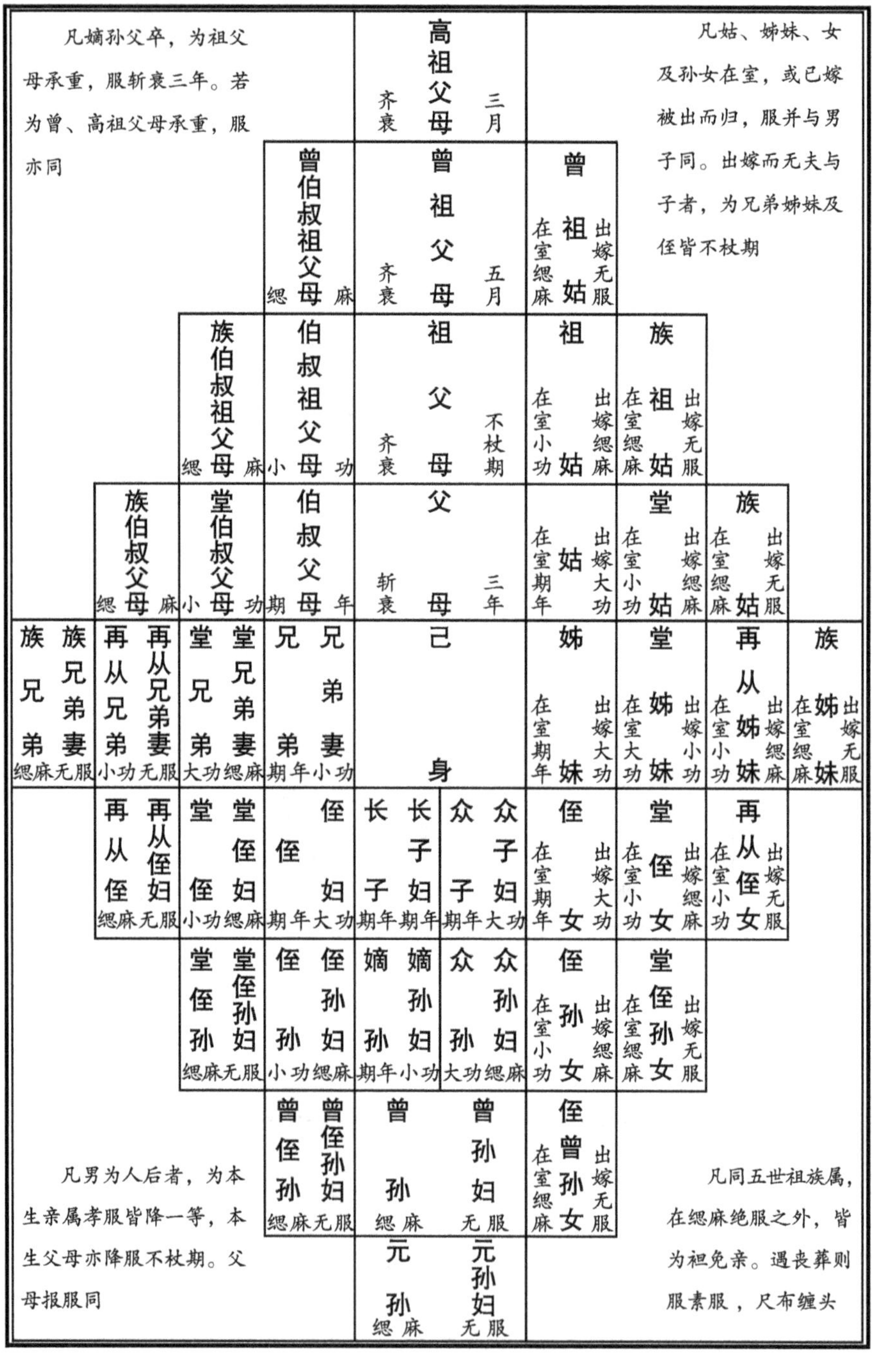

0.1.10 妻为夫族服图

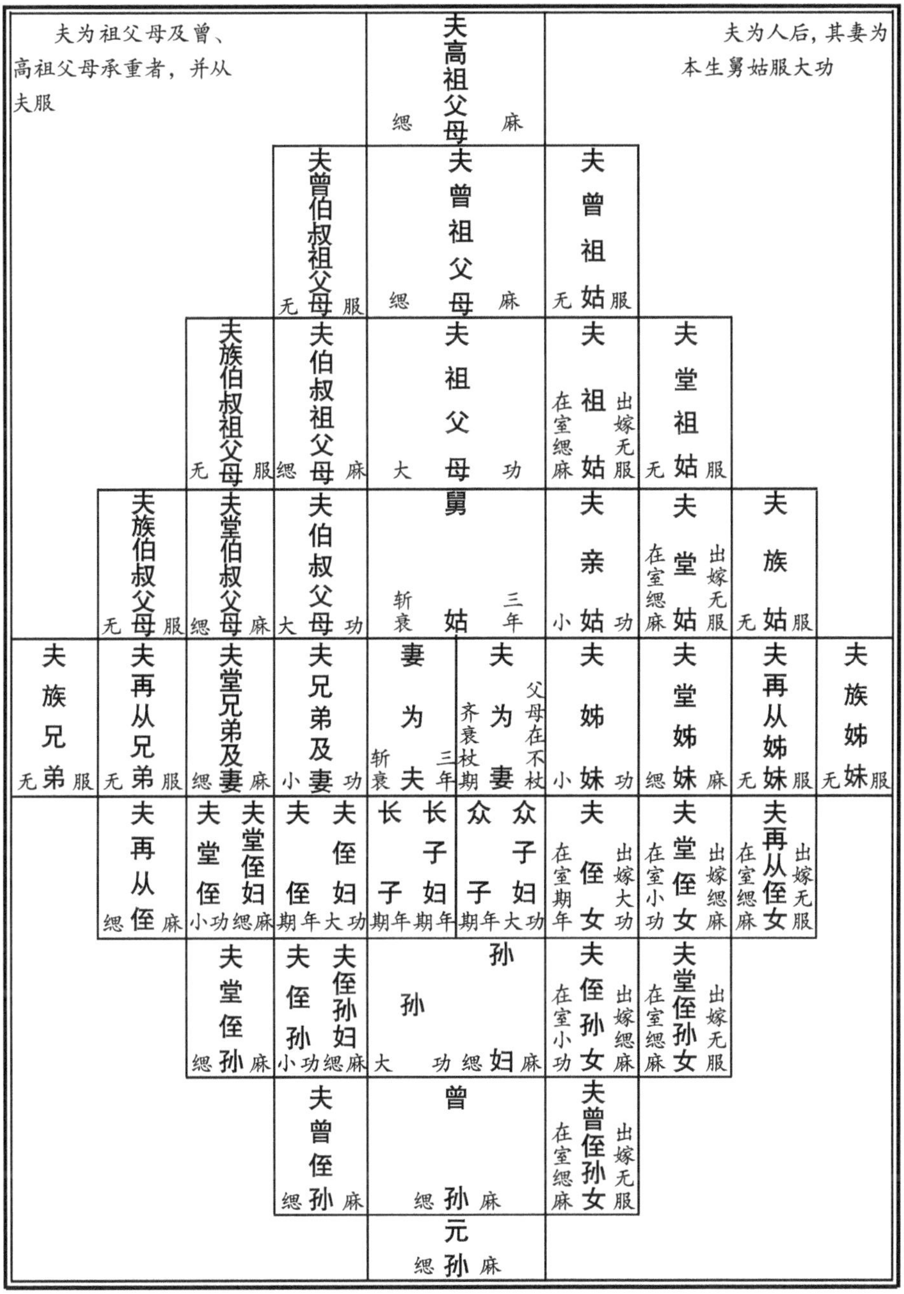
夫为祖父母及曾、高祖父母承重者，并从夫服
夫为人后，其妻为本生舅姑服大功
夫高祖父母 缌麻
夫曾伯叔祖父母 无服
夫曾祖父母 缌麻
夫曾祖姑 无服
夫族伯叔祖父母 无服
夫伯叔祖父母 缌麻
夫祖父母 大功
夫祖姑 在室缌麻 出嫁无服
夫堂祖姑 无服
夫族伯叔父母 无服
夫堂伯叔父母 缌麻
夫伯叔父母 大功
舅姑 斩衰 三年
夫亲姑 小功
夫堂姑 在室缌麻 出嫁无服
夫族姑 无服
夫族兄弟 无服
夫再从兄弟 无服
夫堂兄弟及妻 缌麻
夫兄弟及妻 小功
妻为夫 斩衰 三年
夫为妻 齐衰杖期 父母在不杖
夫姊妹 小功
夫堂姊妹 缌麻
夫再从姊妹 无服
夫族姊妹 无服
夫再从侄 缌麻
夫堂侄 小功
夫堂侄妇 缌麻
夫侄 期年
夫侄妇 大功
长子 期年
长子妇 期年
众子 期年
众子妇 大功
夫侄女 在室期年 出嫁大功
夫堂侄女 在室小功 出嫁缌麻
夫再从侄女 在室缌麻 出嫁无服
夫堂侄孙 缌麻
夫侄孙 小功
夫侄孙妇 缌麻
孙 大功
孙妇 缌麻
夫侄孙女 在室小功 出嫁缌麻
夫堂侄孙女 在室缌麻 出嫁无服
夫曾侄孙 缌麻
曾孙 缌麻
夫曾侄孙女 在室缌麻 出嫁无服
元孙 缌麻

0.1.11 妾为家长族服之图

嫡孙、众孙为庶祖母，小功五月		家长祖父母 小功		
		家长父母 期年		
	家长 斩衰三年		正妻 期年	
家长众子 期年		家长长子 期年		为其子 期年
家长众孙 无服		家长嫡孙 无服		为其孙 大功

0.1.12 出嫁女为本宗降服之图

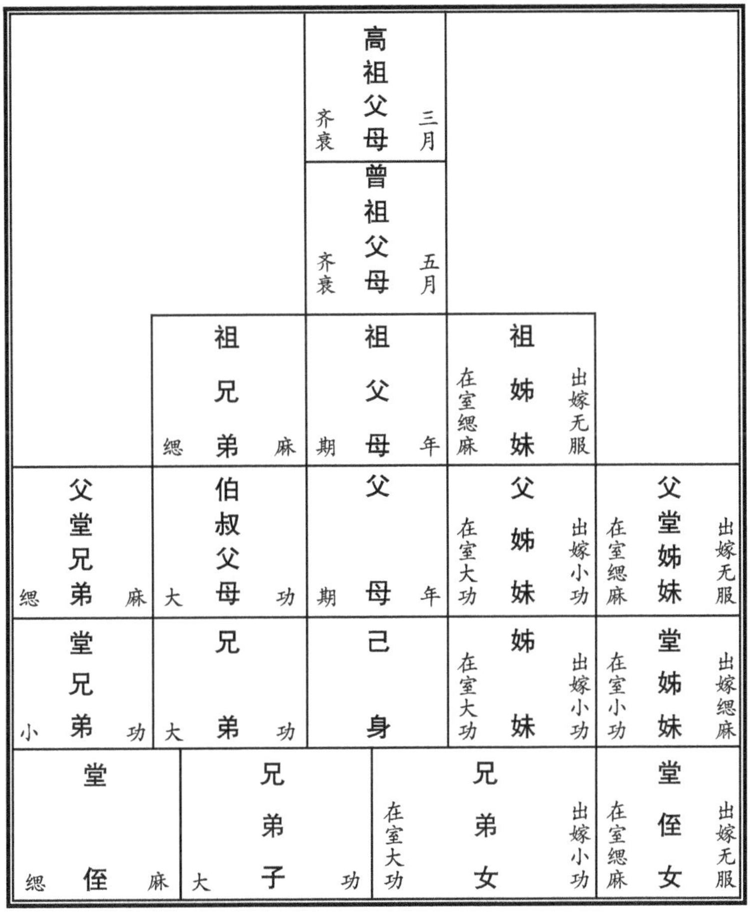

0.1.13 外亲服图

妻为夫外亲服降一等		母祖父母 无服		
	母之兄弟 小功	外祖父母 小功	母之姊妹 小功	
堂舅之子 无服	母舅之子 缌麻	己身	两姨之子 缌麻	堂姨之子 无服
	舅之孙 无服	姑之子 缌麻	姨之孙 无服	
		姑之孙 无服		

0.1.14 妻亲服图

		妻祖父母 无服		
	妻伯叔 无服	妻父母 缌麻	妻之姑 无服	
妻外祖父母 无服	妻兄弟及妇 无服	己身 为婿缌麻	妻之姊妹 无服	
	妻兄弟子 无服	女之子 缌麻	妻姊妹子 无服	
		女之孙 无服		

0.1.15 三父八母服图

同居继父

齐衰三月
两有大功亲，谓继父有子孙、自己亦有伯叔兄弟之类

期年
两无大功亲，谓继父无子孙、己身亦无伯叔兄弟之类

从继母嫁

齐衰杖期
谓父死继母再嫁他人随去者

不同居继父

无服
自来不曾随母与继父同居

齐衰三月
先曾与继父同居，今不同居

慈母

斩衰三年
谓所生母死，父令别妾抚育者

继母

斩衰三年
谓父娶之后妻

嫡母

斩衰三年
谓妾生子女称父之正妻

养母

斩衰三年
谓自幼过房与人

出母

齐衰杖期
谓亲母被父出者

嫁母

齐衰杖期
谓亲母因父死，再嫁他人

乳母

缌麻
谓父妾乳哺者，即奶母

庶母

嫡子众子齐衰杖期
所生子斩衰三年
谓父有子女妾

卷三　服制

0.2 服　制

0.2.1 斩衰三年

0.2.1.1 子为父母。女在室并已许嫁者，及已嫁被出而反在室者，同。子之妻同。

0.2.1.2 子为继母、为慈母、为养母。子之妻同。继母，父之后妻；慈母，谓母卒父命他妾养己者；养母，谓自幼过房与人者。

0.2.1.3 庶子为所生母、为嫡母。庶子之妻同。

0.2.1.4 为人后者为所后父母。为人后者之妻同。

0.2.1.5 嫡孙为祖父母及曾、高祖父母承重。嫡孙之妻同。

0.2.1.6 妻为夫。妾为家长同。

0.2.2 齐衰杖期

0.2.2.1 嫡子、众子为庶母。嫡子、众子之妻同。庶母，父妾之有子女者。父妾无子女，不得以母称矣。

0.2.2.2 子为嫁母。亲生母父亡而改嫁者。

0.2.2.3 子为出母。亲生母为父所出者。

0.2.2.4 夫为妻。父母在不杖。

0.2.3 齐衰不杖期

0.2.3.1 祖为嫡孙。

0.2.3.2 父母为嫡长子，及嫡长子之妻，及众子，及女在室，及子为人后者。

0.2.3.3 继母为长子、众子。

0.2.3.4 前夫之子，从继母改嫁于人，为改嫁继母。

0.2.3.5 侄为伯叔父母，及姑、姊妹之在室者。

0.2.3.6 为己之亲兄弟，及亲兄弟之子、女在室者。

0.2.3.7 孙为祖父母。孙女在室、出嫁同。

0.2.3.8 为人后者，为其本生父母。

0.2.3.9 女出嫁，为父母。

0.2.3.10 女在室，及虽适人而无夫与子者，为其兄弟姊妹及侄与侄女在室者。

0.2.3.11 女适人,为兄弟之为父后者。

0.2.3.12 妇为夫亲兄弟之子及女在室者。

0.2.3.13 妾为家长之正妻。

0.2.3.14 妾为家长父母。

0.2.3.15 妾为家长之长子、众子与其所生子。

0.2.3.16 为同居继父,而两无大功以上亲者。

0.2.4 齐衰五月

0.2.4.1 曾孙为曾祖父母。曾孙女同。

0.2.5 齐衰三月

0.2.5.1 元孙为高祖父母。元孙女同。

0.2.5.2 为同居继父,而两有大功以上亲者。

0.2.5.3 为继父,先曾同居今不同居者。自来不曾同居者无服。

0.2.6 大功九月

0.2.6.1 祖为众孙。孙女在室同。

0.2.6.2 祖母为嫡孙、众孙。

0.2.6.3 父母为众子妇及女已出嫁者。

0.2.6.4 伯叔父母为侄妇及侄女已出嫁者。侄妇,兄弟子之妻也;侄女,兄弟之女也。

0.2.6.5 妇为夫之祖父母。

0.2.6.6 妇为夫之伯叔父母。

0.2.6.7 为人后者,为其兄弟及姑、姊妹之在室者。既为人后,则于本生亲属服皆降一等。

0.2.6.8 夫为人后,其妻为夫本生父母。

0.2.6.9 为已之同堂兄弟、姊妹在室者。即伯叔父母之子女也。

0.2.6.10 为姑及姊妹之已出嫁者。姑,即父之姊妹;姊妹,即己之亲姊妹也。

0.2.6.11 为己兄弟之子为人后者。

0.2.6.12 出嫁女为本宗伯叔父母。

0.2.6.13 出嫁女为本宗兄弟及兄弟之子。

0.2.6.14 出嫁女为本宗姑、姊妹及兄弟之女在室者。

0.2.7 小功五月

0.2.7.1 为伯叔祖父母。祖之亲兄弟。

0.2.7.2 为堂伯叔父母。父之堂兄弟。

0.2.7.3 为再从兄弟及再从姊妹在室者。

0.2.7.4 为同堂姊妹出嫁者。

0.2.7.5 为同堂兄弟之子及女在室者。

0.2.7.6 为祖姑在室者。即祖之亲姊妹。

0.2.7.7 为堂姑之在室者。即父之同堂姊妹。

0.2.7.8 为兄弟之妻。

0.2.7.9 祖为嫡孙之妇。

0.2.7.10 为兄弟之孙及兄弟之孙女在室者。

0.2.7.11.1 为外祖父母。即亲母之父母。○0.2.7.11.2 为在堂继母之父母；庶子嫡母在，为嫡母之父母；庶子为在堂继母之父母；庶子不为父后者，为己母之父母；为人后者，为所后母之父母。以上五项，均与亲母之父母服同。外祖父母报服亦同。其母之兄弟姊妹服制及报服，亦与亲母同。姑舅两姨兄弟姊妹，服亦同。为人后者，为本生母之亲属降服一等。再，庶子不为父后者，为己母之父母服一项，若己母系由奴婢家生女收买为妾及其父母系属贱族者，不在此列。

0.2.7.12.1 为母之兄弟姊妹。兄弟即舅；姊妹即姨。○0.2.7.12.2 其义服详载为外祖父母条下。

0.2.7.13.1 为姊妹之子。即外甥。及女之在室者。○0.2.7.13.2 其义服详载为外祖父母条下。

0.2.7.14 妇为夫兄弟之孙，即侄孙。及夫兄弟之孙女在室者。即侄孙女。

0.2.7.15 妇为夫之姑及夫姊妹。在室、出嫁同。

0.2.7.16 妇为夫兄弟及夫兄弟之妻。

0.2.7.17 妇为夫同堂兄弟之子及女在室者。

0.2.7.18 女出嫁为本宗堂兄弟及堂姊妹之在室者。

0.2.7.19 为人后者，为其姑及姊妹出嫁者。

0.2.7.20 嫡孙、众孙为庶祖母。女在室者同。

0.2.7.21 生有子女之妾，为家长之祖父母。

0.2.8 缌麻三月

0.2.8.1 祖为众孙妇。

0.2.8.2 曾祖父母为曾孙、元孙。曾孙女、元孙女同。

0.2.8.3 祖母为嫡孙、众孙妇。

0.2.8.4 为乳母。

0.2.8.5 为曾伯叔祖父母。即曾祖之兄弟及曾祖兄弟之妻。

0.2.8.6 为族伯叔父母。即父再从兄弟及再从兄弟之妻。

0.2.8.7 为族兄弟及族姊妹在室者。即己三从兄弟姊妹所与同高祖者。

0.2.8.8 为曾祖姑在室者。即曾祖之姊妹。

0.2.8.9 为族祖姑在室者。即祖之同堂姊妹。

0.2.8.10 为族姑在室者。即父之再从姊妹。

0.2.8.11 为族伯叔祖父母。即祖同堂兄弟及同堂兄弟妻。

0.2.8.12 为兄弟之曾孙及兄弟之曾孙女在室者。

0.2.8.13 为兄弟之孙女出嫁者。

0.2.8.14 为同堂兄弟之孙及同堂兄弟之孙女在室者。

0.2.8.15 为再从兄弟之子及女在室者。

0.2.8.16 为祖姑及堂姑及己之再从姊妹出嫁者。祖姑,即祖之亲姊妹;堂姑,即父之堂姊妹。

0.2.8.17 为同堂兄弟之女出嫁者。

0.2.8.18.1 为姑之子。即父姊妹之亲子。○0.2.8.18.2 其义服详载为外祖父母条下。

0.2.8.19.1 为舅之子。即亲母兄弟之子。○0.2.8.19.2 其义服详载为外祖父母条下。

0.2.8.20.1 为两姨兄弟。即亲母姊妹之子。○0.2.8.20.2 其义服详载为外祖父母条下。

0.2.8.21 为妻之父母。

0.2.8.22 为婿。

0.2.8.23.1 为外甥,男女同。即女之子女。○0.2.8.23.2 其义服详载为外祖父母条下。

0.2.8.24 为兄弟孙之妻。即侄孙之妻。

0.2.8.25 为同堂兄弟之子妻。即堂侄之妻。

0.2.8.26 为同堂兄弟之妻。

0.2.8.27 妇为夫高、曾祖父母。

0.2.8.28 妇为夫之伯叔祖父母及夫之祖姑在室者。

0.2.8.29 妇为夫之堂伯叔父母及夫之堂姑在室者。夫之堂姑即夫之伯叔祖父母所生也。

0.2.8.30 妇为夫之同堂兄弟姊妹及夫同堂兄弟之妻。

0.2.8.31 妇为夫再从兄弟之子。女在室同。

0.2.8.32 妇为夫同堂兄弟之女出嫁者。

0.2.8.33 妇为夫同堂兄弟子之妻。即堂侄妇。

0.2.8.34 妇为夫同堂兄弟之孙及孙女之在室者。

0.2.8.35 妇为夫兄弟孙之妻。即侄孙之妻。

0.2.8.36 妇为夫兄弟之孙女出嫁者。

0.2.8.37 妇为夫之曾孙、元孙及曾孙女、元孙女之在室者。

0.2.8.38 妇为夫兄弟之曾孙。即曾侄孙。曾孙女同。

0.2.8.39 妇为夫之小功服外姻亲属。

0.2.8.40 女出嫁,为本宗伯叔祖父母及祖姑在室者。

0.2.8.41 女出嫁,为本宗同堂伯叔父母及堂姑在室者。

0.2.8.42 女出嫁,为本宗堂兄弟之子,女在室者同。

1.1 名　例 名者，五刑之罪名；例者，五刑之体例也。

卷四　名例律上

1.1.1 五　刑

1.1.1.1 笞刑五：笞者，击也，又训为耻，用小竹板。

一十；折四板。

二十；除零折五板。

三十；除零折一十板。

四十；除零折一十五板。

五十。折二十板。

1.1.1.2 杖刑五：杖重于笞，用大竹板。

六十；除零折二十板。

七十；除零折二十五板。

八十；除零折三十板。

九十；除零折三十五板。

一百。折四十板。

1.1.1.3 徒刑五：徒者，奴也。盖奴辱之。

一年、杖六十；

一年半、杖七十；

二年、杖八十；

二年半、杖九十；

三年、杖一百。

1.1.1.4 流刑三：不忍刑杀，流之远方。

二千里、杖一百；

二千五百里、杖一百；

三千里、杖一百。

1.1.1.5 死刑二:

绞;

斩。内外死罪人犯,除应决不待时外,余俱监固,候秋审、朝审,分别情实、缓决、矜疑,奏请定夺。

条 例

1.1.1.(1)〔笞杖用竹板及竹板尺寸〕

一、凡笞、杖罪名折责,概用竹板,长五尺五寸。小竹板大头阔一寸五分、小头阔一寸,重不过一斤半。大竹板大头阔二寸、小头阔一寸五分,重不过二斤。其强盗、人命事件,酌用夹棍。

1.1.1.(2)〔夹棍拶指尺寸〕

一、夹棍,中梃木长三尺四寸,两旁木各长三尺,上圆下方,圆头各阔一寸八分,方头各阔二寸,从下量至六寸处,凿成圆窝四个,面方各一寸六分,深各七分。拶指,以五根圆木为之,各长七寸,径圆各四分五厘。其应夹人犯,不得实供,方夹一次;再不实供,许再夹一次。用刑官有任意多用者,该管上司不时察参。倘有徇隐,事发,并交部议处。

1.1.1.(3)〔枷号尺寸〕

一、凡寻常枷号重二十五斤,重枷重三十五斤。枷面各长二尺五寸,阔二尺四寸。至监禁人犯,止用细链,不用长枷。

1.1.1.(4)〔夹棍验烙〕

一、各省问刑衙门夹棍,州县呈明知府验烙,知府呈明按察司验烙,按察司呈明督抚验烙。其尺寸长短宽窄,俱刻于中挺之上。如有擅用未曾验烙夹棍者,以酷刑题参。

1.1.1.(5)〔正月六月停刑〕

一、每年正月、六月俱停刑,内外立决重犯俱监固,俟二月初及七月立秋之后正法。其五月内交六月节,及立秋在六月内者,亦停正法。

1.1.1.(6)〔军流徒罪杖责〕

一、凡民人犯军、流、徒罪者,俱至配所,照应杖之数折责。唯缘坐流罪不加杖。

1.1.1.(7)〔罪应杖笞人犯热审减免〕

一、每年于小满后十日起至立秋前一日止,如立秋在六月内,以七月初一日为止,内外问刑衙门,除窃盗及斗殴伤人罪应杖笞人犯不准减免,其余罪应杖责人犯,各减一等,递行八折发落,笞罪宽免。如犯案审题在热审之先,而发落在热审期内者,亦照前减免。倘审题虽在热审期内,而发落已逾热审者,概不准其减免。至热审期内监禁重犯,令管狱官量加宽恤。其枷号人犯,俱暂行保释,俟立秋后再行照例减等补枷,满日发落。

1.1.1.(8)〔赎刑〕

赎刑:五刑中俱有应赎之款,附列于此,以便引用。

纳赎；无力依律决配；有力照律纳赎。

收赎；老幼、废疾、天文生及妇人折杖，照律收赎。

赎罪。官员正妻，及例难的决，并妇人有力者，照律赎罪。

1.1.1.(9)〔律例未经开明准纳赎不准纳赎者〕

一、凡律例开明准纳赎、不准纳赎者，仍照旧遵行外，其律例内未经开载者，问刑官临时详审情罪，应准纳赎者，听其纳赎，不应准纳赎者，照律的决发落。如承问官滥准纳赎者，交该部议处。多取肥己者，计赃科罪。

1.1.1.(10)〔奉祀祀丞等官并乐舞生有犯〕

一、各坛祠祭署奉祀祀丞，神乐观提点、协律郎、赞礼郎、司乐等官，并乐舞生，及养牲官军，有犯奸、盗、诈伪、失误供祀，并一应赃私罪名，官及乐舞生罢黜，军革役，仍照律发落。若讦告词讼，及因人连累，并一应公错、过误犯罪者，照律纳赎。

1.1.1.(11)〔太常寺厨役有犯〕

一、太常寺厨役，但系讦告词讼、过误犯罪及因人连累，问该笞、杖罪名者，纳赎，仍送本寺着役；徒罪以上，及奸、盗、诈伪并有误供祀等项，不分轻重，俱的决，改拨光禄寺应役。

1.1.1.(12)〔僧道官及僧道有犯〕

一、僧道官有犯，径自提问。及僧道有犯奸、盗、诈伪，并一应赃私罪名，责令还俗，仍依律例科断。其公事失误、因人连累、及过误致罪者，悉准纳赎，各还职为僧、为道。

1.1.1.(13)〔妇女犯奸分别的决收赎〕

一、妇女犯奸，杖罪的决，枷罪收赎。

1.1.1.(14)〔犯官革职后另犯〕

一、凡文武官犯罪，本案革职，其笞、杖轻罪，毋庸纳赎。若革职后，另犯笞、杖罪者，照律纳赎。徒、流、军、遣，依例发配。有呈请赎罪者，刑部核其情节，分别准赎、不准赎二项拟定，奏明请旨，不得以“可否”字样双请入奏。其贪赃官役，概不准纳赎。

1.1.1.(15)〔生员好讼多事〕

一、生员不守学规，好讼多事者，俱斥革，按律发落，不准纳赎。

1.1.1.(16)〔官员有参婪赃革职提问〕

一、凡官员有先参婪赃，革职提问者，如审无婪赃入己，止拟因公挪用、因公科敛及坐赃致罪，犯该杖一百者，革职；徒、流、军罪，依例决配。如罪在杖一百以下者，依文武官犯私罪律，交部议处，分别降罚。其先经革职之处，准予开复。

1.1.1.(17)〔妇女非犯奸盗不孝杖罪纳赎〕

一、妇人有犯奸、盗、不孝者，各依律决罚。其余有犯笞、杖，并徒、流、充军、杂犯死罪该决杖一百者,与命妇、官员正妻,俱准纳赎。

1.1.1.(18)〔进士、举贡、监生及一切有顶戴官等有犯〕

一、凡进士、举人、贡监生员及一切有顶戴官,有犯笞、杖轻罪,照例纳赎。罪止杖一百者,分别咨参除名,所得杖罪免其发落。徒、流以上,照例发配。至生监犯罪,除应杖一百,及徒、流以上,并速议速题案内,无论笞、杖,均于办结后知照礼部外,其寻常律应纳赎之生监,应否褫革开复,会同礼部办理。

1.1.2 十　恶

1.1.2.1 一曰谋反。谓谋危社稷。

1.1.2.2 二曰谋大逆。谓谋毁宗庙、山陵及宫阙。

1.1.2.3 三曰谋叛。谓谋背本国,潜从他国。

1.1.2.4 四曰恶逆。谓殴及谋杀祖父母、父母,夫之祖父母、父母;杀伯叔父母、姑、兄姊、外祖父母及夫者。

1.1.2.5 五曰不道。谓杀一家非死罪三人,及支解人,若采生折割、造畜蛊毒魇魅。

1.1.2.6 六曰大不敬。谓盗大祀神御之物、乘舆服御物,盗及伪造御宝,合和御药误不依本方及封题错误,若造御膳误犯食禁,御幸舟船误不坚固。

1.1.2.7 七曰不孝。谓告言、咒骂祖父母、父母,夫之祖父母、父母;及祖父母、父母在,别籍异财,若奉养有缺;居父母丧,身自嫁娶,若作乐,释服从吉;闻祖父母、父母丧,匿不举哀;诈称祖父母、父母死。

1.1.2.8 八曰不睦。谓谋杀及卖缌麻以上亲,殴、告夫及大功以上尊长、小功尊属。

1.1.2.9 九曰不义。谓部民杀本属知府、知州、知县,军士杀本管官,吏卒杀本部五品以上长官,若杀见受业师;及闻夫丧,匿不举哀,若作乐、释服从吉,及改嫁。

1.1.2.10 十曰内乱。谓奸小功以上亲、父祖妾,及与和者。

1.1.3 八　议

1.1.3.1 一曰议亲。谓皇家袒免以上亲,及太皇太后、皇太后缌麻以上亲,皇后小功以上亲,皇太子妃大功以上亲。

1.1.3.2 二曰议故。谓皇家故旧之人,素得侍见,特蒙恩待日久者。

1.1.3.3 三曰议功。谓能斩将夺旗,摧锋万里,或率众来归,安济一时,或开拓疆宇,有大勋劳,铭功太常者。

1.1.3.4 四曰议贤。谓有大德行之贤人君子,其言行可以为法则者。

1.1.3.5 五曰议能。谓有大才业,能整军旅,治政事,为帝王之良辅佐者。

1.1.3.6 六曰议勤。谓有大将吏,谨守官职,早夜奉公,或出使远方,经涉艰难,有大勤劳者。

1.1.3.7 七曰议贵。谓爵一品,及文武职事官三品以上、散官二品以上者。

1.1.3.8 八曰议宾。谓承先代之后,为国宾者。

1.1.4 应议者犯罪

1.1.4.1 凡八议者犯罪,开具所犯事情,实封奏闻取旨,不许擅自勾问。若奉旨推问者,开具所犯罪名及应议之状,先奏请议。议定,将议过缘由奏闻,取自上裁。○1.1.4.2 其犯十恶者,实封奏闻，依律议拟，不用此律。十恶或专主谋反、叛逆言，非也。盖十恶之人，悖伦逆天，蔑礼贼义，乃王法所必诛。故特表之，以严其禁。

条　例

1.1.4.(1)〔三品以上大员革职拿问不用刑夹〕

一、三品以上大员革职拿问，不得遽用刑夹。有不得不刑讯之事，请旨遵行。

1.1.4.(2)〔系黄红带之宗室觉罗犯罪〕

一、凡宗室、觉罗犯罪时系黄、红带者，依宗室觉罗例办理。若系蓝带及不系带者，即照常人例治罪。

1.1.4.(3)〔宗室犯圈禁之罪〕

一、凡宗室有犯圈禁之罪者，即行革去顶戴。

1.1.4.(4)〔宗室犯军流以上具奏〕

一、凡宗室犯案到官，该衙门先讯取大概情形，罪在军、流以上者，随时具奏。如在徒、杖以下，咨送宗人府，会同刑部审明，照例定拟。罪应拟徒者，归入刑部按季汇题；罪应笞、杖者，即照例完结，均毋庸具奏。若到官时未经具奏之案，审明后罪在军、流以上者，仍奏明请旨。

1.1.4.(5)〔宗室缘事发遣遇赦〕

一、宗室缘事发遣，遇赦减释，如系由盛京释回者，即令回京；若由吉林、黑龙江释回者，即令其在盛京移居宗室公所，酌给房屋居住。

1.1.4.(6)〔宗室犯事到官俱先摘去顶戴〕

一、宗室犯事到官，无论承审者何官，俱先将该宗室摘去顶戴，与平民一体长跪听审。俟结案时，如实系无干，仍分别奏、咨，给还顶戴。

1.1.4.(7)〔宗室觉罗二次犯流以上实发〕

一、凡宗室、觉罗，除犯笞、杖、枷，及初犯军、流、徒，或再犯徒罪，或先经犯徒，后犯流罪，仍由宗人府照例分别折罚、责打、圈禁外，如有二次犯流，或一次犯徒、一次犯军，或三次犯徒者，均拟实发盛京；如二次犯徒、一次犯流，或一次犯流、一次犯军者，均拟实发吉林；如二次犯军，或三次犯流，或犯至遣戍之罪者，均拟实发黑龙江。若宗室酿成命案，按律应拟斩、绞监候者，宗人府会同刑部，先行革去宗室顶戴，照平人一律问拟斩、绞，分别实、缓，仍由宗人府进呈黄册。

1.1.4.(8)〔宗室觉罗妇女出名具控〕

一、凡宗室、觉罗妇女出名具控案件，除系呈送忤逆，照例讯办外，其余概不准理。如有擅受，照例参处。倘实有冤抑，许令成丁弟兄子侄或母家至戚抱告；无亲丁者，令其家人抱告，官为审理。如审系虚诬，罪坐抱告之人。若妇女自行出名刁控，或令人抱告后，复自行赴案逞刁，及拟结后渎控者，无论所控曲直，均照违制律治罪。有夫男者，罪坐夫男；无夫男者，罪坐本身，折罚钱粮。

1.1.4.(9)〔宗室觉罗人等串结捏控〕

一、凡宗室、觉罗人等告讦之案,察其事不干己,显系诈骗不遂者,所控事件,立案不行,仍将该原告咨送宗人府,照违制律杖一百,实行重责四十板。如妄捏干己情由耸准,追提集人证质审,仍系讹诈不遂、串结捏控者,将该原告先行摘去顶戴,严行审讯,并究追主使、教诱之犯。倘狡辩不承,先行板责讯问。审系控款虚诬,罪应斩、绞者,照例请旨办理。其余无论诈赃多寡、已未入手,但经商谋捏控,不分首从,俱实发吉林安置,到配重责四十板。主使、教诱及助势之犯,无论军民,不分首从,先行枷号三个月,满日俱发近边充军。旗人有犯,销除旗档,照民人一律办理。其或所控得实,但审因串诈不遂、捏情图准者,亦照此例定拟,不得以事出有因,量为援减。

1.1.4.(10)〔已革宗室觉罗有犯〕

一、已革宗室之红带、已革觉罗之紫带,除有犯习教等重情,另行奏明办理外,其有犯寻常杖、枷、徒、流、军及斩、绞等罪,交刑部照旗人例一体科断。应销档者,免其销档,仍准系本身带子。

1.1.4.(11)〔宗室觉罗王公吸食鸦片〕

一、宗室、觉罗及王公有吸食鸦片烟者,拟绞监候,由宗人府会同刑部进呈黄册。

1.1.5 应议者之父祖有犯

1.1.5.1 凡应八议者之祖父母、父母、妻及子孙犯罪,实封奏闻取旨,不许擅自勾问。若奉旨推问者,开具所犯及应议之状,先奏请议。议定奏闻,取自上裁。○1.1.5.2 若皇亲国戚及功臣八议之中,亲与功为最重。之外祖父母、伯叔父母、姑、兄弟姊妹、女婿、兄弟之子,若四品、五品文武官之父母、妻未受封者。及应合袭荫子孙犯罪,从有司依律追问,议拟奏闻,取自上裁。其始虽不必参提,其终亦不许擅决,犹有体恤之意焉。○1.1.5.3 其犯十恶、反逆缘坐,及奸、盗、杀人、受财枉法者,许径断决,不用此取旨及奏裁之律。○1.1.5.4 其余亲属、奴仆、管庄佃甲,倚势虐害良民、凌犯官府者,事发,听所在官司径自提问。加常人罪一等。非倚势而犯,不得概行加等。止坐犯人,不必追究其本主,不在上请之律。○1.1.5.5 若各衙门追问之际,占吝不发者,并听当该官司实封奏闻区处。谓有人于本管衙门告发,差人勾问,其皇亲国戚及功臣占吝不发出官者,并听当该官司实封奏闻区处。

条　例

1.1.5.(1)〔阵亡者之父祖子孙有犯寻常斗殴杀等死罪〕

一、凡满洲、蒙古、汉军、绿营官员军民人等,有犯死罪,除十恶、侵盗钱粮、枉法不枉法赃、强盗、放火、发冢、诈伪、故出入人罪、谋故杀各项重罪外,其寻常斗殴,及非常赦所不原各项死罪,察有父、祖、子孙阵亡者,在内由刑部,在外由该督抚,于取供定罪后,即移咨八旗、兵部,查取确实简明事迹,声叙入本,于秋审时恭候钦定。倘蒙圣恩优免一人一次后,俱不准再行声请。

1.1.6 职官有犯

1.1.6.1 凡在京在外大小官员，有犯公私罪名，所司开具事由，实封奏闻请旨，不许擅自勾问。指所犯事重者言。若事轻传问，不在此限。若许准推问，依律议拟，奏闻区处。仍候复准，方许判决。〇1.1.6.2 若所属官被本管上司非理凌虐，亦听开具凌虐实迹，实封径自奏陈。其被参后将原参上司列款首告者，不准行，仍治罪。

条　例

1.1.6.(1)〔大小土官有犯〕

一、各处大小土官，有犯徒、流以上，依律科断；其杖罪以下，交部议处。

1.1.6.(2)〔荫生文武生员有犯〕

一、荫生有犯，应题参处分者，听各衙门题参。其文武生员，犯该徒、流以上等罪，地方官一面详请斥革，一面即以到官之日扣限审讯，不必俟学政批回，始行究拟。其情节本轻，罪止戒饬者，审明移会该学教官照例发落，详报学政查核。贡、监生有犯同。

1.1.6.(3)〔犯官题参提讯〕

一、文职道府以上、武职副将以上，有犯公私罪名，应审讯者，仍照例题参，奉到谕旨，再行提讯。其余文武各员，于题参之日，即将应质人犯，拘齐审究。如督抚同驻省份，一面具题，一面行知应承审衙门即行提讯。

1.1.6.(4)〔委审参案〕

一、凡参革发审之案，查明被参之人，如系同知、游击以下等官，遴委知府审理；系道府、副将等官，遴委道员审理。统令就近提齐款证，秉公确讯。其案内牵连、被害之人，无关轻重者，该道、府审明录供之后，即分别保释。止将重罪要犯带至省内，由司复勘，解院审拟完结。

1.1.6.(5)〔被参虚审开复〕

一、凡被参革职讯问之员，审系无辜，即以开复定拟，不得称已经革职，无庸议题复。其原参重罪审虚，尚有轻罪应以降级、罚俸归结者，开复原职，再按所犯分别降罚。

1.1.6.(6)〔盛京居住满洲蒙古汉军文武官员有犯〕

一、盛京居住满洲、蒙古、汉军文武官员，除因公诖误获罪者，仍准本地方居住外，若犯系侵盗、亏欠钱粮，及奸贪、讹诈等事降革者，均连其家属拨发各省满洲驻防，交该管官严加管束。

1.1.7 文武官犯公罪 凡一应不系私己，而因公事得罪者，曰公罪。

1.1.7.1 凡内外大小文武官犯公罪，该笞者，一十，罚俸一个月；二十、三十，各递加一月;二十罚两月,三十罚三月。四十、五十,各递加三月。四十罚六月,五十罚九月。该杖者,六十,罚俸一年;七十,降一级;八十,降二级;九十,降三级,俱留任;一百,降四级调用。如吏、兵二部《处分则例》应降级、革职戴罪留任者,仍照例留任。吏典犯者,笞、杖决讫,仍留役。

条　例

1.1.7.(1)〔休职病故旗员未完罚俸〕

一、休职病故旗员,未完罚俸银两,无俸可扣者,照外省官员之例,概予免追。如本身系世袭官职,及休职有俸者,仍照数扣抵。

1.1.8 文武官犯私罪 凡不因公事,己所自犯,皆为私罪。

1.1.8.1 凡内外大小文武官犯私罪,该笞者,一十,罚俸两个月;二十,罚俸三个月;三十、四十、五十,各递加三月。三十罚六月,四十罚九月,五十罚一年。该杖者,六十,降一级;七十,降二级;八十,降三级;九十,降四级,俱调用;一百,革职离任。犯赃者,不在此限。吏典犯者,杖六十以上,罢役。

条　例

1.1.8.(1)〔属员题参即摘印委署〕

一、凡外任各官,遇有钱粮、刑名事件,应行革职者,该督抚题参时,即行摘印,委员署理。俟奉旨之日,再行开缺。若有奉旨宽宥者,仍准复还原任。

1.1.9 犯罪免发遣

1.1.9.1 凡旗人犯罪,笞、杖各照数鞭责,军、流、徒免发遣,分别枷号。徒一年者,枷号二十日,每等递加五日,总徒、准徒,亦递加五日。流二千里者,枷号五十日,每等亦递加五日。充军附近者,枷号七十日;近边者,七十五日;边远、沿海、边外者,八十日;极边、烟瘴者,九十日。

条　例

1.1.9.(1)〔盛京新满州等犯法〕

一、凡移来盛京、新满洲等,若有犯法,着该将军照新满州例办理。如过五年,仍照旧人治罪。

1.1.9.(2)〔寡廉鲜耻有玷旗籍者实发寻常旗犯照例折枷〕

一、在京满洲、蒙古、汉军,及外省驻防,并盛京、吉林等处屯居之无差使旗人,如实系寡廉鲜耻、有玷旗籍者,均削去本身户籍,依律发遣,仍逐案声明请旨。如寻常犯该军、遣、流、徒、笞、杖等罪,仍照例折枷、鞭责发落。至内务府所属庄头、鹰户、海户人等，及附京住居庄屯旗人、王公各处庄头，有犯军、遣、流、徒等罪，俱照民人一例定拟。

1.1.9.(3)〔旗人殴死有服卑幼〕

一、凡旗人殴死有服卑幼，罪应杖、流折枷者，除依律定拟外，仍酌量情罪，请旨定夺，不得概入汇题。其有情节惨忍者，发往黑龙江三姓等处，不准枷责完结。旗员中如有诬告讹诈，行同无赖，不顾行止者，亦如之。

1.1.9.(4)〔旗下家奴犯军流等罪〕

一、凡八旗满洲、蒙古、汉军奴仆犯军、流等罪，除已经入籍为民者，照民人办理外，其现在旗下家奴犯军、流等罪，俱依例酌发驻防为奴，不准折枷。犯该徒罪者，汉军奴仆，照民人例问拟实徒，徒满之后，仍押解回旗，交与伊主服役管束，其满洲、蒙古奴仆，照旗下正身例，折枷、鞭责发落。至设法赎身，并未报明旗、部之人，无论伊主曾否收得身价，仍作为原主户下家奴，有犯军、流等罪，仍照例问发。

1.1.9.(5)〔旗人犯窝窃等罪〕

一、凡旗人窝窃、窝娼、窝赌，及诬告讹诈，行同无赖，不顾行止，并棍徒扰害、教诱宗室为非、造卖赌具、代贼销赃、行使假银、捏造假契、描画钱票、一切诓骗诈欺取财、以窃盗论、准窃盗论，及犯诱拐、强奸、亲属相奸者，均销除本身旗档，各照民人一例办理。犯该徒、流、军、遣者，分别发配，不准折枷。至八旗满洲、蒙古奴仆有犯，罪应军、流者，依例发驻防为奴；徒罪以下，照民人问拟。徒满释回，仍交与伊主服役管束，毋庸销除册档。

1.1.10 军籍有犯

1.1.10.1 凡军籍人犯罪，该徒、流者，各依所犯杖数决讫，徒五等，依律发配，徒限满日，仍发回原卫所，并所隶州县，流三等，照依地里远近发直省卫所，并所隶州县附籍；犯该充军者，依律发遣。

1.1.11 犯罪得累减

1.1.11.1 凡一人犯罪，应减者，若为从减，谓共犯罪以造意者为首，随从者减一等。自首减，谓犯法知人欲告而自首者，听减二等。故失减，谓吏典故出人罪，放而还获，止减一等；首领官不知情，以失论，失出减五等，比吏典又减一等，还获又减一等，通减七等。公罪递减之类，谓同僚犯公罪失于入者，吏典减三等，若未决放，又减一等，通减四等；首领官减五等，佐贰官减六等，长官减七等之类。并得累减而复减。如此之类，俱得累减科罪。

1.1.12 以理去官 以理，谓以正道理而去，非有别项事故者。

1.1.12.1 凡任满得代、改除、致仕等官，与见任同；谓不因犯罪而解任者，若沙汰冗员、裁革衙门之类。虽为事解任、降等，不追诰命者，并与见任同。封赠官，与其子孙正官同。其妇人犯夫及义绝不改嫁者，亲子有官，一体封赠。得与其子之官品同。

谓妇人虽与夫家义绝,及夫在被出,其子有官者,得与子之官品同,为母子无绝道故也。此等之人犯罪者,并依职官犯罪律拟断。应请旨者请旨,应径问者径问,一如职官之法。

条 例

1.1.12.(1)〔致仕及封赠官〕

一、子孙缘事革职,其父、祖诰敕不追夺者,仍与正官同。若致仕及封赠官犯赃,与无禄人同科。

1.1.13 无官犯罪

1.1.13.1 凡无官犯罪,有官事发,所犯公罪笞、杖以上,俱依律纳赎。○1.1.13.2 卑官犯罪,迁官事发,在任犯罪,去任考满、丁忧、致仕之类。事发,公罪笞、杖以下,依律降罚;杖一百以上,依律科断。本案黜革,笞、杖以上,折赎俱免。若事干埋没钱粮、遗失官物,虽系公罪,事须追究明白。应赔偿者赔偿,应还官者还官。但犯一应私罪,并论如律。其吏典有犯公私罪名,各依本律科断。

条 例

1.1.13.(1)〔无官犯赃有官事发有官犯赃黜革事发〕

一、无官犯赃,有官事发,照有官参提,以无禄人科断。有官时犯赃,黜革后事发,不必参提,以有禄人科断。

1.1.14 除名当差

1.1.14.1 凡职兼文武。官犯私罪,罢职不叙,应追夺、诰敕。除名削去仕籍。者,官阶、勋爵皆除。不该追夺诰敕者,不在此限。僧、道犯罪,曾经决罚者,追收度牒,并令还俗。职官、僧、道之原籍军、民、灶户,各从本色,发还原籍当差。

条 例

1.1.14.(1)〔革职各官封赠分别夺免〕

一、凡失陷城池,行间获罪,及贪赃革职各官,封赠俱行追夺。其别项革职者,免追。

1.1.14.(2)〔职官编俸应追应免〕

一、凡知县以上,及佐贰、杂职等官,因贪赃枉法革职者,任内有降罚案件,照例仍追编俸外,如佐、杂等官,实系因公挂误,毋论任内降罚案件多寡,所有食过编俸,一概免其追赔。

1.1.15 流囚家属

1.1.15.1 凡犯流者,妻妾从之,父、祖、子孙欲随者听。迁徙安置人(随行)家口,(妻妾、父、祖、子孙。)亦准此。若流徙人(正犯)身死,家口虽经附(入配所之)籍,愿还乡者放还。(军犯亦准此。)其谋反叛逆,及造畜蛊毒,若采生折割人、杀一家三人,会赦犹流者,家口不在听还之律。

条 例

1.1.15.(1)〔大逆缘坐与强盗免死减等为奴遣犯不准出户〕

一、凡实犯大逆之子孙缘坐发遣为奴者,虽系职官及举贡生监,应与强盗免死减等发遣为奴人犯,俱不准出户。倘逢恩赦,亦不得与寻常为奴遣犯一体办理。

1.1.15.(2)〔发遣军流徒犯及军流犯愿随妻子开明年籍〕

一、凡军、流、徒犯,俱开明籍贯、年岁,行文配所。其军、流犯之妻及有子愿随者,亦开明年岁。若解部发遣人犯,造册送部。如系旗人,并开明旗色、佐领。

1.1.15.(3)〔内地军流犯身故妻子听其回籍〕

一、内地军、流人犯身故,除妻、子不愿回籍,并会赦不准放还外,其余令该地方官给咨回籍。若妇人无子及子幼者,咨明本省督抚,令本犯亲戚领回原籍,不准官为资送。

1.1.15.(4)〔律应佥妻之遣犯〕

一、凡律应定拟佥遣之犯,承审官于审讯时,即讯取本犯确供,将伊妻姓氏、年貌,即于招详内声明。如无妻室,即取具邻族甘结,随招申送。若系隔属隔省,一面于招内申报,一面移查原籍取结。俟结到之日,即行具文申送,不得俟结案后再行查佥。如有因妻患病留养,将本犯先行发遣者,俟伊妻病痊补解时,令伊亲属随同差役解赴遣所,交与本犯收领。若伊妻年过六十以上,并原系有疾不能随行,及患病留养后成笃废,不能补解者,该地方官取具邻族甘结,申详各上司,行文本犯遣所,俾令知之。其有应行报部者,报部查核。倘有捏结情弊,将具结之邻族杖一百,犯妻立即补解。其不行详察之地方官,并转详之该上司,交部分别议处。

1.1.15.(5)〔军流遣犯配所生长之子女〕

一、军、流、发遣人犯,到配后生长子孙,本犯在日,其子孙如欲往他处耕种、贸易,呈明该管衙门,听其自便。至配所生长之女,本犯或许嫁他处,或寄养与人,亦听其自便。

1.1.15.(6)〔赏旗为奴人犯之在籍子孙〕

一、赏旗为奴人犯之在籍子孙,有前往遣所省视,及随往之子孙,原不在佥遣之内,欲行回归,即赴该管衙门报名,给与印票,准其回归。仍将随往子孙回归之处,照例报部。本犯之主,不得挟势羁留。倘有刁留计陷,不得回归者,将本主照存养良家男女为奴婢律治罪。该管官一并交部议处。

1.1.15.(7)〔蒙古人犯例应佥遣之妻子〕

一、蒙古人犯例应佥遣之妻、子,其随从本夫者,照例交与河南、山东驿地当差。如本犯已经正法,其妻、子单行发遣者,将该犯等酌发南省驻防兵丁为奴。至佥解递送之处,悉照应缘坐犯属之例办理。

1.1.15.(8)〔发遣旗人随带妻子〕

一、满洲、蒙古、汉军发往新疆当差人犯,如有情愿随带妻室家口者,官为资送,到配后,不得同罪犯一例羁管。

1.1.15.(9)〔遣犯身故妻子携骸回籍〕

一、旗、民发遣人犯,系奉特旨着佥妻、子,及例应佥妻者,听遣所该管官同本犯一例管束。本犯身故后,有情愿携骸回归者,该将军等照例咨部,准其回旗、回籍。若非特旨佥遣及例应佥遣之家属,原系随往遣所,本非罪犯,各该衙门于起解文内,务将"随往"字样注明,遣所该管官记档安插,毋得概同本犯一例羁管。有愿回旗、籍,及本犯身故后,有情愿携骸回归者,即准回归,咨部存案。其力不能来者,系旗人,入于本处档内,令其披甲;系民人,安插为民。日后力能回归,仍听其便。倘该管各官故为留难刁蹬,不行咨报,及失于查察者,交部分别议处。

1.1.15.(10)〔军流遣犯属分别应否佥配〕

一、凡罪应缘坐,及造畜蛊毒、采生折割人、杀一家非死罪三人等项犯属,仍照例佥发外,其余一应军、流、遣犯及应发乌鲁木齐等处人犯家属,均无庸佥配。如有情愿随带妻室子女者,听其自便,不得官为资送。

1.1.15.(11)〔遣犯之女分别择配〕

一、缘坐案内例应佥遣伊犁等处为奴人犯,在配所生之女,及妇女本身犯罪发遣为奴,单身到配者,俱准其各就该处择配。永远不准回籍之遣犯,仍令各将所配,自行报明该管官存案。其余寻常遣犯,在籍随往及在配所生之女,除力能回籍,各听其便外,或遇无力不能回籍,查明原依本主者,听本主择配,依本犯者,听本犯择配,亦令报明存案,不得官为经理。

1.1.15.(12)〔在途病故遣犯之妻子〕

一、发往乌鲁木齐等处人犯,未经到配,本犯中途病故,跟随妻、子,或因到配已近,不愿回籍,或子已年长,堪胜力作,情愿到配为民者,令地方官讯明,仍行发往,即入于各该处民籍,安插耕种,不必令其为奴。如有寡妻弱子,不任力作,或自愿回籍者,该地方官照例递回原籍。至已经到配入厂,年限未满以前,本犯身故者,其妻、子即照年限已满例,准入民籍,一体安插,不必复令为奴。

1.1.15.(13)〔酗酒行凶旗下家奴遣犯佥妻〕

一、旗下家奴酗酒行凶,经本主报明该旗送部发遣之犯,所有妻室、子女俱一体发遣,赏给兵丁为奴。其有年老、残废,及子女幼小不能随带者,或令于亲属依栖,或听本妇另嫁，不准仍留原主处服役。

1.1.16常赦所不原

1.1.16.1 凡犯十恶、杀人、盗系官财物，及强盗、窃盗、放火、发冢、受枉法不枉法赃、诈伪、犯奸、略人略卖、和诱人口，若奸党，及谗言左使杀人、故出入人罪，若知情故纵、听行藏匿引送、说事过钱之类，一应实犯，皆有心故犯。虽会赦，并不原宥。其过误犯罪，谓过失杀伤人、失火，及误毁、遗失官物之类。及因人连累致罪，谓因别人犯罪连累以得罪者，如人犯罪，失觉察，关防，钤束，及干连、听使之类。若官吏有犯公罪，谓官吏人等，因公事得罪，及失出入人罪，若文书迟错之罪，皆无心误犯。并从赦宥。谓会赦皆得免罪。其赦书临时钦定实犯等罪名特赐宥免，谓赦书不言常赦所不原，临时定立罪名宽宥者，特从赦原。及虽不全免，减降、从轻者，谓降死从流、流从徒、徒从杖之类。不在此限。谓皆不在常赦所不原之限。

条 例

1.1.16.(1)〔直省雨泽愆期清理刑狱〕

一、直省地方，偶值雨泽愆期，应请清理刑狱者，除徒、流等罪外，其各案内牵连待质，及笞、杖内情有可原者，该督抚一面酌量分别减免省释，一面奏闻。

1.1.16.(2)〔诱拐案内改发烟瘴少轻民人及旗下家人为奴遣犯〕

一、凡遇恩诏内开有军、流俱免之条，其和同诱拐案内，系民人改发烟瘴少轻地方者，既准宽免，系旗下家人于诱拐案内发遣为奴人犯，亦许一体援免。

1.1.16.(3)〔以赦前事告言人罪〕

一、以赦前事告言人罪者，以其罪罪之。若干系钱粮、婚姻、田土等项，罪虽遇赦宽免，事须究问明白。应追取者仍行追取，应改正者仍行改正。

1.1.16.(4)〔关系军机兵饷〕

一、凡关系军机、兵饷事务，俱不准援赦宽免。关系行间、兵饷者乃坐。

1.1.16.(5)〔杀死本宗缌尊及外姻小功尊〕

一、凡杀死本宗缌麻以上尊长及外姻小功尊属者，俱不准援赦。

1.1.16.(6)〔偷窃蒙古四项牲畜遣犯〕

一、凡察哈尔蒙古及扎萨克地方，偷窃四项牲畜，罪应发遣贼犯，遇赦俱不准减等。

1.1.16.(7)〔诬告叛逆及捕役诬陷无辜〕

一、诬告叛逆未决，应拟斩候者，不准援赦。又捕役诬拿良民及曾经犯窃之人，威逼承认，除被诬罪名，遇赦尚准援免者，其反坐捕役，亦得援赦免罪外，若将平民及犯窃之轻罪人犯，逼认为谋杀、故杀、强盗者，将捕役照例充军，遇赦不准援免。

1.1.16.(8)〔文武官员等犯奸盗诈伪等罪〕

一、文武官员、举人、监生、生员，及吏典、兵役，但有职役之人，犯奸、盗、诈伪，并一应赃私罪名，遇赦取问明白，罪虽宥免，仍革去职役。

1.1.16.(9)〔侵盗钱粮拟斩监候之犯〕

一、凡侵盗仓库钱粮入己,数在一千两以上,拟斩监候之犯,遇赦准予援免。如数逾一万两以上者,不准援免。

1.1.16.(10)〔触犯祖父母父母发遣之犯〕

一、凡触犯祖父母、父母发遣之犯,遇赦查询伊祖父母、父母愿令回家,如恩赦准其免罪者,即准释放。若只准减等者,仍行减徒。其所减徒罪,照亲老留养之例,枷号一个月,满日释放,毋庸充配。倘释回后再有触犯,复经祖父母、父母呈送,民人发往新疆给官兵为奴,旗人枷号两个月,仍发黑龙江当差。

1.1.16.(11)〔在徒人犯遇赦减等〕

一、凡在京在外已徒而又犯徒、律应总徒四年,及原犯总徒四年、准徒五年者,若遇赦减等,俱减一年。其诬告平人死罪未决,应杖一百、流三千里加徒役三年者,如徒役未满,遇赦减等,减为总徒四年;若再遇赦,仍准再减一年。如已到流配,所加徒役已满者,即照寻常流犯减为徒三年。

1.1.16.(12)〔触犯祖父母父母发遣圈禁之犯遇亲病故〕

一、凡宗室、觉罗及旗人、民人,触犯祖父母、父母呈送发遣、圈禁之犯,除恭逢恩赦,仍遵定例查询办理外,若遇有犯亲病故,许令亲属呈报各该旗、籍,咨明宗人府,并行知配所督抚、将军,查核原案,只系一时偶有触犯,尚无怙终屡犯重情,并察看本犯果有闻丧哀痛迫切情状,如系宗室、觉罗,由宗人府奏请释放;如系旗人、民人,由各督抚、将军咨报刑部核明,奏请释放。如在逃被获,讯明实因思亲起见,又有闻丧哀痛情状者,即免其逃罪,仍发原配安置,不准释回。其逃回后自行投首,及亲属代首者,遇有犯亲病故,准其察看情形,如实系闻丧哀痛,免其发回原配,仍照不应重律杖八十。若本系桀骜性成,屡次触忤干犯,致被呈送发遣,情节较重之犯,俱不准释回。

1.1.16.(13)〔传习邪教首从人犯〕

一、传习白阳、白莲、八卦、红阳等项邪教,为首之犯,无论罪名轻重,恭逢恩赦,不准查办,并逐案声明"遇赦不赦"字样。其为从之犯,亦俱不准援减。

1.1.17 流犯在道会赦

1.1.17.1 凡流犯在道会赦,赦以奉旨之日为期,必于程限内未至配所会赦者,方准赦回。若虽未至配所,计行程过限者,不得以赦放。恐奸徒有意迁延。谓如流三千里,日行五十里,合该六十日程,未满六十日会赦,不问已行远近,并从赦放。若从起程日至奉旨日总计有违限者,不在赦限。若在道有故者,不用此律。有故谓如沿途患病,或阻风、被盗,有所在官司保勘文凭者,皆听除去事故日数,不入程限,故云不用此律。若于途中曾在逃,虽在程限内遇赦亦不放免。其逃者身死,所随家口愿还者听。迁徙安置人准此。军罪亦同。○1.1.17.2 其流犯及迁徙安置人已至配所,及犯谋反、叛逆缘坐应流,若造畜蛊毒、采生折割人、杀一家三人会赦犹流者,并不在赦放之限。○1.1.17.3 其徒犯在道会赦,及已至配所遇赦者,俱行放免。流犯加徒者,亦免加徒。

条 例

1.1.17.(1)〔拟徒官犯及人命徒犯遇赦〕

一、凡官员问拟徒罪,不论已未到配,遇赦减免,令各督抚造册咨部汇题存案。其有关人命拟徒常犯,遇赦减等,另册报部核办,不得与寻常徒犯按季册报。

1.1.17.(2)〔犯逃发遣黑龙江新疆当差旗人在途在配遇赦〕

一、凡在京八旗兵丁、闲散人等,因犯逃罪,及别项罪名,发遣黑龙江、新疆等处当差者,如在途在配遇赦回京,仍归入本旗档内严加管束,即准以步甲等差挑取。倘挑差后,怙恶不悛,仍复滋事,及脱逃被获者,即销除旗档,发遣烟瘴地方,照民人一例管束,不准释回。若未经挑差以前,复犯逃罪被获者,仍发黑龙江等处当差。若自行投回,毋论已未挑差,仍俱照旗人逃走自首例办理。其有犯别项罪名,各照本例科断。

1.1.18 犯罪存留养亲

1.1.18.1 凡犯死罪,非常赦不原者,而祖父母、高、曾同。父母老七十以上。疾笃、废。应侍,或老或疾。家无以次成丁十六以上者,即与独子无异。有司推问明白,开具所犯罪名并应侍缘由奏闻,取自上裁。若犯徒、流而祖父母、父母老疾无人侍养者,止杖一百,余罪收赎,存留养亲。军犯准此。

条 例

1.1.18.(1)〔兄弟共犯酌留养亲〕

一、凡犯罪有兄弟俱拟正法者,存留一人养亲。仍照律奏闻,请旨定夺。

1.1.18.(2)〔诬告拟流之犯不准留养〕

一、凡因诬告拟流加徒之犯,除被诬罪名应准留养者,仍照定例遵行外,如诬告人谋、故杀,及为强盗等罪,以致被诬良民久淹狱底,身受刑讯,荡产破家,追审明反坐者,依律问发,不准留养。

1.1.18.(3)〔旗人留养承祀〕

一、凡旗人犯斩、绞、外遣等罪,例合留养承祀者,照民人一体留养承祀。

1.1.18.(4)〔部内题结军流徒犯发配以前告称留养〕

一、凡部内题结军、流、徒犯,及免死流犯,未经发配以前,告称祖父母、父母老疾应侍,及其母系属孀妇,守节二十年,家无以次成丁者,如属大、宛二县民人,该县查明,府尹确察报部;如属五城民人,兵马司掌印指挥查明,巡城御史确察报部;如属外省民人,州县官查明,督抚确察报部。军、流、徒犯,照数决杖,徒犯枷号一个月,军、流枷号四十日,免死流犯枷号两个月,俱准存留养亲。其各省人犯,该督抚照此确查办理。若在外人犯,咨解到部之后始告留养者,取具该犯确供,一面解配,一面行查原籍督抚;及人犯甫经到配,告称留养者,该配所一面收管,一面行查。如果例应留养,取结报部,将该犯解籍留养。原审官照军流等犯未经审出实情例议处。

1.1.18.(5)〔捏报军流徒犯留养〕

一、军、流、徒犯,并非独子,地方官知情捏报,以故出论;如有受贿情弊,以枉法论。失察者,交部议处。其邻保、族长人等有假捏出结者,照证佐不言实情减本犯罪二等律治罪;受财者,以枉法从重论。若地方官查报后,复将假捏情弊自行查明,或上司复饬察出,及邻保人等自行首送者,除本犯仍行发配外,官员及邻保人等俱免议。至定案之初,不遵例取具有无祖父母、父母、兄弟、子孙及年岁若干确供者,承审之员,照军流等犯未经审出实情例议处。

1.1.18.(6)〔忘亲不孝之人不准留养〕

一、凡曾经触犯父母犯案,并素习匪类,为父母所摈逐,及在他省获罪,审系游荡他乡,远离父母者,俱属忘亲不孝之人,概不准留养。若系官役奉差者,客商贸易,在外寄资养亲,确有实据者,及两省地界毗连,相距在数十里以内者,该督抚于定案时察核明确,按其情罪轻重,照例将应侍缘由,于题咨内声叙。

1.1.18.(7)〔秋审缓决抢窃满贯拟绞等犯告称亲老应侍〕

一、抢、窃满贯拟绞,秋审缓决一次者;窃盗三犯,赃至五十两以上拟绞,秋审缓决一次者;三次犯窃,计赃五十两以下至三十两者,三十两以下至十两者;窃赃数多,罪应满流者;抢夺伤人,伤非金刃,伤轻平复者;窃盗临时拒捕,伤非金刃,伤轻平复者;发掘他人坟冢见棺椁为首,及开棺见尸为从者;内地民人在新疆犯至军、流,互相调发者;调奸未成,和息后因人耻笑,复追悔抱忿自尽,致死二命者;行营金刃伤人者;川省匪徒在野拦抢,十人以上,被胁随行者;凶徒因事忿争,执持军器殴人至笃疾者;伙众抢去良人子弟,强行鸡奸之余犯,问拟充军者;并军、流、徒犯内,造卖贩卖赌具、诱拐,及各项情轻人犯,果于未经发配,及甫经到配以前,告称有祖父母、父母老疾应侍,与例相符,准其留养一次,照例枷责,分别刺字,详记档案。若留养之后,复犯军、遣、流、徒等罪,概不准再行留养。

1.1.18.(8)〔斗杀等案及殴妻致死之犯声请留养承祀〕

一、凡斗杀等案,及殴妻致死之犯,奉旨准其留养承祀者,将该犯枷号两个月,责四十板。斗杀等案,追银二十两,给死者家属养赡。至殴妻致死,原题时亲老丁单,声请留养,遇有父母先存后故,与承祀之例相符者,各督抚于秋审时查明取结,另行报部,九卿一体核拟具题。倘有假捏等弊,除本犯仍照原拟,不准留养承祀外,查报之地方官,及捏结之邻保、族长等,俱照捏报军流留养例,分别议处、治罪。若留养承祀之后,如有不安分守法,别生事端,无论罪名轻重,即照现犯之罪按律定拟,不准复行声请。

1.1.18.(9)〔自首逃兵父兄阵亡亲老丁单〕

一、凡军务未竣以前自首逃兵内,如实系因病落后,并非无故脱逃,而其父兄曾经殁于王事,又亲老家无次丁者,准其留养。其无故脱逃,续经拿获者,虽有父兄殁于王事,仍不准其留养。

1.1.18.(10)〔死罪及军流遣犯有兄弟侄出继可以归宗者〕

一、凡死罪及军、流、遣犯独子留养之案,如该犯本有兄弟并侄出继,可以归宗者,及本犯身为人后,所后之家可以另继者,概不得以留养声请。若该犯之兄弟与侄出继所后之家,无可另继之人,不可归宗,及本犯所后之家无可另继者,仍准其声请留养。其徒罪人犯,兄弟并侄出继,毋庸令其归宗,及本犯身为人后,毋庸另继,概准声请留养。

1.1.18.(11)〔戏杀误杀等犯亲老丁单〕

一、凡人命案件,于相验时,即将凶犯之亲有无老疾,该犯是否独子,讯证明确,一并详报。定案时,系戏杀,及误杀秋审缓决一次例准减等之案,并擅杀、斗杀情轻,及救亲情切、伤止一二处各犯,核其情节,秋审时应入可矜者,如有祖父母、父母老疾应侍,及孀妇独子,伊母守节二十年者,或到案时非例应留养之人,迨成招时,其祖父母、父母已成老疾,兄弟子侄死亡者,该督抚查取各结,声明具题,法司随案核复,声请留养。其余各案,秋审并非应入可矜,并误杀缓决一次例不准减等者,该督抚于定案时,止将应侍缘由声明,不必分别"应准""不应准"字样,统俟秋审时取结报部,刑部会同九卿核定,入于另册进呈,恭候钦定。其谋、故杀及连毙二命,秋审应入情实无疑之案,虽亲老丁单,毋庸声请留养。至夫致死妻,应行留养承祀之案,无论殴杀、故杀,如核其情节,秋审应入可矜者,亦准随案声请。其余统俟秋审时取结,分别情罪轻重办理。朝审案件,一体遵行。

1.1.18.(12)〔卑幼殴死有服尊长而亲老丁单〕

一、凡卑幼殴死本宗期、功尊长,定案时皆按律问拟,概不准声请留养。其有所犯情节,实可矜悯,奉旨改为斩监候者,统俟秋审情实二次蒙恩免勾,奏明改入缓决之后,由该督抚查明该犯应侍缘由,于秋审时,取结报部核办。至殴死本宗缌麻、外姻功缌尊长,如有亲老丁单应行留养,均俟秋审时,取结分别办理。

1.1.18.(13)〔差役罪犯亲老丁单〕

一、各衙门差役犯案,除因公致罪,及因人连累,或寻常过犯,并无倚势滋扰情事,遇有亲老丁单,仍准查办留养外,其余概不准声请留养。

1.1.18.(14)〔戏杀误杀等犯定案具题后核与留养之例相符〕

一、凡戏杀、误杀、擅杀、斗杀情轻,及救亲情切,伤止一、二处各犯,如定案时犯亲年岁不符,原题内未经声明应侍,秋审后核其祖父母、父母现已老疾,孀妇守节年份均已符合,或成招时家有次丁,嗣经身故,及被杀之家,先有父母,嗣已物故,与留养之例相符,由各督抚查明,已入秋审缓决、可矜者,随时随案具题,刑部核明题复,准其留养。其未入秋审各案,如擅杀、斗杀应拟可矜,戏杀及误杀例准缓决一次减等者,亦准其随时查办。如误杀不准一次减等之案,及擅杀、斗杀应拟缓决者,照例俟秋审时取结报部办理。如系擅杀,仍照例毋庸查被杀之家有无父母。

1.1.18.(15)〔故杀卑幼之犯亲老丁单〕

一、尊长故杀卑幼之案,如有亲老丁单,定案时于疏内声明,俟秋审时取结报部,分别情罪轻重办理。

1.1.18.(16)〔被杀之人亲老丁单凶犯不准留养〕

一、杀人之犯,有秋审应入缓决应准存留养亲者,查明被杀之人有无父母、是否独子,于本内声明。如被杀之人亦系独子,但其亲尚在,无人奉侍,不论老疾与否,杀人之犯皆不准留养。若被杀之人,平日游荡离乡,弃亲不顾,或因不供养赡,不听教训,为父母所摈逐,及无姓名、籍贯可以关查者,仍准其声请留养。至擅杀罪人之案,与殴毙平人不同,如有亲老应侍,照例声请,毋庸查被杀之家有无父母,是否独子。

1.1.18.(17)〔应发遣强盗窝主等犯不准声请留养〕①

一、遣犯内,强盗窝主,造意不行又不分赃者;拿获逃人,不将实在窝留之人指出,再行妄扳者;发遣云贵两广烟瘴偷刨人参人犯,在配脱逃者;盛京旗下家奴为匪,逃走至二次者;派往各省驻防满洲兵丁,临行及中途脱逃者;用药迷人,甫经学习,即行败露者;用药迷人,已经得财为从者;用药迷人,被迷之人当时知觉,未经受累者;闽省不法棍徒,引诱偷渡之人,包揽过台,中途谋害人未死同谋者;应发极边烟瘴罪人,事发在逃,被获时有拒捕者;开窑诱取妇人子女勒卖为从者;永远枷号人犯,已逾十年,原拟死罪,应发遣充军者;大伙枭徒拒捕伤差案内之灶丁、窝家;及军营脱逃兵丁,在军务未竣以前投首者;军营脱逃余丁被获者;聚众夺犯杀差案内,随同拒捕,未经殴人成伤者;川省匪徒在野拦抢,四人至九人,未经伤人者;台湾无藉游民,凶恶不法,犯该徒罪以上情重者;贼犯犯罪事发、抗拒杀差案内为从,在场助势者;罪囚越狱脱逃,三人以上,原犯徒罪为从,及杖、笞为首,并一二人,原犯军、流为从,及徒罪为首者;幕友、长随、书役等倚官妄为,累及本官,罪应军、流以上,与同罪者;新疆兵丁、跟役,如有酗酒滋事,互相调发者;行窃军犯,在配复行窃者;抢夺金刃伤人及折伤,下手为从者;积匪猾贼,及窝留者;回民犯窃,结伙三人以上,执持绳鞭器械者;开棺见尸二次为从者;引诱包揽偷渡过台,招集男妇至三十人以上者;蠹役诈赃十两以上者;积惯讼棍罪应拟军者;军、流、徒犯内强盗,并有关伦理,及凶徒扰害地方,罪应发遣者,俱不准声请留养。

1.1.19 天文生有犯

1.1.19.1 凡钦天监天文生,习业已成,明于测验推步之法。能专其事者,犯军、流及徒,各决杖一百,余罪收赎。仍令在监习业。犯谋反、叛逆缘坐应流,及造畜蛊毒、采生折割人、杀一家三人家口会赦犹流,及犯斗殴伤人、监守常人盗、窃盗、掏摸、抢夺,编配、刺字,与常人一体科断,不在留监习业之限。

---

① 同治九年(1870)修改。

条　例

1.1.19.(1)〔钦天监官为事请旨提问〕

一、凡钦天监官为事，请旨提问，与职官一例问断。该为民者，送监仍充天文生身役；该徒、流、充军者，备由奏请定夺。其有不由天文生出身者，悉照例革职发遣。

1.1.19.(2)〔养象军奴犯该杂犯死罪及徒流罪〕

一、养象军奴，犯该杂犯死罪，及徒、流罪，决杖一百，俱住支月粮，各照年限常川养象，满日仍旧食粮养象，笞、杖的决。

1.1.20 工乐户及妇人犯罪

1.1.20.1 凡工匠、乐户犯徒罪者，五徒并依杖数决讫，留住衙门照徒年限拘役。住支月粮。其斗殴伤人，及监守、常人盗，窃盗、掏摸、抢夺，发配、刺字，与常人一体科断，不在留住拘役之限。其妇人犯罪应决杖者，奸罪去衣留裈受刑，余罪单衣决罚，皆免刺字；若犯徒、流者，决杖一百，余罪收赎。

条　例

1.1.20.(1)〔乐工托势挟制官俳〕

一、和声署官俳，精选乐工，演习听用。若乐工投托势要，挟制官俳，及抗拒不服拘唤者，听申礼部送问，就于本司门首枷号一个月发落。若官俳徇私听嘱，放富差贫，纵容四外逃躲者，参究治罪，革去职役。

1.1.20.(2)〔妇女有犯殴差哄堂之罪〕

一、妇女有犯殴差哄堂之案，罪至军、流以上者，实发驻防为奴。犯徒罪者，若与夫男同犯，一体随同实发，亦不准收赎。若妇女专犯徒罪者，仍照律收赎。

1.1.20.(3)〔妇女翻控审虚罪应军流等犯均免实发〕

一、各直省审理妇女翻控之案，实系挟嫌挟忿，图诈图赖，或恃系妇女，自行翻控，审明实系虚诬，罪应军、流以上，及妇女犯盗，后经发觉，致纵容袒护之祖父母、父母，并夫之祖父母、父母畏罪自尽，例应问拟云贵两广极边烟瘴充军者，均免其实发驻防为奴，各监禁三年。限满，由有狱、管狱官察看情形，实知改悔，据实结报，即予释放。倘在监复行滋事，犯该笞、杖者，仍准收赎。犯该徒罪以上，加监禁半年；军、流以上，加监禁一年，再行释放。若官吏、狱卒故意凌虐者，照凌虐罪囚例加等治罪。其妇女翻控，讯明实因伊夫及尊长被害，并痛子情切，怀疑具控，及听从主使，出名诬控，到官后供出主使之人，俱准其收赎一次。如不将主使之人供明，仍照例监禁，俟三年限满，再行分别禁、释。

1.1.20.(4)〔京城奸媒有犯诱奸诱拐罪坐本妇之案〕

一、京城奸媒，有犯诱奸、诱拐罪坐本妇之案，如犯该军、流，俱实发各省驻防为奴；其罪止徒、杖者，准其收赎徒罪，所得杖罪，即照妇女犯奸之例，一体的决，不准收赎。

1.1.20.(5)〔妇女犯积匪并窝留盗犯等罪应军流者〕①

一、妇女犯军、流等罪，除例载实发驻防为奴，及酌量监禁免其实发各条外，若系积匪，并窝留盗犯多名，及屡次行凶讹诈罪应外遣者，实发驻防给官兵为奴。罪应军、流者，准其收赎一次，仍详记档案。如不知悛改，复犯前罪，即行实发驻防，不准收赎。犯该徒罪以下者，仍准收赎，不得加重实发。

1.1.21 徒流人又犯罪

1.1.21.1 凡犯罪已发未论决。又犯罪者，从重科断。已徒已流而又犯罪者，依律再科后犯之罪。不在从重科断之限。其重犯流者，三流并决杖一百，于配所拘役四年。若徒而又犯徒者，依后所犯杖数、该徒年限议拟明白，照数决讫仍令应役，通前亦总不得过四年。谓先犯徒三年，已役一年，又犯徒三年者，止加杖一百、徒一年之类，则总徒不得过四年。三流虽并杖一百，俱役四年，若先犯徒，年未满者，亦止总役四年。其徒流人又犯杖罪以下，者，，亦各依后犯笞、杖数决之。充军又犯罪，亦准此。其应加杖者，亦如之。谓天文生及妇人犯者，亦依律科之。

条　例

1.1.21.(1)〔先犯杂犯死罪纳赎未完及徒限未满又犯罪者〕

一、先犯杂犯死罪，纳赎未完，及准徒年限未满，又犯杂犯死罪者，决杖一百。除杖过数目，准银七分五厘，再收赎银四钱五分。又犯徒、流、笞、杖罪者，决其应得杖数，五徒、三流，各依律收赎银数，仍照先拟发落。若三次俱犯杂犯死罪者，奏请定夺。

1.1.21.(2)〔家主图占为奴遣犯妻女〕

一、发遣黑龙江等处为奴人犯，有被伊主图占其妻女，因而致毙者，将伊主照故杀奴婢例治罪。倘为奴人犯，有诬捏挟制伊主者，照诬告家长律治罪。

1.1.21.(3)〔闽省沿海金刃伤人拟徒之犯在配或回籍再犯〕

一、闽省沿海府属，如有金刃伤人问拟杖徒之犯，或在配所，或徒满回籍，仍执持金刃伤人者，俱发近边充军。

1.1.21.(4)〔发遣人犯辱官诈财生事不法〕

一、凡发遣人犯，于经过处所，辱官诈财、生事不法者，无论满汉军民，如系原拟斩罪免死减等人犯，该地方即行羁禁严审，通详该上司核明具题，将不法解犯，即于经过处所，照原犯斩罪正法示众。倘州县官隐匿不报，或该管上司不行转揭题参者，俱交部照例分别议处。如系平常发遣人犯，俱照徒流人又犯罪律分别治罪。

---

① 同治九年(1870)续纂。

1.1.21.(5)〔另户旗人犯逃人匪类等罪遣犯不行改过〕

一、旗下另户人等，因犯逃人、匪类及别项罪名发遣黑龙江等处，并奉天、宁古塔、黑龙江等处旗人，发遣各处驻防当差者，三年后果能悔罪改过，即入本地丁册，择其善者，挑选匠役、披甲，给与钱粮。三年内不行改过，及已过三年造入丁册后复行犯罪，即销除旗档，改发云贵两广，令地方官与民人一体严加管束。奉天、宁古塔、黑龙江等处人犯，解送刑部转发；其各省驻防人犯，就近移交该省督抚解往应发省份充配，该将军于汇题一年内收到人犯数目本内一并汇题。至奉旨发遣旗下另户内，如有行凶为匪者，该将军另行请旨办理。

1.1.21.(6)〔新疆黑龙江为奴遣犯在配行窃〕

一、凡发遣新疆人犯，并黑龙江等处为奴人犯，在配行窃，初犯者，在配所枷号一年；再犯者，枷号二年；三犯者，枷号三年。至四犯者，即拟以永远枷号，遇赦不准援免。

1.1.21.(7)〔免死盗犯在配偷窃官粮〕

一、发遣吉林、黑龙江等处免死盗犯，在配偷窃官粮，计赃八十两以上者，为首拟斩立决。其不及八十两，并为从之犯，仍各照本例问拟。

1.1.21.(8)〔发遣行窃窝窃回犯在配在逃行窃〕

一、回民因行窃、窝窃发遣，复在配行窃，初犯枷号二年，再犯枷号三年，三犯即永远枷号。若在逃行窃被获，亦递回配所，照此例办理。倘计赃逾贯，及行窃时另犯应死罪名，仍各从其重者论，秋审概入情实。拟枷人犯，有年限者，满日俱鞭一百，遇赦俱不准援减。

1.1.21.(9)〔免死发遣盗犯及平常遣犯在配杀人及犯他罪〕

一、免死减等发遣新疆、宁古塔、黑龙江等处盗犯，除脱逃被获，仍照定例斩决外，如在配所杀人，及犯别项无关人命罪应斩、绞监候者，该将军等奏咨到部，刑部查明原案，定拟斩决，分别题奏，行文该将军，于众人前即行正法。犯该徒罪以上者，拟斩监候；犯该笞、杖者，枷号三个月，鞭一百。至平常发遣人犯在配杀人，仍分别谋、故、斗殴，按律定拟。如犯该遣罪者，在配所枷号六个月；犯该军、流者，枷号三个月；犯该徒罪者，枷号两个月，俱鞭一百。犯该笞、杖者，各照应得之数，鞭责发落。

1.1.21.(10)〔军犯在配复犯徒流军罪〕

一、军犯在配复犯徒罪者，分别枷号。徒一年者，于配所枷号一个月，每等递加五日。复犯流罪，及复犯军罪，轻于原犯罪名，或与原犯罪名相等者，即照原犯罪名加等调发；若复犯军罪，重于原犯罪名者，即照复犯罪名加等调发，各枷号一个月。罪至极边烟瘴者，发遣新疆酌拨种地当差。

1.1.21.(11)〔烟瘴充军窃犯在配复行窃〕

一、改发极边烟瘴充军之窃盗，在配复犯行窃，计赃满贯者，仍照寻常窃盗问拟军流人犯复窃满贯例，拟绞监候。若在配复窃，赃未满贯，审系一时掏摸，计赃无几，及偷摘蔬果，罪止杖责者，即于配所枷号三个月。计赃复犯徒罪者，枷号一年；复犯流罪者，枷号二年；复犯军罪者，枷号三年。令地方官按月点卯验封，发市示众。若在逃复窃，赃未满贯，应仍依烟瘴人犯脱逃例，改发新疆酌拨种地当差。倘发遣后复犯行窃，即照军犯在配复窃例，分别办理。

1.1.21.(12)〔寻常窃盗问拟军流徒罪之犯在配在逃行窃〕

一、寻常窃盗，问拟军、流、徒罪到配后，除犯非偷窃，及所犯罪重者，仍各照律例办理外，其有在配在逃行窃，审系一二次，赃未至满贯者，徒罪复犯，拟以满流；军、流复犯，俱改发云贵两广极边烟瘴充军。若犯至三次者，徒罪复犯，亦改发云贵两广极边烟瘴充军；军、流复犯，发遣新疆酌拨种地当差。计赃满贯者，仍照律拟绞监候。

1.1.21.(13)〔乌鲁木齐遣犯在配滋事犯法及脱逃并逃后犯法〕①

一、乌鲁木齐地方遣犯，如有在配滋事犯法，及乘间脱逃，并逃后另犯不法情事，除罪应斩、绞者，仍照例办理外，其因罪无可加，例止枷责之犯，核其所犯事由，如系军、流、徒罪，系带铁杆二年；如系笞、杖等罪，系带铁杆一年。果能安分，限满开释，仍令分别当差、为奴。倘释放后仍不悛改，再系一年。如有怙恶不悛，即令永远系带。地方官每办一案，报明将军、都统按季汇册咨部，开释时亦报部查核。如有挟嫌诬陷，及徇隐不报者，照例办理。

① 咸丰二年(1852)续纂。

卷五　名例律下

1.1.22 老小废疾收赎

1.1.22.1 凡年七十以上，十五以下，及废疾，瞎一目、折一肢之类。犯流罪以下，收赎。其犯死罪，及犯谋反、叛逆缘坐应流，若造畜蛊毒、采生折割人、杀一家三人家口会赦犹流者，不用此律。其余侵损于人一应罪名，并听收赎。犯该充军者，亦照流罪收赎。八十以上，——十岁以下，及笃疾，瞎两目、折两肢之类。犯杀人谋、故、斗殴。应死一应斩、绞。者，议拟奏闻，犯反逆者，不用此律。取自上裁；盗及伤人罪不至死者，亦收赎；谓既侵损于人，故不许全免，亦令其收赎。余皆勿论。谓除杀人应死者上请，盗及伤人者收赎之外，其余有犯，皆不坐罪。九十以上，七岁以下，虽有死罪不加刑。九十以上犯反逆者，不用此律。其有人教令，坐其教令者。若有赃应偿，受赃者偿之。谓九十以上、七岁以下之人，皆少智力，若有教令之者，罪坐教令之人。或盗财物，旁人受而将用，受用者偿之。若老小自用，还着老小之人追征。

条　例

1.1.22.(1)〔老幼废疾犯罪收赎枷号亦免〕

一、凡老幼及废疾犯罪，律该收赎者，若例该枷号，一体放免，应得杖罪，仍令收赎。

1.1.22.(2)〔内外现审各省审拟具题案内人犯及到部人犯老小废疾〕

一、内外现审人犯不应具题者，若有老小废疾，俱照律完结。其直隶各省审拟具题案内人犯，果有老小废疾者，该督抚察明，取具地方官印结具题，照律收赎。如实非老小废疾，徇情题免，事发者，将出结转详官并督抚交部议处。其到部人犯，有告称年老及在中途成废疾者，察明实系老疾，亦得收赎。

1.1.22.(3)〔教令七岁以下九十以上犯罪〕

一、教令七岁小儿殴打父母者，坐教令者以殴凡人之罪。教令九十老人故杀子孙者，亦坐教令者以杀凡人之罪。

1.1.22.(4)〔七十以上十五以下人犯秋审可矜减流收赎〕

一、每年秋审人犯，其犯罪时年十五以下，及现在年逾七十，经九卿拟以可矜，蒙恩宥免减流者，俱准其收赎。朝审亦照此例行。

1.1.22.(5)〔瞎一目之人犯军流徒杖等罪〕

一、凡瞎一目之人，有犯军、流、徒、杖等罪，俱不得以废疾论赎。若殴人瞎一目者，仍照律科罪。

1.1.22.(6)〔七十以上十五以下犯流以下收赎后再犯〕

一、凡年七十以上、十五以下，及废疾，犯流罪以下者，准其收赎一次，详记档案。

若收赎之后,复行犯罪,除因人连累、过误入罪者,仍准其照例收赎外,如系有心再犯,即各照应得罪名,按律充配,不准再行收赎。

1.1.22.(7)〔秋审减流人犯笃疾收赎〕

一、凡笃疾犯一应死罪,俱各照本律本例问拟,毋庸随案声请,俱入于秋审,分别实缓办理。其缓决之犯,俟查办减等时,核其情节应减军、流者,再行依律收赎。

1.1.22.(8)〔十岁十五岁以下殴毙人命分别依死者年龄等情声请〕

一、七岁以下致毙人命之案,准其依律声请免罪。至十岁以下斗殴毙命之案,如死者长于凶犯四岁以上,准其依律声请;若所长止三岁以下,一例拟绞监候,不得概行双请。至十五岁以下,被长欺侮殴毙人命之案,确查死者年岁,亦系长于凶犯四岁以上,而又理曲逞凶,或无心戏杀者,方准援照丁乞三仔之例声请,恭候钦定。

1.1.22.(9)〔年老废疾之人翻控审虚〕

一、各直省审理年老废疾翻控之案,实系挟嫌挟忿,图诈图赖,或恃系老疾,自行翻控,审明实系虚诬,罪应军、流以上者,即行实发,一概不准收赎。倘讯明实因尊长被害,并痛子情切,怀疑具控,及听从主使出名诬控,到官后供出主使之人,俱准其收赎一次。若不将主使之人供明,不准收赎。

1.1.23 犯罪时未老疾

1.1.23.1 凡犯罪时,虽未老疾,而事发时老疾者,依老疾论。谓如六十九以下犯罪,年七十事发,或无疾时犯罪,有废疾后事发,得依老疾收赎。或七十九以下犯死罪,八十事发,或废疾时犯罪,笃疾时事发,得入上请。八十九犯死罪,九十事发,得入勿论之类。若在徒年限内老疾,亦如之。谓如六十九以下徒役三年,役限未满,年入七十,或入徒时无病,徒役年限内成废疾,并听准老疾收赎。以徒一年三百六十日为率,验该杖徒若干,应赎银若干,俱照例折役收赎。犯罪时幼小,事发时长大,依幼小论。谓如七岁犯死罪,八岁事发,勿论;十岁杀人,十一岁事发,仍得上请;十五岁时作贼,十六岁事发,仍以赎论。

1.1.24 给没赃物

1.1.24.1 凡彼此俱罪之赃,谓犯受财枉法、不枉法计赃,与、受同罪者。及犯禁之物,谓如应禁兵器及禁书之类。则入官。若取与不和,用强生事,逼取求索之赃,并还主。谓恐吓诈欺、强买卖有余利、科敛及求索之类。○1.1.24.2 其犯罪应合籍没财产,赦书到后,罪人虽在赦前决讫,而家产未曾抄札入官者,并从赦免。其已抄札入官守掌,及犯谋反、叛逆者,财产与缘坐家口,不分已未入官,并不放免。若除谋反、谋叛外。罪未处决,籍没之物虽已送官,但未经分配与人守掌者,犹为未入。其缘坐应流人及本犯家口,虽已入官,若罪人遇赦得免罪者,亦从免放。○1.1.24.3 若以赃入罪,正赃见在者,还官、主。谓官物还官,私物还主。又,若本赃是驴,转易得马,及马生驹、羊生羔,畜产蕃息,皆为见在。其赃已费用者,若犯人身死,勿征。别犯身死者亦同。若不因赃罪而犯别罪,亦有应追财物,如埋葬银两之类。余皆征之。若计雇工赁钱私役弓兵、私借官车船之类。为赃者,死,亦勿征。○1.1.24.4 其估赃者,皆据犯处地方。当时犯时。中等物价,估计定罪。若计雇工钱者,一人一日,为银八分五厘五毫。其牛、马、驼、骡、驴、车、船、碾磨、店舍之类,照依犯时雇工赁值计算定罪、追还。赁钱虽多,各不得过其本价。谓船价值银钱一十两,却不得追赁值一十一两之类。

○1.1.24.5 其赃罚金银,并照犯人原供成色,从实追征,入官、给主。若已费用不存者,追征足色。谓人原盗或取受正赃,金银使用不存者,并追足色。

条　例

1.1.24.(1)〔命案内减等人犯应追埋葬银〕

一、命案内减等发落人犯,应追埋葬银两,勒限一个月追完。有物产可抵者,亦着于限内变交。如审系十分贫难者,量追一半,给付尸亲收领。若限满勘实力不能完,将该犯即行发配,一面取具地邻、亲族甘结,该地方官详请督抚核实咨请豁免。如有隐匿发觉者,地邻人等均照不应重律治罪,地方官照例议处。

1.1.24.(2)〔隐漏赎锾罚款〕

一、凡州县自理赎锾,岁底造册申报按察司;布、按自理赎锾,岁底册报督抚;督抚岁底汇造清册,题报刑部察核。其承问各官,应开明罚赎人姓名及所罚数目,晓示各该地方。如有以多报少及隐漏者,督抚参奏,以贪赃治罪。

1.1.24.(3)〔八旗应入官之人〕

一、凡八旗应入官之人,令入各旗辛者库。其内务府佐领人送入官者,亦照此例入辛者库。辛者库人犯入官之罪者,照流罪折枷责结案。

1.1.24.(4)〔官役犯赃案内〕

一、凡官役犯赃案内,有亏短价值等项,追给原主。其诈骗、逼勒者,被害人自行首告,亦追给原主。督抚、科道参发者,概追入官。

1.1.24.(5)〔归旗人员内有应追赃者〕

一、归旗人员内有应追赃者,限五个月内,该督抚查明家产人口,造册并人解部,转交该旗追赃。其任所有无私置房产,再限地方官六个月察明结报。后有隐匿发觉者,交部议处。

1.1.24.(6)〔断付死者之财产〕

一、断付死者之财产,遇赦不得免追。

1.1.24.(7)〔亏空贪赃官吏应追赔银两〕

一、亏空、贪赃官吏,一应追赔银两,该督抚委清查官产之员会同地方官,令本犯家属,将田房、什物呈明时价,当堂公同确估,详登册记,申报上司,仍令本犯家属眼同售卖完项。如有侵渔、需索等弊,许该犯家属并买主首告,将侵渔、需索之官吏,照侵盗钱粮及受枉法赃律治罪。

1.1.24.(8)〔入官什物之变卖〕

一、地方官吏有将入官田房私租于人者,除照数追赔外,仍照侵盗钱粮例治罪。其一应变卖什物,俱勒限一年,眼同本犯家属照数变卖。如逾限未变,器皿、衣服,仍于本地方勒变;一应金银珠玉等物,兑明分两、数目,造具清册,眼同本犯家属封固,取具并无更换甘结,具文解交藩库,遇有便员附搭解部,转交崇文门变价。若有窃换等弊，许家人及旁人首告，加倍追赔，仍照侵盗钱粮例治罪。

1.1.24.(9)〔入官田房产业售买〕

一、田房产业，一经入官，即令本犯家属将契券呈堂出业，该管官眼同原主秉公估定，开明价值，出示速售。有愿买者，即给与印照，不许原主勒索找价，仍令买主出具并无假冒影射甘结存卷。如该管官纵容原主据占影射，将据占之家属、影射之父兄，俱照隐瞒入官财物律，坐赃治罪；该管官并该上司，俱照例分别议处。如并无影射等弊，首告之人捏词陷害，按律反坐。至所典房地及质当物件，勒限令原主取赎，归还原本。如逾限不赎，即开明原本价值，出示招卖。

1.1.24.(10)〔八旗催追侵贪银两〕

一、八旗催追侵贪银两，如逾限不完，将伊家产变价交官。若承变限满，尚无售主，照亏欠之数，将家产估价入官抵项。其家产不能抵完者，该参、佐领等据实呈报管旗都统等具奏，将本犯交部照原拟发落，现在家产尽行入官。

1.1.24.(11)〔缘事查抄而兄弟未经分产者〕

一、缘事获罪，应行查抄资产，而兄弟未经分产者，将所有产业查明，按其兄弟人数分股计算。如家产值银十万，兄弟五人，每股应得二万，只将本犯名下应得一股入官，其余兄弟名下应得者，概行给予。

1.1.24.(12)〔追罚变赃赎银两承追例限〕

一、刑部现审案内，凡行追赃罚、赃变、赃赎银两，承追各官，俱各定限一年追完。如逾限不行追交，该部即行查参，将承追各官照例议处。

1.1.24.(13)〔州县被盗库项力难完缴〕

一、州县有盗劫库项，除失事之员照数补还者，无庸另议外，或本人身故产绝，力难完缴者，即照州县亏空之例，令该管各上司分赔。

1.1.24.(14)〔比追抢夺窃盗之赃〕

一、凡追赃人犯，除侵贪官吏，仍照例限监追外，其抢夺、窃盗之赃，着地方官于定案之日严行比追。如果力不能完，即将本犯治罪，随时取结详报，分别题咨豁免。

1.1.24.(15)〔参革汉军官员应完款项〕

一、参革汉军官员，有应完款项，俱照定限着追。如为数多者，酌量展限完纳。如逾限不完，即将该员解旗治罪。

1.1.24.(16)〔应追官员因公核减借欠等项〕

一、凡内外官员名下应追因公核减借欠等项，及该员本系分赔、代赔，经地方官查明结报家产尽绝无力完缴者，俱照例题豁，毋庸再于同案各员名下摊追。

1.1.24.(17)〔盗赃未能起获着地方官罚赔〕

一、盗劫之案，查出盗犯名下资财什物，俱给事主收领。其有已经获犯，而原赃未能起获，数在一百两以内者，着落地方官罚赔；如数百两至千两以上者，令地方官罚赔十分之一二。寻常窃案，不在此例。

1.1.24.(18)〔违例入官房屋〕

一、刑部现审案内，违例入官住房、铺面、各项房屋，于定案后，径咨户部办理，刑部毋庸估变。

1.1.24.(19)〔监追还官入官给主赃物〕

一、在京在外应行追赃人犯，除监守盗及抢夺、窃盗之赃，并过失杀人应追埋葬银两，仍照各本例分别办理外，但有还官赃物值银十两以上，着监追半年。勘实力不能完者，开具本犯情罪轻重、监追年月久近、赃数多寡，按季汇题，请旨定夺。其入官赃二十两以上、给主赃三十两以上，亦着监追半年；不及前数，着监追三个月。勘实力不能完，俱免着追，一面取结请豁，一面定地解配发落，毋庸听候部复。其应监追半年者，除人犯先行发落外，在内由刑部、在外由该督抚，仍各于岁底汇题一次。

1.1.24.(20)〔无主及不应给主之窃盗赃〕①

一、窃盗案内无主赃物，及一切不应给主之赃，如系金珠、人参等物，交内务府；银钱及铜铁铅锡等项，有关鼓铸者，交户部；硫磺、焰硝及砖石、木植等项，有关营造者，交工部；洋药及盐、酒等项，有关税务者，交崇文门。其余器皿、衣饰及马骡牲畜，一应杂货，均行文都察院札行该城御史，督同司坊官当堂估值变价，交户部汇题，并将变价数目，报都察院及刑部查核。倘有弊混及变价不完，由该御史查参。

1.1.25 犯罪自首

1.1.25.1 凡犯罪未发而自首者，免其罪，若有赃者，其罪虽免，犹征正赃。谓如枉法、不枉法赃，征入官；用强生事，逼取、诈欺、科敛、求索之类，及强、窃盗赃，征给主。其轻罪虽发，因首重罪者，免其重罪。谓如窃盗事发，自首又曾私铸铜钱，得免铸钱之罪，止科窃盗罪。若因问被告之事而别言余罪者，亦如上科之。止科见问罪名，免其余罪。谓因犯私盐事发被问，不加拷讯，又自别言曾窃盗牛，又曾诈欺人财物，止科私盐之罪，余罪俱得免之类。○1.1.25.2 其犯人虽不自首，遣人代首，若于法得相容隐者之亲属为之首，及彼此诘发，互相告言，各听如罪人身自首法。皆得免罪。其遣人代首者，谓如甲犯罪遣乙代首，不限亲疏，亦同自首免罪。若于法得相容隐者为首，谓同居及大功以上亲，若奴婢、雇工人为家长首，及相告言者，皆与罪人自首同得免罪。卑幼告言尊长，尊长依自首律免罪，卑幼依干犯名义律科断。若自首不实及不尽者，重情首作轻情，多赃首作少赃。以不实不尽之罪罪之。自首赃数不尽者，止计不尽之数科之。至死者，听减一等。其知人欲告及逃如逃避山泽之类。叛是叛去本国之类。而自首者，减罪二等坐之。其逃叛者，虽不自首，能还归本所者，减罪二等。○1.1.25.3 其损伤于人，因犯杀伤于人而自首者，得免所因之罪，仍从本杀伤法。本过失者，听从本法。损伤于物不可赔偿，谓如弃毁印信、官文书、应禁兵器及禁书之类。私家既不合有，是不可偿之物，不准首。若本物见在首者，听同首法免罪。事发在逃，已被囚禁越狱在逃者，虽不得首所犯之罪，但既出首，得减逃走之罪二等，正罪不减。若逃在未经到官之先者，本无加罪，仍得减本罪二等。若私越度关，及奸者，并不在自首之律。○1.1.25.4 若强窃盗、诈欺取人财物，而于事主处首服，及受人枉法、不枉法赃，悔过回付还主者，与经官司自首同，皆得免罪。若知人欲告，而于财主处首还者，亦得减罪二等。其强、窃盗，若能捕获同伴解官者，亦得免罪，又依常人一体给赏。强、窃盗自首免罪后，再犯者不准首。

---

① 同治九年(1870)续纂。

条　例

1.1.25.(1)〔亲属首告〕

一、小功、缌麻亲首告,得减罪三等;无服之亲,减一等。其谋反、叛逆未行,如亲属首告,或捕送到官者,正犯俱同自首律免罪;若已行者,正犯不免,其余缘坐人,亦同自首律免罪。

1.1.25.(2)〔被虏从贼乘间来归〕

一、被虏从贼,不忘故土,乘间来归者,俱着免罪。

1.1.25.(3)〔律得容隐亲属首告强盗〕

一、凡遇强盗,系律得容隐之亲属首告到官,同自首法照例拟断。其亲属本身被劫,因而告诉到官者,依亲属相盗律科罪,不在此例。

1.1.25.(4)〔窃盗自首免刺〕

一、窃盗自首不实不尽,及知人欲告,而于财主处首还,律该减等拟罪者,俱免刺。

1.1.25.(5)〔捕役带同强窃盗犯投首〕

一、不论强、窃盗犯,有捕役带同投首者,除本犯不准宽减外,仍将捕役严行审究。倘有教令及贿求故捏情弊,将捕役照受财故纵律治罪。

1.1.25.(6)〔强盗同居之父兄等人出首〕

一、强盗同居之父、兄、伯叔与弟,明知为匪,或分受赃物者,许其据实出首,均准免罪,本犯亦得照律减免发落。

1.1.25.(7)〔闻拿投首〕

一、闻拿投首之犯,除律不准首,及强盗自首,例有正条外,其余一切罪犯,俱于本罪上减一等科断。

1.1.25.(8)〔越狱限内投首〕

一、一人越狱,半年内自行投首者,仍照原拟罪名完结。如同伙越狱多人,有一人于限内投首,供出同伙,于半年内尽行拿获者,将自行投首之犯,照原罪减一等发落。倘供出之同伙内,尚有一二人未获者,亦仍照原拟罪名完结。如系有服亲属拿首者,亦照本犯自首之例分别完结。

1.1.25.(9)〔因变逸出重囚自行投案〕

一、在监斩、绞重囚,及遣、军、流、徒人犯,如有因变逸出,自行投归者,除谋反、叛逆之犯,仍照原拟治罪,不准自首外,余俱照原犯罪名,各减一等发落。若被拿获者,仍照原犯罪名定拟。其自行越狱,及看守通同贿纵者,虽自行投首,仍照各本律例问拟。

1.1.25.(10)〔脱逃即应正法人犯投回及父兄代首〕

一、由死罪减为发遣盗犯,并用药迷窃案内发遣人犯,在配及中途脱逃被获,例应即行正法者,如有畏罪投回,并该犯之父兄赴官禀首拿获,俱准其从宽免死,仍发原配地方。若准免一次之后,复敢脱逃,虽自行投回,及父兄再为首告,俱不准宽免。

1.1.25.(11)〔诱拐之犯自首〕

一、凡诱拐不知情妇人子女,首从各犯,除自为妻妾,或典卖与人,已被奸污者,不准自首外,其甫经诱拐,尚未奸污,亦未典卖与人,即经悔过自首,被诱之人,即时给亲完聚者,将自首之犯,照例减二等发落。若将被诱之人,典卖与人,现无下落,诱拐之犯自首者,仍各按例拟罪监禁。自投首到官之日起,三年限满,被诱之人仍无下落,或限内虽经查获,已被奸污者,即将原拟绞候之犯,入于秋审办理;原拟流罪之犯,即行定地发配。倘能限内查获,未被奸污,给亲完聚者,各于原犯罪名上减一等发落。

1.1.25.(12)〔鸦片案内人犯自首〕

一、鸦片烟案内人犯,如有事未发而自首,及闻拿投首者,各照律例分别免罪、减等。首后复犯,加一等治罪,不准再首。

1.1.26 二罪俱发以重论

1.1.26.1 凡二罪以上俱发,以重者论;罪各等者,从一科断。若一罪先发,已经论决,余罪后发,其轻若等勿论,重者更论之,通计前所论决之罪,以充后发之数。谓如二次犯窃盗,一次先发,计赃一十两,已杖七十,一次后发,计赃四十两,该杖一百,合贴杖三十。如有禄人节次受人枉法赃四十两,内二十两先发,已杖六十、徒一年,二十两后发,合并取前赃通计四十两,更科全罪徒三年。不枉法赃及坐赃,不通计全科。其应赃入官、物赔偿、盗刺字、官罢职罪止者,罪虽勿论,或重科,或从一,仍各尽本法。谓一人犯数罪,如枉法、不枉法赃,合入官,毁伤器物合赔偿,窃盗合刺字,职官私罪杖一百以上合罢职,无禄人不枉法赃一百二十两以上罪止杖一百、流三千里之类,各尽本法拟断。

条　例

1.1.26.(1)〔律不应拟抵之人命案件其致死三命者〕

一、凡人命案件,按律不应拟抵,罪止军、流、徒人犯,如家长、有服亲属,强奸奴仆、雇工人妻女未成,致令羞忿自尽,罪应拟军;向有人居止宅舍放弹射箭,因而致死,罪应拟流;和奸之案,奸妇因奸情败露,羞愧自尽,及窝弓不立望竿,因而致死,并擅杀奸、盗罪人,罪应拟徒之类。除致死二命照律从一科断外,如至三命者,于应得军、流、徒本罪上各加一等;三命以上者,按照致死人数递加一等,罪止发遣新疆酌拨种地当差,不得加入于死。若致死三命以上,例有专条者,各照定例办理。如威逼人致死非一家至三命以上者,发近边充军之类。至过失杀人之案,仍照律收赎。杀至数命者,按死者名数,各追银十二两四钱二分,给各亲属收领,毋庸加等治罪。至此等案件,必须详细研鞫。若核其案情近于过失而情节较重,或耳目所可及、思虑所可到,并非初无害人之意者,应仍照例分别定拟,不得滥引过失杀律收赎。

1.1.26.(2)〔身犯两罪援引各律各例俱应斩决者〕

一、身犯两项罪名,援引各律各例,俱应斩决者,加拟枭示。如一犯轮奸已成为首,一犯强盗入室搜赃,同时并发之类。若身犯二罪应拟斩决,系同一律例,并非两项罪名者,毋庸枭示。如强盗入室搜赃,又行劫已至数次,同时并发,仍拟斩决之类。

1.1.26.(3)〔两犯凌迟〕

一、凡两犯凌迟重罪者,于处决时加割刀数。

1.1.27犯罪共逃

1.1.27.1凡犯罪共逃亡,其轻罪囚,能捕获重罪囚而首告,及轻重罪相等,但获一半以上首告者,皆免其罪。以上指自犯者言。谓同犯罪事发,或各犯罪事发而共逃者,若流罪囚能捕死罪囚、徒罪囚能捕流罪囚首告;又如五人共犯罪在逃,内一人能捕二人而首告之类,皆得免罪。若损伤人及奸者不免,仍依常法。其因他人犯罪连累致罪,而正犯罪人自死者,连累人听减本罪二等。以下指因人连累而言。谓因别人犯罪,连累以得罪者。如藏匿、引送、资给罪人,及保勘、供证不实,或失觉察、关防、钤束、听使之类。其罪人非被刑杀而自死者,又听减罪二等。若罪人自首告,得免。及遇赦原免,或蒙特恩减罪、收赎者,连累人亦准罪人原免、减等、赎罪法。谓因罪人连累以得罪,若罪人在后自首告,或遇恩赦全免,或蒙特恩减一等、二等或罚赎之类,被累人本罪,亦各依法全免、减等、收赎。

1.1.28同僚犯公罪

1.1.28.1凡同僚犯公罪者,谓同僚官吏连署文案,判断公事差错而无私曲者。并以吏典为首,首领官减吏典一等,佐贰官减首领官一等,长官减佐贰官一等。官内如有缺员,亦依四等递减科罪。本衙门所设官吏无四等者,止准见设员数递减。若同僚官一人有私,自依故出入人罪私罪论;其余不知情者,止依失出入人罪公罪论。谓如同僚连署文案官吏五人,若一人有私,自依故出入人罪论,其余四人虽连署文案,不知有私者,止依失出入人罪论,仍依四等递减科罪。○1.1.28.2若下司申上司,事有差误,上司不觉失错准行者,各递减下司官吏罪二等;谓如县申州、州申府、府申布政司之类。若上司行下,事有差误,而所属依错施行者,各递减上司官吏罪三等;谓如布政司行府、府行州、州行县之类。亦各以吏典为首。首领、佐贰、长官依上减之。

1.1.29公事失错

1.1.29.1凡官吏公事失错,自觉举者免罪。其同僚官吏同署文案,法应连坐者,一人自觉举,余人皆免罪。谓缘公事致罪而无私曲者,事若未发露,但同僚判署文案官吏一人能检举改正者,彼此俱无罪责。○1.1.29.2其断罪失错于人已行论决者,仍从失入人罪论,不用此律。谓死罪及笞、杖已决讫,流罪已至配所,徒罪已应役,此等并为已行论决,官司虽自检举,皆不免罪,各依失入人罪律减三等,及官吏等级递减科之,故云不用此律。其失出人罪,虽已决放,若未发露能自检举贴断者,皆得免其失错之罪。其官文书稽程官应连坐者,一人自觉举,余人亦免罪,承行主典之吏不免。谓文案小事五日程、中事十日程、大事二十日程,此外不了,是名稽程。官人自检举者,并得全免。惟当该吏典不免。若主典自举者,并减二等。谓当该吏典自检举者,皆得减罪二等。官全免。

1.1.30共犯罪分首从

1.1.30.1凡共犯罪者,以先造意一人为首,依律断拟,随从者减一等。○1.1.30.2若一家人共犯,止坐尊长。若尊长年八十以上及笃疾,归罪于共犯罪以次尊长。如无以次尊长,方坐卑幼。谓如尊长与卑幼共犯罪,不论造意,独坐尊长,卑幼无罪,以尊长有专制之义也。如尊长年八十以上及笃疾,于例不坐罪,即以共犯罪次长者当罪。又如妇人尊长与男夫卑幼同犯,虽妇人为首,仍独坐男夫。侵损于人者,以凡人首从论。造意为首,随从为从。侵,谓窃盗财物;损,谓斗殴杀伤之类。如父子合家同犯,并依凡人首从之法。为其侵损于人,是以不独坐尊长。若共犯罪而首从本罪各别者,各依本律首从论。仍以一人坐以首罪,余人坐以从罪。谓如甲引他人共殴亲兄,甲依弟殴兄杖九十、徒二年半,他人依凡人斗殴论笞二十;又如卑幼引外人盗己家财物一十两,卑幼以私擅用财加二等笞四十,外人依凡盗从论杖六十之类。○1.1.30.3若本条言皆者,罪无首从;不言皆者,依首从法。○1.1.30.4其同犯擅入皇城、宫殿等门,及同私越度关,若同避役在逃,及同犯奸者,律虽不言皆,亦无首从。谓各自身犯,是以亦无首从,皆以正犯科罪。

条　例

1.1.30.(1)〔父兄子弟共犯奸盗杀伤〕

一、凡父兄子弟共犯奸、盗、杀伤等案,如子弟起意,父兄同行助势,除律应不分首从,及其父兄犯该斩、绞死罪者,仍按其所犯本罪定拟外,余俱视其本犯科条加一等治罪,概不得引用"为从"字样。

1.1.31犯罪事发在逃

1.1.31.1凡二人共犯罪而有一人在逃,现获者称逃者为首,更无人证佐,则但据其所称决其从罪。后获逃者称前获之人为首,鞫问是实,还将前人依首论,通计前决之罪,以充后问之数。○1.1.31.2若犯罪事发而在逃者,众证明白,或系为首,或系为从,即同狱成,将来照提到官,止以原招决之。不须对问。仍加逃罪二等。逃在未经到官之先者不坐。

条　例

1.1.31.(1)〔缉拿逃人及遣犯并八旗家人逃走册报〕

一、各处将军,每年派官二员、骁骑校二员,带领领催、兵丁,专缉逃人。除明知故纵、受贿卖放者,交部治罪外,其不实力缉拿者,另委能员追缉。仍将发遣人犯,并八旗家人私自逃走者,每月造册报部。每年十月截数,将已获若干名、未获若干名,或并无脱逃,或脱逃后尽数全获,及应行议处、议叙之处,逐一分晰,咨报军机处、兵刑二部。均限于十二月初旬咨齐,以凭核复具题,恭候钦定。

1.1.31.(2)〔人命抢窃等案正犯在逃其现获罪应斩绞监候从犯〕

一、凡人命、抢、窃等案,正犯在逃未获,为从应斩、绞监候人犯,按例拟罪,入于秋审,分别情实、缓决办理,毋庸监候待质。应缓决者,俟查办减等时,如系应行减等人犯,即照所减之遣、军、流罪,按定例限监禁待质。十年限满,正犯无获,照例分别发配。或限内遇赦累减,再照所递减罪名按限查办。情实未勾者,亦俟改入缓决准减之后,一例办理。

1.1.31.(3)〔有关人命应拟斩绞各犯脱逃二三年后就获〕

一、凡有关人命应拟斩、绞各犯,脱逃二三年后就获,如谋杀、故杀及拒捕杀人等类情重之犯,幸稽显戮者,各依原犯科条,应监候者俱改为立决;寻常命案,仍照本律本例拟以监候。其无关人命应拟死罪各犯,俱随案酌核情节,分别定拟。其知情藏匿罪人者,照律治罪。知情之邻保、甲长,俱杖八十。该地方官稽查不力者,交部议处。若有属员藏匿罪人,该管上司不行纠参者,亦交部议处。

1.1.31.(4)〔斩绞监候改立决条款〕

斩监候改立决条款:

谋杀人造意者;

故杀人者;

犯罪拒捕杀人者;

兴贩私盐拒捕杀人者;

军士殴本管官死者;

吏卒殴本部五六品长官及佐贰官、首领官死者;

所统属官殴长官死者;

军民人等殴死在京现任官者;

殴宗室、觉罗死者;

殴死内外缌麻尊长者;

殴外姻小功尊长死者;

听从下手殴本宗大功小功兄姊尊长,仅令殴打,辄叠殴多伤至死者;

妻妾殴夫之期亲尊长死者;

妻妾殴夫之大功小功尊长死者;

奴婢殴家长缌麻小功大功亲死者;

雇工人殴家长期亲,若外祖父母,及缌麻小功大功亲死者;

文武生员武断乡曲,欺压平民,其人不敢与争,旁人不敢劝阻,将人殴打死者;

与人斗殴后,迁怒于其父母,毒殴致毙者;

杀内外功服缌麻及族中奴仆一家三人者;

尊长率领家人打夺罪人,致家人杀人者;

官司差人追征钱粮,勾摄公事,而殴死差人者;

死囚令人自杀,子孙于祖父母、父母,及奴婢、雇工人于家长,听从下手者;

图财害命未得财杀人,为首者;

图财害命,不加功而得财者;

庸医因事故用药杀人者;

诬良为强窃盗,拷打致死者;

诬窃为盗,拷打致毙者;

番役诬陷无辜,妄用脑箍及竹签、烙铁等刑,致毙人命者;

捕役受贿将罪人致死,为首者;

狱卒受贿谋死本犯,为首者;

私放囚人逃走,因而杀人者;

诬告平民,拖累致死三人以上者;

诬告人斩罪,所诬之人已决者;

因奸、盗而威逼人致死者；

豪强凶恶之徒，因事威逼平民自尽一家三命以上者；

用威力强行绑去及设方略诱往四川贩卖，将被拐之人伤害致死，为从者；

略卖良人因而杀人者；

强夺良家妻女，已被奸污，妻女自尽者；

强奸既成，本妇羞忿自尽者；

强奸未遂，将本妇殴伤，越数日后因伤身死者；

强奸既成，其夫与父母、亲属羞忿自尽者；

强奸内外缌麻以上亲，及缌麻以上亲之妻，妻前夫之女，同母异父姊妹，未成，本妇羞忿自尽者；

纵容妻妾与人通奸，因别情将奸夫奸妇一齐杀死者；

坐粮厅及各仓书役人等，向关米之人勒索，因而打死人命者；

出哨兵弁，见船覆溺，阻挠不救，致淹毙人命，为首阻救之人；

出哨兵弁，遇商船遭风覆溺，人尚未死，不速救护，止顾捞抢财物，以致商民淹毙，为从之兵丁，及在船将备，虽不同谋而分赃者；

黔楚红苗仇忿抢夺杀人，聚众不及五十人为首，及聚众至百人杀人为从下手者；

贵州地方，有外来流棍勾通本地棍徒，将荒村居住民苗人户杀害人命，掳其妇人子女计图贩卖，不论已卖未卖、曾否出境案内，有胁迫同行在场未经下手者；

发遣当差为奴之犯，杀死伊管主一家三人并三人以上，其不知情之子孙；

嗣母、继母因奸将子女致死灭口，致令伊夫绝嗣者。

绞监候改立决条款：

诬告人绞罪，所诬之人已决者；

诬窃为盗，吓诈逼认，因而致死二命者；

捏造奸赃款迹，写揭字帖，及编造歌谣，挟仇污蔑，致被诬之人忿激自尽者；

狱卒以金刃及他物与囚，致囚杀人者；

狱卒凌虐罪囚，克减衣粮，因而致死者；

狱卒受贿谋死本犯，为从加功者；

衙役恐吓索诈，致毙人命者；

捕役受人贿嘱，将罪人致死，从而加功者；

挟仇放火，因而杀人，及有焚压致死之为从，商谋下手燃火者；

斗殴连毙二命者；

好斗凶徒，见人斗殴，辄约伙寻衅，将人父母殴毙，为从者；

因事逼迫期亲尊长致死者；

军民人等因事逼迫本管官致死，为首者；

因事威逼平民自尽一家二命及三命而非一家者；

嫡母因奸将子女致死灭口,致令伊夫绝嗣者;

喇嘛、和尚等强奸致死人命,为从者;

兵民聚众十人以下兴贩私盐,拒捕杀人,为从下手者;

黔楚红苗仇忿抢夺,聚众至五十人,杀人为从下手者。

以上各项人犯,情罪较重,如事发在逃,二三年后被获,即改为立决。

1.1.31.(5)〔现任文武职官负罪及无故潜逃〕

一、内外现任文武职官,除擅离职役,查明尚非实在脱逃者,仍照本律办理外,如负罪潜逃,一经拿获,罪应斩决、绞决者,毋庸另议;其犯该监候者,俱改为立决;犯该军、流以下者,无论本罪轻重,一经脱逃被获,俱改为拟绞监候,秋审时,将原犯情罪声明具奏。如无故私自逃走被获者,发往黑龙江当差。一年限内自行投回,减一等,杖一百,徒三年,加枷号两个月。逾限投回,不准减等。

1.1.31.(6)〔刁健不承之犯具众证情状奏咨之例〕

一、内外问刑衙门审办案件,除本犯事发在逃,众证明白,照律即同狱成外,如犯未逃走,鞫狱官详别讯问,务得输服供词,毋得节引众证明白即同狱成之律,遽请定案。其有实在刁健,坚不承招者,如犯该徒罪以上,仍具众证情状,奏请定夺,不得率行咨结。杖、笞以下,系本应具奏之案,照例奏请。其寻常咨行事件,如果讯无屈抑,经该督抚亲提审究,实系逞刁狡执,意存拖累者,即具众证情状,咨部完结。

1.1.31.(7)〔人命抢窃等案正犯在逃其现获罪应杖徒军遣从犯〕

一、人命抢窃及拒捕、共殴等案,正犯在逃未获,案内牵连余犯,审系无干,即行省释,不准滥行监候待质。若现获之犯,称逃者为首,如现获多于逸犯,供证确凿,以及逸犯虽多,而现获之犯,系先后拿获,或虽同时并获,经隔别研讯,实系逃者为首,或事主、尸亲、旁人指证有据者,即依律先决从罪,毋庸监候待质。若案内人数众多,仅获一二名,无事主、尸亲、证佐指认者,将现获之犯,按例拟罪监禁,俟逸犯就获后,质讯明确,定地起解。倘正犯日久无获,为从监候待质人犯,除强盗案件不应宽释外,其余人命等案,如原拟遣、军、流罪已过十年,徒罪已过五年,杖罪已过三年,并未拟定罪名之人已过二年者,该督抚陆续查明咨部核复。应遣、军、流、徒者,照原拟罪名,即行发配;应杖罪,及并未拟定罪名之人,取具的保释放在外,俟缉获正犯之日,再行质审。倘释放后私自逃匿,保人各照不应轻律笞四十。本犯获日,杖罪人犯,照原拟杖罪加枷号一个月;并未拟定罪名之人,照不应重律杖八十。若监候年限内,恭遇恩赦,如在逃本犯拿获时例得减免者,待质之犯,准其即行查办省释。

1.1.32 亲属相为容隐

1.1.32.1 凡同居,同谓同财共居亲属,不限籍之同异,虽无服者亦是。若大功以上亲,谓另居大功以上亲属,系服重。及外祖父母、外孙、妻之父母、女婿,若孙之妇、夫之兄弟,及兄弟妻,系恩重。有罪彼此得相为容隐。奴婢、雇工人义重。

为家长隐者，皆勿论。家长不得为奴婢、雇工人隐者，义当治其罪也。○1.1.32.2若漏泄其事，及通报消息，致令罪人隐匿逃避者，以其于法得相容隐，亦不坐。谓有得兼容隐之亲属犯罪，官司追捕，因而漏泄其事，及暗地通报消息与罪人，使令隐避逃走，故亦不坐。○1.1.32.3其小功以下相容隐，及漏泄其事者，减凡人三等；无服之亲，减一等。谓另居小功以下亲属。○1.1.32.4若犯谋叛以上者，不用此律。谓虽有服亲属，犯谋反、谋大逆、谋叛，但容隐不首者，依律科罪，故云不用此律。

条　例

1.1.32.(1)〔父为母所杀或母为父所杀〕

一、父为母所杀，其子隐忍，于破案后始行供明者，照不应重律杖八十。如经官审讯，犹复隐忍不言者，照违制律杖一百。若母为父所杀，其子仍听依律容隐免科。

1.1.33 处决叛军

1.1.33.1凡边境重地城池，若有军人谋叛，守御官捕获到官，显迹、证佐明白，鞫问招承，申报督抚、提镇审问无冤，随即依律处治，具由奏闻。如在军前有谋叛，能临阵擒杀者，事既显明，机系呼吸。不在此委审、公审之限。事后亦须奏闻。

1.1.34 化外人有犯

1.1.34.1凡化外来降人犯罪者，并依律拟断。隶理藩院者，仍照原定蒙古例。

条　例

1.1.34.(1)〔蒙古案件及人犯之会审〕

一、蒙古案件有送部审理者，即移会理藩院衙门，将通晓蒙古言语司官派出一员，带领通事，赴刑部公同审理。除内地八旗蒙古应依律定拟者，会审官不必列衔外，其隶在理藩院，应照蒙古例科断者，会审官一体列衔。朝审案内如遇有蒙古人犯，知会理藩院堂官到班会审，遇有照蒙古例治罪者，亦一体列衔。

1.1.34.(2)〔青海蒙古人有犯死罪〕

一、青海蒙古人有犯死罪应正法者，照旧例在西宁监禁。其偷窃牲畜例应拟绞解京监候之犯，俟部复后，解赴甘肃按察使衙门监禁，于秋审时将该犯情罪入于该省招册，咨送三法司查核。

1.1.34.(3)〔蒙古与民人交涉之案〕

一、蒙古与民人交涉之案，凡遇斗殴、拒捕等事，该地方官与旗员会讯明确，如蒙古在内地犯事者，照刑律办理；如民人在蒙古地方犯事者，即照蒙古例办理。

1.1.34.(4)〔蒙古地方抢劫案件〕

一、蒙古地方抢劫案件，如俱系蒙古人，专用蒙古例；俱系民人，专用刑律。如蒙古与民人伙同抢劫,核其罪名,蒙古例重于刑律者,蒙古与民人俱照蒙古例问拟;刑律重于蒙古例者,蒙古与民人俱照刑律问拟。

1.1.34.(5)〔承德府属地方抢夺之案〕①

一、热河承德府所属地方,遇有抢夺之案,如事主系蒙古人,不论贼犯是民人是蒙古,专用蒙古例;如事主系民人,不论贼犯是蒙古是民人,专用刑律。倘有同时并发之案,如事主一系蒙古、一系民人,即计所失之赃,如蒙古所失赃重,照蒙古例问拟;民人所失赃重,照刑律科断。

1.1.35 本条别有罪名

1.1.35.1 凡本条自有罪名,与名例罪不同者,依本条科断。○1.1.35.2 若本条虽有罪名,其心有所规避,罪重者,又不泥于本条。自从所规避之重罪论。○1.1.35.3 其本应罪重而犯时不知者,依凡人论;谓如叔、侄别处生长,素不相识,侄打叔伤,官司推问,始知是叔,止依凡人斗法。又如别处窃盗,偷得大祀神御之物,如此之类,并是犯时不知,止依凡论,同常盗之律。本应轻者,听从本法。谓如父不识子,殴打之后,方始得知,止依打子之法,不可以凡殴论。

1.1.36 加减罪例

1.1.36.1 凡称加者,就本罪上加重。谓如人犯笞四十,加一等,即坐笞五十;或犯杖一百,加一等,则加徒减杖,即坐杖六十、徒一年;或犯杖六十、徒一年,加一等,即坐杖七十、徒一年半;或犯杖一百、徒三年,加一等,即坐杖一百、流二千里;或犯杖一百、流二千里,加一等,即坐杖一百、流二千五百里之类。称减者,就本罪上减轻。谓如人犯笞五十,减一等,即坐笞四十;或犯杖六十、徒一年,减一等,即坐杖一百;或犯杖一百、徒三年,减一等,即坐杖九十、徒二年半之类。惟二死、三流,各同为一减。二死谓绞、斩,三流谓二千里、二千五百里、三千里,各同为一减。如犯死罪,减一等,即坐流三千里;减二等,即坐徒三年。犯流三千里者,减一等,亦坐徒三年。加者,数满乃坐。谓如赃加至四十两,纵至三十九两九钱九分,虽少一分,亦不得科四十两罪之类。又加罪止于杖一百、流三千里,不得加至于死。本条加入死者,依本条。加入绞者,不加至斩。

条　例

1.1.36.(1)〔例应枷责之犯奉旨改为发遣者〕

一、凡例应枷责之犯,奉旨改为发遣者,俱免其枷责之罪。

1.1.36.(2)〔审拟罪名不得擅拟加等及改发新疆等处〕

一、审拟罪名,除奉特旨发遣黑龙江、新疆等处外,其余罪应军、流、徒、杖人犯,悉照本条律例问拟,不得用“不足蔽辜”、“无以示惩”、“从重加等”及“加数”等字样,擅拟改发新疆等处,并不准用“虽”“但”字样抑扬文法。其案情错出,律无正条,应折中至当,援引他律他例比附酌核;或实在案情重大,罪浮于法,仍按本律例拟罪,均于疏内声明,恭候圣裁。至律例内如拒捕、脱逃等项,载明照本罪加等者,仍各遵照办理。

---

① 咸丰二年(1852)续纂。

1.1.37 称乘舆车驾

1.1.37.1 凡（律中所）称乘舆车驾及御者，（如御物、御膳所、御在所之类，自天子言之。而）太皇太后、皇太后、皇后并同。称制者，（自圣旨言之。而）太皇太后、皇太后、皇太子令并同。（有犯毁失制书、盗及诈为制书、擅入宫殿门之类，皆当一体科罪。）

1.1.38 称期亲祖父母

1.1.38.1 凡（律）称期亲及称祖父母者，曾、高同。称孙者，曾、元同。嫡孙承祖，与父母同。（缘坐者，各从祖孙本法。）其嫡母、继母、慈母、养母，（皆服三年丧，有犯）与亲母（律）同。（改嫁、义绝，及殴杀子孙，不与亲母同。）称子者，男、女同。（缘坐者，女不同。）

1.1.39 称与同罪

1.1.39.1 凡（律）称与同罪者，（谓被累人与正犯同罪，其情轻。）止坐其罪；（正犯）至死者，（同罪者）减一等，罪止杖一百、流三千里，（正犯应刺，同罪者免刺，故曰）不在刺字、绞、斩之律。若受财故纵与同罪者，（其情重。）全科。（至死者绞。）其故纵谋反、叛逆者，皆依本律。（斩、绞。）○1.1.39.2（凡称同罪者，至死减一等；称罪同者，至死不减等。）○1.1.39.3 称准枉法论、准盗论之类，（事相类而情轻。）但准其罪，亦罪止杖一百、流三千里，并免刺字。○1.1.39.4 称以枉法论及以盗论之类，（事相等而情并重。）皆与正犯同，刺字、绞、斩，皆依本律科断。（然所得同者律耳，若律外引例充军、为民等项，则又不得而同焉。）

1.1.40 称监临主守

1.1.40.1 凡（律）称监临者，内外诸司统摄所属，有文案相关涉，及（别处驻扎衙门带管兵粮、水利之类，）虽非所管百姓，但有事在手者，即为监临。称主守者，（内外各衙门）该管文案吏典，专主掌其事；及守掌仓库、狱囚、杂物之类，官吏、库子、斗级、攒拦、禁子并为主守。○1.1.40.2 其职虽非统属，但临时差遣管领提调者，亦是监临主守。

1.1.41 称日者以百刻（今《时宪书》，每日计九十六刻。）

1.1.41.1 凡（律）称一日者，以百刻。（犯罪违律，计数满乃坐。）计工者，从朝至暮。（不以百刻为限。）称一年者，以三百六十日。（如秋粮违限，虽三百五十九日，亦不得为一年。）称人年者，以籍为定。（谓称人年纪，以附籍年甲为准。）称众者，三人以上。称谋者，二人以上。（谋状显迹明白者，虽一人，同二人之法。）

1.1.42 称道士女冠

1.1.42.1 凡（律）称道士、女冠者，僧、尼同。（如道士、女冠犯奸，加凡人罪二等，僧、尼亦然。）若于其受业师，与伯叔父母同。（如俗人骂伯叔父母，杖六十、徒一年，道、冠、僧、尼骂师罪同。受业师，谓于寺观之内亲承经教合为师主者。）其于弟子，与兄弟之子同。（如俗人殴杀兄弟之子，杖一百、徒三年，道、冠、僧、尼殴杀弟子同罪。）

1.1.43 断罪依新颁律

1.1.43.1 凡律自颁降日为始。若犯在已前者,并依新律拟断。如事犯在未经定例之先,仍依律及已行之例定拟。其定例内有限以年月者,俱以限定年月为断。若例应轻者,照新例遵行。

条 例

1.1.43.(1)〔问刑衙门引拟失当移情就例〕

一、律例颁布之后,凡问刑衙门,敢有恣任喜怒,引拟失当,或移情就例,故入人罪,苛刻显著者,各依故失出入律坐罪。

1.1.44 断罪无正条

1.1.44.1 凡律令该载不尽事理,若断罪无正条者,援引他律比附,应加应减,定拟罪名,申该上司议定奏闻。若辄断决,致罪有出入,以故失论。

条 例

1.1.44.(1)〔律例本有正条而任意删减〕

一、引用律例,如律内数事共一条,全引恐有不合者,许其止引所犯本罪。若一条止断一事,不得任意删减,以致罪有出入。其律例无可引用,援引别条比附者,刑部会同三法司,公同议定罪名,于疏内声明,律无正条,今比照某律某例科断,或比照某律某例加一等、减一等科断,详细奏明,恭候谕旨遵行。若律例本有正条,承审官任意删减,以致情罪不符,及故意出入人罪,不行引用正条,比照别条,以致可轻可重者,该堂官查出,即将承审之司员指名题参,书吏严拿究审,各按本律治罪。其应会三法司定拟者,若刑部引例不确,许院、寺自行查明律例改正。倘院、寺驳改犹未允协,三法司堂官会同妥议。如院、寺扶同朦混,或草率疏忽,别经发觉,将院、寺官员一并交部议处。

1.1.45 徒流迁徙地方

1.1.45.1 凡徒役,各照应徒年限,并以到配所之日为始,限满释放。流犯,照依本省地方,计所犯应流道里,定发各处荒芜及濒海州县安置。应迁徙者,迁离乡土一千里外。

1.1.45.2 徒五等:

发本省驿递。

1.1.45.3 流三等:

直隶布政司府分,流陕西;

江南布政司府分,流陕西;
安徽布政司府分,流山东;
山东布政司府分,流浙江;
山西布政司府分,流陕西;
河南布政司府分,流浙江;
陕西布政司府分,流山东;
甘肃布政司府分,流四川;
浙江布政司府分,流山东;
江西布政司府分,流广西;
湖北布政司府分,流山东;
湖南布政司府分,流四川;
福建布政司府分,流广东;
广东布政司府分,流福建;
广西布政司府分,流广东;
四川布政司府分,流广西;
贵州布政司府分,流四川;
云南布政司府分,流四川。

条　例

1.1.45.(1)〔各省佥发苗疆及别省军流人犯〕

一、各省佥发军、流人犯,除广西土司所属地方不得拨发安置,并广东琼、连二属,及四川、湖南有苗民州县,令解巡抚衙门,就地方情形通融派拨,不得与苗民聚处外,余俱按照《军流道里表》内应发省份,毋庸指定府州,悉听该省督抚按其所犯罪名,查照《军流道里表》,酌量州县大小远近、在配军、流多寡,均匀拨发。起解省份,预行咨明应发省份督抚,先期定地,饬知入境首站州县,随到随发。其解犯兵牌内,填明"解赴某省,入境首站某州县,遵照定地,转解配所投收申缴"字样。

1.1.45.(2)〔流寓在外民人犯流徒以上〕

一、各省民人流寓在京在外,犯该军、流、徒罪,并免死减等之犯,其有应追银两,讯明本犯原籍有产可赔者,移查明确,将该犯解回原籍追银,完交后照应配地方发配,将所完银两移交犯事地方,分别给主。如无应追银两,或赃项已经追完,及移查原籍并无产业者,徒犯,即在犯事地方定地充徒;军、流人犯,于犯事地方按本犯原籍应配地方,起解发配。若计原籍应配之地,即系该犯流寓之所,令各该督抚按所犯应流、应充军道里远近,分别改发,仍回避原籍相近之地。

1.1.45.(3)〔奉天民人犯军流徒罪不准折枷〕

一、奉天所属民人,有犯军、流、徒罪者,俱照各省民人犯罪例一体问发,均不准折枷完结。

1.1.45.(4)〔各省迁徙土司本犯身故〕

一、各省迁徙土司,若本犯身故,该管地方,即行文原籍该督抚,将该犯家口应否回籍之处,酌量奏闻,请旨定夺。其本犯身故无子,及虽有子而幼小者,其妻、子并许回籍,不在此例。

1.1.45.(5)〔另户满洲及奴仆有犯枷责发遣〕

一、奉天、宁古塔、黑龙江等处,有犯枷责、发遣者,令该将军等查明,或系另户满洲,或系奴仆,逐一声明,送部照例枷责,满日咨送兵部,将另户满洲,发直隶、江宁、山西、山东、河南、甘肃、西安、宁夏、凉州、荆州、杭州、成都、福建、广东等处满洲驻防之省城当差;若奴仆,亦发直隶等省给满洲驻防之兵丁为奴。其同案之犯,不得共发一处。

1.1.45.(6)〔改土为流之土司犯斩绞及军流等罪〕

一、凡土司有犯徒罪以下者,仍照例遵行外,其改土为流之土司,本犯系斩、绞者,仍于各本省分别正法、监候。其家口应迁于远省者,系云南,迁往江宁;系贵州,迁往山东;系广西,迁往山西;系湖南,迁往陕西;系四川,迁往浙江,在于各该省城安插。如犯军、流罪者,其土司并家口应迁于近省安插。系云南、四川,迁往江西;系贵州、广西,迁往安庆;系湖南,迁往河南,在于省城及驻扎提督地方分发安插。该地方文武各官不时稽查,毋许生事扰民出境。如疏纵土司本犯及疏脱家口者,交部分别议处。其犯应迁之土司及伊家口,该督抚确查人数多寡,每亲丁十口,带奴婢四口,造具清册,一并移送安插之省,仍具册,并取该地方官并无隐漏印结,咨报刑部。其安插地方,每十口拨给官房五间、官地五十亩,俾得存养获所,官地照例输课。于每年封印前,将安插人口,及所给房产数目,造册送户部查核。

1.1.45.(7)〔土蛮猺獞苗人仇杀劫掳犯系军流及死罪〕

一、凡土蛮猺獞苗人仇杀劫掳,及聚众捉人靴禁者,所犯系死罪,将本犯正法,一应家口、父母、兄弟、子侄,俱令迁徙。如系军、流等罪,将本犯照例枷责,仍同家口、父母、兄弟、子侄一并迁徙。系流官所辖者,发六百里外之土司安插;系土司所辖者,发六百里外之营县安插。其凶恶未甚者,初犯照例枷责,姑免迁徙。若仍不改恶,将本人仍照原拟枷责,亲属、家口亦迁徙别地安插。仍严饬文武官稽查约束,出具印结并年貌清册,于年底报部。如安插十年后,果能改恶迁善,有情愿回籍者,查明咨报,准予回籍。若本犯并各家口,仍在安插地方行凶生事,照已徒已流而又犯罪律,再科后犯之罪。倘地方官不尽心约束,以致疏脱者,即将该管文武各官,照例参处。其本犯审无别情,照例治以逃罪。如有生事不法情由,照平常遣犯逃后为匪例,分别治罪。至蛮獞头目犯法,必根究勾引之人,审明确实,照诱人犯法律加等治罪,遇赦不宥。失察勾引之地方官,交部议处。

1.1.45.(8)〔云南贵州苗人犯该徒流军遣〕

一、云南、贵州苗人犯该徒、流、军、遣,仍照旧例枷责完结。其情节较重,或再犯不悛，将本犯照例折枷后，仍同家口，各就土、流所辖，一并迁徙安插。至苗人中有剃发衣冠，与民人无别者，犯罪到官，悉照民例治罪。

1.1.45.(9)〔在京旗人逃走后甘心下贱受雇佣工〕

一、在京满洲另户旗人，于逃走后，甘心下贱，受雇佣工，不顾颜面者，即销除旗档，发遣黑龙江等处严加管束，毋庸派拨当差，转令得食饷养赡。其逃后讯无受雇佣工、甘心下贱情事者，仍依本例办理。

1.1.45.(10)〔各旗呈送吃酒行凶家奴发遣〕

一、各旗将家奴吃酒行凶送部发遣者，令该旗都统确查，用印文送部发遣。如将应行发遣之奴，该旗故为留难，不行送部者，许伊主赴部递呈。该部审明，应行发遣者发遣，将留难官员交部查议。至于行止不端之人，欲行占夺家人妻女，捏以吃酒行凶送部者，不准发遣，交与该佐领，将伊妻室子女转卖，身价给主。倘被卖之后，捏告原主，希图报复者，仍照诬告家长律治罪。其各省将军处有送家奴吃酒行凶发遣者，该将军审明，照此遵行。

1.1.45.(11)〔满洲蒙古汉军发往新疆人犯〕

一、满洲、蒙古、汉军发往新疆人犯，除罪犯寡廉鲜耻削去旗籍者，应照民人一体办理外，其余发往种地、当差之犯，系满洲、蒙古旗人，如原犯军、流者，定限三年，免死减等者，定限五年，果能改过安分，即交伊犁驻防处所，编入本地丁册，挑补驻防兵丁，食粮当差；系汉军人犯，照民人分定年限，入于彼处绿营食粮。

1.1.45.(12)〔犯徒官犯定驿发配〕

一、文武员弁犯徒，及总徒四年、准徒五年者，即在犯事地方定驿发配，俟年限满日释放回籍。其有应折枷号、鞭责者，仍照例办理。

1.1.45.(13)〔新疆条款改发四省烟瘴地方〕

一、凡由新疆条款改发云贵两广烟瘴地方人犯，无论在四千里内外，均编发有烟瘴省份安置。其籍隶烟瘴之云南、贵州、广东、广西四省，应发烟瘴人犯，应于隔远烟瘴省份调发，广东省与云南省互调，广西省与贵州省互调。至不足四千里邻近烟瘴之湖南、福建、四川三省应发烟瘴人犯，湖南省发往云南，福建省发往贵州，四川省发往广东。其余各省，有距烟瘴省份较远者，如奉天府属应发烟瘴人犯，编发广西、贵州二省；甘肃之甘州、凉州、西宁、安西、宁夏等府及肃州各属应发烟瘴人犯，编发云南、贵州二省。均解交各该巡抚衙门，酌拨安置。

1.1.45.(14)〔发往伊犁等处为奴人犯酌拨察哈尔及种地兵丁为奴〕

一、发往伊犁、乌鲁木齐等处为奴人犯，令该管大臣均匀酌拨，与察哈尔兵丁及种地兵丁为奴。如察哈尔兵丁系永远屯驻者，发给人犯，即永远为奴。其种地兵丁给与为奴人犯，如在乌鲁木齐以内者，听陕甘总督酌量分发；在乌鲁木齐以外者，听伊犁、乌鲁木齐大臣酌量分发。俱于派拨之时，令该管官将某犯给与某营兵丁之处，详记档案。至换班时，交代与接班兵丁为奴。或该兵丁等撤回内地，及调往他所，并无接班之人,亦令该管官将该犯等另行拨给附近种地兵丁,随同力作。

1.1.45.(15)〔乌鲁木齐等处满汉屯兵脱逃〕

一、派往乌鲁木齐、伊犁等处换班种地满、汉屯兵,遇有脱逃,除依现行之例,按照初次、二次投回、拿获,分别办理外,从新留屯五年,折磨差使。如果别无过犯,该处办事大臣查明,准其回籍。

1.1.45.(16)〔发往伊犁等处种地人犯不能耕种力作者〕

一、犯罪发往伊犁等处种地人犯,如年老力衰,不能耕种纳粮者,令该将军等酌量该犯年力应当差使,责令承充,官给与半份口粮,以资养赡,仍令该管处管束。

1.1.45.(17)〔伊犁等处遣犯拿获脱逃遣犯〕

一、发往伊犁、乌鲁木齐等处遣犯,如在配安分,复能将该处脱逃遣犯拿获者,除逃遣照例办理外,其获犯之遣犯,无论当差、为奴,不拘年限,准为彼处之民,不准回籍。若为民后,又能拿获逃人,即准其回籍。其在厂在配年满为民遣犯,有能拿获逃遣者,亦准回籍。倘逃犯力壮,一人不能缉拿者,止许添一人帮拿,概不得过二人。

1.1.45.(18)〔乌鲁木齐等处安插兵民,及换班兵丁内地商民在新疆犯军流徒罪〕

一、乌鲁木齐等处安插兵民,犯军、流者,除照例折责外,仍留乌鲁木齐,照发往种地人犯,分给屯乡,与种地兵丁一体种地纳粮。倘复有滋事、脱逃等情,枷号两个月,改给乌鲁木齐兵丁为奴。犯该徒罪者,照犯罪免发遣折枷例,加一等折枷,免其充徒。系民,仍令种地;系兵,交地方官指给地亩,耕种纳粮。其换班绿、旗兵丁,及内地贸易商民,于新疆地方犯至军、流之罪者,俱解回内地,各按犯籍定地发配。若犯该徒罪者,系换班绿、旗兵丁,仍留该处,不给口粮,在种地处效力,照应徒年限扣算,满日再行发回;系内地民人,仍解回内地,照例办理。

1.1.45.(19)〔发往热河废员三年期满具奏〕

一、凡发往热河之员,于解到日,即由该都统奏明,派在何处当差。至三年期满,亦分别具奏请旨。若有事故者,随时附奏。

1.1.45.(20)〔为奴之额鲁特等酗酒生事犯该发遣〕

一、新疆及内地遇有为奴之额鲁特、土尔扈特、布鲁特回子等酗酒生事,犯该发遣者,俱发往烟瘴地方。如系新疆犯事,解交陕甘总督定地转发;若在内地有犯,即由该督抚定地解往。俱交与该营、镇、协,在兵丁内拣选力能管束之人,赏给为奴,严加管束。

1.1.45.(21)〔发遣人犯起解章程〕

一、凡发遣人犯,酌定名数,分起解送。如案内人犯众多,至五名以上者,每五名作一起,先后解送。至起解时,务必如法锁铐,将年貌、锁铐填注批内。接递官必按批验明锁铐完全,于批内注明"完全"字样,钤盖印信,转递前途。倘解役人等,有受贿开放者,计赃照枉法律治罪。若转解之该地方官,因前途未曾锁铐,不复行查,不补加锁铐,听其散行,将该地方官与前途未曾锁铐官,均按罪犯轻重,交部分别议处。

1.1.45.(22)〔军流遣犯盛暑严寒停遣〕

一、直省军、流、遣犯，及实发新疆，并由新疆条款改发内地人犯，未起解者，十月至正月终，及六月，俱停其发遣。若已至中途，初冬十月，经过州县照常接递，至十一月初一日，方准停遣，俟次年二月转解。如遇六月，照前停遣。倘抵配不远，并发往东南省份各项人犯，有情愿前进赴配者，取具本犯确供，一体起解，并将不行停遣缘由，移咨前途接递，仍报刑部。惟云南省并无盛暑严寒，各省解往军、流、遣犯，已入该省边境者，不必停遣；其起解之时，有情愿前进者，亦照解往东南省份之例办理。其军、流、遣犯在配脱逃，例应解回原配，及改调他省者，虽遇隆冬盛暑，不准停遣。其民人在外省犯徒，例应递回原籍发配之犯，若离籍在一千里外者，时遇隆冬盛暑，亦准停解。其起解及接递州县，如有将应行停解之犯而不停解，及将不应停解之犯擅行停解者，均交吏部照例议处。

1.1.45.(23)〔民人在京在外徒罪充配〕

一、民人在京犯该徒罪者，顺天府尹务于离京五百里州县定地充配。至外省徒罪人犯，该督抚于通省州县内，核计道里远近，酌量人数多寡，均匀酌派。俱不拘有无驿站，交各州县严行管束。俟徒限满日，释放回籍安插。

1.1.45.(24)〔奉天省应发黑龙江等处人犯〕

一、奉天省应发黑龙江等处人犯，即由盛京刑部、奉天府，按照人数多寡，定地刺字，径交盛京兵部发遣。至外省应发黑龙江等处人犯，该督抚饬属径行解往，均无庸解赴在京刑部转发。

1.1.45.(25)〔苗疆军流徒遣犯民人捏称土苗〕

一、凡苗疆地方，如军、流、徒、遣等犯内，民人有捏称土苗，希图折枷免徙者，事发之日，除按其本律治罪外，仍先于本地方枷号一个月，再行充发。其捏结之邻保人等，照证佐不言实情律，减囚罪二等科断；受贿重者，计赃以枉法论。如犯该斩、绞者，亦令承审官于定案时，查取保邻切实甘结存案。如有捏结，亦照例分别治罪。其失察官员，俱视本犯之罪分别察议。

1.1.45.(26)〔发遣伊犁乌鲁木齐等处人犯〕

一、发遣伊犁、乌鲁木齐，并吉林、黑龙江等处人犯，该将军、都统等，务酌量所属各地方大小，均匀派拨，分别安插。于每年十月截数，将该处一年内发到遣犯名数，同节年问发到配遣犯，现存共计若干名，并该处安插遣犯有无脱逃，及已未拿获各数目，详细声叙，咨报军机处、刑部。均限十二月初旬咨齐，照例汇奏。

1.1.45.(27)〔本例应发四省烟瘴地方充军人犯〕

一、凡新疆条款内改发云贵两广烟瘴地方人犯，仍照旧例实发烟瘴外，其本例应发四省烟瘴地方充军人犯，均以极边四千里为限，按照《五军道里表》内应发省份，解交巡抚衙门均匀酌发，充当苦差，照例分别刺字。如有脱逃，亦各照本例分别治罪。

1.1.45.(28)〔纠谋持械逞强回犯实发东南烟瘴〕

一、回民除犯该寻常军、流,尚无凶恶情状者,仍按表酌发外,如有结伙三人以上,执持凶器伤人,并抢夺数在三人以下,审有纠谋持械逞强情状者,俱实发云贵两广极边烟瘴充军。至籍隶烟瘴之云贵两广四省回民,如犯前项凶殴、纠抢等情,仍照定例于隔远烟瘴省份互相调发。俱不得编发甘肃等省回民聚集之地。

1.1.45.(29)〔八旗正身吃酒行凶发遣吉林等处〕①

一、八旗及各省驻防正身旗人,有犯吃酒行凶者,如系平日安分,偶尔醉闹,并无凶恶情状,该将军、都统按例自行责惩。若屡次酗酒行凶滋事,怙恶不悛,该管佐领呈报该将军、都统查明滋事实迹,送部审实,再行发遣吉林、黑龙江等处当差。如违例任意擅送,及借端陷害者,将呈送不实之该管各官,交部议处。

1.1.45.(30)〔发遣黑龙江等处旗犯分别当差为奴〕

一、八旗另户、正身,及曾为职官,发遣黑龙江、吉林及乌鲁木齐等处者,俱当差;系家奴,发遣为奴。至八旗逃人、匪类,发遣黑龙江、吉林、宁古塔者,令该将军酌量各该处所属地方大小,分发安插,严行约束。如有不知改悔,即销除旗档,照例报部,改发云贵、两广等处,令地方官与民人一体严加管束。仍将每年有无改发之处,于年终咨报军机处、刑部,会核汇奏。

1.1.45.(31)〔发往伊犁等处为奴及当差遣犯种地及入厂效力〕

一、民人发往伊犁、乌鲁木齐等处为奴遣犯,如在配安分已逾十年者,止令永远种地,不准为民;若发往当差遣犯,果能悔过悛改,定限五年,编入该处民户册内,给地耕种纳粮,俱不准回籍。其有到配后呈请愿入铅、铁等厂效力捐资者,除奉特旨发遣为奴,及有关大逆缘坐发遣为奴,并叛案干连、邪教会匪,及台湾聚众抢夺、杀人、放火为从各项人犯,俱不准做工帮捐外,其余无论当差、为奴,罪由轻重,咨部记档,准其入厂。设日久怠惰滋事,随时惩治逐出。若果能始终实心悔过,入厂五年期满,俱准其为民,改入该处民户册内。查系当差人犯,再效力十年,准其回籍。为奴人犯,详核原犯罪由,罪重者不准留厂;罪轻者报部核复,再加十二年,如果始终效力奋勉,准其回籍。

1.1.45.(32)〔发遣新疆废员派令管厂年满奏请〕

一、发遣新疆废员,派令管理铅、铁等厂,该将军、都统等详核案情轻重,摘叙原犯罪由,报部核复。情罪较重者,不准管理;其情节较轻之员,准其管理。俟两年期满,如果妥协,除原犯徒杖例止三年奏请者,毋庸置议外,其原犯军、流例应十年奏请者,准其于十年之内酌减三年,奏闻请旨。如蒙允准,即令各回旗、籍。

1.1.45.(33)〔下五旗呈送包衣人发遣〕

一、凡下五旗包衣人,经该王门上送部发遣者,由部核准,即咨送兵部转发打牲

① 咸丰二年(1852)修改。

乌喇。其因公事犯罪应发遣者，仍酌发黑龙江等处。

1.1.45.(34)〔发遣回疆各犯在配酗酒滋事〕

一、发遣回疆各犯，除仅止在配不服拘管者，即令该管大臣酌量惩治外，若实系在配酗酒滋事，怙恶不悛，难于约束者，改发巴里坤充当折磨差使。如改发之后复行滋事，初犯枷号三个月，再犯枷号一年，三犯永远枷号。

1.1.45.(35)〔发往黑龙江及各省驻防为奴人犯分别赏给〕

一、赏给为奴人犯，除例应赏给功臣之人外，其发往黑龙江、吉林及各省驻防为奴者，先尽未有遣奴之官员分给，每员不得过二名；再尽未有遣奴之兵丁分给，每兵只给一名。其赏给将军、副都统之处，永行停止。

1.1.45.(36)〔曾为职官及举贡生监等犯该发遣〕

一、曾为职官，及进士、举贡生员、监生，并职官子弟，犯该发遣乌鲁木齐、黑龙江等处，如只系寻常过犯，不致行止败类者，发往当差；其应发驻防者，亦改发乌鲁木齐当差。若系党恶窝匪，卑污下贱者，俱照平人一例发遣为奴。

1.1.45.(37)〔发遣新疆等处效力官犯分别年限奏请释回〕

一、发遣新疆及黑龙江、吉林等处效力官犯，如从前所犯仅止革职，及由徒、杖等罪加重发遣者，到戍后已满三年，听该将军、都统及各该处办事大臣具奏。奉旨准其释回者，即令回旗、回籍。若原犯军、流，从前加重改发者，定限十年期满，该将军等遵例奏闻。如蒙允准，亦即令各回旗、籍，毋庸仍照原犯军、流再行发配。若三年、十年期满具奏，奉旨再留几年者，俟所留年限满日，即行照例释回，不必复奏。

1.1.45.(38)〔各处永远枷号人犯枷示十年后酌量发遣〕

一、各处永远枷号人犯，于枷示已逾十年后，即咨明刑部汇题，分别发遣。若该犯原拟本系死罪，并应发新疆者，发往伊犁；如原拟系应发黑龙江等处者，发往乌鲁木齐；其原拟军、流以下者，旗人发往黑龙江等处当差，民人实发云贵两广极边烟瘴充军。如系新疆地方犯事者，即照新疆等处互相调发之例办理。俱令配所各官，严加管束。倘在配在途乘间脱逃，除发烟瘴人犯照例加等改发外，余俱用重枷枷号三个月、杖一百发落。若犯行凶扰害情事，仍按其所犯之罪，照例问拟。

1.1.45.(39)〔内地回民犯罪应发回疆〕

一、凡内地回民犯罪应发回疆，及回民在新疆地方犯至军、流，例应调发回疆者，俱实发云贵两广极边烟瘴充军。

1.1.45.(40)〔新疆各城驻扎官兵跟役及绿营兵丁酗酒滋事〕

一、新疆各城驻扎官员、兵丁之跟役，如有酗酒滋事，在乌鲁木齐一带者，发往伊犁等处；在伊犁一带者，发乌什、叶尔羌等处；在乌什各城者，发往伊犁等处，交与该将军等，在驻防官兵内拣选力能管束之人，赏给为奴。若发遣之后，仍不悛改，复行酗酒者，在配所用重枷枷号三个月、杖一百发落。至新疆等处绿营兵丁，有犯吃酒行凶，如平日安分，偶尔醉闹，尚无凶恶情状者，该将军、都统等自行责革。若屡次酗酒行凶,怙恶不悛者,审明属实,即照跟役酗酒滋事例拟发,视其情罪轻重,量为酌定,轻者当差,重者给官兵为奴。

1.1.45.(41)〔停发新疆改发内地人犯〕

一、停发新疆改发内地人犯,如窃盗满贯拟绞,秋审缓决一次者;窃盗三犯,赃至五十两以上,秋审缓决一次者;行窃军犯,在配复行窃者;三次犯窃,计赃五十两以下至三十两,并三十两以下至十两者;窃赃数多,罪应满流者;积匪猾贼;窃盗临时拒捕,伤非金刃,伤轻平复者;抢夺伤人,伤非金刃,伤轻平复者;发掘他人坟冢,见棺椁为首,及开棺见尸为从者;回民行窃,结伙三人以上,执持绳鞭器械者;抢夺金刃伤人及折伤,下手为从者;子孙犯奸盗,致纵容之父母自尽者;察哈尔等处牧丁,偷卖牲畜及宰食,并作为私产者;偷参为从人犯;诬扳良民为财主及头目者;发功臣家为奴人犯,伊主不能养赡者;杀一家三四命以上案内凶犯之子,年十六岁以上,实无同谋加功者;夺犯杀差案内,随同拒捕,未经殴人成伤者;贼犯杀死捕役案内,未经帮殴成伤者;调奸未成,和息后因人耻笑,其夫与父母、亲属及本妇,复追悔自尽,致死二命者;凶徒因事忿争,执持军器,殴人成笃疾者;强盗窝主,造意不行,又不分赃者;杀一家三四命以上案内,凶犯之妻女,实无同谋加功,并被杀之家未至绝嗣,凶犯之子年在十五岁以下者;奸妇抑媳同陷邪淫,媳情急自尽者;盛京旗下家奴为匪,逃走至二次者;前项人犯,从前已照原例应配地方充发,在配为匪脱逃者,以上二十六项人犯,俱各照本例改定地方充发,面刺“改发”字样,应刺事由者,仍刺事由。如有在配、在途脱逃,照本例加二等调发。

1.1.45.(42)〔军台效力废员三年期满无力完缴台费〕

一、凡发往军台效力废员,三年期满,台费全数缴完者,由军台都统抄录获罪原案,具奏请旨。如不能完缴台费者,文职州县以上、武职都司以上,均由兵部行文各旗、籍、任所。查明委系赤贫,具结到部,兵部知照军台都统。该都统即抄录获罪原案,并声明无力完缴台费,将该废员再行留台五年缘由,具奏请旨。如能于留台五年限内完缴者,准该都统随时具奏,请旨释回。倘有隐匿、寄顿情弊,发往乌鲁木齐永远充当苦差。其文职佐杂、武职守备以下各员弁,不能完缴台费者,于期满之日,例应杖一百、徒三年,仍令该都统抄录获罪原案,声明不能完缴台费,例应改拟杖徒缘由,具奏请旨。此内有仰邀特恩释回者,兵部行文该都统,将其释回。其照例改为杖徒者,行文该都统,将旗员解交刑部,照例办理;汉员解交各该原籍督抚,定驿充徒。

1.1.45.(43)〔发遣回城为奴人犯酌给章京等役使〕

一、发遣回城为奴人犯,先行酌给印房各章京、笔帖式等役使。该章京等于卸任时,列入交代,不准携回本旗。俟拨给章京等足敷役使,再分给大小伯克为奴。毋庸分给小回子,以免拖累。

1.1.45.(44)〔应发往乌鲁木齐伊犁等地为奴及充苦差各犯〕

一、逃人续供之窝家,提来审明,又属诬扳,如年力强壮者,改发乌鲁木齐等处分别种地、为奴。移住拉林闲散满洲，有犯二次逃走者，发往伊犁等处充当折磨差使。派往各省驻防满洲兵丁，临行及中途脱逃被获者，发往伊犁充当步甲苦差。俱照例面刺“外遣”字样，毋庸佥妻遣发。如有情愿携带者，不准官为资送。倘在配、在途脱逃，并不服拘管者，获日，在配所用重枷枷号三个月、杖一百，折责发落，毋庸即行正法。若越狱脱逃，仍照军、流越狱本例办理。

1.1.45.(45)〔新疆等处在配遣犯酌设散总遣头〕①

一、新疆、乌鲁木齐等处在配遣犯，令该管官将每遣犯十名，酌设散遣头一名，每散遣头十名，酌设总遣头一名，即于在配各遣犯内选择充当，责令管束，并令各总遣头出具连环保结互保。遇有遣犯脱逃，除主守之兵丁，及专管之员弁，仍照例办理外，即将应管之散遣头，亦照主守之例，一体问拟，总遣头酌减一等治罪。如散遣头有脱逃情事，即将应管之总遣头，亦照主守例治罪。倘总遣头有脱逃情事，即将互保之总遣头，亦各照主守例治罪。如其所管遣犯，三年内并无一名脱逃滋事者，散遣头准在该处为民；如散遣头三年内并无一名脱逃滋事者，总遣头准在该处为民。总遣头或有事故，即在散遣头内挑充。该遣头等如有故意凌虐情事，即严行惩治。并将总、散遣头及所管遣犯，俱造具花名清册，报明将军、都统，并送部备核。

1.1.45.(46)〔应发各省驻防给官兵为奴之犯〕②

一、应发各省驻防给官员兵丁为奴之犯，仍由兵部核计该犯原籍及犯事地方道里，俱在四千里以外，均匀酌发。

1.1.45.(47)〔应发黑龙江改发四省烟瘴之例〕③

一、应行发遣黑龙江、吉林等处人犯，除宗室、觉罗、太监，并八旗另户、正身，各省驻防正身旗人，及民人曾为职官，暨举贡、生员、监生，或职官子弟等项，仍照原例发往，其前项内应发新疆、乌鲁木齐等处者，亦改发黑龙江、吉林等处，分别当差、为奴，交该将军均匀酌拨安插。其余应发黑龙江为奴条例内，如闽省不法棍徒，私充客头包揽过台，引诱偷渡之人，中途谋害未死，为从同谋者；伙众将良人子弟抢去强行鸡奸余犯，拟遣者；开窑诱取妇人子女勒卖为从者；伙众强抢犯奸妇女已成为首者；强奸犯奸妇女已成，致本妇羞愧自尽者；轮奸良人妇女已成案内余犯，同谋未经同奸者；因而杀死本妇，同谋并未下手又未同奸者；致本妇自尽，同谋未经同奸者；轮奸良人妇女未成为首者；因而杀死本妇，为从未经下手者；致本妇自尽为从者；轮奸犯奸妇女已成为首者；因而杀死本妇，同奸并未下手者；致本妇自尽，为从同奸者；轮奸犯奸妇女未成，因而杀死本妇，系殴杀帮同下手者；致本妇自尽为首者；强奸十二岁以下幼女、幼童未成者；奴及雇工人调奸家长之母与妻女未成者，共十八条，俱改为实

---

① 咸丰二年(1852)续纂。

② 咸丰二年(1852)续纂。

③ 同治九年(1870)续纂。

发云贵两广极边烟瘴充军，无庸以足四千里为限，面刺“改发”二字。如在配脱逃被获，用重枷枷号三个月。倘在配滋事，及逃后行凶为匪，并拿获时有拒捕者，俱照平常遣犯治罪。

1.1.45.(48)〔应发新疆为奴人犯改发驻防之例〕①

一、应发驻防为奴人犯，除例内载明各条外，其随征兵丁，在军营私自潜逃，分别军务已未告竣投首，及患病、受伤，迷失路径，查非有心脱逃，在军务告成后拿获者；随征跟随余丁，偷盗马匹、军器及衣服、银两潜逃投首，照兵丁投首按军务已未告竣分别问拟者；触犯祖父母、父母发遣，免罪释回后再有触犯，复经呈送者；反逆案内，其子孙无论已未成丁，实系不知谋情者；其余律应缘坐男犯，并非逆犯子孙，年在十六岁以上者；私铸铜钱十千以上，或不及十千而私铸不止一次为从，及知情买使者；私铸铜钱不及十千匠人及为首者；熔化些须铅斤，铸钱不及十千匠人及为首者，共八条，俱改发驻防给官兵为奴，面刺“改发”二字。如有不服伊主管束，及脱逃滋事，仍按遣犯本例问拟。

1.1.45.(49)〔应发新疆改发极边足四千里分别锁带杆礅及枷号之例〕②

一、应发新疆及回城、乌鲁木齐等处条例内，如一切左道异端、煽惑人民为从者；传习白阳、白莲、八卦等邪教案内为从，年未逾六十，及年逾六十而有传徒情事者；造谶纬妖书妖言传用惑人，不及众者；用药迷人，甫经学习，虽已合药，即行败露，或被迷人知觉未受累者；各项教会名目，并无传习咒语，但供有飘高老祖及拜师授徒者；用药迷人已经得财，其余为从者；老瓜贼内传授技艺，跟随学习之人未同行者；用药及一切邪术，迷拐幼小子女为从者，共八条，均暂行监禁，俟新疆道路疏通，再行照例发往。其强盗及响马强盗伤人未得财，为从者；未得财又未伤人，为首者；强盗伤人，伤轻平复，事未发自首，及行劫数家止首一家者；洋盗案内投回自首，照强盗自首问拟发遣者；拿获盗犯之眼线，曾为伙盗悔罪，五日内指获同伴者；船户、店家，图财害命，同谋不行，事后分赃者；聚众不及十人，数在三人以上，持械抢夺为从者；纠众发冢起棺索财取赎，跟随同行在场瞭望，及未得财为从者；共谋为盗，因患病及别故不行，事后分赃者；强盗窝主，造意不行，又不分赃，及存留二人者；窝线不上盗又未得财，但为贼探听事主消息，通线引路者，共十一条，俱改发极边烟瘴充军，仍以足四千里为限，到配后锁带铁杆、石礅二年。四川等省匪徒，在场市人烟辏集之所横行抢劫，纠伙不及五人者；在野拦抢，四人以上至九人者；粮船水手抢夺案内，杀人未经帮殴成伤，及聚众互殴，藏有火枪、抬枪者；山东省匪犯聚众持械，结捻、结幅，抢夺得赃，数至四十人以上，被胁同行，及四十人以下十人以上为从，并聚众抢夺未得财者；捉人勒赎，将被捉之人拒杀、殴杀，为从帮殴，伤非金刃又非折伤者；将被捉之人帮同

---

① 同治九年(1870)续纂。

② 同治九年(1870)续纂。

凌虐，及虽无凌虐而助势逼勒，致令自尽者；聚众拒杀兵役为从，伤非金刃又非折伤者；伤人未死为从，刃伤及折伤以上者；审无凌虐重情，止图利关禁勒赎为首者；洋盗案内，知情接买盗赃三次以上者；豫省并安徽等处凶徒结伙，聚众十人以上，执持器械，无论曾否伤人者；聚众十人以上抢夺，被协同行者；广东省匪徒，捏造图记、纸单名色，伙众三人以上，带有鸟枪、刀械，未得财为首，并未带鸟枪、刀械，亦未恃强掳掠，但系吓诈得财为首，及为从二次，并二次以上者；广东、广西二省奸徒，窝藏匪类，关禁勒赎者，共十四条，亦照前改发。到配后锁带铁杆、石礅一年。如有在配滋事犯法，及乘间脱逃，在逃后另犯不法情事，除强盗等项例应正法，及另犯事应斩、绞者，照例办理外，其因罪无可加、例止枷责之犯，即照乌鲁木齐地方遣犯例，核其所犯事由，如系军、流、徒罪，锁带铁杆、石礅二年；如系笞、杖等罪，锁带铁杆、石礅一年。果能安分，限满开释，交地方官严加管束。释放后仍不悛改，再锁带一年。倘仍怙恶不悛，即令永远锁带。此外例内载明应发新疆、乌鲁木齐等处者，俱改发极边足四千里充军。系酌拨种地当差人犯，到配后加枷号三个月；系为奴人犯，到配后加枷号六个月。其原例应加枷号者，仍递加枷号。如在配脱逃被获，为奴人犯，用重枷枷号三个月；当差人犯，亦加枷号三个月。倘在配滋事，及逃后行凶为匪，并拿获时有拒捕者，俱照平常遣犯治罪。以上各犯，应刺字者，如系强盗等项脱逃例应正法者，面刺“改遣”二字，余俱刺“改发”二字。俟新疆道路疏通，再行查明，分别核办。

1.1.46 充军地方

1.1.46.1 凡问该充军者，附近发二千里，近边发二千五百里，边远发三千里，极边、烟瘴俱发四千里。定地发遣充军，人犯在京，兵部定地；在外，巡抚定地，仍抄招知会兵部。

直隶布政司府，分发山东、附近。山西、附近、近边。江南、附近、近边、边远。湖广、附近、近边、边远。陕西、附近、近边、边远、极边。浙江、近边、边远、极边。江西、极边。广东烟瘴。地方。

江南布政司府，分发湖广、附近。山东、附近、近边。浙江、附近、近边。陕西、附近、近边、边远、极边。直隶、附近、近边、边远。山西、近边、极边。广东边远、极边、烟瘴。地方。

山东布政司府，分发登州府、附近。直隶、附近、近边。江南、附近、近边、边远。山西、附近、近边、边远。浙江、附近、近边、边远、极边。陕西、近边、边远、极边。广东烟瘴。地方。

山西布政司府，分发山东、附近、近边。江南、附近、近边、边远。陕西、附近、近边、边远、极边。湖广、附近、近边、边远、极边。浙江、边远、极边。江西、边远。广东极边、烟瘴。地方。

河南布政司府，分发山东、附近。山西、附近、近边。湖广、附近、近边。直隶、附近。江南、附近、近边、边远、极边。陕西、附近、近边、边远、极边。浙江、附近、近边、边远、极边。广东边远、极边、烟瘴。地方。

陕西布政司府，分发宁夏卫、河州卫、附近。直隶、附近。山西、附近。本都行都司、附近、近边、边远。山东附近、近边、边远、极边。湖广附近、近边、边远、极边。江南近边、边远、极边。广东边远、极边、烟瘴。地方。

浙江布政司府,分发江南附近、近边、边远。山东附近、近边、边远。湖广附近、近边、边远。直隶近边、边远、极边。山西极边。陕西极边。广东烟瘴。地方。

江西布政司府,分发山东附近。浙江附近。湖广附近、近边。广东附近、近边、边远。直隶近边、边远、极边。山西极边。陕西极边。四川极边。地方。

湖广布政司府,分发襄阳府附近。江西附近、近边。浙江附近、近边、边远。四川附近、边远。江南附近、近边、边远、极边。山西附近、近边、边远、极边。陕西附近、近边、边远、极边。直隶近边、边远。广东附近、近边、边远、极边、烟瘴。地方。

福建布政司府,分发浙江附近。江西附近。江南附近、近边、边远。广东附近、近边、边远。湖广附近、极边。山东近边、边远、极边。直隶边远、极边。四川极边。地方。

广东布政司府,分发潮州府附近。湖广附近、近边、边远、极边。山西极边。四川极边。山东极边。地方。

广西布政司府,分发江西附近、近边、边远。湖广附近、近边、边远。四川近边、边远、极边。山西极边。陕西极边。浙江极边。广东附近、近边、边远、极边、烟瘴。地方。

四川布政司府,分发越嶲卫附近。陕西附近、近边、边远、极边。湖广附近、近边、边远、极边。江南近边、边远、极边。山西极边。浙江极边。广东近边、边远、极边、烟瘴。地方。

贵州布政司府,分发四川附近。江西附近、近边。湖广附近、近边。陕西附近、近边、边远、极边。江南近边、边远、极边。浙江近边、边远、极边。山西极边。广东附近、近边、边远、极边、烟瘴。地方。

云南布政司府,分发广东附近、近边、边远、极边、烟瘴。湖广近边、边远。陕西边远、极边。江西极边。地方。

条 例

1.1.46.(1)〔各省充军人犯由府州县统辖专管〕

一、凡各省充军人犯,该州县仍注军籍当差,以该州县为专管,该府为统辖。如有脱逃疏纵,将该府、州县职名题参。

1.1.46.(2)〔应发奉天直隶等处军流永行停止〕

一、奉天、直隶,不便安插军、流罪犯。嗣后各省军、流,均按照《五军道里表》及《三流道里表》,分别等次,改发别省。其应发奉天、直隶府州等处,永行停止。

[2]吏　律

卷六　吏律·职制

[2.2]职　制

[2.2.47]官员袭荫

[2.2.47.1]凡文武官员，应合袭荫者，并令嫡长子孙袭荫。如嫡长子孙有故，或有亡殁、疾病、奸盗之类。嫡次子孙袭荫。若无嫡次子孙，方许庶长子孙袭荫。如无庶出子孙，许令弟侄应合承继者袭荫。若庶出子孙及弟侄，不依次序，搀越袭荫者，杖一百、徒三年。仍依次袭荫。○[2.2.47.2]其子孙应承袭者，本宗及本部各官保勘明白，移文该部奏请承袭、支俸。如所袭子孙年幼，候年一十八岁，方预朝参公役。如委绝嗣无可承袭者，准令本人妻小，依例关请俸给，养赡终身。若将异姓外人乞养为子，瞒昧官府，诈冒承袭者，乞养子杖一百，发边远充军，本家所关俸给，事发截日住罢。他人教令搀越、诈冒者，并与犯人同罪。○[2.2.47.3]若当该官司，知其搀越、诈冒而听行，与同罪。不知者不坐。若受财扶同保勘，以枉法从重论。

条　例

[2.2.47.(1)]〔武臣受伤阵亡赏恤〕

一、武臣出征受伤，分别等第给赏；阵亡者，按品予恤，并给世职。

[2.2.47.(2)]〔武职守城失机及犯不孝致典刑者〕

一、武职守城失机，贻患边方，及临阵退怯者，俱不准袭。有犯不孝致典刑者，取祖父次子孙袭职，本犯子孙不许。

[2.2.47.(3)]〔世职实犯死罪及免死充军〕

一、世职有犯人命、失机、强盗，实犯死罪及免死充军，不分已决、已遣、监故，并脱逃、自尽，本犯子孙俱不准承袭。

[2.2.47.(4)]〔世职官亡故户无承袭〕

一、世职官亡故，户无承袭，其父、母继母、生母。在者，给半俸终身。

[2.2.47.(5)]〔世职官物故无人承袭〕

一、凡世职官物故，无应袭之人，官册注销者，如无父母，其妻亦给半俸终身。无妻者,查原立职之官,有亲生母,亦给半俸。

2.2.47.(6)〔世袭官员因罪革退〕

一、凡世袭官员,如有因罪革退,例不准本犯子孙承袭者,其世职与亲兄弟承袭;若无亲兄弟,即袭与兄弟之子孙。若无亲兄弟及兄弟之子孙,竟至除革者,无论官之大小,俱将原立勋绩之处与被罪缘由,及原立官之子孙,一并查明,请旨定夺。

2.2.47.(7)〔世职年老户无承袭及袭职之员年幼者〕

一、凡世职年老,户无承袭者,支全俸优给。袭职之员未及年岁者,支给半俸。

2.2.47.(8)〔诈称父亡冒袭官职〕

一、应袭之人,若父见在诈称死亡,冒袭官职者,发近边充军。候父故之日,许令以次儿男承袭。如无以次儿男,令次房子孙承袭。

2.2.47.(9)〔通事及色目人等拨置不该承袭之人争袭土官〕

一、各处土官袭替,其通事及诸凡色目人等,有拨置土官亲族不该承袭之人,争袭劫夺仇杀者,俱发极边烟瘴地面充军。

2.2.47.(10)〔土官袭职及应袭之人未满岁〕

一、凡土官袭职,由司、府、州、邻具印、甘各结,并土司亲供宗图,及原领号纸,详送督抚具题袭替。若应袭之人未满十五岁者,许令本族土舍护理印务,俟岁满日具题承袭。如有事故迟误,年久方告袭者,宗图、号纸有据,亦准袭替。

2.2.47.(11)〔土官故绝无子及弟〕

一、凡土官故绝无子,许弟承袭。如无子弟,而其妻或婿为其下信服者,许令一人袭替。

2.2.47.(12)〔土舍嫡妻护印〕

一、凡土舍、嫡妻护印,止令地方官查明,出具合例印结咨部,准其护印。

2.2.47.(13)〔土官病故查明应袭之人承袭及支庶子弟酌给头衔〕

一、凡土官病故,该督抚于题报之时,即查明应袭之人,取具宗图册结、邻封甘结,并原领号纸,限六个月内具题承袭。其未经具题之先,亦即令应袭之人,照署事官例用印管事。地方官如有勒措、沉搁、留难者,将该管上司均交部议处。其支庶子弟中有驯谨能办事者,俱许本土官详报督抚具题请旨,酌量给与职衔,令其分管地方事务。其所授职衔,视本土官降二等。文职,如本土官系知府,则所分者给与通判衔;系通判,则所分者给与县丞衔。武职,如本土官系指挥使,则所分者给与指挥佥事衔;系指挥佥事,则所分者给与正千户衔。照土官承袭之例,一体颁给敕印、号纸。其所管地方,视本土官多不过三分之一、少则五分之一。此后再有子孙可分者,亦再许其详报督抚具题请旨,照例分管地方,再降一等给与职衔、印信、号纸。

2.2.47.(14)〔銮仪卫及养象校尉出缺替补〕

一、銮仪卫校尉缺出,于见役校尉亲生儿男弟侄内,选择堪用者替补。如校尉子弟不足,移文五城,将身家殷实民人保送选补。其养象校尉缺出,即以所生儿男替补。有朦胧冒替者，俱以违制论。

2.2.47.(15)〔以乞养子等冒袭及用财买嘱冒袭〕

一、凡世职将乞养异姓与抱养族属疏远之人，诈冒承袭，或用财买嘱冒袭，及受财卖与冒袭，已经到官袭过者，将朦混继立之世职，与以子与世职为嗣之人，并其知情之义子，俱照乞养子冒袭律发边远充军，保勘之官罢职，其世职永不得袭。保勘官，以首先出与保结者为坐。连名保结者，俱依律减等科断。有赃者，并以枉法论。若朦胧保送违碍子孙弟侄者，俱照律发落。

2.2.48 大臣专擅选官

2.2.48.1 凡除授官员，兼文武应选者。须从朝廷选用。若大臣专擅选用者，斩。监候。○2.2.48.2 若大臣亲戚，非科贡应选等项，系不应选者。非奉特旨，不许除授官职。违者，罪亦如之。受选除者，俱免坐。○2.2.48.3 其现任在朝官员，面谕差遣及改除，外职。不问远近，托故不行者，并杖一百，罢职不叙。

条　例

2.2.48.(1)〔不由铨选推举朦胧奏请希求进用〕

一、文武职官人等，不由铨选推举，径自朦胧奏请，希求进用者，依假以上书希求进用律，杖一百。如夤缘奔竞，阻坏选法者，有财，依以财行求，计赃治罪；无财，依违制律，杖一百。

2.2.49 文官不许封公侯

2.2.49.1 凡文官，非有大功勋于国家，而所司朦胧奏请，辄封公侯爵者，当该官吏及受封之人皆斩。监候。其生前出将入相，能除大患，尽忠报国者，同开国功勋一体封侯、谥公，不用此律。生受爵禄曰封，死赐褒赠曰谥。

2.2.50 滥设官吏

2.2.50.1 凡内外各衙门，官有额定员数，而多添设者，当该官吏，指典选者。一人，杖一百；每三人，加一等，罪止杖一百、徒三年。若受赃，计赃以枉法从重论。○2.2.50.2 若吏典、知印及承差、祗候、禁子、弓兵人等，额外滥充者，杖一百，迁徙。比流减半，准徒二年。容留一人，正官笞二十，首领笞三十，吏笞四十；每三人，各加一等，并罪止杖一百；罪坐所由。容留之人不坐。○2.2.50.3 其罢闲官吏，在外干预官事，结揽写发文案，把持官府，蠹政害民者，并杖八十。于犯人名下追银二十两，付告人充赏。有所规避者，从重论。○2.2.50.4 若官府税粮由帖、户口籍册雇募攒写者，勿论。

条　例

2.2.50.(1)〔旧吏索顶头钱〕

一、内外大小衙门,考取吏典,照缺补用。若旧吏索顶头钱者,事发计赃准不枉法论,革役为民。

2.2.50.(2)〔八行运役仓役以一身而充两三役及保送旗人〕

一、坐粮厅所属八行运役及仓役名缺,责令通州知州佥选诚实良民应役。如保送旗人,及民人以一身而充两三役者,仓场侍郎、巡仓御史察出题参,知州交部议处,该役及保结之人杖八十、徒二年。

2.2.50.(3)〔书吏悬挂空名〕

一、各直省大小衙门经制书吏,即在现充书识内,择勤慎办事之人,核实取结承充。倘有悬挂空名,并不亲身着役,将本人照吏典人等额外滥充律治罪,该本管官照例议处。

2.2.51 信　牌

2.2.51.1 凡府、州、县,置立信牌,拘提人犯、催督公事, 量地远近,定立程限,随事销缴。违者,指差人违牌限。 一日笞一十,每一日加一等,罪止笞四十。○2.2.51.2 若府、州,县官遇有催办事务,不行依律发遣信牌,辄亲下所属坐守催并者,杖一百。所属指州县、乡村言, 其点视桥梁圩岸、驿传递铺、踏勘灾伤、检尸、捕贼、抄札之类,不在此限。

条　例

2.2.51.(1)〔违例差遣人役〕

一、道府以上官员,凡关系叛逆、军需、驿递公文等紧要重大事情,照例差人外,其余细事,止许行牌催提。如违例差遣人役者,督抚指名题参。徇情不参者,事发一并议处。其督抚于平常细事,差役害民者,亦交部议处。

2.2.51.(2)〔差票须随时缴销〕

一、州县大小案件,凡有差票,务须随时缴销。如遇封印而案未完结,于封印时将票暂行缴销,俟开印差拘,另行给票。违者,将州县官分别议处。

2.2.52 贡举非其人

2.2.52.1 凡贡举非其人,及才堪时用,应贡举而不贡举者,计其妄举与不举人数, 一人杖八十,每二人加一等,罪止杖一百。所举之人知情,与同罪,不知者不坐。○2.2.52.2 若主司考试艺业技能,而故不以实者,可取者置之下等,不可取者反置之上等。减二等。○2.2.52.3 若贡举、考试 失者,各减三等。受赃,俱以枉法从重论。

条 例

2.2.52.(1)〔乡会试考官及举子通同作弊〕

一、乡、会试考试官、同考官及应试举子,有交通嘱托、贿买关节等弊,问实斩决。

2.2.52.(2)〔有司朦胧送补岁贡生员〕

一、岁贡生员册报到部,遇有事故,不许补贡。其未经报部,遇有事故者,勘明,准令次考补贡。若丁忧及患病,勘明,仍补该年之贡。如托故延至三年之外者,亦不准收。有司朦胧送补者,各杖一百;受赃者,俱以枉法从其重者论。

2.2.52.(3)〔举监生儒应试夹带夫匠人役通同作弊〕

一、应试举监生儒及官吏人等,但有怀挟文字、银两,当场搜出者,枷号一个月,满日杖一百,革去职役。其越舍与人换写文字,或临时换卷,并用财雇倩夹带传递,与夫匠、军役人等受财代替夹带传递,及知情不举察捉拿者,俱发近边充军。若计赃重于本罪者,从重科断。官纵容者,交部议处,受财者以枉法论。其武场有犯怀挟等弊,俱照此例拟断。

2.2.52.(4)〔学臣及提调官考试舞弊〕

一、凡学臣考试,如提调官通同作弊,及引诱为非者,同学臣一并革职提问。其学臣暗通关节,私鬻名器,提调官虽无通同、引诱情弊,而防范不严者,交部议处。学臣应用员役,倘有招摇撞骗及受贿传递等弊,提调官不行访拿究治者,亦交部议处。若学臣操守清廉,杜绝情弊,而提调官不得遂其引诱,反行挟制把持者,该学臣即行指参,审实,将提调官照贪官例治罪。

2.2.52.(5)〔下第诸生逞忿混闹〕

一、凡考试官毫无情弊,下第诸生不安义命,逞忿混行搅闹者,发附近充军。

2.2.52.(6)〔学政滥行录送文理荒谬官卷〕

一、官生录科,该学政瞻徇情面,滥行录送,如官卷内有文理荒谬,幸邀科第者,发觉之日,将送考官一并严加议处。

2.2.52.(7)〔考职贡监生作弊治罪及身故缴照〕

一、考职贡监生,如有包揽代作等弊,察出提究。若监试御史隐匿瞻徇,照例议处。其假冒顶替者,本犯照诈假官律治罪;互结监生,照知情诈假官律治罪;出结之官,照例议处。若身故未经缴照者,限四个月,准家属自首。如逾限不首,查出审有转卖顶替别情,照诈假官律治罪,计赃重者,以枉法论。若审系偶尔遗忘,并无别故,当官销毁,免其治罪。该地方官于已革、已故未经缴照之人,徇隐故纵,不严行追缴,致滋事故者,事发之日,照例议处。

2.2.52.(8)〔乡会试考官及举子通同作弊〕①

一、乡、会试考试官、同考官及应试举子,有交通嘱托、贿买关节等弊,问实,无论

① 同治九年(1870)续纂。

曾否取中,援引咸丰九年(1859)顺天乡试科场案内钦奉谕旨,俱照本例问拟,仍恭候钦定。

2.2.53举用有过官吏

2.2.53.1凡官吏曾经断罪,罢职役不叙者,诸衙门不许朦胧保举。违者,举官及匿过之人,各杖一百,罢职役不叙。受赃,俱以枉法从重论。若将帅异才,不系贪污、规避而罢闲者,有司保勘明白,亦得举用。

条　例

2.2.53.(1)〔犯侵盗钱粮等罪衙役复入应役〕

一、凡衙役犯侵盗钱粮、婪赃等罪,遇赦豁免后,复入原衙门及别衙门应役者,杖一百、徒三年。该管官知情故纵,及督抚不即纠参者,俱交该部议处。

2.2.53.(2)〔退役部院书办更名重役〕

一、凡部院衙门书办,或因有疾,或因不谙文移,退役之后,倘有更名重役者,杖一百,革退。

2.2.53.(3)〔在外各衙门书役役满不退〕

一、凡在外各衙门书役投充,务查该役的名,取具并无重役、冒充亲供互结,行查本籍地方,该地方官加具印结申送,方准着役。倘有役满不退者,杖一百,革役。本管官不行查出,交部议处。

2.2.53.(4)〔大宛两县人不准充当在京衙门书吏〕

一、凡在京各衙门书吏缺出,应募投充者,取具同乡书吏保结,该衙门于十日内照保结所开籍贯、住址、三代姓氏咨行吏部,转行各省,取具印、甘各结。顺天限四十日,直隶、山东、河南、山西、奉天限三个月,江苏、安徽、陕甘、湖南、湖北、浙江、江西限四个月,云、贵、川、广、福建限六个月,咨送到部,准其着役。该地方官吏有勒索、迟延等弊,分别处分治罪。其籍隶大、宛二县民人,俱不准投充。如本系大、宛籍贯,捏称他省土著之民,该管官滥准充当,地方官朦胧出结,该吏及滥行保结之书吏,并承行吏典,分别斥革治罪;该管及地方各官,一并交部议处。

2.2.53.(5)〔稽查役满书役回籍章程〕

一、凡各部院衙门书吏,籍隶大、宛二县,有本籍可归,及籍隶各直省者,役满后,限一个月领照,一个月回籍。仍行知原籍地方官,将该吏到籍日期申详督抚,咨报都察院查核。如有逾限不即起程,及出京后半年不呈报到籍者,该司坊官及原籍地方官分别具详咨报吏部、都察院,将该吏职衔斥革。倘潜留京师,获日,俱杖一百,递回原籍。如有包揽、招摇等弊,按律治罪。若从前未经犯案,役满回籍后,复潜行来京者,获日,斥革职衔,枷号一个月,责四十板,递回原籍,交保管束。如从前犯有事故,押逐回籍后,复私自来京者,虽未犯案,照前犯加一等治罪。其有来京犯案,罪止杖笞者,仍从重照例枷责;所犯重于枷责者,照本犯应得之罪,加一等治罪,仍递回原籍,交地方官严行管束。司坊官失于觉察,或知情容留,查出交部议处;疏纵之原籍地方官,一并参处。至无业游民,曾经犯罪,亦令京城文武地方各官实力稽查,押逐回籍,交与该地方官严行管束。

2.2.53.(6)〔除名贴写捏报诡名〕

一、各部院衙门经承书吏所雇贴写,该管司官开明伊等姓名、年貌、籍贯,取具该经承保结,移付司务厅注册。倘遇驱逐、辞去,即移付司务厅除名。如有捏报诡名,经承扶同保结,察出照重役例治罪。其有负罪潜逃者,着落保结之经承,立限捕获,亦照律治罪。

2.2.53.(7)〔革监易名复捐〕

一、斥革监生,有易名复捐者,除将复捐监生革退,追缴执照外,仍照违制律治罪。伊等犯事到官,一面追照缴销,一面即行审拟。

2.2.53.(8)〔不准保升捐复并永不叙用文武各员等改名弊混以图选用〕

一、奉旨不准保升,及曾经获咎不准捐复,并奉特旨永不叙用之文武各员,暨举贡监生,并吏员、承差人等,曾经考察论劾罢黜,及为事问革,例不入选者,倘敢改名弊混,若买求官吏,改洗文卷,隐匿公私过名,或诈作丁忧起复,以图选用,事发问罪,吏部门首枷号一个月,已除授者发近边,未除授者发附近,各充军。如系止图顶戴荣身,无关铨选,即照违制律杖一百,系官革职。其起送官吏,不分军卫、有司,但知情受贿者,亦发附近充军;赃重者,从重论。若原不知情,止是失于觉察者,照常处分发落。

2.2.54 擅离职役

2.2.54.1 凡官内外文武。吏典吏。无患病、公差之故擅离职役者,笞四十。各留职役。若避难如避难解之钱粮、难捕之盗贼有干系者。因而在逃者,杖一百,罢职役不叙。所避事重者,各从重论。如文官随军供给粮饷,避难在逃,以致临敌缺乏;武官已承调遣,避难在逃,以致失误军机。若无所避而弃印在逃,则止罢职。○2.2.54.2 其在官如巡风官吏、火夫之类。应值不值,应宿不宿,各笞二十。若主守常川看守。仓库、务场、狱囚、杂物之类,应值不值、应宿不宿者,各笞四十。俱就无失事者言耳。若仓吏不值宿而失火,库子不值宿而失盗,禁子不值宿而失囚之类,自有本律科罪。

条 例

2.2.54.(1)〔肄业监生及承差官吏倩人代替〕

一、监生在监肄业,及各衙门办事官吏承差,皆不许倩人代替,违者俱杖一百,黜革。代替者别有职役,一体问革。

2.2.54.(2)〔归旗外任旗员子弟因事告假〕

一、外任旗员子弟,归旗后有因事告假,与例相符者,该旗酌量给假,仍分别省份远近定限,给以执照,令其依限回旗,并咨部行文该省,按限催令归旗。如有借端逗遛,照违制律治罪。

2.2.55 官员赴任过限

2.2.55.1 凡已除官员,在京者,以除授日为始,在外者以领该部所给文凭限票日为始,各依已定程限赴任。若无故过限者,一日笞一十,每十日加一等,罪止杖八十,并留任。○2.2.55.2 若代官已到,旧官各照已定限期,交割户口、钱粮、刑名等项,及应有卷宗、籍册完备,无故十日之外不离任所者,依赴任过限论,减二等。亦留任。○2.2.55.3 其中途阻风、被盗、患病、丧事,不能前进者,听于所在官司告明给印信结状,以备后日违限,将结状送官照勘。若有规避,诈冒不实者,从重论。当该官司扶同保勘者,罪同。

条 例

2.2.55.(1)〔升除出外文职无故迁延赴任〕

一、升除出外文职,已经领敕、领凭,若无故迁延至半年之上,不辞朝出城者,参提,依违制律问罪。若已辞出城,复入城潜住者,交部议处。

2.2.55.(2)〔外任汉军归旗人员定限催令回籍〕

一、外任汉军官员,有升转来京,及年老有病、降级革职归旗者,务于定限之内起程。令该督抚、提镇,照依各省远近,大路有驿站者,日行一站,僻路无驿站者,日行五十里,酌定到京期限,咨报该部、该旗。其中途阻风、被盗、患病、丧事不能前进,仍照律听其于所在官司给状,以备照勘外,如有无故不速起程,或已起程,中途逗遛,或在别处居住,或本身进京,而令家口在别处居住者,督抚、提镇题参,交部均照违制律治罪。地方官不行详报,督抚、提镇不行题参,交部议处。或已经起程,地方官不行申报,督抚、提镇不行咨明该部、该旗,以致沿途逗遛生事者,亦交部议处。其革职免罪人员,别无未清事件,亦遵照此例,给咨催令回旗,免其沿途押解。

2.2.55.(3)〔汉官革职离任按限起程〕

一、汉官革职离任,交代完日,即令起程,不得过五个月之限。该督抚将起程日期报部,并知会原籍地方官。倘违限不即起程,一月以上,照旧官十日之外不离任所律治罪。该管及地方官不行查出,交部议处。革职免罪人员,亦令按限起程,免其请咨押解。其有冤抑欲赴都察院具呈申理者,地方官给咨来京。事竣之日,发回原籍。如借端留滞,照例治罪。五城司坊官徇情容留,交部议处。

2.2.55.(4)〔问有罪名革职京官按限起程〕

一、京官革职,曾经问有罪名者,限一个月内起程。五城司坊官,将起程日期报部,并知会原籍地方官。倘违限不即起程,一月以上,照例治罪。五城司坊官及地方官不行查出,亦交部议处。

2.2.56 无故不朝参公座

2.2.56.1 凡大小官员,无故在内不朝参,在内不言公座署事,重朝参也,并论。在外不公座署事,及官吏给假限满,无故不还职役者,一日笞一十,每三日加一等,各罪止杖八十,并留职役。

2.2.57 擅勾属官

2.2.57.1 凡上司催会公事,立文案定期限,或遣牌,或差人,行移所属衙门督并完报。如有迟错,依律论其稽迟、违错之罪。若擅勾属官,拘唤吏典听事,及差占司狱、各州县首领官,因而妨废公务者,上司官吏笞四十。若属官承顺逢迎,及差拨吏典赴上司听事者,罪亦如之。其有必合追对刑名、查勘钱粮、监督造作重事,方许勾问,事毕随即发落。无故稽留三日者,笞二十,每三日加一等,罪止笞五十。勾问,谓勾问其事情,非勾拘问罪也。若问罪,则名例明开上司不许径自勾问矣。

2.2.58 奸　党

2.2.58.1 凡奸邪将不该死之人进谗言左使杀人不由正理,借引别事,以激怒人主,杀其人以快己意。者,斩。监候。○2.2.58.2 若犯罪律该处死,其大臣小官,巧言谏免,暗邀市恩,以结人心者,亦斩。监候。○2.2.58.3 若在朝官员,交结朋党,紊乱朝政者,凡朋党官员皆斩,监候。妻子为奴,财产入官。○2.2.58.4 若刑部及大小各衙门官吏,不执法律,听从上司指奸臣。主使,出入已决放。人罪者,罪亦如之。若有不避权势,明具实迹,亲赴御前,执法陈诉者,罪坐奸臣,言告之人虽业已听从,致罪有出入,亦得与免本罪,仍将犯人财产,均给若止一人陈奏,全给。充赏,有官者升二等,无官者量与一官,或不愿官者。赏银二千两。

2.2.59 交结近侍官员

2.2.59.1 凡诸衙门官吏,若与内官及近侍人员,互相交结,漏泄机密事情,夤缘作弊,内外交通、泄漏事情。而扶同奏启以图乘机迎合者,皆斩,监候。妻、子流二千里安置。此亦奸党一节,但漏泄较紊乱少轻,故止流而安置其妻、子,不籍没其家产。若止以亲故往来,无夤缘等弊,不用此律。

条　例

2.2.59.(1)〔罢闲官吏擅入禁门交结〕

一、罢闲官吏,在京潜住,有擅出入禁门交结者,各门盘诘,拿送法司问实,发烟瘴地面充军。

2.2.59.(2)〔现居外任各旗王公所属不许私谒邸第〕

一、各旗王公所属人员,除服官在京者,如遇年节生辰,仍准其向各府往来外,其现居外任,因事来京者,概不许于本管王公处谒见通问,违者杖一百发落。如有夤缘馈送等弊,计赃从其重者论。该管王公容令谒见者,交宗人府照违制律议处。若私通书信,有所求索借贷,及先自馈遗,希图厚报者,交宗人府计赃治罪。

2.2.60 上言大臣德政

2.2.60.1 凡诸衙门官吏及士庶人等,若有上言宰执执政。大臣美政才德者,非图引用,便系报私。即是奸党,务要鞫问穷究所以阿附大臣来历明白,犯人连名上言,止坐为首者。处斩,监候。妻、子为奴,财产入官。若宰执大臣知情,与同罪,不知者不坐。大臣知情与同罪,亦依名例至死减一等法,杖一百、流三千里,不追及妻子、财产。

条　例

2.2.60.(1)〔百姓保留督抚及督抚等官授意保留〕

一、督抚等官,或升任、更调、降谪、丁忧离任,而地方百姓赴京保留控告者,不准行,将来告之人,交与该部治罪。若下属交结上官,派敛资斧,驱民献媚,或本官留恋地方,授之意指,借公行私,事发得实,亦交该部从重治罪。

卷七　吏律·公式

2.3 公　式

2.3.61 讲读律令

2.3.61.1 凡国家律令，参酌事情轻重，定立罪名，颁行天下，永为遵守。百司官吏，务要熟读，讲明律意，剖决事务。每遇年终，在内在外，各从上司官考校。若有不能讲解、不晓律意者，官罚俸一月，吏笞四十。○2.3.61.2 其百工技艺诸色人等，有能熟读讲解，通晓律意者，若犯过失，及因人连累致罪，不问轻重，并免一次。其事干谋反、叛逆，不用此律。○2.3.61.3 若官吏人等，挟诈欺公，妄生异议，擅为更改，变乱成法（即律令。）者，斩。（监候。）

2.3.62 制书有违（天子之言曰制，书则载其言者，如诏、赦、谕、敕之类。若奏准施行者，不在此内。）

2.3.62.1 凡奉制书有所施行，而故违（不行）者，杖一百。违皇太子令旨者，同罪。失错旨意者，各减三等。○2.3.62.2 其稽缓制书及皇太子令旨者，一日笞五十，每一日加一等，罪止杖一百。

2.3.63 弃毁制书印信

2.3.63.1 凡（故意）弃毁制书，及各衙门印信者，斩。（监候。）若弃毁官文书者，杖一百。有所规避者，从重论。事干军机、钱粮者，绞。（监候。事干军机，恐致失误，故虽无钱粮亦绞。若侵欺钱粮，弃毁欲图规避，以致临敌告乏，故罪亦同科。）当该官吏知而不举，与犯人同罪。（至死减一等。）不知者不坐。误毁者，各减三等。其因水火、盗贼毁失有显迹者，不坐。○2.3.63.2 若遗失制书、圣旨、印信者，杖九十、徒二年半。若官文书，杖七十；事干军机、钱粮者，杖九十、徒二年半。俱停俸责寻，三十日得见者免罪。（限外不获，依上科罪。）○2.3.63.3 若主守官物，遗失簿书，以致钱粮数目错乱者，杖八十，（亦住俸责寻，）限内得见者，亦免罪。○2.3.63.4 其各衙门吏典役满替代者，明立案验，将原管文卷，交付接管之人，违（而不立案交付）者杖（旧吏）八十。首领官吏，不候（吏典）交割，扶同给照（起送离役）者，罪亦如之。

条　例

2.3.63.(1)〔府州县官交代遗漏隐匿案卷〕①

一、凡直省州县，无论正、署，俱于离任时，将任内自行审理户婚、田土、钱债等项，一切已结卷宗，及犯证、呈状、供词，均于接缝处钤印，照依年月，编号登记，注明经承姓名，造册交代。并将历任递交之案，一并检齐，加具并无藏匿抽改甘结，交代接任之员，报明上司查核。其未结各案，分别内结、外结，及上司批审、邻省咨查，并自理各项，俱开注事由、月日，造册交代。接任官限一个月按册查核。如并无隐匿、遗漏，即出具印结，照造款册，由知府、直隶州知州核明加结，详赍巡道、臬司存核查催。臬司查明，仍将印结移送藩司，入于交代案内汇详。知府、直隶州知州交代，亦照此办理。倘有不肖胥吏，不行查明交代者，杖八十。其有乘机隐匿、添改、作弊等情，各按其所作之弊，悉照本条治罪，受财者以枉法从重论。其州县官失察，及造册迟延、遗漏隐匿，并希图省事，或卷不黏连，或黏连不用印，以致胥吏乘机舞弊者，该管上司查参，照例分别议处。

2.3.63.(2)〔隐匿收存朱批奏折〕

一、缘事降调及病故之员，凡有从前未缴朱批奏折，令本身及家属呈明本省督抚、本旗都统代缴。倘有隐匿收存者，一经发觉，降调之本身，交部议处；故员之家属，照违制律杖一百，系官亦交部议处，仍令呈缴。

2.3.63.(3)〔奉行条例汇齐造册〕

一、大小衙门，将奉行条例，汇齐造册，于新旧交盘之时，一体交盘。如有遗漏，将吏典照遗失官文书律治罪，该管官交部议处。

2.3.63.(4)〔售卖诰命旧轴〕

一、凡将诰命旧轴售卖及转卖者，照违制律治罪。

2.3.63.(5)〔臬司卷宗词讼造册钤印移交〕

一、各省臬司交代，无论正、署，离任时，将一应卷宗，及自理词讼，毋论已结未结，俱造册、钤印、封固，一体移交。其接任臬司，将交代清楚情由，自行陈奏，一面具结详明督抚报部。并将在班书吏，加紧防闲，不许借端出署。如有迟延朦混，即行严究。如因离任事故不及亲办者，责成首领官关防造册封卷呈办。其道、府、厅员一切卷宗，各照州县钤印造册交代例，报明上司存案。

2.3.64 上书奏事犯讳

2.3.64.1 凡上书若奏事，误犯御名及庙讳者，杖八十。余文书误犯者，笞四十。若为名字触犯者，误非一时，且为人唤。杖一百。其所犯御名及庙讳声音相似，字样各别，及有二字止犯

---

① 咸丰二年(1852)修改。

一字者，皆不坐罪。○[2.3.64.2]若上书及奏事错误，当言原免而言不免、相反之甚。当言千石而言十石相悬之甚。之类，有害于事者，杖六十。申六部错误有害于事者，笞四十。其余衙门文书错误者，笞二十。若所申虽有错误，而文案可行，不害于事者，勿论。

[2.3.65]事应奏而不奏

[2.3.65.1]凡应议之人有犯，应请旨而不请旨，及应论功上议而不上议，即便拿问发落者，当该官吏照杂犯律处绞。○[2.3.65.2]若文武职官有犯，应奏请而不奏请者，杖一百。有所规避，如怀挟故勘、出入人罪之类。从重论。○[2.3.65.3]若军务、钱粮、选法、制度、刑名、死罪、灾异，及事应奏而不奏者，杖八十；应申上而不申上者，笞四十。○[2.3.65.4]若应议之人，及文武官犯罪，并军务等事，已奏已申，不待回报而辄施行者，并同不奏不申之罪。至死减一等。○[2.3.65.5]其各衙门合奏公事，须要依律定拟，罪名。具写奏本。其奏事及当该官吏佥书姓名，现今奏本吏不佥名。明白奏闻。若官吏有规避，将所奏内增减紧关情节，朦胧奏准未行者，以奏事不实论。施行以后，因事发露，虽经年远，鞫问明白，斩。监候。非军务、钱粮，酌情减等。○[2.3.65.6]若于亲临上司官处禀议公事，必先随事详陈可否，定拟禀说。若准拟者，方行上司置立印署文簿，附写所议之事略节缘由，令首领官吏书名画字，以凭稽考。若将不合行事务，不曾禀上司，妄作禀准，及窥伺上司公务冗并，乘时朦胧禀说致官不及详察，误准施行者，依诈传各衙门官员言语律科罪。有所规避者，从重论。诈传官员言语本罪，详见诈伪律。

条　例

[2.3.65.(1)]〔州县官不详报小民疾苦〕

一、凡州县官将小民疾苦之情，不行详报上司，使民无可控诉者，革职，永不叙用。若已经详报，而上司不接准题达者，革职。

[2.3.65.(2)]〔各省学臣发审事件〕

一、各省学臣发审事件，一面发提调官讯问，一面咨明督抚稽查，提调等官仍具文通报。除例应枷责完结者，听提调官随时发落，报明学臣、督抚、藩臬销案外，其枷责以上罪名，俱照例拟议，报明学臣，详解藩臬核转，由督抚分别批结咨题。如提调等官奉到学臣批檄，不行通报，即罪无出入，亦交部议处。

[2.3.65.(3)]〔各省京控分别情节轻重奏咨〕

一、都察院、步兵统领衙门，遇有各省呈控之案，俱不准驳斥。先向原告详讯，其实系冤抑难伸，情词真切，及地方官审断不公，草率办结，并官吏营私骫法，确凿有据，又案情较重者，即行具奏。如讯供与原呈迥异，或系包揽代诉，被人挑唆，情节显有不实，及原告未经在本省赴案成招，挟嫌倾陷，借端拖累，应咨回本省审办之案，亦于一月或两月，视控案之多寡，汇奏一次，并将各案情节，于折内分晰注明。如距京较近省份，将原告暂交刑部散禁，提取本省全案卷宗，细加查核，再行分别酌办。倘有案情较重,不即具奏,仅咨回本省办理者,各堂官交部严加议处。

2.3.65.(4)〔职官自尽专折奏闻〕①

一、文自知县以上、武自守备以上,如有自尽之案,该督抚专折奏闻。

2.3.66 出使不复命

2.3.66.1 凡奉制敕出使,使事已完, 不复命,干预他事者,与使事绝无关涉。 杖一百。各衙门出使,题奉精微批文及札付者。使事已完, 不复命,干预他事者,所干预系 常事,杖七十;军情重事,杖一百。若 使事未完, 越理 理不当为。 犯分,分不得为。 侵人职掌行事者,笞五十。○2.3.66.2 若回还后三日不缴纳圣旨 制、敕。 者,杖六十,每二日加一等,罪止杖一百;不缴纳符验者,笞四十,每三日加一等,罪止杖八十。○2.3.66.3 若 或使事有乖,或圣旨、符验有损失之类, 有所规避 不复命、不缴纳 者,各从重论。

2.3.67 官文书稽程

2.3.67.1 凡官文书稽程者,一日,吏典笞一十,三日加一等,罪止笞四十;首领官各减一等。首领官,吏典之头目。凡言首领,正官、佐贰不坐。 ○2.3.67.2 若各衙门 上司 遇有所属申禀公事,随即详议可否,明白定夺 批示 回报。若当该 上司 官吏不与果决,含糊行移,上下 互相推调,以致耽误公事者,上司官吏 杖八十。其所属 下司 将可行事件,不行区处,无疑 而作疑申禀者,下司官吏 罪亦如之。

条 例

2.3.67.(1)〔内外衙门公事程限〕

一、内外衙门公事,小事五日程,中事十日程,大事二十日程,并要限内完结。若事干外郡官司关追、会审,或踏勘田土者,不拘常限。

2.3.67.(2)〔部院衙门一切应行事件〕

一、部院衙门一切应行事件,俱于到司五日之内行文。其有讹误舛错之处,将专管值日之满汉司官,交部议处。如遗漏未行,或迟延日久,将满汉司官,交部分别议处。

2.3.67.(3)〔刑部应会三法司书题事件〕

一、刑部应会三法司书题事件,将稿面钤盖司印,注明缘由,付督催所汇齐,转交大值日司分用印文,移送法司衙门书题,限八日内亦用印文送回。如稿内有酌议改易之处,即将应酌议改易之处,用印文声明缘由,亦于八日内送回刑部查核定议。刑部仍用印文,将应否改易之处声明,再行会送法司衙门。

2.3.67.(4)〔州县承审案件犯证患病扣限〕

一、州县官承审案件,或正犯或紧要证佐患病,除轻病旬日即痊者,毋庸扣展外,

---

① 咸丰二年(1852)续纂。

如遇病果沉重,州县将起病、病痊月日,及医生、医方,先后具文通报,成招时出具甘结附送,令该管府州于审转时查察,加结转送。如府、州、司、道审转之时,或遇犯证患病,亦准报明扣除。但病限毋论司、府、州、县,止准其扣展一月。若带病起解,以致中途病毙,照解犯中途患病不行留养例议处。倘系州县捏报,假病借延,立即揭参。府州扶同加结,院、司察出,将府州一并开参。如审转之府、州、司、道,无故迟延,捏报患病,希图扣限,及上司徇隐,并交部议处。

2.3.67.(5)〔刑部行查外省案件〕

一、凡刑部衙门寻常移咨外省案件,如行查家产、关提人犯,俱以文到之日为始,依限查复。于复文内将何日接到部咨、有无逾限之处,随案声明。倘一时未得清晰,必须辗转咨查,不能依限查复者,亦即声请展限。如逾限不完,又不声明缘由,经部行催之后,即行查参,将承办之州县,及各该上司,俱交部议处。

2.3.67.(6)〔州县承审命案详请检验驳查扣限〕

一、凡州县承审命案,详请检验,上司并未批驳者,仍按限审解外,其有屡次驳查,后经批准,迟延有因之案,该督抚据实声明报部,准其另行扣限。如有捏饰,照例严参。

2.3.67.(7)〔各部事件题结及行查会稿〕

一、凡各部事件,在本部题结者,吏、礼、兵、工等部及各衙门,俱定限二十日;户、刑二部,定限三十日。行查会稿,系吏、礼、兵、工及各衙门主稿者,定限四十日;户、刑二部,定限五十日。内所会各衙门,各定限五日;户、刑二部,各定限十日。逾限即行参处。

2.3.67.(8)〔报部难结事件通缉已届四十年〕

一、凡各省报部难结事件,如通缉已届四十年者,即行查销,毋庸列入汇奏。倘后经缉获,仍行质明办理。

2.3.67.(9)〔刑部议复斩绞监候立决本章〕

一、刑部议复斩绞监候本章,于科抄到部之日为始,仍照定例限八十日内具题。其立决本,限七十日内具题。有行查会议事故,亦仍照例扣限。每日进呈决本,不得过八件,务须按日均匀搭配。如遇实在科抄到部拥挤之时,临时奏明,酌量加增。其科抄到部月日,并是否依限具题,统于本尾逐一声明。倘有逾限,随本附参。

2.3.67.(10)〔各处专咨报部由刑部改题之案〕

一、各处专咨报部,由刑部改题之案,如系汉字咨文到部者,以文到之日为始,斩绞监候案件,限九十日具题;立决案件,限八十日具题。系清文咨部者,监候案件,加译汉限期二十日;立决案件,加译汉限期十日。有行查会议事故,亦照科抄本章之例扣限。仍将咨文到部月日,及是否依限具题,统于本尾逐一声明。倘有逾限,随本附参。

2.3.68 照刷文卷

2.3.68.1 凡照刷有司有印信衙门文卷,可完不完,迟一宗二宗,吏典笞一十;三宗至五宗,笞二十;每五宗加一等,罪止笞四十。府州县首领官,及仓库、务场、局所、河泊等官,非吏典之比。各减一等。○2.3.68.2 失错漏使印信、不佥姓名之类。及漏报,卷宗本多而不送照刷。一宗,吏典笞二十;二宗三宗,笞三十;每三宗加一等,罪止笞五十。府州县首领官,及仓库、务场、局所、河泊等官,各减一等。其府州县正官、巡检,非首领官之比。一宗至五宗,罚俸一月;每五宗加一等,罚止三月。○2.3.68.3 若文卷刷出,钱粮埋没、刑名违枉等事,有所规避者,各从重论。

条 例

2.3.68.(1)〔各部院衙门科抄并见理事件〕

一、各部院衙门,每月将已结未结科抄事件,造册分送六科。科抄并见理事件,造册分送各道,勘对限期。其各部注销会稿事件,即于注销册内,将会稿衙门定议日期,逐一详开,移会科道查核。倘有迟延违误者,察参。

2.3.68.(2)〔在京衙门钱粮刑名案件〕

一、在京各衙门,凡关钱粮、刑名案件,每年八月内汇造印册,送京畿道刷卷。有迟错者,察参。

2.3.68.(3)〔各省汇题事件〕

一、各省汇题事件,统限开印后两月具题。如有迟延,刑部随本查参,交部议处。

2.3.68.(4)〔各省汇奏事件〕

一、各省汇奏事件,该督抚于每年十月截数,咨报各部及军机处,均限十二月初间咨齐,即由军机大臣会同该部汇开清单,于年底先行具奏。仍交部分别核议,照例具题。如该督抚等逾限不报,交部察议。

2.3.68.(5)〔军流人犯专咨报部〕

一、各省军、流人犯,定地发配,及到配安置,俱声明何司案呈,专咨报部。

2.3.69 磨勘卷宗

2.3.69.1 凡照磨所官磨勘出各衙门未完文卷,曾经布政司、按察司照刷驳问迟错,经隔一季之后,钱粮不行追征足备者,提调掌印官吏,以未足之数十分为率,一分笞五十,每一分加一等,罪止杖一百;刑名、造作等事,可完而不完,应改正而不改正者,过一季,笞四十,一季后,每一月加一等,罪止杖八十。受财者,计赃以枉法从重论。○2.3.69.2 若有隐漏已照刷过卷宗。不报磨勘者,一宗笞四十,每一宗加一等,罪止杖八十。事干钱粮者,一宗杖八十,每一宗加一等,罪止杖一百。有所规避者,从重论。○2.3.69.3 若官吏文书内或有稽迟未行,或有差错未改。闻知事发,将吊查,旋补文案,未完捏作已完,未改正捏作已改正。以避迟错者,钱粮计所增数,以虚出通关论;刑名等事,以增减官文书论。同僚若本管上司,知而不举,及扶同旋补作弊者,同罪。不知情,及不同署文案者,不坐。

2.3.70 同僚代判署文案

2.3.70.1 凡应行上下官文书,而同僚官代判判日。署书名画押。者,杖八十。若因遗失同僚经手文案,而代为判署,以补卷宗者,加一等。若于内事情有增减出入罪重者,从重论。

条　例

2.3.70.(1)〔各部司员诿不画押及堂官逼勒〕

一、各部司员,有偷安偏执,故意推诿不行画押者,该堂官即指名题参。其实有患病、事故告假者,免其议处。若堂官徇情枉法,逼勒画押,该司员密揭都察院,将该堂官指名题参。如有挟嫌诬告情弊、将该司员照例治罪。

2.3.70.(2)〔院寺堂官推故不到刑部会审者〕

一、刑部遇有三法司会勘案件,即知会都察院、大理寺堂官,带同属员,至刑部衙门秉公会审,定案画题。倘饰词推故,竟无堂官到部者,即将该院、寺堂官交部议处。

2.3.70.(3)〔藩臬两司审勘参案罪有出入〕

一、各省承审参案,无论侵贪挪移,以及滥刑枉法等项,俱由臬司主稿,会同藩司审勘,招解督抚衙门复审。倘藩司以事非己责,并不实心会鞫,或臬司因主稿在己,偏执自是,以致罪有出入者,该督抚即行查参,交部分别议处。

2.3.71 增减官文书

2.3.71.1 凡增减官文书内情节字样者,杖六十。若有所规避,而增减者,杖罪以上,至流、徒,各加规避本罪二等,罪止杖一百、流三千里。未施行者,于加罪上各减一等。规避死罪者,依常律。其当该官吏,自有所避之罪增减原定文案者,罪与规避同。若增减以避迟错者,笞四十。○2.3.71.2 若行移文书,误将军马、钱粮、刑名重事紧关字样,传写失错,而洗补改正者,吏典笞三十。首领官失于对同,减一等。若洗改而有干碍调拨军马,及供给边方军需钱粮数目者,首领官、吏典皆杖八十。若有规避故改补者,以增减官文书论。各加本罪二等。未施行者,各于规避加罪上减一等。若因改补而官司涉疑,有碍应付,或至调拨军马不敷、供给钱粮不足,因而失误军机者,无问故、失,并斩。监候。以该吏为首。若首领及承发吏,杖一百、流三千里。若非军马、钱粮、刑名等事文书,而无规避,及常行字样偶然误写者,皆勿论。

2.3.72 封掌印信

2.3.72.1 凡内外各衙门印信,长官收掌,同僚佐贰官,用纸于印面上封记,俱各画字。

若同僚佐贰官公差事故,许首领官封印。违者,杖一百。

2.3.73 漏使印信

2.3.73.1 凡各衙门行移出外文书,漏使印信者,当该吏典、对同首领官并承发,各杖六十。○2.3.73.2 全不用印者,各杖八十。○2.3.73.3 若漏印及全不用印之公文干碍调拨军马、供给边方军需钱粮者,各杖一百。因其漏使、不用,所司疑虑,不即调拨供给,而失误军机者,斩。监候。亦以当该吏为首。经管首领官并承发,止坐杖一百、流三千里。○若倒用印信者,照漏用律杖六十。

条 例

2.3.73.(1)〔添改稿案俱钤印〕

一、各部院稿案,有应行添改之处,俱用印钤盖。如有疏忽,照例参处。

2.3.73.(2)〔奏销册内漏印及洗补添注〕

一、奏销册内钱粮总数,遗漏印信,及有洗补、添注字样,造册之员交部议处,缮书册吏按律治罪。

2.3.73.(3)〔陵寝采办祭品及钱粮行文出境等事〕

一、陵寝重地,采办祭品,及一切有关钱粮行文出境等事,俱具稿呈堂,钤盖堂印咨行。

2.3.74 擅用调兵印信

2.3.74.1 凡统兵将军,及各处提督、总兵官印信,除调度军马,办集军务,行移公文用使外,若擅出批帖,假公营私,及为凭照防送物货图免税者,首领官吏各杖一百,罢职役不叙,罪其不能禀阻。正官奏闻区处。

条 例

2.3.74.(1)〔以官印用于私书〕

一、凡各省文武大小官员,有以官印用于私书者,照违制律治罪。有所求为,从重论。

3 户律

卷八 户律·户役

3.4 户役

3.4.75 脱漏户口

3.4.75.1 凡一家曰户，全不附籍，若有田应出赋役者，家长杖一百；若系无田不应出赋役者，杖八十，准附籍有赋照赋，无赋照丁。当差。○3.4.75.2 若将他家人隐蔽在户不另报，立籍。及相冒合户附籍，他户。有赋役者，本户家长亦杖一百；无赋役者，亦杖八十。若将内外另居亲属隐蔽在户不报，及相冒合户附籍者，各减二等。所隐之人，并与同罪，改正立户，别籍当差。其同宗伯叔、弟侄及婿，自来不曾分居者，不在此断罪、改正之限。○3.4.75.3 其见在官役使办事者，虽脱户，然有役在身、有名在官，止依漏口法。○3.4.75.4 若曾立有户，隐漏自己成丁十六岁以上。人口不附籍，及增减年状、妄作老幼废疾，以免差役者，一口至三口，家长杖六十，每三口加一等，罪止杖一百；不成丁，三口至五口，笞四十，每五口加一等，罪止杖七十。所隐人口入籍、成丁者当差。○3.4.75.5 若隐蔽他人丁口不附籍者，罪亦如之。所隐之人与同罪，发还本户，附籍、当差。○3.4.75.6 若里长失于取勘，致有脱户者，一户至五户，笞五十，每五户加一等，罪止杖一百；漏口者，一口至十口，笞三十，每十口加一等，罪止笞五十。本县提调正官、首领官吏失于取勘，致有脱户者，十户笞四十，每十户加一等，罪止杖八十；漏口者，十口笞二十，每三十口加一等，罪止笞四十。知情者，并与犯人同罪。受财者，计赃以枉法从重论。若官吏曾经三次立案取勘，已责里长文状，叮咛省谕者，事发罪坐里长。如里长、官吏，知其脱漏之情，而故纵不问者，则里长、官吏与脱漏户口之人同罪。若有受财者，并计赃以枉法从重论。

条　例

3.4.75.(1)〔直隶各省编审〕

一、直隶各省编审，察出增益人丁实数，缮册奏闻，名为《盛世滋生户口册》。其征收钱粮，但据康熙五十年(1711)丁册，定为常额。续生人丁，永不加赋。如额征丁粮数内有开除者，即将各该省新增人丁补足额数。至新增人丁，倘不据实开报，或有私派钱粮,及造册之时,借端需索,该督抚严查题参。

3.4.75.(2)〔八旗比丁之年〕

一、八旗凡遇比丁之年,各该旗务将所有丁册,逐一严查。如有漏隐,即据实报出,补行造册送部。如该旗不行详查,经部察出,即交部查议。

3.4.76 人户以籍为定

3.4.76.1 凡军、民、驿、灶、医、卜、工、乐诸色人户,并以原报册籍为定。若诈军作民。冒民。脱匠。免,避己重就人轻者,杖八十。其官司妄准脱免,及变乱改军为民、改民为匠。版籍者,罪同。军民人等,各改正、当差。○3.4.76.2 若诈称各卫军人,不当军民差役者,杖一百,发边远充军。

条 例

3.4.76.(1)〔应试童生诈冒〕

一、应试童生,如诡捏数名,或顶名入场,希图幸进者,照诈冒律杖八十。保结之廪生知情者,同罪。

3.4.76.(2)〔各旗白契家奴分别准否赎身〕

一、雍正十三年(1735)以前,各旗白契所买之人,俱不准赎身。若有逃走者,准递逃牌。乾隆元年(1736)以后,白契所买单身及带有妻室子女之人,俱准赎身。若买主配给妻室者,不准赎身。未经卖身之先,或已定亲未娶,问女家情愿,方许配合,不情愿者听。

3.4.76.(3)〔捏称乾隆元年前放出家奴营求入于民籍〕

一、乾隆元年(1736)以后放出,捏称元年以前,私自营求,入于民籍者,察出,将该户交刑部照例治罪,仍令归旗,作为本主户下家人。其不行详查之参、佐领,及朦混收入民籍之地方官,一并交部议处。

3.4.76.(4)〔承领官地庄头归入汉军或民籍考试〕

一、内务府承领官地庄头,及王公户下由内府拨出之庄头,旗档有名者,归入汉军考试;旗档无名者,归入民籍考试。其八旗户下带地投充庄头,毋论旗档有名无名,均不准应试出仕。

3.4.76.(5)〔民间世仆放出三代后子孙始得报捐考试〕

一、安徽省徽州、宁国、池州三府,民间世仆,如现在主家服役者,应俟放出三代后,所生子孙,方准报捐、考试。若早经放出,并非现在服役豢养,及现不与奴仆为婚者,虽曾葬田主之山、佃田主之田,均一体开豁为良。已历三代者,即准其报捐、考试。

3.4.76.(6)〔八旗契买家奴本主愿令其赎身者〕

一、凡八旗白契所买家奴,如本主不能养赡,或念有微劳,情愿令其赎身者,仍准赎身外,如本主不愿,概不准赎。其有酗酒、干犯、拐带、逃走等情,俱照红契家人,一例治罪。如有钻营势力、倚强赎身者,仍照定例办理。

3.4.76.(7)〔数辈出力家奴伊主听其赎身〕

一、旗下奴仆,若果系数辈出力之人,伊主念其勤劳,情愿听其赎身为民,本旗、户部有档案可稽,州县地方有册籍可据,为民者仍归民籍,旧主子孙不得借端控告。其有投充之本身,私自为民,别经发觉,将伊家同族之良民,诬指为同祖,希图陷害者,或本主因家奴之同族,少有产业,诬告投充之子孙者,审明将诬扳、诬告之人,照冒认良人为奴婢律治罪。

3.4.76.(8)〔累代出力家奴本主呈明出户〕

一、八旗家奴,如系累代出力,经本主呈明令其出户,应准放入民籍。其由本主得银放出,潜入民籍,或抱养子弟,指称归宗,私入民籍者,仍治以不行呈明之罪,令其各归民籍。至指借他人名色,代为认买,私自出旗;或带地投充之人,将子孙改姓,潜入民籍者,照例治罪,仍断还原主。若有钻营势力,欺压孤幼,赎身为民者,倍追身价,给还原主,将人口赏给外省驻防兵丁为奴。

3.4.76.(9)〔乐籍堕民丐户皆令削籍改业为良〕

一、各省乐籍,并浙省堕民、丐户,皆令确查削籍,改业为良。若土豪地棍,仍前逼勒凌辱,及自甘污贱者,依律治罪。其地方官奉行不力者,该督抚查参,照例议处。

3.4.76.(10)〔远年契买家奴实系民人有籍可查者〕

一、远年印契所买奴仆之中,如内有实系民人印契卖与旗人,契内尚有籍贯可查,照乾隆元年(1736)以前白契所买家人之例,三辈后准其为民。仍将伊等祖父姓名、籍贯,一体造册,咨送户部查核。

3.4.76.(11)〔家奴不堪驱使本主准其赎身〕

一、驻防旗人,置买本地家奴,本主因其不堪驱使,情愿准其赎身者,亦准放出为民。

3.4.76.(12)〔八旗绝户家奴无族人可归者〕

一、凡八旗绝户家奴,如无族人可归者,无论家下陈人、契买奴仆,俱令本佐领造入原主户下,责令看守伊主坟墓。其中如果有年力精壮,尚可当差者,在于本佐领下披步甲当差。如内有乾隆元年(1736)以后白契所买奴仆,情愿赎身为民者,照例赎身。其身价银两,照绝户财产入官例办理。

3.4.76.(13)〔给与旗下家人为嗣民人〕

一、凡民人之子,既经给与旗下家人为嗣,即与家人无异,应造入伊主户下,以备稽查。

3.4.76.(14)〔投充及契买家奴查明原系灶户准其放归〕

一、八旗从前投充,及乾隆元年(1736)以前契买家奴,果原系灶户,祖父姓名、籍贯,确有证据,令该大使查明,出具印、甘各结,详报该管上司核明,行文该处查提,准其放出归灶。仍将卖身之人枷号三个月,引进保人枷号两个月,各责四十板,追取原价给主。其并非灶丁,指称灶丁,抗违家主者,杖一百,仍行给主。

3.4.76.(15)〔顺天府考试究出冒籍情弊〕

一、顺天府考试审音之时,究出冒籍情弊,将本生及廪保,俱照变乱版籍律杖八十,廪保仍革去衣顶。知县、教官,如审音不实,滥行申送,俱照徇庇例,交部议处;受财者,计赃从重论。

3.4.76.(16)〔娼优隶卒子孙不准入考捐监〕

一、娼、优、隶、卒,及其子孙,概不准入考、捐监。如有变易姓名,朦混应试、报捐者,除斥革外,照违制律杖一百。若将良民诬指为娼、优、隶、卒,希图倾陷拖累者,各按诬告律治罪。

3.4.76.(17)〔宛大两县人员出仕同乡京官出结〕

一、凡籍隶顺天府宛、大两县人员,出仕时,取具同乡京官印结者,各宜细心察核。如有混冒出结,除照例议罪外,遇有承追无着之项,即于定例后出结官名下追赔。

3.4.76.(18)〔随配所入籍之军流人犯子孙不准复回原籍考试〕

一、军、流人犯之子孙,系本籍所生,随往配所者,该地方官查明年岁,填注文批,递交配所验明立案。倘在籍并无亲子,或有继嗣,准将继子随配。若到配后复生有亲子,即将其所继之子,查明原籍,确有亲属可倚,勒令归宗。如并无亲属,始准与到配后所生之子,一体入于军籍。至本犯原籍子嗣数人,不愿俱赴配所,分别去留。已留本籍者,不得复于配所入籍应试;已随配所入籍者,不准复回原籍考试。其军、流随配入籍之子孙,统俟十年限满后,由配所督抚将入籍原由,报部查核。如有捏混及跨考两籍者,本犯及子孙按律治罪,府、州、县交部议处。

3.4.76.(19)〔织造税务监督等衙门收用长随〕

一、凡织造、税务监督等衙门收用长随,倘有心存怨望,有意陷主于过者,该监督即就近交地方官衙门,严加惩治。其才具庸劣,不堪驱使者,止准该管官驱逐。如长随等任意去留,无故潜投他处者,即照旗下逃奴之例办理。

3.4.76.(20)〔卫所官军人等置买民田一体坐派粮差〕

一、各处卫所官军人等及灶户置买民田,一体坐派粮差。若不纳粮当差,致累里长包赔者,查系欺隐田亩,及典买不过割者,各按本律定拟,其田入官。若无欺隐等情,止系不纳粮当差,照收粮违限律治罪。

3.4.76.(21)〔放出家奴应试出仕〕

一、乾隆元年(1736)以后,白契所买之人,未入丁册者,准照例赎身为民。其乾隆元年(1736)以前,白契所买之人,既准作为印契,仍照例在本主户下,挑取步甲等缺,俟三辈后著有劳绩,本主情愿放出为民者,旗人则取具本主甘结,加具参、佐领图结,由旗咨部存案;汉人则取具本主甘结,报明本籍地方官,咨部存案。俟部核复,准入民籍。此等旗、民放出家奴，只许耕作营生，不许考试、出仕。其放出入籍三代后所生之子孙，准其与平民一例应试、出仕，京官不得至京堂，外官不得至三品。其虽经放出，未经呈报者，应自报官存案之日起限。

3.4.76.(22)〔私行典卖及放赎为奴遣犯〕

一、发遣赏给黑龙江、新疆等处及各省驻防官员、兵丁为奴人犯，并无应卖事故，辄私行典卖，及得财放赎者，系官革职，兵丁枷号两个月、鞭一百，追价入官，专管各官交部议处。其用财赎身之遣犯，枷号一年、鞭一百，仍交原主管束。若实有应卖事故，欲行典卖者，报明该管官，酌量准其典卖与本处旗人为奴。如遇有逃走、为匪等事，即将典买之人照例治罪，原主不坐。如卖与民人，并别境旗人为奴者，原主杖一百，亦追价入官，其人犯令该将军、都统另行赏给本处官兵为奴，不准给原主领回。

3.4.76.(23)〔愿在外省居住八旗汉军人等有犯〕

一、凡八旗汉军人等，愿在外省居住者，报明该旗，并呈明督抚，不拘远近，任其随便散处。即令所隶州县，与民人一体编查保甲，所在督抚，咨明该旗，每年汇奏一次，以便稽查。务令安静营生，不得强横生事。其有作奸犯科，及一切户婚、田土、命盗案件，俱归所隶州县审办。遇有失察之案，将该州县一例参处。各州县与理事同知、通判，同驻一城者，令其会同审理。如驻非同城，即责令该州县自行审办。罪止杖、枷、笞责者，详报该管上司批结，照民人一体杖责发落，毋庸仍解理事同知、通判鞭责；犯该徒罪以上者，详解该管上司，分别题咨报部，均移咨该旗都统查照。其住居附京之满洲、蒙古旗人有犯，仍照旗人犯罪各本律例办理。

3.4.76.(24)〔习教人犯子孙三世后始准考试报捐〕

一、先经习教人犯，除自行呈首免罪，及坐功运气、茹素讽经，尚非实犯邪教外，其实因习教犯案，罪在徒、流以上者，查明其子孙，实未入教，即以本犯之子为始，三辈后，所生之子孙，始准考试、报捐。其应行入考、报捐之人，先行呈明地方官，取具邻族甘结，详报督抚，咨部查核。倘有朦混应考、报捐者，以违制论。至习教复又从逆各犯子孙，永远不准考试、报捐。

3.4.76.(25)〔闲散旗人告假出外营生或年久愿入民籍〕

一、凡八旗满州、蒙古闲散旗人告假，无论前往何处，俱令报明佐领，告知参领注册，由该佐领给与图记，即准出外营生。或因年久愿入民籍者，呈明该地方官，准其改入民籍。若有作奸犯科，悉照民人例问拟。

3.4.77 私创庵院及私度僧道

3.4.77.1 凡寺、观、庵、院，除现在处所（先年额设）外，不许私自创建、增置，违者杖一百；僧、道还俗，发边远充军；尼僧、女冠，入官为奴。（地基、材料入官。）○3.4.77.2 若僧道不给度牒，私自簪剃者，杖八十。若由家长，家长当罪。寺观住持及受业师私度者，与同罪，并还俗。入籍、当差。

条　例

3.4.77.(1)〔擅行兴造寺观神祠〕

一、民间有愿创造寺观、神祠者,呈明该督抚具题奉旨,方许营建。若不俟题请,擅行兴造者,依违制律论。

3.4.77.(2)〔户内不及三丁或十六以上出家〕

一、民间子弟,户内不及三丁,或在十六以上而出家者,俱枷号一个月,并罪坐所由。僧道官及住持,知而不举者,各罢职、还俗。

3.4.77.(3)〔僧道犯罪还俗原籍安插〕

一、僧道犯罪,该还俗者,查发各原籍安插。若仍于原寺观庵院,或他寺观庵院潜住者,并枷号一个月,照旧还俗。其僧道官及住持,知而不举者,照违令律治罪。

3.4.77.(4)〔应付火居等项僧道滥受生徒〕

一、现在应付、火居等项僧、道,不准滥受生徒。其年逾四十者,方准招徒一人。若所招之人,无罪犯而病故者,准其另招一人为徒。如有年未四十,即行招受,及招受不止一人者,照违令律笞五十。若招受之人,身犯奸、盗重罪,伊师亦不准再行续招。其有复行续招者,亦照违令律治罪。僧道官容隐者,罪同。地方官不行查明,交部照例议处。所招生徒,俱勒令还俗。

3.4.77.(5)〔僧道为匪不法〕

一、僧道如有为匪不法等事,责令僧纲、道纪等司,随时举报。倘瞻徇故纵,别经发觉,犯系逆案者,将该管僧纲、道纪,照知情故纵逆犯本律,分别已行、未行定罪。若止失于觉察者,照不应重律杖八十。

3.4.77.(6)〔僧道停发度牒〕

一、凡僧、道停止给发度牒。其从前领过牒、照各僧、道,遇有事故,仍将原领牒、照追出,于岁底汇缴。至选充僧纲、道纪,令地方官查明僧、道中之实在焚修戒法严明者,具结呈报上司,咨部给照充补。如僧道官犯事,将结送官交部察议。

3.4.78 立嫡子违法

3.4.78.1 凡立嫡子违法者,杖八十。其嫡妻年五十以上无子者,得立庶长子。不立长子者,罪亦同。俱改正。 ○3.4.78.2 若养同宗之人为子,所养父母无子所生父母有子。而舍去者,杖一百,发付所养父母收管。若所养父母有亲生子,及本生父母无子,欲还者听。○3.4.78.3 其乞养异姓义子,以乱宗族者,杖六十。若以子与异姓人为嗣者,罪同,其子归宗,○3.4.78.4 其遗弃小儿,年三岁以下,虽异姓仍听收养,即从其姓。但不得以无子遂立为嗣。 ○3.4.78.5 若立嗣虽系同宗,而尊卑失序者,罪亦如之,其子亦归宗,改立应继之人。○3.4.78.6 若庶民之家,存养良家男女为奴婢者，杖一百，即放从良。

条　例

3.4.78.(1)〔无子立嗣及立嗣后生子〕

一、无子者，许令同宗昭穆相当之侄承继。先尽同父周亲，次及大功、小功、缌麻。如俱无，方许择立远房及同姓为嗣。若立嗣之后却生子，其家产与原立子均分。

3.4.78.(2)〔无子守志合承夫分凭族长择继〕

一、妇人夫亡无子守志者，合承夫分，须凭族长择昭穆相当之人继嗣。其改嫁者，夫家财产，及原有妆奁，并听前夫之家为主。

3.4.78.(3)〔嗣子不得于亲听其告官别立〕

一、无子立嗣，除依律外，若继子不得于所后之亲，听其告官别立。其或择立贤能，及所亲爱者，若于昭穆伦序不失，不许宗族指以次序告争，并官司受理。若义男、女婿，为所后之亲喜悦者，听其相为依倚，不许继子并本生父母用计逼逐，仍酌分给财产。若无子之人家贫，听其卖产自赡。

3.4.78.(4)〔乞养异姓义子情愿归宗〕

一、凡乞养异姓义子，有情愿归宗者，不许将分得财产，携回本宗。其收养三岁以下遗弃之小儿，仍依律即从其姓，但不得以无子遂立为嗣。仍酌分给财产，俱不必勒令归宗。如有希图资财，冒认归宗者，照律治罪。

3.4.78.(5)〔争继酿成命案争继房分不准继嗣〕

一、因争继酿成人命者，凡争产谋继，及扶同争继之房分，均不准其继嗣，应听户族另行公议承立。

3.4.78.(6)〔朦混抱养继立紊乱旗籍〕

一、旗人除乞养异姓为子，诈冒荫袭，承受世职者，仍照本例拟发边远充军外，其虽无世职，而诈冒抱养民间子弟、户下家奴子孙为嗣，紊乱旗籍者，将朦混抱养继立之旗人，及以子与旗人为嗣之人，并知情之义子，俱比照乞养义子诈冒袭荫充军例减一等，杖一百、徒三年。若有冒食钱粮情事，无论所继者系属异姓旗人、民间子弟、户下家奴，悉照冒支军粮入己，计所冒支之赃，准窃盗律从重科罪，分别旗、民办理。其先后领过银米，照数着追。倘本犯力不能完，该旗查明历任参、佐领，各按在任月日分赔，批解户部归款。失察各官，交部议处。

3.4.78.(7)〔应继之人有嫌及应为其子立后者〕

一、无子立嗣，若应继之人，平日先有嫌隙，则于昭穆相当亲族内择贤择爱，听从其便。如族中希图财产，勒令承继，或怂恿择继，以致涉讼者，地方官立即惩治，仍将所择贤爱之人，断令立继。其有子婚而故，妇能孀守；已聘未娶，媳能以女身守志；及已婚而故，妇虽未能孀守，但所故之人，业已成立；或子虽未娶，而因出兵阵亡者，俱应为其子立后。若支属内实无昭穆相当可为其子立后之人，而其父又无别子者，应为其父立继,待生孙以嗣应为立后之子。其寻常夭亡未婚之人,不得概为立后。若独子夭亡,而族中实无昭穆相当可为其父立继者,亦准为未婚之子立继。如可继之人,亦系独子,而情属同父周亲,两相情愿者,取具阖族甘结,亦准其承继两房宗祧。

3.4.79 收留迷失子女

3.4.79.1 凡收留良人家迷失道路乡贯子女,不送官司,而卖为奴婢者,杖一百、徒三年;为妻妾、子孙者,杖九十、徒二年半。若得迷失奴婢而卖者,各减良人罪一等。被卖之人不坐,给亲完聚。○3.4.79.2 若收留在逃子女,不送官司,而卖为奴婢者,杖九十、徒二年半;为妻妾、子孙者,杖八十、徒二年。若得在逃奴婢而卖者,各减良人罪一等。其被卖在逃之人,又各减一等。若在逃之罪重者,自从重论。○3.4.79.3 其自收留为奴婢、妻妾、子孙者,罪亦如之。暂时隐藏在家者,不送官司。并杖八十。○3.4.79.4 若买者及牙保知情,减犯人罪一等,追价入官。不知者俱不坐,追价还主。○3.4.79.5 若冒认良人为奴婢者,杖一百、徒三年;为妻妾、子孙者,杖九十、徒二年半。冒认他人奴婢者,杖一百。

条 例

3.4.79.(1)〔八旗呈报迷失幼童幼女〕

一、八旗凡有呈报迷失幼童幼女者,该管官取具本人、族长等并无捏饰甘结,照例移咨兵部存案。如有隐匿、寄养情弊,将寄养、受寄之人,照隐漏丁口律治罪、改正。族长人等,照里长失于取勘律治罪。

3.4.80 赋役不均 赋取于田产,役出于人丁。

3.4.80.1 凡有司科征税粮,及杂泛差役,各验籍内户口、田粮,定立上、中、下等第科差。若放富差贫,挪移等则作弊者,许被害贫民赴控该上司,自下而上陈告。当该官吏,各杖一百。改正。若上司不为受理者,杖八十。受财者,兼官吏、上司言。计赃以枉法从重论。

条 例

3.4.80.(1)〔岁额差役不许分外加增〕

一、督、抚、司、道,严督府州县掌印正官,审编均徭,从公查照岁额、差役。其丁粮有力之家,止编本等差役,不许分外加增。余剩银两,贫难下户,并逃亡之数,听其空闲,不许征银,及额外滥设听差等项名色扰累。违者,该督抚纠察,将有司官依违制律治罪。上司官容情不举,罪同。

3.4.80.(2)〔本无部派物料捏称坐派〕

一、各省藩司并府州县,如遇各部派到物料,从公斟酌所属大小丰歉,坐派采买。若豪滑规利之徒,买嘱吏书妄禀,编派下属承揽害民者,发附近地方充军。印官听从者,参究治罪。若本无部派物料,而捏称坐派,及明知官收官解,借端生事,扰累地方者,亦照此例治罪。

3.4.80.(3)〔绅衿优免丁银而借名滥冒者〕

一、绅衿除优免本身丁银外,倘借名滥以子孙族户冒入者,该地方官查出,生监申革,职官题参,各杖一百,受财者从重论。如有私立宦儒图户名色包揽诡寄者,照脱漏版籍律治罪,诡寄与受寄者同论。

3.4.80.(4)〔绅衿齐民一体编次保甲〕

一、凡绅衿之家,与齐民一体编次,听保、甲长稽查。违者,照脱户律治罪。地方官徇情不详报者,交部照例议处。至充保长、甲长,并轮值支更、看栅等役,绅衿免派。齐民内老疾寡妇之家,子孙尚未成丁者,亦俱免役。

3.4.80.(5)〔七十以上许一丁侍养〕

一、军民年七十以上者,许一丁侍养,免其杂派差役。

3.4.81 丁夫差遣不平

3.4.81.1 凡应差丁夫、杂（色在官工）匠,而差遣（劳佚）不均平者,一人笞二十,每五人加一等,罪止杖六十。○3.4.81.2 若丁夫、杂匠承差,而稽留不着役,及在役日满,而所司不放回者,一日笞一十,每三日加一等,罪止笞五十。

3.4.82 隐蔽差役

3.4.82.1 凡豪民（有力之家,不资工食,）令子孙弟侄跟随官员,隐蔽差役者,家长杖一百。官员容隐者,与同罪;受财者,计赃以枉法从重论。跟随之人,免（杖）罪（附近）充军。○3.4.82.2 其功臣容隐者,照律拟罪,奏请定夺。

3.4.83 禁革主保里长

3.4.83.1 凡各处人民,每一百户内,议设里长一名、甲首一十名,轮年应役,催办钱粮,勾摄公事。若有妄称主保、小里长、保长、主首（主管甲首）等项名色,生事扰民者,杖一百,迁徙。（比流减半,准徒二年。若无生事扰民实迹,难议迁徙。）○3.4.83.2 其合设耆老,须于本乡年高有德、众所推服人内选充,不许罢闲吏卒及有过之人充应,违者杖六十,（革退。）当该官吏笞四十。（若受财,枉法从重论。）

条　例

3.4.83.(1)〔直省各府州县编赋役册〕

一、直省各府、州、县编赋役册,以一百一十户为里,推丁多者十人为长,余百户为十甲。甲凡十人,岁役里长一人,管摄一里之事。城中曰坊,近城曰厢,乡里曰里。凡十年一周,先后则各以丁数之多寡为次,每里编为一册,册首总为一图。其鳏寡孤独不任役者,则带管于百一十户之外,而列于图后,名曰"畸零"。册成,一本送户部,布政司及府、州、县各存一本。

3.4.84 逃避差役

3.4.84.1 凡民户逃住邻境州县,躲避差役者,杖一百,发还原籍当差。其亲管里长、提调官吏故纵,及邻境人户隐蔽在己者,各与同罪。若邻境里长知而不逐遣,及原管官司不移文起取,若移文起取,而所在官司占吝不发者,各杖六十。〇3.4.84.2 若丁夫、杂匠在役,及工、乐、杂户谓驿、灶、医、卜等户。逃者,一日笞一十,每五日加一等,罪止笞五十。提调官吏故纵者,各与同罪;受财者,计赃以枉法从重论。不觉逃者,五人笞二十,每五人加一等,罪止笞四十,不及五名者免罪。上言躲避邻境,是全不当差役者,故其罪重。此言在役而逃,是犹当差役者,故其罪轻。

条　例

3.4.84.(1)〔兵荒逃避之民附籍复业当差〕

一、因兵荒逃避之民,有司多方招抚,仍令附籍复业当差。或年久逃远,府、州、县造《逃户周知文册》,备开逃民乡里、姓名,男妇口数,军、民、匠、灶等籍,及遗下田地、税粮若干,原籍有无人丁应承粮差,送各处督抚督令复业。其已成家业愿入籍者,给与户由执照,附籍当差。如不自首,虽首而所报人口不尽,或辗转逃移,及窝家不举首者,各杖一百。

3.4.84.(2)〔挨勘流民名籍编排保甲〕

一、有司委官挨勘流民名籍、男妇大小丁口,排门粉壁,十家编为一甲,互相保识,分属当地里长带管。如或游荡作非,公举治罪。若团住山林湖泺,或投托官豪势要之家藏躲,抗拒官司,不服招抚者,正犯并里老、窝家知而不首及占吝不发者,各依律科。

3.4.84.(3)〔躲避差役潜逃夷峒海岛〕

一、沿边沿海地方军民人等,躲避差役,逃入土夷峒寨、海岛潜住,究问情实,俱发边远地方充军。本管里长、管军人知而不首者,各治以罪。有能擒拿送官者,不问汉土、军民,量加给赏。

3.4.85 点差狱卒

3.4.85.1 凡各处狱卒,于相应惯熟人内,点差应役,令人代替者,笞四十。

3.4.86 私役部民夫匠

3.4.86.1 凡有司官私役使部民,及监工官私役使夫匠,出百里之外,及久占在家使唤者,有司官使一名笞四十,每五名加一等,罪止杖八十。监工官照名各加二等。私役罪小,误工罪大。每名计一日,追给雇工银八分五厘五毫。若有吉凶,及在家借使杂役者勿论。监工官仍论。其所使人数,不得过五十名，每名不得使过三日，违者以私役论。

3.4.87 别籍异财

3.4.87.1 凡祖父母、父母在，子孙别立户籍、分异财产者，杖一百。须祖父母、父母亲告乃坐。若居父母丧，而兄弟别立户籍、分异财产者，杖八十。须期亲以上尊长亲告乃坐。或奉遗命，不在此律。

条　例

3.4.87.(1)〔父母许令分析〕

一、祖父母、父母在者，子孙不许分财异居。此谓分财异居，尚未别立户籍者，有犯亦坐满杖。其父母许令分析者，听。

3.4.88 卑幼私擅用财

3.4.88.1 凡同居卑幼，不由尊长，私擅用本家财物者，十两笞二十，每十两加一等，罪止杖一百。若同居尊长，应分家财不均平者，罪亦如之。

条　例

3.4.88.(1)〔分析家财以子数均分〕

一、嫡庶子男，除有官荫袭，先尽嫡长子孙，其分析家财田产，不问妻、妾、婢生，止以子数均分。奸生之子，依子量与半分。如别无子，立应继之人为嗣，与奸生子均分；无应继之人，方许承继全分。

3.4.88.(2)〔户绝财产〕

一、户绝财产，果无同宗应继之人，所有亲女承受。无女者，听地方官详明上司，酌拨充公。

3.4.89 收养孤老

3.4.89.1 凡鳏寡孤独，及笃废之人，贫穷无亲属依倚，不能自存，所在官司应收养而不收养者，杖六十。若应给衣粮，而官吏克减者，以监守自盗论。凡系监守者，不分首从，并赃论。

条　例

3.4.89.(1)〔直省州县所属养济院收养孤贫〕

一、直省州县所属养济院，或应添造，或应修盖者，令地方官酌量修造，据实估计，报明督抚，在于司库公用银内拨给。仍不时查勘，遇有渗漏之处，即行粘补完固。倘有升迁事故，造入交代册内，取具印结送部。其正实孤贫，俱令居住院内，每名各给印烙年貌腰牌一面。该州县按季到院，亲身验明腰牌，逐名散给口粮。如至期印官公务无暇,遴委诚实佐贰官代散,加结申报上司,毋许有冒滥扣克情弊。若州县官不实力奉行者,该督抚即行查参,照例议处。

3.4.89.(2)〔赈恤孤寡贫穷耆民〕

一、老人九十以上者,地方官不时存问。其或孤寡,及子孙贫不能养赡者,州县查明赈恤,详报督抚奏闻,动用钱粮,务令得沾实惠。

3.4.89.(3)〔军流人犯年逾六十笃疾及贫穷者〕

一、军、流等犯,除年逾六十,不能食力者,照例拨入养济院,按名给与孤贫口粮外,或年未六十而已成笃疾,不能谋生者,亦应一体拨给。其少壮军、流各犯,实系贫穷,又无手艺者,初到配所,按该犯本身及妻室子女,每名每日照孤贫给与口粮。自到配日起,以一年为止,于各州县存贮仓谷项下动用报销。各州县有驿递之处,一切应用人夫,酌派军、流少壮中,无资财、手艺之犯充当,给与应得工食。无驿递之州县,公用夫役,均令一体充当,逐日给与工价。仍令该督抚照各处现行章程,妥协办理。

3.4.89.(4)〔京师五城各设栖留所〕

一、京师五城各设栖流所一处,安顿贫病流民。其修理房屋工料,及衣食、药饵之资,每年每城动支户部库银二百两备用。如有不敷,许其赴部具领。如或有余,留于下年备用。该城御史,督率司坊等官实心办理。如有虚冒、侵蚀等弊,照例交部治罪。

3.4.89.(5)〔各省流寓孤贫〕

一、各省流寓孤贫,如籍隶邻邑,仍照例移送收养外,其在原籍千里以外者,准其动支公项银两,一体收养,年底造册报销。

3.4.89.(6)〔饥民外出求食〕

一、凡被灾最重地方,饥民外出求食,各督抚善为安辑。俟本地灾祲平复,然后送回。

卷九　户律·田宅

[3.5] 田　宅

[3.5.90] 欺隐田粮

[3.5.90.1] 凡欺隐田粮，（全不报户入册。）脱漏版籍者，（一应钱粮俱被埋没，故计所隐之田。）一亩至五亩，笞四十；每五亩加一等，罪止杖一百。其（脱漏之）田入官，所隐税粮，依（亩数、额数、年数，总约其）数征纳。○[3.5.90.2] 若将（版籍上自己）田土，移丘（方圆成丘。）换段，（丘中所分区段。）挪移（起科）等则，以高作下，减瞒粮额，及诡寄田粮，（诡寄，谓诡寄于役过年份，并应免人户册籍。）影射（脱免自己之）差役，并受寄者，罪亦如之。（如欺隐田粮之类。）其（减额、诡寄之）田改正，（丘、段）收（归本户，起科当差。）○[3.5.90.3] 里长知而不举，与犯人同罪。○[3.5.90.4] 其还乡复业人民，丁力少而旧田多者，听从尽力耕种，报官入籍，计田纳粮当差。若多余占田而荒芜者，三亩至十亩，笞三十；每十亩加一等，罪止杖八十；其田入官。若丁力多而旧田少者告官，于附近荒田内，验力拨付耕种。

条　例

[3.5.90.(1)]〔宗室田产管庄人恃强不纳差粮〕

一、凡宗室置买田产，管庄人恃强不纳差粮者，该管官察实，将管庄人等比依功臣欺隐田土律问罪；宗室知而纵容者，交该衙门察议。仍追征应纳差粮。若该管官阿纵不举者，听督抚参奏，交部议处。

[3.5.90.(2)]〔自己应纳钱粮洒派别户〕

一、将自己田地应纳钱粮，洒派别户者，按数计赃以枉法论，田地入官。其洒派钱粮，照年分、亩数追征。

[3.5.90.(3)]〔诡寄田地受寄之家首告〕

一、各处奸顽之徒，将田地诡寄他人名下者，如受寄之家首告，准免罪。

[3.5.90.(4)]〔各乡里书飞洒诡寄税粮〕

一、各乡里书，飞洒、诡寄税粮二百石以上者，问近边充军。

[3.5.90.(5)]〔州县征收粮米完纳给票〕

一、州县征收粮米之时，预将各里、各甲花户、额数的名填定，联三版串：一给纳户执照，一发经承销册，一存州县查对。按户征收，对册完纳，即行截给归农。其未经截给者，即系欠户，该印官查摘追比。若遇有粮无票、有票无粮等情，即系胥吏侵蚀,严比治罪。

3.5.91 检踏灾伤田粮

3.5.91.1 凡部内有水旱霜雹,及蝗蝻为害,一应灾伤(应减免之)田粮,有司官吏,应准告而不即受理,申报(上司亲行)检踏,及本管上司,不与委官复踏者,各杖八十。若初、复检踏,(有司、承委)官吏不行亲诣田所,及虽诣田所,不为用心从实检踏,止凭里长、甲首朦胧供报,中间以熟作荒、以荒作熟,增减分数,通同作弊,瞒官害民者,各杖一百,罢职役不叙。若致枉有所征免(有灾伤当免而征曰枉征,无灾伤当征而免曰枉免。)粮数,计赃重者坐赃论。(枉有所征免粮数,自奏准后发觉谓之赃,故罪重于杖一百,并坐赃论。)里长、甲首,各与同罪。受财(官吏、里、甲受财检踏,开报不实,以致枉有征免。)者,并计赃以枉法从重论。○3.5.91.2 其检踏官吏及里长、甲首,(原未受财,止)失于关防,致(使荒熟分数)有不实者,计(不实之)田十亩以下免罪;十亩以上至二十亩,笞二十;每二十亩加一等,罪止杖八十。(官吏系公罪,俱留职役。)○3.5.91.3 若人户将成熟田地,移丘换段,冒告灾伤者,(计所冒之田)一亩至五亩,笞四十;每五亩加一等,罪止杖一百。(其冒免之田)合纳税粮,依(额)数追征入官。

条　例

3.5.91.(1)〔有司救饥先发后奏〕

一、天下有司,凡遇岁饥,先发仓廪赈贷,然后具奏,请旨宽恤。

3.5.91.(2)〔题报灾情期限〕

一、凡夏灾不出六月底,秋灾不出九月底,先以被灾情形题报。其被灾分数,按限勘明续报。逾限者,交该部议处。

3.5.91.(3)〔州县查勘详报被灾分数期限〕

一、州县详报被灾情形,查勘分数,遵照题定四十日限期办理。其距省遥远地方,准照交代之例,扣算程途日期。如逾限,照例题参,交部议处。

3.5.91.(4)〔赈灾及蠲免钱粮州县官侵蚀肥己〕

一、赈济被灾饥民,以及蠲免钱粮,州县官有侵蚀肥己等弊,致民不沾实惠者,革职拿问,照侵盗钱粮例治罪。督、抚、布政使、道、府等官不行稽察者,俱革职。

3.5.91.(5)〔捕捉蝗蝻〕

一、凡有蝗蝻之处,文武大小官员,率领多人,公同及时捕捉,务期全净。其雇募人夫,每名计日酌给银数分,以为饭食之资,许其报明督抚,据实销算。果能立时扑灭,督抚具题,照例议叙。如延蔓为害,必根究蝗蝻起于何地,及所到之处,该管地方官玩忽从事者,交部照例治罪,并将该督抚一并议处。

3.5.91.(6)〔蠲免钱粮业七佃三〕

一、凡遇蠲免钱粮之年,将所免钱粮分作十分,以七分免业户,三分免佃户。雍正十三年(1735)十二月内钦奉上谕:“蠲免之典,业户邀恩者居多。彼无业贫民,终岁勤动,按产输粮,未被国家之恩泽。欲照所蠲之数,履亩除租,绳以官法,则势有不能。其令所在有司,善为劝谕各业户,酌量宽减佃户之租,不必限定分数,使耕作贫民,有余粮以赡妻子。若有素封业户,能善体此意,加惠佃户者,则酌量奖赏之。其不愿者听之,亦不得勉强从事。特谕。”

3.5.91.(7)〔贫士贫民一体赈恤〕

一、凡遇歉收之岁,贫士与贫民,一体赈恤。

3.5.91.(8)〔漕项芦课学租杂税俱入钱粮豁免〕

一、遇有恩诏豁免钱粮,其漕项、芦课、学租、杂税各项,俱入豁免之内。地方官违者,以违制论。入已者,以侵盗论。

3.5.91.(9)〔凡有蠲免俱以奉旨之日为始〕

一、凡有蠲免,俱以奉旨之日为始。其奉旨之后,部文未到之前,有已输在官者,准作次年正赋,永著为令。如官吏朦混隐匿,照侵盗钱粮律治罪。

3.5.91.(10)〔水旱田升科委员履勘〕

一、凡开垦水田六年,旱田十年,将届升科之期,该督抚委员复加履亩丈勘。果有坍塌冲涨,或成硗确者,概免升科。违者,以官吏不用心从实检踏律治罪。

3.5.91.(11)〔被灾地方钱粮缓征带征〕

一、凡各省地方,被灾不及五分,有奉旨及督抚题请缓征者,于次年麦熟后,只令催征旧欠。其本年钱粮,准于九月后催征。若深冬方得雨雪,及积水退者,缓至次年秋收催征。如被灾八分、九分、十分者,将该年缓征钱粮,俱分作三年带征;被灾五分、六分、七分者,分作二年带征,以纾民力。

3.5.91.(12)〔前往被灾地方售卖米船免其纳税〕

一、凡被灾地方,米船过关,果系前往售卖,免其纳税,给予印票。责令到境之日,呈送该地方官钤盖印信,回空查销。如有免税米船,偷运别省,并未到被灾地方,先行粜卖者,将宽免之税,加倍追出,仍照违制律治罪。

3.5.91.(13)〔灾眚之年督抚奏请清理刑狱〕

一、各直省遇有灾眚之年,该督抚将清理刑狱之处,奏闻请旨。

3.5.91.(14)〔江海河湖居民猝被水灾酌量赈济〕

一、江海河湖居民猝被水灾,该地方官一面通报各该管上司,一面赴被灾处所,验看明确,照例酌量赈济,不得濡迟时日。

3.5.91.(15)〔冲坍沙洲地亩以涨地拨补〕

一、凡沿河沙洲地亩,被冲坍塌,即令业户报官,勘明注册。遇有淤涨,亦即报官查丈,照原报之数拨补。此外多余涨地,不许霸占。如从前未经报坍,不准拨给。至隔江远户,果系报坍有案,即将多余涨地,秉公拨补。若坍户数多,按照报坍先后,以次照拨。倘补足之外,尚有余地,许召无业穷民认垦,官给印照。仍令各属按数造报。统俟五年大丈,再行履勘,造册送部,以定升除。其报坍报涨,在两县接壤之处者,委员会同两邑地方官据实勘验,秉公拨补。如有私行霸占,将淤洲入官,该户照盗耕官田律治罪。地方官不查丈明确,以致拨补舛错,查出,照官吏不用心从实检踏律分别议处。

3.5.92 功臣田土

3.5.92.1 凡功臣之家,除朝廷拨赐公田免纳粮当差。外,但有自置田土,从管庄人尽数报官入籍,照额一体纳粮当差。违者,计所隐之田,一亩至三亩,杖六十;每三亩加一等,罪止杖一百、徒三年;罪坐管庄之人。其田入官,仍计递年所隐粮税,依亩数、年数、额数征纳。若里长及有司官吏阿附,踏勘不实,及知而不举者,与管庄人同罪。不知者不坐。

3.5.93 盗卖田宅

3.5.93.1 凡盗他人田宅卖、将已不堪田宅换易及冒认,他人田宅作自己者。若虚写价钱实立文契典买,及侵占他人田宅者,田一亩、屋一间以下,笞五十;每田五亩、屋三间加一等,罪止杖八十、徒二年。系官田宅者,各加二等。○3.5.93.2 若强占官民山场湖泊、茶园芦荡,及金、银、铜、锡、铁冶者,不计亩数。杖一百、流三千里。○3.5.93.3 若将互争不明及他人田产,妄作已业,朦胧投献官豪势要之人,与者、受者,各杖一百、徒三年。○3.5.93.4 盗卖与投献等项田产及盗卖过田价,并各项田产中递年所得花利,各应还官者,还官,应给主者,给主。○3.5.93.5 若功臣有犯者,照律拟罪,奏请定夺。

条 例

3.5.93.(1)〔投献捏卖田产及祖坟山地〕

一、军民人等,将争竞不明,并卖过及民间起科,僧道将寺观各田地,若子孙将公共祖坟山地,朦胧投献王府,及内外官豪势要之家,私捏文契典卖者,投献之人,问发边远充军,田地给还应得之人。其受投献家长,并管庄人,参究治罪。直隶各省空闲地土,俱听民尽力开种,照年限起科。若有占夺投献者,悉照前例问发。

3.5.93.(2)〔官豪之家在西山一带开窑凿山立厂〕

一、西山一带,密迩京师地方,如有官豪势要之家,私自开窑卖煤、凿山卖石、立厂烧灰者,枷号一个月,发近边充军。干碍内外官员,参奏提问。

3.5.93.(3)〔丈量开垦永行停止〕

一、各省丈量田亩,及抑勒首报垦田之事,永行停止。违者,以违制律论。

3.5.93.(4)〔子孙盗卖祖遗祀产义田宗祠〕

一、凡子孙盗卖祖遗祀产至五十亩者,照投献捏卖祖坟山地例发边远充军。不及前数,及盗卖义田,应照盗卖官田律治罪。其盗卖历久宗祠,一间以下杖七十,每三间加一等,罪止杖一百、徒三年。以上知情谋买之人,各与犯人同罪。房产收回,给族长收管,卖价入官。不知者不坐。其祀产、义田,令勒石报官,或族党自立议单公据,方准按例治罪。如无公私确据,借端生事者,照诬告律治罪。

3.5.93.(5)〔盛京家奴盗卖伊主田产房屋〕

一、盛京家奴、庄头人等,如有因伊主远在京师,私自盗卖所遗田产至五十亩者,均依子孙盗卖祖遗祀产例发边远充军。不及前数者,照盗卖官田律治罪。盗卖房屋,亦照盗卖官宅律科断。谋买之人,与串通说合之中保,均与盗卖之人同罪。房产给还原主,卖价入官。其不知者不坐。倘不肖之徒,借端讹诈,照诬告律治罪。

3.5.93.(6)〔告争坟山〕

一、凡民人告争坟山,近年者以印契为凭。如系远年之业,须将山地字号、亩数,及库存鳞册,并完粮印串,逐一丈勘查对。果相符合,即断令管业。若查勘不符,又无完粮印串,其所执远年旧契及碑谱等项,均不得执为凭据。即将滥控侵占之人,按例治罪。

3.5.93.(7)〔土目土民私相典卖土司田亩〕

一、土目土民,不许私相典买土司田亩。如有违禁不遵者,立即追价入官,田还原主。并将承买之人,比照盗卖他人田亩律,田一亩笞五十,每五亩加一等,罪止杖八十、徒二年。其违例典卖,并倚势抑勒之土司,失察之该管知府,均交部议处。

3.5.93.(8)〔强占典卖屯田五十亩以上不纳子粒者〕

一、用强占种屯田五十亩以上,不纳子粒者,照数追纳完日,发近边充军。其屯田人等,将屯田典卖与人,至五十亩以上,典主、买主,各不纳子粒者,俱照前问发。若数不满五十亩,及上纳子粒不缺,或因无人承种而侵占者,照侵占官田律治罪;典卖与人者,照盗卖官田律治罪。管屯等官不行用心清查者,参奏,依违制律杖一百。

3.5.93.(9)〔偷伐近边应禁林木〕

一、近边分守武职,并府州县官员,禁约该管军民人等,不许擅自入山,将应禁林木砍伐贩卖。若砍伐已得者,问发云贵两广烟瘴稍轻地方充军;未得者,杖一百、徒三年。若前项官员有犯,俱革职。计赃重者,俱照监守盗律治罪。其经过关隘、河道,守把官军知情纵放者,依知罪人不捕律治罪。分守武职,并府州县官,交部分别议处。

3.5.93.(10)〔将公共山场私召异籍之人搭棚开垦者〕

一、凡租种山地棚民,除同在本山有业之家,公同画押出租者,山主、棚民均免治罪外,若有将公共山场,一家私召异籍之人,搭棚开垦者,即照子孙盗卖祖遗祀产至五十亩例,发边远充军;不及五十亩者,减一等;租价入官。承租之人,不论山数多寡,照强占官民山场律杖一百、流三千里,为从并减一等。父兄子弟同犯,仍照律罪坐尊长。族长、祠长失于查察,照不应重律科罪。至因召租、承租,酿成事端,致有抢夺杀伤者,仍各从其重者论。

3.5.93.(11)〔黔省汉民强占苗人田产〕

一、黔省汉民,如有强占苗人田产,致令失业酿命之案,俱照棍徒扰害例问拟。其未经酿命者,仍照常例科断。

3.5.94 任所置买田宅

3.5.94.1 凡有司官吏,不得于见任处所置买田宅。违者,笞五十,解任,田宅入官。

条　例

3.5.94.(1)〔关差官员携眷买妾及任满擅买庄宅〕

一、各关出差官员,不许携带家眷,多随奴仆,及任所置优买妾。任满回部,未经考核,不许擅买田庄市宅,生息放债。如违,交与该部治罪。衙役人等,除解饷公事外,私自赴京长接,及以缺额借口题请展限者,亦交与该部治罪。

3.5.94.(2)〔提督总兵副将等官任所置产及入籍〕

一、提督、总兵、副将等官,不许在现任地方,置立产业。即丁忧、休致、解退,亦不许入籍居住。或任内置有产业,已经身故,及不能回籍者,该督抚具奏请旨定夺。至参将以下等官,任所置有产业,或本身休致、解退,或已经身故,子孙留住任所,欲入籍者,该地方官报明督抚,准其入籍。

3.5.95 典买田宅

3.5.95.1 凡典买田宅,不税契者,笞五十;仍追契内田宅价钱一半入官。不过割者,一亩至五亩,笞四十;每五亩加一等,罪止杖一百;其不过割之田入官。○3.5.95.2 若将已典卖与人田宅,朦胧重复典卖者,以所得重典卖之价钱计赃,准窃盗论,免刺,追价还后典买之主,田宅从原典买主为业。若重复典买之人及牙保知其重典卖之情者,与犯人同罪,追价入官,不知者不坐。○3.5.95.3 其所典田宅、园林、碾磨等物,年限已满,业主备价取赎,若典主托故不肯放赎者,笞四十。限外递年所得多余花利,追征给主,仍听依原价取赎。其年限虽满,业主无力取赎者,不拘此律。

条　例

3.5.95.(1)〔争财赎产以五年为限〕

一、告争家财、田产,但系五年之上,并虽未及五年,验有亲族写立分书已定、出卖文约是实者,断令照旧管业,不许重分、再赎,告词立案不行。

3.5.95.(2)〔旗人于各省违禁置产勒限变价归旗〕

一、凡八旗人员,置买产业于各省者,令该员据实首报,交与该督抚按其产业之多寡,勒限变价归旗。如有隐匿不首,及首报不实者,该督抚访查题参,将所置产业入官。其隐匿不首者,照侵占田宅律治罪;首报不实者,按不实之数,亦照侵占律治罪。如地方官扶同徇隐,别经发觉者,照例议处。其未经查出之知府并督、抚、司、道,均照例分别议处。至于查禁以后,仍有违禁置产,私相授受者,照将他人田产朦胧投献官豪势要律,与者、受者,各杖一百、徒三年,产业入官。其托民人出名,诡名寄户者,受托之民人,照里长知情隐瞒入官家产计所隐赃重者坐赃治罪;受财者,以枉法从重论。地方官失于查察者,照例议处。

3.5.95.(3)〔卖产立有绝卖文契不准找赎〕

一、卖产立有绝卖文契,并未注有"找贴"字样者,概不准贴赎。如契未载"绝卖"字样,或注定年限回赎者,并听回赎。若卖主无力回赎,许凭中公估找贴一次,另立绝卖契纸。若买主不愿找贴,听其别卖,归还原价。倘已经卖绝,契载确凿,复行告找、告赎,及执产动归原先尽亲邻之说,借端掯勒,希图短价,并典限未满,而业主强赎者,俱照不应重律治罪。

3.5.95.(4)〔八旗官兵承买入官人口房屋〕

一、八旗官兵人等,有将现银承买入官人口、房屋者,即将银两先行交部。俟收明银两,知照到旗之日,两翼给与印信执照,报部入册。如有将俸禄钱粮坐扣抵买者,一面咨部坐扣俸饷,一面将人口、房屋给认买人领去。俟俸饷坐扣完日,再行知会两翼,给与执照,报部入册。

3.5.95.(5)〔旗丁私典运田于人〕

一、旗丁有将运田私典于人,及承典者,均照典买官田律计亩治罪,该丁革退,其田追出,交与接运新丁,典价入官。其旗丁出运之年,将运田租与民人,止许得当年租银。如有指称加租,立券预支者,将该丁与出银租田之人,均照典买官田律减二等治罪,租价入官。

3.5.95.(6)〔清厘回赎典卖与民卫所赡运屯田及侵占屯田〕

一、凡各省卫所赡运屯田,有典卖与民,许照清厘条议,备价回赎。如衙役书识人等,借称族丁管船,侵占屯田,不归船济运者,照侵盗官粮例治罪。若原系民田,与军无涉,该丁捏控者,将该丁责革另佥。该管官弁,不实力稽察,或承查迟延,或互相徇纵,查出,俱交部分别议处。

3.5.95.(7)〔典契卖契分别注明回赎及绝卖字样〕

一、嗣后民间置买产业,如系典契,务于契内注明"回赎"字样;如系卖契,亦于契内注明"绝卖、永不回赎"字样。其自乾隆十八年(1753)定例以前,典、卖契载不明之产,如在三十年以内,契无"绝卖"字样者,听其照例分别找赎;若远在三十年以外,契内虽无"绝卖"字样,但未注明回赎者,即以绝产论,概不许找赎。如有混行争告者,均照不应重律治罪。

3.5.95.(8)〔州县官征收田房税契〕

一、凡州县官征收田房税契,照征收钱粮例,别设一柜,令业户亲自赍契投税,该州县即粘司印契尾,给发收执。若业户混交匪人代投,致被假印诓骗者,照不应重律杖八十,责令换契重税。倘州县官不粘司印契尾,侵税入己,照例参追。该管之道、府、直隶州知州,分别失察、徇隐,照例议处。

3.5.95.(9)〔活契典当免其纳税〕

一、凡民间活契典当田房,一概免其纳税。其一切卖契,无论是否杜绝,俱令纳税。其有先典后卖者,典契既不纳税,按照卖契银两实数纳税。如有隐漏者,照律治罪。

3.5.95.(10)〔私顶军田匿不首报〕

一、民间私顶军田,匿不首报,一亩至五亩,笞四十,每五亩加一等,罪止杖一百。

3.5.95.(11)〔旗地旗房不准民人典买〕

一、旗地、旗房,概不准民人典买。如有设法借名私行典买者,业主、售主,俱照违制律治罪,地亩、房间、价银,一并撤追入官。失察该管官,俱交部严加议处。至旗人典买有州县印契跟随之民地、民房,或辗转典卖与民人,仍从其便。

3.5.96 盗耕种官民田

3.5.96.1 凡盗耕种他人田园地土者,不告田主。一亩以下笞三十,每五亩加一等,罪止杖八十。荒田,减一等。强者,不由田主。各指熟田、荒田言。加一等。系官者,各通盗耕、强耕,荒、熟言。又加二等。仍追所得花利官田归官、民田给主。

条　例

3.5.96.(1)〔盗耕近边草场及越出边墙种田〕

一、近边地土、各营堡草场,界限明白。敢有挪移条款,盗耕草场,及越出边墙界石种田者,依律问拟,追征花利。至报完之日,不分军民,俱发附近地方充军。若有毁坏边墙,私出境外者,枷号三个月发落。

3.5.97 荒芜田地

3.5.97.1 凡里长部内已入籍纳粮当差田地,无水旱灾伤之故荒芜,及应课种桑麻之类而不种者,计荒芜不种之田地,俱以十分为率,一分笞二十,每一分加一等,罪止杖八十。县官各减里长罪二等。长官为首,一分减尽无科,二分方笞一十,加至杖六十罪止。佐职为从。又减长官一等。二分者减尽无科,三分者方笞一十,加至笞五十罪止。人户亦计荒芜田地及不种桑麻之类,就本户田地,以五分为率,一分笞二十,每一分加一等;追征合纳税粮还官。应课种桑枣、黄麻、苎麻、棉花、蓝靛、红花之类,各随乡土所宜种植。

条　例

3.5.97.(1)〔盛京庄头率请更换额拨官地及民人呈垦马厂〕

一、盛京等处庄头，有将额拨官地率请更换，并民人呈请马厂垦种纳租等事者，照违制律治罪。

3.5.98 弃毁器物稼穑等

3.5.98.1 凡故意弃毁人器物，及毁伐树木稼穑者，计所弃毁之物，即为赃准窃盗论，照窃盗定罪。免刺。罪止杖一百、流三千里。官物加准窃盗赃上二等。若遗失及误毁官物者，各于官物加二等上减三等。凡弃毁、遗失、误毁，并验数追偿。还官、给主。若遗失、误毁私物者，偿而不坐罪。○3.5.98.2 若毁人坟茔内碑碣、石兽者，杖八十；毁人神主者，杖九十。若毁损人房屋、墙垣之类者，计合用修造雇工钱坐赃论。一两以下笞二十，罪止杖一百、徒三年。各令修立。官屋加二等。误毁者，但令修立，不坐罪。

条　例

3.5.98.(1)〔收麦踩曲大开烧锅〕

一、凡广收麦石，肆行踩曲，大开烧锅者，杖一百，枷号两个月。地方官员失察，交部分别处分。如官吏贿纵等弊，照枉法计赃论罪。

3.5.99 擅食田园瓜果

3.5.99.1 凡于他人田园擅食瓜果之类，坐赃论。计所食之物，价一两以下笞一十；二两笞二十；计两加等，罪止杖六十、徒一年。弃毁者，罪亦如之。其擅将挟去及食，之者，系官田园瓜果，若官造酒食者，加二等。照擅食他人罪，加二等。主守之人给与，及知而不举者，与同罪。若主守私自将去者，并以监守自盗论。至四十两，同杂犯准徒五年。

3.5.100 私借官车船

3.5.100.1 凡监临主守，将系官车船、店舍、碾磨之类，私自借用，或转借与人，及借之者，各笞五十，验日追雇赁钱入官。不得过本价。若计雇赁钱重于笞五十者，各坐赃论，加一等。

卷十　户律·婚姻

3.6 婚　姻

3.6.101 男女婚姻

3.6.101.1 凡男女定婚之初，若或有残废或疾、病、老幼、庶出、过房、同宗。乞养异姓。者，务要两家明白通知，各从所愿，不愿即止，愿者同媒妁写立婚书，依礼聘嫁。若许嫁女已报婚书，及有私约谓先已知夫身残疾、老幼、庶养之类。而辄悔者，女家主婚人笞五十。其女归本夫。虽无婚书，但曾受聘财者亦是。○3.6.101.2 若再许他人，未成婚者，女家主婚人杖七十；已成婚者，杖八十。后定娶者男家知情，主婚人与女家同罪，财礼入官；不知者不坐，追还财礼。给后定娶之人。女归前夫。前夫不愿者，倍追财礼给还，其女仍从后夫。男家悔而再聘者，罪亦如之，仍令娶前女，后聘听其别嫁，不追财礼。○3.6.101.3 其未成婚男女有犯奸盗者，男子有犯，听女别嫁；女子有犯，听男别娶。不用此律。○3.6.101.4 若为婚而女家妄冒者，主婚人杖八十，谓如女有残疾，却令姊妹妄冒相见，后却以残疾女成婚之类。追还财礼。男家妄冒者，加一等，谓如与亲男定婚，却与义男成婚；又如男有残疾，却令弟兄妄冒相见，后却以残疾男成婚之类，不追财礼。未成婚者，仍依原定；所妄冒相见之无疾兄弟、姊妹及亲生之子为婚。如妄冒相见男女先已聘许他人，或已经配有室家者，不在仍依原定之限。已成婚者，离异。○3.6.101.5 其应为婚者，虽已纳聘财，期约未至，而男家强娶，及期约已至，而女家故违期者，男、女主婚人，并笞五十。○3.6.101.6 若卑幼或仕宦或买卖在外，其祖父母、父母及伯叔父母、姑、兄姊，自卑幼出外之后为定婚，而卑幼不知。自娶妻，已成婚者，仍旧为婚；尊长所定之女，听其别嫁。未成婚者，从尊长所定。自定者，从其别嫁。违者，杖八十。仍改正。

条　例

3.6.101.(1)〔嫁娶皆由主婚及定婚未成亲而身故〕

一、嫁娶皆由祖父母、父母主婚。祖父母、父母俱无者，从余亲主婚。其夫亡携女适人者，其女从母主婚。若已定婚，未及成亲，而男女或有身故者，不追财礼。

3.6.101.(2)〔禁指腹割襟为婚〕

一、男女婚姻，各有其时。或有指腹、割衫襟为亲者，并行禁止。

3.6.101.(3)〔招婿明立婚书并仍立继〕

一、招婿须凭媒妁明立婚书，开写养老或出舍年限。止有一子者，不许出赘。其招婿养老者，仍立同宗应继者一人，承奉祭祀，家产均分。如未立继身死，从族长依例议立。

3.6.101.(4)〔女家悔婚男家强抢〕

一、凡女家悔盟另许，男家不告官司强抢者，照强娶律减二等。其告官断归前夫，而女家与后夫夺回者，照抢夺律杖一百、徒三年。

3.6.102 典雇妻女

3.6.102.1 凡将妻妾受财立约出典、验日暂雇与人为妻妾者，本夫杖八十。典、雇女者，父杖六十。妇、女不坐。〇3.6.102.2 若将妻妾妄作姊妹嫁人者，杖一百；妻妾杖八十。〇3.6.102.3 知而典、娶者，各与同罪，并离异，女给亲，妻妾归宗，财礼入官。不知者，不坐，追还财礼。仍离异。

条　例

3.6.102.(1)〔将妻妾作姊妹及将亲女并姊妹嫁卖后托故领回及抢回〕

一、将妻妾作姊妹，及将亲女并姊妹嫁卖与人作妻妾、使女名色，骗财之后，设词托故，公然领去者，照诓骗例治罪。若瞰起程，中途聚众行凶，邀抢人财者，除实犯死罪外，余俱发近边充军。媒人同谋邀抢者罪同。若仅止知情媒合，并未同谋邀抢，照将妻妾作姊妹嫁人律减一等，杖九十；不知者不坐。

3.6.103 妻妾失序

3.6.103.1 凡以妻为妾者，杖一百。妻在，以妾为妻者，杖九十。并改正。〇3.6.103.2 若有妻更娶妻者，亦杖九十，后娶之妻离异。归宗。

3.6.104 逐婿嫁女

3.6.104.1 凡逐已入赘之婿嫁女，或再招婿者，杖一百，其女不坐。如招赘之女通同父母逐婿改嫁者，亦坐杖一百。后婚男家知而娶或后赘者同罪。未成婚者，各减五等，财礼入官。不知者亦不坐。其女断付前夫，出居完聚。

3.6.105 居丧嫁娶

3.6.105.1 凡男女居父母及妻妾居夫丧，而身自主婚嫁娶者，杖一百。若男子居父母丧而娶妾，妻、居夫丧，女居父母丧，而嫁人为妾者，各减二等。若命妇夫亡虽服满。再嫁者，罪亦如之，亦如凡妇居丧嫁人者拟断。追夺，敕诰。并离异。知系居丧及命妇而共为婚姻者，主婚人各减五等。财礼入官。不知者不坐。仍离异，追财礼。若居祖父母、伯叔父母、姑、兄姊丧除承重孙外。而嫁娶者，杖八十。不离异。妾不坐。〇3.6.105.2 若居父母、舅姑及夫丧，而与应嫁娶人主婚者，杖八十。〇3.6.105.3 其夫丧服满，妻妾果愿守志，而女之祖父母、父母，及夫家之祖父母、父母强嫁之者，杖八十。期亲加一等，大功以下，又加一等。妇人及娶者俱不坐。未成婚者，追归前夫之家，听从守志，追还财礼。已成婚者，给与完聚，财礼入官。

条　例

3.6.105.(1)〔孀妇自愿改嫁或守志母家夫家强抢或强嫁〕

一、孀妇自愿改嫁，翁姑人等主婚受财，而母家统众抢夺，杖八十。夫家并无例应主婚之人，母家主婚改嫁，而夫家疏远亲属强抢者，罪亦如之。其孀妇自愿守志，母家、夫家抢夺强嫁，以致被污者，祖父母、父母，及夫之祖父母、父母，杖八十；期亲尊属尊长，杖七十、徒一年半；大功以下尊属尊长，杖八十、徒二年；期亲卑幼，杖一百、徒三年；大功以下卑幼，杖九十、徒二年半。娶主不知情不坐。知情同抢，照强娶笞五十律，加三等，杖八十。未致被污者，父母、翁姑、亲属、娶主，各减一等。妇女均听回守志。如妇女自愿完聚者，照律听其完聚，财礼入官；亲属照律分别拟杖。若孀妇不甘失节，因而自尽者，不论已、未被污，祖父母、父母，夫之祖父母、父母，杖一百、徒三年；期亲尊属尊长，杖一百、流二千里；功服，杖一百、流二千五百里；缌麻，杖一百、流三千里；缌麻卑幼，发边远充军；功服，发极边充军；期亲，拟绞监候。娶主知情同抢，致令自尽者，以为从论，各减亲属罪一等。若妇女自愿完聚，复因他故自尽者，仍按服制照律科以强嫁之罪，不在此例。若妇人情愿守志，别无主婚之人，如有用强求娶，逼受聘财，因而致令自尽者，发近边充军，仍追埋葬银两。其有因抢夺而取去财物，及杀伤人者，各照本律，从其重者论。

3.6.106 父母囚禁嫁娶

3.6.106.1 凡祖父母、父母犯死罪被囚禁，而子孙自嫁娶者，杖八十。若男娶妾、女嫁人为妾者，减二等。其奉囚禁祖父母、父母命，而嫁女、娶妻者，不坐。亦不得筵宴。违者，依父母囚禁筵宴律杖八十。

3.6.107 同姓为婚 为婚兼妻、妾言。礼不娶同姓，所以厚别也。

3.6.107.1 凡同姓为婚者，主婚与男女各杖六十，离异。妇女归宗，财礼入官。

3.6.108 尊卑为婚

3.6.108.1 凡外姻有服或尊属或卑幼，共为婚姻，及娶同母异父姊妹，若妻前夫之女者，各以亲属相奸论。○3.6.108.2 其父母之姑舅两姨姊妹及姨，若堂姨、母之姑、堂姑、己之堂姨，及再从姨、己之堂外甥女，若女婿之姊妹及子孙妇之姊妹，虽无服，并不得为婚姻。违者，男、女各杖一百。○3.6.108.3 若娶己之姑舅两姨姊妹者，虽无尊卑之分，尚有缌麻之服。杖八十。○3.6.108.4 并离异。妇女归宗，财礼入官。

条 例

3.6.108.(1)〔前后夫子女苟合成婚〕

一、前夫子女，与后夫子女苟合成婚者，以娶同母异父姊妹律条科断。

3.6.108.(2)〔尊卑为婚其间情犯稍有可疑者及中表为婚〕

一、男女亲属尊卑相犯重情，或干有律应离异之人，俱照亲属已定名分，各从本律科断，不得妄生异议，致罪有出入。其间情犯，稍有可疑，揆于法制，似为太重，或于名分不甚有碍者，听各该原问衙门临时斟酌拟奏。其姑舅两姨姊妹为婚者，听从民便。

3.6.109 娶亲属妻妾

3.6.109.1 凡娶同宗无服（姑、侄、姊妹。）之亲，及无服亲之妻者，（男、女）各杖一百。若娶（同宗）缌麻亲之妻，及舅甥妻，各杖六十、徒一年；小功以上，（之妻，）各以奸论。（自徒三年至绞、斩。）其（亲之妻）曾被出，及已改嫁，而娶为妻、妾者，（无服之亲不与。）各杖八十。○3.6.109.2 若收父、祖妾，及伯叔母者，（不问被出、改嫁。）各斩。若兄亡收嫂、弟亡收弟妇者，（不问被出、改嫁，俱坐。）各绞。○3.6.109.3 妾，（父、祖妾不与。）各减妻二等。（被出、改嫁者，递减之。若原系妻而娶为妾，当从妻论；原系妾而娶为妻，仍从妾减科。）○3.6.109.4 若娶同宗缌麻以上姑、侄、姊妹者，亦各以奸论。○3.6.109.5（除应死外，）并离异。

条 例

3.6.109.(1)〔收伯叔兄弟妾〕

一、凡收伯叔、兄弟妾者，即照奸伯叔、兄弟妾律减妻一等，杖一百、流三千里。

3.6.109.(2)〔乡愚不知例禁曾向亲族地保告知成婚〕

一、凡嫁娶违律，罪不至死者，仍依旧律定拟。至兄亡收嫂、弟亡收弟妇，罪犯应死之案，除男女私自配合，及先有奸情，后复婚配者，仍照律各拟绞决外，其实系乡愚不知例禁，曾向亲族、地保告知成婚者，男、女各拟绞监候，秋审入于情实。知情不阻之亲族、地保，照不应重律杖八十。如由父母主令婚配，男、女仍拟绞监候，秋审时，核其情罪，另行定拟。

3.6.110 娶部民妇女为妻妾

3.6.110.1 凡府、州、县亲民官，任内娶部民妇、女为妻、妾者，杖八十。若监临（内外上司）官娶（见问）为事人妻、妾及女为妻、妾者，杖一百。女家（主婚人）并同罪。妻、妾仍两离之，女给亲，（两离者，不许给与后娶者，亦不给还前夫，令归宗。其女以父母为亲，当归宗。或已有夫，又以夫为亲，当给夫完聚。）财礼入官。（恃势）强娶者，各加二等；女家不坐，（妇还前夫，女给亲。）不追财礼。若为子孙、弟侄、家人娶者，（或和或强，）罪亦如之，男、女不坐。（若娶为事人妇、女，而于事有所枉者，仍以枉法从重论。）

3.6.111 娶逃走妇女

3.6.111.1 凡娶自己犯罪已发在官,而逃走在外之妇女为妻、妾,知逃走之情者,与同其所犯之本罪,妇人加逃罪二等,其娶者不加罪。至死者减一等,离异。不知者不坐。若无夫,又会赦免罪者,不离。一有不合仍离。

3.6.112 强占良家妻女

3.6.112.1 凡豪强势力之人,强夺良家妻女,奸占为妻妾者,绞;监候。妇、女给亲;妇归夫,女归亲。配与子孙、弟侄、家人者,罪归所主。亦如之;所配男、女不坐。仍离异、给亲。

条 例

3.6.112.(1)〔强夺良人妻女转卖投献〕

一、强夺良人妻女,卖与他人为妻妾,及投献王府,并勋戚势豪之家者,俱拟绞监候。

3.6.112.(2)〔强夺良家妻女奸占为从〕

一、强夺良家妻女,奸占为从之犯,应照为首绞罪减一等,杖一百、流三千里。如被逼诱随行,止于帮同扛抬,照未成婚减绞罪五等,杖七十、徒一年半。其中途夺回,及尚未奸污为从者,审系助势济恶,减为首流罪一等,杖一百、徒三年。如被逼诱随行,止于帮同扛抬,各照不应重律杖八十。

3.6.112.(3)〔卑幼图财强卖尊长及尊长图财强卖卑幼〕

一、凡谋占资财,贪图聘礼,期功卑幼用强抢卖伯叔母、姑等尊属者,拟斩监候。期功卑幼抢卖兄妻、胞姊,及缌麻卑幼抢卖尊属尊长,并疏远无服亲族抢卖尊长、卑幼者,均拟绞监候。如尊属尊长,图财强卖卑幼,系期功,杖一百、流三千里;系缌麻,发附近充军。未成婚者,各减已成婚一等。若中途夺回,及娶主自行送回,未被奸污者,均以未成婚论。如妇女不甘失节,因而自尽者,期功以下卑幼,及疏远亲族,仍照本例分别斩、绞监候;缌麻尊属尊长亦拟绞监候;期功尊属尊长,发近边充军。若已成婚,而妇女因他故自尽者,仍依图财强嫁问拟,不在此例。娶主知情同抢,及用财谋买者,各减正犯罪一等。不知者不坐。如因家贫不能养赡,或虑不能终守,劝令改嫁,并非为图财图产起见,均仍照强嫁例定拟,不得滥引此例。

3.6.112.(4)〔强夺良家妻女中途夺回及妇女并亲属羞忿自尽〕

一、强夺良家妻女,中途夺回,及尚未奸污者,照已被奸占律减一等定拟。若已被奸污,而妇女自尽者,照强奸已成本妇羞忿自尽例拟斩监候。未被奸污而自尽者,照强奸未成本妇羞忿自尽例拟绞监候。若强夺良家妻女,其夫或父母、亲属,羞忿自尽者,亦分别已成、未成,照本妇自尽之例问拟。

3.6.112.(5)〔聚众伙谋抢夺妇女〕

一、凡聚众伙谋抢夺路行妇女,或卖,或自为妻妾、奴婢,及被奸污者,并聚众伙谋,于素无瓜葛之家,入室抢夺妇女,无论曾否媒说。一经抢获出门,即属已成,审实,不分得财与未得财,为首者斩立决,为从者皆绞监候。知情故买者,减正犯罪一等,不知者不坐。如图抢入室,未将妇女抢获者,首犯拟绞监候,为从实发极边烟瘴充军。至因伙众抢夺妇女,拒捕杀人者,无论已成、未成,下手杀人之犯,斩决、枭示;帮殴成伤从犯,不论手足、他物、金刃,均拟绞监候;其并未帮殴首、从各犯,仍分别已、未抢获妇女本例问拟。家奴抢夺,伊主知情不首者,照知情故买治罪。该管官员不行严禁查拿者,交部议处;领催、总甲杖八十。其有并非伙众,但强卖与人为妻妾者,拟绞监候。若于素有瓜葛之家,必实有戚谊者,方以瓜葛论。先经媒说未允,因而纠众强抢者,仍按强夺奸占已未成本律例科断。如有拒捕杀伤人者,照抢夺杀伤人例办理。

3.6.112.(6)〔聚众伙谋抢夺曾经犯奸妇女〕①

一、凡聚众伙谋抢夺曾经犯奸妇女已成,无论在途、在室,首犯发黑龙江给披甲人为奴,为从帮抢者杖一百、流三千里,同谋未经同抢之犯杖一百、徒三年。如图抢未成,首犯杖一百、流三千里,为从帮抢者杖一百、徒三年,同谋未经同抢之犯杖九十、徒二年半。如妇女犯奸后,已经悔过自新,确有证据者,仍以良人妇女论。

3.6.112.(7)〔聚众伙谋抢夺兴贩妇女〕

一、凡聚众伙谋抢夺兴贩妇女,已成者,为首拟绞监候,为从实发云贵两广极边烟瘴充军,同谋未经同抢之犯杖一百、流二千里。如图抢未成,为首实发云贵两广极边烟瘴充军,为从杖一百、流三千里,同谋未经同抢之犯杖一百、徒三年。其有并非聚众,但将兴贩妇女抢夺,已成者,为首发极边足四千里充军,为从杖一百、徒三年,同谋未经同抢之犯杖九十、徒二年半。若图抢未成,为首杖一百、徒三年,为从杖九十、徒二年半,同谋未经同抢之犯杖八十、徒二年。如拒捕杀伤兴贩之犯,以凡论。若系本妇及本妇之有服亲属,均依罪人拒捕律科断。

3.6.113 娶乐人为妻妾

3.6.113.1 凡文武官并吏娶乐人妓者。为妻妾者,杖六十,并离异。归宗,不还乐工。财礼入官。若官员子孙应袭荫者。娶者,罪亦如之。注册候荫袭之日,照应袭本职上降一等叙用。

3.6.114 僧道娶妻

3.6.114.1 凡僧道娶妻妾者,杖八十,还俗。女家主婚人同罪,离异,财礼入官。寺观住持知情,与同罪。以因人连累,不在还俗之限。不知者不坐。○3.6.114.2 若僧道假托亲属或僮仆为名求娶,而僧道自占者,以奸论。以僧道犯奸加凡人和奸罪二等论。妇女还亲,财礼入官。系强者,以强奸论。

① 咸丰二年(1852)修改。

3.6.115 良贱为婚姻

3.6.115.1 凡家长与奴娶良人女为妻者，杖八十。女家主婚人减一等，不知者不坐。其奴自娶者，罪亦如之。家长知情者，减二等。因而入籍指家长言。为婢者，杖一百。若妄以奴婢为良人，而与良人为夫妻者，杖九十。妄冒由家长，坐家长；由奴婢，坐奴婢。各离异、改正。谓入籍为婢之女，改正复良。

3.6.116 出　妻

3.6.116.1 凡妻于七出无应出之条及于夫无义绝之状，而擅出之者，杖八十。虽犯七出，无子、淫泆、不事舅姑、多言、盗窃、妒忌、恶疾。有三不去，与更三年丧、前贫贱后富贵、有所娶无所归。而出之者，减二等。追还完聚。○3.6.116.2 若犯义绝，应离而不离者，亦杖八十。若夫妻不相和谐，而两愿离者，不坐。情既已离，难强其合。○3.6.116.3 若夫无愿离之情，妻辄背夫在逃者，杖一百，从夫嫁卖。其妻因逃而辄自改嫁者，绞。监候。其因夫弃妻逃亡，三年之内，不告官司而逃去者，杖八十；擅自改嫁者，杖一百。妾各减二等。有主婚、媒人，有财礼，乃坐。无主婚人，不成婚礼者，以和奸、刁奸论，其妻妾仍从夫嫁卖。○3.6.116.4 若婢背家长在逃者，杖八十；因而改嫁者，杖一百；给还家长。○3.6.116.5 窝主及知情娶者，各与妻妾、奴婢同罪，至死者减一等。财礼入官。不知者，主娶者言。俱不坐。财礼给还。○3.6.116.6 若由妇女之期亲以上尊长主婚改嫁者，罪坐主婚，妻妾止得在逃之罪。余亲主婚者，余亲谓期亲卑幼，及大功以下尊长、卑幼主婚改嫁者。事由主婚，主婚为首，男女为从；事由男女，男女为首，主婚为从。至死者，主婚人并减一等。不论期亲以上及余亲，系主婚人，皆杖一百、流三千里。

条　例

3.6.116.(1)〔妻犯七出有三不去之理〕

一、妻犯七出之状，有三不去之理，不得辄绝。犯奸者不在此限。

3.6.116.(2)〔期约五年无过不娶及夫逃亡三年不还〕

一、期约已至五年，无过不娶，及夫逃亡三年不还者，并听经官告给执照，别行改嫁，亦不追财礼。

3.6.117 嫁娶违律主婚媒人罪

3.6.117.1 凡嫁娶违律，若由男女之祖父母、父母、伯叔父母、姑、兄姊及外祖父母主婚者，违律之罪独坐主婚。男女不坐。余亲主婚者，余亲谓期亲卑幼，及大功以下尊长、卑幼主婚者。事由主婚，主婚为首，男女为从；得减一等。事由男女，男女为首，主婚为从。得减一等。至死者，除事由男女，自当依律论死。其由主婚人并减一等。主婚人虽系为首，罪不入于死，故并减一等。男女已科从罪，至死亦是满流，不得于主婚人流罪上再减。○3.6.117.2 其男女被主婚人威逼，事不由己，若男年二十岁以下，及在室之女，虽非威逼。亦独坐主婚，男女俱不坐。不得以首、从科之。○3.6.117.3 未成婚者，各减已成婚罪五等。如绞罪减五等，杖七十、徒一年半。余类推减。○3.6.117.4 若媒人知情者，各减男女、主婚犯人罪一等。不知者不坐。○3.6.117.5其违律为婚各条,称"离异、改正"者,虽会赦,但得免罪,犹离异、改正。离异者,妇女并归宗。○3.6.117.6财礼,若娶者知情,则不论已、未成婚,俱追入官;不知者,则追还主。

条 例

3.6.117.(1)〔婢女不令婚配致令孤寡〕

一、凡绅衿庶民之家,如有将婢女不行婚配,致令孤寡者,照不应重律杖八十。系民的决,绅衿依律纳赎,令其择配。

3.6.117.(2)〔福建台湾民人与番人结亲〕

一、福建台湾地方民人,不得与番人结亲。违者离异,民人照违制律杖一百,土官、通事减一等,各杖九十。该地方官如有知情故纵,题参交部议处。其从前已娶,生有子嗣者,即安置本地为民,不许往来番社。违者,照不应重律杖八十。

3.6.117.(3)〔湖南民苗结亲〕

一、湖南省所属未剃发之苗人,与民人结亲,俱照民俗,以礼婚配。须凭媒妁,写立婚书,仍报明地方官立案稽查。如有奸拐贩卖、嫁妻逐婿等事,悉照民例治罪。其商贾客民,未经入籍苗疆,踪迹无定者,概不许与苗民结亲。如有私相连结滋事者,按例治罪。失察之地方官,照例议处。至溪峒深居苗猺,有愿与民人结亲者,亦听其自便,悉照前例办理。

3.6.117.(4)〔嫁娶违律应行离异者与其夫及夫之亲属有犯〕

一、凡嫁娶违律,应行离异者,与其夫及夫之亲属有犯,如系先奸后娶,或私自苟合,或知情买休,虽有媒妁、婚书,均依凡人科断。若止系同姓及尊卑良贱为婚,或居丧嫁娶,或有妻更娶,或将妻嫁卖,娶者果不知情,实系明媒正娶者,虽律应离异,有犯仍按服制定拟。

3.6.117.(5)〔以已未挑选旗女许字民人〕

一、八旗、内务府三旗人,如将未经挑选之女,许字民人者,将主婚之人,照违制律杖一百。若将已挑选及例不入选之女,许字民人者,照违令律笞五十。其聘娶之民人,亦一体治罪。

3.7 仓　库 收米谷曰仓，收财帛曰库。

卷十一　户律·仓库上

3.7.118 钱　法

3.7.118.1 凡钱法，设立宝源、宝泉等局，鼓铸制钱，内外俱要遵照户部议定数目，一体通行。其民间金银、米麦、布帛诸物价钱，并依时值，听从民便。使用。若阻滞不即行使者，杖六十。○3.7.118.2 其军民之家，私蓄铜器，除镜子、军器，及寺观庵院钟、磬、铙、钹外，其余应有废铜，并听赴官卖。每斤官给银七分，增减随时。若私相买卖，及收匿在家不赴官者，笞四十。

条　例

3.7.118.(1)〔各省开采铜铅〕

一、各省开采铜铅，令道员总理，府佐官分理，州县官专管其事。凡产铜铅之处，听民采取，税其二分，造册季报。所剩八分，任民照时价发卖。有坟墓处所，不许采取。如有不得铜铅及不便采取之处，该督抚题明，停其采取。其各州县产铜铅之山，令地主报明采取。地主无力开采，听本州县报名采取。州县无匠役，许于邻近州县雇募，该州县自行稽察。如有别州县民人伙众越境采取，聚至三十人以上，为首者发近边充军，为从枷号三个月、杖一百；不及三十名者，为首枷号三个月、杖一百，为从满杖。衙役恣意搅扰，致人裹足者，为首枷号两个月，发附近充军，为从减一等。

3.7.118.(2)〔承办铜商逾限舞弊及办员侵欺〕

一、承办铜商逾限并无货物出口，或非采易铜斤之货，严拿究处，着落追赔。其进口之时，或非原出口地方，该汛地方官立速查报，并知照原出口之该汛官弁，勒催起解。倘有侵挪、隐匿之弊，将该商从重治罪。倘办员侵欺扣克，串通朦混，以致奸商挪新掩旧，督抚据实题参治罪。上司徇隐，一并交部议处。

3.7.118.(3)〔云南铜厂经放预给工本银两舞弊〕

一、云南等省铜厂，经放预给工本银两，如课长、炉户有克扣分肥、侵吞入己情弊，审究确实，即照常人盗仓库钱粮例计赃科罪，将家产查封，变估抵补。仍责成该管之员，实力稽查。倘该管各员徇隐不究，察出即行指名题参。

3.7.118.(4)〔私造铜器售卖及私藏铜器〕①

一、京城铜铺，私造五斤以上铜器售卖者，照收匿废铜不赴官律笞四十。官民人等，除鼎彝、乐器等件外，如私藏五斤以上铜器者，系民，与私造同罪；系官，交部照例议处，铜器俱入官。其官员铜器在三斤以上，民人铜器在一斤以上，查出一并入官，免其治罪、议处。倘胥役借端讹诈，照蠹役诈赃例治罪。

3.7.119 收粮违限

3.7.119.1 凡收夏税，(所收小麦)于五月十五日开仓，七月终齐足。秋粮，(所收粮米)十月初一日开仓，十二月终齐足。如早收去处，预先收受者，不拘此律。若夏税违限至八月终、秋粮违限至次年正月终不足者，其提调部粮官、吏典分催里长。欠粮人户，各以(税粮)十分为率，一分不足者，杖六十，每一分加一等，罪止杖一百。(官吏、里长)受财(而容拖欠)者，计(所受)赃以枉法从重论。(分别受赃、违限轻重。)若违限一年之上不足者，人户、里长，杖一百，提调部粮官、吏典，照例拟断。

条　例

3.7.119.(1)〔举贡生监文武进士及在籍有顶带人员欠纳钱粮〕

一、应纳钱粮，以十分为率，欠至四分以下者，举人问革为民；贡监生员并黜革，杖六十。欠至七分以下者，举人问革为民，杖八十；贡监生员黜革，枷号一个月，杖一百。欠至十分以下者，举人问革为民，杖一百；贡监生员俱黜革，枷号两个月，杖一百。以上俱以次年四月奏销以前为限，不足分数者，照例治罪，仍严催未完钱粮。其文武进士及在籍有顶戴人员，并与举人同。

3.7.119.(2)〔挂欠漕粮弁丁依所欠分数治罪〕

一、运弁以通帮粮米计算，但有挂欠，即革职责惩，发南追比，不完者分别治罪。如欠不及一分，笞五十，追完还职，不完满杖；欠至一分，杖六十，追完免罪，不完徒一年；欠至二分，杖七十，追完免罪，不完徒二年；欠至三分，杖八十，追完免罪，不完徒三年；欠至四分，杖九十，追完仍满杖，不完发附近充军；欠至五分，杖一百，追完徒一年，不完者发边远充军；欠至六分者绞，六分以上者斩，俱监候，照例以其家产抵偿。如仍不足，令原佥衙门各官代赔。旗丁以一船粮米计算，但有挂欠，即革运责惩，拿交运官发南追完，不完治罪。其按照分数定罪之处，并与运弁同，承追官严加议处。如家产抵偿不足，令佥丁卫所、粮道各官代赔。至粮船起交足额外，原有余米，听回空时沿途粜卖。

---

① 同治九年(1870)续纂。

3.7.119.(3)〔分赔漕粮弁丁挂欠〕

一、挂欠漕粮弁丁,照例分别治罪外,所欠粮数,作十分分赔。总漕半分,粮道一分,监兑官半分,押运官半分,运官一分半,佥丁卫所官半分,旗丁五分半。总漕等官如限内不完,交部议处。弁丁于限内全完,分别应治罪者治罪、应免议者免议;如不完,照例治罪。将不能赔偿米石,仍着总漕等官赔偿。十分全完,照例议叙。

3.7.119.(4)〔同搬运丁混行互结赤贫无赖之丁以致挂欠者〕

一、同帮运丁,将赤贫无赖之丁混行互结,以致挂欠者,将本丁应赔五分半之内,互结各丁摊赔一分,其余令本丁赔补。

3.7.119.(5)〔兵役上司书役抗粮不纳〕

一、凡兵役有应输之粮,抗玩不纳者,该州县即将未完钱粮数目开明,移令所辖衙门,着本管官弁照数追完,移交州县。如不实力催追完解,即照州县催征钱粮未完分数律议处。其上司书役有抗粮不纳者,该州县一面详报上司,一面严行拘拿,革役追比。如上司有阿庇袒护,州县有瞻徇等弊,均照例议处。

3.7.119.(6)〔绅衿欠粮州县册报题参〕

一、凡绅衿所欠分数,各州县逐户开出,另册详报,指名题参。无论文武、乡绅、进士、举人、生员并贡监,及有顶戴人员,已任、未任,俱按未完分数,已任者革职,未任者革去顶戴衣衿,按例枷责治罪。如州县不行另册详报,别经发觉,交部议处。

3.7.120 多收税粮斛面

3.7.120.1 凡各仓(主守官役)收受税粮,听令纳户亲自行概,平斛交收,作(正)数,(即以平收者,作正数。)支销,依例准除折耗。若仓官、斗级不令纳户行概,踢斛淋尖,多收斛面(在仓)者,杖六十。若以(所多收之)附余粮数(总)计赃重(于杖六十)者,坐赃论,罪止杖一百。(此皆就在仓者言。如入己,以监守自盗论。)提调官吏知而不举,与同罪,(多粮给主。)不知者不坐。

条 例

3.7.120.(1)〔各处仓粮每石收耗米三升〕

一、各处仓粮,每石收耗米三升。查盘之时,计守支年分,每年每石准开耗一升。若三年之外,原收耗粮已减尽,照例于正粮内递开一升,准作耗粮。此外若有侵盗者,方照律例问罪。

3.7.120.(2)〔社仓捐谷听民自便〕

一、社仓捐谷,听民自便,不得绳以官法。违者,以违制论。

3.7.120.(3)〔借社仓谷石取息免息〕

一、凡社仓谷石,不遇荒歉,借领者每石收息谷一斗还仓;小歉借动者,免取其息。

3.7.120.(4)〔贡监生员分别贫生富生定限全完〕

一、凡贡监生员中富生上户，定限五月完半，十月全完。如届期不清，再展二月，以岁底全完为率。中下贫生，定限八月完半，岁底全完。如届期不清，中等以开岁二月为率，下等以开岁四月为率，务须全完。如逾限不完，即行详革。革后全完，仍准开复。若委系赤贫无力，而尾欠仅属分厘者，详查明确，暂免详革，准于秋收并入限年完半数内，带征完足。

3.7.120.(5)〔职官子弟及积匪人等打搅仓场或挟制运纳军民财物〕①

一、在京、在外并各边一应收放粮草去处，若职官子弟、积年匪徒、跟子、买头小脚、歇家、跟官伴当人等，三五成群，抢夺筹斛，占堆行概等项，打搅仓场，及欺凌官攒，或挟诈运纳军民财物者，杖罪以下，于本处仓场门首枷号一个月发落；徒罪以上，与再犯杖罪以下，免其枷号，发附近充军。干系内外官员，题参交部议处。如本犯罪止枷杖者，不行禀举之花户，杖八十；犯该军罪者，花户亦杖八十，在该仓门首加枷号一个月，均革役。

3.7.120.(6)〔已革花户及筲头夫役等人勒索与现充花户容隐分赃〕②

一、各仓花户，已经斥革，复在现充花户身后影射把持，向关米之人，勒索得财，计赃一两以下，杖一百，枷号两个月；一两至五两，杖一百、徒三年；六两至十两，发边远充军；十两以上，实发云贵、两广极边烟瘴充军；赃至一百二十两以上，照指称掣批名色勒索例，拟绞监候。为从各减一等。如计赃重于从罪者，仍各从其重者论。亲老丁单，不准留养。若甫经影射办事，尚未得赃，即在该仓门首枷号一个月，杖一百。现充花户，有心容隐，朋比为奸者，均革役，与首犯同罪，其筲头、夫役及不应入仓人等，称为花户身后办事，勒索得财者，均照前例问拟。如随同花户及身后办事之人，知情分赃者，亦以为从论。至积年匪徒，在仓滋事，仍照打搅仓场本例惩办。

3.7.121 隐匿费用税粮课物

3.7.121.1 凡（本户自运）送本户应纳税粮课物，（如蚕丝、铜铁之类。）及应（追）入官之物，（已给文送运。）而隐匿（肥己，私自）费用不纳，或诈作（水火、盗贼）损失，欺罔（经收）官司者，并计所亏欠物数，（为赃，）准窃盗论，（罪止杖一百、流三千里。）免刺。其部运官吏知（隐匿、诈妄之）情与同罪，不知者不坐。（此系公罪，各留职役。若受财故纵，以枉法从重论。小户附搭侵匿者，仍依此律准窃盗。）

条　例

3.7.121.(1)〔剥船回空查其有无匿米分别责令赔补掣欠〕

一、石坝、大通桥，设立经纪剥船，转运京仓粮米，仓场及坐粮厅各差妥役沿闸稽

---

① 咸丰二年(1852)修改。

② 咸丰二年(1852)修改。

查。如剥船回空,搜查无米藏匿者,其掣欠仍责经纪赔补。若船底搜出有米藏匿,即将掣欠之米,令船户代役照数摊赔,枷责、革役。其失察之经纪,一并责惩。

3.7.122 揽纳税粮

3.7.122.1 凡揽纳他人税粮者,杖六十,着落本犯赴仓照所揽数纳足,再于犯人名下照所纳数追罚一半入官。○3.7.122.2 若监临主守官役挟势揽纳者,加罪二等。仍追罚一半入官。○3.7.122.3 其小户畸残田。零零丁不足以成一户。米麦,因便凑数于本里纳粮人户处附纳者,勿论。包揽侵费正数及多科费用,以诓骗论;若侵欺,以监守自盗论。包与者,不应杖罪。

条 例

3.7.122.(1)〔包揽诓骗钱粮军需等项不行完纳〕

一、凡内府钱粮,及内外仓场粮草、各处军需等项,不拘起运存留,但有包揽诓骗银一百两、粮二百石以上,不行完纳,事发,责限三个月以内完纳者,照常发落。过期不完者,尽其财产赔纳,发近边充军。各边武职,主使家人、伴当、跟随交结人员,挟势揽纳作弊者,参问究拟;听使之人,仍照前例问拟。

3.7.122.(2)〔揽纳草束强以劣草充数〕

一、内外各处收受草束,若兜揽之徒恃强,将不堪水湿小草充数,嘱托监收官员收受者,拿送问罪,枷在本处仓场门首三个月发落。

3.7.123 虚出通关朱抄 凡钱粮通完,出给印信长单,为通关。仓库截收,则暂给红批照票,为朱抄。

3.7.123.1 凡仓库收受一应系官钱粮等物原数本不足,而监临主守,通同有司提调官吏,虚出通关给发者,计所虚出之数,并赃,不分摊各犯。皆以监守自盗论。○3.7.123.2 若委官盘点钱粮,数本不足,扶同监临、提调官申报足备者,罪亦如之。亦计不足数,以监守自盗论,并赃。受财者,计入己赃以枉法从重论。○3.7.123.3 其监守不收本色,诈言奉文折收财物,虚出朱抄者,亦以监守自盗论。纳户知情,减二等,免刺,原与之赃入官;不知者,不坐,其赃还主。○3.7.123.4 通上。同僚知而不举者,与犯人同罪。至死减等。不知及不同署文案者不坐。以失觉察论。

条 例

3.7.123.(1)〔司道府州仓库其上司盘查如有不实及扶同徇隐〕

一、各府仓库钱粮,于每年奏销时,责成各该道盘查;直隶州钱粮,责成分巡道盘查;粮驿道钱粮,责成布政使盘查;藩库钱粮,该省有总督者,督、抚会同盘查,无总督者,巡抚盘查。其总督有管辖两三省者,或隔二三年,或隔三四年,于题明巡查地方事情之便,会同盘查,出具印结,于奏销本内一并保题。倘有扶同徇隐,及盘查不实,不行揭报,俱照州县仓库例行。如有抑勒、挪借、滥动,以致亏空者,许据实通详,揭送各部院奏闻，严加议处，责令赔补。

3.7.123.(2)〔属官亏空徇隐之上司分赔〕

一、各省属官亏空，上司明知故纵者，令徇隐之上司，各赔一分。

3.7.123.(3)〔新旧交代米谷官物霉变短少〕

一、凡新旧交代，如果米谷收存不慎、官物遗失不全，立即揭报题参，于旧官名下着追。如已经后官接受出结，米谷霉变，官物短少，着落接任出结之官，按数赔补。

3.7.123.(4)〔顺天府属钱粮府尹会同直督具题〕

一、凡顺天府所属二十五州、县、卫钱粮事件，俱令该府尹稽察。仍于报销时，直督会同府尹，互相查核，列衔具题。其督征完欠分数考成，与直督一例办理。

3.7.123.(5)〔奏销钱粮上司盘查清查〕

一、凡该年奏销钱粮，各上司照例盘查出结外，再将各属现年已征一切正耗、杂项钱粮、谷价等银，一体清查。如无缺少，一并出具结状，申送督抚查核。如有挪移抵饰，据实揭参。该管上司扶同徇隐，照例参处。其知府有经征之项，盘查道员，亦照守牧盘察州县之例，一体查办。各省督抚于奏销钱粮清查司库时，将本年新收各项钱粮，一并盘查，声明并无挪新补旧情弊，出结保题。

3.7.123.(6)〔挪移及谷变等项不必概令上司摊赔〕

一、凡各省亏空案件，审系侵贪入己者，本犯无力完交，令该上司等分赔。其挪移及仓谷浥变等项，只将该员拟罪着追，不必概令上司摊赔。

3.7.123.(7)〔督抚年终通察属员有无亏空〕

一、各省督抚，每于年终，将所辖属员内通行查察有无亏空之处，据实汇奏。

3.7.123.(8)〔州县挪移亏空不行揭报之府州分赔之项及限内全完开复〕

一、凡州县挪移亏空，审明系知府、直隶州知州不行揭报，应着落分赔之项，将知府、直隶州知州革职。其亏空银米，仍依挪移亏空年限，先于本犯名下尽数着落严追。一年限内全完，将本犯及不行揭报之知府、直隶州知州，俱照例准其开复。二限、三限补完，本犯照例分别发落。若三年限满不能完足，本犯仍照原拟治罪。查实果系家产全无，无力完帑，将未完银米等项，无论侵、挪，着落不行揭报之知府、直隶州知州分赔五成；其余五成，着落失察道员分赔二成、藩司分赔二成、巡抚分赔一成。其知府、直隶州知州分赔银两，勒限一年完补。限内全完，准其开复。不完，再限一年补完。若能于二限内全完者，准其开复，于补官日罚俸一年；如二限内完不足数，再限一年完补。若能于三限内全完者，照伊原职降一级调用。如三次限满不完，不准开复，未完银两，仍着落追赔。至巡抚、司、道分赔银两，均照代赔例限，按银数多寡，分年完缴。倘有两案着赔，准将前案银两依限缴完，再行续接追缴。

3.7.123.(9)〔州县亏空仓库钱粮知府直隶州失察或徇隐〕

一、凡州县仓库钱粮，责成知府、直隶州知州严行盘查，于每年奏销时，出具所管州县仓库实贮无亏印结，造册申详保题。仍令不时盘查，一有亏空，无论几时察出，立即列揭请参,免其治罪、分赔。如知府、直隶州知州通同徇隐,别经发觉,将知府、直隶州知州革职离任,先于本犯名下着追。勒限三年,如果家产全无,无力完帑,将未完银米等项,无论侵、挪,俱着落知府、直隶州知州独赔。如止盘查不实,不行揭报,审系州县侵欺,将知府、直隶州知州照失察侵盗本例议处,免其分赔。审系州县挪移,亦先于本犯名下着追。勒限三年,如果家产全无,无力完帑,将未完银米等项,责令知府、直隶州知州分赔一半。如知府、直隶州知州查出亏空,揭报司、道,司、道不即转揭,及司、道已经转揭,督、抚不即题参,许知府、直隶州知州竟揭部、院,将不转不参之督、抚、司、道议处,着令分赔。如督、抚、司、道明知州县亏空,不即报参,反为设法弥补,于本犯勒追限满之日,着落督、抚、司、道分赔,仍交部照例议处。

3.7.123.(10)〔州县侵挪亏空徇隐之府州独赔之项限内补完开复〕

一、凡州县侵挪亏空,审明确系知府、直隶州知州徇隐,应着落独赔之项,将徇隐之知府、直隶州知州,革职离任。其州县亏空银米,仍依侵、挪等赃年限,先于本犯名下尽数着落严追。一年限内全完,除侵盗之案,照监守自盗本例,分别年限、完缴数目办理外,若系挪移之项,至二万两以上者,本犯照例释免;未至二万两者,本犯照例准其开复;其徇隐之知府、直隶州知州,亦一体准其开复。如二限、三限补完者,本犯照例分别减等发落。若三年限满不能完足,本犯照现在未完之数治罪。查实果系家产全无,无力完帑,将未完银米等项,着落徇隐之知府、直隶州知州独赔,勒限一年完补。若能于限内全完,准其开复;限满不完,再限一年完补。若能于二限内赔补全完,照伊原职降一级调用;如二限内完不足数,再限一年完补。若能于三限内全完,照伊原职降二级调用。三限既满之后,虽照数赔补全完,亦不准其开复。

3.7.123.(11)〔州县侵欺亏空徇隐之府州代赔之项限满未完治罪〕①

一、凡知府、直隶州知州失察属员亏空,及本犯实系因公挪移者,仍照原例办理外,其知府、直隶州知州通同徇隐州县侵欺仓库钱粮着落代赔之项,若三限已满,尚未赔完,该督抚取具家产全无印、甘各结保题,即将革职代赔之知府、直隶州知州,按其已未完交分数治罪。以十分为率,如未完之数在五分以内者,杖一百;至六分者,杖六十、徒一年;每一分加一等;十分无完者,杖一百、徒三年,均不准纳赎。如能依限赔完,仍照例准其分别开复、降调。

3.7.124 附余钱粮私下补数

3.7.124.1 凡各衙门及仓库,但有附余钱粮,须要尽实报官,明白(立案,于)正收(簿内,另)作数。(支销。)若监临主守,将增出钱粮,私下销补别项事故亏折之数,瞒官作弊者,(不分首从,)并计赃以监守自盗论。(其亏折追赔还官。)〇3.7.124.2 若内库收受金帛,当日交割未完者,(不许带出,)许令附簿寄

---

① 咸丰二年(1852)移改。原例附户律·仓库·挪移出纳条下。

库。若有余剩之物，本库明白立案正收，开申户部作数。若解户朦胧擅将金帛等物出外者，不分多少，斩。杂犯，准徒五年。守门官失于盘获搜检者，杖一百。金帛等物追还官。

3.7.125 私借钱粮

3.7.125.1 凡监临主守，将系官钱粮等物，乃金帛之类，非下条衣服之属。私自借用，或转借与人者，虽有文字，文字兼文约、票批、簿籍。并计所借之赃以监守自盗论。其非监守之人借者，以常人盗仓库钱粮论。监守坐以自盗，非监守止以常人盗，追出原物还官。○3.7.125.2 若将自己物件抵换官物者，罪亦如之。自己物件入官。

条　例

3.7.125.(1)〔管民地方官员私借官银勒限还完〕

一、凡管民地方官员，借用官银，初次逾限不能完者，即令离任，限一年还完开复。若限内不完，革职，着落家产还完。旗员交与该旗催追，汉官交与该督抚催追。

3.7.125.(2)〔州县卫所亏空钱粮其民欠等项限内官员代完复职〕

一、凡州县、卫所亏空钱粮，如果民欠未完捏报全完，或私自借给百姓仓粮，其私借钱粮之员及捏报官员，应照虚出通关朱抄律，计所虚出之数并赃，皆以监守自盗论。其实在民欠民借，仍着落原借欠之人完纳。其挪移钱粮有项可抵者，即令接任官催征补项。若捏报私借挪移之项，该员情愿一年内代民全完者，准其复还原职。

3.7.125.(3)〔绅衿牙行人等捏领仓谷入己〕

一、府、州、县春间借出仓谷，秋收后勒限征比，务于十月中全完，造具册收，送户部查核。如有绅衿及牙行、蠹役，将家人、佃户姓名影射，零星领出，入已积至二三十石者，绅衿斥革，牙行、蠹役枷号一个月、责四十板，俱照追入仓。其代为造册之乡保、地方，有无受赃，分别治罪。该管上司不行揭参，交部议处。

3.7.125.(4)〔亏空人员开抵欠项分别公私以定准否〕

一、亏空人员，除查明家产尽数追赔外，如有属员借支、借领，及同官挪借，出有印领者，将所有借欠之项，责令追还，以抵该员亏空，仍分别议处。至平日债负，或帮助亲友，及同官私借，虽有文约、书札、记簿，并无印领，止许自行取讨。若混请开抵亏空者，无论远近年分，概不准行，仍将本人照图赖、诬扳治罪。地方有司听从开抵，妄拿无辜追比者，照故勘平人律治罪。受贿得赃者，计赃以枉法从重论。其因规避处分，指引开欠者，承追官照借端将亲族滥行着落追赔例问拟。该管上司官，交部分别议处。

3.7.125.(5)〔地方荒歉出借米谷籽种等项人亡产绝题请豁免〕

一、凡遇地方荒歉，借给贫民米石谷麦，或开垦田土，借给牛具籽种，以及一切吏役、兵丁人等办公银两，原系题明咨部，行令出借，倘遇人亡产绝，确查出结，题请豁免。如有捏饰侵渔，以及未经报明私行借动者，即行题参，按律治罪。

3.7.125.(6)〔违例开销款额上司抑勒摊派〕

一、凡支销钱粮,均有一定款项、额数。如有违例开销,着落擅动滥给之员赔补。倘上司官因为数繁多,一人不能归结,派令属员公捐还项,或逼令接任官按股分赔,将抑勒之上司官照例治罪。

3.7.126 私借官物

3.7.126.1 凡监临主守,将系官什物、衣服、毡褥、器玩之类,私自借用,或转借与人,及借之者,各笞五十;过十日,各计借物坐赃论,减二等。罪止杖八十、徒二年。各追所借还官。若有损失者,依毁失官物律坐罪、追赔。有心致损,依弃毁官物,计赃准窃盗论加二等,罪止杖一百、流三千里;误毁及遗失者,减弃毁之罪三等,杖八十、徒二年,并追赔。

卷十二　户律·仓库下

3.7.127 挪移出纳

3.7.127.1 凡各衙门收支钱粮等物，已有文案、以备照。勘合，以行移。典守者，自合依奉出纳。若监临主守不正收正支，如不依文案、勘合，挪移出纳，还充官用者，并计所挪移之赃，准监守自盗论，罪止杖一百、流三千里。系公罪，免刺。○3.7.127.2 若各衙门不给半印勘合，擅出权宜票帖，关支，或给勘合，不立文案放支，及仓库但据权帖不候勘合，或已奉勘合，不附簿放支者，罪亦如之。各衙门及典守者，并计支放之赃，准监守自盗论。○3.7.127.3 其出征镇守军马经过去处，合付行粮草料，明立文案，即时应付，具数开申合干上司准除，不在擅支之限。违而不即应付者，杖六十。

条　例

3.7.127.(1)〔上司逼勒所属挪移库银〕

一、上司逼勒所属，挪移库银，本官自行首告者，审实，上司照贪官例治罪，下属免议。逼勒至死者，家属赴控上司，如不行准理，许赴通政司鼓厅衙门具告。审实，以逼勒至死之上司抵罪，不行准理之上司，革职。

3.7.127.(2)〔挪移库银依银数治罪及限内全完免减〕

一、凡挪移库银五千两以下者，仍照律拟杂犯流，总徒四年；其挪移五千两以上至一万两者，拟实犯杖一百、流三千里，不准折赎；若挪移一万两以上至二万两者，发近边充军。二万两以上者，虽属挪移，亦照侵盗钱粮例拟斩监候。统限一年，果能尽数全完，俱免罪；其未至二万两者，仍照例准其开复。若不完，再限一年，追完，减二等发落。二年限满不完，再限一年，追完，减一等发落。若三年限满，不能全完者，除完过若干之外，照见在未完之数治罪。

3.7.127.(3)〔州县亏空行查原籍家产以备变完〕

一、州县亏空题参时，一面于任所严追，一面行文原籍，将伊家产严查存案。如任所无完，即变价补完。若承追地方官不行查出，交部照例议处。

3.7.127.(4)〔州县垫办军需公务完后申报过限及不实〕

一、凡地方有军需公务，督抚不及咨题者，行令该州县垫办，或挪库项，或垫己资，先行详明督抚。办完十日内，即照实价申详。该督抚照时价核实，于文到半月内题报。户部亦于科抄到日，半月内核定议复，行文该布政司，不论库项、己资，即令给发。倘州县申报过限，或督抚题报后期，俱交吏部议处。若该州县报价不实，及督抚不核实题报,希图冒销者,户部即行题参,州县照侵欺例治罪,督抚、司道等官照徇庇例议处。

3.7.127.(5)〔州县交代将侵蚀亏空已征钱粮捏称民欠令后官接受〕

一、州县交代,除实在民欠外,将已征钱粮侵蚀亏空,捏称民欠,令后官接受者,后官即揭报该管上司。如该管上司护庇离任之员,及该管府州畏虑分赔,因而抑勒交盘者,被勒之员,直揭部科,代为陈奏。其所揭抑勒之司、道、府、州等官,该督抚据实确审定拟。如有干连督抚,将具揭及亏空之员,押赴来京,交都察院确审,将抑勒之督抚一并从重议处。或系诬捏枉揭,交与刑部治罪。倘前官亏空,后官容隐不报,出结接受,至本身离任,始称前任亏空者,将欠项追赔外,仍治以瞻徇私受之罪。其揭报之员,照例赴部于别省调补。倘调补省份,该管上司因前揭报之故,多方搜求,借端诬陷者,许该员于都察院呈辩。果系冤抑,将该管上司交部议处。如该员借名诬辩者,从重治罪。

3.7.127.(6)〔各省仓谷减价平粜后买补迟延及遇州县交代〕

一、各省仓谷,减价平粜,其价值解存司库,或就近之道、府库,至秋收务依原粜之数领价买补。其买补仓谷时价不敷,于本邑粜卖盈余银两内动支。倘谷价昂贵,不能于次年买补,声明报部展限。若故意迟延不行买补,以玩视仓储题参。倘遇州县交代,未及秋收买补之期,所存价值无亏,即令新任领买,不得措勒推诿。违者,将该员及该管各官分别议处。

3.7.127.(7)〔追赔还官银两浮多给还〕

凡追赔还官各项银两,有较原参之数浮多者,仍给还本人。

3.7.127.(8)〔亏空之案审出民欠挪垫〕

一、凡亏空之案,审出民欠挪垫是实,除将本犯照例议罪外,另限四个月,委员彻底清查,出具并无假捏影射印结,再令接任官出具认征印结,仍向欠户催征。如限满不完,将接征官照例参处。倘本无实欠,接任官通同捏结,察出,照捏欠之数,与本犯同罪,仍令分赔。

3.7.127.(9)〔接任官承查交代咨揭亏空辗转延挨〕

一、接任官承查交代,如有亏空,即于具题之日扣限。倘有续揭,亦以出咨之日扣限。倘有甘受违限处分,摘款先揭,预为三参、五参地步,辗转延挨者,即将该员着落赔补。

3.7.127.(10)〔审拟挪移之案以未完之数定拟〕

一、凡审拟挪移之案,于定案日查明参后完过若干,准予开除,以现在未完之数定拟。

3.7.127.(11)〔州县私粜及亏缺存仓米谷折银交代题参〕

一、凡州县官交代,其存仓米谷,除实应出粜存价未买之银,照例准其接收外,如有私行出粜,及仓粮亏缺折银交代者,照例题参,仍留任所按数买补。并令接任之员查明,出具并无粜多报少、籴少报多、折银抵交确实印结申报。违者,一并题参究追。该管上司不能查出,照徇庇例议处。

3.7.127.(12)〔州县仓谷霉变及亏空治罪并勒追赔补〕①

一、凡州县亏空仓谷,以谷一石,照银五钱定罪。麦、豆、高粱、青稞等杂粮并同。系侵蚀入己者,照侵欺钱粮例拟断;系挪移者,照挪移库银例拟断。其仓谷,令接任官于秋成谷贱时,申详督抚、藩司,酌动何项钱粮,照时价先行买补,该州县出具仓收,道、府、直隶州知州加结报部。于亏空人员及妻子名下勒限一年,将动用银两,照数追补还项。如逾限不完,亦照勒追库银例分别治罪。其有仓廒州县,倘因循怠玩,于渗漏处既不黏补,应盖造处又不详请,以致米谷霉烂者,革职。动帑买补,勒限一年,照数追赔。一年限内全完,免罪开复原官;一年以外赔完,免其治罪,不准开复;二年之内不完,即照损坏仓库财物律治罪,仍着落家属赔缴。若有将仓谷侵盗入己,捏称霉烂亏空者,仍照侵蚀例治罪。

3.7.127.(13)〔追赔拖欠银两定限完缴〕

一、除侵盗亏空仍照定例办理,并户属工程项下应追各款,户部、工部定有专条者,应听各照本例办理外,其追赔拖欠各项银两,如数在三百两以下者,限半年完缴;三百两以上者,限一年完缴;如数在一千两至五千两者,定限四年;五千两以上者,定限五年。均按所定年限,陆续完缴,毋庸拘定每年应完若干。如统限已满,无力完缴,请豁银数在一千两以上者,核计已未完数目,即照工程核减银两未完例,交刑部分别治罪;如数不及一千两者,照例请豁,免其治罪。若本身已故,而子孙无力完缴者,亦照例请豁,毋庸治罪。

3.7.128 库秤雇役侵欺

3.7.128.1 凡仓库、务场、局院库秤、斗级,若雇役之人受雇之人即是主守,或侵欺、或借贷、或移易二字即抵换也。系官钱粮,并以监守自盗论。若雇主同情分受赃物者,罪亦如之。其知情不曾分赃,而扶同雇役者,以所盗物,捏作见在,申报瞒官,及不首告者,减自盗一等,罪止杖一百。不知者不坐。

条　例

3.7.128.(1)〔侵蚀经征漕粮及粮户私相折银〕

一、凡粮重仓多州县,印官不能兼顾,遴点老成书吏收粮。如有佥派匪人,侵蚀漕粮者,书吏照监守自盗律治罪,州县官交部议处,侵蚀米石,即着该役名下严行追补。如粮户私相折银,访获,除银入官充饷,追交应完米石外,量其多寡,分别责惩。

---

① 咸丰二年(1852)修改。

收银书吏,计赃治罪。

3.7.129 冒支官粮

3.7.129.1 凡管军官吏,冒支军粮入己者,计所冒支之赃,准窃盗论,取之于军,非取之于官也,故止准窃盗论。若军已逃、故,不行扣除而入己者,以常人盗官粮论。若承委放支而冒支者,以监守自盗论。免刺。

3.7.130 钱粮互相觉察

3.7.130.1 凡仓库、务场官吏、攒拦、库子、斗级,皆得互相觉察。若知侵欺、盗用、借贷系官钱粮,已出仓库,匿而不举,及故纵者,并与犯人同罪。至死减一等。失觉察者,减三等,罪止杖一百。○3.7.130.2 若官吏虚立文案,挪移出纳,及虚出通关,另有本律。其斗级、库子、拦头不知者不坐。

条　例

3.7.130.(1)〔侵盗钱粮案内隐匿故纵各犯决配及以正犯完赃减免〕

一、凡侵盗钱粮案内,隐匿、故纵之官吏、攒拦、库子、斗级,于定案时先行决配。如正犯限内完赃,例得减免者,隐匿、故纵各犯,亦于应得本罪上,分别减免。

3.7.131 仓库不觉被盗

3.7.131.1 凡有人非监守。从仓库中出,守把之人不搜检者,笞二十。因不搜检,以致盗物出仓库而不觉者,减盗罪二等。若夜值更之人不觉盗者,减三等。仓库值宿官攒、斗级、库子非正值本更。不觉盗者,减五等,并罪止杖一百。故纵者,各与盗同罪。至死减一等。若被强盗者,勿论。互相觉察,与此不觉被盗,官吏皆系公罪,仍留职役;隐匿不举,与此故纵,皆系私罪,各罢职役。

条　例

3.7.131.(1)〔内外官库被窃盗银一千两以上〕

一、内外官库,被窃盗银一千两以上,一个月不获,经管该弁并巡捕官,俱各住俸,半年不获,题参议处。被盗二、三次者,奏请降调。其该道分巡、分守官,参奏议处。不及前数者,俱照常发落。库子尽其财产,均追赔偿,候正赃获日,照数给还。若各官妄拿平人逼认盗贼追赔者,亦依例问罪。此指被窃盗言,故照数追赔。若强盗,自有勿论律。

3.7.131.(2)〔拦路戳袋挖越仓墙及袴袜细袋装米盗贼〕

一、将进仓漕粮拦路戳袋、挖越仓墙进仓偷米之盗,听刑部查审照律治罪。不至死罪者,系旗下奴仆,发驻防给官员兵丁为奴;系民人,发往云贵两广烟瘴少轻地方,严行管束。至裤袜细袋装米偷盗等小贼,拿获,该监督呈报仓场侍郎,即于仓门首枷号四十日，杖一百。旗人有犯，销除旗档，与民人一体问拟。

3.7.132 守支钱粮及擅开官封

3.7.132.1 凡仓库官、攒、斗级、库子役满得代，不得离去 所收钱粮、官物，并令守候支放尽绝。若无短少，方许官、攒各离职役。斗、库还家。其有应合相沿交割之物，听提调官吏监临盘点现数，不得指廒指库交割，违者各杖一百。○3.7.132.2 若仓库所收官物有印封记，其主典不请原封官司阅视而擅开者，杖六十。其守支、盘点及擅开各有侵盗等弊者，俱从重论，追赔入官。

3.7.133 出纳官物有违

3.7.133.1 凡仓库出纳官物，当出陈物而出新物、则价有多余。应受上物而受下物则价有亏欠。之类，及有司以公用和雇和买，不即给价，若给价有增减不如价值之实者，计通上言。所亏欠当受上物而受下物，及雇、买不即给价，即给价减不以实，各有亏欠之利。及多余当出陈物而出新物，及雇、买给价增不以实，各有多余之利。之价，并计所亏欠、所多余坐赃论。以钱粮不系入己，雇、买非充私用，故罪止杖一百、徒三年，赃分还官、给主。○3.7.133.2 若应给俸禄，未及期而预给者，罪亦如之。○3.7.133.3 其监临官吏统上论。知而不举，与同罪，不知者不坐。

条 例

3.7.133.(1)〔采买仓粮及驿需草豆不得派发里递〕

一、各省采买一应仓粮谷石，务令州县等官平价采买运仓，不许转发里递派买。至驿递所需草豆，令有驿各官平价采买，亦不得派发里递，苦累小民。应需运价，准令开销。敢有私派勒买，及短给价值，强派强拿民力运送者，坐赃治罪。

3.7.133.(2)〔兵丁生息营运银两占百姓行业或重利放债〕

一、凡兵丁生息营运银两，或占百姓行业，或重利放债以为生息者，出纳官吏，照骚扰地方索借部民财物，计赃科罪。上司失察，交部议处。

3.7.134 收支留难

3.7.134.1 凡收受、支给官物，其当该官吏，无故二字重看。留难刁蹬，不即收支者，一日笞五十，每三日加一等，罪止杖六十、徒一年。○3.7.134.2 守门人留难者，不放入，计日论。罪亦如之。○3.7.134.3 若领物，纳物之人到有先后，主司不依原到次序收支者，笞四十。

条 例

3.7.134.(1)〔入仓监督收纳仓谷违期及运役擅于中途寄放〕

一、大通桥监督将运进仓内米数，预期行文八仓监督早开仓门，务要本日照数收完。如有至晚收纳不及者，该仓监督亲身查照登簿贮仓，次日抽掣收受，违者交该部议处。如运役擅于中途寄放者,照偷盗议罪。

3.7.134.(2)〔解部钱粮物料当该官吏不给批书及书役索诈〕

一、凡钱粮物料等项解送到部,当该官吏,限文到三日内,即行查收,掣给批回。如无故不收完给批者,照律计日治罪。至书役人等,指称估验、掣批、挂号等项费用名色,借端包揽索诈者,许解官、解役,即于该衙门首告,交送刑部治罪。一两以下,杖一百;一两至五两,杖一百,枷号一个月;六两至十两,杖一百、徒三年;十两以上,发近边充军;至一百二十两者,拟绞监候。为从分赃,并减一等。系官革职问罪。该管官失察者,交部议处。如解官预先嘱托,和同行贿,听其包揽者,与受财人一体治罪。

3.7.134.(3)〔粮船抵坝起米违限及措勒需索及支放米石搀沙舞弊等犯〕

一、凡粮船运抵石坝、土坝,限十日内将米起完。如起米违限,以致回空船只守冻者,坐粮厅监督革职。若受财,并衙役人等交刑部计赃依枉法律治罪。其漕粮运至京、通各仓,若米到不即令过坝过闸,措勒不令入仓者,许运丁首告,将衙役人等交刑部。审系无故留难,依律科断;有赃者,计赃以枉法从其重者论。如坐粮厅及各仓书役人等,向运官、运丁指称掣批等项名色勒索者,一两以下,杖一百;一两至五两,杖一百,枷号一个月;六两至十两,杖一百、徒三年;十两以上,发近边充军;至一百二十两者,拟绞监候。为从分赃,并减一等。若支放米石搀和沙土者,亦交刑部,照监守自盗律计赃治罪。有向关米之人勒索得财者,照指称掣批等项名色计赃论罪。因而打死人命者,拟斩监候。关米人等,米色不堪,不行首告,或私给钱者,与、受同科。以上各项,监督失察者,交部严加议处;知情故纵者,革职交部治罪。失察之仓场侍郎,亦交部分别议处。

3.7.135 起解金银足色

3.7.135.1 凡收受(纳官)诸色课程变卖货物,起解金银,须要足色。如成色不及分数,提调官吏、(及估计、煎销、)人匠,各笞四十,着落均赔还官。(官有侵欺,同监守盗。知情通同,故收不足色,坐赃论。)

3.7.136 损坏仓库财物

3.7.136.1 凡仓库及积聚财物,主守之人,安置不如法,晒晾不以时,致有损坏者,计所损坏之物(价)坐赃论,(罪止杖一百、徒三年。)着落均赔还官。○3.7.136.2 若卒遇雨水冲激,失火延烧,(若仓库内失火,自依本律杖八十、徒二年。)盗贼(分强、窃。)劫夺,事出不测而有损失者,委官保勘覆实,显迹明白,免罪不赔。其监临主守(官吏)若将欺侵、借贷、挪移之数,乘其水火、盗贼,虚捏文案,及扣换交单籍册,申报瞒官(希图幸免本罪)者,并计赃以监守自盗论。同僚知而不举者,与同罪,不知者不坐。

条　例

3.7.136.(1)〔州县仓廒新旧交代若有毁烂倾圯〕

一、凡各府、州、县仓廒,俱造入交盘项内。新旧交代,若有木植毁烂,倾圯渗漏,即行揭报,将原任官交部议处。徇情滥受,接任官亦交部议处。其霉烂、亏空谷石,着接任官勒限赔补,不完治罪。

3.7.137 转解官物

3.7.137.1 凡各处征收钱帛、买办军需、成造军器等物,所在州县交收,差有职役人员,陆续类解本府。若本府不即交收,差人转解,勒令州县人户就解布政司者,当该提调正官、首领官、吏典,各杖八十。公罪。若布政司不即交收,勒令各府就解部者,提调正官、首领官、吏典,罪亦如之。若原行佥定长解,不用此律。其起运前项官物,长押官及解物人,安置不如法,致有损失者,计所损失之物坐赃论,着落均赔还官。若船行猝遇风浪,及外人失火延烧,或盗贼劫夺,事出不测而有损失者,申告所在官司,委官保勘覆实,显迹明白,免罪不赔。若有侵欺者,不论有无损失事故,计赃以监守自盗论。○3.7.137.2 若起运官物,不运原本色,而辄赍财货于所纳去处收买纳官者,亦计所买余利为赃以监守自盗论。

条　例

3.7.137.(1)〔侵盗船粮捏报漂没〕

一、漂没船粮,着落沿途催、攒各官,及汛地文武官员,亲临勘实,各出保结,取具运官结状,该督抚确察具题豁免。若漕运官军水次折乾,沿途盗卖,自度粮米短少,故将船放失漂流,及虽系漂流,损失不多,乘机侵匿,捏作全数,贿嘱有司官吏扶同奏勘者,前后帮船及地方居民,有能觉察告首,督运官司察实,给赏轻赍银十两。官军侵盗至六百石者,拟斩;不及六百石者,发边远充军。沿途催、攒,及汛地文武各官,不亲临确勘的实,遽出保结者,革职;督抚不严察确实,遽行题豁,事发交部议处。所亏米数,仍行原卫所将故失、侵捏之人家产变卖抵偿,不许轻扣别军月粮。前后帮船知而不举,一体连坐。仍于正犯所欠钱粮内,责令帮赔十分之三。

3.7.137.(2)〔运粮官员旗军人等犯该命盗重罪〕

一、运粮官员、旗、军人等,犯该人命、强盗等项重罪者,官拘系奏提;旗、军人等即便提问。其余一切小事,候交粮毕日审结。

3.7.137.(3)〔空重漕船沿途州县卫所违限出境〕

一、空重漕船,沿途州县、卫所,照定限时日,驱令出境。如有违限,将专催、督催、押运、领运官,俱交该部照例分别议处。随帮百总、旗头,违限一次笞五十,二次杖六十,三次杖七十,每一次加一等,罪止杖一百、徒三年。督抚不行查参,照隐匿不参催粮官例议处。设有非常风阻、冰冻浅滞,俱令查实报明,免其议处。

3.7.137.(4)〔解饷到汛少拨护兵或护兵私回〕

一、凡运解饷鞘到汛,不照拨定兵丁名数护送,或兵丁有于中途私回者,解官即报明该督抚题参,将该汛专、兼将弁照少拨解役例议处,中途私回之兵丁责革名粮。

3.7.137.(5)〔粮船到淮米色霉变分别着落赔补〕

一、粮船到淮,米色霉变,运弁出有米色结状者,亏折之米,着落该帮旗丁赔补。运弁未经出有结状者,着落县、帮各半均赔。

3.7.137.(6)〔稽查头船水手及在途生事惩治并徇纵各官议处〕

一、卫所运弁正丁,雇觅头船、水手,俱开明姓名、籍贯,各给腰牌。令前后十船,互相稽查,取具正丁甘结,十船连环保结。如一船生事,十船连坐。押运、粮道等官在途稽查。倘有生事者,会同地方官审讯惩治,仍将生事情由,报明总漕。其未经开兑之先,责成本省巡抚及粮道等官;开运出境之后,责成漕运总督及沿途该管文武等官;到津以后,责成仓场侍郎、坐粮厅,并天津总兵、通州副将,天津、通州府县,各按该管地方,严行稽查。一经事犯,协同押运官立即擒拿,按律惩治。倘押运官弁或有徇纵,地方官不行查拿,该督抚即行题参。除徇纵之押运官照例革职外,其该管道员,及沿途之该管文武官弁,并各处之该管上司,俱分别议处。若申报而各处该管上司不行题参者,照例议处。

3.7.137.(7)〔委解铜斤颜料违不按运更换及收铜舞弊〕

一、委解铜斤,照解饷之例按运更换。如有递年长令管解者,将原委之上司交部议处。倘局内书役、炉头人等,于收铜之时任意轻重,及勒索情弊,查明按律治罪。失察之该管官,交部严加议处。其各省委解颜料等项,亦照此例按批更换。

3.7.137.(8)〔起解京协及盐课银两潜行小路疏失着解官赔补〕

一、盐课银两,起解京协各饷,所需水脚,向系商人自备应用,并不按站给与夫马供应。每逢起解之期,该管官预先移会前途督抚拨兵护送,务由大路按站而行。夜宿州县,照例拨给人夫巡守。如有疏虞,经过之地方文武各官,照例分赔。如该管官不移会督抚,解官不知会地方官,潜行小路,致有疏失,着落解官名下追赔。解官不能完项,即着差委之上司赔补。

3.7.137.(9)〔解饷失鞘文员分赔〕

一、解饷失鞘,地方文员分赔一半,差委不慎之大员分赔三分,解员赔二分。如解员不能赔补,亦着差委之大员赔补。武员照例处分,免其分赔。

3.7.137.(10)〔刨取及买卖白土搀和漕粮〕

一、蓟运回空,有在该地方刨取白土装带,及沿河市镇铺户,有将白土卖与粮船者,如尚无搀和情弊,将铺户、丁舵均枷号一个月,杖一百。其已经搀和者,将丁舵杖一百、徒三年。若搀入漕粮至一百石以上者,丁舵发极边足四千里充军。其运弁与押空千总,及不行查禁之蓟州文武官弁,交该部分别议处。

3.7.137.(11)〔粮船被窃及被盗〕

一、粮船被窃，该旗丁呈报本帮运弁，移知该地方官，缉贼追赃。被窃之船，即随帮前行，不必守候。至强劫重案，必须等候待验。该领运官具报，立即会勘，州县立给印票，催趱前行，并将被盗守候缘由，报明漕督及该管官查核。倘有不肖兵役，勒措需索，照在官人役取受有事人财，计赃以枉法科罪。其经过地方，如有强劫之案，该地方文武官弁，俱照城内失事例议处。水手行窃，及帮船被盗，将领运员弁，分别强、窃及抑勒、隐讳，计案分别议处。

3.7.137.(12)〔舵工侵米五石以上〕

一、粮船舵工，有侵米至五石以上，累丁代完者，审实，发极边足四千里充军。

3.7.137.(13)〔解役潜行小路不请拨护〕

一、州县起解银两，解役潜行小路，不请拨护者，即未被失，亦照不应重律杖八十。

3.7.137.(14)〔押鞘兵役失事分别治罪〕

一、管押饷鞘失事之兵役，如有知情同盗，仍照旧例分别首从定拟外，其违例雇替，托故潜回，无故先后散行者，减首犯罪一等。其依法管解，偶致疏失，审有确据者，减二等治罪。

3.7.137.(15)〔朝鲜贡使护送约束及所携银物商运损赔〕

一、朝鲜国进贡使臣，一抵凤凰城，责令城守尉查明人数，并将携带货物、银两数目，注载册档，听其自择素日信识之商人雇车载运，取具交领呈状备查。仍分晰造具细册，呈报将军及该管衙门。沿途派官一员、兵二十名，所至州县，酌派妥役二三十名，护送照料，遇晚巡逻。驿丞按站预报地方旗、民各官，至连界交接，将交接月日，呈报将军等衙门备查。如不行预报，及交接贻误者，均查参分别议处。若朝鲜人众，有不安本分滋生事端者，着落迎送官、通官严加约束，有犯申报查办。如迎送官、通官约束不严，许地方旗、民各官呈报该将军严参议处。朝鲜来使携带银物，交商转运，倘有损伤，着落原商赔还，仍照弃毁官物律治罪。

3.7.137.(16)〔粮船在内河失风至三支以上及捏报失风〕

一、凡粮船在内河失风至三只以上者，运弁、厅员交部分别议处，旗丁各杖一百，枷号一个月。如有捏报失风，审实从重定拟。至盛夏之时，倘遇雨水骤发，冲坏数只者，该督抚查明实在情形，奏明分别办理。

3.7.137.(17)〔解运铜斤因循怠惰〕

一、承办铜斤之厂员、运员，不以公事为心，因循怠惰，以致厂铜缺额、运泸逾限者，均革职，发往新疆效力。数年后厂铜日旺，渐有积余，泸店底铜亦日增充裕，遇有天时之不齐，物力之偶绌，间有缺额迟运，为数无几者，户部再行核酌情形，请旨办理。

3.7.137.(18)〔各省起解各部院饭银等项〕

一、各省应解各部院饭银等项,一面委妥员搭解,亲赴各衙门交纳,一面将银数及解员姓名、起解日期,先行咨部。如限满不接批回,即咨请行查,仍于年终汇咨各部院查核。

3.7.137.(19)〔正项亏短买米回漕运粮旗丁及卖米之人分别治罪〕

一、运粮旗丁,除所运正项粮米,或因遭风沉失报案有据,或因折耗过多亏短有因,例准挂欠搭解,仍照例办理,及正项漕米交足之后,买米食用,并非回漕者,毋庸治罪外,其实因正项亏短,但经买米回漕,计其所买米数,不及六十石者,杖一百、徒三年;六十石以上者,发边远充军;数满六百石者,拟斩监候。卖米之人,计其所卖之米与同罪,至死者减发极边烟瘴充军。除旗丁所买回漕之米石及卖米之人所得米价照追入官外,仍计买米卖米石数,照监守盗本例勒限严追,分别办理。

3.7.137.(20)〔粮船水手隐匿腰牌为匪及匪徒冒充水手滋事〕

一、粮船水手,隐匿腰牌,游荡为匪,及随帮匪徒,伪造腰牌,冒充水手,沿途滋事者,各于应得本罪上加一等定拟。其未经滋事为匪,仅止隐匿及伪造腰牌者,均照违制律杖一百,加枷号一个月。

3.7.137.(21)〔丁舵人等用药用水灌涨漕米〕①

一、经纪、丁舵人等,将漕米用药灌涨,冀图偷窃,计灌涨之米,不及六十石,杖一百,发附近充军;六十石以上至一百石,实发云贵两广极边烟瘴充军;一百石以上,发新疆给官兵为奴。如将漕米用水灌涨,不及一百石,杖一百、流三千里;一百石以上,实发云贵两广极边烟瘴充军。为从,均减一等。其用水灌涨之米,除尚堪食用外,所短之米,勒限四个月追赔。限内全完,减等发落;不完,加等治罪。

3.7.137.(22)〔转运漕粮亸欠逾额〕②

一、转运漕粮经纪、车户、剥船、驾掌及各项代役,每米百石,亸欠逾额不及五斗,免其责惩外,如逾额至五斗,杖一百,枷号一个月;一石至二石,杖六十、徒一年;三石至四石,杖七十、徒一年半;五石至六石,杖八十、徒二年;七石至八石,杖九十、徒二年半;九石至十石以上,杖一百、徒三年。如经纪等运米千石内,逾额至十石以上,亦杖一百、徒三年;三十石以上,杖一百、流二千里;五十石以上,杖一百、流二千五百里;七十石以上,杖一百、流三千里;九十石至一百石以上,发附近充军。一万石内,逾额至百石以上,亦发附近充军;三百石以上,发近边;五百石以上,发边远;七百石以上,发极边足四千里;九百石以上,发云贵两广极边烟瘴地方,各充军;一千石以上,发往新疆酌拔种地当差。仍先行照数追赔。全完免罪。不完,枷、杖人犯,照拟发落;徒罪以上,照挪移库银例办理。每米一石,作银一两计算。倘有偷窃、盗卖情事,仍从其重者论。

---

① 咸丰二年(1852)续纂,同治九年(1870)修改。

② 同治九年(1870)续纂。

3.7.137.(23)〔漕粮起剥转运匪徒滋扰及把持吃食分肥〕①

一、漕粮起剥转运，如有匪徒沿途滋扰，借端讹索，并在京、通各仓，结党盘踞把持，积年吃仓分肥者，照打扰仓场例加一等定拟；得赃者，照蠹役诈赃例分别治罪。为从各减一等。计赃重者，仍各从其重者论。

3.7.138 拟断赃罚不当

3.7.138.1 凡拟断赃罚财物，应入官而给主，及应给主而入官者，坐赃论，罪止杖一百。

条　例

3.7.138.(1)〔查估追变之员勘报不实瞻徇延缓〕

一、凡查估追变之员，勘报不实，瞻徇延缓，以致帑项悬缺者，着令代赔。若查勘本无不实，催追本无徇纵，只因变抵不敷，以致公帑悬缺，仍在本人名下归结，不得向查估追变之人勒令代赔。违者，以违制论。

3.7.138.(2)〔承追赃罚银两本犯身死勿征〕

一、凡承追各款赃罚银两，着落本犯勒追完结。其有律应身死勿征者，仍照定例免征。至年远赃私，必确查实据，方可着追。不得于本犯之外，混追赔补。违者，以违制论。

3.7.139 守掌在官财物

3.7.139.1 凡官物当应给付与人，已出仓库而未给付，若私物当供官用，已送在官而未入仓库，均为官物。但有人守掌在官，官司委佥守掌之人，若有侵欺、借贷者，并计入己赃以监守自盗论。若非守掌之人侵欺者，依常人盗仓库律论。其有未纳而侵用者，经催里、纳、保、歇，各照隐匿包揽欺官取财科断，不得概用此律。

条　例

3.7.139.(1)〔旗员侵蚀收贮钱粮〕

一、凡八旗参领、佐领、骁骑校、领催等，将一切收贮公所干系钱粮并交库银两侵蚀者，照监守自盗律例分别问拟。一万两以内，遇赦准其援免。有逾此数，不准宽免。

3.7.140 隐瞒入官家产

3.7.140.1 凡抄没人口、财产，除谋反、谋叛及奸党系在十恶，依律抄没，其余有犯律

① 同治九年(1870)续纂。

不该载者,妻子、财产,不在抄没入官之限。违者,依故入人流罪论。抄没尚未入官,作未入官,各减一等。○3.7.140.2若抄札入官家产,而隐瞒人口不报者,计口以隐瞒丁口论;若隐瞒田土者,计田以欺隐田粮论;若隐瞒财物、房屋、孳畜者,坐赃论,各罪止杖一百,所隐人口、财产并入官。罪坐供报之人。所隐之人口不坐。不加重者,以自己之丁口、财产也。○3.7.140.3若里长同情隐瞒,及当该官吏知情者,并与同罪。计所隐赃重于杖一百者,坐赃论,全科。○3.7.140.4受财者,计赃以枉法各从重论。以枉法之重罪论,分有禄、无禄。失觉举者,减供报人三等,罪止笞五十。

条 例

3.7.140.(1)〔罪犯入官财产止应着追正犯〕

一、凡罪犯入官财产,止应着落正犯追取。倘正犯将无干之人肆行诬赖者,从重治罪,仍着落伊身追取。承审、察追各官,如徇庇正犯,拖累无干之人,亦交与该部严加议处。

3.7.140.(2)〔欠帑入官地亩不准本人认买〕

一、凡欠帑人员,将地亩入官之后,其本人及本人之子孙,概不准其认买。倘有混行承买,将官兵人等,分别议处、治罪。准其承买之该管各官,交部照例议处。

3.7.140.(3)〔欠帑人员力不能完不得株连分居亲族人等〕

一、凡欠帑人员,或因独力难赔,或因产尽无着,遂将分居别业之弟兄亲族,并不知情之亲友旁人,巧借认帮名目,转辗株连,勒令赔补者,将承审、承追各官,均照违制律治罪。

3.7.140.(4)〔坟地祭产免予亏空入官〕

一、凡亏空入官房地内,如有坟地及坟园内房屋、看坟人口、祭祀田产,俱给还本人,免其入官变价。

3.7.140.(5)〔隐匿侵盗案内家产计值定罪〕

一、除隐匿挪移案内之家产,仍照隐匿本律治罪外,如隐匿侵盗案内之家产,不论原案未完之数,计所隐家产价值之多寡,照坐赃律分别定拟。十两以下笞二十,每十两加一等;一百两杖六十、徒一年,每一百两加一等;五百两至一千两,满徒;一千两以上,罪止杖一百、流三千里。系旗人,折枷号、鞭责。俱罪坐隐瞒之人。所隐财产,俱行入官。保题各官,照例治罪、追赔。

3.7.140.(6)〔承追案件行查欠员历过任所〕

一、凡一切承追案件,该督抚一面督属严追,一面行查该员历过任所,有无隐寄,毋庸俟本籍无追,始行咨查。其任所地方官,自文到日起,勒限三个月,据实查明,申详督抚,咨明原籍办理,并令该督抚严加督催。如有逾违,照钦部事件迟延例议处。其欠帑官员离任者,或有托故逗溜,即押令回籍着追。

3.7.140.(7)〔官员赃赔各项无产可追者由原籍题豁〕

一、凡应追官员赃赔各项银两,若原籍、任所,查明财产尽绝,实在无可着追者,任所官出具切实印结由原籍加结题请豁免。旗员亦照此由本旗具结,咨部办理。如旗、籍、任所,或有隐匿、寄顿,一经发觉,除财产入官外,出结各员,照例议处、分赔,隐寄家属,照律治罪。

卷十三　户律·课程

3.8 课　程 课者税物之钱，程者谓物有贵贱，课有多寡，如地利之有程限也。

3.8.141 盐　法

3.8.141.1.1〔犯私盐者〕凡犯无引私盐凡有确货即是，不必赃之多少。者，杖一百、徒三年。若带有军器者，加一等。流二千里。盐徒诬指平人者，加三等。流三千里。拒捕者，斩。监候。盐货、车船、头匹并入官。道途引领秤手、牙人及窝藏、盐犯、寄顿盐货者，杖九十、徒二年半。受雇挑担驮载者，与例所谓肩挑背负者不同。杖八十、徒二年。非应捕人告获者，就将所获私盐给付告人充赏。同贩中有一人能自首者，免罪，一体给赏。若一人自犯而自首，止免罪，不赏，仍追原赃。　○3.8.141.1.2若私盐事发，止理见获人、盐。如获盐不获人者不追，获人不获盐者不坐。当该官司不许听其辗转攀指，违者，官吏以故入人罪论。谓如人盐同获，止理见发。有确货无犯人者，其盐没官，不须追究。

3.8.141.2〔灶丁夹带及私煎卖〕凡盐场灶丁人等，除岁办正额盐外，夹带余盐出场，及私煎盐货卖者，同私盐法。该管总催知情故纵，及通同货卖者，与犯人同罪。

3.8.141.3〔妇女有犯私盐〕凡妇人有犯私盐，若夫在家，或子知情，罪坐夫、男。其虽有夫而远出，或有子幼弱，罪坐本妇。决杖一百，余罪收赎。

3.8.141.4〔买食私盐及货卖〕凡买食私盐者，杖一百。因而货卖者，杖一百、徒三年。

3.8.141.5〔巡获私盐〕凡管理盐务，及有巡缉私盐之责文武各衙门，巡获私盐，即发有司归勘，原获各衙门不许擅问。若有司官吏通同原获各衙门脱放者，与犯人同罪。受财者，计赃以枉法从其罪之重论。

3.8.141.6.1〔巡禁私盐〕凡管理盐务，及有巡缉私盐之责文武各衙门，设法差人于该管地面，并附场紧关去处，常川巡禁私盐。若有透漏者，关津把截官及所委巡盐人员，初犯笞四十，再犯笞五十，三犯杖六十；公罪。并留职役。若知情故纵，及容令军兵随同贩卖者，与犯人同罪。私罪。受财者，计赃，以枉法从重论。○3.8.141.6.2其巡获私盐入己不解官者，杖一百、徒三年。若装诬平人者，加三等。杖一百、流三千里。

3.8.141.7.1〔起运官盐〕凡起运官盐，每引照额定斤数为一袋，并带额定耗盐。经过批验所，依引目数掣挚秤盘。随手取袋，挚其轻重。但有夹带余盐者，同私盐法。○3.8.141.7.2若客盐越过批验所，不经掣挚、及引上不使关防者，杖九十，押回逐一盘验。尽盘盐而验之，有余盐以夹带论罪。

3.8.141.8.1〔贩卖官盐〕凡客商贩卖有引官盐，当照引发盐，不许盐与引相离，违者同私盐法。

○3.8.141.8.2 其卖盐了毕，十日之内不缴退引者，笞四十。○3.8.141.8.3 若将旧引不缴影射盐货者，同私盐法。

3.8.141.9〔不以官船起运及将带军器〕凡起运官盐，并灶户运盐上仓，将带军器，及不用官船起运者，同私盐法。

3.8.141.10〔官盐和土货卖〕凡客商将验过有引官盐，搀和沙土货卖者，杖八十。

3.8.141.11〔官盐犯界买卖〕凡将有引官盐，不于拘定应该行盐地面发卖，转于别境犯界货卖者，杖一百。知而买食者，杖六十，不知者不坐，其盐入官。

条　例

3.8.141.(1)〔越境兴贩官司引盐〕

一、越境如淮盐越过浙盐地方之类。兴贩官司引盐至三千斤以上者，问发附近地方充军。其客商收买余盐，买求掣挚，至三千斤以上者，亦照前例发遣。掣验官吏受财，及经过官司纵放，并地方甲邻里老知而不举，各治以罪。掣验官吏受财，依枉法；经过官司、里老、地方、火甲，依知罪人不捕；邻佑，依违制。巡捕官员乘机兴贩至三千斤以上，亦照前例问发。须至三千斤。不及三千斤，在本行盐地方，虽越府省，依仍本律。

3.8.141.(2)〔兵民聚众十人以上持械兴贩私盐拒捕杀人及伤〕

一、凡兵民聚众十人以上，带有军器，兴贩私盐，拒捕杀人，及伤三人以上之案，为首并杀人之犯斩决，伤人之犯斩监候，未曾下手杀伤人者发近边充军；伤二人者，为首斩，下手者绞，俱监候；伤一人者，为首绞监候，下手者实发云贵两广极边烟瘴充军，为从俱满流。若拒捕不曾伤人者，为首实发云贵两广极边烟瘴充军，为从满流。其虽带有军器，不曾拒捕者，为首发近边充军，为从流二千里。若十人以下拒捕杀人，不论有无军器，为首者斩，下手者绞，俱监候，不曾下手者发近边充军；伤至二人以上者，为首斩监候，下手之人绞监候；伤止一人者，为首绞监候，下手之犯杖一百、流三千里；其不曾下手者，俱仍照私盐律杖一百、徒三年。若拒捕不曾伤人者，为首杖一百、流三千里，为从照私盐本律拟徒。其不带军器，不曾拒捕，不分十人上下，仍照私盐律杖一百、徒三年。若十人以下，带有军器，不曾拒捕者，为首照私盐拟徒本罪加一等律，杖一百、流二千里，为从杖一百、徒三年。其失察文武各官，交部议处。有拿获大伙私贩者，交部议叙。

3.8.141.(3)〔回空粮船夹带私盐闯闸闯关聚众持械拒捕杀伤人〕

一、凡回空粮船，如有夹带私盐，闯闸闯关，不服盘查，聚至十人以上持械拒捕杀伤人，及拒捕不曾杀伤人，并聚众十人以下拒捕杀伤人，及不曾杀伤人者，俱照兵民聚众十人上下例分别治罪。头船、旗丁、头舵人等，虽无夹带私盐，但闯闸闯关者，枷号两个月，发近边充军；随同之旗丁、头舵，照为从例，枷号一个月，杖一百、徒三年，不知情不坐。卖私之人及灶丁将盐私卖与粮船者，各杖一百、流二千里。窝藏、寄顿者，杖一百、徒三年。其虽不闯闸闯关，但夹带私盐，亦照贩私加一等，流二千里。兵役受贿纵放者，计赃以枉法从重论。未受贿者，杖一百，革退。贩私地方之专管官、兼辖官及押运官，并交部议处；随帮革退。其虽无夹带私盐，倚恃粮船闯闸闯关者，押运等官革职，随帮责三十板、革退。不服盘查，持械伤人者，押运等官革职；随帮责四十板、革退。倘关闸各官勒索留难，运官呈明督抚参处。

3.8.141.(4)〔豪强盐徒聚众十人以上驾船持械拒敌官兵杀人及伤〕

一、凡豪强盐徒，聚众至十人以上，撑驾大船，张挂旗号，擅用兵仗、响器，拒敌官兵，若杀人及伤三人以上者，比照强盗已行得财律皆斩，为首者仍枭首示众；伤二人者，为首斩决，为从绞监候；伤一人者，为首斩监候，为从实发云贵两广极边烟瘴充军。凡得赃包庇之兵役，俱拟斩监候。私售之灶丁，及窝顿之匪犯，俱发伊犁、乌鲁木齐等处为奴。其虽拒敌，不曾杀伤人，为首绞监候，为从流三千里。若贫难军民将私盐肩挑背负易米度日者，不必禁捕。

3.8.141.(5)〔伪造盐引印信转卖骗财〕

一、凡伪造盐引、印信，贿嘱运司、吏书人等，将已故并远年商人名籍、中盐来历填写在引，转卖诓骗财物，为首者依律处斩外，其为从并经纪、牙行、店户，运司、吏书，一应知情人等，但计赃满数应流者，不拘曾否支盐出场，俱发近边充军。

3.8.141.(6)〔盐课不曾完纳总催买嘱官吏指仓指囤扶同作弊〕

一、各盐运司总催名下该管盐课，纳完者方许照名填给通关。若不曾纳课，总催买嘱官吏，并复盘委官，假指课已上仓、指上囤，扶同作弊者，俱问发近边充军。

3.8.141.(7)〔灶丁贩私大使失察〕

一、凡灶丁贩卖私盐，大使失察者革职，知情者枷号一个月发落，不准折赎。该管上司官，俱交该部议处。

3.8.141.(8)〔拿获贩私盐犯〕

一、拿获贩私盐犯，承审官务须先将买自何人何地以及买盐月日、数目究明，提集犯证，并密提灶户、煎盐、火伏、簿扇，查审确实，将卖盐及窝顿之人，均与本犯按照律例一体治罪。若查审无据，即属虚诬，将本犯依律加三等治罪。如承审官不能审出诬扳者，交部分别议处。若审出买自场灶，即将该管盐场大使，并沿途失察各官，题参议处。其不行首报之灶丁，均照贩私例治罪。

3.8.141.(9)〔盐场无藉之徒把持官府诈害客商〕①

一、各处盐场无藉之徒，号称长布衫、赶船虎、好汉等项名色，把持官府，诈害客商，犯该徒罪以上，及再犯杖罪以下者，俱发近边充军。

3.8.141.(10)〔贩私盐徒装点客商被格伤后挟制控告〕

一、凡贩私盐徒，如有略置货物，装点客商，被官兵格伤后，挟制控告者，除聚众

---

① 咸丰二年(1852)修改。

贩私杀人，罪犯应死，无可复加外，余于巡获私盐装诬平人满流律上加一等，发附近充军。若兴贩本罪已至充军，复行挟制控告者，于犯事地方加枷号一个月，满日发配。

3.8.141.(11)〔盐船大江失风失水〕

一、盐船在大江失风、失水者，查明准其装盐复运。倘有假捏情弊，以贩私律治罪。

3.8.141.(12)〔贫难小民老幼残疾及无依老妇买盐挑卖〕

一、除行盐地方大伙私贩严加缉究外，其贫难小民，年六十岁以上，十五岁以下，及年虽少壮，身有残疾，并妇女年老孤独无依者，于本州县报明，验实注册，每日赴盐场买盐四十斤挑卖。只许陆路，不许船装，并越境至别处地方，及一日数次出入。如有违犯，仍分别治罪。

3.8.141.(13)〔巡盐兵捕夹带私贩〕

一、巡盐兵捕自行夹带私贩，及通同他人运贩者，照私盐加一等治罪。

3.8.141.(14)〔收买肩贩官盐越境货卖拒捕杀伤〕

一、凡收买肩贩官盐，越境货卖，审明实非私枭者，除无拒捕情形，仍照律例问拟外，其拒捕者，照罪人拒捕律加罪二等。如兴贩本罪应问充军者，仍从重论。倘拒捕殴人至折伤以上者绞，杀人者斩，俱监候，为从各减一等。

3.8.141.(15)〔盐商雇募巡役不许私带鸟枪〕

一、盐商雇募巡役，如遇私枭大贩，即飞报营汛协同擒拿。其雇募巡役，不许私带鸟枪，违者照私藏军器律治罪。失察之地方官，交部照例议处。

3.8.141.(16)〔运盐船户盗卖商盐及押运之人通同盗卖〕

一、凡运盐船户，偷窃商盐，整包售卖者，照船户行窃商民例，分别首从计赃科罪，各加枷号两个月，仍尽本法刺字。所卖之赃，照追给主。如追不足数，将船变抵。其押运商厮，起意通同盗卖者，依奴仆勾引外人同盗家长财物，计赃递加窃盗一等例治罪。如非起意，止通同偷卖分赃者，依奴仆盗家长财物，照窃盗例计赃科断。若商厮稽察不到，被船户乘机盗卖者，照不应重律杖八十。如押运之人，或系该商亲族，仍分别有服、无服，照亲属相盗律例科断。

3.8.141.(17)〔船户行窃引盐保雇不实及朦揽之埠头分别治罪〕

一、埠头明知船户不良，朦混揽装，及任意扣克水脚，致船户途间乏用，盗卖商盐者，照写船保载等行恃强代揽勒索使用扰害客商例治罪外，加枷号一个月。船户变赔不足之赃，并令代补。如无前项情弊，止于保雇不实者，照不应重律杖八十。

3.8.141.(18)〔私贩拒不实供买自何处加等定拟〕

一、贩卖私盐数至三百斤以上，及盘获粮船夹带，讯系大伙兴贩，均即究明买自何处，按律治罪。如不将卖盐人姓名据实供出者，即将该犯于应得本罪上加一等定拟。若向老幼孤独零星收买，数至三百斤以下，实不能供出卖盐人姓名者，仍以本罪科断。如承审各员有心庇纵，含混完结，该管上司不行详揭，一并题参议处。

3.8.141.(19)〔拿获私盐曲为开脱〕

一、拿获船载、车装、马驮私盐，该地方官如不按律治罪，曲为开脱者，该管上司察出，即照故出人罪律，从重参处。

3.8.141.(20)〔引盐淹消报勘核补及捏报勒索〕

一、引盐淹消，具报到官，该地方州县官即会同营员查勘确实，限一月内通详盐道。该道于详到之日起，限半月内核转，以凭饬商补运，限三月内过所运口岸。该盐政仍将淹消补运盐斤数目报部，其沿途督抚及该管盐道、知府随时查察。如有州县、营员扶同商人捏报，及勒索捺搁情弊，即行指名题参，商人照例治罪。

3.8.141.(21)〔大伙兴贩聚众拒捕及枭徒持械杀伤巡役脱逃〕

一、凡大伙兴贩，聚众拒捕，及执持器械，杀伤巡役人等脱逃之枭徒，照强盗例勒缉。地方文武各官疏纵，及上司容隐不参，交部议处。

3.8.141.(22)〔拿获私盐车船马牛等物分别给赏充公〕

一、拿获私盐，限四个月完结。如人、盐并获者，将所获盐货、车船、头匹等项，全行赏给。如获盐而不获人，确查盐犯实系脱逃者，以一半赏给，一半充公。倘有故纵情事，无论巡役、兵丁，受贿者计赃以枉法从重论，未受贿者杖一百、革退。所获盐货等项，一概充公，不准给赏。私盐交与本处盐商，照官盐价值，立即变价；骡马牛驴，如延挨不变，以致倒毙，着落该州县官照中等价值赔补；车船等物，亦照依时价据实变价报部查核。倘有侵渔、捏报情弊，并逾限不行完结，及不即变价报解者，将该州县分别议处治罪。

3.8.141.(23)〔江西等地缉私兵役准携鸟枪抵御拒捕枭匪〕

一、江西省行销淮盐各州县，并山西省河东盐池地方，除商雇巡役仍各照例办理，不得擅带鸟枪外，其各派出缉私员弁兵役，准其携带鸟枪，编列字号，官为给发。遇有大伙私枭，抢窃贼匪，持械拒捕者，许令施放鸟枪抵御。登时格杀者，照罪人持仗拒捕登时格杀律勿论。若非格杀，或遇零星小贩，及虽属大伙而非持械拒捕，或缉私兵役所带鸟枪并无官编字号，实系抵御聚众私枭，辄行放枪，致有杀伤者，各依罪人不拒捕而擅杀伤律分别科断。至准带鸟枪之处，一俟枭贩稍戢，即行停止。倘准带鸟枪缉私大员，仍有以力不能擒借口者，即以故纵私盐律从重惩究。其江西省各州县每月应销引盐若干，均分作十分，责令该管道、府，将盐快兵丁，按月提比。如月内缉私快兵能拿获大伙私枭两起，及引盐畅销十分以上者，酌量优赏；销至八九分者，免其责罚。如止七分者，笞四十；六分者，笞五十；五分者，杖六十，枷号一个月；四分者，杖七十，枷号四十五日；三分者，杖八十，枷号两个月；二分者，杖九十，枷号七十五日，满日折责，仍留役。如止销至一分者，杖一百，枷号三个月，满日折责，革役。各该员弁随时稽查约束。如有任听兵役得贿包庇者，即照故纵衙役犯赃例参处。

3.8.141.(24)〔商雇巡役缉私杀伤依其是否报部分别科断〕

一、凡盐商雇募巡役,令将姓名报明运司造册送部。如因缉私被盐匪杀伤,或杀伤盐匪者,依贩私拒捕杀伤及擅杀伤罪人各本律例,分别科断。若仅止报县有名,并未详司造册报部者,各以凡斗杀伤及兴贩私盐本律例,从其重者论。

3.8.141.(25)〔直隶山东报院有名之商雇巡役缉私杀伤〕①

一、直隶、山东两省盐商雇募巡役,由州县详明运司转报盐院有名者,如因缉拿盐匪致被杀伤,或杀伤盐匪者,各照贩私拒捕杀伤并擅杀伤罪人本律例科断。若仅报州县有名,并未详司报院者,仍各以凡斗杀伤及兴贩私盐本律例,从其重者论。俟数年后枭匪稍戢,仍复旧例办理。

3.8.142 监临势要中盐

3.8.142.1 凡监临(盐法)官吏诡(立伪)名,及(内外)权势之人中纳钱粮,(于各仓库)请买盐引、勘合,(支领官盐货卖,)侵夺民利者,杖一百、徒三年,盐货入官。(盐引、勘合追缴。)

3.8.143 阻坏盐法

3.8.143.1 凡客商(赴官)中买盐引、勘合,不亲赴场支盐,中途增价转卖,(以致转卖日多,中买日少,且诡冒易滋,因而)阻坏盐法者,买主、卖主各杖八十,牙保减一等,(买主转支之)盐货、(卖主转卖之)价钱并入官。其(各行盐地方)铺户转买(本主之盐而)拆卖者,不用此律。

3.8.144 私　茶

3.8.144.1 凡犯私茶者,同私盐法论罪。如将已批验截角退引,入山影射照(出支)茶者,以私茶论。(截角,凡经过官司一处验过,将引纸截去一角,革重冒之弊也。)

条　例

3.8.144.(1)〔商人买茶必具数报官纳引方许出境货卖〕

一、官给茶引,付产茶府州县。凡商人买茶,具数赴官纳银给引,方许出境货卖。每引照茶一百斤。茶不及引者,谓之畸零,别置由帖付之。量地远近,定以程限,于经过地方执照。若茶无由、引,及茶、引相离者,听人告捕。其有茶、引不相当,或有余茶者,并听拿问。卖茶毕,即以原给由、引,赴住卖官司告缴。该府、州、县,俱各委官一员专理。

---

① 同治九年(1870)续纂。

3.8.144.(2)〔兴贩私茶五百斤充军〕

一、私茶有兴贩夹带五百斤者，照见行私盐例，押发充军。

3.8.144.(3)〔兴贩私茶通番〕

一、凡兴贩私茶，潜住边境，与外国交易，及在腹里，贩卖与来京回还外国人者，不拘斤数，连知情歇家、牙保，发烟瘴地面充军。其在西宁，甘肃河州、洮州，四川雅州贩卖者，虽不入番，一百斤以上发附近，三百斤以上发近边，各充军；不及前数者，依律拟断，仍枷号两个月。文武官员纵容弟男子侄、家人军伴人等兴贩，及守备、把关、巡捕等官知情故纵者，各降一级调用；失觉察者，照常发落。若守备、把关、巡捕等官，自行兴贩私茶通番者，发近边；在西宁，甘肃河、洮，雅州，贩卖至三百斤以上者；发附近，各充军。

3.8.144.(4)〔做造假茶及店户窝顿〕

一、做造假茶五百斤以上者，本商并转卖之人，俱问发附近地方充军。若店户窝顿一千斤以上者，亦照例发遣。不及前数者问罪，照常发落。

3.8.144.(5)〔茶商赴楚买茶部引之外搭行印票及多带私茶者〕

一、凡茶商赴楚买茶，应照《会典》每茶一千斤，准带附茶一百四十斤，令产茶地方官给发船票，开明该商引目茶数，不得另给印票收茶。其应行盘察之地方官，悉照引目及正、附茶斤验放，不许掯勒留难。如于部引之外，有搭行印票，及附茶不依所定斤数，多带私茶者，即行查拿，照私盐律治罪。查验地方官故纵、失察者，照失察私盐例处分。至五司变卖茶斤，如有地僻引多，壅滞不能行销者，各商具呈该司，详报甘督，行令往卖司分，照数盘查，听其发卖、办课。

3.8.145 私　矾

3.8.145.1 凡私煎矾货卖者，同私盐法论罪。凡产矾之所，额设矾课，系官主典，给有文凭、执照，然后许卖。

3.8.146 匿　税

3.8.146.1 凡客商匿税，不纳课程者，笞五十，物货一半入官。于入官物内，以十分为率，三分付告人充赏。务官、攒拦自获者，不赏。入门不吊引，同匿税法。商匠人关门，必先取官置号单，备开货物，凭其吊引，照货起税。○3.8.146.2 若买头匹不税契者，罪亦如之，仍于买主名下，追征价钱一半入官。

条　例

3.8.146.(1)〔权豪把持拦截搅扰商税〕

一、京师及在外税课司局、批验茶引所，但系纳税去处，皆令客商自纳。若权豪无藉之徒，结党把持，拦截生事，搅扰商税者，徒罪以上，枷号两个月，发附近地方充军；杖罪以下，照前枷号发落。

3.8.146.(2)〔私自买卖马匹不上税〕

一、屯庄居住旗人卖马者，俱令在屯庄所隶之州县上税，方准发卖。其民间马匹，或卖与旗人，或卖与驿站，或兵民互相买卖，俱报明地方官上税存案。如不上税、不存案，而私自买卖者，依律治罪，追价一半入官。

3.8.146.(3)〔奉天军民兴贩私酒进边〕①

一、奉天省军民人等，潜赴边外蒙古地方，兴贩私酒进边，不及百斤，杖九十；一百斤以上，杖一百，枷号一个月；二百斤以上，杖六十、徒一年；每百斤加一等，罪止杖一百、流三千里。至沿边三十里以内贫民，肩挑背负，进边售卖，或易钱换物，及自用者，不在禁限，每人仍不得过五十斤。如至五十斤以上，照兴贩例治罪，酒俱变价入官。

3.8.146.(4)〔奉天沿边店铺收买零酒〕②

一、奉天省沿边以内店铺，收买零酒，不得过五百斤。倘寄顿至五百斤以上，开给发票，出境渔利者，将店铺照兴贩私酒按斤治罪。

3.8.146.(5)〔奉天省烧锅协查兴贩私酒〕③

一、奉天省各处烧锅，轮流值年，准其协同该地方差役，在边内盘查兴贩私酒之人，送官究治。失察旗、民地方官，照失察私入围场例议处。仍究明兴贩之犯，由何边门经过，由何边栅偷越，将该边章京，照军需铁货私出外境货卖。守把之人知而故纵者，与犯同罪。失于觉察者，官减三等，罪止杖一百；军兵又减一等，罪坐值日者。如该烧锅人并兵役等受贿故纵，及妄拿借端讹诈，计赃以枉法从重论。

3.8.146.(6)〔奉天烧锅高价卖酒及偷运边酒〕④

一、奉天省边内烧锅，开写发票卖酒，随粮价高低定值，不准任意增至倍蓰。违者，照违制律治罪。如偷运边酒，影射渔利，照兴贩私酒例加一等治罪。

3.8.146.(7)〔置办洋药有心偷漏影射走私〕⑤

一、商贩置办洋药，有心偷漏，影射走私，照违制律杖一百。巡役及各门书役，通同营私卖放者，与同罪；赃重者，计赃以枉法从重论。失察之海巡，照不应重律杖八十。该书役并海巡、巡役，起意诈财纵放，计赃以蠹役恐吓索诈论。如有土棍包揽护送，照搅扰商税例分别治罪。其洋药商人到务报税，如该巡皂有刁难需索情事，照支收官物留难刁蹬律治罪。得赃者，照指称挐批索诈例计赃科罪。

---

① 同治九年(1870)续纂。
② 同治九年(1870)续纂。
③ 同治九年(1870)续纂。
④ 同治九年(1870)续纂。
⑤ 同治九年(1870)续纂。

[3.8.147]舶商匿货

[3.8.147.1]凡泛海客商舶(大船。)船到岸,即将货物尽实报官抽分。若停塌沿港土商、牙侩之家不报者,杖一百;虽供报而不尽实,罪亦如之。(不报与报不尽之)物货并入官。停藏之人同罪。告获者,官给赏银二十两。

[3.8.148]人户亏兑课程

[3.8.148.1]凡民间周岁额办茶盐商税诸色课程,年终不纳齐足者,计不足之数,以十分为率,一分笞四十,每一分加一等,罪止杖八十,追课纳官。〇[3.8.148.2]若茶盐运司、盐场茶局,及税务、河泊所等官,不行用心(催)办课,(程,)年终比附上年课额亏(欠)兑(缺)者,亦以十分论,一分笞五十,每一分加一等,罪止杖一百。所亏课程,着落追补还官。〇[3.8.148.3]若(人户已纳,而官吏、人役)有隐瞒,(不附簿,因而)侵欺借用者,并计赃以监守自盗论。

条　例

[3.8.148.(1)]〔盐商欠完盐课扣限限满不完按所欠分数治罪〕

一、盐课钱粮不完者,将经督各官,照分数议处外,其各商名下应完盐课,作为十分。欠不及一分者,责二十板;欠一分者,枷号一个月,责二十板;欠二分者,枷号一个月半,责二十五板;欠三分者,枷号两个月,责三十板;欠四分者,枷号两个月半,责三十五板;欠五分者,枷号三个月,责四十板。以上欠课各商,题参之日,扣限一个月,全完者免处。如逾限不完,照此例枷责。如于枷限内照数全完者,释放免责。如枷限满日,仍全不完纳,除杖责外,将该商咨参革退,并带征等项,俱以引窝变抵。欠六分者,将该商杖六十、徒一年,所欠课项,限四个月全完;欠七分者,杖七十、徒一年半,限六月全完;欠八分者,杖八十、徒二年,限八个月全完;欠九分者,杖九十、徒二年半,限十个月全完;欠十分者,杖一百、徒三年,限一年全完。以上自六分至十分,将该商锁禁,严查家产。如限内全完,革退商人,免其杖、徒。倘逾限不完,即将该商发配。所欠新课、带征等项,着落引窝家产变抵。

[3.8.148.(2)]〔隐匿管收税课加倍着追〕

一、管收税课钱粮,倘有隐匿,加倍着追。如接收官不行清查,上司不行转报题参,俱着落分赔。

[3.8.148.(3)]〔京员子弟执持父兄名帖讨关希图免税及奸牙地棍假称者〕

一、在京在外官员眷口船只过关,除无货物照常验放,胥吏人等,毋得任意需索外,如有奸牙地棍,假称京员科道名帖,或京员子弟,执持父兄名帖讨关,夹带货物,希图免税者,该管关员即行查拿究治。如该管关员不行详查,及明知瞻徇,照例议处。

卷十四　户律·钱债

3.9 钱　债

3.9.149 违禁取利

3.9.149.1 凡私放钱债，及典当财物，每月取利，并不得过三分，年月虽多，不过一本一利，违者笞四十。以余利计赃重于笞四十者，坐赃论，罪止杖一百。○3.9.149.2 若监临官吏于所部内举放钱债、典当财物者，不必多取余利，有犯即杖八十。违禁取利，以余利计赃重于杖八十者，依不枉法论。各主者通算折半科罪。有禄人三十两，无禄人四十两，并杖九十；每十两加一等，罪止杖一百、流三千里。并追余利给主。兼庶民、官吏言。其负欠私债违约不还者，五两以上，违三月笞一十，每一月加一等，罪止笞四十；五十两以上，违三月笞二十，每一月加一等，罪止笞五十；百两以上，违三月笞三十，每一月加一等，罪止杖六十。并追本、利给主。○3.9.149.3 若豪势之人，于违约负债者，不告官司，以私债强夺去人孳畜产业者，杖八十。无多取余利，听赎不追。若估所夺畜产之价过本、利者，计多余之物罪有重于杖八十者，坐赃论，罪止杖一百、徒三年。依多余之数追还。主。○3.9.149.4 若准折人妻妾、子女者，杖一百；奸占加一等论。强夺者，加二等；杖七十、徒一年半。因强夺而奸占妇女者，绞。监候。所准折、强夺之人口给亲，私债免追。

条　例

3.9.149.(1)〔赴铨守候京债〕

一、听选官吏、监生人等借债，与债主及保人同赴任所取偿，至五十两以上，借者革职，债主及保人各枷号一个月发落，债追入官。

3.9.149.(2)〔越诉负欠私债〕

一、凡负欠私债，在京不赴五城及步军统领衙门而赴部院，在外不赴军卫有司而越赴巡抚、司、道官处告理，及辄具本状奏诉者，俱问罪，依越诉论。立案不行，私债不追。

3.9.149.(3)〔短票扣折巧取重利〕

一、放债之徒，用短票扣折，违例巧取重利者，严拿治罪，其银照例入官。受害之人，许其自首免罪，并免追息。

3.9.149.(4)〔监临官吏于部内举放钱债典当财物〕

一、监临官吏，于所部内举放钱债、典当财物者，即非禁外多取余利，亦按其所得月息，照将自己货物散与部民多取价利计赃准不枉法论、强者准枉法论、不枉法各主者折半科罪律减一等问罪,所得利银,照追入官。至违禁取利,以所得月息,全数科算,准不枉法论,强者准枉法论,并将所得利银追出,余利给主,其余入官。

3.9.149.(5)〔内地民人与土司交往借债〕

一、内地民人概不许与土司等交往借债。如有违犯,将放债之民人,照偷越番境例加等问拟。其借债之土苗,即与同罪。

3.9.149.(6)〔佐领等在管下及民人向八旗兵放印子钱而指扣钱粮〕

一、佐领、骁骑校、领催等,有在本佐领或弟兄佐领下,指扣兵丁钱粮放印子银者,系佐领、骁骑校,照流三千里之例,枷号六十日;系领催,照近边充军例,枷号七十五日;俱鞭一百。伙同放印子银者,照为从杖一百徒三年例,枷号四十日,鞭一百。如非在本佐领下举放重债勒取兵丁钱粮,及民人违禁向八旗兵丁放转子、印子、长短钱扣取钱粮者,照诈欺官私取财律,计所得余利准窃盗论,利银均勒追入官。佐领、骁骑校、领催等代属下兵丁指扣钱粮保借者,佐领、骁骑校革职,领催鞭一百,其指米借债之人照违制律鞭一百。自行首出者,免其治罪,所欠债目,并免着追。失察之该管文武各官,俱交部分别议处。八旗佐领,每月仍将有无放债之人,出具印结,呈报该参领,按季加结,呈报都统查核。

3.9.149.(7)〔潜入黎境放债盘剥〕

一、凡内地汉奸,潜入粤东黎境放债盘剥者,无论多寡,即照私通土苗例,除实犯死罪外,俱问发边远充军。所放之债,不必追偿。

3.9.150 费用受寄财产

3.9.150.1 凡受寄他人财物、畜产而辄费用者,坐赃论,以坐赃致罪律减一等;罪止杖九十、徒二年半。诈言死、失者,准窃盗论,减一等,罪止杖一百、徒三年,免刺,并追物还主。其被水火、盗贼费失,及畜产病死有显迹者勿论。若受寄财畜而隐匿不认,依诓骗律。如以产业转寄他人户下,而为所卖失,自有诡寄盗卖本条。

条　例

3.9.150.(1)〔亲属费用受寄财物〕

一、亲属费用受寄财物,大功以上及外祖父母,得相容隐之亲属,追物给主,不坐罪;小功减三等,缌麻减二等,无服之亲减一等,俱追物还主。

3.9.150.(2)〔典当及染铺自行失火及邻火延烧分别照成赔偿〕

一、凡典商收当货物,自行失火烧毁者,以值十当五,照原典价值计算,作为准数。邻火延烧者,酌减十分之二,按月扣除利息,照数赔偿。其米麦、豆石、棉花等粗重之物,典当一年为满者,统以贯三计算,照原典价值,给还十分之三。邻火延烧者,减去原典价值二分,以减剩八分之数,给还十分之三。均不扣除利息。至染铺被焚,即着开单呈报地方官,逐一估计。如系自行失火者,饬令照估赔还十分之五;邻火延烧者,饬赔十分之三。均于一月内给主具领。其未被焚烧及搬出各物,仍听当主、染主照号取赎。倘奸商、店伙人等,于失火时有贪利隐匿、乘机盗卖等弊,即照所隐之物,按所值银数,计赃准窃盗论,追出原物给主。若只以自己失火为邻火延烧,希图短赔价值者,即计其短赔之值为赃,准窃盗为从论,分别治罪。如典商、染铺及店伙人等,图盗货物,或先有亏短因而放火故烧者,即照放火故烧自己房屋盗取财物及凶徒图财放火故烧人房屋各本律例,从重问拟。

3.9.150.(3)〔典铺染铺被窃被劫分别照成再赔及酌赔〕

一、典铺被窃,无论衣服、米豆、丝棉、木器、书画,以及金银珠玉、铜铁铅锡各货,概照当本银一两,再赔一两;如系被劫,照当本银一两,再赔五钱,均扣除失事日以前应得利息。如赔还之后,起获原赃,即给与典主领回变卖,不准原主再行取赎。染铺被窃,照地方官估报赃数,酌赔十分之五;如系被劫,酌赔十分之三,均令于一月内给主收领。如赔赃之后,起获原赃,给与该铺具领,由地方官出示晓谕,令原主归还所得赔赃之资,将原物领回。仍查明已染、未染,分别付给染价。倘奸商、店伙人等,于失事后有贪利隐匿、乘机盗卖等弊,即照所隐之物,按所值银数,计赃准窃盗论。若只以窃报强,希图短赔价值者,即计其短赔之值为赃,准窃盗为从论,分别治罪。

3.9.151 得遗失物

3.9.151.1 凡得遗失之物,限五日内送官。官物（尽数）还官,私物召人识认。于内一半给与得物人充赏,一半给还失物人。如三十日内无人识认者,全给。（五日）限外不送官者,官物,坐赃论;（罪止杖一百、徒三年,追物还官。）私物减（坐赃）二等,其物一半入官,一半给主。（若无主,全入官。）○3.9.151.2 若于官、私地内掘得埋藏（无主）之物者,并听收用。若有古器、钟鼎、符印、异常之物,（非民间所宜有者,）限三十日内送官。违者杖八十,其物入官。

卷十五　户律·市廛

3.10 市　廛

3.10.152 私充牙行埠头

3.10.152.1 凡城市乡村诸色牙行，及船之埠头，并选有抵业人户充应，官给印信文簿，附写逐月所至客商、船户住贯姓名、路引字号、物货数目，每月赴官查照。其来历、引货。若不由官选私充者，杖六十，所得牙钱入官。官牙、埠头容隐者，笞五十，各革去。

条　例

3.10.152.(1)〔客店写置店簿及客商病死遗物招认〕

一、凡客店，每月置店簿一本，在内赴兵马司、在外赴有司署押讫，逐日附写到店客商姓名、人数、起程月日，各赴所司查照。如有客商病死，所遗财物，别无家人亲属者，官为见数，移招召其父兄子弟或已故之人嫡妻，识认给还。一年后无识认者，入官。

3.10.152.(2)〔仵作私分地界霸占丧葬扛抬〕

一、旗民遇有丧葬，听凭本家之便，雇人抬送。不许仵作私分地界，霸占扛抬，分外多取雇值。如有恃强搀夺，不容本家雇人者，立拿枷号两个月，杖一百。

3.10.152.(3)〔棍徒顶冒朋充霸开总行久占累商〕①

一、凡在京各牙行领帖开张，照五年编审例，清查换帖。若有棍徒顶冒朋充，巧立名色，霸开总行，逼勒商人不许别投，拖欠客本，久占累商者，问罪，枷号一个月，发附近充军。地方官通同徇纵者，一并参处。

3.10.152.(4)〔无帖铺户私分地界违禁把持〕

一、京城一切无贴铺户，如有私分地界，不令旁人附近开张，及将地界议价若干，方许承顶，至发卖酒斤等项货物，车户设立名牌独自霸揽，不令他人揽运，违禁把持者，枷号两个月，杖一百。

3.10.152.(5)〔土棍人等开立写船保载等行恃强揽载〕

一、各处关口地方，有土棍人等开立写船保载等行，合伙朋充，盘踞上下，遇有重

---

① 咸丰二年(1852)修改。

载雇觅小船起剥，辄敢恃强代揽，勒索使用，以致扰累客商者，该管地方官查拿，照牙行及无藉之徒用强邀截客货例，枷号一个月，杖八十。

3.10.152.(6)〔胥役更名捏姓兼充牙行〕①

一、各衙门胥役，有更名捏姓兼充牙行者，照更名重役例杖一百，革退。如有诓骗客货，累商久候，照棍徒顶冒朋充霸开总行例，枷号一个月，发附近充军。若该地方官失于觉察，及有意徇纵，交部分别议处；受财故纵，以枉法从重论。

3.10.153 市司评物价

3.10.153.1 凡诸物，牙行人评估物价，或以贵为贱，或以贱为贵，令价不平者，计所增减之价坐赃论。一两以下笞二十，罪止杖一百、徒三年。入己者，准窃盗论，查律坐罪，免刺。○3.10.153.2 其为以赃入罪之罪人估赃增减不实，致罪有轻重者，以故出入人罪论。若未决放，减一等。受财受赃犯之财，估价轻；受事主之财，估价重者，计赃以枉法从重论。无禄人查律坐罪。

条　例

3.10.153.(1)〔五城平粜时贩卖收买官米及铺户囤积居奇〕

一、五城平粜米石时，如有贩卖收买官米，十石以下者，将贩卖之人，在于该厂地方枷号一个月，杖一百，收买铺户照不应重律杖八十，米石仍交该厂另行粜卖。至十石以上者，贩卖之人枷号两个月，杖一百，铺户杖九十。如所得余利，计赃重于本罪者，计赃治罪。各铺户所存米麦杂粮等项，每种不过一百六十石。逾数囤积居奇者，照违制律治罪。若非囤积居奇，系流通粜卖者，无论米石多寡，俱听其自便，不在定限一百六十石之例。其收买各仓土米、黑豆，不在此例。

3.10.153.(2)〔违例贩私运京粗米出城〕

一、京城粗米，概不准贩运出城。如有违例私运出城者，除讯有回漕情事，即照回漕定例办理外，若讯无回漕情事，实系仅图买回食用，或转卖渔利者，一石以内，即照违制律杖一百；一石以上，杖一百，枷号一个月；十石以上，杖一百，枷号两个月；二十石以上，杖六十、徒一年；三十石以上，杖七十、徒一年半；四十石以上，杖八十、徒二年；五十石以上，杖九十、徒二年半；六十石以上，杖一百、徒三年；一百石以上，发附近充军；五百石以上，枷号两个月，发边远充军；一千石以上，枷号三个月，发极边足四千里充军。至乡民有进城买细米食用者，一石以内，准其出城；一石以上，即行严禁。如有逾额贩运，照违制律杖一百。若一年之内，偷运细米出城，至一百石以上者，加枷号两个月；五百石以上者，枷号两个月，发近边充军；一千石以上者，枷号三个月，发边远充军。米石变价入官。各门兵丁失于觉察者，如运米本犯罪止徒、杖，兵丁笞五十；运米本犯罪应拟军，兵丁杖一百。失察之官弁，交部分别议处。知情故

① 咸丰二年(1852)修改。

纵者,与同罪;受财者,计赃以枉法从重论。

3.10.153.(3)〔滨临水次铺户违禁存储粗米分别有无回漕定拟〕

一、滨临水次各铺户,向粮船承买余米时,由该管官出示晓谕,无论米数多寡,均饬令于次年南粮未经北上三个月以前,一律碾细,不准借词延宕。届期,仍由该管上司密派员役,分赴各处确查。倘仍有收存粗米,讯明业经旗丁买米回漕者,即照回漕例分别定拟。如尚未售卖,存米不及六十石者,照回漕例减一等,杖九十、徒二年半;六十石以上者,杖一百、徒三年;至六百石者,发边远充军,仍均起米入官。

3.10.154 把持行市

3.10.154.1 凡买卖诸物,两不和同,而把持行市,专取其利,及贩鬻之徒,通同牙行,共为奸计,卖己之物以贱为贵、买人之物以贵为贱者,杖八十。○3.10.154.2 若见人有所买卖,在旁混以己物高下比价,以相惑乱而取利者,虽情非把持,笞四十。○3.10.154.3 若已得利物,计赃重于杖八十、笞四十者,准窃盗论,免刺。赃轻者,仍以本罪科之。

条　例

3.10.154.(1)〔控追牙行侵欠依其有无中饱分别治罪勒追〕

一、牙行侵欠控追之案,审系设计诓骗,侵吞入己者,照诓骗本律计赃治罪,一百二十两以上,问拟满流,追赃给主。若系分散客店,牙行并无中饱者,一千两以下,照例勒追,一年不完,依负欠私债律治罪;一千两以上,监禁严追,一年不完,于负欠私债律上加三等,杖九十。所欠之银,仍追给主。承追之员,按月册报巡道稽查。逾限不给者,巡道按册提比。如怠忽从事,拖延累商者,该巡道据实揭参,照事件迟延例议处;有意徇纵者,照徇情例降二级调用;如有受财故纵者,计赃从重以枉法论。

3.10.154.(2)〔甘肃西宁等处势豪之家包收番货逼令贱售及勒索〕

一、甘肃西宁等处,遇有番夷到来,所在该管官司委官关防督查,听与军民人等两平交易。若势豪之家,主使弟男子侄家人等,将远人好马奇货包收,逼令减价,以贱易贵,及将一切货物、头畜拘收,取觅用钱,方许买卖者,主使之人问发附近地方充军,听使之人减主使一等。委官知而不举,通同分利者,参问治罪。

3.10.154.(3)〔牙行及无藉之徒用强邀截客货〕

一、各处客商辐辏去处,若牙行及无藉之徒用强邀截客货者,不论有无诓赊货物,问罪,俱枷号一个月。如有诓赊货物,仍追比完足发落。若追比年久,无从赔还,累死客商者,发附近充军。

3.10.154.(4)〔内附人员及大臣官员家人霸占要津倚势欺陵及干预词讼肆行非法〕

一、凡内府人员家人,及王、贝勒、贝子、公、大臣、官员家人,领本生理,霸占要地关津,倚势欺凌,不令商民贸易者,事发,将倚势欺凌之人拟斩监候。如民人借贷王以下大臣官员银两，指名贸易，霸占要地关津，恃强贻累地方者，亦照此例治罪。又内府人员家人，及王以下大臣、官员家人，指名倚势，网收市利，挟制有司，干预词讼，肆行非法，该主遣去者，本犯枷号三个月，鞭一百；本犯私去者，照光棍例治罪。王、贝勒、贝子、公失察者，俱交与该衙门照例议处，管理家务官革职；大臣、官员失察者，亦俱革职。不行察拿之该地方文武官，交该部议处。

3.10.154.(5)〔衙门公私所需货物不得充用牙行纵役私取〕

一、大小衙门公私所需货物，务照市价公平交易，不得充用牙行，纵役私取。即有差办，必须秉公提取，毋许借端需索。如有纵役失察，交部分别议处。其衙役照牙行及无藉之徒用强邀截客货者不论有无诓赊货物例，枷号一个月，杖八十。如赃至三十五两者，照枉法赃问拟。所得赃私货物，分别给主、入官。

3.10.154.(6)〔赊买番货及故意拖延骗勒远人〕

一、凡外国人朝贡到京，会同馆开市五日，各铺行人等，将不系应禁之物入馆，两平交易。染作、布绢等项，立限交还。如赊买及故意拖延骗勒远人，至起程日不能清还者，照诓骗律治罪，仍于馆门首枷号一个月。若不依期日，及诱引远人潜入人家，私相交易者，私货各入官，铺行人等以违制论，照前枷号。

3.10.154.(7)〔粮船雇觅短纤棍徒勒价聚殴〕

一、粮船雇觅短纤，如有棍徒勒价、聚众攒殴等事，押运员弁，拿交地方官审实，将为首及下手伤人之犯俱问发近边充军，余俱杖一百、枷号两个月，于河岸示众。

3.10.154.(8)〔把持京城官地井水〕

一、京城官地井水，不许挑水之人把持多家，任意争长价值，及作为世业，私相售卖。违者，许该户呈首，将把持挑水之人，照把持行市律治罪。

3.10.155 私造斛斗秤尺

3.10.155.1 凡私造斛、斗、秤、尺不平，在市行使，及将官降斛、斗、秤、尺作弊增减者，杖六十，工匠同罪。○3.10.155.2 若官降不如法者，（官吏、工匠）杖七十。提调官失于较勘者，减（原置官吏工匠罪）一等。知情与同罪。○3.10.155.3 其在市行使斛、斗、秤、尺虽平，而不经官司较勘印烙者，（即系私造。）笞四十。○3.10.155.4 若仓库官吏，私自增减官降斛、斗、秤、尺，收支官物而不平（纳以所增，出以所减。）者，杖一百。以所增减物计赃重（于杖一百）者，坐赃论。因而得（所增减之）物入己者，以监守自盗论，（并赃，不分首从，查律科断。）工匠杖八十。监临官知而不举者，与犯人同罪；失觉察，减三等，罪止杖一百。

3.10.156 器用布绢不如法

3.10.156.1 凡民间造器用之物，不牢固正实，及绢布之属，纰薄短狭而卖者，各笞五十。

[4]礼　律

卷十六　礼律·祭祀

[4.11]祭　祀

[4.11.157]祭　享

[4.11.157.1]凡天、地、社、稷大祀及庙享，所司太常寺将祭则先致斋，将斋则先誓戒，将戒则先告示。不将祭祀日期预先告示诸衙门知会者，笞五十。因不告示而失误行事者，杖一百。其已承告示而失误者，罪坐失误之人。亦杖一百。○[4.11.157.2]若传制与百官斋戒，百官已受誓戒，而吊丧问疾、判署刑杀文书，及预筵宴者，皆罚俸一月。其所司知百官有缌麻以上丧，或曾经杖罪，遣充执事，及令陪祀者，罪同。不知者，不坐。若有丧、有过不自言者，罪亦如之。其已受誓戒人员，散斋于外不宿净室，致斋于内不宿本司者，并罚俸一月。○[4.11.157.3]若大祀牲牢、玉帛、黍稷之属不如法者，笞五十。一事缺少者，杖八十；一座全缺者，杖一百。○[4.11.157.4]若奉大祀在涤之牺牲，主司牺牲所官。喂养不如法，致有瘦损者，一牲笞四十，每一牲加一等，罪止杖八十。因而致死者，加一等。○[4.11.157.5]中祀有犯者罪同。余条准此。

条　例

[4.11.157.(1)]〔郊祀致斋三日〕

一、凡郊祀，斋戒前二日，太常寺官宿于本司，次日具本奏闻，致斋三日。次日进铜人，传制谕文武官斋戒，不饮酒，不食葱韭薤蒜，不问病，不吊丧，不听乐，不理刑，不与妻妾同处。定斋戒日期，文武百官先沐浴更衣，本衙门宿歇，次日听誓戒毕，致斋三日。宗庙社稷，亦致斋三日，惟不誓戒。

[4.11.157.(2)]〔大祀中祀小祀涤治牺牲之期〕

一、大祀前三月，以牺牲付牺牲所涤治如法；中祀，前三十日涤之；小祀，前十日涤之。大祀，祭天、地、太社、太稷也；庙享，祭太庙、山陵也；中祀，如朝日夕月、风云雷雨、岳镇海渎，及历代帝王、先师、先农、旗纛等神；小祀，谓凡载在祀典诸神。惟帝王陵寝及孔子庙，则传制特遣。

4.11.158 毁大祀丘坛

4.11.158.1 凡大祀丘坛而毁损者，不论故、误，杖一百、流二千里。壝门，减二等。杖九十、徒二年半。○4.11.158.2 若弃毁大祀神御兼太庙之物者，杖一百、徒三年。虽轻必坐。遗失及误毁者，各减三等。杖七十、徒一年半。如价值重者，以毁弃官物科。

条　例

4.11.158.(1)〔天地等坛内纵畜作践及私种〕

一、天、地等坛内，纵放牲畜作践，及私种耤田外余地，并夺取耤田禾穲者，俱问违制，杖一百，牲畜入官，犯人枷号一个月发落。

4.11.158.(2)〔天坛放鹰打枪成群饮酒游戏〕

一、八旗大臣，将本旗官员职名，书写传牌，挨次递交。每十日，责成一人会同太常寺官，前往天坛严查。有放鹰打枪、成群饮酒游戏者，即行严拿交部，照违制律治罪。

4.11.159 致祭祀典神祇

4.11.159.1 凡各府州县社稷、山川、风云雷雨等神，及境内先代圣帝明王、忠臣烈士，载在祀典，应合致祭神祇，所在有司，置立牌面，开写神号、祭祀日期，于洁净处常川悬挂，依时致祭。至期失误祭祀者，所司官吏杖一百。其不当奉祀之神非祀典所载。而致祭者，杖八十。

4.11.160 历代帝王陵寝

4.11.160.1 凡历代帝王陵寝，及先圣先贤、忠臣烈士坟墓，所在有司当加护守，不许于上樵采耕种及牧放牛羊等畜，违者杖八十。

4.11.161 亵渎神明

4.11.161.1 凡私家告天拜斗，焚烧夜香，燃点天灯、告天。七灯，拜斗。亵渎神明者，杖八十。妇女有犯，罪坐家长。若僧道修斋设醮而拜奏青词表文，及祈禳火灾者，同罪，还俗。重在拜奏。若止修斋祈禳，而不拜奏青词表文者，不禁。○4.11.161.2 若有官及军民之家，纵令妻女于寺观神庙烧香者，笞四十。罪坐夫男。无夫男者，罪坐本妇。其寺观神庙住持及守门之人，不为禁止者，与同罪。

条　例

4.11.161.(1)〔僧道军民刁奸妇女诱逃并诓骗财物〕

一、凡僧道、军民人等，于各寺观庵院神庙刁奸妇女，除将妇女引诱逃走，仍按照和诱、知情,分别首从,拟以军、徒外,其因刁奸而又诓骗财物者,不计赃数多寡,为首之奸夫发边远充军,为从者减等满徒。俱仍尽犯奸本法,先于寺观庵院庙门首分别枷号,满日,照拟发配。财物照追给主。犯奸之妇女,仍依本例科罪。若军民人等,纵令妇女于寺观神庙与人通奸,杖九十,枷号一个月发落。

4.11.162 禁止师巫邪术

4.11.162.1 凡师巫假降邪神,书符咒水,扶鸾祷圣,自号端公、太保、师婆,名色。及妄称弥勒佛、白莲社、明尊教、白云宗等会,一应左道异端之术,或隐藏图像,烧香集众,夜聚晓散,佯修善事,煽惑人民,为首者绞,监候。为从者各杖一百、流三千里。〇4.11.162.2 若军民装扮神像,鸣锣击鼓,迎神赛会者,杖一百,罪坐为首之人。〇4.11.162.3 里长知而不首者,各笞四十。其民间春秋义社,以行祈报者,不在此限。

条　例

4.11.162.(1)〔邪教惑众地方不行严禁〕

一、邪教惑众,照律治罪外,如该地方官不行严禁,在京五城御史、在外督抚,徇庇不行纠参,一并交与该部议处。旁人出首者,于各犯名下,并追银二十两充赏。如系应捕之人拿获者,追银十两充赏。

4.11.162.(2)〔邪术避刑及相传授〕

一、凡有奸匪之徒,将各种避刑邪术私相传习者,为首教授之人拟绞监候,为从学习之人杖一百、流三千里。若事犯到官,本犯以邪术架刑者,照规避本罪律递加二等,罪止杖一百、流三千里;其犯该绞、斩者,仍照本罪科断。至事犯到官,本犯雇人作法架刑者,亦照以邪术架刑例治罪,并究出代为架刑之人,照诈教诱人犯法与犯人同罪律,至死减一等;得赃,照枉法从重论。保甲、邻里知而容隐不首者,照知而不首本律笞四十。地方官不行查拿者,照例议处。

4.11.162.(3)〔私刻地亩经及占验推测之书〕

一、私刻《地亩经》及占验推测妄诞不经之书,售卖图利,及将旧有书板藏匿,不行销毁者,俱照违制律治罪。

4.11.162.(4)〔邪教事件州县讳匿辄自完结从严惩处〕

一、各省遇有兴立邪教、哄诱愚民事件,该州县立赴搜讯,据实通禀,听院司按核情罪轻重,分别办理。倘有讳匿,辄自完结,别经发觉,除有化大为小、曲法轻纵别情,严参惩治外,即罪止枷责,案无出入,亦照讳窃例从重加等议处。

4.11.162.(5)〔左道异端煽惑人民〕

一、各处官吏、军民、僧道人等,妄称谙晓扶鸾祷圣、书符咒水,或烧香集徒、夜聚晓散,并捏造经咒邪术,传徒敛钱,一切左道异端,煽惑人民,为从者,改发回城,给大小伯克及力能管束之回子为奴。其称为善友,求讨布施,至十人以上者,或称烧炼丹药,出入内外官家,或擅入皇城,夤缘作弊,希求进用者,并军民人等、寺观住持,不问来历,窝藏接引,容留披剃冠簪,至十人以上者,俱发近边充军。若不及十人,容留潜住,荐举引用,及邻甲知情不举,并皇城各门守卫官军不行关防搜拿者,各照违制律治罪。如事关重大,临时酌量办理。至守业良民,讽念佛经,茹素邀福,并无学习邪教,捏造经咒,传徒敛钱惑众者,不得滥用此例。

4.11.162.(6)〔传习白阳等邪教习念荒诞不经咒语拜师传徒惑众〕

一、凡传习白阳、白莲、八卦等邪教,习念荒诞不经咒语,拜师传徒惑众者,为首拟绞立决;为从年未逾六十,及虽逾六十而有传徒情事,俱改发回城,给大小伯克及力能管束之回子为奴。如被诱学习,尚未传徒,而又年逾六十以上者,改发云贵两广烟瘴地方充军。旗人销除旗档,与民人一律办理。至红阳教及各项教会名目,并无传习咒语,但供有飘高老祖及拜师授徒者,发往乌鲁木齐,分别旗、民,当差、为奴。其虽未传徒,或曾供奉飘高老祖及收藏经卷者,俱发边远充军。坐功运气者,杖八十。如有具结改悔赴官投首者,准其免罪,地方官开造名册,申送臬司衙门存案。倘再有传习邪教情事,即按例加一等治罪。若拿获到案,始行改悔者,各照所犯之罪问拟,不准宽免。如讯明实止茹素烧香,讽念佛经,止图邀福,并未拜师传徒,亦不知邪教名目者,免议。

4.11.162.(7)〔邪教案内发遣回城情节较重之犯〕

一、各项邪教案内,应行发遣回城人犯有情节较重者,发往配所永远枷号。

4.11.162.(8)〔奉天主教之人免查禁〕①

一、凡奉天主教之人,其会同礼拜诵经等事,概听其便,皆免查禁。所有从前或刻或写奉禁天主教各明文,概行删除。

---

① 同治九年(1870)续纂。

卷十七　礼律·仪制

4.12 仪　制

4.12.163 合和御药

4.12.163.1 凡合和御药，误不依对症本方，及封题错误，经手医人杖一百。料理拣择误不精者，杖六十。若造御膳，误犯食禁，厨子杖一百。若饮食之物不洁净者，杖八十。拣择误不精者，杖六十。御药、御膳不品尝者，笞五十。监临提调官，各减医人、厨子罪二等。○4.12.163.2 若监临提调官及厨子人等，误将杂药至造御膳处所者，杖一百。所将杂药，就令自吃。御膳所厨子人等有犯，监临提调官知而不奏者，门官及守卫官失于搜检者，与犯人同罪，并临时奏闻区处。

条　例

4.12.163.(1)〔煎调御药〕

一、医官就内局修制药饵，本院官诊视，调服御药，参看校同，会近臣就内局合药，将药贴连名封记，具本开写本方药性、治证之法，于日月之下，医官、近臣书名以进。置簿书，进药奏本既具，随即附簿年月下书名，近臣收掌，以凭稽考。煎调御药，本院官与近臣监视，二服合为一服。俟熟分为二器，其一器御医先尝，次院判，次近臣；其一器进御。

4.12.164 乘舆服御物

4.12.164.1 凡乘舆服御物，主守之人收藏、修整不如法者，杖六十。进御差失者，进所不当进。笞四十。其车马之属不调习，驾驭之具不坚完者，杖八十。○4.12.164.2 若主守之人，将乘舆服御物私自借用，或转借与人，及借之者，各杖一百、徒三年。若弃毁者，罪亦如之。平时怠玩，不行看守，遗失及误毁者，各减三等。○4.12.164.3 若御幸舟船误不坚固者，工匠杖一百；若不整顿修饰，及在船篙棹之属缺少者，杖六十，并罪坐所由。经手造作之人并主守之人。监临提调官，各减工匠罪二等，并临时奏闻区处。

4.12.165 收藏禁书

4.12.165.1 凡私家收藏天象器物、如璇玑、玉衡、浑天仪之类。图谶、图象谶纬之书推治乱。应禁之书及绘画历代帝王图像、金玉符玺等物不首官者，杖一百，并于犯人名下追银一十两，给付告人充赏。器物等项并追入官。

4.12.166御赐衣物

4.12.166.1凡御赐百官衣物，使臣不行亲送，转附他人给与者，杖一百，罢职不叙。

4.12.167失误朝贺

4.12.167.1凡朝贺及迎接诏书，所司不预先告示者，笞四十。其已承告示而失误者，罪亦如之。

4.12.168失　仪

4.12.168.1凡陪助祭祀及谒拜园陵，若朝会，行礼差错及失仪者，罚俸一月。其纠仪官应纠举而不纠者，罪同。

条　例

4.12.168.(1)〔朝参近侍〕

一、朝参近侍病嗽者，许即退班。或一时眩晕，及感疾不能侍立者，许同列官掖出。

4.12.168.(2)〔圣驾出入〕

一、凡坛庙祭祀，及圣驾出入，并升殿之日，派委司官及步军校严加巡察。有厮役肆行喊叫、冲突拥挤者，拿送该部杖一百，其主管五十。寻常朝会日，犯者杖六十，其主管三十，系官俱交该部议处。若在内执事人并大臣侍卫、跟役犯者，交与该管大臣衙门治罪。

4.12.169奏对失序

4.12.169.1凡在朝侍从官员，特承顾问，官高者先行回奏，卑者以次进对。若先后失序者，各罚俸一月。

4.12.170朝见留难

4.12.170.1凡司仪礼官，将应朝见官员人等，托故留难阻当，不即引见者，审实留难之故，得情方斩。监候。大臣知而不问，与同罪，不知者不坐。

4.12.171上书陈言

4.12.171.1凡国家政令得失，军民利病，一切兴利除害之事，并从六部官面奏区处。及科道、督抚各陈所见，直言无隐。○4.12.171.2若内外大小官员，但有本衙门不便事件，许令明白条陈,合题奏之,本管官实封进呈,取自上裁。若知而不言,苟延岁月者,在内从科道、在外从督抚纠察。犯者,以事应奏不奏论。○4.12.171.3其陈言事理,并要直言简易,每事各开前件,不许虚饰繁文。○4.12.171.4若纵横之徒,假以上书,巧言令色,希求进用者,杖一百。○4.12.171.5若称诉冤枉,于军民官司借用印信封皮入递者,及借与者,皆斩。杂犯。

条　例

4.12.171.(1)〔台省及督抚挟私及纠言不实〕

一、内外大小衙门官员,但有不公不法等事,在内从台省、在外从督抚纠举。须要明著年月,指陈实迹,明白具奏。若系机密重事,实封御前开拆。并不许虚文泛言。若挟私搜求细事,及纠言不实者,抵罪。惟生员不许一言建白,违者革黜,以违制论。

4.12.172见任官辄自立碑

4.12.172.1凡见任官实无政绩,于所部内辄自立碑建祠者,杖一百。若遣人妄称己善,申请于上而为之立碑建祠者,杖八十。受遣之人,各减一等。碑祠拆毁。

4.12.173禁止迎送

4.12.173.1凡上司官及奉朝命使客经过,而所在各衙门官吏出郭迎送者,杖九十。其容令迎送不举问者,罪亦如之。

条　例

4.12.173.(1)〔上司入城过境属员交界迎送〕

一、上司入城,凡文武属员,止许出城三里迎送。如不入城,在境内经过处所迎送。倘迎送必至交界,或因事营求,或乘便贿赂,将属员革职拿问。如止出界迎送,无营求、贿赂等情,照擅离职役律议处。若上司有必欲迎送,致属员畏其威势,至交界迎送者,倘有勒索情弊,将上司革职提问。如止令迎送,无勒索情弊,照例议处。地方官俱免议。

4.12.173.(2)〔提镇等官赴任属员越境远送〕

一、凡提镇赴任,所属将弁,于是日迎接,除跟役外,其司事兵丁不得过十名,出城不得过五里。其副、参、游击等官赴任,本标员弁,于是日迎接,除跟役外,司事兵丁不得过五名,出城不得过三里。从境内经过者,止许在本营汛地经过处所迎送。如属员多带兵丁,越境远迎,及上司容令远迎,并不行揭报者,俱交部照律议处。

4.12.173.(3)〔文武官员出入开道〕

一、文武官员出入,应合开道而自不开道,致令应避官员不曾回避者,不问。若因而生事者,止问上官。

4.12.173.(4)〔官员引导过市〕

一、军民人等,于街市遇见官员引导经过,即须下马躲避,不许冲突,违者笞五十。

4.12.173.(5)〔书役迎接新官〕

一、凡书役迎接新官,在交界处所等候,呈送须知册籍,其余书役概令随印交代。并将头接、二接、三接陋习,严行禁止。如有约结多人,执批远迎者,照律治罪。

4.12.173.(6)〔属员与上司亲属子侄交通贿嘱〕

一、属员与上司亲戚子侄,有乘便夤缘、因事贿嘱者,按律分别革职、治罪。上司之子侄亲戚有官职者,经过属员境内,拜候往来,属员供应馈送,均照不应重律降三级调用;无官职者,照不应重律杖八十。该上司自行查出参处者,免议;漫无觉察者,照约束不严例降一级调用;知而不举,照徇庇例降三级调用。如有夤缘贿嘱等事通同徇纵者,一并分别革职、治罪。

4.12.174 公差人员欺凌长官

4.12.174.1 凡公差人员,在外不循礼法,言语傲慢,欺凌守御官及知府、知州、知县者,杖六十。若校尉有犯,杖七十。祗候、禁子有犯,杖八十。

条　例

4.12.174.(1)〔越礼犯分擅入公堂正门〕

一、公堂乃系民人瞻仰之所。如奴仆、皂隶人等,入正门、驰当道、坐公座者,杖七十、徒一年半,吏员、承差人等加一等。若六部、都察院、在京各衙门人役,接奉批差,敢有似前越礼犯分者,许所在官长实封参奏,照例治罪。

4.12.175 服舍违式

4.12.175.1 凡官民房舍、车服、器物之类,各有等第。若违式僭用,有官者杖一百,罢职不叙;无官者,笞五十,罪坐家长;工匠并笞五十。违式之物,责令改正。工匠自首,免罪,不给赏。○4.12.175.2 若僭用违禁龙凤纹者,官民各杖一百、徒三年,官罢职不叙。工匠杖一百,违禁之物并入官。○4.12.175.3 首告者,官给赏银五十两。○4.12.175.4 若工匠能自首者免罪,一体给赏。

条　例

4.12.175.(1)〔公侯文武各官及生儒服式僭越及民间违禁擅用〕

一、公侯、文武各官,应用帽顶束带,及生儒衣帽,照品级次第,不许僭越。官员越品僭用,及民间违禁擅用者,照律治罪。凡应用东珠,重不得过三分,如用三分以上,即同违式。公、侯、伯,起花金帽顶,上衔红宝石一大颗,公中嵌东珠四颗,侯中嵌东珠三颗,伯中嵌东珠二颗;带俱用圆玉版四块,四围金镶,公中嵌猫睛一颗,侯中嵌绿松子石一颗,伯中嵌红宝石一颗;俱四爪蟒补服。一品,起花金帽顶,上衔红宝石一大颗,中嵌东珠一颗;带用方玉版四块,四围金镶,中嵌红宝石一颗;文职仙鹤补服,武职麒麟补服。二品,起花金帽顶,上衔起花珊瑚一大颗,中嵌小红宝石一颗;带用起花金圆版四块,中嵌红宝石一颗;文职锦鸡补服,武职狮子补服。三品,起花金帽顶,上衔蓝宝石一大颗,中嵌小红宝石一颗;带用起花金圆版四块;文职孔雀补服,武职豹补服。四品,起花金帽顶,上衔青金石一大颗,中嵌小蓝宝石一颗;带用起花金圆版四块,银镶边;文职云雁补服,武职虎补服。五品,起花金帽顶,上衔水晶一大颗,中嵌小蓝宝石一颗;带用素金圆板四块,银镶边;文职白鹇补服,武职熊补服。六品,起花金帽顶,上衔砗磲一大颗,中嵌小蓝宝石一颗;带用玳瑁圆版四块,银镶边;文职鹭鸶补服,武职彪补服。七品,上衔素金顶,中嵌小水晶一颗;带用素银圆版四块;文职瀏鶒补服,武职补服与六品同。八品,起花金帽顶;带用明羊角圆版四块,银镶边;文职鹌鹑补服,武职犀牛补服。九品及杂职,起花银帽顶;带用乌角圆版四块,银镶边;文职练雀补服,武职海马补服。在京都察院、在外按察使等官,俱獬豸补服;其朝服披肩接袖,俱用妆缎、蟒缎。都察院都事、经历、笔帖式,按察司经历、照磨等官,补服各照本身品级,不得滥用獬豸。举人、官生、贡监生,金雀顶,高二寸;带同八品;青袍蓝边,披领同。生员,银雀顶,高二寸;带同九品;兰袍青边,披领同。外郎,锡葫芦顶,衣及披领皆纯青。耆老,用锡顶,不用披领,余与外郎同。

4.12.175.(2)〔曾经断罪之父祖车马衣物子孙概不得用〕

一、房舍、车马、衣服等物,贵贱各有等第。上可以兼下,下不可以僭上。其父祖有官身殁,曾经断罪者,除房舍仍许子孙居住,其余车马、衣服等物,父祖既与无罪者有别,则子孙概不得用。

4.12.175.(3)〔房屋不得施用重拱重檐〕

一、房舍并不得施用重拱、重檐,楼房不在重檐之限。职官一品、二品,厅房七间九架,屋脊许用花样兽吻,梁栋、斗拱、檐桷,彩色绘饰,正门三间五架,门用绿油,兽面铜环。三品至五品,厅房五间七架,许用兽吻,梁栋、斗拱、檐桷,青碧绘饰,正门三间三架,门用黑油、兽面摆锡环。六品至九品,厅房三间七架,梁栋止用土黄刷饰,正门一间三架,门用黑油、铁环。庶民所居堂舍,不过三间五架,不用斗拱彩色雕饰。

4.12.175.(4)〔庶民男女衣服〕

一、庶民男女衣服,并不得僭用金绣,许用苎丝、绫罗、绸绢、素纱。妇人金首饰一件,金耳环一对。余止用银翠,不得制造花样金线妆饰。

4.12.175.(5)〔帐幔〕

一、帐幔并不许用赭黄龙凤纹。职官一品至三品,许用金花刺绣纱罗;四品、五品,刺绣纱罗;六品以下,许用素纱罗。庶民用纱绢。

4.12.175.(6)〔伞盖〕

一、伞盖，职官一品、二品，银葫芦，杏黄罗表红里；三品、四品，红葫芦，杏黄罗表红里，以上皆三檐。五品，红葫芦，蓝罗表红里；六品以下、八品以上，惟用蓝绢，皆重檐。雨伞通油绢。庶民不得用罗绢凉伞，许用油纸雨伞。

4.12.175.(7)〔鞍辔〕

一、鞍辔并不许雕饰龙凤纹。

4.12.175.(8)〔器皿〕

一、器皿不许造龙凤纹。

4.12.175.(9)〔坟茔〕

一、坟茔石兽，职官一品，茔地九十步，坟高一丈八尺；二品，茔地八十步，坟高一丈四尺；三品，茔地七十步，坟高一丈二尺，以上石兽并六。四品，茔地六十步；五品，茔地五十步，坟高八尺，以上石兽并四。六品，茔地四十步；七品以下二十步，坟高六尺。以上发步皆从茔心各数至边。五品以上，许用碑，龟趺螭首；六品以下，许用碣，方趺圆首。庶人茔地九步，穿心一十八步，止用旷志。

4.12.175.(10)〔私制品官服色鞍辔等物〕

一、品官服色、鞍辔等物，除官府、应用之家，许令织造外，其私下与不应用之家制造者，工匠依律治罪。

4.12.175.(11)〔军民僧道人等服饰器用〕

一、军民僧道人等，服饰器用，俱有定制。若常服（言常服，则大服不禁。）僭用锦绮、苎丝、绫罗、彩绣，器物用戗金、描金，酒器全用（言全用，若止用一件，不禁。）金银，及将大红销金制为帐幔、被褥之类，妇女僭用金绣闪色衣服、金宝首饰镯钏（言金宝，则止用金饰无珠宝不禁。）及用珍珠缘缀衣履，并结成补子、盖额、缨络等件，事发，俱照律治罪，服饰、器用等物并追入官。（妇女罪坐家长。）奴仆、优伶、皂隶，准用绵绸、茧绸、毛褐、葛苎、梭布、貉皮、羊皮。其纺丝、绢绸、缎纱、绫罗及各样细皮，俱不许用。长随亦照奴仆服式。违者照律治罪。

4.12.175.(12)〔官吏军民人等僭用服饰器皿〕

一、官吏军民人等，但有服饰僭用黄、紫二色，及蟒龙、飞鱼、斗牛，器皿僭用朱、红、黄颜色，及亲王法物者，俱比照僭用龙凤纹律拟断，服饰、器皿追收入官。

4.12.175.(13)〔官民人等用线缨〕

一、凡官民人等用线缨者，笞五十。

4.12.175.(14)〔官员军民人等违例滥用五爪龙缎〕

一、黄色、秋香色、五爪龙缎、立龙缎团补服，及四爪暗蟒之四团补、八团补缎纱，官民不许穿用。其大臣官员，有特赐五爪龙衣服及缎匹，无论色样，俱许穿用。若颁赐五爪龙缎、立龙缎，挑去一爪穿用。若官员军民人等违例滥用者，系官革职，平人枷号一个月、杖一百。失察官交部议处。衣服入官。

4.12.175.(15)〔公侯文武各官暖帽凉帽顶戴〕

一、凡平时所戴暖帽、凉帽,亲王世子、郡王长子、贝勒、贝子、入八分公,俱用红宝石顶;未入八分公、固伦额驸、和硕公主额驸、民公侯伯、镇国将军、和硕额驸及一品大臣,俱用珊瑚顶;辅国将军及二品官,俱用起花珊瑚顶;奉国将军及三品官,俱用蓝宝石顶及蓝色明玻璃;奉恩将军及四品官,俱用青金石顶及蓝色涅玻璃;五品官,用水晶顶及白色明玻璃;六品官,用砗磲顶及白色涅玻璃;七品官,用素金顶;八品官,用起花金顶;九品官,用起花银顶。未入流,与九品同。候补、候选,与现任同。凡九品之读祝、赞礼、鸣赞、序班,俱用八品起花金顶。进士、举人、贡生,俱用金顶;生员、监生,俱用银顶。

4.12.175.(16)〔文武官员雨帽〕

一、文武官员应用雨帽、雨衣,除二品以上,仍照旧例戴用大红,三品亦准用大红雨帽。四品、五品、六品,用红顶黑镶边雨帽;七品、八品、九品,及有顶戴人员,俱用黑顶红镶边雨帽。其内廷行走之员,仍照旧不论品级,雨帽俱戴大红。无论油帽、毡帽,一色服用。僭用者,照违制论。

4.12.175.(17)〔在籍候选吏员僭穿补服〕

一、在籍候选吏员,有僭穿补服干谒地方官者,照违制律治罪。

4.12.176 僧道拜父母

4.12.176.1 凡僧、尼、道士、女冠,并令拜父母、祭祀祖先。本宗亲属在内。丧服等第,谓斩衰、期功、缌麻之类。皆与常人同。违者杖一百,还俗。○4.12.176.2 若僧道衣服,止许用绸绢布匹,不得用苎丝绫罗。违者笞五十,还俗,衣服入官。其袈裟、道服,不在禁限。

4.12.177 失占天象

4.12.177.1 凡天文如日月、五纬、二十八宿之属。垂象,如日重轮,及日月珥蚀、景星、彗孛之类。钦天监官失于占候奏闻者,杖六十。

条　例

4.12.177.(1)〔揭奏天象变异〕

一、占候天象,钦天监设观星台,令天文生分班昼夜观望。或有变异,开具揭帖呈堂上官。当奏闻者,随即具奏。

4.12.178 术士妄言祸福

4.12.178.1 凡阴阳术士,不许于大小文武官员之家妄言国家祸福,违者杖一百。其依经推算星命卜课,不在禁限。

条 例

4.12.178.(1)〔习天文者妄言祸福〕

一、习天文之人，若妄言祸福，煽惑人民者，照律治罪。

4.12.179 匿父母夫丧

4.12.179.1 凡闻父母（若嫡孙承重，与父母同。）及夫之丧，匿不举哀者，杖六十、徒一年。若丧制未终，释服从吉，忘哀作乐，及参预筵宴者，杖八十。若闻期亲尊长丧，匿不举哀者，亦杖八十。若丧制未终，释服从吉者，杖六十。○4.12.179.2 若官吏父母死应丁忧，诈称祖父母、伯叔、姑、兄姊之丧不丁忧者，杖一百，罢职役不叙。（若父母见在，）无丧诈称有丧，或（父母已殁，）旧丧诈称新丧者，（与不丁忧）罪同。有规避者，从（其）重（者）论。○4.12.179.3 若丧制未终，冒哀从仕者，杖八十。（亦罢职。）○4.12.179.4 其当该官司知而听行，各与同罪。不知者不坐。○4.12.179.5 其仕宦远方丁忧者，以闻丧月日为始。夺情起复者，不拘此律。

条 例

4.12.179.(1)〔内外官员例合守制者〕

一、内外官员，例合守制者，在内经由该部具题，关给执照，在外经由该抚照例题咨，回籍守制。京官取具同乡官印结，外官取具原籍地方官印甘各结，将承重祖父母，及嫡亲父母，与为所后父母，例应守制，开明呈报。如有诈冒，照律例治罪。俱以闻丧月日为始，不计闰，二十七个月，服满起复。若服满果无事故，在家迁延者，交该部照例议处。

4.12.179.(2)〔官吏丁忧勾问赃罪〕

一、官吏丁忧，除公罪不问外，其犯赃罪及系官钱粮，依例勾问。

4.12.179.(3)〔官员匿丧恋职预为出继归宗〕

一、凡官员出继为人后者，于起文赴部选补之时，即将本生三代姓氏、存殁，一并开列。选补之后，即行知照该省。如有出仕之后，始行出继、归宗者，即着该员取具本旗、原籍印结，详报咨部，改正三代。倘有临时先谋出继、归宗，预为匿丧恋职地步者，一经发觉，将本官照匿丧例革职，不准原赦。扶同出结之旗、籍各官，俱交该部照例议处。其扶同具结之邻族，照不应重律杖八十。

4.12.179.(4)〔官员及生儒为生祖母及本生父母之丧〕

一、凡内外大小官员，遇父之生母病故，父已先故，又无父之同母伯叔，及父同母伯父之子，准其回籍治丧。其本身出继为人后者，遇本生父母之丧，令其回籍守制。除路程外，俱定限一年，限满咨部赴补。其匿丧不报，及无丧诈称有丧、旧丧诈称新丧规避者，革职。若文武生童及举贡监生，遇生祖母并本生父母之丧，例应治丧及守制者,期年内俱不许应试。有隐匿不报,朦混干进者,事发,照匿丧律治罪。其月课等试无关功名弃取者,不在此例。

4.12.180 弃亲之任

4.12.180.1 凡祖父母、父母年八十以上,及笃疾,别无以次侍丁,而弃亲之任,及妄称祖父母、父母老疾,求归入侍者,并杖八十。弃亲者,令归养,候亲终服阕降用。求归者,照旧供职。若祖父母、父母及夫犯死罪,现被囚禁,而筵宴作乐者,罪亦如之。筵宴不必本家,并他家在内。

条　例

4.12.180.(1)〔现任官员及应补应选人员亲老情愿终养者〕

一、凡应补、应选人员,有亲老情愿终养者,于本省起文时,即具呈该地方官,转详咨部,在籍终养。若现任官员,祖父母、父母年七十以上,家无次丁者,或有兄弟而笃疾不能侍养,及母老虽有兄弟而同父异母者,其父母年至八十以上,虽家有次丁,愿请终养者,或出仕后兄弟忽遭事故,无人奉事者,或继父母已故,其本生父母老病,愿请终养者,均不拘历俸三年之限,该督抚查明该员仓谷钱粮并无亏空,任内并无诖误,取具印结具题,俱准其回籍终养。俟亲终服满之日,该督抚给咨赴部铨补。如有捏报借名诡避者,发觉之日,将呈请终养之员,按律究拟,并将出结各官,一并参处。

4.12.181 丧　葬 职官、庶民,三月而葬。

4.12.181.1 凡有尊卑丧之家,必须依礼定限安葬。若惑于风水,及托故停柩在家,经年暴露不葬者,杖八十。若弃毁死尸,又有本律。其从尊长遗言,将尸烧化,及弃置水中者,杖一百。从卑幼,并减二等。若亡殁远方,子孙不能归葬而烧化者,听从其便。○4.12.181.2 其居丧之家,修斋设醮,若男女混杂,所重在此。饮酒食肉者,家长杖八十。僧、道同罪,还俗。

条　例

4.12.181.(1)〔丧葬不许火化〕

一、旗、民丧葬,概不许火化。除远乡贫人,不能扶柩归里,不得已携骨归葬者,姑听不禁外,其余有犯,照违制律治罪。族长及佐领等隐匿不报,照不应轻律,分别鞭责、议处。

4.12.181.(2)〔丧葬严禁演戏〕

一、民间丧葬之事,凡有聚集演戏,及扮演杂剧等类,或用丝竹管弦演唱佛戏者,该地方官严行禁止、违者照违制律治罪。

4.12.182 乡饮酒礼

4.12.182.1 凡乡党叙齿、及乡饮酒礼,已有定式,违者笞五十。乡党叙齿,自平时行坐而言;乡饮酒礼,自会饮礼节而言。

条　例

4.12.182.(1)〔乡党叙齿〕

一、乡党叙齿,士、农、工、商人等,平居相见,及岁时宴会,揖拜之礼,幼者先施;坐次之列,长者居上。如佃户见田主,不论齿叙,并行以少事长之礼。若亲属,不拘主佃,止行亲属礼。

4.12.182.(2)〔乡饮坐叙〕

一、乡饮坐叙,高年有德者居于上,高年淳笃者并之,以次序齿而列。其有曾违条犯法之人,列于外坐,不许紊越正席,违者以违制论。主席者若不分别,致使良莠混淆,或察知,或坐中人发觉,依律科罪。

5 兵律

卷十八　兵律·宫卫

5.13 宫　卫

5.13.183 太庙门擅入

5.13.183.1 凡无故擅入太庙门及山陵兆域门者，杖一百；太社门，杖九十。但至门，未过门限者，各减一等。守卫官故纵者，各与犯人同罪；失觉察者，减三等。

5.13.184 宫殿门擅入

5.13.184.1 凡擅入紫禁城午门、东华、西华、神武门及禁苑者，各杖一百。擅入宫殿门，杖六十、徒一年。擅入御膳所及御在所者，绞。监候。未过门限者，各减一等。称御者，太皇太后、皇太后、皇后并同。○5.13.184.2 若无门籍，冒他人名籍而入者，兼已入、未过，罪亦如之。○5.13.184.3 其应入宫殿宿值之人，未著门籍而入，或当下值而辄入，及宿次未到虽应入，班次未到，越次而辄宿者，各笞四十。○5.13.184.4 若不系宿卫应值合带兵仗之人，但持寸刃入宫殿门内者，绞。监候。不言未入门限者，以须入门内乃坐。入紫禁城门内者，杖一百，发边远充军。○5.13.184.5 门官及宿卫官军故纵者，各与犯人同罪。至死减一等。失觉察者，官减三等，罪止杖一百；军又减一等。并罪坐值日者。通指官与军言。余条准此。

条　例

5.13.184.(1)〔太监等进殿当差遗金刃之物未曾带出〕

一、太监等进殿当差，如遗金刃之物未经带出者，枷号一年，满日责四十板，罚当下贱差使。如遗失零星物件，交总管责四十板，仍在本处当差。

5.13.184.(2)〔擅入禁湖及有溺毙或赴溺获救〕

一、绣漪桥以北昆明湖内，除官民人等擅入游玩，及故纵、失察之官军，照擅入紫禁城禁苑律分别治罪外，如有溺毙人命，即将本段堆拨值班弁兵杖一百、枷号一个月，左右附近二所堆拨值班弁兵杖八十、枷号二十日。若赴溺之人，被弁兵实时拿获,或于溺水时捞救得生,弁兵免其治罪,将赴溺之人严行审讯。仅止因贫因病,并无别故,枷号半年,杖一百,发往伊犁当差。如另有重情,仍各依本律例从其重者论。

5.13.185 宿卫守卫人私自代替

5.13.185.1 凡宫禁宿卫,及紫禁城皇城门守卫人,应值不值者,笞四十。以应宿卫、守卫人(下值之人。)私自代替,及替之人,各杖六十。以不系宿卫、守卫人冒名私自代替,及替之人,各杖一百。官员各加一等。○5.13.185.2 若在值而逃者,罪亦如之。(应值不值之罪,官员加等。)○5.13.185.3 京城门,减一等;各处城门,又减一等。亲管头目知而故纵者,各与犯人同罪;失觉察者,减三等。有故而赴所管告知者不坐。

5.13.186 从驾稽违

5.13.186.1 凡(巡幸)应(扈)从车驾之人,违(原定之)期不到及从而先回还者,一日笞四十,每三日加一等,罪止杖一百。职官有犯,各加一等。(罪止杖六十、徒一年。)○5.13.186.2 若从车驾行而逃者,杖一百,发边远充军;职官,绞。(监候。)○5.13.186.3 亲管头目故纵(不到、先回、在逃)者,各与犯人同罪;(至死减一等。)失觉察者,减三等,罪止杖一百。

条　例

5.13.186.(1)〔旗人随车驾行而脱逃〕

一、凡八旗正身随车驾行而脱逃者,发黑龙江等处当差。官马盘费,照数追缴。

5.13.187 直行御道

5.13.187.1 凡午门外御道至御桥,除侍卫官军导从车驾出入,许于东西两旁行走外,其余文武百官、军民人等,(非侍卫导从。)无故于上直行,及辄度御桥者,杖八十。若于宫殿中直行御道者,杖一百。守卫官故纵者,各与犯人同罪;失觉察者,减三等。若于御道上横过,系一时经行者,不在禁限。(在外衙门龙亭仪杖已设而直行者,亦准此律科断。)

条　例

5.13.187.(1)〔至下马牌不下〕

一、凡至下马牌不下而竟过者,笞五十。看守人役失于防范者,笞四十。

5.13.187.(2)〔祭祀随扈大臣官员多带跟役及无执事人等妄乱行走〕

一、凡遇祭祀日期,随圣驾前引后护之大臣及侍卫,并有执事官员、拜唐阿等,于午门外骑马前去时,头等大臣令跟役三人,二等大臣令跟役二人,三等以下侍卫官员及拜唐阿等俱令跟役一人,骑马行走。其无执事人等,俱不许骑马。如有多带跟役前行,无执事官员人等妄乱行走者,除即行赶逐外,仍将多带跟役行走并不应行走官员,指名参奏,照违制律治罪。

5.13.188 内府工作人匠替役

5.13.188.1 凡诸色当班工匠、辨验货物各行人役差拨赴内府及内库工作,若不亲身关牌入内应役,雇人冒己名关牌私自代替,及替之人,各杖一百,雇工钱入官。

5.13.189 宫殿造作罢不出

5.13.189.1 凡宫殿内造作,所管司具工匠姓名,报所入之处门官及守卫官,就于所入门首,逐一点姓名。视,形貌。放入工作。至申时分,仍须相视形貌,照数点出。其不出者,绞。监候。监工及提调内监、门官、守卫官军点视,如原入名数短少,就便搜捉,随即奏闻。知而不举者,与犯人同罪。至死减一等。失觉察者减三等,罪止杖一百。

5.13.190 辄出入宫殿门

5.13.190.1 凡应出宫殿,如差遣、给假等项。而门籍已除,辄留不出,及应入值之人被告劾,已有公文禁止,籍虽未除,辄入宫殿者,各杖一百。昼禁。○5.13.190.2 若宿卫人已被奏劾者,本管官司先收其兵仗,违者罪亦如之。○5.13.190.3 若于宫殿门虽有籍,应值至夜皆不得出入。若入者,杖一百;出者,杖八十。无籍夜入者,加二等。若夜持仗入殿门者,绞。监候。入宫门亦坐。此夜禁,比昼加谨。

5.13.191 关防内使出入

5.13.191.1 凡内监并奉御内使,但遇出外,各守门官须要收留本人在身关防牌面,于门簿上印记姓名及牌面字号明白,附写前去某处、干办是何事务。其门官与守卫官军,搜检沿身别无夹带,官私器物,方许放出。回还一体搜检,给牌入内,以凭逐月稽考出外次数。但有搜出应干杂药,就令带药之人自吃。若有出入不服搜检者,杖一百,发附近充军。若非奉旨,私将兵器带进入紫禁城门内者,杖一百,发边远充军;入宫殿门内者,绞。监候。其值日守门官及守卫官失于搜检者,与犯人同罪。至死减一等。内使例不拟充军,惟此须依本律。

5.13.192 向宫殿射箭

5.13.192.1 凡向太庙及宫殿射箭、放弹、投砖石者,绞。监候。向太社,杖一百、流三千里。须箭、石可及乃坐之,若远不能及者勿论。但伤人者,斩。监候。则杀人者可知。若箭、石不及,致伤外人者,不用此律。

5.13.193 宿卫人兵仗

5.13.193.1 凡宿卫人兵仗不离身，违者笞四十。辄暂离应值职掌处所，笞五十。别处宿，经宿之离杖六十。官员，各加一等。亲管头目知而不举者，与犯人同罪；失觉察者，减三等。

5.13.194 禁经断人充宿卫

5.13.194.1 凡在京城犯罪被极刑之家，同居人口，不论亲属。所司随即迁发别郡住坐。其本犯异居亲属人等，并一应有犯笞杖，曾经同决断之人，并不得入充近侍及宫禁宿卫，守把皇城、京城门禁。若隐匿前项情由，朦胧充当者，斩。监候。其当该官司不为用心详审，或听人嘱托，及受财容令充当者，罪同。斩监候。并究嘱托人。○5.13.194.2 若极刑亲属及经断人奉有特旨选充，曾经具由复奏，明立文案者，所选之人及官司，不在此限。

5.13.195 冲突仪仗 凡车驾行幸之处，其前列者为仪仗。仪仗之内，即为禁地。

5.13.195.1 凡车驾行处，除近侍及宿卫护驾官军外，其余军民，并须回避。冲入仪仗内者，绞。系杂犯，准徒五年。若在郊野之外，一时不能回避者，听俯伏道旁以待。驾过。其随行文武百官，非奉宣唤，无故辄入仪仗内者，杖一百。典仗护卫官军故纵者，与犯人同罪；不觉者，减三等。○5.13.195.2 若有申诉冤抑者，止许于仗外俯伏以听。若冲入仪仗内，而所诉事不实者，绞。系杂犯，准徒五年。得实者，免罪。○5.13.195.3 军民之家纵放牲畜，若守卫不备，因而冲突仪仗者，守卫人杖八十；冲入紫禁城门内者，守卫人杖一百。其纵畜之家，并以不应重律论罪。

条　例

5.13.195.(1)〔冲突仪仗妄行奏诉〕

一、圣驾出郊，冲突仪仗，妄行奏诉者，追究主使、教唆、捏写本状之人，俱问罪，各杖一百，发近边充军。所奏情词，不分虚实，立案不行。

5.13.195.(2)〔车驾临幸民人具呈妄行控诉〕

一、圣驾临幸地方，虽未陈设卤簿，如有民人具呈妄行控诉者，照冲突仪仗例杖一百，发近边充军。

5.13.195.(3)〔八旗兵丁冲突仪仗〕

一、凡八旗兵丁，如有冲突仪仗者，在本营枷号一个月，满日同眷属俱发往各省驻防，交该将军、都统等严加管束。本犯如三年无过，准挑给兵丁差使，不准拣选官职。其子孙不在此限。

5.13.196 行宫营门

5.13.196.1 凡行宫外营门、次营门,与紫禁城门同,若有擅入者,杖一百。内营牙帐门,与宫殿门同,擅入者,杖六十、徒一年。

5.13.197 越　城

5.13.197.1 凡越皇城者,绞。监候。京城者,杖一百。流三千里。越各府州县镇城者,杖一百。官府公廨墙垣者,杖八十。越而未过者,各减一等。若有所规避者,各从其重者论。

条　例

5.13.197.(1)〔官亲书吏人等冶游夜归擅叫禁门〕

一、各衙门亲戚、书吏人等,游船演戏,夜半方归,擅叫禁门者,照越府州县城律杖一百。

5.13.197.(2)〔兵丁城上缒取什物〕

一、京城该班兵丁,如取用什物,不由马道行走,乘便由城上缒取者,照违制律杖一百,加枷号一个月。该管员弁疏于觉察,交部议处。

5.13.198 门禁锁钥

5.13.198.1 凡各处城门应闭而误不下锁者,杖八十;非时擅开闭者,杖一百。京城门各加一等。其有公务急速,非时开闭者,不在此限。○5.13.198.2 若皇城门应闭而误不下锁者,杖一百,发边远充军;非时开闭者,绞。监候。其有旨开闭者勿论。

卷十九　兵律·军政

5.14 军　政

5.14.199 擅调官军

5.14.199.1 凡将帅部领军马守御城池及屯驻边镇,若所管地方,遇有报到草贼生发,即时差人体探缓急声息。果实,须先申报本管上司,转达朝廷,奏闻给降圣旨,调遣官军征讨。若无警急,不先申上司,虽已申上司不待回报,辄于所属擅调军马,及所属擅发与者,将领、属各杖一百,罢职,发边远充军。○5.14.199.2 其暴兵猝至,欲来攻袭,及城镇屯聚军马之处,或有内贼作反作叛,或贼有内应,事有警急,及路程遥远难候申文待报者,并听从便火速调拨所属军马,乘机剿捕。若贼寇滋蔓,应合会兵剿捕者,邻近官军,虽非所属,亦得行文调拨策应,其将领官并策应官并即申报本管上司,转达朝廷知会。若不即调遣会合,或不即申报上司,及邻近官军已奉调遣不即发兵策应者,将领与邻近官并与擅调发罪同。亦各杖一百,发边远充军。其上司及典兵大臣,将文书调遣将士、提拨军马者,文书内非奉圣旨,不得擅离信地。若守御、屯驻军官有奉文改除别职,或犯罪奉文取发,如文内无奏奉圣旨,亦不许擅动。违者,兼上数事。罪亦如之。

5.14.200 申报军务

5.14.200.1 凡将领参随统兵官征进,如统兵官分调攻取城寨,克平之后,将领随将捷音差人飞报知会本管统兵官,转行兵部,统兵官又须将克捷事情另具奏本,实封御前。无少停留。○5.14.200.2 若贼人数多,出没不常,如所领军人不敷,须要速申统兵官添拨军马,设策剿捕。不速飞申者,听从统兵官量事轻重治罪。至失误军机,自依常律。○5.14.200.3 若有贼党来降之人,将领官即便送赴统兵官,转达朝廷区处。其贪取来降人财物,因而杀伤其人,及中途逼勒逃窜者,斩。监候。若无杀伤、逼勒,止依吓骗律科。

5.14.201 飞报军情

5.14.201.1 凡飞报军情,在外府州,如闻属县及巡司等报,即差人申督、抚、布政司、按察司、本道,仍行移将军、提镇。其守御官差人各申督、抚,仍行本管将军、提镇。督、抚、将军、提镇得报,差人一行移兵部,一具实封直奏御前。若互相知会,隐匿不速奏闻者,杖一百,罢职不叙。因而失误军机者,斩。监候。

5.14.202 漏泄军情大事

5.14.202.1 凡闻知朝廷,及统兵将军调兵讨袭外番,及收捕反逆贼徒,机密大事,而辄漏泄于敌人者,斩。监候。○5.14.202.2 若边将报到军情重事报于朝廷而漏泄以致传闻敌人者,杖一百、徒三年。二项犯人,若有心泄于敌人,作奸细论。仍以先传说者为首。传至者为从,减一等。○5.14.202.3 若私开官司文书印封看视者,杖六十。事干军情重事者,以漏泄论。为首杖一百、徒三年,从减等。○5.14.202.4 若近侍官员漏泄机密重事不专指军情,凡国家之机密重要皆是。于人者,斩;监候。常事杖一百,罢职不叙。

条　例

5.14.202.(1)〔私通往来朝贡外人〕

一、在京在外军民人等,与朝贡外国人私通往来,投托拨置害人,因而透漏事情者,俱发近边充军。通事并伴送人,系官革职。

5.14.202.(2)〔内外衙门紧要事件密封投递本官亲拆收贮〕

一、内外衙门办理紧要事件,俱密封投递,本官亲拆收贮,不得令吏胥经手。倘有密封章奏,未经上达,先已传播,及缉拿之犯闻风远扬等事,查究根由,分别议处。如将应密之事并不密封,及收受承办衙门不行谨慎,以致漏泄者,将封发、收受承办官查参,交部分别议处。如封贮之处及投递之前,提塘及衙役人等将密封事件,私开窃视,以致漏泄者,杖六十。事重者,为首杖一百、徒三年,为从减一等治罪。仍令科道不时稽查。如不行查参,别经发觉者,将该管科道一并交部议处。

5.14.202.(3)〔刊刻未经御览批发本章及捏造讹言〕

一、凡平常事件,虽非密封,但未经御览批发之本章,刊刻传播,概行严禁。如提塘与各衙门书办彼此勾通,本章一到,即抄写刊刻图利者,将买抄之报房、卖抄之书办,亦俱照漏泄密封事件例治罪。其捏造讹言刊刻者,杖一百、流二千里。若有招摇诈骗情弊,犯该徒罪以上,不分首从,俱发近边充军。该管官失于觉察,该科道不行查参者,均交部亦照例议处。

5.14.203 边境申索军需

5.14.203.1 凡守边将领,但有缺乏取索军器、钱粮等物,须要差人一行布政司,一申督、抚、将军、提镇,再差人转行合干部分,及具缺少应用奏本实封御前。其公文若到该部,须要随即将所申事情奏闻区处,发遣差来人回还。若稽缓不即奏闻,及边将于各处衙门不行依式申报者,并杖一百,罢职不叙。因不申奏以致临敌缺乏而失误军机者,斩。监候。

5.14.204 失误军事

5.14.204.1 凡临军征讨，有司应合供给军器、行粮、草料。若有征解，违期不完者，当该官吏各杖一百，罪坐所由。或上司移文稽迟，或下司征解不完，各坐所由。若临敌有司违期不至而缺乏，及领兵官已承上司调遣，而逗遛观望，不依期进兵策应，若军中承差告报会军日期而违限，因而失误军机者，并斩。监候。

5.14.205 从征违期

5.14.205.1 凡官军已承调遣，临当征讨，行师已有起程日期，而稽留不进者，一日杖七十，每三日加一等。若故自伤残，及诈为疾患之类，以避征役者，各加一等，计日坐之。并罪止杖一百，仍发出征。若伤残至不堪出征，仍选本户壮丁充补，令其出征。○5.14.205.2 若军临敌境，托故违期，一日不至者，杖一百；不必失误军机。三日不至者，斩。监候。统兵官竟行军法。若能立功赎罪者，从统兵官区处。

条　例

5.14.205.(1)〔官兵从征违期及出征兵丁违法乱行〕

一、凡官兵从征，无故起程违期者，官革职，兵杖一百，仍发出征。在外违期者，官革职拿问，兵杖一百，将所俘获人口入官。出征处所兵丁，藐视该管官，干犯号令，违法乱行者，将为首之人正法，为从者俱枷号三个月、杖一百，该管官仍交该部议处。

5.14.206 军人替役

5.14.206.1 凡军人已遣不亲出征，雇倩人冒名代替者，替身杖八十，正身杖一百，依旧着伍。仍发出征。若守御城池军人，雇人冒名代替者，各减二等。其出征、守御军人子孙弟侄，及同居少壮亲属，非由雇倩。自愿代替者听。若果有老弱残疾，不堪征守者，赴本管官司陈告，验实，与免军身。○5.14.206.2 若医工承差关领官药，随军征进，转雇庸医冒名代替者，本身及替身各杖八十，庸医所得雇工钱入官。

条　例

5.14.206.(1)〔兵丁不亲出征以奴仆代替〕

一、凡兵丁不亲出征，以奴仆代替，及行间放拨瞭哨等处，以奴仆代替者，兵杖七十，奴仆入官。如打围放马及看守京城周围处所，以奴仆代替者，兵杖一百，奴仆免入官。

5.14.207 主将不固守

5.14.207.1 凡守边将帅，被贼攻围城寨，不行固守而辄弃去，及平时守备不设，为贼所掩袭,因此弃守、无备而失陷城寨者,斩。监候。若官兵与贼临境,其望高巡哨之人失于飞报,以致陷城损军者,亦斩。监候。若主将懈于守备,及哨望失于飞报,不曾陷城失军,止被贼侵入境内掳掠人民者,杖一百,发边远充军。○[5.14.207.2]其官军临阵先退,及围困敌城而逃者,斩。监候。

条 例

[5.14.207.(1)]〔贼众入寇交锋伤掳入境掳杀及突入掳掠〕

一、失误军机,除律有正条者,拟议监候奏请外,若是贼拥大众入寇,官军猝遇交锋,损伤被掳数十人以上,不曾亏损大众,或贼众入境,掳杀军民数十人以上,不曾掳去大众,或被贼白昼賫夜突入境内,掳掠头畜衣粮数多,不曾杀掳军民者,俱问守备不设被贼侵入境内掳掠人民本律,发边远充军。若是交锋入境,损伤掳杀四五人,抢去头畜衣粮不多者,亦问前罪。以上各项内情轻律重,有碍发落者,备由奏请处置。其有被贼入境,将侦探军役及飞报声息等项公差、官军人等,一时杀伤捉去,事出不测者,俱问不应杖罪,留任。或境外被贼杀掳侦探军役,非智力所能防范者,免其问罪。

[5.14.207.(2)]〔失守城池专城武职守土州县及同城知府捕盗等官分别治罪〕

一、凡沿边、沿海及腹里州县,与武职同城,若遇边警及盗贼生发攻围,不行固守而辄弃去,及守备不设,被贼攻陷城池,劫杀焚烧者,除专城武职照本律拟斩监候外,其守土州县,亦照守边将帅失陷城寨律拟斩监候;其同城之知府及捕盗官,比照守边将帅被贼侵入境内掳掠人民律,发边远充军;统辖、兼辖各官,交部分别议处。若有两县同住一城,专管官分有守城汛地,各以贼所进入地方坐罪。若无城池,与虽有城池,被贼潜隐设计越入劫盗,随即逃散,不系失陷者,止以失盗论,俱不得引用此例。

[5.14.207.(3)]〔统兵将帅玩视军务〕

一、凡统兵将帅玩视军务,苟图安逸,故意迁延,不将实在情形具奏,贻误国事者,又凡将帅因私忿娼嫉,推诿牵制,以致糜饷老师,贻误军机者,又凡身为主帅,不能克敌,转布流言,摇惑众心,借以倾陷他人,致误军机者,均属有心贻误,应拟斩立决。

[5.14.207.(4)]〔兵饷充足不行固守一闻贼警弃城先逃者〕①

一、凡失守城池之案,如系兵饷充足,不行固守,一闻贼警,弃城先逃者,将专城武职及守土州县,均按本例拟斩监候,请旨即行正法;同城知府,亦从重拟斩监候;捕盗官及统辖、兼辖各官,仍照例分别办理。倘非兵饷充足,弃城先逃,仍按本例科断。

[5.14.207.(5)]〔文武员弁无备仓猝及重兵畏葸失守要隘〕②

一、防守要隘文武员弁,若带兵无多,仓猝遇贼,寡不敌众,因而失守要隘者,照

---

① 同治九年(1870)续纂。

② 同治九年(1870)续纂。

同城捕盗官失守城池拟军例，从重发往新疆效力赎罪。倘统带重兵，畏葸巧避，失守要隘者，照守边将帅失陷城寨律，拟斩监候。

5.14.207.(6)〔督抚提镇不行固守省城驻地盗贼生发闻警先逃〕①

一、各省督、抚、提镇，如遇省城及驻扎地方，盗贼生发，不行固守，闻警先逃者，均照失陷城寨本律拟斩监候。声明情罪重大，应即行处决，仍请旨定夺。倘有必须于军前正法者，应请旨即在军前正法。如有必须严讯情节，再行定罪者，仍拿问解京审讯。其寻常失守一城一寨，并无闻警先逃情事，仍照各本律办理。

5.14.207.(7)〔失守城池案内文武员弁如有可原情节酌议减免〕②

一、失守城池，该督抚立即参奏，将守土州县及专城武职，均革职治罪，不得以功过相抵免议。如有可原情节，或甫经到任，不及设防，或被围日久，粮尽援绝，或失守后一月内，督率乡团，随同官兵将城池克复者，于斩监候罪上量减一等治罪。若甫经到任，及被围日久，于失守后一月内随同克复，或非甫经到任，及被围日久，但于失守时身受重伤，或一月内自行收复城池者，于减等拟军罪上，再减一等治罪。其实因兵单力竭，身受重伤，而又能督率兵勇，于一月内自行收复，及随同克复者，革职，免其治罪。若克复城池在一月以外，及克复并非本处城池，概不准随案声请减免。其减等议罪及免罪各员弁，如果素得民心，循声卓著，及克敌陷阵，屡著战功，仍准酌量奏请留营效力，再得劳绩，方准免罪。均由刑部专案知照吏、兵二部存记。若失守而未经参办，或议罪而并未奏留员弁，仍不准胪列后来劳绩，率行奏请免罪开复。至失守之同城知府及捕盗官，如身受重伤，或一月内随同克复城池，亦准叙明可原情节，应拟斩监候者量予减等，应拟军者革职免罪。其并未随同克复城池，亦未身受重伤，但系甫经到任，及被围日久，只准于本律军罪上量减一等，不得概请免罪。如系平日官声素好，及战功卓著之员，亦准奏请留营效力，再得劳绩，方准免罪。

5.14.208 纵军掳掠

5.14.208.1 凡守边将领，私自使令军人，于未附外境掳掠人口、财物者，将领杖一百，罢职，发附近充军；所部听使武官及管队，递减一等。并罪坐所由，使令之人。军人不坐。○5.14.208.2 若军人不曾经由本管头目使令私出外境掳掠者，为首杖一百，为从杖九十。因掳掠而伤外境人，为首者斩，监候。为从杖一百。其掳掠伤人为从，并不伤人首从，俱发边远充军。若本管头目钤束不严，杖六十，留任。○5.14.208.3 其边境城邑有贼出没，乘机领兵攻取者，不在此限。○5.14.208.4 若于已附地面虏掠者，不分首从皆斩。监候。本管头目钤束不严，杖八十，留任。○5.14.208.5 其将领知军人私出外境及已附地面掳掠之情故纵者，各与犯人同罪。至死减一等。

---

① 同治九年(1870)续纂。

② 同治九年(1870)续纂。

条　例

5.14.208.(1)〔借通城为名烧毁良民庐舍抢掠子女财物〕

一、凡领兵王、贝勒、将军,借通贼为名,烧毁良民庐舍,抢掠子女财物者,领兵将军、参赞大臣及营总等,俱交部议处;系王、贝勒,交宗人府从重治罪;参领以下官免议。若分兵征进,有犯前项罪名者,统兵将领,及分管两翼官,并管领旗分官,俱交部议处。至于官员兵丁,一二人私自焚掠者,系官,交部议处;系护军、领催、兵丁,鞭一百;系厮役,正法。若厮役之主知情者,鞭一百;系官,交部分别议处。所管参领以下官员及营总,均交部议处。其抢掠携带男妇人口,仍追出给还完聚。若该督抚隐匿不行题参,别经发觉者,该督抚一并议处。

5.14.208.(2)〔调台湾兵丁借端需索扰害番社〕

一、调台兵丁,及台湾催饷社丁,如借端需索,扰害番社,依吓诈例计赃从重论。无赃者,照不应重律杖八十,革退。该管官徇隐、失察,交部分别议处。

5.14.208.(3)〔凯撤回营兵丁强行携带良民子女及逆犯家属及典买民人〕

一、凡出征官员、兵丁,除有不遵纪律,欺压良民,肆行掳掠子女者,仍按律治罪外,其于凯撤回营之日,沿途遇有良民子女,并非逃失,该官兵等强行携带者,即照于已附地面掳掠人口律治罪;若携带逃失良民子女,照收留迷失子女律治罪。其携带人口有亲属者,追出给还完聚;无亲属者,交地方官妥为抚恤。如有携带逆犯家属例应缘坐者,除该家属仍照例缘坐外,该官兵等讯明,知系逆犯家属,即照知情藏匿罪人律治罪;若讯不知情,及携带不应缘坐之逆犯家属,均仍以携带逃失子女论。跟役等有犯,照兵丁一律办理。领兵之该管官、跟役之家长,知情故纵者,与同罪;失察者,官员交部分别议处,兵丁鞭责发落。能自查出究办者,免议。若出征官兵于经过地方,私自典买人口,均照不应重律,系兵杖八十,系官交部议处。失察各官,照例减等议处。典买人口,追出入官。

5.14.209 不操练军士

5.14.209.1 凡各处边方、腹里守御官,不守纪律,不操练军士,及城池不完、衣甲器杖不整者,初犯,杖八十;再犯,杖一百。○5.14.209.2 若守御官提备不严,抚驭无方,致有所部军人反叛者,该管官各杖一百,追夺,诰敕。发边远充军。若因军人反叛弃城而逃者,斩。监候。

条　例

5.14.209.(1)〔驾炮夜不收守墩军人轮班不去〕

一、架炮夜不收,守墩军人,賫夜回家,轮班不去者,在守哨处枷号一个月发落。

5.14.210 激变良民

5.14.210.1 凡有司牧民之官，平日失于抚字，又非法行事，使之不堪，激变良民，因而聚众反叛，失陷城池者，斩。监候。止反叛而城池未陷者，依守御官抚绥无方致军人反叛，按充军律奏请。

条　例

5.14.210.(1)〔刁恶之徒聚众抗官〕

一、凡刁恶之徒，聚众抗官，地方文武员弁，即带领兵壮迅往扑捉。如稍有迟延者，即照定例严议。其扑捉之时，该犯即俯首伏罪，不敢抗拒，应分别末减。如该犯等持仗抗拒，许文武官带同兵壮，持械擒拿。若聚众之犯，并未执有器械，文武官纵令兵壮杀伤者，严加议处。

5.14.210.(2)〔直省刁民约会抗粮敛钱构讼罢考罢市抗官塞署殴官等〕

一、直省刁民，假地方公事，强行出头，逼勒平民，约会抗粮，聚众联谋，敛钱构讼，及借事罢考、罢市，或果有冤抑，不于上司控告，擅自聚众至四五十人，尚无哄堂塞署，并未殴官者，照光棍例，为首拟斩立决，为从拟绞监候。如哄堂塞署，逞凶殴官，为首斩决、枭示；其同谋聚众，转相纠约，下手殴官者，拟斩立决；其余从犯，俱拟绞监候；被胁同行者，各杖一百。若遇此等案件，该督抚先将实在情形奏闻，严饬所属立拿正犯，速讯明确，分别究拟。如实系首恶通案渠魁，例应斩枭者，该督抚一面具题，一面将首犯于该地方即行正法，将犯事缘由及正法人犯姓名，刻示遍贴城乡晓谕。若承审官不将实在为首之人究出拟罪，混行指人为首，因而坐罪，并差役诬拿平人，株连无干，滥行问拟者，严参治罪，该督抚一并交部严加议处。至刁民滋事，其同城武职不行擒拿，及该地方文职不能弹压抚恤者，俱革职。该管之文武上司官徇庇不即申报，该督抚、提镇不行题参，俱交部议处。

5.14.211 私卖战马

5.14.211.1 凡军人出征，获到敌人马匹，须要尽数报官。若私下货卖与常人者，杖一百；军官私卖者，罪同，罢职。买者，笞四十。马匹价钱并入官。若出征军官、军人买者勿论。卖者，追价入官，仍科罪。

条　例

5.14.211.(1)〔披甲随围偷卖官肥马〕

一、凡披甲随围，将肥官马偷卖，到家交瘦马者，照窃盗例治罪。

5.14.211.(2)〔民人出口私贩骟马〕

一、民人出口私贩骟马，在三十匹以下者，照违制律杖一百；三十匹以上至四十匹,加枷号一个月;四十匹以上至五十匹,加枷号两个月;五十匹以上,杖六十、徒一年,每十匹加一等,罪止杖一百、徒三年。所贩马匹入官。

5.14.212 私卖军器

5.14.212.1 凡军人将自己关给衣甲、刀枪、旗帜,一应军器,私下货卖与常人者,杖一百,发边远充军;军官私卖者,罪同,罢职,附近充军。买者,笞四十。其间有应禁军器,民间不宜私有而买者,以私有论。一件杖八十,每一件加一等,罪止杖一百、流三千里。所买军器,不论应禁与否。及所得价钱并入官。官军买者勿论。卖者仍坐罪,追价入官。

条 例

5.14.212.(1)〔私当军器〕

一、军人军官私当关给衣甲、旗帜、应禁军器,照私卖律减一等,杖一百、徒三年。至收当之人,照私有军器律减一等,杖七十;每一件加一等,罪止杖一百、徒三年。如有结伙盘踞,加倍重利收当军器者,枷号三个月,发极边足四千里充军。军器、当本照例入官。其非应禁者,不在此限。失察之地方、将领各官,交部议处。

5.14.213 毁弃军器

5.14.213.1 凡将领关拨一应军器,出征守御事讫,停留不收回纳还官者,以事讫之日为始,十日杖六十,每十日加一等,罪止杖一百。○5.14.213.2 若将领征守事讫,将军器辄弃毁者,一件杖八十,每一件加一等;二十件以上,斩。监候。遗失及误毁者,各减三等。军人弃毁、遗误各又减一等。并验毁失之数追赔。还官。其曾经战阵而有损失者,不坐不赔。

条 例

5.14.213.(1)〔兵丁遗失器械〕

一、凡看守城池、仓库、街道等处兵丁,遗失本身器械者,杖七十。

5.14.213.(2)〔箭上不书姓名〕

一、箭上不书姓名,及书他人姓名者,杖八十。

5.14.214 私藏应禁军器

5.14.214.1 凡民间私有人马甲傍牌、火筒火炮、旗纛号带之类应禁军器者,一件杖八十,每一件加一等。私造者,加私有罪一等。各罪止杖一百、流三千里。非全成不堪用者,并勿论,许令纳官。其弓箭、枪、刀、弩及鱼叉、禾叉,不在禁限。

条　例

5.14.214.(1)〔苗猓蛮户带刀出入及私藏违禁等物〕

一、苗猓蛮户俱不许带刀出入，及私藏违禁等物，违者照民间私有应禁军器律治罪。该管头目人等知而不报者，杖一百。地方文武官弁失察，照例议处。

5.14.214.(2)〔台民私造鸟枪〕

一、台湾民人停止制造鸟枪，违者照例治罪。

5.14.214.(3)〔窝囤兴贩硫黄〕①

一、内地民人窝囤兴贩硫磺，十斤以下，杖一百；十斤以上，杖六十、徒一年；二十斤以上，以次递加。五十斤以上，杖一百、流二千里；八十斤以上，杖一百、流二千五百里；一百斤，杖一百、流三千里；百斤以上，发近边充军。若甫经窝囤，尚未兴贩，减兴贩罪一等。焰硝每二斤作硫磺一斤科断。硝磺入官。邻保知情不首，杖一百；不知情，杖八十。挑夫、船户知情不首，减本犯罪二等；知情分赃，与犯同罪，赃重以枉法从重论。首报人免罪，仍照硝磺入官价值向本犯另追给赏。如合成火药卖与盐徒，不问斤数多寡，发近边充军。其本省银匠、药铺、染房需用硝磺，每次不许过十斤，令其呈明地方官批限，买完缴销，违者以私囤论。

5.14.214.(4)〔官员商民携带军器途中防护者〕

一、官员出差、赴任、回籍，及商民出外贸易等事，如有携带军器途中防护者，在京取具兵部印票，在外取具该差遣衙门及该地方官印票，注明所带件数，以备出城沿途照验。仍知会所到地方，限一月缴销。如隐匿原票不缴者，照违令律治罪。

5.14.214.(5)〔违例售卖火药〕

一、京城制造花爆之家，于地方保甲门牌内，注明“业花爆”字样，止准售卖花爆，不准售卖火药。如违例售卖火药，数不足十斤者，笞五十；十斤，杖六十；每十斤加一等。至五十斤以上者，杖一百、徒三年。其应需硝磺，如不由官行、官店承买者，照私囤例治罪。

5.14.214.(6)〔私造及私藏鸟枪竹铳〕

一、各省深山邃谷及附近山居驱逐猛兽，并甘肃兰州等府属与番回错处毗连各居民，及滨海地方，应需鸟枪守御者，务须报明该地方官详查明确。实在必需，准其仍照营兵鸟枪尺寸制造，上刻姓名，编号立册，按季查点。如有不报官私造者，杖一百，枷号两个月；私藏者，杖九十，枷号一个月；仍各照律每一件加一等，罪止杖一百、流三千里。该管地保失察私造者，杖一百，革役；如系知情故纵，加枷号一个月。该管官不行查出，交部议处。如兵丁有借查鸟枪名色扰民者，该管官一并议罪。至私造、私藏竹铳，及失察、故纵之地保，俱照鸟枪例治罪。地方官失于觉察，亦照鸟枪例

① 咸丰二年(1852)修改；同治九年(1870)修改。

议处。

5.14.214.(7)〔私铸红衣等大小炮位及抬枪〕①

一、私铸红衣等大小炮位及抬枪者，不论官员、军民人等，及铸造匠役，一并处斩，妻、子给付功臣之家为奴，家产入官。铸造处所邻佑、房主、里长等知情不首者，俱拟绞监候。专管文武官革职，兼辖文武官及该督抚、提镇，俱交该部议处。其私藏炮位及抬枪之犯，除讯有不法重情，仍照各律例从重定拟外，如讯无别情，仅止私藏者，即于私铸罪上减一等，杖一百、流三千里。失察之地方官，交部分别议处。

5.14.214.(8)〔私制藤牌〕

一、凡民间如有私制藤牌者，杖一百。失察之地方文武官，照失察私藏鸟枪例议处。

5.14.214.(9)〔私行煎挖硝磺合成火药及济匪〕②

一、内地奸民，在产硝磺地方私行煎挖，无论已未兴贩，照台湾之例科断，十斤以下，杖一百，刺字；十斤以上，杖六十、徒一年，每十斤加一等；百斤以上，及合成火药在十斤以下者，发近边充军；三百斤以上，及合成火药在十斤以上者，照私铸红衣等大小炮位例处斩，妻、子缘坐，财产入官。如将硝磺济匪，以通贼论。知情故纵，及隐匿不首，并与犯同罪，至死减一等。俟军务完竣，仍照旧例办理。

5.14.214.(10)〔违例私运川滇黔产黑铅出境〕③

一、四川、云南、贵州所产黑铅，除由官采办外，其余无论在厂在店，一律严禁出境。如违例私运，照窝囤兴贩硫磺例治罪。兵役知情徇隐，减犯人罪一等；受财故纵，与犯人同罪；赃重者，以枉法从重论。倘有济匪情事，以通贼论，仍须人铅并获乃坐。

5.14.215 纵放军人歇役

5.14.215.1 凡管军千总、把总及管队军吏，纵放军人出百里之外买卖，或私种田土，或隐占在己使唤，空歇军役（不行操备）者，（计所纵放及隐占之军数，）一名杖八十，每三名加一等，罪止杖一百，罢职。若受财卖放者，以枉法从重论。所隐（纵放、隐占、卖放各项）军人，并杖八十。若私使出境，因而致死，或被贼拘执者，杖一百，罢职，发边远充军；至三名者，绞。（监候。）本营专管官吏知情容隐，不行举问，及虚作逃亡，扶同报官者，与犯人同罪。（罪止杖一百、发边远充军。）若管队把总、千总，纵放军人，其本营专管官吏知情故纵，或容隐不行举问，及本营专管官故纵军人，其千总、把总、管队知而不首告者，罪亦如之。（私使出境而不首告者，同罪。）○5.14.215.2 若钤束不严，

① 咸丰二年(1852)修改。

② 同治九年(1870)续纂。

③ 同治九年(1870)续纂。

原无纵放私使之情，致有违犯，或出百里，或出外境私自歇役。及原无知情容隐，止失觉举者，管队名下一名，把总名下五名，千总名下十名，本营专管官名下五十名，各笞四十；管队名下二名，把总名下十名，千总名下二十名，本营专管官名下一百名，各笞五十，并留任。不及数者，不坐。○5.14.215.3若武职官私家役使军人，不曾隐占歇役妨废操备者，一名笞四十，每五名加一等，罪止杖八十。○5.14.215.4并每名计一日追雇工银八分五厘五毫入官。○若有吉凶借使者勿论。

条　例

5.14.215.(1)〔擅拨下班军士与人役使〕

一、凡军士下班之日，其本管官员擅拨与人做工等项役使，照私役军人本律发落。

5.14.216 公侯私役官军

5.14.216.1 凡公侯非奉特旨，不得私自呼唤官军前去役使。违者，初犯、再犯免罪，三犯奏请区处。其官军听从，及不出征时，辄于公侯之家门首伺立者，官各杖一百，罢职，发边远充军，军人同罪。伯爵有犯，亦准此律奏请。

5.14.217 从征守御官军逃

5.14.217.1 凡官军已承调遣从军征讨，私逃还家，及逃往他所者，初犯，杖一百，仍发出征；再犯者，绞。监候。知在逃之情窝藏者，不问初犯、再犯，杖一百，充军。原籍及他所之里长知而不首者，杖一百。若征讨事毕军还官军不同振旅。而先归者，减在逃五等；因而在逃者，杖八十。若在京军人逃者，初犯，杖九十；各处守御城池军人逃者，初犯，杖八十，俱发充伍；再犯，不问京、外，并杖一百，俱发边远充军；三犯者，绞。监候。知在逃之情窝藏者，与犯人同罪，罪止杖一百，充附近军。不在边远、处绞之限。里长知而不首者，各减窝藏二等。从杖罪减科，罪止杖八十。其从征军与守御军本管头目知情故纵者，各随所犯次数与同罪，罪止杖一百，罢职，附近充军。其征守在逃官军，自逃日为始，一百日内，能自出官首告者，不问初犯、再犯，免罪。若在限外自首者，减罪二等。但于随处官司首告者，皆得准理。准免罪及减罪二等。○5.14.217.2若各营军人，不着本伍转投别营当军者，同逃军论。或初犯、再犯，皆依上文律科断。

条　例

5.14.217.(1)〔守御兵丁拐带饷米马匹脱逃〕

一、各处守御兵丁，有拐带饷米、马匹脱逃者，计赃照常人盗官物律加一等治罪。如拐带同营饷银，计赃照窃盗加一等。所拐带饷米等项，仍向该犯家属名下照数追赔。知情容留之人同罪。

5.14.217.(2)〔旗丁无故弃船潜逃〕

一、旗丁不拘重运、回空,如有无故潜逃,弃船中途不顾者,照守御官军在逃律治罪,仍于面上刺"逃丁"二字。

5.14.217.(3)〔驻防兵丁逃走〕

一、凡驻防兵丁逃走,除照例报部外,该驻防处开明逃人年貌,知照该犯本旗,及沿途有满洲兵丁处所,并附近省份,一体严拿。其窝家人等及失察各官,均照例究治。

5.14.217.(4)〔京外在伍兵丁脱逃〕

一、京、外在伍兵丁脱逃,该营立即通移各标、协、营一体查拿,定限一百日,实力严缉务获。其有自知畏悔,于限内投回者,杖一百,枷号一个月,不准入伍。若被缉获及逾限投回者,除枷责、不准入伍外,俱照例刺字。

5.14.217.(5)〔派往伊犁等处换防种地之满汉兵丁犯逃〕

一、派往伊犁等处换防种地之满、汉各项兵丁,初次犯逃,自行投回者,枷号三个月,满日鞭责,交该管官严行管束;如被拿获,用重枷枷号五个月,痛加责惩折磨差使。若逃走二次,及在原派处所曾经犯逃,移驻伊犁之后,复行逃走者,自行投回,应俱用重枷枷号五个月,痛加责惩,折磨差使;如被拿获者,即行正法。

5.14.217.(6)〔随征兵丁脱逃分别治罪〕①

一、将弁在营潜逃者,严拿正法。随征兵丁,无论协剿邻封及备防本省,有私逃者,领兵将弁即将姓名、数目,知照该兵丁本营及原籍,一体严拿。获日审讯明确,拟斩立决。其在军务未竣以前投首者,改发各省驻防给官兵为奴。如在配脱逃被获,用重枷枷号三个月,杖责、管束。若在军务告成以后投首者,依随征脱逃例拟斩立决。仍援引金川逃兵投首发遣新疆例,奏请定夺。蒙恩免死减发者,亦改发驻防给官兵为奴。如再脱逃,请旨即行正法。至在途患病,及打仗受伤,或迷失路径,与落后有因,并非有心脱逃,若在军务未竣以前投首,照自首律免罪;被获者,杖一百、徒三年。在军务告成以后投首,亦杖一百、徒三年;被获者,改发各省驻防给官兵为奴。在配脱逃被获,仍枷责、管束。其跟随余丁,有偷盗马匹、军器及衣服、银两潜逃者,亦拟斩立决。如有投首,照兵丁投首,按军务已未告竣,分别问拟。其并无偷盗情事,有心脱逃之余丁,无论军务已未告竣,被获者,俱改发极边足四千里充军,到配加枷号三个月。在配脱逃被获,亦照前枷责、管束。其自行投首,并笃疾者,无论军务已未告竣,俱杖一百、流三千里。如落后有因,无论军务已未告竣,投首者免罪,被获者杖一百、枷号一个月,仍向犯属及中保人追原雇价值给主。勇丁脱逃,亦照兵丁例一律办理。至驻防官兵私逃,应销除本身旗档。如落后有因,并非有心脱逃,免其销档。溃散兵丁,一概不准收标。该管将弁知情容隐,任令冒饷,或该兵丁逃后改易姓

① 同治九年(1870)修改。

名，朦混入营食饷者，除本犯治罪外，知情容隐及失察该管将弁，均交部分别议处。

5.14.218 优恤军属

5.14.218.1 凡阵亡、病故官军回乡，家属应给行粮脚力，经过有司不即应付者，以家属到日为始，迟一日笞二十，每三日加一等，罪止笞五十。

条　例

5.14.218.(1)〔八旗阵亡人无嗣妻室及父母〕

一、凡八旗阵亡人等妻室内，查有无子嗣，或子嗣稚幼，又无家人食粮者，伊夫原系职官，给原官一半俸禄米石；如系兵丁，给食一半钱粮米石。若阵亡之人并无妻室，其父母别无子嗣，又无钱粮可以依赖为生者，亦照此例行。

5.14.219 夜　禁

5.14.219.1 凡京城夜禁，一更三点，钟声已静，之后。五更三点，钟声未动，之前。犯者笞三十；二更、三更、四更犯者，笞五十。外郡城镇，各减一等。其京城、外郡因公务急速，军民之家，有疾病、生产、死丧，不在禁限。○5.14.219.2 其暮钟未静，晓钟已动，巡夜人等故将行人拘留，诬执犯夜者，抵罪。○5.14.219.3 若犯夜拒捕，及打夺者，杖一百；因而殴巡夜人至折伤以上者，绞；监候。死者，斩。监候。拒捕者，指犯夜人；打夺者，旁人也。若巡夜人诬执犯夜，因而拒捕互殴至死者，以凡斗殴论。

条　例

5.14.219.(1)〔旗丁无故城外宿〕

一、凡八旗兵丁无故在城外夜宿者，杖八十。

卷二十　兵律·关津

5.15 关　津

5.15.220 私越冒度关津

5.15.220.1 凡无文引私度关津者，杖八十。若关不由门、津不由渡，（别从间道）而越度者，杖九十。若越度缘边关塞者，杖一百、徒三年。因而（潜）出（交通）外境者，绞。（监候。）守把之人知而故纵者，同罪；（至死减一等。）失于盘诘者，（官）各减三等，罪止杖一百。军兵又减一等。并罪坐值日者。〇5.15.220.2 若有文引冒（他人）名度关津者，杖八十。家人相冒者，罪坐家长。守把之人知情与同罪，不知者不坐。〇5.15.220.3 其将（无引）马骡私度、冒度关津者，杖六十；越度，杖七十。（私度，谓人有引马骡无引；冒度，谓马骡冒他人引上马骡毛色齿岁；越度，谓人由关津，马骡不由关津而度。）

条　例

5.15.220.(1)〔雇倩口内之人往口外种地及砍木烧炭〕

一、凡雇倩口内之人，往口外种地及砍木烧炭者，户、工二部照例给票出口，回日仍察收。无票之人，令各处察拿。若捏称种地及砍木烧炭名色，起票前往，而将票与人，及受者，并杖八十。受财者，计赃以枉法从其重者论。

5.15.220.(2)〔民人无票私出口外及贿纵徇庇〕

一、凡民人无票私出口外者，杖一百、流二千里。缘边关口，每季将出入人数造册，取具并无匪类出口印、甘各结申报。倘守口官不验明印票及贿纵出入，该管官察出，即行详报该管将军、督抚、提镇题参，交部严行治罪。若该管将军、督抚、提镇通同徇庇，不行查参，及稽查不严，以致匪类越境生事者，一并从重议处。

5.15.220.(3)〔土官土人不请咨牌私出外省〕

一、凡土官土人，如有差遣公务应赴外省者，呈明本管官，转报督抚给咨，并知会所往省份督抚，令事竣勒限毋许逗遛，仍知照本省督抚。倘不请咨牌，私出外省，土官革职，土人照无引私度关津律杖八十，递回。如潜往外省生事为匪，别经发觉，除实犯死罪外，徒罪以上，俱照军人私出外境掳掠不分首从发边远充军律递回，照例枷责，同家口父母兄弟子侄一并迁徙安插。其不行管束之该管官，及失于查报之外省地方官，均交部议处。

5.15.220.(4)〔引领游民偷越缘边关口及引送夹带违禁货物人口出口〕

一、缘边关口,有熟识路径奸徒,引领游民私自偷越,或受贿引送夹带违禁货物之人出口者,除将偷越及夹带本犯,各照律分别治罪外,其引送之人,如审系仅图微利并无别情者,照违制律杖一百,加枷号一个月,交该管官严行管束。如偷越之人出口别有奸谋,该犯明知引送,婪索多赃,照守把之人知情故纵律治罪。兵弁失于查拿,照例参处。

5.15.220.(5)〔指引逃匪偷越出口〕

一、指引逃匪偷越出口之犯,如实系不知逃匪情由,仅止私行引送者,仍照违制律问拟外,若明知逃匪故行引送者,照故纵律与犯人同罪。至再犯、三犯者,各按本罪以次递加。得财故纵者,计赃从重论。

5.15.220.(6)〔所买奴婢不当官立契载入口票私带出境〕

一、东三省出口之人,若将在京所买奴婢,不照例当官立契、载入口票,私带出境,该守关兵弁即时拿送刑部。如讯系拐卖,即照拐卖例分别治罪。如无拐卖情事,将不行当官立契载入口票之人,照冒度关津律治罪。

5.15.220.(7)〔山东民人前赴奉天地方官滥行给票放行违禁下海〕

一、凡山东民人前赴奉天,除各项贸易船只,并只身带有本钱货物贸易者,查明系往何处、贸易何物,确有凭据,仍准地方官给票出口,毋庸禁止外,其有借称寻亲觅食出口前赴奉天,并无确据者,地方官概不许给票。如不查明确实,滥行给票放行,致有私刨樵采,及邪教煽惑等事,别经发觉,将给票之地方官,照滥行出结例议处。

5.15.220.(8)〔典买家人随回本省转卖图利〕

一、东三省身任京员,及在京当差者,置买家奴,于当官立契时,俱询明卖身之人,或只愿在京服役,或情愿日后随回东省,俱当官载于契纸。若只愿在京服役,伊主回家时,听其另行投主,交还身价。若情愿日后随去者,伊主回家时报明本旗,咨行该省将军存记,只许永远役使,不许转卖图利。如违,俱按兴贩人口例治罪。仍令该将军每年将有无转卖图利之处,年终咨报刑部备查。

5.15.220.(9)〔滇省永昌顺宁边隘私贩碧霞玺翡翠等玉及鱼盐棉花等物〕①

一、凡滇省永昌、顺宁二府以外沿边关隘,禁止私贩碧霞玺、翡翠、玉葱、玉鱼、盐、棉花等物。如拿获私贩之人,审讯明确,共伙人数在一二十人以上,为首者,拟绞立决;为从,及数在四人以上不及十人者,俱发极边足四千里充军;若止三人以下者,杖一百、流三千里。如有因私贩透漏军情消息者,审实,无论人数多寡,请旨即行正法。关口员弁,或有失察、故纵情弊,查出分别从重治罪。

5.15.220.(10)〔吉林地方军民人等私越卡伦〕

一、吉林地方卡伦外,毋许流民居住。若军民人等私越卡伦者,发云贵两广烟瘴

① 咸丰二年(1852)修改。

稍轻地方充军。该将军令守卡各官随时严查,三个月更换,交代时,出具并无流民潜住甘结,呈报将军衙门查核,仍按季选派协领等官复查。如守卡各员不实力奉行,严参治罪。并令该将军随时密查,每届年终核实具奏。

5.15.221 诈冒给路引

5.15.221.1 凡不应给路引之人谓配遣囚徒安置家口之类。而给引,及军诈为民、民诈为军,若冒名告给引,及以所给引转与他人者,并杖八十。若于经过官司停止去处倒换另给路引,及官豪势要之人,嘱托军民衙门,擅给批帖,影射人货出入者,各杖一百。若官吏、人匠供送文引年深,于原任、原役衙门告给新引,照身回还者,不在此限。当该官吏听从及知情给与者,指上三件。并同罪。若不从,及不知者,不坐。○5.15.221.2 若巡检司越分给引者,罪亦知之。依听从知情律。○5.15.221.3 其应给衙门不立文案,空押路引私填与人者,杖一百、徒三年。○5.15.221.4 受财者,分有禄、无禄,计赃以枉法,及有所规避者,或贩禁货通番,或避罪犯出境。各从重论。

5.15.222 关津留难

5.15.222.1 凡关津往来船只,守把之人,不即盘诘验文引放行,无故阻挡者,一日笞二十,每一日加一等,罪止笞五十。坐值日。若取财者,照在官人役取受有事人财例,以枉法计赃科罪。○5.15.222.2 若官豪势要之人,乘船经过关津,不服盘验者,杖一百。○5.15.222.3 若撑驾渡船梢水,如遇风浪险恶,不许摆渡,违者笞四十。若不顾风浪,故行开船,到中流停船勒要船钱者,杖八十。因而杀伤人者,以故杀死。伤未死。论。或不曾勒要船钱,止是不顾风浪,因而沉溺杀伤人者,以过失科断。

5.15.223 递送逃军妻女出城

5.15.223.1 凡在京守御官军,递送逃军妻女出京城者,绞;杂犯。民犯者,杖一百。若各处守御城池及屯田官军,递送逃军妻女出城者,杖一百、徒三年;民犯者,杖八十。受财者,计赃以枉法从重论。分有禄人、无禄人。其逃军买求者,罪同。若逃罪重者,仍从本罪论。守门之人知情故纵者,与犯人同罪;失于盘诘者,官减三等,罪止杖一百。军人又减一等。○5.15.223.2 若递送非逃军妻女出城者,如犯罪取发而妻女私还原籍之类,但不系逃者皆是。杖八十。有所规避者,如刁奸、诱卖,或犯罪法应缘坐。从重论。依送令隐避从重论。

5.15.224 盘诘奸细

5.15.224.1 凡缘边关塞,及腹里地面,但有境内奸细,走透消息于外人,及境外奸细,入境内探听事情者,盘获到官,须要鞫问接引、入内、起谋出外之人,得实,不分首从皆斩。监候。经过去处守把之人,知而故纵,及隐匿不首者,并与犯人同罪。至死减等。失于盘诘者,官杖一百;军兵杖九十。罪坐值日者。

条　例

5.15.224.(1)〔交结外国及私通土苗〕

一、交结外国，及私通土苗，互相买卖借贷，诓骗财物，引惹边衅，或潜住苗寨，教诱为乱，如打劫民财，以强盗分别。贻患地方者，除实犯死罪如越边关出外境，将人口、军器出境，卖与硝磺之类外，俱问发边远充军。

5.15.224.(2)〔盘获归复乡土人口〕

一、沿边关塞及腹里地面盘诘奸细处所，有归复乡土人口，被获到官，查审明白，即行起送归籍。有妄作奸细，希图冒功者，以故入人罪论。若实系奸细，能首降者，亦一体给赏、安插。

5.15.224.(3)〔保甲法〕

一、凡州县城乡，十户立一牌头，十牌立一甲头，十甲立一保长。户给印牌一张，书写姓名、丁数，出则注明所往，入则稽其所来。其客店亦令各立一簿，每夜宿客姓名几人、行李牲口几何，作何生理，往来何处，逐一登记明白。至于寺观，亦分给印牌，上写僧道口数、姓名，稽察出入。如有虚文应事，徒委捕官吏胥需索扰害者，该上司查参治罪。

5.15.224.(4)〔盘获货物人数不符税单牌票之疑船〕

一、凡盘获形迹可疑之船，货物、人数不符税单、牌票者，限三日内查明。果系商船，即速放行；如系贼船，交与地方官审鞫有无行劫，按律例分别治罪。如巡缉官兵以贼船作为商船释放者，照讳盗例治罪；以商船作为贼船扰害者，照诬良为盗例治罪。索取财物者拿问。该管上司失察，照例议处。

5.15.224.(5)〔严查沿柳条边蒙古地方种地内地民人隐匿逃人〕

一、沿柳条边之蒙古地方，有内地民人种地居住者，交与扎萨克等，十家内设立一长，逐户严查，不许闲人存留，取具十家长保结。如民人内有隐匿内地逃人者，着该扎萨克将逃人与隐匿逃人之民人，一并查拿解部治罪。

5.15.224.(6)〔稽查沿边去回贸易割草人如有遣犯混入逃匿蒙古〕

一、沿边近蒙古地方，令汛渡弁兵，将贸易、割草人，于去时登记人数，回时照数稽查。如有发遣人犯混入逃匿，即行文知会蒙古，拿送该处，照本犯原罪分别治罪。倘弁兵疏纵脱逃，漫无觉察，将弁员交部议处，兵照失于盘诘律治罪。若蒙古知系内地逃犯，仍容留隐匿者，照窝藏逃人例治罪。

5.15.224.(7)〔广东省穷民赶山搭寮取香砍柴烧炭种麻种靛等项〕

一、广东省穷民赶山搭寮，取香、砍柴、烧炭、种麻、种靛等项，令各州县每寮给牌。遇有迁徙消长，赴县添除。违者，寮长照脱漏户口律治罪。倘窝藏奸宄、勾通匪类，寮长不报官究治，或被旁人首告者，照总甲容留棍徒例治罪。如有不赴官报明，径自搭寮居住者，照盗耕田亩律治罪。山主不经官验准，私令批佃搭寮者，照违令律治罪。若文武各官漫不约束，以致藏奸，该督抚即行题参，交部议处。

5.15.224.(8)〔浙赣闽省棚民在山种麻种靛开炉扇铁造纸做菰等项〕

一、浙江、江西、福建等省棚民,在山种麻种靛、开炉扇铁、造纸做菰等项,责成山地主并保甲长出具保结,造册送该州县官,照保甲之例,每年按户编查,并酌拨官弁防守。该州县官于农隙时,务会同该营汛逐棚查点,毋得懈弛。如有窝匪、奸盗等事,山地主并保甲长不行首告,照连坐律治罪。该管官失察,交部议处。

5.15.224.(9)〔滇省与外夷商贩之江楚客民稽查严禁及近边居民进关回籍等事〕

一、滇省与外夷商贩,江西、湖广人为多,尤宜严禁。永昌府有潞江一处,顺宁府有猛缅一处,俱为通达各边总汇之区,应派妥干员弁专司稽察,遇有江、楚客民,驱令归回。其向来居住近边之人,地方官照内地保甲之例,编造寄籍册档,登记年貌,互相保结,严禁与附近猓夷结亲。如有进关、回籍等事,俱用互结报明,官给印票,关口照验放行,回滇时照验放出。若无印票,不准放行。守关员弁,如有混放偷漏情事,查明参处。其顺宁、永昌、腾越、猛缅、南甸、龙陵一带,所有本籍民人保甲,亦一体严为稽核,毋许江、楚客民混匿,违者从严惩治。至猛缅需用之黄丝等货,概不许贩至潞江、猛缅隘口。如有私贩出关者,货物入官,本犯究处。

5.15.224.(10)〔外国人等私越边境〕

一、凡有外国人等私越边境,无论是否贼匪,守卡官员即行擒拿。有将军、参赞驻扎者,报明将军、参赞;有督、抚驻扎者,报明督、抚,听候办理。如守卡官员任意贿纵,查出即行正法。其该管之将军、参赞、督抚等不遵照妥办,亦一并从重治罪。

5.15.224.(11)〔内地人民私往洋面山岛盖屋居住〕

一、洋面山岛,不许民人搭盖房屋居住,令该镇将督同弁兵,于出洋会哨时,奋勇搜捕。见有在海岛内搭盖房屋者,除有为匪实迹,各照定例拿究办理,即未为匪,所有房屋亦立即烧毁。仍于岁底将各海岛有无建房居住,及人数多寡之处,咨报军机处、兵刑二部查明汇奏。

5.15.224.(12)〔盛京地方越边偷运米石接济山犯〕①

一、盛京地方,遇有匪徒越边偷运米石,接济山犯,未至一石,照违制律杖一百;至一石者,杖六十、徒一年,每一石加一等;五石以上拟杖一百、流三千里。倘有运送杂粮、吃食、货物等项,计其驮载之马,每马一匹作米五斗,照偷运米石之数,一律办理。若仅止背负运送者,仍照违制律杖一百。

5.15.225 私出外境及违禁下海

5.15.225.1 凡将马牛、军需、铁货、(未成军器。)铜钱、缎匹、绸绢、丝棉私出外境货卖及下海者,杖一百。(受雇)挑担驮载之人,减一等。物货、船车并入官。于内以十分为率,三分付

---

① 咸丰二年(1852)续纂。

告人充赏。若将人口、军器出境及下海者,绞。监候。因而走泄事情者,斩。监候。其该拘束官司及守把之人,通同夹带,或知而故纵者,与犯人同罪。至死减等。失觉察者,官减三等,罪止杖一百。军兵又减一等。罪坐值日者。若守把之人受财,以枉法论。

条 例

5.15.225.(1)〔越境私入台湾番境〕

一、凡民人偷越定界,私入台湾番境者,杖一百。如近番处所,偷越深山,抽藤、钓鹿、伐木、采棕等项,杖一百、徒三年。其本管头目约束不严,杖八十;乡保、社长,各减一等。巡查不力之值日兵役,杖一百;如贿纵,计赃从重论。

5.15.225.(2)〔出海樵采船只准带食锅及斧斤〕

一、出海樵采船只,每船准带食锅一口外,每名许携斧斤一把,在船人数,不得过十人,俱注明照内,出入查验。若有夹带出口,及进口缺少,即行严究治罪。

5.15.225.(3)〔登莱等处有票船只夹带无照流民私渡奉天〕

一、东省登、莱等处有票船只,如有夹带无照流民私渡奉天者,将船户照无票船只夹带流民例量减一等,杖九十、徒二年半,船只入官。若船户不能亲身出洋,别令亲属押驾,已经报官不给票者,将押驾之人即照船户例治罪,船只入官。

5.15.225.(4)〔成造商渔船只报官取结给照及若有夹带违禁硝磺等物接济外洋者〕

一、商渔船只,不分单桅、双桅,悉从民便。造船时,呈报州县官,查取澳甲、户族、里长、邻佑保结,方准成造,完日报官,亲验给照,开明在船人年貌、籍贯,并商船所带器械件数,及船内备用铁钉等物数目,以便汛口察验。若商渔船内夹带违禁硝磺、钉铁、樟板等物接济外洋者,船户以通贼论斩。舵工、水手知情同罪,不知情者皆杖八十、徒二年。原保结之人,皆杖一百、徒三年。若船主在籍,而船只出洋有事,并责问船主。承察取结之地方官,及汛口盘察之文武各官,俱革职;卖放者,革职,流二千里。其税关衙门,先验看地方官印照,然后给牌。有妄给者,亦照地方官例议处。若汛口盘察挂号文武各官,有勒索疏纵者,亦交与该部议。

5.15.225.(5)〔船只出洋十船取结环保及不由各汛偷越外洋〕

一、船只出洋,十船编为一甲,取具连环保结。一船为非,余船并坐。余船能将为非船户首捕到官者,免其坐罪。初出口时,必于汛口挂号,将所有船照,呈送地方官或营官验明,填注日月,盖印放行。入口时,呈验亦如之。总计经过省份,一省必挂一号。回籍时,仍于本籍印官处送照查验,违者治罪。如有不由各汛偷越外洋者,船户、舵工人等,并富民谋利自造商船租与他人,及租之者,俱各杖一百,枷号三个月。失察及知情之该管各官,俱交该部议。

5.15.225.(6)〔商渔船只分别书刻字样及舵工水手人等各给腰牌〕

一、凡商渔船只,分别书刻字样,其营船、刊刻某营第几号哨船。舵工、水手人等、俱各给与腰牌,刊明姓名、年貌、籍贯。如船无字号,人有可疑,即严加究治。至渔船出洋,不许装载米酒,进口,不许装载货物,违者严加治罪。其守口之文武各官不行盘查,照例议处。

5.15.225.(7)〔往贩外夷之大洋船只准其携带炮位〕

一、往贩外夷之大洋船,准其携带炮位。每船炮不得过二门,火药不得过三十斤。其鸟枪、弓箭、腰刀等项,亦仍准携带。至制炮之时,该船户呈报地方官给照,赴官局制造,完日官验,凿船户籍贯、姓名及制造年月字样,仍于县照内注明所带炮位轻重大小,以备关口官弁盘验。回日即行缴库,开船再领。倘遭风沉失,令船户、客商具结,报明所在地方官,免其治罪。如船只无恙,妄称沉失,查究照接济外洋例治罪。

5.15.225.(8)〔沿海一应采捕及内河通海之各色小船取结编号查验〕

一、沿海一应采捕及内河通海之各色小船,地方官取具澳甲、邻佑甘结,一体印烙编号,给票查验。如有私造、私卖及偷越出口者,俱照违禁例治罪。甲邻不行呈报,一体连坐。倘船只有被贼押坐出洋者,立即报官,将船号、姓名移知营汛缉究。容隐不首,日后发觉,以接济洋盗治罪。其呈报遭风船只,必查讯实据,方准销号。捏报者,即行究治。

5.15.225.(9)〔苗疆五百里内民人煎挖窝囤兴贩硝磺事发〕

一、附近苗疆五百里以内民人,煎挖、窝囤、兴贩硝磺事发,如在十斤以下,杖一百;其十斤以上者,杖六十、徒一年;二十斤以上者,按照五徒以次递加;五十斤以上者,杖一百、流二千里;八十斤以上者,杖一百、流二千五百里;一百斤者,杖一百、流三千里。多至百斤以上者,照合成火药卖与盐徒例,发近边充军。若囤积未曾兴贩,减私贩罪一等。焰硝每二斤,作硫磺一斤科断。邻保、挑夫、船户,照例分别发落。其该地银匠、药铺、染房需用硝磺,地方官照例给批定限,每次不得过五斤,违者治罪。

5.15.225.(10)〔棍徒引诱偷渡及船户揽载偷载〕①

一、闽省不法棍徒,如有充作客头,在沿海地方引诱偷渡之人,包揽过台,索取银两,用小船载出澳口,复上大船者,为首发近边充军,为从及澳甲、地保、舵工人等知而不举者,杖一百、徒三年。遇有拿获揽载偷渡船只,将搭载大船及雇倩小船各船户,俱照客头例,分别首从治罪,船只变价充公。出具连环互结之船户,并原保、澳甲及开张歇寓之人,知情容隐者,俱杖一百,枷号一个月,均不准折赎。其偷渡之人,照私度关津律杖八十,递回原籍。若将哨船偷载图利者,亦照此例分别治罪。倘奸徒中途有谋害情事,人已被害身死者,将同谋之人,不分首从,俱照江洋行劫大盗例,拟斩立决、枭示。如被害未死,将为首者比照强盗伤人例拟斩立决,同谋之人发黑龙江

---

① 咸丰二年(1852)修改。

给披甲人为奴。虽未同谋下手，但同船知情不首告者，杖一百、徒三年。至拿获偷渡人犯，讯明从何处开船，将失察奸船及隐匿不报之文武官弁，交部分别议处。

5.15.225.(11)〔奸商贩卖军器与土司番蛮〕

一、奸商贩卖军器与土司番蛮者，杖一百，发边远充军。该管官知情故纵者，罪同。不知情者，道府、州县官，及武职专管、兼辖官，并该管督抚、提镇，俱交该部照例分别议处。

5.15.225.(12)〔匪类在朝鲜生事及盗贼前往朝鲜劫掠〕

一、凡盗贼前往朝鲜国劫掠者，该国王即行追拿杀戮，生擒解送。其飘风船只人内，实系有票，并未生事者，照例送回。若无票匪类妄行生事，该国王即照伊律审拟，咨部具题请旨完结。倘伊国防汛之员不能擒获，题参治罪，该国王一并交部议处。

5.15.225.(13)〔私造海船夹带违禁货物往番买卖潜通海贼向导劫掠者〕

一、凡沿海地方，奸豪势要及军民人等，私造海船，将带违禁货物下海，前往番国买卖，潜通海贼，同谋结聚，及为向导劫掠良民者，正犯比照谋叛已行律处斩、枭示。其父兄、伯叔与弟知情分赃，杖一百、流三千里；如不知情之父兄，仍照不能禁约子弟为盗例杖一百。其打造海船卖与外国图利者，造船与卖船之人，为首者立斩，为从者发近边充军。若将船只雇与下海之人分取番货，及纠通下海之人私行接买番货，与探听下海之人番货到来，私买贩卖苏木、胡椒至一千斤以上者，俱发近边充军，番货并入官。

5.15.225.(14)〔沿海船只在朝鲜国境界渔采及私行越江者〕

一、凡沿海船只，在朝鲜国境界渔采及私行越江者，被朝鲜国人捕送，为首发边远充军，从犯减一等。该地方官员交部查议。

5.15.225.(15)〔台湾流寓之民为非及越境生事并无妻室者逐令过水回籍〕

一、台湾流寓之民，凡无妻室者，应逐令过水，交原籍收管。其有妻子、田产者，如犯歃血订盟诱番杀人、捏造匿名揭帖、强盗窝家、造卖赌具，应拟斩、绞、军、流等条，除本犯依律例定拟外，此内为从罪轻之人，并教唆之讼师，均应审明逐令过水。其越界生事之汉奸，如在生番地方谋占番田，并勾串棍徒包揽偷渡，及贩卖鸦片烟者，亦分别治罪，逐令过水。

5.15.225.(16)〔康熙五十六年前出洋在番闽人准其取结搭船回籍〕

一、在番居住闽人，实系康熙五十六年(1717)以前出洋者，令各船户出具保结，准其搭船回籍，交地方官给伊亲族领回，取具保结存案。如在番回籍之人，查有捏混顶冒，显非善良者，充发烟瘴地方。至定例之后，仍有托故不归，复偷渡私回者，一经拿获，即行请旨正法。

5.15.225.(17)〔海防武官听受外番金银许令船货私入串通交易及引惹番寇出没〕

一、凡守把海防武职官员，有犯听受外番金银货物等项，值银百两以上，许令船货私入，串通交易，贻害地方，及引惹番贼海寇出没，戕杀居民，除实犯死罪外，其余俱发边远充军。

5.15.225.(18)〔洋船出口揽载偷渡及回船照外多载顶充偷渡及潜匿不回等弊〕

一、洋船挂验出口之时,该汛弁详细验明押交,前途各汛押送,俟放洋后方许回汛。如船户有违禁揽载偷渡者,一经拿获,即严行究拟。兵役按拿获偷渡人犯名数给赏,十名以上,各赏银二两;每过十名,递加二两;至五十名以上,各赏银十两,即于该船户下追出充用。倘不实力查拿,以致疏脱,十名以上者,兵役各责二十板;每过十名,加责十板;至四十名以上,各责四十板,革役;五十名以上,枷号一个月发落。专管、兼辖官分别议处。其洋船回时,如有照外多载,或顶充偷渡,及潜匿不回等弊,船户、舵水俱照窝藏盗贼例治罪。出结之族邻行保,杖一百、徒三年。承查出结及汛口盘查各员,交部议处;有赃革职,杖一百、流二千里,仍计赃从重论。如出洋之人,果有病故等情,令同往之人及船户、舵水具结存案。

5.15.225.(19)〔各边出境巡探兵役私与贼人交易〕

一、各边兵役出境巡察,或探听贼情,若与贼人私擅交易货物者,除实犯死罪外,其余问发烟瘴地面充军。

5.15.225.(20)〔无票船只私渡民人及有票船只私带票内无名之人〕

一、奉天锦、复、熊、盖四城,俱系海疆,嗣后无论天津、山东等处商船,俱着于设有官兵处所停泊上岸,以便稽查,仍饬轮班兵役严行访查。如拿获无票船只私渡民人者,船户、民人,俱照越度缘边关塞律治罪,船只入官。若有票商船私带票内无名之人,查出,将本人照私度关津律治罪,递回原籍,船户照违制律治罪,船只免其入官。

5.15.225.(21)〔台湾流寓之人过犯杖笞以下免其驱逐〕

一、凡台湾流寓之人,如有过犯,罪止杖、笞以下,查有妻室、田产者,照常发落,免其驱逐。至犯该徒罪以上,及奸、盗、诈伪,恃强生事,扰累地方者,审明之日,一概押回原籍治罪,不许再行越度。承审各官不行递逐,容留在台者,该督抚查参,交部分别议处。

5.15.225.(22)〔丝斤违例出洋〕

一、丝斤违例出洋,过一百斤者,照米石出洋例,发近边充军;不及百斤者,杖一百、徒三年;不及十斤者,枷号一个月,杖一百。为从,及船户知情不首告者,各减一等。船只、货物入官。其违例偷漏绸缎、绵绢等物,按照丝斤分两多寡,分别治罪。失察之汛口文武各官,并照失察米石出洋例分别议处。

5.15.225.(23)〔沿海采捕出洋船只到口货物与照不符及遇洋面报有失事者〕

一、沿海采捕出洋船只,务将本船作何生业贸易,于照内详细填注。俟到口上岸之日,稽查官弁,令将货物核对,除与原照相符者即行放进外,若货物与照内不符,即时盘诘。如系来历不明,移交地方官审鞫。或来历有因,亦详记档簿。遇洋面报有失事地方,即开具失单,关查各口。设有被窃日期,并所失货物,与档簿相符者,立即根究严拿。仍饬兵役人等，不得借端索诈揹留，影射滋事。如有失察、故纵，及扰累无辜情弊，各照讳盗诬良例，分别治罪。

5.15.225.(24)〔出洋船只分别商渔开填入照〕

一、出洋船只，除商船仍将在船舵、水人等并填给照外，其渔船，止将船主年貌、姓名、籍贯，及作何生业，开填入照。并将船甲字号，大书深刻于桅篷船傍，出口时责成守口员弁，将该船前往何处、作何生业，并在船舵水年貌、姓名、籍贯，逐一查填照后，钤盖印戳，并将所填人数照登号簿。遇有一船为匪，按簿查缉。倘州县官将照给与匪人，及汛口文武员弁查填不实，均交部分别议处。

5.15.225.(25)〔租赁船只出洋为匪船主不知情者〕

一、租赁船只出洋为匪之案，除犯该徒罪以下，船主不知情者，仍照自造商船租与他人例杖一百，枷号三个月外，其犯该流罪以上者，船主虽不知情，照夹带违禁货物接济外洋原保结之人治罪例杖一百、徒三年，船只入官充赏。失察地方官照例议处。如船主实有事故，不能亲自出洋，别令亲属押驾，许赴地方官呈明取结，将亲属开填入照，方许出洋。如未呈明，以顶冒论罪。

5.15.225.(26)〔往洋船只于海关各口换票查验其有人照不符船货互异者〕

一、海关各口，如遇往洋船只倒换照票，务须查验人数，登填簿籍，钤盖印戳，始准放行。进口时，责成该委员吏役稽查。其有人照不符、船货互异，即送地方官审究。如失于查察，致匪船滥出滥入，审明系何处口岸，有委员者，将该委员照例议处；无委员者，将该吏役责革，加枷号一个月，并将失察之该管官交部议处。倘关口员役借端需索，照例分别参处治罪。

5.15.225.(27)〔太监在宫门及禁门以内等处吸食鸦片烟〕

一、太监在宫门及禁门以内吸食鸦片烟者，拟斩监候，家属发往新疆给官员为奴。失察之总管革职；该处首领不论知情与否，俱发往黑龙江给官兵为奴；同屋太监，均发往打牲乌拉给官兵为奴。如系首领吸食，将本管总管革职发遣；其余首领及太监等，俱发吴甸铡草五年。如在外围等处及陵寝当差太监吸食者，均拟绞监候；失察之总管实降二级，首领革职；同屋太监，发吴甸铡草三年。系首领吸食，均照禁门以内例治罪。如有告假在外，或潜住私宅，及在他处吸食者，将首领太监永远枷号。若系首领在私宅吸食者，将其家属杖一百、徒三年，房屋入官。他处有客留太监吸食鸦片烟者，加等治罪，房屋一律入官。其王公门上、大臣宅中，及已为民之太监，有吸食鸦片烟者，亦照外围等处例治罪。

5.15.225.(28)〔拿获偷渡过台客民及客头船户分别治罪〕

一、拿获偷渡过台客民，如尚在陆路客店道路，未登舟以前，客头、船户、客民俱照本例减一等发落。如已登舟，无分大船小船、已未出口，将客头、船户、客民即照偷渡本例治罪。若不法客头、船户内，有积惯在于沿海村镇引诱包揽，招集男妇老幼数至三十人以上者，无论已未登舟，一经拿获，即将客头、船户年力强壮者，发遣新疆给种地兵丁为奴;年老残废者,改发极边烟瘴充军。至拿获偷渡客民,务须严究沿海陆路在何村镇客店会集,将该处兵役、澳甲、地保、客店究明。如止于失察,兵役杖一百,澳甲、地保、客店人等杖七十。如有贿纵情弊,计赃从重论。兵役、澳甲人等,能于客店聚集时拿获,及首报偷渡客民者,虽在本汛,亦按照拿获偷渡客民,计名给赏。若将并非偷渡之人辄行妄拿,图功邀赏,及挟嫌吓诈情事,仍各照本例分别从重治罪。

5.15.225.(29)〔守口员弁查验沿海各省商渔船只如有人照不符及年貌箕斗不合〕

一、沿海各省商渔船只,地方官给发照票,于舵工、水手人等年貌项下添注箕斗,令守口员弁查验。如人数与照内不符,及年貌、箕斗不合者,将船扣留,移交地方官查明严办。其有捏称照票遗失,或称存留在家者,即审明实无为匪情事,亦照违制律治罪,船只入官。其水手人等,或在洋患病,临时雇觅别船水手,准该船户于收口时,出具保结呈报该管官员,于新雇水手年貌之下,亦填注箕斗。仍验明同船之人,每名箕斗皆属相符,方准具保。若有病故淹毙,即令同船之人出具切实甘结。如有无故不回者,准令地、邻出首。倘获破盗案内有同票之人,将出结之船户、水手,及原出甘结又不禀首之地、邻,一并分别治罪。如守口弁兵不实力稽查,私行卖放,一经发觉,审明该犯于何年月日、在何处口岸透漏出口,即将该弁兵治罪。不行觉查之上司,从重议处。如系自行查出者,准予免议。

5.15.225.(30)〔将米谷等偷运外洋接济奸匪〕

一、奸徒将米谷、豆麦、杂粮偷运外洋,接济奸匪者,拟绞立决。如止图渔利,并无接济奸匪情弊者,米过一百石,发近边充军;一百石以下,杖一百、徒三年;不及十石者,枷号一个月,杖一百。为从,及知情不首之船户,各减一等。谷及豆麦、杂粮,每二石作米一石科断。所有奸徒偷运米石及船只、货物,俱给拿获之员弁充赏。失察之汛口文武各官,照例议处。如有得贿故纵者,即行参革,以枉法计赃治罪。倘有不肖员弁,奉委之后,并不亲身出口,及妄拿商船额带食米讹诈者,一体严参。其有得赃者,照恐吓取财律治罪。

5.15.225.(31)〔私贩铜铁等项出洋及将铁锅出洋货卖〕

一、商民收买铁斤,除近苗产铁处所,令呈明地方官外,其内地兴贩,悉从民便。若沿海地方商民图利,将铁斤及废铁、铁货,并红黄铜器、铜斤,私贩递运海洋,交卖商渔船只,一百斤以下者,杖一百、徒三年;一百斤以上及舟车捆载者,发近边充军。为从各减一等。若将前项铜铁等货,卖与外国及海边贼寇者,照将军器出境下海律拟绞监候,为从杖一百、流三千里。船户、挑夫,各减本犯罪二等。货物、铜铁、船只入官。关汛文武官弁失察、故纵,分别议处、治罪。如内地货卖,官弁兵役借端索诈,计赃治罪。其汉夷船只,有将铁锅出洋货卖者,亦照此例行。至商船每日煮食之锅,照旧置用,官吏不得借端勒索滋扰。

5.15.225.(32)〔偷越番界启衅诱乱〕

一、商民等偷越生番地界者,杖一百。偷越深山伐木等项,杖一百、徒三年。致启边衅,或教诱为乱,贻害地方者,除实犯死罪外,问发边远充军。

5.15.225.(33)〔贡船到岸未曾盘验先行接买番货及私与外国人交通买卖〕

一、凡外国贡船到岸,未曾报官盘验,先行接买番货,并外国人入贡经过地方,街市铺行人等,私与外国人交通买卖,如所买卖货物不系违禁者,均照违制律杖一百,枷号一个月,货物入官。如所买卖系违禁货物,并会同馆内外四邻及军民人等,代替外国人收买违禁货物者,俱枷号一个月,发近边充军。若外国差使臣人等朝贡到京,与军民人等交易,止许光素苎丝绢布衣服等件,不许买黄、紫、黑、皂大花西番莲缎匹,并不得收买史书。违者,将卖给之人,照代为收买违禁货物例枷号一个月,发近边充军。如有将一应违禁军器、硝磺、牛角、铜铁等物,图利卖与进贡外国者,为首依私将应禁军器出境因而走泄事情律斩监候,为从发近边充军。

5.15.225.(34)〔山海关所属冷口一带近边州县内地商民额外携带钢铁出口及无照夹带〕

一、山海关所属冷口迤东一带,与奉天锦州、复州、盖平三州县,及盖平县界内之熊岳城,并宁海县,皆近接海洋,除奸民私贩钢铁递运海洋,交卖商渔船只,分别斤数照例问拟外,其近边州县内地商民,若因打造农具买运钢铁出口,一百斤以内者,准其买运。令该商民呈明运往境内何处,该地方官填给印照,呈递守口员弁查验放行。如查有额外携带,及无照夹带不成器皿之铁,并非递运海洋,亦非卖与商渔船只,至五十斤者,将铁入官,照不应重律杖八十;一百斤以外者,于沿海地方商民将铁递运海洋交卖商渔船只一百斤以上军罪例上减一等,杖一百、徒三年。守口员弁,有借端需索者,参处治罪。

5.15.225.(35)〔洋面失事听事主赴进口所在文武衙门详报行查缉拿〕

一、内洋失事,仍照例文武官带同事主会勘外,如外洋失事,听事主于随风飘泊进口处,带同舵水,赴所在文武衙门呈报。该衙门接据报呈,以事主所指被劫地方为准。倘事主不能指实地名,即将洋图令其指认。如在本县该管洋面被劫者,即行差缉,一面移会交界县份,一体缉拿。如所报系在邻县,或邻省洋面被劫者,该县一面缉拿,一面将报呈飞移失事地方,并详报该督抚分别咨行,毋庸传同事主会勘。仍令该督抚严饬所属,不分畛域,实力奉行。地方文武官,倘有借词推诿,或令事主改换报呈,或令盗犯捏供别处者,照规避例参革究办。至详报督抚衙门,无论内外洋失事,以事主报到三日内出详驰递,以便据报行查海关各口,将税簿、赃单,互相较核。有货物相符者,即将盗船伙党姓名呈报关拿。若守口员弁,有规避处分,互相推卸,或指使捏报他界者,将推诿员弁交部照例议处。其稽查关口员役,如于未接文檄之先,能查出匪船拿获禀报者,分别议叙,吏役酌量给赏。如奉到文檄,能按照单簿据实查出,飞移所在地方,将盗犯拿获者,免其处分。

5.15.225.(36)〔商人携带引茶货物在喀什噶尔等处与越卡进内之布鲁特等私相交易〕

一、凡商人有携带引茶货物在喀什噶尔等处,与私越进卡之布鲁特等易换货物,或相买卖者,除违禁军器、硝磺实犯死罪外,余俱发边远充军。如系私茶,即照兴贩私茶与外国交易例,发烟瘴充军。知情容留之歇家、说合之牙保,各与本犯同罪。货物入官。如商人携货私越卡外,及越卡进内交易之布鲁特,俱发云贵两广烟瘴地方充军。

5.15.225.(37)〔黄金白银违例出洋〕

一、黄金、白银违例出洋,如白银数在一百两以上者,发近边充军;一百两以下,杖一百、徒三年;不及十两者,枷号一个月,杖一百。为从及知情不首之船户,各减一等。至黄金每两作白银十两科断。失察、贿纵之汛口文武各官,俱照失察贿纵米谷例惩办。

5.15.225.(38)〔官员及兵丁买食洋药〕①

一、官员及兵丁买食洋药,家长不能禁约,照不能禁约子弟为窃例治罪。

5.15.225.(39)〔仿铸洋钱图利〕

一、内地奸民,有摹造洋板销化白银,仿铸洋钱图利者,一经当场拿获,如数在一百元以上者,发近边充军;一百元以下,杖一百、徒三年;不及十元者,枷号一个月,杖一百。为从各减一等。

5.15.225.(40)〔台湾地方拿获番割讯有散发改装擅娶番妇〕

一、台湾地方拿获番割,除实犯死罪外,但经讯有散发改装、擅娶生番妇女情事,即照台湾无藉游民犷悍不法犯该徒罪以上例,酌量情节轻重,分别充军。其仅止擅娶生番妇女,并无散发改装情事者,杖一百、徒三年。

5.15.225.(41)〔台湾奸民私煎硝磺合成火药及与生番交易并偷漏出海〕

一、台湾奸民,私煎硝磺,无论已未兴贩,如数在十斤以下者,杖一百,刺字,逐令过水;十斤以上,杖六十、徒一年,每十斤加一等;多至百斤以上,及合成火药在十斤以下者,发近边充军;多至三百斤以上,及合成火药至十斤以上者,照私铸红衣等大小炮位例处斩,妻子缘坐,财产入官。如将硝磺与生番交易货物,及偷漏出海者,均以通贼论。总董、牌甲、邻佑、挑夫、船户知情不举者,连坐。失察各官照例议处,自行拿获者免议。

5.15.225.(42)〔开设烟馆及在馆吸食〕②

一、洋药客商在铺开馆,及别铺并住户开设烟馆,照开场聚赌例治罪。在馆吸食之人,照违制律杖一百。房主知情,将房屋入官;不知者,不坐。

5.15.225.(43)〔官员及兵丁吸食洋药〕③

一、官员兵丁及吸食洋药,俱拟绞监候。系旗人,销除本身旗档。失察之该管

① 同治九年(1870)修改。
② 同治九年(1870)修改。
③ 同治九年(1870)修改。

官,均交部议处。

5.15.225.(44)〔戒烟后存留烟灰未毁弃〕①

一、官员及兵丁吸食洋药,后经改悔,如存留烟灰未毁弃者,杖一百。

5.15.226 私役弓兵

5.15.226.1 凡私(事)役(使)弓兵者,一人笞四十,每三人加一等,罪止杖八十。每名计(役过)一日,追雇工银八分五厘五毫入官。当该官司应付(役使)者同罪,罪坐所由。(应付之官吏。)

① 同治九年(1870)修改。

卷二十一　兵律·厩牧

5.16 厩　牧

5.16.227 牧养畜产不如法

5.16.227.1 凡牧养官马、牛、驼、骡、驴、羊，并以一百头为率，若死者、损者、失者，各从实开报。死者即时将皮张鬃尾入官，牛筋角皮张亦入官。其管牧牧长、牧副，每马、牛、驼一头各笞三十，每三头加一等；过杖一百，每十头加一等，罪止杖一百、徒三年。羊减马三等，四头笞一十，每三头加一等；过杖一百，每十头加一等，罪止杖七十、徒一年半。驴、骡，减马牛驼二等。一头笞一十，每三头加一等；过杖一百，每十头加一等，罪止杖八十、徒二年。若胎生不及时日而死者，灰腌，并年老而自死者，看视明白，不坐；若失去，赔偿。损伤不堪用，减死者一等坐罪。其死损数目，并不准除。

条　例

5.16.227.(1)〔解送军营马匹倒毙及有盗卖别情〕

一、解送军营马匹倒毙，其分起解送之文武各员，照军营赔补马匹之数，每百匹准其倒毙三匹。如倒毙三匹以上至二十匹者，交部照例分别议处；二十匹以上者，杖一百；三十匹以上者，杖六十、徒一年；三十五匹以上者，杖七十、徒一年半；四十匹以上者，杖八十、徒二年；四十五匹以上者，杖九十、徒二年半；五十匹以上者，杖一百、徒三年。如有盗卖别情，计赃以监守自盗论。至总理督解之员，合其督解总数，按其倒毙多寡，亦即照此分别议处、治罪。若知盗卖之情而故纵者，罪同。

5.16.228 孳生马匹

5.16.228.1 凡牧长管领骒马一百匹为一群，每年三群孳生驹一百匹。若一年之内，止有驹八十匹者，笞五十；七十匹者，杖六十。典牧官不为用心提调者，至孳生不及数，各减三等；太仆寺官，又减典牧官罪二等。

条　例

5.16.228.(1)〔管领游牧马群每三年整顿视其孳生多少分别赏罚〕

一、凡上驷院、太仆寺所管游牧马群，每三年整顿一次。不论骒马、儿马、马驹，每三匹内合算当孳生马一匹。除合算正额外，多孳生一百六十匹以上者，为头等；八十匹以上者，为二等；一匹以上者，为三等，牧长、牧副分别给赏。若合算正额内少孳生五十匹以下者，牧长罚马五匹，牧副各笞四十；一百匹以下者，牧长罚马七匹，牧副各笞五十；一百匹以上者，牧长罚马九匹，牧副各杖六十。骟马群倒毙少者赏，多者罚，相半者免议。赏罚之数，视骒马群第三等例。其各马群赏罚相半者，总管官免议；赏多者，按群给赏；罚多者，按群受罚。

5.16.229 验畜产不以实

5.16.229.1 凡官司相验分拣相验其美恶，而分别拣选，以定高下。官马、牛、驼、骡、驴，不以美恶之实者，一头笞四十，每三头加一等，罪止杖一百。验羊不以实，减三等。若因验畜不实而价有增减者，计所增亏官。减损民，价坐赃论。入己者，以监守自盗论。各从重科断。不实罪重，从不实坐赃；自盗罪重，从自盗坐赃。

条　例

5.16.229.(1)〔州县验解备用马匹马贩交通官吏兽医兜揽作弊〕

一、州县起解备用马匹，各要经由该管官验中起解。若有马贩交通官吏、医兽人等，兜揽作弊者，问罪，枷号一个月，发近边充军。

5.16.230 养疗瘦病畜产不如法

5.16.230.1 凡养疗瘦病官马、牛、驼、骡、驴不如法，无论头数，笞三十。因而致死者，一头笞四十，每三头加一等，罪止杖一百。羊减三等。

5.16.231 乘官畜脊破领穿

5.16.231.1 凡官马、牛、驼、骡、驴，乘驾不如法，而致脊破领穿疮围绕三寸者，笞二十；五寸以上，笞五十，并坐乘驾之人。若牧养瘦者，计百头为率，十头瘦者，牧养人及牧长、牧副各笞二十，每十头加一等，罪止杖一百。羊减三等。典牧官各随所管牧长多少，通计科罪。亦以十分为率。太仆寺官各减典牧官罪三等。

条　例

5.16.231.(1)〔车驾行幸所需马匹不按时饮喂私自驰骤及倒毙走失损伤〕

一、车驾行幸，所需马匹、车辆，及校尉等所乘马匹，俱令该管职事人员亲身关领，严行约束。若校尉、当差人役、赶车步军，将马匹不按时饮水喂草，私自滥行驰骤，或在沿途，或到处所，倒毙、走失者，各杖一百；蹩病损伤者，减二等。

5.16.232 官马不调习

5.16.232.1 凡牧马之官，听乘官马，而不调习者，一匹笞二十，每五匹加一等，罪止杖八十。

5.16.233 宰杀马牛

5.16.233.1 凡私宰自己马、牛者,杖一百;驼、骡、驴,杖八十;筋、角、皮张入官。误杀及病死者不坐。○5.16.233.2 若故杀他人马、牛者,杖七十、徒一年半;驼、骡、驴,杖一百。官畜产同。若计赃重于本罪者,准盗论。追价给主。系官者,准常人盗官物断罪,并免刺。若伤而不死,不堪乘用,及杀猪、羊等畜者,计杀伤所减之价,亦准盗论。各追赔所减价钱。完官、给主。价不减者,笞三十。其误杀伤者,不坐罪,但追赔减价。○5.16.233.3 为从者,故杀伤,各减一等。官物不分首从。○5.16.233.4 若故杀缌麻以上亲马、牛、驼、骡、驴者,与本主私宰罪同;追价赔主。杀猪、羊等畜者,计减价坐赃论,罪止杖八十。其误杀及故伤者俱不坐,但各追赔减价。○5.16.233.5 若官私畜产毁食官私之物,因而杀伤者,各减故杀伤三等,追赔所减价;还畜主。畜主赔偿所毁食之物。还官、主。○5.16.233.6 若故放官私畜产损食官私物者,笞三十;计所食之赃重于本罪者,坐赃论。罪止杖一百、徒三年。失防者,减二等。各赔所损物。还官、主。○5.16.233.7 若官畜产失防毁食官物者,止坐其罪,不在赔偿之限。○5.16.233.8 若畜产欲触抵踢咬人,登时杀伤者,不坐罪,亦不赔偿。兼官、私。

条　例

5.16.233.(1)〔开设汤锅宰杀堪用马匹〕

一、开设汤锅,宰杀堪用马一二匹者,枷号四十日,责四十板;三四匹者,杖六十、徒一年;五匹以上,每马四匹递加一等;至三十匹者,杖一百、流三千里;三十匹以上者,发云贵两广烟瘴少轻地方,交与地方官严行管束。若旗人有犯,亦计匹论罪,一匹至四匹者,俱枷号四十日;五匹以上,每四匹递加一等,加枷号五日;至三十匹以上者,发黑龙江当差。牙行及卖马之人知情者,照数各减宰马人罪一等;至三十匹以上者,均发附近充军。其徒罪以下再犯,及知情卖与者,俱不计匹数,均发近边充军。失察之地方官,按数分别议处。

5.16.233.(2)〔宰杀耕牛私开圈店及贩卖与宰杀之人〕

一、凡宰杀耕牛,私开圈店,及贩卖与宰杀之人,初犯,俱枷号两个月,杖一百。若计只重于本罪者,照盗牛例治罪,免刺,罪止杖一百、流三千里。再犯,发附近充军。杀自己牛者,枷号一个月,杖八十。其残老病死者勿论。失察私宰之地方官,照失察宰杀马匹例,分别议处。若能拿获究治,免其处分。

5.16.233.(3)〔买宰堪用牲畜〕

一、凡屠户将堪用牲畜买去宰杀者,虽经上税,仍照故杀他人驼骡律杖一百。若将窃盗所偷堪用牲畜,不上税买去宰杀者,与窃盗一体治罪。如窃盗罪名轻于宰杀者,仍从重依宰杀本例问拟,免刺,不得以盗杀论。

5.16.233.(4)〔附京地方窝藏偷窃马匹宰剥〕

一、附京州县及京汛地方,有窝藏偷窃马匹开设马窖子宰剥者,实发云贵两广极边烟瘴充军。失察之官弁,照例议处。

5.16.234 畜产咬踢人

5.16.234.1 凡马、牛及犬有触抵踢咬人,而(畜主)记号拴系不如法,若有狂犬不杀者,笞四十。因而杀伤人者,以过失论。(各准斗殴杀伤,收赎给主。)若故放令杀伤人者,减斗殴杀伤一等。(亲属有犯者,依尊卑相殴杀伤律。)其受雇医疗畜产,(无制控之术,)及无故(人自)触之而被杀伤者,不坐罪。○5.16.234.2 若故放犬令杀伤他人畜产者,各笞四十,追赔所减价钱。(给主。)

5.16.235 隐匿孳生官畜产

5.16.235.1 凡牧养系官马、骡、驴等畜,所得孳生,限十日内报官。若限外隐匿不报,计(所隐匿之价为)赃准窃盗论。(止杖一百、流三千里。)因而盗卖,或(将不堪孳生)抵换者,并以监守自盗论罪。(不分首从,并赃至四十两,杂犯斩。)其典牧官、太仆寺官,知情不举,与犯人同罪。不知者俱不坐。(买主知情,以故买盗赃科,匿卖抵换之物还官。)

条 例

5.16.235.(1)〔屯庄居住旗人畜养马匹〕

一、凡屯庄居住旗人庄头畜养马匹,各用该旗印烙。无印烙者,察出将马入官,养马之人杖一百。屯领催不行察出者,笞五十,首报免罪。

5.16.235.(2)〔盗卖抵换口外群内马匹〕

一、口外群内马匹,盗卖抵换,照监守自盗律科罪。若将有太仆寺满字印烙马匹,明知故买者,与犯人同罪。

5.16.236 私借官畜产

5.16.236.1 凡监临(官吏)主守,(之人,)将系官马、牛、驼、骡、驴私自借用,或转借与人,及借之者,(不论久近多寡,)各笞五十,验(计借过)日(期)追雇赁钱入官。若计雇赁钱重(于笞五十)者,各坐赃论,加一等。(雇钱不得过其本价。官畜死,依毁弃官物。在场牵去,依常人盗。)

5.16.237 公使人等索借马匹

5.16.237.1 凡公使人等承差经过去处,(除应付脚力外,)索借有司官马匹骑坐者,杖六十;驴、骡,笞五十。官吏应付者,各减一等。罪坐所由。(应付之人。)

卷二十二 兵律·邮驿

5.17 邮 驿

5.17.238 递送公文

5.17.238.1 凡铺兵递送公文，昼夜须行三百里。稽留三刻，笞二十，每三刻加一等，罪止笞五十。其公文到铺，不问角数多少，铺司须要随即附籍遣兵递送，不许等待后来文书，违者，铺司笞二十。○5.17.238.2 其铺兵递送公文，若磨擦及破坏封皮，不动原封者，一角笞二十，每三角加一等，罪止杖六十。若损坏公文，不动原封者，一角笞四十，每二角加一等，罪止杖八十。若沉匿公文，及拆动原封者，一角杖六十，每一角加一等，罪止杖一百。若事干军情机密文书，与漏泄不同。不拘角数，即杖一百。有所规避而沉拆者，各从重论。规避罪重，从规避；沉拆罪重，问沉拆。其铺司不告举者，与犯人同罪。若已告举，而所在官司不即受理施行者，各减犯人罪二等。○5.17.238.3 其各县铺长，专一于概管铺分往来巡视。提调官吏，每月一次亲临各铺刷勘。若有奸弊失于检举者，通计公文稽留及磨擦破坏封皮，不动原封十件以上，铺长笞四十，提调吏典笞三十，官笞二十。若损坏及沉匿公文，若拆动原封者，铺长与铺兵同罪，提调吏典减一等，官又减一等。府州提调官吏失于检举者，各递减一等。

条 例

5.17.238.(1)〔无印信文字〕

一、无印信文字，不许入递。

5.17.238.(2)〔马夫沉匿平常及军情机密文书〕

一、各省驿站递送公文，令管站官各立印信、号簿。上站号簿，用下站官印，于每月底彼此移明查考。倘有沉匿、稽延等情，即行详报该管上司据实题参，不得故为容隐。其沉匿平常公文，马夫照铺兵律治罪，提调官吏依律递减。若事干军情机密文书而沉匿者，不计角数，马夫杖六十、徒一年；提调吏典杖一百，革役；司驿官革职。如有所规避者，从重论。

5.17.238.(3)〔遗失马上飞递公文〕

一、马上飞递公文，如有遗失，除将马夫照例治罪外，该地方官一面详报该管上司，一面径报原发衙门，查核补给。

5.17.238.(4)〔擅敢拆动军台文报以致漏泄事情〕

一、凡军台文报，如有将报匣夹板及兵部加封事件，擅敢拆动，以致漏泄事情者，该管大臣立即查究。供证明确，无论官兵马夫，即按军法从事。其专管台站之文武员弁，革职拿问；管辖台站大员，交部议处。至军营来往文移札禀，有关军需粮饷、调遣兵马及升调参革官员等项，发递时，俱用钉封，钤盖印信。如台站书吏人等私自拆阅者，查出究明，问拟满流；台站官弁，交部分别议处。

5.17.238.(5)〔刑部咨行各省立决人犯公文〕

一、刑部咨行各省立决人犯公文，俱钉封严固，封面注明件数，并“由马上飞递”字样，派笔帖式一员，送交兵部，加封发驿驰递。

5.17.239 邀取实封公文

5.17.239.1 凡在外大小各衙门官，但有入递进呈实封公文至御前，下司被上司非理凌虐，亦许据实封奏。而上司官令人于中途急递铺邀截取回者，不拘远近，从本铺铺司、铺兵赴所在官司告举，随即申呈上司转达该部奏闻，追究邀截之情得实，斩。监候。邀截进表文比此。其铺司、铺兵容隐不告举者，各杖一百。若已告举，而所在官司不即受理施行者，罪亦如之。○5.17.239.2 若邀取实封至六部、察院公文者，各减二等。下司畏上司劾奏而邀取者比此。

5.17.240 铺舍损坏

5.17.240.1 凡急递铺舍损坏，不为修理，什物不完、铺兵数少，不为补置，及令老弱之人当役者，铺长笞五十，有司提调官吏各笞四十。

条　例

5.17.240.(1)〔急递铺之设置〕

一、急递铺，每一十五里设置一所。每铺设铺兵四名，铺司一名，于附近有丁力粮近一石之上、二石之下者点充。须要少壮正身，与免杂泛差役。每铺置备各项什物：十二时轮日晷牌子一个，红绰屑一座，并牌额铺册二本。上司行下一本，各府申上一本。遇夜，常明灯烛。铺兵每名合备什物：夹板一副，铃襻一副，缨枪一副，油绢三尺，软绢包袱一条，箬帽、蓑衣各一件，红闷棍一条，回册一本。

5.17.241 私役铺兵

5.17.241.1 凡各衙门一应公差人员，于经过所在，不许差使铺兵挑送官物及私己行李，违者笞四十，每名计一日追雇工银八分五厘五毫入官。

5.17.242 驿使稽程

5.17.242.1 凡出使驰驿违限,常事,一日笞二十,每三日加一等,罪止杖六十。军情重事,加三等。因而失误军机者,斩。监候。若各驿官故将好马藏匿,及推故不即应付,以致违限者,对问明白,即以前应得笞、杖、斩罪坐驿官。其遇水涨路道阻碍经行者,不坐。○5.17.242.2 若驿使承受官司文书,误不依原行题写所在公干去处,错去他所而违限者,减二等。四日笞一十,每三日加一等,罪止笞四十。事干军务者不减。若由原行公文题写错者,罪坐题写之人,驿使不坐。

条　例

5.17.242.(1)〔不依勘合随即供应驿马廪给以致迟误军务军情〕

一、凡官员因军务差遣,及自军前赴京赍奏军情,倘经过地方,不照依勘合、火牌、粮单,随即供应驿马廪给,不为预备公馆,以致迟误者,按迟误事情巨细,将本城长官及所派催办驿马粮饷官俱题参,交部察议拟罪。若长官他出,不在本城而有迟误者,其委托怠玩,亦不得免罪,仍交部察议。

5.17.242.(2)〔赍奏不骑驿马致违限者〕

一、凡赍奏不骑驿马,违限十日以内者,免罪。十日以外,系常事笞三十,密事笞四十。

5.17.242.(3)〔用强包揽驿递夫役及各铺司兵不容正身着役〕

一、各处水马驿递运所夫役、铺兵及巡检司弓兵,若有用强包揽,不容正身着役,多取工钱,致将公文稽迟沉匿,及搅扰衙门者,发附近充军。其官吏、铺长通同纵容者,各照违制律治罪;失于觉察者,交部议处。若不曾用强多取工钱者,不在此例。多取工钱,问求索,计赃以不枉法论。

5.17.243 多乘驿马

5.17.243.1 凡出使人员,应乘驿船驿马数外,多乘一船一马者,杖八十,每一船一马加一等。若应乘驴而乘马,及应乘中等、下等马而勒要上等马者,杖七十。因而殴伤驿官者,各加一等。至折齿以上,依斗殴论。若驿官容情应付者,各减犯人罪一等。其应乘上等马而驿官却与中等、下等马者,罪坐驿官。本驿如无上等马者勿论。○5.17.243.2 若出使人员枉道驰驿,及经驿不换船马者,杖六十。因而走死驿马者,加一等,追偿马匹还官。○5.17.243.3 其事非警急不曾枉道,而走死驿马者,偿而不坐。○5.17.243.4 若军情警急,及前驿无船马倒换者,不坐不偿。亦究不倒换缘由。

条　例

5.17.243.(1)〔勘合之外多给夫马及差使硬派民间牲口〕

一、勘合之外,如敢多给一夫一马,许前途州县据实揭报,都察院纠参。倘容情不揭,别经揭报,一并治罪。其差使至境,硬派民间牲口者,照违例妄索民夫例,该管官揭报,督抚题参。审明后,分别议处、治罪。

5.17.243.(2)〔指称勋戚大臣近侍官员亲族家人扰害驿递〕

一、凡指称勋戚、文武大臣、近侍官员姻党、族属、家人名目,虚张声势,扰害经过军卫有司驿递衙门,占宿公馆,索取人夫、马匹、车辆、财物等项,及奸徒诈称势要衙门,乘坐黑楼等船只,悬挂牌面,希图免税,诓骗违法者,徒罪以上,俱于所犯地方枷号一个月,发近边充军;杖罪以下,枷号一个月发落。索取财物,问求索;希图免税,问匿税;诓骗违法,问诈称见任官家人于所部内得财。

5.17.243.(3)〔驰驿官员纵容官役殴骂驿官或并无急务走死驿马〕

一、凡驰驿官员纵容差官、跟役,殴骂驿官、驿夫,或并无急务,走死驿马,并额马既足,故行越站,以及索诈财物者,该地方官、驿官,一面申详上司,一面具报该部察究得实,官员革职,差官人等拿送刑部从重治罪。若无勘合、火牌,谎称公差,支取夫马船只,及索诈财物者,亦俱拿送刑部从重治罪。其不照依所定程途,枉道扰驿者,系官交该部议处,差役杖一百。

5.17.243.(4)〔扣克差船官价及各衙门乡亲书吏滥捉民船〕

一、水驿一应差船,如有派拨埠头,扣克官价入己者,计赃照侵盗钱粮例问拟。各衙门乡亲来往,并书吏人等滥捉民船,辄用旗枪、灯笼假借本管官官衔者,照无官而诈称有官律杖一百、徒三年。

5.17.244 多支廪给

5.17.244.1 凡出使人员,多支领廪给者,计赃以不枉法论,分有禄、无禄。当该官吏与者减一等。强取者,以枉法论,官吏不坐。多支口粮比此。

条　例

5.17.244.(1)〔外人入贡经过驿递不许容令买卖〕

一、各处地方,如遇外国人入贡,经过驿递,即便察照勘合应付,不许容令买卖,连日支应,违者按律治罪。

5.17.245 文书应给驿而不给

5.17.245.1 凡朝廷调遣军马,及报警急军务至边将,若边将及各衙门飞报军情诣朝廷实封文书,故不遣使给驿而入递者,杖一百。因而失误军机者,斩。监候。○5.17.245.2 若进贺表笺,及赈救饥荒、申报灾异、取索军需之类重事,故不遣使给驿者,杖八十。失误军机,仍从重论。若常事不应给驿而故给驿者,笞四十。

5.17.246 公事应行稽程

5.17.246.1 凡公事有应起解官物、囚徒、畜产,差人管送而辄稽留,及一切公事有期限而违者,一日笞二十,每三日加一等,罪止笞五十。若起解军需,随征供给,而管送兼稽留。违限者,各加二等,罪止杖一百。以致临敌缺乏,失误军机者,斩。监候。若承差人误不依题写去处,错去他所,以致违限者,减本罪二等,事干军务者不减。或笞,或杖,或斩,照前科罪。若由公文题写错而违限者,罪坐题写之人,承差人不坐。

条　例

5.17.246.(1)〔夫役工匠遇有紧要差使挟制官长扬散误差〕

一、夫役、工匠人等,遇有紧要差使传集公所,立待应用。如不遵官长约束,为匪不法,逞刁挟制,因而率众扬散以致误差,审明,为首者拟斩监候,为从均枷号一个月、杖一百。倘系偶尔违禁,干犯赌博、斗殴等事,并未挟制官长,扬散误差者,仍按本律治罪。

5.17.247 占宿驿舍上房

5.17.247.1 凡公差人员,出外干办公事,占宿驿舍正厅上房者,笞五十。正厅上房,待品官上客。

5.17.248 乘驿马赍私物

5.17.248.1 凡出使人员,应乘驿马,除随身衣服、器仗外,赍带私物者,十斤杖六十,每十斤加一等,罪止杖一百;驿驴,减一等。所带私物入官。致死驿马者,依本律。

条　例

5.17.248.(1)〔奉差员役随带重包及驿员徇隐〕

一、奉差员役至头站时,该驿员即将应背之包,称准斤数,开明印单,递送前途。其每夜住宿之站,该驿员详加查估。如果照例装载,即于印单填写"某站验明并无重包"字样。日间所过驿站,验单应付。如前站徇隐重包,经后站察出详报,该差员役照律治罪;徇隐驿员,一并议处。

5.17.248.(2)〔奸商寄托年班进京回子夹带私货〕

一、积惯渔利奸商,寄托年班、进京回子夹带私货者,除数在五百斤以内,仍照旧例分别拟杖外,如数至六百斤,杖六十、徒一年,每百斤加一等,罪止杖一百、流三千里。货物照律入官。

5.17.249 私役民夫抬轿

5.17.249.1 凡各衙门官吏及出使人员，役使人民抬轿者，杖六十。有司应付者，减一等。若豪富（庶民）之家，（不给雇钱，以势）役使佃客抬轿者，罪亦如之。每名，计一日追给雇工银八分五厘五毫。○5.17.249.2 其民间出钱雇工者，不在此限。

条　例

5.17.249.(1)〔内府执事及部院衙门官员人等诈欺索取民夫〕

一、凡内府官员执事之人，及各部院衙门官员人等，并无印信凭据，诈欺索取民夫等项，该地方官即行拘拿，一面申报该督抚具题，一面申报该部。审实，系官革职；系领催、执事人等，拿送刑部从重治罪。拿首之地方官，交部议叙。

5.17.249.(2)〔非钦差及奉委官员违例妄索民夫〕

一、凡兵部勘合，钦差大臣及督抚入境，学差试差，知府下县盘查，及他县奉督抚差委盘查者，准其动用民夫，其余概不准用。倘有违例妄索者，着该管官即行揭报督抚题参。若该管官违例滥应，发觉之日，照例治罪。

5.17.250 病故官家属还乡

5.17.250.1 凡军民官在任以理病故，家属无力不能还乡者，所在官司差人管领，应付（车船夫马）脚力，随程验（所有家）口，官给行粮，递送还乡。违而不送者，杖六十。

条　例

5.17.250.(1)〔实系穷苦之县丞以下等官参革离任或告病身故回籍〕

一、县丞以下等官，参革离任，或告病身故，实系穷苦不能回籍者，该督抚于存公项内，酌给还乡路费，每年造册报销。

5.17.251 承差转雇寄人

5.17.251.1 凡承差起解官物、囚徒、畜产，不亲管送，而雇人、寄人代领送者，杖六十。因而损失官物、畜产及失囚者，依（本）律各从重论。（损失重同损失，轻则仍科雇寄。）受雇、受寄人，各减（承差人）一等。○5.17.251.2 其同差人自相替者、放者，各笞四十。取财者，（承替取放者贴解之物）计赃以不枉法论。若事有损失者，亦依损失官物及失囚律追断，不在减等之限。（若侵欺、故纵，各依本律。替者有犯，管送人不知情不坐。）

条　例

5.17.251.(1)〔出派管押护送起解人犯兵役不足数及雇人代解〕

一、起解人犯，每名选差的役二名管押，兵丁二名护送。若兵役派不足数，及雇人代解,许兵役互相禀报本管官,知会原派衙门查究补派。若兵役知而不举,将兵役及承派之书吏、弓兵俱杖一百,革役。其经由前途文武各官,按批查点,有缺少及代解等弊,即详报督抚,将原派官弁参处。其缺少、顶替之兵役,照承差起解囚徒雇人代送律杖六十,革役。如前途各官隐匿不报,别经发觉,题参议处。

5.17.252 乘官畜产车船附私物

5.17.252.1 凡因公差应乘官马、牛、驼、骡、驴者,各衙门自拨官马不得驰驿而行者。除随身衣仗外,私驼物不得过十斤。违者,五斤笞一十,每十斤加一等,罪止杖六十。不在乘驿马之条。○5.17.252.2 其乘船、车者,私载物不得过三十斤。违者,十斤笞一十,每二十斤加一等,罪止杖七十。家人、随从者不坐。若受寄私载他人物者,寄物之人同罪,其物并入官。当该官司知而容纵者,与同罪,不知者不坐。若应合递运家小如阵亡、病故官军,及军民官在任以理病故。者,虽有私带物件,不在此限。

条　例

5.17.252.(1)〔漕船旗丁及回空舵水违例多带土宜梨枣〕

一、漕船旗丁,每船准带土宜一百石;头舵二人,每人准带三石;水手无论人数,准其共带二十石。其回空船只,舵水人等,准带梨枣六十石。沿途过浅盘剥,责令自备脚价。例外多带者,照数入官。监兑、粮储等官,水次先行搜检,督押粮道及府佐官员,沿途稽查。经过仪征、淮安、天津等处,听趱运镇道官盘诘。经盘官员徇情卖法,一并参治。多带问违制,徇情卖法问听从嘱托事已施行,受财问枉法,出钱之人问行求。

5.17.252.(2)〔漕船附搭客商势要人等及酒面糯米等货物〕

一、漕运船只,除运军自带土宜货物外,若附搭客商势要人等,酒面糯米、花草、竹木板片、器皿货物者,将本船运军并附载人员依律治罪,货物入官。其押运官有犯,交部议处。附载人员依违制;运军与运官有赃问枉法,无赃止问违制。

5.17.252.(3)〔外任及公差官员乘坐官船有犯三事〕

一、沿河一带,升除、外任及内外公差官员,若有乘坐在官船只,一事。兴贩私盐,二事。起拨人夫,三事。并带去无藉之徒,辱骂锁绑官吏,勒要银两者,督抚、巡河、巡盐、管河、管闸等官,即便拿问。干碍应奏官员,奏请提问。其军卫有司、驿递衙门,若有惧势应付者,参究治罪。三事不备,不引此例。止一事,依本律论。

5.17.253 私借驿马

5.17.253.1 凡驿官将驿马私自借用,或转借与人,及借之者,各杖八十;驿驴,减一等。验计日追雇赁钱入官。若计雇赁钱重于私借之罪者,各坐赃论,加二等。

6 刑 律

6.18 贼 盗

卷二十三 刑律·贼盗上

6.18.254 谋反大逆

6.18.254.1 凡谋反不利于国，谓谋危社稷。及大逆，不利于君，谓谋毁宗庙、山陵及宫阙。但共谋者，不分首从，已未行，皆凌迟处死。正犯之祖父、父、子、孙、兄弟，及同居之人，如本族无服亲属及外祖父、妻父、女婿之类。不分异姓，及正犯之期亲伯叔父、兄弟之子，不限已未析居，籍之同异，男年十六以上，不论笃疾、废疾，皆斩。其男十五以下，及正犯之母、女、妻妾、姊妹，若子之妻妾，给付功臣之家为奴。正犯财产入官。若女兼姊妹。许嫁已定，归其夫。正犯子孙过房与人，及正犯之聘妻未成者，俱不追坐。上止坐正犯兄弟之子，不及其孙。余律文不载，并不得株连。知情故纵、隐藏者，斩。有能捕获正犯者，民授以民官，军授以军职，量功授职。仍将犯人财产全给充赏。知而首告，官为捕获者，止给财产。虽无故纵，但不首者，杖一百、流三千里。未行而亲属告捕到官，正犯与缘坐人俱同自首免；已行，惟正犯不免，余免。非亲属首捕，虽未行，仍依律坐。

条 例

6.18.254.(1)〔邪教邪说尚未惑众及冀图诬陷捏造谋逆揭帖等犯家属免其缘坐〕

一、除实犯反逆及纠众戕官反狱、倡立邪教、传徒惑众滋事案内之亲属，仍照律缘坐外，其有人本愚妄，书词狂悖，或希图诓骗财物，兴立邪教，尚未传徒惑众，及编造邪说，尚未煽惑人心，并奸徒怀挟私嫌，将谋逆重情，捏造匿名揭帖，冀图诬陷，比照反逆及谋叛定罪之案，正犯照律办理，其家属一概免其缘坐。

6.18.254.(2)〔反逆缘坐给功臣为奴人犯伊主不能养赡〕

一、反逆缘坐案内给功臣为奴人犯，除有脱逃、干犯别情，照例从重办理外，其有伊主呈明不能养赡，讯无别情者，改发各省驻防为奴。

6.18.254.(3)〔问拟凌迟逆犯之子孙及其他应缘坐男犯分别阉割发遣〕

一、反逆案内律应问拟凌迟之犯，其子、孙讯明实系不知谋逆情事者，无论已、未成丁，均解交内务府阉割，发往新疆等处给官兵为奴。如年在十岁以下者，牢固监禁,俟年届十一岁时,再行解交内务府照例办理。内务府大臣,遇有解到阉割人犯,即遴派司员认真看验,并出具无弊切结,送交刑部,再行复验。如有情弊,即行奏参。务须查验明确,再交兵部发往新疆给官兵为奴。至其余律应缘坐男犯,并非逆犯子孙,年在十六岁以上者,发往新疆等处给官兵为奴。如年在十五岁以下者,牢固监禁,俟成丁时再行发遣。缘坐妇女,发各省驻防给官员兵丁为奴。其知情不首干连人犯,仍依律拟流。

6.18.255 谋 叛

6.18.255.1 凡谋叛,谓谋背本国,潜从他国。但共谋者,不分首从皆斩;妻妾子女,给付功臣之家为奴;财产并入官。姊妹不坐。女许嫁已定,子孙过房与人,聘妻未成者,俱不坐。父母、祖、孙、兄弟,不限籍之同异,皆流二千里安置。余俱不坐。知情故纵、隐藏者,绞。有能告捕者,将犯人财产全给充赏。知已行而不首者,杖一百、流三千里。若谋而未行,为首者绞,为从者不分多少,皆杖一百、流三千里。知未行而不首者,杖一百、徒三年。未行则事尚隐秘,故不言故纵、隐藏。○6.18.255.2 若逃避山泽,不服追唤者,或避差,或犯罪,负固不服,非暂逃比。以谋叛未行论。依前分首从。其拒敌官兵者,以谋叛已行论。依前不分首从律。以上二条,未行时事属隐秘,须审实乃坐。

条 例

6.18.255.(1)〔谋叛缘坐改发新疆种地流犯妻子及幼孙〕

一、叛案内律应缘坐流犯,改发新疆酌拨种地当差。如本犯未经到配以前身故,妻、子免遣。至叛犯之孙,如有年幼,不便与父母拆离者,听其母随带抚养。

6.18.255.(2)〔隐瞒叛犯家属财产〕

一、凡审拟叛案,如果谋叛情实,在本省者,取本犯确实口供,原籍住址,将该犯父母、祖、孙、兄弟、妻妾、子女、家属财产,俱察明严行看守,详开数目具题。如系隔省,确取本犯口供,行文该地方官严拿看守。有隐漏者,该督抚即将该管官指名题参,以凭议处。

6.18.255.(3)〔叛逆旗下人口及民人叛犯之奴仆〕

一、叛逆旗下人口,照例交与该管衙门。其民人叛犯之奴仆,交与户部入官。

6.18.255.(4)〔不逞之徒歃血订盟结连土豪市棍衙役兵丁为害良民〕

一、凡不逞之徒,歃血订盟,转相结连土豪市棍、衙役兵丁,彼倡此应,为害良民,据邻佑、乡保首告,地方官如不准理,又不缉拿,惟图掩饰,或至蜂起为盗,抄掠横行,将地方文武各官革职,从重治罪。其平日失察,首告之后,不自隐讳,即能擒获之地方官,免其议处。至乡保、邻佑知情不行首告者,亦从重治罪。如旁人确知首告者,该地方官酌量给赏。倘借端妄告者,仍照诬告律治罪。

6.18.255.(5)〔闽粤两省会匪天地会抢劫拒捕〕

一、闽、粤等省不法匪徒，潜谋纠结，复兴天地会名目，抢劫拒捕者，首犯与曾经纠人，及情愿入伙，希图抢劫之犯，俱拟斩立决。其并未转纠党羽，或听诱被胁，素非良善者，俱拟绞立决。如平日并无为匪，仅止一时随同入会者，俱发遣新疆酌拨种地当差。俟数年后此风渐息，仍照旧例办理。

6.18.255.(6)〔被胁入伙叛犯闻拿投首〕

一、谋叛案内，被胁入伙，并无随同焚汛戕官、抗拒官兵情事，一闻查拿，悔罪自行投首者，发新疆给官兵为奴。

6.18.255.(7)〔歃血焚表或聚众结拜弟兄及有抗官拒捕或结会树党凌弱暴寡者〕

一、凡异姓人，但有歃血定盟，焚表结拜弟兄者，照谋叛未行律，为首者拟绞监候，为从减一等。若聚众至二十人以上，为首者拟绞立决，为从者发云贵两广极边烟瘴充军。其无歃血盟誓焚表情事，止序齿结拜弟兄，聚众至四十人以上，为首者拟绞监候；四十人以下、二十人以上，为首者杖一百、流三千里；不及二十人，为首者杖一百、枷号两个月；为从各减一等。若年少居首，并非依齿序列，即属匪党渠魁，聚众至四十人以上者，首犯拟绞立决，为从发云贵两广极边烟瘴充军；未及四十人者，为首拟绞监候，为从杖一百、流三千里。其有抗官拒捕、持械格斗等情，无论人数多寡，各按本罪分别首从，拟以斩、绞。如为从各犯内，审明实系良民被胁，勉从结拜，并无抗官拒捕等事者，应于为从各本罪上再减一等。仅止畏累出钱，未经随同结拜者，照违制律杖一百。其闻拿投首，及事未发而自首者，各照律例分别减免。倘减免之后，复犯结拜，不许再首，均于应拟本罪上酌予加等，应绞决者改拟斩决，应绞候者改为绞决，应发极边烟瘴充军者，改发新疆酌拨种地、当差，应满流者改为附近充军，应满徒以下亦各递加一等治罪。其自首免罪各犯，由县造具姓名、住址清册，责成保甲、族长严行稽查约束，仍将保人姓名登记册内。如有再犯，即将保甲、族长拟杖一百。至结会树党，阴作记认，鱼肉乡民，凌弱暴寡者，不论人数多寡，审实，将为首者照凶恶棍徒例发极边足四千里充军，为从减一等，被诱入伙者杖一百、枷号两个月。各衙门兵丁胥役，随同结会树党，凌弱暴寡者，照为首例，与起意纠结之犯，一体拟军。乡保、地方明知不首，或借端诬告者，照例分别治罪。该管文武各官，失于觉察，及捕获之后，有心开脱，均照例参处。若止系乡民酬社赛神，偶然洽比，事竣即散者，不在此例。

6.18.255.(8)〔回疆地方甘心剃发从夷助逆及擅娶回妇〕

一、凡内地汉、回，在回疆地方，如有甘心剃发，从夷助逆者，照谋叛不分首从律拟斩立决。若系被胁剃发，并无随同焚汛戕官、抗拒官兵情事，后经悔罪投回者，实发云贵两广极边烟瘴充军。如又擅娶回妇者，到配加枷号一年。其并未剃发从逆，止于擅娶回妇者，杖一百、流二千里，各解回内地，按籍发配，所娶回妇离异。

6.18.255.(9)〔滇省匪徒结拜兄弟〕①

一、滇省匪徒,结拜弟兄,除罪应徒、流以上各犯,仍照例办理外,其但系依齿序列,不及二十人,罪止枷杖者,于本地方锁系铁杆一年,限满开释,照例枷责,交保管束。如不悛改,再系一年。倘始终怙恶不悛,即照棍徒扰害例,严行办理。地方官每办一案,报明督抚、臬司,按季汇册咨部,开释时亦报部查核。俟数年后此风稍息,仍循旧例办理。

6.18.256 造妖书妖言

6.18.256.1 凡造谶纬、妖书、妖言,及传用惑众者,皆斩。监候。被惑人不坐。不及众者,流三千里。合依量情分坐。若他人造传。私有妖书,隐藏不送官者,杖一百、徒三年。

条 例

6.18.256.(1)〔妄布邪言煽惑人心〕

一、凡妄布邪言,书写张贴,煽惑人心,为首者斩立决,为从者皆斩监候。若造谶纬、妖书、妖言,传用惑人,不及众者,改发回城给大小伯克及力能管束之回子为奴。至狂妄之徒,因事造言,捏成歌曲,沿街唱和,及以鄙俚亵嫚之词,刊刻传播者,内外各地方官即时察拿,审非妖言惑众者,坐以不应重罪。

6.18.256.(2)〔造印市卖及买看淫词小说〕

一、凡坊肆市卖一应淫词小说,在内交与八旗都统、都察院、顺天府,在外交督抚等,转行所属官弁严禁,务搜板书,尽行销毁。有仍行造作刻印者,系官革职,军民杖一百、流三千里;市卖者,杖一百、徒三年;买看者,杖一百。该管官弁,不行查出者,交与该部,按次数分别议处。仍不准借端出首讹诈。

6.18.256.(3)〔各省在京抄房捏造言语录报各处〕

一、各省抄房,在京探听事件,捏造言语,录报各处者,系官革职,军民杖一百、流三千里。该管官不行查出者,交与该部按次数分别议处。其在京贵近大臣家人子弟,倘有滥交匪类,前项事发者,将家人子弟,并不行约束之家主,并照例议处、治罪。

6.18.257 盗大祀神御物

6.18.257.1 凡盗大祀天日神地日祇御用祭器、帷帐等物,及盗飨荐、玉帛、牲牢、馔具之属者,皆斩。不分首从,监守、常人。谓在殿内及已至祭所而盗者。其祭器、品物未进神御,及营造未成,若已奉祭讫之物,及其余官物,虽大祀所用,非应荐之物。皆杖一百、徒三年;若计赃重于本罪杖一百、徒三年者,各加盗罪一等,谓监守、常人盗者,各加监守、常人盗罪一等。至杂犯绞、斩,不加。并刺字。

---

① 咸丰二年(1852)续纂。

6.18.258 盗制书

6.18.258.1 凡盗制书者，若非御宝原书，止抄行者，以官文书论。皆斩。不分首从。○6.18.258.2 盗各衙门官文书者，皆杖一百，刺字。若有所规避者，或侵欺钱粮，或受财买求之类。从重论。事干系军机之钱粮者，皆绞。监候。不分首从。

6.18.259 盗印信

6.18.259.1 凡盗各衙门印信者，不分首从，皆斩。监候。又伪造印信时宪书条例云"钦给关防，与印信同"。盗关防印记者，皆杖一百，刺字。

6.18.260 盗内府财物

6.18.260.1 凡盗内府财物者，皆斩。杂犯。但盗即坐，不论多寡，不分首从。若财物未进库，止依盗官物论。"内府"字要详。

条　例

6.18.260.(1)〔偷窃大内圆明园等处及各省行宫乘舆服物〕

一、凡偷窃大内及圆明园、避暑山庄、静寄山庄、清漪园、静明园、静宜园、西苑、南苑等处乘舆服物者，照例不分首从，拟斩立决。至偷窃各省行宫乘舆服物，为首者拟绞监候，为从者发云贵两广极边烟瘴充军。其偷窃行宫内该班官员人等财物，仍照偷窃衙署例问拟。若遇翠华临幸之时，有犯偷窃行宫物件者，仍依偷窃大内服物例治罪。

6.18.260.(2)〔盗御宝乘舆服御物及其余内府财物〕

一、凡盗内府财物，系御宝、乘舆服御物者，俱作实犯死罪。其余银两、钱帛等物，分别监守、常人，照盗仓库钱粮各本例定拟。

6.18.260.(3)〔行窃紫禁城内该班官员人等财物及拒捕〕①

一、行窃紫禁城内该班官员人等财物，不计赃数、人数，照偷窃衙署拟军例上加一等，发新疆酌拨种地当差。赃重者，仍从重论。如临时被拿拒捕杀人者，不论金刃、他物、手足，均拟斩立决。金刃伤人者，拟斩监候；他物伤人，及执持金刃未伤人者，拟绞监候。手足伤人，并执持器械非金刃，亦未伤人者，发新疆给官兵为奴。其寻常斗殴，仍分别金刃、他物、手足，及杀伤本例问拟。

6.18.261 盗城门钥

6.18.261.1 凡盗京城门钥，皆不分首从。杖一百、流三千里。杂犯。盗府州县镇城关门钥，皆杖一百、徒三年。盗仓库门内外各衙门等钥，皆杖一百。并刺字。盗皇城门钥，律无文，当以盗内府物论。盗监狱门钥，比仓库。

---

① 同治九年(1870)续纂。

6.18.262 盗军器

6.18.262.1 凡盗人关领在家军器者，如衣甲、枪刀、弓箭之类。计赃以凡盗论。若盗民间应禁军器者，如人马甲、傍牌、火筒、火炮、旗纛、号带之类。与事主已得。私有之罪同。若行军之所，及宿卫军人相盗入已者，准凡盗论。若不入已，还充官用者，各减二等。

条例

6.18.262.(1)〔偷盗军器之犯徒杖以下加等〕

一、拿获偷盗军器之犯，除犯该流、绞者，仍依律办理外，其犯该徒、杖者，照窃盗赃加一等治罪，仍于犯事处，加枷号一个月。其当买军器之人，减本犯罪一等发落。

6.18.263 盗园陵树木

6.18.263.1 凡盗园陵内树木者，皆不分首从。杖一百、徒三年。若盗他人坟茔内树木者，首杖八十。从，减一等。若计入已赃重于徒、杖本罪者，各加盗罪一等。各加监守、常人窃盗罪一等。若未驮载，仍以毁论。

条例

6.18.263.(1)〔车马过陵及守陵官民入陵〕

一、车马过陵者，及守陵官民入陵者，百步外下马。违者以大不敬论，杖一百。

6.18.263.(2)〔知情私买坟茔树木房屋碑石等物者〕

一、奸徒知情私买坟茔树木者，系子孙盗卖，其私买者，减子孙盗卖罪一等。若系他人盗卖者，其私买人犯，无论株数，已伐者，初犯，杖一百、枷号一个月；再犯，杖一百、枷号三个月；犯至三次者，照窃盗三犯例，杖一百、流三千里。为从者减一等。未伐者，又各减一等。不知情者不坐。其私买坟茔之房屋、碑石、砖瓦、木植者，均减盗卖罪一等。树木等物，分别入官、给主。

6.18.263.(3)〔盗采官山土石树木开窑及烧山等〕

一、凡山前山后，各有禁限。如红椿以内，盗砍树株、取土取石、开窑烧造、放火烧山者，比照盗大祀神御物律斩，奏请定夺，为从者发近边充军。若红椿以外，官山界限以内，除采樵枝叶，仍照旧例毋庸禁止，并民间修理房茔，取土刨坑不及丈余，取用山上浮石长不及丈，及砍取自种私树者，一概不禁外，其有盗砍官树，开山采石，掘地成濠，开窑烧造，放火烧山，在红椿以外、白椿以内者，即照红椿以内减一等，为首问发近边充军，从犯杖一百、徒三年；如在白椿以外、青椿以内者，为首杖一百、徒三年，从犯减一等，杖九十、徒二年半；如在青椿以外、官山以内者，为首杖九十、徒二年半，从犯减一等，杖八十、徒二年。计赃重于徒罪者，各加一等。官山界址在二十里以外，即以二十里为限；若在二十里以内，即以官山所止之处为限。弁兵受贿故纵，如本犯罪应军、徒者，与囚同罪，赃重者，计赃以枉法从重论；本犯罪应斩决者，将该弁兵等拟以绞决。其未经得贿，潜通信息，致犯逃避，本犯罪应军、徒者，亦与囚同罪；本犯罪应斩决者，将该弁兵等减发极边烟瘴充军。仅止疏于防范者，兵丁杖一百，官弁交部议处。

6.18.263.(4)〔子孙盗卖祖坟树株房屋碑石等物及奴仆他人盗卖者〕

一、凡子孙将祖父坟茔前列成行树木，及坟旁散树高大株颗，私自砍卖者，一株至五株，杖一百、枷号一个月；六株至十株，杖一百、枷号两个月；十一株至二十株，杖一百、徒三年。计赃重者，准窃盗加一等，从其重者论。二十一株以上者，发边远充军。如坟旁散树，并非高大株颗，止问不应重杖。若系枯干树木，不行报官，私自砍卖者，照不应重律杖八十。看坟人等及奴仆盗卖者罪同。盗卖坟茔之房屋、碑石、砖瓦、木植者，子孙、奴仆计赃并准窃盗罪加一等。

6.18.263.(5)〔盗砍他人坟树〕

一、盗砍他人坟树，初犯，杖一百、枷号一个月；再犯，杖一百、枷号三个月。计赃重于满杖者，照本律加窃盗罪一等。犯案至三次者，即照窃盗三犯本例计赃，分别拟以军、流、绞候。其纠党成群，旬日之间，叠次窃砍，至六次以上，而统计树数，又在三十株以上，情同积匪者，无论从前曾否犯案，即照积匪猾贼例拟军。如连日窃砍，在六次以下、三次以上，树数在三十株以下、十株以上者，照积匪例量减拟徒。仍各按窃盗本例刺字。其窃砍止一、二次者，从一科断，照前例问拟。盗卖他人坟茔之房屋、碑石、砖瓦、木植者，计赃准窃盗论，免刺。

6.18.263.(6)〔私入红椿火道偷打牲畜及失火延烧草木殿宇墙垣〕

一、私入红椿火道以内偷打牲畜，为首于附近犯事地方枷号两个月，满日改发极边烟瘴充军；为从枷号一个月，杖一百、徒三年。其因起意在内偷牲，遗失火种，以致延烧草木者，于附近犯事地方枷号两个月，满日发新疆酌拨种地当差；为从枷号一个月，杖一百、徒三年。如延烧殿宇墙垣，为首拟绞监候，为从杖一百、流三千里。

6.18.263.(7)〔盗官参分别红白青椿治罪〕

一、凡旗、民人等在红椿以内偷挖人参，至五十两以上，为首比照盗大祀神御物律斩，奏请定夺，为从发新疆给兵丁为奴；二十两以上，为首发新疆给兵丁为奴，为从杖一百、流三千里；十两以上，为首实发云贵两广烟瘴地方充军，为从杖一百、流二千里；十两以下，为首发近边充军，为从杖一百、徒三年。在红椿以外、白椿以内偷挖人参，至五十两以上者，为首拟绞监候，为从发近边充军；二十两以上，为首实发云贵两广烟瘴充军，为从杖一百、流二千里；十两以上，为首发近边充军，十两以下，为首杖一百、流三千里，为从俱杖一百、徒三年。在白椿以外、青椿以内偷挖者，照偷刨山场人参例分别治罪。未得参者，各于已得例上减一等。知情贩卖者，减私挖罪一等，不知者不坐。得参人犯，首从俱刺“盗官参”三字；未得参及贩卖者，俱免刺字。参物入官。旗人有犯，销除旗档，照民人一律办理。弁兵受贿故纵，本犯罪不应死者，与犯人同罪,赃重者,计赃以枉法从重论;本犯罪应斩决者,为首之弁兵拟绞立决;本犯罪应绞候者,该弁兵发新疆分别当差、为奴。其止疏于防范者,兵丁杖一百,官弁交部议处。

6.18.263.(8)〔盗砍陵树枝杈分别红白青椿治罪〕①

一、凡在陵寝围墙以内盗砍树木枝杈,为首者,先于犯事地方枷号两个月,发近边充军。其无围墙之处,如在红椿以内盗砍者,即照围墙以内科罪。若在红椿以外、白椿以内盗砍者,为首杖一百、徒三年;如在白椿以外、青椿以内,为首杖一百,均枷号一个月。如在青椿以外、官山以内,为首杖一百。为从各犯,俱于首犯罪上各减一等问拟。其围墙以外,并无白椿、青椿者,均照官山以内办理。弁兵受贿故纵,及潜通消息致犯逃避者,各与囚同罪。

6.18.264 监守自盗仓库钱粮

6.18.264.1 凡监临主守自盗仓库钱粮等物,不分首从,并赃论罪。并赃,谓如十人节次共盗官银四十两,虽各分四两入己,通算作一处,其十人各得四十两罪,皆斩;若十人共盗五两,皆杖一百之类。三犯者绞,同实犯。○6.18.264.2 并于右小臂膊上刺"盗官银/粮/物"三字。每字各方一寸五分,每画各阔一分五厘,上不过肘,下不过腕。余条准此。

一两以下,杖八十。

一两之上至二两五钱,杖九十。

五两,杖一百。

七两五钱,杖六十、徒一年。

一十两,杖七十、徒一年半。

一十二两五钱,杖八十、徒二年。

一十五两,杖九十、徒二年半。

一十七两五钱,杖一百、徒三年。

二十两,杖一百、流二千里。

二十五两,杖一百、流二千五百里。

三十两,杖一百、流三千里。杂犯三流,总徒四年。

四十两,斩。杂犯,徒五年。

条　例

6.18.264.(1)〔监守盗漕粮〕

一、凡漕运粮米,监守盗六十石入己者,发边远充军;入己数满六百石者,拟斩监候。

---

① 咸丰二年(1852)续纂。

6.18.264.(2)〔小船人户受雇偷载漕粮盗卖者〕

一、小船人户,受雇偷载漕粮盗卖者,将船户照漕白二粮过淮后盗卖盗买枷号一个月例,减二等发落。其漕船头舵,明知旗丁盗卖,不据实举首者,俱照不应重律杖八十;受财,计赃从重论。

6.18.264.(3)〔侵盗应追之赃承追及全无家产力不能完申报豁免〕

一、凡侵盗应追之赃,着落犯人妻及未分家之子名下追赔。如果家产全无,不能赔补,在旗参佐领、骁骑校,在外地方官,取具甘结,申报都统、督抚,保题豁免结案。倘结案后,别有田产、人口发觉者,尽行入官,将承追、申报各官革职,所欠赃银米谷着落赔补;督催等官,照例议处。内外承追、督催武职,俱照文职例议处。再一应赃私,察果家产全无,力不能完者,概予豁免,不得株连亲族。倘滥行着落亲族追赔,将承追官革职。其该管上司,如有逼追申报、取具甘结之事,属官不行出首,从重治罪。

6.18.264.(4)〔侵贪本犯身故监追其子〕

一、凡侵贪之案,如该员身故,审明实系侵盗库帑、图饱私囊者,即将伊子监追。

6.18.264.(5)〔监守盗钱粮入己者依银数治罪限内完交减免及身故无产豁免〕

一、监守盗仓库钱粮,除审非入己者,各照挪移本条律例定拟外,其入己数在一百两以下至四十两者,仍照本律问拟准徒五年,其自一百两以上至三百三十两,杖一百、流二千里;至六百六十两,杖一百、流二千五百里;至一千两,杖一百、流三千里;至一千两以上者,拟斩监候。勒限一年追完。如限内全完,死罪减二等发落,流、徒以下免罪;若不完,再限一年勒追。全完者,死罪及流、徒以下,各减一等发落;如不完,流、徒以下即行发配,死罪人犯监禁,均再限一年,着落犯人妻及未分家之子名下追赔。三年限外不完者,死罪人犯永远监禁;全完者,奏明请旨,均照二年全完减罪一等之例办理。至本犯身死,实无家产可以完交者,照例取结豁免。其完赃减免之犯,如再犯赃,俱在本罪上加一等治罪。文武官员犯侵盗者,俱免刺字。

6.18.264.(6)〔盗卖盗买过淮漕白二粮及失察官弁〕

一、漕、白二粮过淮,责令该管道、府、州、县往来巡察。如有将行月粮米,私自盗卖、盗买者,拿获,各枷号一个月。若有一人盗买,及一帮盗卖,数至百石以上者,将为首之人枷号两个月,折责四十板;粮米仍交本船,米价入官。其失察盗卖之运弁,如米数不及五十石者,将该弁即于仓场衙门捆打四十;数至五十石以上者,降一级调用;百石以上,降二级调用;二百石以上,革职。如地方官失察者,交该部议处。

6.18.264.(7)〔监守盗漕粮依赃数定罪限内完交减免及盗卖官船板木〕①

一、经纪花户,并车户、船户驾掌代役人等,凡有监守之责,窃盗漕仓粮米入己,数满六百石,拟斩监候;一百石,拟绞监候;六十石以上,实发云贵两广极边烟瘴充军;二十石以上,杖一百、流三千里;十石以上,杖一百、徒三年;五石以上,杖八十、徒

① 同治九年(1870)续纂。

二年;不及五石,杖六十、徒一年。俱限四个月勒追。全完,应斩候者减为附近充军,应绞候者减为杖一百、流三千里,应军、流者减二等发落,应徒者免罪。不完,再限四个月勒追。全完,应斩候者减为边远充军,应绞候者减为近边充军,军、流以下于原犯罪上减一等发落。逾限不完,徒罪及军、流罪即行发配;死罪人犯,计不完之数六百石者,入于秋审情实办理,一百石以上及不及一百石者,均入于秋审缓决,再限四个月勒追。限外不完,永远监禁。全完者,原拟斩候之犯发遣新疆酌拨种地当差,原拟绞候之犯实发云贵两广极边烟瘴充军。其驾掌人等,如有盗卖官船板木者,照盗卖漕粮例,分别计赃治罪。至押运漕粮官弁、旗丁,及各直省仓粮,有犯监守自盗,仍各照本律例问拟。

6.18.265 常人盗仓库钱粮

6.18.265.1 凡常人(不系监守外皆是。)盗仓库(自仓库盗出者坐。)钱粮等物,(发觉而)不得财,杖六十;(从,减一等。)但得财者,不分首从,并赃论罪,(并赃同前。)并于右小臂膊上刺"盗官银/粮/物"三字。

一两以下,杖七十。

一两以上至五两,杖八十。

一十两,杖九十。

一十五两,杖一百。

二十两,杖六十、徒一年。

二十五两,杖七十、徒一年半。

三十两,杖八十、徒二年。

三十五两,杖九十、徒二年半。

四十两,杖一百、徒三年。

四十五两,杖一百、流二千里。

五十两,杖一百、流二千五百里。

五十五两,杖一百、流三千里。(杂犯三流,总徒四年。)

八十两,绞。(杂犯,徒五年。其监守、值宿之人,以不觉察科罪。)

条 例

6.18.265.(1)〔窃盗库贮银钱仓贮漕粮〕

一、凡窃匪之徒,穿穴壁封,窃盗库贮银钱、仓贮漕粮,未经得财者,为首杖一百、徒三年,为从依律减一等。但经得财之首犯,数至一百两以上者,拟绞监候;其一百两以下,不分赃数多寡,发云贵两广极边烟瘴充军。为从者,一两至八十两,准徒五年;八十五两,杖一百、流二千里;九十两,杖一百、流二千五百里;九十五两至一百两以上,俱杖一百、流三千里。至窃盗饷鞘银两,即照窃盗仓库钱粮,分别已、未得财,各按首、从一例科罪。

6.18.265.(2)〔盗窃漕粮〕

一、盗窃漕运粮米，数至一百石以上者，拟绞监候。其一百石以下，即照盗仓库钱粮一百两以下例办理。

6.18.265.(3)〔京城守城兵丁由城上钓撬偷窃仓米〕

一、京城守城兵丁，由城上钓撬偷窃仓米，未经得赃者，为首杖一百、流三千里，为从减一等，俱免刺。系旗人，销除旗档。其得赃至一百石以上者，首犯拟绞立决，为从发新疆给官兵为奴；一百石以下，首犯发新疆给官兵为奴，为从杖一百、流三千里，俱照例刺字。旗人，销除旗档。其常人串通兵丁，由城上钓撬偷窃仓米者，罪亦如之。如该班官员有故纵、徇隐等事，即照律与犯人同罪。若止疏于查察，及旷班不值者，交部分别严加议处。

6.18.265.(4)〔经纪花户车户人等非监守盗窃漕粮〕①

一、除经纪花户、车户人等监守自盗漕粮，各照本例分别问拟外，至并无监守之责，有犯偷窃漕粮，数至一百石以上，俱照常人盗漕粮例拟绞监候，秋审入于情实；一百石以下，于发极边烟瘴军罪上，加一等发遣新疆酌拨种地当差。从犯均于本罪上加一等。其非转运京、通漕米，及各直省仓粮被窃，仍各照本例分别办理。

6.18.266 强　盗

6.18.266.1 凡强盗已行而不得财者，皆杖一百、流三千里；但得事主财者，不分首从皆斩。虽不分赃亦坐。其造意不行又不分赃者，杖一百、流三千里；伙盗不行又不分赃者，杖一百。○6.18.266.2 若以药迷人图财者罪同。但得财皆斩。○6.18.266.3 若窃盗临时有拒捕及杀伤人者皆斩。监候。得财、不得财皆斩。须看“临时”二字。因盗而奸者，罪亦如之。不论成奸与否，不分首从。共盗之人，不曾助力，不知拒捕杀伤人及奸情者，审确，止依窃盗论。分首从、得财不得财。○6.18.266.4 其窃盗事主知觉，弃财逃走，事主追逐，因而拒捕者，自依罪人拒捕律科罪。于窃盗不得财本罪上加二等，杖七十。殴人至折伤以上，绞；杀人者，斩。为从各减一等。○6.18.266.5 凡强盗自首不实不尽，只宜以名例自首律内至死减等科之，不可以不应从重科断。窃盗伤人自首者，但免其盗罪，仍依斗殴伤人律论。

条　例

6.18.266.(1)〔强盗杀人放火行奸打劫狱库干系城衙并积至百人以上俱枭示〕

一、强盗杀人，放火烧人房屋，奸污人妻女，打劫牢狱、仓库，及干系城池、衙门，并积至百人以上，不分曾否得财，俱照得财律斩，随即奏请审决枭示。凡六项有一于此，即引枭示，随犯摘引所犯之事。若止伤人而未得财，首犯斩监候，为从发新疆给官兵为奴。如未得财又未伤人，首犯发新疆给官兵为奴，从犯杖一百、流三千里。

---

① 同治九年（1870）续纂。

6.18.266.(2)〔响马强盗〕

一、凡响马强盗,执有弓矢军器,白日邀劫道路,赃证明白者,俱不分人数多寡、曾否伤人,依律处决,于行劫处枭首示众。如伤人不得财,首犯斩监候,为从发新疆给官兵为奴。如未得财又未伤人,首犯发新疆给官兵为奴,为从杖一百、流三千里。其江洋行劫大盗,俱照此例立斩、枭示。

6.18.266.(3)〔老瓜贼用药迷人及在路杀害同行〕

一、强盗内有老瓜贼,或在客店内,用闷香、药面等物迷人取财,或五更早起,在路将同行客人杀害。此种凶徒,拿获之日,务必究缉同伙,并研审有无别处行劫犯案,不得将该犯解往他处,于被获处监禁。俟关会行劫各案确实口供到日,审明具题,即于监禁处照强盗得财律,不分首从皆斩。仍知照原行劫之处张挂告示,谕众知之。

6.18.266.(4)〔事主报盗止许到官听审一次认赃一次〕

一、事主报盗,止许到官听审一次,认赃一次。所认赃物,即给主回家,不许往返拖累。违者,将承审官严加议处。

6.18.266.(5)〔事主续报失单及捕役私起赃物诬栽混认瞒赃等弊〕

一、事主呈报盗案失单,须逐细开明。如赃物繁多,一时失记,准于五日内续报。该地方官将原报、续报缘由,于招内声明。至获盗起赃,必须差委捕员眼同起认。如捕役私起赃物,或借名寻赃,逐店搜察,或嘱贼诬扳,指称收顿,或将贼犯己物作赃,或买物栽赃,或混认瞒赃等弊,事发,除捕役照律例从重问拟外,其承问官不严禁详审、该督抚不严饬题参者,一并交部议处。

6.18.266.(6)〔洋盗案内被胁为匪服役者等投首及治罪收赎〕①

一、洋盗案内,被胁在船,为匪服役,如摇橹、写账等项,均以服役论。或事后被诱上船,及被胁鸡奸,并未随行上盗者,自行投首,照律免罪;如被拿获,均杖一百、徒三年。年未及岁,仍照律收赎。如已经在盗所,自行逃回,欲行投首,尚未到官,即被拿获,仍同自首免罪。若已经到家,并不到官呈首,旋被拿获,不得同自首论。

6.18.266.(7)〔粤东行劫伙众四十人以上或不及四十人而有别项重情〕②

一、粤东内河盗劫,除寻常行劫仅止一二次,伙众不及四十人,并无拜会及别项重情,仍照例具题外,如行劫伙众四十人以上,或不及四十人,而有拜会结盟,拒伤事主,夺犯伤差,假冒职官,或行劫三次以上,或脱逃二三年后就获各犯,应斩决者,均加枭示,恭请王命,先行正法。

6.18.266.(8)〔地方官员抑勒讳盗或改强为窃〕

一、地方文武官员,因畏疏防承缉处分,恐吓事主,抑勒讳盗,或改强为窃者,均照讳盗例革职,承行书办杖一百。若抑勒苦累事主致死,或刑伤至笃废者,除革职外,照故勘平人律治罪。该管司、道、府、厅、州不行查报,督、抚不行查参者,俱交部

① 同治九年(1870)修改。

② 同治九年(1870)修改。

照例议处。如有奸民以窃报强，挟制官长，希图诬良索诈者，许州县官详明督抚，另委别州县查讯，照例办理。

6.18.266.(9)〔盗犯捕获他盗及同犯解官投首〕①

一、强盗首、伙各犯，于事未发觉，及五日以内，果能悔罪捕获他盗及同伴，解官投首者，系伤人盗犯，于遣罪上减一等，拟杖一百、徒三年；未伤人盗犯，照律免罪。若在五日以外，或闻拿将他盗及同伴捕获，解官投首者，系伤人盗犯，于斩罪上减一等，杖一百、流三千里；未伤人盗犯，杖一百、徒三年。至拿获盗犯之眼线，如曾为伙盗，悔罪将同伴指获，致被供出者，如在五日以外，照伤人首盗闻拿投首例拟斩监候。若犯事之后，五日以内，指获同伴，旋被供出获案，审明同伙，确有实据者，照强盗免死减等例，发遣新疆给官兵为奴。若并无同伙确据，审系盗犯挟恨诬扳，即予免究。

6.18.266.(10)〔投首之贼扳害平人〕

一、凡投首之贼，借追赃名色，将平人捏称同伙，或挟仇扳害，或索诈财物，不分首从、得财与未得财，皆斩立决。

6.18.266.(11)〔拿获盗犯供出行劫别案〕

一、凡拿获盗犯到案，即行严讯。如有供出行劫别案，讯明次数、赃物，取具确供。其在本省他邑者，即行通详该督抚。无论他邑有无拿获盗犯，总于赃物查起、事主认领之后，提解来省，并案审拟具题，将该犯即行正法。若系供出邻省之案，其伙盗已获者，应令该督抚关查明确，首、从绝无疑义者，详悉声明，题请即行正法。如邻省伙犯未获，现获之犯，或任意抵赖，系彼案盗首而供为同伙，将来后获之犯，或本系盗首，因同伙已经正法，转推已决者为首犯，不无避重就轻之弊。应令各督抚详加研鞫，务得实情。其无前项情弊者，不必虚拟罪名，另案具题，即于本案声明，题请正法。倘行查被盗之州县，有指已正法之盗作为首盗，或盗数未足，作为伙盗，希图销案，及州县彼此行查盗犯口供，不即详细讯明关复，以致案件不能完结者，该督抚查明题参，交部分别议处。

6.18.266.(12)〔鞫审强盗必须赃证明确〕

一、凡问刑衙门鞫审强盗，必须赃、证明确者，照例即决。如赃迹未明，招扳续缉，涉于疑似者，不妨再审。或有续获强盗，无自认口供，赃迹未明，伙盗已决无证者，俱引监候处决。

6.18.266.(13)〔强盗重案交印官审鞫不许捕官私讯捕役私拷〕

一、凡强盗重案，交与印官审鞫，不许捕官私行审讯、番捕等役私拷取供。违者，捕官参处；番役等于本衙门首枷号一个月、杖一百，革役。如得财及诬陷无辜者，从重科罪。其承问官于初审之时，即先验有无伤痕。若果无伤，必于招内开明“并无私拷伤痕”字样。若疏忽不开，扶同隐讳，及纵容捕官私审者，即将印官题参，交部议处。

---

① 同治九年(1870)修并。

6.18.266.(14)〔强盗窃犯审明伙盗赃数或行窃次数并确认赃物即分别定拟〕

一、凡强盗初到案时,审明伙盗、赃数。及起有赃物,经事主确认,即按律定罪。其伙盗数目,以初获强盗所供为确。初招既定,不许续报。如系窃贼,审明行窃次数,并事主初供。但搜有正赃,即分别定拟。若原赃花费,照例追变赔偿。如事主冒开赃物,杖八十。其盗贼供出卖赃之处,如有伊亲党并胥捕人等借端吓诈者,计赃加窃盗一等治罪。

6.18.266.(15)〔强盗行劫邻佑知而不协拿〕

一、强盗行劫,邻佑知而不协拿者,杖八十。如邻佑,或常人,或事主家人,拿获强盗一名者,官给赏银二十两,多者照数给赏。受伤者移送兵部验明等第,照另户及家仆军伤例,将无主马匹等物变价给赏;其在外者,以各州县审结无主赃物变给。如营汛防守官兵捕贼受伤者,照绿旗阵伤例,分别给赏;若被伤身亡者,亦照绿旗阵亡例,分别给与身价银两。

6.18.266.(16)〔拿获别省盗犯即由拿获省份讯明定拟及须移解质审者〕

一、各省拿获盗犯,供出他省曾犯行劫者,不论罪轻罪重,研讯明确,毋庸解往质审。其邻省地方官,自行盘获别省盗犯,及协同失事地方差役缉捕拿获者,均令在拿获地方严行监禁,详讯供词,备移被盗省份,查明案情赃证确实,即由拿获省份定拟,题请正法。仍知照本省,将拿获正法缘由,在失事地方,张挂告示,明白晓谕。如果赃迹未明,或失事地方有伙盗待质,必须移解者,拿获省份,遴派文武官各一员,带领解役、兵丁,亲身管押解送。仍预先知会前途经由地方,一体遴派员弁,挑拨兵役,接递管解,遇夜寄监收禁。其道远州县,不及收监者,即令该地方官,预期选拨干役,前赴住宿处所,传齐地保,知会营汛,随同押解官弁,锁锢防范。倘不小心管解,致犯脱逃,即将各役严审,有无贿纵情弊,照例从重治罪,官员交部严加议处。

6.18.266.(17)〔强盗案内知而不首或强逼为盗临时逃避劫后分与赃物〕①

一、强盗案内,有知而不首,或强逼为盗,临时逃避,行劫后分与赃物以塞其口,与知强盗后而分所盗之赃数在一百两以下者,俱照共谋为盗临时畏惧不行事后分赃例减一等,杖一百、徒三年。如所分赃至一百两以上,按准窃盗为从律递加一等定拟;一百二十两以上,仍照例发近边充军。

6.18.266.(18)〔审题盗窃等案一犯应拟斩绞两案罪名相同者〕

一、凡审题盗、窃等案,如另案内尚有别犯,应拟斩、绞重罪者,仍照例分案具题外,如止一犯应拟斩、绞,两案罪名相同,例应从一科断者,归于一案内声叙明晰具题,其另案即咨部完结。如有余犯问拟军、流等罪者,亦随咨案办结。

6.18.266.(19)〔强盗同居父兄伯叔与弟知情分赃及得财不知情〕

一、强盗同居父兄、伯叔与弟,其有知情而又分赃者,如强盗问拟斩决,减一等,

① 同治九年(1870)修改。

杖一百、流三千里；如问拟发遣，亦减一等，杖一百、徒三年。其虽经得财，而实系不知情者，照本犯之罪减二等发落。父兄不能禁约子弟为盗者，杖一百。

6.18.266.(20)〔爬越入城行劫〕

一、爬越入城行劫，罪应斩决者，加以枭示。失察越城之官员、兵丁，分别参处、责革。

6.18.266.(21)〔盗首无欲劫之家悉由引线指出〕

一、强盗引线，除盗首先已立意欲劫某家，仅止听从引路者，仍照例以从盗论罪外，如首盗并无立意欲劫之家，其事主姓名、行劫道路，悉由引线指出，又经分得赃物者，虽未同行，即与盗首一体拟罪，不得以情有可原声请。

6.18.266.(22)〔旗人有犯盗劫〕

一、满州旗人有犯盗劫之案，俱照强盗本律定拟，不得以情有可原声请。

6.18.266.(23)〔御驾驻跸及巡幸之处匪徒偷窃附近仓廒〕

一、恭遇御驾驻跸圆明园及巡幸之处，若有匪徒偷窃附近仓廒官廨，拒伤官弁兵丁者，如相距宫墙在一里以内，刃伤及折伤以上之首犯斩立决，为从发伊犁给官兵为奴；伤非金刃、伤轻平复之首犯发伊犁给官兵为奴，为从杖一百、流三千里。如在一里以外、三里以内，刃伤及折伤以上之首犯绞立决，为从杖一百、流三千里；伤非金刃、伤轻平复之首犯杖一百、流三千里，为从杖一百、徒三年。其行窃之罪，有重于流、徒者，各于本例上加拒捕罪二等。若拒捕杀死官弁兵丁者，无论一里、三里以内，首犯斩决、枭示。为从帮殴，如刃伤及折伤者，绞立决；伤非金刃又非折伤者，绞监候；未经帮殴者，发伊犁给官兵为奴。如值御驾不驻跸之日，仍照本例行。

6.18.266.(24)〔因窃盗强奸妇女〕

一、因窃盗而强奸人妇女，凡已成者，拟斩立决；同谋未经同奸，及奸而未成者，皆绞监候。共盗之人不知奸情者，审确止依窃盗论。

6.18.266.(25)〔十五岁以下盗犯审系诱胁随行上盗〕

一、凡情有可原之伙盗内，如果年止十五岁以下，审明实系被人诱胁，随行上盗者，无论分赃与不分赃，俱问拟满流，不准收赎。

6.18.266.(26)〔盗案免死为奴遣犯不服管束及欺凌平人〕

一、强盗案内免死减等发遣为奴之犯，如果在配安分敛迹，或伊主图占其妻女，或平人有意欺凌，将本犯致毙者，将伊主及平人照例治罪。如该犯怙恶不悛，或不服伊主管束，或无故欺凌平人，经伊主及平人殴打毙命，将伊主免其治罪，平人照本罪减一等定拟。

6.18.266.(27)〔老瓜贼内传授技艺在家分赃者〕①

一、老瓜贼内，传授技艺，在家分赃者，照强盗窝主造意身虽不行但分赃律，拟斩

① 同治九年(1870)修改。

立决。其跟随学习之人,虽未同行,俱发遣新疆给官兵为奴。如无学习确证,仅止与贼往来熟识,照知情不首律杖一百。

6.18.266.(28)〔封记审实盗犯家产候奏结变赔〕

一、凡盗犯到案审实,先将各犯家产封记,候题结之日,将盗犯家产变赔。如该犯父、兄弟、伯叔知情分赃,并另有窝家者,审明治罪,亦着落伊等名下追赔。倘案内各盗,或有并无家产,以及外来之人,无从封记开报者,将案内盗犯及窝家有家产者,除应赔本身赃物外,或有余剩,概行变价代赔。倘有将无干亲族,及并未分赃之亲属,株连赔累,该督抚查参议处。

6.18.266.(29)〔现获强窃盗赃不足原失将盗犯家产变赔〕

一、强、窃盗贼现获之赃,各令事主认领外,如强、盗赃不足原失之数,将无主赃物赔补,余剩者入官。如仍不足,将盗犯家产变价赔偿。若诸色人典当、收买盗赃及窃赃,不知情者勿论,止追原赃,其价于犯人名下追征给主。

6.18.266.(30)〔用药迷人取财〕①

一、凡用药迷人已经得财之案,将起意为首,及下手用药迷人,并迷窃为从已至二次,及首先传授药方之犯,均照强盗律拟斩立决;其余为从者,俱改发新疆给官兵为奴。其有人已被迷,经他人救醒,虽未得财,将首先传授药方,转传贻害,及下手用药迷人之犯,均拟斩监候,入于秋审情实。若甫经学习,虽已合药,即行败露,或被迷之人,当时知觉,未经受累者,均发往伊犁等处为奴。倘到配之后,故智复萌,将药方传授与人,及复行迷窃,并脱逃者,请旨即行正法。其案内随行为从之犯,仍各减一等定拟。

6.18.266.(31)〔强盗自首〕②

一、凡强盗,除杀死人命、奸人妻女、烧人房屋,罪犯深重,及殴事主至折伤以上,首、伙各犯,俱不准自首外,其伤人首、伙各盗,伤轻平复,如事未发而自首,及强盗行劫数家,止首一家者,均发遣新疆给官兵为奴;系闻拿投首者,拟斩监候。未伤人之首、伙各盗,及窝家、盗线,事未发而自首者,杖一百、流三千里;闻拿投首者,实发云贵两广极边烟瘴充军,面刺"改遣"二字。以上各犯,如将所得之赃悉数投报,及到官后追赔给主者,方准以自首论。若赃未投报,亦未追赔给主,不得以自首论。遇有脱逃被获,新疆遣犯及实发云贵两广人犯,均照例即行正法,流犯仍加等调发。至放火烧人空房及田场积聚等物之强盗自首,依放火故烧本律拟流。若计所烧之物重于本罪者,发近边充军。

6.18.266.(32)〔刃伤事主应绞窃犯闻拿畏惧送还原赃〕

一、窃盗拒捕,刃伤事主,罪应拟绞之犯,如闻拿畏惧,将原赃送还事主,确有证据者,准其照闻拿投首例,量减拟流。若止系一面之词,别无证据,仍依例拟绞监候,

---

① 咸丰二年(1852)修改。

② 同治九年(1870)修改。

秋审时入于缓决。

6.18.266.(33)〔窃犯弃财与未经得财逃走拒捕杀伤事主〕

一、窃盗弃财逃走，与未经得财逃走，被事主追逐拒捕，或伙贼携赃先遁，后逃之贼被追拒捕，及已经逃走，因见伙犯被获，帮护拒捕，因而杀人者，首犯俱拟斩监候。为从帮殴，如刃伤，及手足、他物至折伤以上者，俱拟绞监候；伤非金刃，又非折伤者，发附近充军；未经帮殴成伤者，杖一百、流三千里。其伤人未死，如刃伤及折伤以上者，首犯拟绞监候，从犯减等拟流。若伤非金刃，伤轻平复，并拒捕未经成伤者，及事后追捕，有拒捕杀伤者，仍各依罪人拒捕本律科断。如逃走并未弃财，仍以临时护赃格斗论。

6.18.266.(34)〔窃盗临时拒捕杀伤事主邻佑〕

一、窃盗临时盗所拒捕，护赃、护伙者皆是。及虽未得财，而未离盗所，逞凶拒捕，或虽离盗所，而临时护赃格斗，已离盗所护伙者不在此例。杀人者，不论所杀系事主、邻佑，将为首者拟斩立决。为从帮殴，如刃伤，及他物、手足至折伤以上者，俱拟绞监候；伤非金刃，又非折伤者，发云贵两广极边烟瘴充军；拒捕未经帮殴成伤者，发极边足四千里充军。其伤人未死，如刃伤及折伤以上者，首犯拟斩监候，为从发近边充军；若伤非金刃，伤轻平复，首犯改发边远充军，如年在五十以上，发近边充军。拒捕未经成伤者，首犯发近边充军，为从各杖一百、徒三年。如被事主事后搜捕，起意拒捕者，仍依罪人拒捕本律，分别杀、伤科断。

6.18.266.(35)〔捕役兵丁为盗并分赃通贼交往巨盗及漏信致令脱逃〕①

一、捕役并防守礅卡或缉盗汛兵及营兵为盗，均照律拟斩立决。如捕役、兵丁起意为首，斩决、枭示，为从仍拟斩决。其情节重大，非寻常行劫可比者，该督抚酌量，分别枭示。失察之该管官，交部议处。该管官逼勒改供，或捏称革役，该上司不能查出，一并交部议处。如捕役、兵丁，分赃通贼，及与巨盗交结往来，奉差承缉，走漏消息，及本非承缉，走漏消息，致令脱逃者，不分曾否得财，均照本犯一体治罪。知情故纵，照窝主知情存留例分别治罪。若不知情，止系查缉不力，照不应重律科断。至书差人等，临时得赃卖放，亦照本犯一体治罪。

6.18.266.(36)〔行劫漕船〕

一、凡行劫漕船盗犯，审系法无可贷者，斩决、枭示。

6.18.266.(37)〔情有可原发遣盗犯脱逃者〕

一、凡强盗案内，情有可原发遣之犯，如脱逃例应正法者，定案时，均声明“免死减等”字样。

6.18.266.(38)〔洋盗案内接赃瞭望之犯〕②

一、洋盗案内接赃、瞭望之犯，照首盗一例斩枭，不得以被胁及情有可原声请。

---

① 同治九年(1870)修改。

② 同治九年(1870)修改。

如投回自首,照强盗自首例分别定拟。此外实在情有可原,如十五岁以下,被人诱胁随行上盗,仍照本例问拟。

6.18.266.(39)〔虚诬捏饰盗情及借以陷害平人讹诈官役〕

一、事主呈报盗情,不许虚诬捏饰。倘有并无被劫而谎称被劫,及以窃为强、以奸为盗者,俱杖一百。以人命、斗殴等事报盗者,其本身无罪,亦杖一百。若本有应得之罪,重者照本罪从重问拟;本罪轻者,加一等治罪。若奸棍豪绅,凭空捏报盗劫,借以陷害平人、讹诈印捕官役者,照诬告人死罪未决律杖一百、流三千里,加徒役三年。甲长、邻佑扶同者,各照事主减一等治罪。

6.18.266.(40)〔纠伙行劫明知官帑〕

一、盗犯明知官帑,纠伙行劫,但经得财,将起意为首,及随同上盗者,拟斩立决、枭示。其在外瞭望、接赃,并未上盗之犯,俱拟斩监候,秋审入于情实。若不知系属官帑,仍以寻常盗案论。

6.18.266.(41)〔地保汛兵隐匿不报窃盗或首报迟延〕

一、凡窃盗等事,责令该地保、营汛兵丁,分报各衙门文武员弁,协力追拿。如地保、汛兵,通同隐匿不报,及地保已报文职,而汛兵不报武弁,或汛兵已报武弁,而地保不报文职者,均杖一百。若首报迟延,杖八十。

6.18.266.(42)〔粮船水手行劫抢夺故斗杀人拒捕〕

一、粮船水手行劫杀人,不分人数多寡,曾否得财,俱拟斩立决、枭示,恭请王命,先行正法。其抢夺案内下手杀人之犯,亦照行劫杀人例正法、枭示。为从帮殴,如刃伤,及手足、他物至折伤以上者,俱拟绞立决;伤非金刃,又非折伤者,拟绞监候;未经帮殴成伤者,发新疆给官兵为奴。其寻常挟仇谋、故杀者,均拟斩立决。若审无谋、故重情,但经聚众互殴,即照广东等省械斗仇杀例一体惩办。其藏有火枪、抬枪者,虽未点放伤人,亦发新疆给官兵为奴。以上各犯,被获时有恃众持械拒捕伤人者,除原犯斩枭,罪无可加外,罪应斩决者,均加拟枭示,恭请王命,先行正法;罪应绞决者,改为斩决;应绞候者,改为绞决;应发遣者,改为绞候。若拒捕杀人为首,无论罪名轻重,均拟斩立决、枭示,恭请王命,先行正法;为从帮同拒捕之犯,即照拒捕伤人,一例科断。至粮船经过地方,游帮匪徒,有抢劫杀人,及被获时拒捕杀伤人者,均照粮船水手抢劫拒捕例办理。其执持凶器,未经滋事者,即照执持凶器未伤人杖一百例上加一等,杖六十、徒一年。仍责成该管粮道、总运官,督率运弁,日夜稽查,于泊船时依地方保甲之法,逐船按册点验。其有并无腰牌者,立即会同地方营汛拿获,审明分别惩办。旗丁、头舵,如遇有形迹可疑之人,容隐不报者,一并治罪。该帮弁意存玩纵,从严参处。

6.18.266.(43)〔山东省结捻结幅强劫得赃及执持军器聚众抢夺得赃不得赃〕

一、山东省拿获匪犯,审有执持器械、结捻结幅情事,如系强劫得赃者,仍照强盗本律问拟,将案内法无可贷,罪应斩决之首从各犯,加拟枭示;行劫未得财者,仍照定例科断。若执持军器,聚众抢夺得赃,不论赃数多寡,数至四十人以上,为首照强盗律拟斩立决,为从拟绞监候,被胁同行者发遣新疆给官兵为奴;四十人以下、十人以上,为首拟斩立决,为从发新疆给官兵为奴;五人以上,首犯亦照前拟遣,为从各犯俱实发云贵两广极边烟瘴充军。计赃逾贯,及另有拽刀等项名目者,各照本律例从其重者论。其执有军器,聚众抢夺,未经得财,如聚众在四十人以下,及十人以上,即比照强盗未得财例,首犯发新疆给官兵为奴,从犯杖一百、流三千里;五人以上,首犯拟杖一百、流三千里,从犯杖一百、徒三年。其案内造意之捻首、幅首,身虽不行,但经伙犯抢夺,即按人数多寡,照为首例问拟。如抢劫未经结捻、结幅,并聚众未及五人,尚未滋事者,仍各照本律本例问拟。若问拟遣、军人犯,脱逃回籍,复行入捻、入幅抢夺,或向原拿兵役,寻衅报复,除实犯死罪外,余俱拟绞监候。倘数年后此风稍息,奏明仍照旧例办理。

6.18.266.(44)〔广东广西二省行劫后复将事主等掳回勒赎〕①

一、广东、广西二省强劫盗犯,如有行劫后,因赃不满欲,复将事主人等掳回勒赎者,无论所纠人数多寡,及行劫次数,为首之犯,拟斩立决、枭示,恭请王命,先行正法。其案内从犯,仍按强盗本律科断。

6.18.266.(45)〔盗劫之案把风接赃等犯虽未分赃〕②

一、盗劫之案,依强盗已行但得财者不分首从皆斩律,俱拟斩立决。把风、接赃等犯,虽未分赃,亦系同恶相济,照为首一律问拟,不得以情有可原,量为末减。倘地方官另设名目,曲意开脱,照讳盗例参处。

6.18.266.(46)〔京城大宛并五城所属地方盗犯斩决枭示〕③

一、京城大、宛两县,并五城所属地方,盗劫之案,一经审实,照律斩决,仍加枭示,于犯事地方,悬竿示众,以昭炯戒。俟数年后盗风稍息,奏明仍复旧例办理。

6.18.266.(47)〔京城盗犯持火执械威吓掷打虽未得财伤人〕④

一、京城盗案,除徒手行强,当被拿获,既未得财,又未伤人者,仍照旧例办理外,如有持火执械,入室威吓,掷物打人重情,虽未得财伤人,凶恶情形,业经昭著,即将为首之犯拟绞监候,为从发云贵两广极边烟瘴充军。俟数年后盗风稍息,奏明仍复旧例办理。

6.18.266.(48)〔川省差役扫通案内掳掠人牲盗财烧屋拒捕杀伤人及教贼诬扳〕⑤

一、川省差役,借传证、起赃等事扫通之案,无论有无牌票,但经聚众执持军火器械,直入人家,掳掠牲畜、资财,将为首及帮同动手之犯,均照捕役为盗例拟斩立决。

---

① 同治九年(1870)修改。
② 同治九年(1870)续纂。
③ 同治九年(1870)续纂。
④ 同治九年(1870)续纂。
⑤ 同治九年(1870)续纂。

如有掳掠人口,烧毁房屋,并拒捕,及杀伤人情事,加以枭示。其择肥而噬,教贼诬扳,因而扫通者,身虽不行,仍以为首论,拟斩立决,加以枭示;同行未经动手者,无论事后曾否分赃,均拟斩监候,秋审入于情实。兵丁有犯,照差役一律拟断。

6.18.266.(49)〔用药及邪术迷拐幼小子女〕①

一、用药及一切邪术迷拐幼小子女,如人药并获,即比照用药迷人已经得财例,将起意为首,及下手用药迷人,并迷拐为从已至二次,及首先传授药方之犯,均照强盗律拟斩立决;其余为从,均发新疆给官兵为奴。其或药已丢弃,无从起获,必须供证确凿,实系迷拐有据,方照此例办理。若药未起获,又无确凿证据,仍照寻常诱拐例,分别知情、不知情科断。

---

① 同治九年(1870)续纂。

卷二十四　刑律·贼盗中

6.18.267 劫　囚

6.18.267.1 凡劫囚者，皆不分首、从。斩。监候。但劫即坐，不须得囚。若私窃放囚人逃走者，与囚同罪，至死者减一等。虽有服亲属，与常人同。窃而未得囚者，减囚二等。因而伤人者，绞；监候。杀人者，斩。监候。虽杀伤被窃之囚，亦坐前罪。不问得囚与未得囚。为从各减一等。承窃囚与窃而未得二项。若官司差人追征钱粮、勾摄公事，及捕获罪人，聚众中途打夺者，首杖一百、流三千里；因而伤差人者，绞；监候。杀人及聚至十人，九人而下，止依前聚众科断。为首者斩，监候。下手致命者绞；监候。为从各减一等。其率领家人随从打夺者，止坐尊长。若家人亦曾伤人者，仍以凡人首、从论。家长坐斩，为从坐流。不言杀人者，举轻以赅重也。○其不于中途而在家打夺者，若打夺之人，原非所勾捕之人，依威力于私家拷打律，主使人殴者，依主使律；若原系所勾捕之人，自行殴打，在有罪者依罪人拒捕律，无罪者依拒殴追摄人律。

条　例

6.18.267.(1)〔纠众劫囚杀伤官弁役卒〕

一、纠众行劫在狱罪囚，如有持械拒杀官弁者，将为首及为从杀官之犯，依谋反大逆律凌迟处死，亲属缘坐；下手帮殴有伤之人，拟斩、枭示；随同余犯，俱拟斩立决。若拒伤官弁，及杀死役卒者，为首并预谋助殴之伙犯，俱拟斩立决、枭示。其止伤役卒者，将为首及帮殴有伤之伙犯，俱拟斩立决；随同助势，虽未伤人，亦拟斩候，秋审时入于情实。若并未伤人，将起意劫狱之首犯拟斩立决；为从者俱拟斩监候，秋审时入于情实。

6.18.267.(2)〔尊长率领卑幼家长率领奴雇殴差夺犯杀伤或致死〕

一、官司差人捕获罪人，如有尊长率领卑幼，及家长率领奴仆、雇工，殴差夺犯，并杀死差役一命，案内随从之卑幼、奴仆、雇工，曾经杀伤人者，照律依为从拟杖一百、流三千里；在场助势，并未伤人者，杖一百、徒三年。若杀死差役，非一家二命，及二命以上，案内为从下手致死之卑幼、奴仆、雇工，俱拟绞监候；帮殴伤轻者，杖一百、流三千里；在场助势，并未伤人者，杖一百、徒三年。

6.18.267.(3)〔聚众中途夺犯伤差及致死〕

一、官司差人捕获罪人，有聚众中途打夺，殴差致死，为首者，不论曾否下手，拟斩立决。为从，下手致命伤重致死者，绞决；帮殴有伤者，不论他物、金刃，拟绞监候；随同拒捕未经殴人成伤之犯，改发极边足四千里充军。其伤差未至死者，首犯仍照律拟绞监候。但经聚众夺犯，虽未伤人，首犯亦照因而伤人律从重拟绞，为从之犯，仍照律坐罪。若数年后此风稍息,请旨仍复旧律遵行。

6.18.267.(4)〔官司勾摄罪人纠谋聚众持械打夺伤差及一时斗殴杀伤〕

一、凡官司勾摄罪人,已在该犯家拿获,如有为首纠谋,聚至三人以上,持械打夺伤差者,即照中途夺犯例,分别杀、伤治罪。若并未纠约聚众,实系一时争斗拒殴,致有杀伤,仍照各本律定拟。其非本案罪犯,及非所勾捕之人,毋论在途、在家,俱以凡斗论。差人借端滋扰,照例从重治罪,地方官交部议处。

6.18.267.(5)〔一二人中途夺犯伤差及致死〕

一、官司差人捕获罪人,有仅止一二人中途打夺者,无论有无伤差,为首者均杖一百、流三千里,为从者减一等。若殴差至死,即照聚众打夺杀人本律分别治罪。

6.18.268 白昼抢夺 人少而无凶器,抢夺也。人多而有凶器,强劫也。

6.18.268.1 凡白昼抢夺人财物者,不计赃,杖一百、徒三年。计赃并赃论。重者,加窃盗罪二等。罪止杖一百、流三千里。伤人者,首斩。监候。为从各减为首一等,并于右小臂膊上刺"抢夺"二字。○6.18.268.2 若因失火,及行船遭风着浅,而乘时抢夺人财物,及拆毁船只者,罪亦如之。亦如抢夺科罪。○6.18.268.3 其本与人斗殴,或勾捕罪人,因而窃取财物者,计赃准窃盗论。因而夺去者,加二等,罪止杖一百、流三千里,并免刺。若窃夺有杀伤者,各从故、斗论。其人不敢与争而杀之曰故,与争而杀之曰斗。

条 例

6.18.268.(1)〔凡问白昼抢夺〕

一、凡问白昼抢夺,要先明事犯根由,然后揆情剖决。在白昼为抢夺,在夜间为窃盗。在途截抢者,虽昏夜仍问抢夺,止去"白昼"二字。若抢夺不得财,及所夺之物即还事主,俱问不应。如强割田禾,依抢夺科之。探知窃盗人财,而于中途抢去,准窃盗论;系强盗赃,止问不应。若见分而夺,问盗后分赃。其亲属无抢夺之文,比依恐吓科断。

6.18.268.(2)〔黔楚两省相接红苗彼此仇忿聚众抢夺〕

一、凡黔、楚两省相接红苗,彼此仇忿,聚众抢夺者,照抢夺律治罪。人数不及五十名,伤人为首者,枷号两个月,为从者一个月;杀人者,斩监候,下手者枷号三个月,为从者四十日。聚至五十人者,虽不杀人,为首者亦斩监候,为从者枷号五十日;杀人者斩决,下手之人绞监候,为从者各枷号两个月。聚至百人者,虽不杀人,为首者斩决,为从者各枷号两个月;杀人者,斩决、枭示,下手之人俱斩监候,为从者各枷号三个月。所抢人畜财物,追还给主。

6.18.268.(3)〔苗人抢夺土官约束不严或教令通同〕

一、凡苗人犯抢夺,该管土官约束不严,俱交部议。若至百人以上,土司、府州革职，百户、寨长罢职役，满杖；知情故纵者革职，枷号一个月，俱不准折赎。若教令指使，或通同图利者，照为首例治罪。

6.18.268.(4)〔聚众结伙抢夺以人数及有无持械定拟〕①

一、抢夺之案，如结伙骑马持械，并聚至十人以上，倚强肆掠，凶暴众著者，无论白昼昏夜，及在途在野、江河湖港，均照强盗律，不分首从拟斩；被胁同行者，发遣新疆给官兵为奴。聚众不及十人，而数在三人以上，但经持械威吓，及捆缚按捺，并伤事主者，为首及在场动手之犯，亦照强盗律拟斩立决；为从在场并未动手者，均发遣新疆给官兵为奴。结伙仅止二人，但有持械威吓事主情事，及虽未持械，而结伙已至十人以上者，首犯实发云贵两广极边烟瘴充军，从犯杖一百、流三千里。结伙不及十人，俱系徒手抢夺者，首犯杖一百、流三千里，从犯杖一百、徒三年。数在三人以下者，仍照抢夺各本律例定拟。至回民结伙抢夺，及四川等省匪徒抢夺，例有专条者，仍与此例相比，从其重者论。

6.18.268.(5)〔沙民伙众争地及持械聚众抗官〕

一、江南通州崇明、昭文沙民，伙众争地，除不持器械争夺，及聚众不及四五十人者，照侵占他人田宅律科断。如系执持器械，及聚众四五十人，有抗官重情者，照光棍例，为首者拟斩立决，为从者，拟绞监候，逼勒同行之人各杖一百。

6.18.268.(6)〔因荒伙众抢夺挟制官长及纠众罢市辱官〕

一、直省不法之徒，如乘地方歉收，伙众抢夺，扰害善良，挟制官长，或因赈贷稍迟，抢夺村市，喧闹公堂，及怀挟私愤，纠众罢市、辱官者，俱照光棍例治罪。若该地方官营私怠玩，激成事端，及弁兵不实力缉拿，一并严参议处。

6.18.268.(7)〔苗人聚众烧劫抢掳〕

一、苗人聚众至百人以上，烧村劫杀，抢掳妇女，拿获讯明，将造意首恶之人，即在犯事地方斩决、枭示。其为从内，如系下手杀人放火、抢掳妇女者，俱拟斩立决；若止附和随行，在场助势，照红苗聚众例枷号三个月；临时协从者，枷号一个月。至寻常盗劫抢夺，仍照内地抢夺例完结。其有掳掠妇女勒赎尚未奸污者，仍照苗人伏草捉人勒赎例定拟。

6.18.268.(8)〔台湾盗劫及聚众散札竖旗妄布邪言抢夺杀人放火等案罪应立决之犯枭示传首〕

一、凡台湾盗劫之案，罪应斩决者，照江洋大盗例斩决、枭示。他如聚众散札竖旗，妄布邪言，书写张贴，煽惑人心，抢夺、杀人、放火，光棍抢夺路行妇女强奸致死，劫囚越狱，与番人彼此仇忿，聚众抢夺杀人等案内，造意为首，罪应立决者，均照黔楚两省例斩决、枭示，正法后即传首原犯地方示众。其附和为从之犯，不得援引此例。仍于各审案后附疏声明。

---

① 咸丰二年(1852)修并；同治九年(1870)修改。

6.18.268.(9)〔饥民爬抢〕①

一、饥民爬抢，除纠伙执持军器刀械，威吓按捺，搜劫多赃者，仍照强盗本律科断外，如有聚众十人以上至数十人，执持木棍等项，爬抢粮食，并无攫取别赃者，为首拟斩监候，为从发新疆给官兵为奴；如十人以下，持械爬抢者，为首发新疆给官兵为奴，为从减一等。其徒手并未持械者，仍照抢夺本律科断。

6.18.268.(10)〔新疆兵役抢夺杀人强盗〕

一、新疆地方兵丁、跟役，如有白昼抢夺杀人及为强盗等事，该办事大臣审实，一面奏闻，一面即行正法。

6.18.268.(11)〔失火乘机抢夺但经得财〕

一、凡因失火而乘机抢夺，除有杀伤及计赃重者，仍照定例问拟外，其但经得财，罪应拟以杖、徒者，俱照本律加一等治罪，将为首之犯杖一百、流二千里，为从者杖一百、徒三年，均于面上刺"抢夺"字。

6.18.268.(12)〔总甲捕役以巡捕勾摄为由殴打平人抢夺财物〕

一、凡总甲、快手、应捕人等，指以巡捕、勾摄为由，殴打平人，抢夺财物者，除实犯死罪外，犯该徒罪以上，不分人多人少，若初犯一次，发边远充军；再犯，发原抢夺地方枷号两个月，照前发遣。里老、邻佑，知而不举，所在官司，纵容不问者，各治以罪。里老、邻佑依同行知有谋害而不救阻律杖一百，官司照故出人罪律科断。

6.18.268.(13)〔大江洋海出哨兵弁乘危捞抢追赃给主与自首宽减〕

一、大江洋海出哨兵弁，乘危捞抢之案，所抢财物，照追给主。如不足数，将首犯家产变赔。无主赃物入官。其在船将备，如同谋抢夺，虽兵丁为首，该弁亦照为首例治罪；其不同谋而分赃者，以为从论。若实系不能约束，并无同谋、分赃情弊，照钤束不严例议处。以上弁兵，除应斩决及枭示者不准自首外，其应斩候、绞候者，若事未发觉而自首，杖一百、徒三年；军、流以下，概准宽免。如系闻拿投首，应斩候、绞候者，杖一百、流三千里；军罪以下，减二等发落，仍追赃给主。如有误坐同船，并未分赃之人，能据实首报，除免罪外，仍酌量给赏。其哨船未出口之前，取同船兵丁不致抢物为匪连名甘结，令在船将弁加结，申送该管上司存案。巡哨回日，仍取同船兵丁甘结，转送该管上司。其上司如不系同船，失于觉察，或通同庇匿，及地方州县，若据难民呈报，不即查明转详，反行抑讳，及道府不行察报，督抚、提镇不行查参者，均照例议处。再营汛弁兵，如能竭力救护失风人船，不私取丝毫货物者，该管官据实申报督抚、提镇，按次记功，照例议叙。倘弁兵因救援商人，或致受伤、被溺，详报督抚，查明优恤。

6.18.268.(14)〔边海居民并船户乘危抢夺及致商民淹毙或伤人〕

一、凡边海居民，以及采捕各船户，如有乘危抢夺，但经得财，并未伤人者，均照

① 同治九年(1870)修改。

抢夺本律加一等,杖一百、流二千里,为从各杖一百、徒三年。若抢取货物,拆毁船只,致商民淹毙,或伤人未致毙命者,俱照前例分别治罪。有能救援商船,不取财物者,该督抚亦酌量给赏。

6.18.268.(15)〔抢夺窃盗杀人如数人共杀一人以致命金刃他物主使下手先后分首从〕

一、抢夺、窃盗杀人之案,如数人共杀一人,无论金刃、他物、手足,以致命重伤者为首;在场助力,或致命而非重伤,或重伤而非致命者,以为从论。如俱系致命重伤,以金刃者为首,手足、他物为从。如俱系金刃,及俱系他物、手足,致命重伤无可区别者,有主使,以主使者为首,下手者为从;无主使,以先下手者为首,后下手者为从。其同案抢窃,不知拒捕情事者,仍各照抢夺、窃盗本律首从论。

6.18.268.(16)〔抢窃拒伤事主两人同场拒伤一人以金刃他物及致命先后下手分首从〕

一、抢窃拒伤事主伤轻平复之案,如两人同场拒伤一人,一系他物,一系金刃,无论先后下手,以金刃伤者为首;如金刃伤轻,他物伤重而未至折伤者,仍以金刃伤者为首。如一系刃伤,一系他物折伤,刃伤重以刃伤为首,折伤重以折伤为首;刃伤与折伤俱重,无可区别者,以先下手者为首。若俱系金刃,或俱系他物,以致命重伤为首。如俱系致命重伤,或俱系他物折伤,亦以先下手者为首。若两人共拒一人,系各自拒伤,并不同场者,即各科各罪,各以为首论。

6.18.268.(17)〔白昼抢夺杀伤人〕

一、凡白昼抢夺杀人者,拟斩立决;为从帮殴,如刃伤,及手足、他物至折伤以上者,俱拟绞监候;伤非金刃,又非折伤者,发云贵两广极边烟瘴充军;未经帮殴成伤者,发极边足四千里充军。其伤人未死,如刃伤,及折伤以上者,首犯仍照本律拟斩监候,为从改发边远充军。伤非金刃,伤轻平复之首犯,改发极边烟瘴充军。年在五十以上,刃伤及折伤为从,仍照原例发近边充军;伤非金刃伤轻平复为首,发边远充军。拒捕未经成伤之首犯,发近边充军。为从各杖一百、徒三年,俱照本例刺字。

6.18.268.(18)〔大江洋海出哨兵弁乘危捞抢致商民淹毙及伤杀人者〕

一、凡大江洋海出哨官弁兵丁,如遇商船遭风,尚未覆溺,及着浅不致覆溺,不为救护,反抢取财物,拆毁船只者,照江洋大盗例,不分首从,斩决、枭示。如遭风覆溺,人尚未死,不速救援,止顾捞抢财物,以致商民淹毙者,为首照抢夺杀人律斩立决,为从照抢夺伤人律斩监候。如见船覆溺,抢取货物,伤人未致毙命,如刃伤,及折伤以上者,斩监候;伤非金刃,伤轻平复者,改发极边烟瘴充军,年在五十以上,发边远充军。未伤人者,为首照抢夺律加一等,杖一百、流二千里,为从杖一百、徒三年;赃逾贯者,绞监候。如有凶恶之徒,明知事犯重罪,在外洋无人处所,故将商人全杀灭口,图绝告发者,但系同谋,均照强盗杀人律斩决、枭示。如见船覆溺,并未抢取货物,但阻挠不救,以至商民淹毙者,为首照故杀律斩监候,为从照知人谋害不即救护律杖一百;官弁题参革职,兵丁革除名粮,均折责发落。如淹死人命在先,弁兵见有漂失无主船货,捞抢入己者,照得遗失官物坐赃论罪。

6.18.268.(19)〔初犯再犯及三犯抢夺并抢窃并发〕①

一、凡白昼抢夺,三犯者,拟绞立决。如不及三犯,照所犯之罪发落。若因抢夺问拟军、流、徒罪,在配、在逃,复犯抢夺,无论纠抢、伙抢、独抢,曾否得免并计,如本系云贵两广极边烟瘴人犯,有犯即发新疆酌拨种地当差;其余原犯军、流、徒罪,复抢一二次者,实发云贵两广极边烟瘴充军,三次以上,发新疆酌拨种地当差。其抢夺问拟军、流、徒罪,释回后,复犯抢夺一二次,赃未满贯者,发往极边足四千里充军;三次以上,实发云贵两广极边烟瘴充军;五次以上,发新疆酌拨种地当差。如抢夺初犯五次以上,实发云贵两广极边烟瘴充军;八次以上,发新疆酌拨种地当差。若按次各不及前数者,均依本律办理。倘为首赃至一百二十两以上,仍照例拟绞监候。至抢、窃同时并发之案,除抢多窃少,不得以窃作抢并拟,仍各从其重者论外,如窃多抢少,即应将抢夺并计,照纠窃次数科罪。

6.18.268.(20)〔抢夺得财赃至八十及一百二十两以上〕

一、白昼抢夺人财物,除赃在七十两以下者,仍依律拟以满徒外,其赃至八十两以上,即按律递加窃盗罪二等,罪止杖一百、流三千里;一百二十两以上者,仍照盗窃满贯律拟以绞监候。

6.18.268.(21)〔回民结伙抢夺〕

一、凡回民抢夺,结伙在三人以上,不分首从,俱实发云贵两广极边烟瘴充军。如有脱逃被获,改发新疆给官兵为奴,仍回避回疆附近地方。如数在二人以下,审有纠谋持械逞强情形者,亦照前拟军。若止一时乘间徒手攫取,尚无逞凶情状者,仍照抢夺本律拟徒。

6.18.268.(22)〔川省匪徒等在场市横行抢劫伤人及拒捕杀人〕②

一、川省匪徒,并河南、安徽、湖北等三省交界地方,及山东之兖州、沂州、曹州三府,江苏之淮安、徐州、海州三府州,如有红胡子、白撞手、拽刀手等名目,在于场市人烟凑集之所,横行抢劫,纠伙不及五人者,不分首从,俱改发伊犁,分给该处察哈尔及驻防满洲官兵为奴。但伤人者,如刃伤及折伤以上,拟斩监候;伤非金刃,伤轻平复,拟绞监候。有拒捕杀人者,将为首杀人之犯拟斩立决;为从帮殴,刃伤,及折伤以上者,拟斩监候;伤非金刃,又非折伤者,拟绞监候;未经帮殴成伤者,发往伊犁为奴。如纠伙五人以上,无论曾否得财,为首照光棍例拟斩立决,为从同抢者俱拟绞监候。若拒捕夺犯,杀伤兵役并事主及在场之人者,审明首犯,即行正法、枭示;在场加功及助势者,俱拟绞立决;同谋抢夺,而拒捕夺犯之时并未在场者,仍照光棍为从本例拟

① 咸丰二年(1852)修改。

② 咸丰二年(1852)修改。

绞监候。以上各匪犯父兄、牌甲，俱依盗案例，查明是否知情分赃，或止失于觉察，分别惩处。

6.18.268.(23)〔川省匪徒等在野拦抢伤人未伤人及杀人〕①

一、川省匪徒，并河南、安徽、湖北等三省交界地方，及山东之兖州、沂州、曹州三府，江苏之淮安、徐州、海州三府州，如有红胡子、白撞手、拽刀手等名目，在野拦抢，未经伤人之案，除实犯死罪外，数止二三人者，犯该徒罪以上，不分首从，俱发云贵两广极边烟瘴地方充军；如四人以上至九人者，不分首从，俱改发伊犁，分给该处察哈尔及驻防满洲官兵为奴。但伤人者，如刃伤，及折伤以上，拟斩监候；伤非金刃，伤轻平复，拟绞监候。有拒捕杀人者，将为首杀人之犯拟斩立决；为从帮殴，刃伤，及折伤以上者，拟斩监候；伤非金刃，又非折伤者，拟绞监候；未经帮殴成伤者，发往伊犁为奴。若数至十人以上，无论伤人与否，为首拟斩立决，为从拟绞监候，被胁同行者发乌鲁木齐给官兵为奴。倘有杀人、夺犯、伤差等事，有一于此，即将为首之犯正法、枭示；在场加功及助势者，俱拟绞立决；同谋抢夺，而拒捕、夺犯之时并未在场者，拟绞监候。以上各匪犯父兄、牌甲，俱依盗案例，查明是否知情分赃，或止失于觉察，分别惩处。

6.18.268.(24)〔奉天地方匪徒纠伙持械抢夺〕②

一、奉天地方，匪徒纠伙抢夺，不论人数多寡、曾否伤人，但有一人执持鸟枪抢夺者，不分首从，照响马强盗例拟斩立决、枭示。其执持寻常器械抢夺者，分别是否十人及三人以上，并有无倚强肆掠情形，按照抢夺本例科断。结伙不及三人，但有持械威吓事主情事，除实犯死罪外，余俱不分首从，发云贵、两广极边烟瘴充军，面刺“抢夺”二字。若仅止一二人，乘便攫取财物，并无持械威吓事主情事，仍照抢夺本律问拟。倘数年后此风稍息，奏明仍复旧例办理。

6.18.268.(25)〔湖北省匪徒聚众十人以上抢夺及不满十人持械入室吓禁事主搜劫财物〕③

一、凡湖北省匪徒抢夺之案，除实系寻常抢夺，仍照定例办理外，如聚众至十人以上，及虽不满十人，但有执持器械，入室吓禁事主，搜劫财物情事，无论是否白昼、昏夜，悉照强盗本律本例，分别法所难宥、情有可原定拟。如在江河湖港，亦无论是否白昼、昏夜，事主行船、泊船，悉照沿江滨海行劫之例分别定拟。俟数年后该省盗风稍息，仍复旧例办理。

6.18.268.(26)〔抢夺洋药〕④

一、抢夺洋药，仍照抢夺本律例科断。如系漏税之物，于本罪上酌减一等。

---

① 咸丰二年(1852)修改。
② 同治九年(1870)修改。
③ 咸丰二年(1852)续纂。
④ 同治九年(1870)续纂。

6.18.268.(27)〔抢夺无人看守空室财物〕①

一、事主闻警逃避,乘间抢夺无人看守空室财物,如仅止一二人,并未持械者,照抢夺律问拟;若伙众三人以上持械者,照抢夺律加等问拟。倘事主及雇工人等往捕,护赃护伙持械格斗有杀伤者,照强盗律治罪。邻佑人等往捕,有拒捕者,照抢夺拒捕,分别杀伤科断。

6.18.269 窃　盗

6.18.269.1 凡窃盗已行而不得财,笞五十,免刺;但得财,不论分赃、不分赃。以一主为重,并赃论罪。为从者,各指上得财、不得财言。减一等。以一主为重,谓如盗得二家财物,从一家赃多者科罪。并赃论,谓如十人共盗得一家财物,计赃四十两,虽各分得四两,通算作一处,其十人各得四十两之罪。造意者为首,该杖一百,余人为从,各减一等,止杖九十之类。余条准此。初犯,并于右小臂膊上刺"窃盗"二字;再犯,刺左小臂膊;三犯者,绞。监候。以曾经刺字为坐。○6.18.269.2 掏摸者罪同。

一两以下,杖六十。

一两以上至一十两,杖七十。

二十两,杖八十。

三十两,杖九十。

四十两,杖一百。

五十两,杖六十、徒一年。

六十两,杖七十、徒一年半。

七十两,杖八十、徒二年。

八十两,杖九十、徒二年半。

九十两,杖一百、徒三年。

一百两,杖一百、流二千里。

一百一十两,杖一百、流二千五百里。

一百二十两,杖一百、流三千里。

一百二十两以上,绞。监候。○6.18.269.3 三犯,不论赃数,绞。监候。

条　例

6.18.269.(1)〔偷窃衙署服物〕

一、贼匪偷窃衙署服物,除罪应拟绞,依律定拟外,其余不论初犯、再犯,及赃数多寡,俱改发云贵两广极边烟瘴地方充军。若已行而未得财者,照盗仓库钱粮未得财例,杖一百、徒三年。仍分别首从问拟。

---

① 同治九年(1870)续纂。

6.18.269.(2)〔计赃罪应满流改近军〕

一、窃赃数多,罪应满流者,改发附近充军。

6.18.269.(3)〔京城捕役获贼呈报迟延及勒索事主〕

一、五城、两县及五营、内务府捕役,拿获窃贼者,俱限即日禀报本管官。如晚间拿获,限次早禀报该管官。讯明被窃情由,将事主年貌、姓名、住址及所失赃物,详记档案,即令事主回家,不必一同解送该管上司衙门。如赃物现获,即出示令事主认领。倘不法捕役,违限不行呈报,任意勒索事主,许事主赴都察院呈告,将捕役照恐吓取财例治罪。其该管官有失于觉察,及任意纵容者,交部分别议处。

6.18.269.(4)〔捕役私自搜赃中饱〕

一、直省州县,拿获窃盗到案,取具确供,计赃在五十两以上者,即同捕官带同捕役,搜验原赃,给主收领;如赃在四十两以下,捕官带同捕役,前往搜验。如州县、捕官听捕役私自搜赃,以致中饱者,除捕役与窃盗同科外,将该州县、捕官,照失察捕役为盗例议处。

6.18.269.(5)〔拿获窃犯供出邻省邻邑之案〕

一、拿获窃盗,承审官即行严讯。除赃至满贯,及三犯计赃五十两以上,律应拟绞者,俱即归犯事地方完结外,若审出多案,应照积匪猾贼例拟遣者,其供出邻省、邻邑之案,承审官即行备文,专差关查。若赃证俱属相符,毫无疑义,即令拿获地方迅速办结,毋庸将人犯再行关解别境。倘或赃供不符,首从各别,必应质讯,或邻境拿获人众,势须移少就多者,承审官即将必应移解质审缘由,详明各该上司,佥差妥役,将犯移解邻邑,从重归结。如有借端推诿,及删减案情,希图就事完结者,即将原审之州县官分别参处。

6.18.269.(6)〔偷窃外国到京贡使人犯〕

一、凡外国进贡使臣到京之时,即令该地方官兵,在各馆门首严加巡查。如遇有偷窃外使人犯,一经拿获,除赃重者仍照律办理外,其罪应杖、刺者,加枷号一个月,枷满之日,照例发落。如外使报窃而贼犯无获,将巡查之兵役杖一百,该地方官交部议处。

6.18.269.(7)〔朝鲜使臣来京在途被窃〕

一、朝鲜使臣来京,其随带货物银两,遇有偷窃,将该管地方官及护送官,均照饷鞘被失例严加议处。所失银物,着落地方官并统辖、专管之各上司,按股赔还。仍缉拿偷窃之人,照行窃饷鞘例,计赃从重科断,追赃入官。如来使人等,有借词妄报,滋生事端情弊,由礼部行知该国王一体治罪。

6.18.269.(8)〔湖南湖北等省罪拟杖徒抢窃及兴贩私盐等犯分别加带铁杆石墩〕①

一、湖南、湖北两省抢窃及兴贩私盐各犯,并福建、广东二省抢窃匪徒,除罪应军、流以上者,仍按本律本例定拟外,如罪应拟徒之犯,应刺字者先行刺字,毋庸解

---

① 咸丰二年(1852)修改。

配,在籍锁带铁杆、石礅五年,湖南、湖北、闽省各犯,罪应拟杖者,亦锁带铁杆、石墩三年;广东省拟杖以下人犯,毋庸锁带。限满开释,分别杖责。如湖南、湖北、闽省各犯,释放后复行犯案,并广东省抢窃匪徒,释后复犯,罪止拟徒者,即于锁带铁杆、石礅年限上递加二年。若犯案三次者,即按例从重问拟。至云南省纠窃不及四次,罪止枷、杖之犯,亦于本地方系带铁杆一年,限满开释,分别枷责,交保管束。如不知悛改,再系一年。倘始终怙恶不悛,即照棍徒扰害例分别严办。该州县每办一案,即录叙全案供招,报明督抚、臬司,按季汇册咨部。如同案人犯,有问军、流以上者,仍专案分别题咨。均于限满开释时,报部查核。若该州县任听书役舞弊朦混,妄及无辜,从严参究。俟数年后此风稍息,仍照旧例办理。

6.18.269.(9)〔店家船户等行窃商民及纠匪分赃〕

一、凡店家、船户、脚夫、车夫,有行窃商民,及纠合匪类,窃赃朋分者,除分别首从,计赃照常人科断外,仍照捕役行窃例各加枷号两个月。

6.18.269.(10)〔窃盗三犯按第三次犯窃赃数分别定拟〕

一、窃盗三犯,应按其第三犯窃赃多寡,照定例分别军、流、遣、绞,毋得将从前初犯、再犯业已治罪之赃通算,以致罪有重科。

6.18.269.(11)〔丢包诓取财物〕

一、奸匪伙众丢包,诓取财物,照白昼抢夺人财物律治罪,刺字。赃至一百二十两以上,拟绞监候。如有拒捕杀伤人者,亦照贼犯抢窃之例,将地方官扣限查参。

6.18.269.(12)〔旗人及旗下家奴肆行偷窃〕

一、凡旗人及旗下家奴,肆行偷窃,犯罪至发遣以上者,将失察旗人为窃之该管官,及失察家奴为窃之家主,俱照旗人为盗例交部分别议处。若能于事未发觉之前,自行查出送部治罪者,免议。

6.18.269.(13)〔父兄不能禁约子弟为窃盗及知情分赃〕

一、凡窃盗同居父、兄、伯叔与弟,知情而又分赃者,照本犯之罪减二等;虽经得财,而实系不知情者,减三等。父兄不能禁约子弟为窃盗者,笞四十。

6.18.269.(14)〔事主追捕窃盗失足身死及失财自尽〕

一、窃盗逃走,事主仓皇追捕,失足身死,及失财窘迫,因而自尽者,除拒捕伤人,及赃银数多,并积匪、三犯等项,罪在满徒以上,仍照律例从重治罪外,如赃少罪轻,不至满徒者,将贼犯照因奸酿命例,杖一百、徒三年。

6.18.269.(15)〔两广等省匪徒明知窃情表里为奸勒赎事主者〕

一、两广、两湖及云贵等省,凡有匪徒明知窃情,并不帮同鸣官,反表里为奸,逼令事主出钱赎赃,俾贼匪获利,以至肆无忌惮,深为民害者,照为贼探听事主消息通线引路者照强盗窝主不行又不分赃杖流律减一等,杖一百、徒三年。如有贪图分肥,但经得赃者,不论多寡,即照强盗窝主律,杖一百、流三千里。

6.18.269.(16)〔随驾官员之跟役偷盗马匹器械逃回及官兵失察过关〕

一、随驾官员之跟役,无论奴仆、雇工,如有偷盗马匹、器械逃回者,拟绞监候。

其不曾偷盗马匹、器械逃回之跟役，系奴仆，讯问伊主情愿领回者，鞭一百、刺字，给主领回；不愿领回者，发各省驻防给官员、兵丁为奴。若系雇工，其所雇系旗下家奴，枷号三个月、鞭一百，刺字，交还本主。如所雇系民人，刺字，解回原籍，杖一百、徒三年。仍向各犯家属，及中保人等，追出原雇价值，给还原主。至在逃跟役，令各该关津严行查拿。如失察过关，将该汛官兵，照失察逃人例加等治罪。

6.18.269.(17)〔兵役人等犯窃及豢养包庇窃贼劫匪窝家〕

一、凡捕役、兵丁、地保等项在官人役，有稽查缉捕之责者，除为匪及窝匪本罪应拟斩、绞、外遣，各照本律本例定拟外，如自行犯窃，罪应军、流、徒、杖，无论首从，各加枷号两个月，兵丁仍插箭游营。若勾通、豢养窃贼，及抢劫各匪，坐地分赃，或受贿包庇窝家者，俱实发云贵两广极边烟瘴充军。倘地方员弁，平时不行稽察，或知风查拿，有意开脱，不加严究，止以借端责革，照不实力奉行稽查盗贼例交部议处。至别项在官人役，尚无缉捕稽查之责者，如串通窝顿窃匪，贻害地方，亦各于应得本罪上加一等治罪。

6.18.269.(18)〔窃盗再犯加枷交保管束后复行为窃及行在拿获窃犯〕

一、窃盗再犯，计赃罪应杖六十者，加枷号二十日；杖七十者，加枷号二十五日；杖八十者，加枷号三十日；杖九十者，加枷号三十五日；杖一百者，加枷号四十日，俱交保管束。倘不加禁约，致复行为窃，除原保系父兄子弟人等，仍分别知情、分赃究拟外，其余俱按贼人所犯，罪应杖、笞者，将原保笞四十；徒罪以上者，原保杖八十。知情故纵者，比照窝主不行又不分赃为从论科罪，免刺；受财者，以枉法从重论。至行在拿获窃盗，罪应杖、笞者，枷号一个月，满日杖一百；徒罪以上，仍照本律定拟。

6.18.269.(19)〔现任官员出使赴任及接送眷属被窃财物〕

一、凡现任官员，奉差出使、赴任赴省，及接送眷属，乘坐船只、住宿公馆，被窃财物，除赃逾满贯，仍依例定拟外，其余各计赃照寻常窃盗例加一等，分别首从治罪。若寓居里巷民房，及租赁寺观店铺，与齐民杂处，贼匪无从辨识，乘间偷窃者，仍依寻常窃盗例办理。

6.18.269.(20)〔旗人初犯窃〕

一、凡旗人初次犯窃，即销除旗档。除犯该徒罪以上者，即照民人一体刺字、发配外，如罪止笞、杖者，照律科罪，免其刺字。后再行窃，依民人以初犯论。其有情同积匪，及赃逾满贯者，该犯子孙，一并销除旗档，各令为民。除满贯之案，于题本内声明外，余俱按季汇题。

6.18.269.(21)〔得免并计问拟军流徒罪窃犯在配释回复犯〕

一、窃盗于得免并计之后，因窃问拟军、流、徒罪，在配释回，复行犯窃，如止一二次同时并发者，按照得免并计后犯窃到官次数，分别初犯、再犯、三犯科罪。若不知悛改，连窃三次以上，同时并发者，照积匪猾贼例定拟。

6.18.269.(22)〔抢窃夺掏摸等犯两遇恩赦再犯〕

一、窃盗、抢夺、掏摸等犯，事犯到官，应将从前犯案次数，并计科罪。若遇恩赦，其从前所犯原案，咸予赦除，免其并计，并免刺字，有犯仍以初犯论。如得免并计之后，再行犯窃，复遇恩赦后，犯案到官，审系再犯、三犯，俱按照初次恩赦后所犯次数并计，照律科罪。若遇清理庶狱恩旨，免罪不免刺者，仍行并计，按照从前次数定拟。

6.18.269.(23)〔窃盗两邀恩典再犯〕

一、窃盗恭遇恩诏，得免并计后，三犯拟流，复遇恩赦，累减释放。如再犯窃，仍以三犯科断。

6.18.269.(24)〔积匪猾贼〕

一、积匪猾贼，为害地方，审实，不论曾否刺字，改发云贵两广极边烟瘴充军。

6.18.269.(25)〔山东及安徽省罪应枷杖窃犯如有携带铁枪及倚众拒伤等情加系铁杆〕

一、山东省窃贼，如有携带铁枪、流星、刀剑等物，及倚众叠窃，并凶横拒捕伤人，本罪止于枷、杖者，酌加锁带铁杆、石墩一二年。如能悔罪自新，或有亲族、乡邻保领者，地方官查实，随时释放，仍令该州县报明院司察考。至安徽省罪止枷、杖，情节较重之窃盗，亦照此例加系铁杆。倘数年后此风稍息，奏明仍照旧例办理。

6.18.269.(26)〔未免并计问拟军流徒罪窃犯在配释回复犯〕

一、未经得免并计之犯，因窃问拟军、流、徒罪，在配释回，不知悛改，如为首纠伙叠窃至四次，或虽未纠伙，而被纠叠窃及独窃至六次者，并初犯、再犯之贼，为首纠窃至六次，或未纠伙，而被纠叠窃及独窃至八次者，均照积匪猾贼例拟军。其未经得免并计之犯，因窃问拟军、流、徒罪，在配释回，为首纠窃三次，或被纠叠窃及独窃四次，并初犯、再犯之贼，为首纠窃四次，或被纠叠窃及独窃六次，同时并发者，均照积匪猾贼例量减一等，拟以满徒。其三犯及计赃重者，仍按各本例从其重者论。

6.18.269.(27)〔四川陕西等省结伙携械绺窃罪应杖徒匪徒分别加带铁杆石墩巨石〕①

一、四川，陕西，及甘省附近川境巩昌府属之洮州、岷州、西和，并秦州、阶州及所属秦安、清水、徽县、礼县、两当、文县、成县、三岔、白马关各厅州县匪徒，携带刀械绺窃之案，如结伙三人以上，绺窃赃轻，及结伙不及三人，而讯系再犯，带有刀械，按窃盗本例应拟徒罪者，枷号三个月，满日责四十板，系带铁杆、石礅三年；应拟杖罪者，枷号两个月，满日责四十板，系带铁杆、石礅二年。其并未窃物分赃，而随行服役，及带刀到处游荡者，枷号一个月，满日责四十板，系带铁杆、石礅一年。释放时，仍照例分别刺字、免刺。如不知悛改，复敢带杆滋扰，或毁杆潜逃，持以逞凶拒捕，除实犯死罪外，其余罪应军、流者，均于本罪上加一等，仍加枷号两个月；罪应拟徒者，以大链锁系巨石五年；罪应拟杖者，锁系巨石三年。限满果能悔罪自新，或有亲族、乡邻甘

---

① 同治九年(1870)修改。

结保领，地方官查实，随时开释详报。倘释放后复敢带刀逞凶，讹诈绺窃，即锁系巨石，不拘限期。仍令该州县报明院司查核，按季汇册报部。如有妄拿无辜，锁系巨石者，该管上司访察严参。俟数年后此风稍息，仍复旧例办理。

6.18.269.(28)〔各省营镇责成将备缉贼及营员会同质审〕

一、各省营镇，责成将备，督率兵弁，侦缉贼匪。其缉获之贼，送县审究。如贼犯到县狡供翻异，许会同原获营员质审。如系良民被诬，并无赃、证，兵丁、营员，照例分别议处、治罪。若地方官果能将捕役豢纵之处，审查究拟，免其失察处分。仍将获贼之弁兵，计赃案多寡，分别奖励。

6.18.269.(29)〔窃盗三犯按赃数分别绞遣军流〕

一、窃盗三犯，除赃至五十两以上，照律拟绞外，其五十两以下至三十两者，改发云贵两广极边烟瘴充军；三十两以下至十两以上者，改发边远充军；如银不及十两、钱不及十千者，俱杖一百、流三千里。

6.18.269.(30)〔回民结伙持械及徒手行窃〕

一、回民行窃，除赃数满贯，罪无可加，及无伙众持械情状者，均照律办理外，其结伙三人以上，但有一人执持器械，无论绳鞭、小刀、棍棒，俱不分首从，不计赃数、次数，改发云贵两广极边烟瘴充军。若结伙虽在三人以上，而俱徒手行窃者，于军罪上减一等，杖一百、徒三年。结伙十人以上，虽无执持器械，而但行窃者，仍照三人以上执持器械之例拟军。如行窃未得财，各于军、徒罪上减一等问拟。

6.18.269.(31)〔直隶省寻常窃盗依初犯再犯次数人数有无结伙持械加枷或加带铁杆〕

一、直隶省寻常窃盗，除计赃、计次罪应遣、军、流、徒，并初犯行窃不及四次，再犯不及三次，罪止杖、枷，讯无结伙携带凶器刀械者，仍各依本律例问拟外，如初犯、再犯，纠伙四名以下，并带器械者，各于所犯本罪上加枷号一个月；如初犯行窃四次以上，再犯三次以上，结伙已有四名，并持有凶器刀械，计赃罪止杖、枷者，于责、刺后加系带铁杆一枝，以四十斤为度，定限一年释放。如初犯系带铁杆，限满释放后，再行犯窃，计赃罪止杖、枷者，仍系带铁杆一年释放。若抢窃犯案拟徒，于到配折责后，锁带铁杆，徒限届满，开释递籍。如在配脱逃被获，讯无行凶为匪，仍发原配，从新拘役，锁带铁杆。其因抢窃拟徒，限满释回后，复行犯窃，罪止杖、枷者，无论次数、有无结伙携械，于责、刺后系带铁杆二年释放。倘不悛改，滋生事端，再系一年释放。此后盗风稍息，该督察看情形，奏明仍照旧例办理。

6.18.269.(32)〔窃贼结伙持械分别三人十人问拟军徒〕①

一、寻常窃盗，除并无伙众持械，及虽伙众持械，而赃至满贯，罪无可加，或犯该军、流、发遣者，均仍照律例办理外，其有纠伙十人以上，但有一人执持器械者，不计赃数、次数，为首之犯实发云贵两广极边烟瘴充军，为从杖一百、徒三年。若纠伙十

① 咸丰二年(1852)续纂。

人以上，并未持械，及纠伙三人以上，但有一人持械者，不计赃数、次数，为首之犯杖一百、徒三年，为从杖九十、徒二年半。如行窃未得财，各于军、徒罪上递减一等问拟。俟数年后，此风稍息，奏明仍复旧例。

6.18.270 盗马牛畜产

6.18.270.1 凡盗民间马、牛、驴、骡、猪、羊、鸡、犬、鹅、鸭者，并计（所值之）赃，以窃盗论。若盗官畜产者，以常人盗官物论。○6.18.270.2 若盗马、牛（兼官、私言。）而杀者，（不计赃，即）杖一百、徒三年；驴、骡，杖七十、徒一年半。若计赃（并从已杀计赃。）重于（徒三年、徒一年半）本罪者，各加盗（窃盗、常人盗）罪一等。

条 例

6.18.270.(1)〔盗御马〕

一、凡盗御用郭什哈马者，首犯拟绞立决，从犯拟绞监候。（不论已宰、未宰，均照此例办理。）盗多罗马者，枷号六个月，发边远充军。盗驽马者，枷号三个月，发近边充军。牧马官兵盗卖者罪同。

6.18.270.(2)〔盗卖骑操及所养官马〕

一、将自己及他人骑操官马盗卖者，枷号一个月发落。盗至三匹以上，及再犯者，不拘匹数，俱免枷号，发附近地方，各充军；五匹以上者，发边远充军。若养马人户盗卖官马至三匹以上者，亦问发附近充军。

6.18.270.(3)〔偷盗官马〕①

一、偷盗官马二匹以下，仍以常人盗官物计赃论。三匹以上，杖一百、流三千里；十匹以上，为首者拟绞监候，为从者发云贵两广烟瘴地方充军；二十匹以上者，不分首从，拟绞监候。窝主及牧马人役自行盗卖者，罪亦如之。

6.18.270.(4)〔偷盗蒙古马匹〕

一、驻扎外边官兵及跟役等，有偷盗蒙古马匹者，审实即在本处正法。其蒙古偷盗官兵马匹，或官兵等自相偷盗马匹，仍照旧例行。

6.18.270.(5)〔察哈尔蒙古有犯偷窃民间马牛及御官马者〕

一、偷窃马匹案件，除外藩蒙古仍照理藩院蒙古律拟罪外，其察哈尔蒙古有犯偷窃马匹之案，审明如系盗民间马牛者，依律计赃，以窃盗论；如系盗御马，及盗太仆寺等处官马者，亦仍照律例治罪。

6.18.270.(6)〔右卫地方八旗官马驼只被窃〕

一、右卫地方八旗官兵所养官马、驼只被窃拿获，除贼犯照偷窃蒙古四项牲畜新

① 咸丰二年(1852)修改。

例办理外，其窃盗之家主，无论闲散、兵丁，如有知情纵容及分赃情事，依律治罪；系官员，咨部查议。

6.18.270.(7)〔行围巡幸地方偷窃马匹〕

一、行围巡幸地方，如有偷窃马匹者，不分蒙古、民人，五匹以上拟绞立决；三匹至四匹者，即发云贵两广烟瘴地方；一二匹者，发湖广、福建、江西、浙江、江南等处充军，俱交驿地当苦差。为从及知情故买者，系民人，减本犯一等；系蒙古，仍照蒙古例办理。

6.18.270.(8)〔奉天旗民偷窃马匹〕

一、奉天旗、民人等偷窃马匹案件，俱照盗牛及宰杀例分别治罪。旗人销除旗档，与民人一例科断，不准折枷。

6.18.270.(9)〔冒领太仆寺官马〕

一、凡冒领太仆寺官马至三匹者，问罪，于本寺门首枷号一个月，发近边充军。若家长令家人冒领三匹，不分首从，俱问常人盗官物罪，家长引例，家人不引。

6.18.270.(10)〔民人蒙古番子偷窃四项牲畜〕

一、民人、蒙古、番子偷窃四项牲畜，以蒙古、内地界址为断。如在内地犯窃，即照刑律计赃分别首、从办理。若民人及打牲索伦、呼伦贝尔旗分另户，在蒙古地方，并青海、鄂尔多斯、阿拉善毗连之番地，以及青海等处蒙古、番子，互相偷窃者，俱照蒙古例分别定拟。仍各按窃盗本例刺字。

6.18.270.(11)〔盗牛〕

一、凡盗牛一只，枷号一个月、杖八十；二只，枷号三十五日、杖九十；三只，枷号四十日、杖一百；四只，枷号四十日、杖六十、徒一年；五只，枷号四十日、杖八十、徒二年；五只以上者，枷号四十日、杖一百、徒三年；十只以上，杖一百、流三千里；二十只以上，不计赃数多寡，拟绞监候。其虽在二十只以下，除计赃轻者分别枷、杖、徒、流外，如计赃至一百二十两以上者，仍照律拟绞监候。盗杀者，枷号一个月，发附近充军。俱照窃盗例刺字。其窝家知情分赃者，与盗同罪；知情不分赃者，杖一百。

6.18.270.(12)〔窃盗蒙古四项牲畜〕

一、偷窃蒙古牛、马、驼、羊四项牲畜，每羊四只，作牛、马、驼一只计算。如数至三十匹以上者，不分首从，拟绞监候，秋审时，将首犯拟入情实，从犯俱拟缓决，秋审减等时，发遣云贵两广烟瘴地方；其为从未经同行，仅于窃后分赃者，减发云贵两广烟瘴地方。二十匹以上者，首从俱拟绞监候，秋审时，将首犯入于情实；为从同窃分赃者，入于缓决，秋审减等时，减发山东、河南等处；其虽曾共谋，未经同行，仅于窃后分赃者，减发湖广、福建等处。十匹以上者，首犯拟绞监候，秋审时入于缓决，减等时，减发云贵两广烟瘴地方；为从同窃分赃者，发云贵两广烟瘴地方；其虽曾共谋，未经同行，仅于窃后分赃者，减发山东、河南等处。六匹至九匹者，首犯发云贵两广烟瘴地方；为从同窃分赃者，发湖广、福建、江西、浙江、江南；其虽曾共谋，未经同行，仅于窃后分赃者，鞭一百。三匹至五匹者,首犯发湖广、福建、江西、浙江、江南;为从同窃分赃者,发山东、河南;其虽曾共谋,未经同行,仅于窃后分赃者,鞭一百。一二匹者,首犯发山东、河南;为从同窃分赃者,鞭一百;其虽曾共谋,未经同行,仅于窃后分赃者,鞭九十。窃羊不及四只者,首犯鞭一百;为从同窃分赃者,鞭九十;其虽曾共谋,未经同行,仅于窃后分赃者,鞭八十。以上应行发遣及减发各犯,俱交驿地充当苦差,毋庸佥妻发配;应鞭责者,蒙古照拟鞭责,民人折责发落。其蒙古地方强劫什物案内,抢有四项牲畜,在十匹以上者,分别首从,照《蒙古则例》治罪。

6.18.270.(13)〔蒙古偷窃牲畜数案并发〕

一、蒙古偷窃牲畜之案,如一年内行窃二三次以上,同时并发者,仍照刑律以一主为重,从一科断,毋庸合计拟罪。

6.18.270.(14)〔新降六项蒙古人等偷窃四项牲畜〕

一、新降之土尔扈特、都尔博特、额鲁特、霍硕特、辉特、乌梁海六项蒙古人等,在扎萨克察哈尔及边陲新疆地方,偷窃四项牲畜,俱照偷窃蒙古牲畜例,核计匹数多寡,分别首从治罪。

6.18.270.(15)〔察哈尔等处牧厂将在官牲畜偷卖宰食及入私者〕①

一、察哈尔等处牧厂,如有偷卖在官牲畜,及宰食,并作为私产者,系官革职,发往黑龙江等处当差;系牧丁,不分首从,改发云贵两广极边烟瘴充军。若至十匹以上者,为首之犯拟绞监候,为从分赃之犯实发云贵两广极边烟瘴充军。如至二十匹以上者,不分首从,俱绞监候。知情故买者,系民人,减本犯罪一等;系蒙古,照蒙古例办理,不知者不坐。

6.18.270.(16)〔民人行窃蒙古地方民人牲畜〕

一、民人在蒙古地方行窃民人牲畜之案,仍照盗马牛畜产本律本例办理,不得照蒙古例科断。

6.18.271 盗田野谷麦

6.18.271.1 凡盗田野谷麦菜果,及无人看守器物(谓原不设守及不待守之物)者,并计赃准窃盗论,免刺。○6.18.271.2 若山野柴草、木石之类,他人已用工力砍伐、积聚而擅取者,罪亦如之。(如柴草、木石虽离本处,未驮载间,依不得财笞五十。合上条有拒捕,依罪人拒捕。)

条　例

6.18.271.(1)〔山主勾引矿徒潜行偷挖〕

一、产矿山场,山主违禁勾引矿徒潜行偷挖者,照矿徒之例,以为首论。若系约

---

① 咸丰二年(1852)修改。

练勾引接济，伙同分利者，照引领私盐律，杖九十、徒二年半。得财者，计赃准窃盗从重论。如因官兵往拿，漏信使逃，及阴令拒捕者，俱照官司追捕罪人而漏泄其事者减罪人所犯罪一等律治罪。保甲、地邻知情容隐不报者，均照强盗窝主之邻佑知而不首例杖一百发落。

6.18.271.(2)〔刨参官商私刻小票影射私参〕

一、刨参官商，私刻小票，影射私参，照私贩人参例分别治罪。

6.18.271.(3)〔刨参人夫违例私带鸟枪及转售与人〕

一、凡领票刨参人夫，例给鸟枪，应查明人数多寡，批给鸟枪，填明票上，出口验放，回山查核。违例私带者，照商民应用鸟枪不报官私造例杖一百。其将鸟枪转给售卖刨参之人者，比照军人将军器私卖与人发边远充军律减一等，杖一百、徒三年。该管官不行查出，交部议处。

6.18.271.(4)〔索伦达呼尔越界打牲滋事及私带米粮〕

一、凡索伦达呼尔越界至松阿里乌拉地方打牲滋事者，令该将军查拿，分别治罪。其有私带米粮等物，卖给刨参之人者，照无引私盐律，计米数多寡，分别定拟。吉林地方，有越界私带米粮情事，饬令吉林将军一体查拿，照例定拟。

6.18.271.(5)〔打珠人私藏珠子〕

一、打珠人等私藏珠子不行交官者，拿获，不论珠数多寡、分两轻重，俱杖一百、流三千里。旗人销去旗档，同民人一体发遣。总领打珠之骁骑校并总管翼长，均交部分别议处。

6.18.271.(6)〔伐木商人夹带偷砍盛京各处山场果松〕

一、盛京各处山场，商人领票砍伐木植，如有夹带偷砍果松者，按照株数多寡定罪。砍至数十根者笞五十，百根者杖六十，每百根加一等，罪止杖一百、徒三年。所砍木植，变价入官。

6.18.271.(7)〔刨参人夫自往别处刨采及转卖票张〕

一、刨参人夫，不往所指山林刨采，或将票张卖放别路飞扬者，除交官参外，余剩俱令入官，仍杖八十，枷号一个月。

6.18.271.(8)〔私刨人参贼犯潜匿禁山〕

一、私刨人参贼犯，在山林僻壤庄屯潜踪盘踞，该处保正、甲长，如有飞包过付，窝藏黑人，不行首报，除窝家照例治罪外，保正、甲长，如审系知情不首，照保甲知有为盗窝盗之人瞻徇隐匿例杖八十，加枷号一个月；如不知情，照牌头所管内有为盗之人虽不知情而失察例笞四十。

6.18.271.(9)〔潜踪山林收买并偷刨参秧〕

一、渔利之徒，潜踪山林，收买参秧栽种，及贪利之人，私行入山，偷刨参秧货卖，一经拿获，均照偷刨私卖收买私参例，一体治罪。

6.18.271.(10)〔领票工人偷窃领票商人之参〕

一、领票工人内,如有偷窃领票商人之参者,照刨参已得例,按照得参数目分别徒、流,仍于面上刺"窃盗"字,追赃给主。

6.18.271.(11)〔边外拿获偷砍私运木植人犯〕

一、盛京各城守尉,边门及卡伦官兵,在边外拿获偷砍私运木植人犯,其车马器物,均赏给原拿之人。如仅止拿获车马等物,而借称人犯逃逸者,除审明有无受贿故纵,按例治罪外,仍将所获物件入官。若拿获人犯并无器物者,该将军自行酌量赏给。

6.18.271.(12)〔新疆地方偷挖金砂〕

一、在新疆地方偷挖金砂,无论人数、砂数多寡,为首枷号三个月,实发云贵两广极边烟瘴充军;为从枷号三个月,解回内地,杖一百、徒三年。

6.18.271.(13)〔窃放他人池塘蓄水及拒捕被杀伤〕

一、民间农田,如有于己业地内费用工力,挑筑池塘潴蓄之水,无论业主已未车戽入田,而他人擅自窃放以灌己田者,不问黑夜白日,按其所灌田禾亩数,照侵占他人田,一亩以下笞五十,每五亩加一等,罪止杖八十、徒二年。有拒捕者,依律以罪人拒捕科断。如有被应捕之人杀伤者,各以擅杀伤罪人问拟。若于公共江河、川泽、沟渎筑成渠堰,及于公共地内挑筑池塘,占为己业者,俱不得滥引此例。如有杀伤,仍各分别谋、故、斗殴定拟。

6.18.271.(14)〔私入围场打牲伐木〕

一、私入围场偷打牲畜、砍伐木植之犯,无论枷、杖、徒、流、发遣,均在犯事地方审拟发落起解,毋庸解部转发,仍专咨报部。其罪应徒、流、发遣者,令热河都统年终汇奏;罪止枷号人犯,年终汇册咨部存案。

6.18.271.(15)〔口外雇人刨挖黄芪〕

一、在口外出钱雇人刨挖黄芪首犯,除有拒捕、夺犯等情,仍按罪人拒捕及夺犯殴差各本律本例分别定拟外,如所雇人数未及十名者,照违制律杖一百;十人以上,加枷号两个月;五十人以上,杖六十、徒一年;每十人加一等,以次递加,罪止杖一百、徒三年。为从各减一等。受雇挖芪之人,照不应重律杖八十,递籍管束。如系割草民人,不得妄拿滋事。该处囤积黄芪首犯,数至十斤以上者,亦照违制律杖一百;五十斤以上者,加枷号两个月;百斤以上,杖六十、徒一年;每百斤加一等,以次递加,罪止杖一百、徒三年。为从亦各减一等。黄芪入官。至无业贫民,零星挖有黄芪进口售卖,每次人数不得超过十名,每人携带不得过十斤,违者以私贩论。仍责成守口员役,及各口关隘官弁,实力稽查。倘有贿纵情弊,查出按例究办。

6.18.271.(16)〔山海关搜查参珠不力〕

一、山海等关巡查人员,如有搜获人参、珠子,该管官交部议叙。如有搜查不力,以及私带过关者,将该管官照失察例议处,巡查人等照不应重律治罪。明知故纵者,该管官革职，巡查人等枷号一个月，杖一百。受贿卖放者，计赃以枉法从重发落。其失察偷出边关刨参至一百名者，领催、披甲人等鞭五十；至二百名者，鞭一百；至五百名以上者，枷号一个月，鞭一百。该守御官，亦按失察名数，分别议处。如有自行拿获者，免议。

6.18.271.(17)〔三姓浑春等处商人官兵赴宁古塔船厂私行换买〕

一、凡三姓、浑春等处商人、官兵，领票赴宁古塔、船厂地方购买物件，令其报官给票，开明数目。有违禁携带米石、什物，易换人参及貂皮，于未经交官以前私行换买者，该将军查明，米不及五十石、什物值银不及五十两者，杖一百、徒三年。逾前数者，发云贵两广烟瘴地方安置。旗人及官兵有犯，各加民人罪一等。其巡绰官兵知情故纵，与本犯同罪；得赃者，计赃以枉法从重论。失察者，官交部议处；兵丁，照山海关搜查参珠不力例治罪。其明知偷刨奸匪，而容隐在家不即举报者，照知人犯罪藏匿在家不告捕者减罪人一等律治罪。

6.18.271.(18)〔旗民人等偷刨私贩人参及代运送米石〕

一、凡旗、民人等偷刨人参，如有身充财主雇人刨采，及积年在外逗遛已过三冬，人数未及四十名、参数未至五十两者，俱发云贵两广烟瘴地方管束。若人至四十名以上、参至五十两以上，为首之财主，及率领之头目，并容留之窝家，俱拟绞监候；为从发云贵两广烟瘴地方。所获牲畜等物，给付拿获之人充赏，参入官。拟绞人犯遇赦减等者，亦照为从例发遣。其未得参者，各减一等。如并无财主，实系一时乌合，各出资本，及受雇偷采，或只身潜往得参者，俱按其得参数目，一两以下，杖六十、徒一年；一两以上至五两，杖七十、徒一年半；一十两，杖八十、徒二年；一十五两，杖九十、徒二年半；二十两，杖一百、徒三年；二十两以上至三十两，杖一百、流二千里；每十两递加一等，罪止杖一百、流三千里。为从，及未得参者，各减一等。代为运送米石者，杖一百。私贩，照私刨人犯减一等治罪。得参人犯，首、从照例刺字；未得参及私贩人犯，俱免刺字。刨参案内有犯军、流、徒罪者，系旗人，销去旗档，照民人一体问拟。若旗下家奴有犯罪应军、流者，发驻防给兵丁为奴；徒罪照例发配，限满释回，仍交主家服役。如伊主知情故纵者，杖八十，系官交部议处，不知者不坐。其潜匿禁山刨参，被获拟徒人犯，限满释回，复行逃往禁山刨参者，不分已得、未得，俱发附近充军；旗下家奴，发往驻防给兵丁为奴。

6.18.271.(19)〔盛京威远堡南至凤凰城边外山谷围场附近拿获偷伐木植偷打鹿只刨挖鹿窖人犯〕①

一、盛京威远堡南至凤凰城边外山谷附近围场处所，拿获偷伐木植、偷打鹿只人犯，审实果系身为财主，雇倩多人者，杖一百、流三千里。若无财主，一时会合，各出本钱，并雇人偷伐木植、偷打鹿只，越度边关隘口者，杖一百、徒三年。为从，及贩卖，

① 咸丰二年(1852)修改。

并偷窃未得者,各减为首及已得一等。如系刨挖鹿窖,首、从各于前例流、徒罪上加一等治罪,分别面刺“偷窃木植牲畜”字样,未得者免刺。再犯者,各于本罪上加一等治罪。其越边偷窃柴草、野鸡等项,初犯枷号一个月,再犯枷号两个月,三犯枷号三个月,满日各杖一百;为从,及偷窃未得者,各减为首及已得一等;俱免刺;并递回原籍,严加管束。倘于递籍后,复行出边偷窃者,即在犯事地方枷号两个月,杖六十、徒一年。如再有犯,以次递加。其因偷窃未得,递籍管束,复有越边偷窃者,仍照初犯例枷号一个月、杖一百,递籍严加管束。淘挖金砂之犯,本例罪重者,仍从重定拟;若罪名较轻,即照此一体办理。至失察之地方各官,交部议处。

6.18.271.(20)〔盗掘金银等矿砂及拒捕杀伤〕

一、凡盗掘金、银、铜、锡、水银等矿砂,每金砂一斤,折银二钱五分;银砂一斤,折银五分;铜、锡、水银等砂一斤,折银一分二厘五毫,俱计赃准窃盗论。若在山洞捉获,持仗拒捕,伤非金刃,伤轻平复者,不论人数、砂数多寡,及初犯、再犯,俱发边远充军。若杀人,及刃伤、折伤,为首者照窃盗拒捕杀伤人律斩,为从并减一等。不曾拒捕,若聚至三十人以上者,不论砂数多寡,及初犯、再犯,为首发近边充军,为从枷号三个月,照窃盗罪发落。若不曾拒捕,又人数不及三十名者,为首初犯,枷号三个月,照窃盗罪发落,再犯亦发近边充军;为从者,止照窃盗罪发落。非山洞捉获,止是私家收藏、道路背负者,惟据见获论罪,不许巡捕人员逼令辗转扳指,违者参究治罪。

6.18.271.(21)〔承德地方偷挖金银矿砂〕①

一、在热河承德府所属地方,偷挖金、银矿砂,无论人数、砂数多寡,为首俱枷号三个月,系民人实发云贵两广极边烟瘴充军,系蒙古人发四省驿站当差;为从,系民人枷号三个月,解回内地,杖一百、徒三年,系蒙古人枷号三个月,调发邻盟,严加管束。如被获时有拒捕杀伤人者,仍照盗掘矿砂本例分别科断。其得钱招留之蒙古地主,与首犯同罪。地方官不行严拿者,交部议处。

6.18.271.(22)〔私入木兰等处偷窃菜蔬柴草野鸡盗砍木植偷打牲畜及刨挖鹿窖〕

一、私入木兰等处围场及南苑,偷窃菜蔬、柴草、野鸡等项者,初犯枷号一个月,再犯枷号两个月,三犯枷号三个月,满日各杖一百发落。若盗砍木植、偷打牲畜,及刨挖鹿窖,初犯杖一百、徒三年;再犯,及虽系初犯,而偷窃木植数至五百斤以上,牲畜至十只以上,或身为财主雇倩多人者,俱改发极边足四千里充军;三犯者,发新疆等处种地。为从,及偷窃未得者,各减一等。贩卖者,又减一等。旗人有犯,销除旗档,照民人一律办理。围场看守兵丁有犯,俱先插箭游示,加一等治罪。至察哈尔及扎萨克旗下蒙古,私入围场偷窃,亦照此例一律问拟。蒙古人犯应拟徒罪者,照例折枷;应充军者,发遣湖广、福建、江西、浙江、江南;应拟遣者,发遣云贵两广,俱交驿充当苦差。以上各项人犯,无论初犯、再犯、三犯,均面刺“盗围场”字样;偷盗未得之

---

① 咸丰二年(1852)修改。

犯，均面刺“私入围场”字样。其枷号三个月、两个月者，减等递减一个月；枷号一个月者，减为二十日。失察私入围场等处偷窃之该管地方文武各官，并察哈尔佐领、捕盗官，及蒙古扎萨克等，交部分别议处及折罚牲畜。起获鸟枪入官，牲畜、器物赏给原拿之人。有连获大起者，交该管官记功、奖励。一面仍向获犯研讯，由何处卡隘偷入。审系员弁、兵丁受贿故纵者，与犯同罪；赃重者，计赃以枉法从重论。若止失于觉察，员弁交部议处，兵丁杖一百，再犯折责、革伍。每月责令看卡员弁，将有无贼犯偷入围场之处，出结具报该总管，每年于五月内据实汇折具奏。倘该员弁所报不实，交部议处。热河都统亦于每年六月间据实具奏，如查明该总管所奏不实，即行参办。

卷二十五　刑律·贼盗下

6.18.272 亲属相盗

6.18.272.1 凡各居本宗、外姻亲属，相盗兼后尊长、卑幼二款。财物者，期亲减凡人五等，大功减四等，小功减三等，缌麻减二等，无服之亲减一等，并免刺。若盗有首从，而服属不同，各依本服降减科断。为从各又减一等。若行强盗者，尊长犯卑幼，亦依强盗已行而得财、不得财各依上减罪。卑幼犯尊长，以凡人论。不在减等之限。若有杀伤者，总承上窃、强二项。各以杀伤尊长、卑幼本律，从其重者论。○6.18.272.2 若同居卑幼，将引若将引各居亲属同盗，其人亦依本服降减，又减为从一等科之。如卑幼自盗，止依擅用，不必加。他人，盗己家财物者，卑幼依私擅用财物论，加二等，罪止杖一百；他人兼首、从言，减凡盗罪一等，免刺。若有杀伤者，自依杀伤尊长、卑幼本律科罪。他人纵不知情，亦依强盗得财、不得财论。若他人杀伤人者，卑幼纵不知情，亦依杀伤尊长、卑幼本律，仍以私擅用加罪及杀伤罪权之，从其重者论。○6.18.272.3 其同居奴婢、雇工人，盗家长财物，及自相盗者，首减凡盗罪一等，免刺。为从又减一等。被盗之家亲属告发，并论如律，不在名例得相容隐之例。

条　例

6.18.272.(1)〔同居卑幼将引他人强劫已家财物〕

一、同居卑幼，将引他人强劫已家财物，依各居亲属行强盗卑幼犯尊长以凡人论斩，奏请定夺。

6.18.272.(2)〔奴仆雇工偷盗家长财物〕

一、凡奴仆偷盗家长财物者，照窃盗律计赃治罪。若起意勾引外人，同盗家长财物者，将起意之奴仆，计赃递加窃盗一等治罪；至一百二十两以上者，仍照律拟绞监候。被勾引之外人，仍照窃盗律分别定拟。雇工人盗家长财物，亦照窃盗计赃治罪。

6.18.272.(3)〔律图载明外姻尊属相盗减等〕

一、凡亲属相盗，除本宗五服以外，俱照无服之亲定拟外，其外姻尊长、亲属相盗，惟律图内载明者，方准照律减等，此外不得滥引。

6.18.272.(4)〔雇工人强劫家长财物〕

一、凡奴仆、雇工人，强劫家长财物，及勾引外人，同劫家长财物者，悉照凡人强盗律定拟。其有杀伤家长者，仍依律从重论。

6.18.272.(5)〔行窃素有周恤之各居无服亲属〕

一、各居无服亲属，除平日漠视，并无周恤，致相盗财物者，照律减等办理外，若素有周恤，或托管田产，经理财物，不安本分，肆窃肥己、贻累受害者，即以凡人窃盗计赃科断,仍照律免刺。至满贯者,尊长照律杖一百、流三千里;卑幼拟绞监候,缓决一次后,照例减发。

6.18.272.(6)〔期服以下亲属相盗杀伤〕

一、亲属相盗杀伤之案,除卑幼行强盗,及尊长放火强劫、图奸谋杀卑幼,不论有无服制,各以凡论外,如期服以下至无服尊长,强、窃盗及抢夺卑幼财物,杀伤卑幼者,各就服制中杀伤卑幼,及同姓亲属相殴,并亲属相盗各本律相比,从其重者论;卑幼窃盗及抢夺尊长财物,杀伤尊长者,以凡盗杀伤之罪,与服制杀伤,及同姓亲属相殴各本律相比,从其重者论。若期服以下至无服尊长,强、窃盗及抢夺卑幼财物,并卑幼窃盗及抢夺尊长财物,杀伤并无尊卑名分之人,如兄弟妻及无名分雇工人之类。亦各就亲属杀伤,及凡斗杀伤,并亲属相盗各本律相比,从其重者论。其因抢、窃亲属财物被尊长、卑幼,及并无尊卑名分之人杀伤者,亦各依服制杀伤,及同姓亲属相殴,并凡斗杀伤各本律问拟。均不得照凡人擅杀伤科断。

6.18.273 恐吓取财

6.18.273.1 凡恐吓取人财者,计赃准窃盗论,加一等,以一主为重,并赃,分首从。其未得财者,亦准窃盗不得财罪上加等。免刺。若期亲以下自相恐吓者,卑幼犯尊长,以凡人论;计赃准窃盗加一等。尊长犯卑幼,亦依亲属相盗律递减科罪。期亲亦减凡人恐吓五等,须于窃盗加一等上减之。

条　例

6.18.273.(1)〔监临恐吓所部取财〕

一、监临恐吓所部取财,准枉法论。若知人犯罪而恐吓取财者,以枉法论。

6.18.273.(2)〔光棍设法索诈官民〕

一、凡恶棍设法索诈官民,或张贴揭帖,或捏告各衙门,或勒写借约,吓诈取财,或因斗殴,纠众系颈,谎言欠债,逼写文券,或因诈财不遂,竟行殴毙,此等情罪重大实在光棍事发者,不分曾否得财,为首者斩立决,为从者俱绞监候。其犯人家主、父兄,各笞五十,系官交该部议处。如家主、父兄首者免罪,犯人仍照例治罪。

6.18.273.(3)〔太监逃出索诈〕

一、凡在内太监逃出索诈者,俱照光棍例治罪。

6.18.273.(4)〔苗人伏草捉人勒赎〕

一、凡苗人有伏草捉人,横加枷肘,勒银取赎者,初犯,为首者斩监候,为从者俱枷号三个月,臂膊刺字;再犯者,不分首从,皆斩立决。其有土哨奸民勾通取利,造意者,不分初犯、再犯,并斩立决;附和者,各枷号两个月,发边远充军。该管土官虽不知情,亦按起数交该部议。知情故纵者,革职,杖一百;若教令指使,或和同取利者,革职,枷号三个月,俱不准折赎。

6.18.273.(5)〔近苗地方吏民擅入苗境借差欺凌〕

一、凡附近番苗地方吏民人等,擅入苗境,借差欺凌,或强奸妇女,或抢劫财物,以及讹诈不遂,聚众凶殴,杀死人命等案,将所犯查照定例,如原系斩决、绞决之犯,审实具题,俟命下之日,将该犯押赴犯事处所正法;其例应斩候、绞候者,审系借差欺凌等项,实在情重,应将监候改为立决,亦于题复之日,押赴原犯地方正法。至寻常案件,虽系民苗交涉,审无前项情节,仍照定例拟罪。至秋审时有情实勾决之犯,亦于原犯苗地正法,仍将该犯从重治罪正法情由张挂告示,通行晓谕。该管官员,有纵差骚扰、激动番蛮者,仍援照引惹边衅例治罪。若止于失察,交部议处。

6.18.273.(6)〔旗民结伙指称隐匿逃人索诈〕

一、凡旗、民结伙指称隐匿逃人,索诈财物者,不分曾否得财,为首者照凶恶棍徒生事扰害例发遣,为从者俱减一等。

6.18.273.(7)〔台湾无藉游民犷悍凶恶肆行不法〕

一、凡台湾无藉游民,犷悍凶恶,肆行不法,犯该死罪者,即照光棍例拟斩立决;犯该徒、流以上者,照棍徒生事扰害例发极边足四千里充军,仍酌其情罪较重者,改发新疆给官兵为奴。审系被诱随行,犯止枷、杖者,一概逐回原籍,严加管束。

6.18.273.(8)〔棍徒生事扰害〕

一、凡凶恶棍徒屡次生事行凶,无故扰害良人,人所共知,确有实据者,发极边足四千里安置。凡系一时一事,实在情凶势恶者,亦照例拟发。如并无凶恶实迹,偶然挟诈逞凶,及屡次借端索借,赃数无多,尚非实在凶恶者,仍照所犯之罪,各依本律本例定拟,不得滥引此例。

6.18.273.(9)〔广东省匪徒伙众打单吓诈〕①

一、广东省匪徒,捏造图记纸单,作为打单名色,伙众三人以上,带有鸟枪刀械,无论有无恃强掳掠,但得财者,照强盗本律问拟;拒捕杀人者,加以枭示。未得财者,为首发新疆给官兵为奴,为从杖一百、流三千里。如三人以上,并未带有鸟枪刀械,亦未恃强掳掠,但系吓诈得财,无论赃数多寡,为首,及为从二次并二次以上,亦俱发新疆给官兵为奴;为从一次,杖一百、流三千里。其案内造意之首犯,身虽不行,但经伙众打单吓诈,即分别人数多寡、有无器械,并曾否掳掠、是否得财,各照为首例问拟。若并无图记纸单,亦未伙众,仅凭口说借端讹索者,为首杖一百、徒三年,为从减一等。至遣、军人犯脱逃回籍,复行打单吓诈,或向原拿兵役寻衅报复,除实犯死罪外,余俱拟绞监候。其另犯抢劫、勒赎,仍照本例,从其重者论。倘数年后,此风稍息,奏明仍照旧例办理。

6.18.273.(10)〔黔省匪徒如有帽顶大五小五名号及滇省匪徒带刀械游历〕②

一、黔省匪徒,如有帽顶、大五、小五等名号,除犯该死罪者,仍各照本律本例问

① 同治九年(1870)修改。

② 咸丰二年(1852)修改。

拟外，其犯该军、流、徒罪者，无论为首为从，各于所犯本罪上加一等治罪；罪止枷、杖者，于枷责后锁系铁杆一枝。如闻拿投首，及事未发而自首者，照例分别减免。倘减免后复犯，不准再首，各于所犯本罪上加一等治罪，军、流、徒罪，分别发配安置；仅止杖责者，仍系带铁杆。若平日并无犯法实迹，而系横行乡曲，有帽顶、大五、小五名目者，亦锁系铁杆。俱定限一年释放。至滇省匪徒，如仅止偶然挟诈逞凶，罪止枷、杖，并虽无犯法实迹，而平日佩带凶器刀械，游历城乡之犯，亦系带铁杆一年。以上各省匪徒，系杆限满开释，分别枷责，交保管束。如不知悛改，再系一年。倘始终怙恶，即照棍徒扰害例分别严办。乡保等挟嫌诬指，或兵役受贿徇纵，一体加等治罪。该州县每办一案，报明臬司、督抚，按季汇册报部。限满开释时，亦报部查核。其审无前项名目者，各依本律例科断。

6.18.273.(11)〔安徽省拿获水烟箱主匪徒〕

一、安徽省拿获水烟箱主匪徒，除审有抢劫、杀伤、强奸、拐卖等情，各照本律例从重定拟外，其但经携带烟童，或与鸡奸，或纵令卖奸，或遇事挺身架护者，俱发极边足四千里充军。卖烟伙党，审系一时被胁，免其治罪。若自甘下贱，助势济恶者，杖一百、徒三年。年未及岁，仍依律收赎。地方官自行访获究办，免议；倘被告发，或经上司访闻饬拿，始行破案者，交部议处。

6.18.273.(12)〔陕西匪徒结伙三人十人以上持械挟诈行凶及纠众报复杀人〕

一、陕西省所属匪徒，如结伙三人以上，挟诈逞凶，但有一人执持器械伤人，除实犯死罪外，其余不分首从，俱发极边足四千里充军。如聚众至十人以上，执持器械，无论曾否伤人，不分首从，俱发极边烟瘴充军。其有因挟诈不遂，或被人控告，纠众报复，竟行殴毙，均拟斩立决。其寻常斗殴，不在此例。俟数年后，此风稍息，仍照旧例办理。

6.18.273.(13)〔江苏山东河南安徽陕西等处匪徒佩带刀械挟诈逞凶〕①

一、江苏省徐州、淮安、海州三府州，及山东兖州、沂州、曹州三府，河南汝宁、陈州、光州三府州，并安徽、陕西二省所属匪徒，如有佩带凶器刀械，挟诈逞凶，罪止枷、杖者，拿获到案，各于枷、杖后锁系铁杆一枝一年，改悔释放。若不悛改，再系一年。如敢带杆滋扰，或毁杆潜逃，持以逞凶、拒捕，罪应拟徒者，锁系巨石五年；应拟杖者，锁系巨石三年。限满果能悔罪自新，或有亲族乡邻甘结保领，地方官查实，随时开释详报。倘始终怙恶，按其情节，照棍徒屡次行凶扰害例分别严办。

6.18.273.(14)〔捉人勒赎之案〕

一、捉人勒赎之案，除用强掳捉，胁逼上盗，应依强盗律斩决，或被捉之人，因病身死，应以威力制缚及主使各本律本例拟绞外，如有将被捉之人，拒伤身死，或于掳捉后谋、故、殴杀者，首犯俱拟斩立决；为从谋杀加功者，拟绞监候；不加功者，实发云

① 同治九年(1870)修改。

贵两广极边烟瘴充军;若系拒杀、殴杀为从帮殴,如刃伤,及手足、他物至折伤以上者,俱拟绞监候;伤非金刃,又非折伤者,发新疆给官兵为奴;未经帮殴成伤者,实发云贵、两广极边烟瘴充军。如有将被捉之人,任意凌虐,或虽无凌虐,而致被捉之人情急自尽者,为首之犯,俱照苗人伏草捉人横加枷肘例拟斩监候;为从帮同凌虐,或虽无凌虐,而助势逼勒,致令自尽者,俱发遣新疆给官兵为奴;若仅止听从掳捉关禁勒赎,尚无助势逼勒情事,均实发云贵、两广极边烟瘴充军。至审无凌虐重情,止图获利关禁勒赎,为首亦发遣新疆给官兵为奴,为从之犯俱发极边足四千里充军。其因细故逞忿,并非图利勒赎,止于关禁数日,追服礼后即行放回者,为首杖一百、徒三年,为从减一等。如有聚众拒杀兵役者,首犯拟斩立决;为从帮殴,如刃伤,及手足、他物至折伤以上者,俱拟绞监候;伤非金刃,又非折伤者,发新疆给官兵为奴。其伤人未死,如刃伤,及折伤以上者,首犯拟斩监候,为从发新疆给官兵为奴。勒赎本罪已至斩决者,加拟枭示;已至斩、绞监候者,加拟立决。若并未聚众拒捕,及伤非金刃、折伤者,仍各照罪人拒捕律加本罪二等;罪已至遣,无可复加者,到配后加枷号三个月。

6.18.273.(15)〔刁徒吓诈逼命之案〕

一、凡刁徒无端肇衅,平空讹诈,欺压乡愚,致被诈之人因而自尽者,拟绞监候,秋审时分别情节轻重,入于情实、缓决;拷打至死者,拟斩监候,秋审时入于情实。为从各减一等。若刁徒吓诈逼命之案,如讯明死者实系奸、盗等项,及一切作奸犯科,有干例议之人,致被借端讹诈,虽非凶犯干己事情,究属事出有因,为首之犯,应于绞罪上量减一等,杖一百、流三千里;为从者,杖一百、徒三年。若凶犯所借之事,在死者本无罪可科,或虽曾实有过犯,而凶犯另捏别项虚情讹诈者,均属无端肇衅,仍照例分别首从问拟绞候、满流,不得率予量减。

6.18.273.(16)〔盛京棍徒勾结旗民投托宗室聚众拦河讹诈肆行抢夺〕

一、盛京地方,如有外来棍徒,勾结旗民,或投托宗室、觉罗,聚至三人以上,横河拦绠,诈索扰累,肆行抢夺者,除实犯死罪外,其余无论赃数、次数,不分首从,俱照棍徒扰害例发极边足四千里安置,面刺"烟瘴改发"四字。如并未聚众,及虽经聚众,但在河沟道口,借搭桥为名,把持地方,向过往车辆,任意讹索,并无横河拦绠、肆行抢夺重情者,为首亦照棍徒扰害例拟军,为从各犯俱杖一百、徒三年。旗人有犯,销除本身旗档,与民人一体办理。知情护庇、主使之宗室、觉罗,实发黑龙江严加管束。倘数年后此风稍息,奏明仍照旧例办理。

6.18.273.(17)〔江西匪徒及广东匪徒偷入江西有拜会抢劫讹诈等案者〕

一、江西省南安、赣州、宁都州三府州所属匪徒,如有拜会、抢劫、讹诈等案,除实犯死罪,及本罪已至外遣为奴,罪无可加,均各照例办理外,其余军、流以下各犯,均于应得本罪上加一等定拟。至广东省匪徒,偷入广西省勾结土匪,有犯拜会、抢劫、讹诈等案,罪在军、流以下者,亦照此例加等办理。俟数年后此风稍息,再行奏明仍复旧例。

6.18.273.(18)〔山东安徽结捻结幅聚众讹索强当〕①

一、山东、安徽两省匪徒，如有结捻、结幅，聚众至四十人以上，带有军器，在市镇集场人烟稠密处所，窥视殷实人家铺户，强当讹索得财，不论赃数多寡，首犯拟绞立决；四十以下、十人以上，首犯拟绞监候；为从均发新疆酌拨种地当差。如数在五人以上，首犯亦发新疆种地当差，为从俱拟发极边足四千里充军。若聚众四十人以上，及十人以上，讹索强当未经得财者，首犯拟发极边足四千里充军，从犯杖一百、徒三年；五人以上，首犯杖一百、徒三年，从犯杖九十、徒二年半。其造意之捻首、幅首，身虽不行，但经伙犯讹索强当，即按人数多寡，照为首例问拟。其未经结捻、结幅，并聚众未及五人，尚未滋事者，仍照各本律本例问拟。若问拟遣、军人犯，脱逃回籍，复行入捻、入幅，讹索强当，或向原拿兵役寻衅报复，除实犯死罪外，余俱拟绞监候。倘数年后，此风稍息，奏明仍复旧例办理。

6.18.273.(19)〔广东广西捉人勒赎达三人及三次以上之案〕②

一、广东、广西二省捉人勒赎之案，如被捉数在三人以上，及掳捉已至三次以上，同时并发者，除被胁同行，或本罪已至斩决，无可复加外，其余罪应斩、绞监候者，加拟立决；罪应遣、军者，加拟绞监候；罪应拟徒者，发极边足四千里充军。如被捉仅止一二人，及捉人仅止一二次，仍照本例办理。倘数年后，此风稍息，奏明仍复旧例办理。

6.18.273.(20)〔捉回妇女关禁勒赎〕

一、各省匪徒掳人勒赎之案，如有将妇女捉回关禁勒赎者，即以抢夺妇女及掳捉勒赎各本例相比，从其重者论。

6.18.273.(21)〔广东广西匪犯捉回十五岁以下幼童勒赎〕③

一、广东、广西二省掳捉匪犯，如有将十五岁以下幼童捉回勒赎者，除所犯本罪已至斩决，无可复加外，其余罪应斩、绞监候者，加拟立决；罪应遣、军者，加拟绞监候；罪应拟徒者，发极边足四千里充军。倘数年后，此风稍息，奏明仍复旧例办理。

6.18.273.(22)〔广东省棍徒及打单吓诈各犯罪应拟徒之犯〕④

一、广东省凶恶棍徒，及打单吓诈各犯，除罪应军、流以上者，仍按本例定拟外，如棍徒为从，或量减，及打单为从一次，罪应拟徒之犯，应刺字者，先行刺字，毋庸解配，在籍锁带铁杆、石礅五年，限满开释，分别杖责。其棍徒为从或量减之犯，倘开释后复犯，罪止拟徒者，即于锁带铁杆、石礅年限上递加二年。若打单吓诈为从二次之犯，即按例从重问拟。该州县每办一案，即录叙全案供招，报明督抚、臬司，按季汇册

---

① 咸丰二年(1852)修改。
② 同治九年(1870)修改。
③ 同治九年(1870)修改。
④ 咸丰二年(1852)续纂。

咨部。如同案人犯,有问拟军、流以上者,仍专案分别题、咨。均于限满开释时,报部查核。若该州县任听书役舞弊朦混,妄及无辜,从严参究。俟数年后此风稍息,仍照旧例办理。

6.18.273.(23)〔广东广西掳人勒赎之案计赃逾贯〕①

一、广东、广西二省掳人勒赎之案,如审无凌虐重情,止图获利关禁勒赎,除赃未逾贯,首犯仍照例拟遣外,其勒赎得赃,数至一百二十两以上,首犯照抢夺满贯例拟绞监候,从犯仍发极边足四千里充军。

6.18.273.(24)〔拿获绰号棍徒〕②

一、拿获绰号棍徒,如系屡次行凶滋事,即照棍徒扰害例发极边足四千里安置。凡系一时一事,确有凶恶实迹,亦照例拟发。若非屡次行凶滋事扰害,于军罪上量减科断。倘并无滋事实迹,只有绰号,酌量科以不应重律杖八十,加枷号一个月。此等绰号棍徒,止准地方官弁访拿,不许讦告。有讦告者,均不准理。

6.18.274 诈欺官私取财

6.18.274.1 凡用计诈(伪)欺(瞒)官、私,以取财物者,并计(诈欺之)赃准窃盗论,免刺。若期亲以下(不论尊长、卑幼,同居、各居。)自相诈欺者,亦依亲属相盗律递减科罪。○6.18.274.2 若监临主守诈(欺同监守之人)取所监守之物者,(系官物。)以监守自盗论。未得者,减二等。○6.18.274.3 若冒认及诓赚、局骗、拐带人财物者,亦计赃准窃盗论,(系亲属,亦论服递减,)免刺。

条　例

6.18.274.(1)〔指称买官买缺规避处分买求中式诓骗官吏举监生员财物〕

一、凡指称买官买缺,或称规避处分,及买求中式等项,诓骗听选并应议官吏,及举人、监生、生员人等财物,如诓骗已成,财已入手,无论赃数多寡,不分首从,于该衙门门首枷号三个月,发烟瘴地面充军。其央浼营干致被诓骗者,免其枷号,亦照前发遣。若诓骗未成,议有定数,财未接受,应于军罪上减一等,杖一百、徒三年,加枷号两个月;被骗者杖一百,免其枷号。但经口许,并未议有定数,应杖一百,加枷号一个月;被骗者杖八十,免其枷号。若甫被诓骗,即行首送者,诓骗之人,照恐吓未得财律准窃盗论加一等治罪,被骗者免议。

6.18.274.(2)〔指称衙门打点名色诓骗财物〕

一、凡指称内外大小官员名头,并各衙门打点使用名色,诓骗财物,计赃,犯该徒罪以上者,俱不分首从,发近边充军;情重者,仍枷号两个月发遣。(如亲属指官诓骗,止依期亲以下诈欺律,不可引例。)

---

① 同治九年(1870)续纂。

② 同治九年(1870)续纂。

6.18.274.(3)〔雇倩包揽积惯随棚枪手代考〕

一、学臣考试,有积惯随棚代考之枪手,察出审实,枷号三个月,发烟瘴地面充军。其雇倩枪手之人,及包揽之人,并与枪手同罪。知情保结之廪生,杖一百。窝留之家,不知情者,照不应重律治罪。倘有别情,从重科断。有赃计赃,以枉法从重论。

6.18.274.(4)〔漕粮起运头伍派敛已裁陋规或于定数之外多行勒索〕

一、漕粮起运,头帮、军伍,将已裁陋规,复行派敛,私自娄收,或于定数之外多行勒索者,令各帮军丁于经管衙门呈控,将勒索之头、伍,计赃分别首从定拟。犯该徒罪以上者,俱照指称衙门打点使用名色诓骗财物例,不分首从,发近边充军;情重者,加枷号两个月。其官弁、兵役受贿,责令该管上司参革究审,计赃以枉法论。军丁挟嫌捏控,照诬告律治罪。

6.18.274.(5)〔积惯棍徒捏称给与记认诓骗应试生童财物〕

一、生童考试,如有积惯棍徒,捏称给与字眼记认,诓骗财物者,不论有无立约封银,及口许虚赃,俱照撞骗已成例,枷号三个月,发烟瘴地面充军;被骗生童杖一百、徒三年。若仅用虚词诓骗,事属未成,罪止杖责者,仍照定例,加枷号一个月,分别发落;被骗者仍照例治罪,免其枷号。

6.18.274.(6)〔代倩枪手已成未成〕

一、代倩枪手,以已成、未成为断。如场外经提调访拿,或被生童禀首者,为未成;如已顶名入场,无论当时被获、事后发觉,俱为已成。未成者,除审系积惯随棚,仍照定例问拟外,若仅立有文约而赃未入手,枪手与本童,均照诓骗未成财未接受罪应满徒者加枷号两个月、但经口许罪止杖责者加枷号一个月分别发落之例治罪。其已成者,不分有无立约,及口许虚赃,俱照诓骗已成例,枷号三个月,发烟瘴地面充军,雇倩之生童与同罪。若生童实系被人撞骗,赃止口许,情罪稍轻者,照诓骗未成财未接受例杖一百、徒三年。

6.18.274.(7)〔京城钱铺侵蚀藏匿银钱闭门逃走〕①

一、京城钱铺,无论新开旧设,均令五家联名互保,报明地方官存案。如将兑换现银票存钱文侵蚀,并因存借银两,聚积益多,遂萌奸计,藏匿现银,闭门逃走者,立即拘拿送部监禁,一面将寓所资财及原籍家产,分别行文查封。仍押追在京家属,勒限两个月,将侵蚀、藏匿银钱,全数开发完竣。其起意关闭之犯,枷号两个月,杖一百,折责释放。若逾限不完,由部审实,无论财主、管事人及铺伙侵吞赔折,统计未还藏匿及侵蚀票存钱文原兑现银,数在一百二十两以下者,照诓骗财物律计赃准窃盗论罪;至一百二十两,发附近充军;一百二十两以上至三百三十两,发近边;六百六十两,发边远;一千两,发极边足四千里充军;一千两以上,发遣黑龙江安置当差;一万两以上,拟绞监候,均勒限一年追赔。限内全完,枷责释放;不完,再限一年追赔。全

① 同治九年(1870)修改。

完,死罪减二等定拟,军、流以下,仍枷责发落;若不完,军、流以下人犯,即行发配,死罪人犯再限一年追赔。不完,即行永远监禁。所欠银钱,勒令互保之四家均匀给限代发,免其治罪。仍咨行本犯原籍,于家属名下追偿。如四家不愿代发,或限满代发未完,拘拿送部,照准窃盗为从律减一等,杖一百、徒三年。其互保代还银钱,如本犯于监禁及到配后给还四家者,军、流以下,即行释放;死罪人犯,仍减二等发落。若五家同时关闭,一并拘拿押追,照前治罪。未还银两及票存钱文,仍于各犯家属名下严追给领。地方文武官遇有关闭钱铺,不行严拿,致令远扬,严参交部议处。

6.18.274.(8)〔京城钱铺关闭如有包揽折扣及借名取钱毁窗抢物者〕

一、京城钱铺关闭,如有包揽票存钱文,折扣开发者,无论旗、民,及在官人役,审实,照棍徒生事行凶例治罪。仍将并不查拿之地方官,交部议处。如有通同作弊,包揽折扣者,与犯同罪;受财者,计赃以枉法论。其有借名取钱,踹毁门窗,抢取什物者,照抢夺例治罪。至开设钱铺,先由大兴、宛平两县知县查明,确系殷实,取具保结,详报顺天府,移咨步军统领衙门,准其开设。倘该铺关闭逃跑,将取结不慎之知县,交部严加议处。如不经两县申转,私行开设,一经该协副尉等拿获,即将该铺财主及铺伙均照违制律治罪,并将铺本一并入官。倘该协副尉不能先事查拿,别经发觉,将该协副尉等交兵部,分别议处。

6.18.274.(9)〔内地商民与外夷交易负欠潜逃诓骗财物〕

一、内地商民,与外夷交易买卖,如有负欠潜逃、诓骗财物者,计赃犯该徒罪以上,枷号三个月,发附近充军;杖罪以下,枷号两个月,杖一百、徒三年。

6.18.274.(10)〔京城假称金店等私自换银出票〕①

一、京城街市未挂钱幌,假称金店、参店,借名烟铺、布铺,换银出票,并无联名保结,一经关闭,应勒限开发票存完竣,以后不准私自出票。如违,照私自开设例惩办。若不依限开发完竣,照侵蚀票存钱文例科断。

6.18.274.(11)〔京城私设钱铺〕②

一、京城钱铺,以五百一十一家作为定额,不准再增。如有私自开设,照违制律治罪。

6.18.274.(12)〔京城短保钱铺关闭不能开发〕③

一、道光十年(1830)以前,京城短保钱铺,仍责令觅保补送。如短保并不补送,一经关闭,不能开发,照有保钱铺加一等治罪。

6.18.274.(13)〔奸民卖空买空设局赌赛市价〕④

一、奸民卖空买空,设局诱人,赌赛市价长落,其卖空者,照用计诈欺局骗人财物

---

① 同治九年(1870)续纂。

② 同治九年(1870)续纂。

③ 同治九年(1870)续纂。

④ 同治九年(1870)续纂。

律计赃准窃盗论,罪止杖一百、流三千里;买空之犯,照为从律减一等。

6.18.275 略人略卖人

6.18.275.1 凡设方略而诱取良人为奴婢,及略卖良人与人为奴婢者,皆不分首从、未卖杖一百、流三千里;为妻妾、子孙者,造意杖一百、徒三年。因诱卖不从而伤被略之人者,绞;监候。杀人者,斩。监候。为从各减一等。被略之人不坐,给亲完聚。○6.18.275.2 若假以乞养、过房为名,买良家子女转卖者,罪亦如之。不得引例。若买来长成而卖者,难同此律。○6.18.275.3 若和同相诱取在己。及两相情愿卖良人为奴婢者,杖一百、徒三年;为妻妾、子孙者,杖九十、徒二年半。被诱之人,减一等。仍改正给亲。未卖者,各减已卖一等。十岁以下,虽和亦同略诱法。被诱略者,不坐。○6.18.275.4 若略卖、和诱他人奴婢者,各减略卖、和诱良人罪一等。○6.18.275.5 若略卖子孙为奴婢者,杖八十;弟、妹,及侄、侄孙、外孙,若己之妾、子孙之妇者,杖八十、徒二年。略卖子孙之妾,减二等。同堂弟、妹、堂侄及侄孙者,杖九十、徒二年半。和卖者,减略卖一等。未卖者,又减已卖一等。被卖卑幼虽和同,以听从家长不坐,给亲完聚。○6.18.275.6 其和、略卖妻为婢,及卖大功以下尊卑亲为奴婢者,各从凡人和、略法。○6.18.275.7 若受寄所卖人口之窝主及买者知情,并与犯人同罪;至死,减一等。牙保各减犯人一等,并追价入官。不知者俱不坐,追价还主。

条　例

6.18.275.(1)〔将腹里人口强略卖境外〕

一、将腹里人口,用强略卖与境外土官、土人、峒寨去处图利,除杀伤人律该处死外,若未曾杀伤人,比依将人口出境律绞。

6.18.275.(2)〔诱拐妇人子女及以药饼邪术迷拐幼小子女〕①

一、凡诱拐妇人、子女,或典卖,或为妻妾、子孙者,不分良人奴婢、已卖未卖,但诱取者,被诱之人若不知情,为首拟绞监候,为从杖一百、流三千里,被诱之人不坐。如拐后被逼成奸,亦不坐。若以药饼及一切邪术迷拐幼小子女,为首者绞立决,为从发极边足四千里充军。其和诱知情之人,为首者,亦照前拟军,为从及被诱之人俱减等满徒。若虽知拐带情由,并无和同诱拐,分受赃物,暂容留数日者,不分旗、民,俱枷号两个月发落。有服亲属犯者,分别有无奸情,照例科断。妇人有犯,罪坐夫男。夫男不知情,及无夫男者,仍坐本妇,照例收赎。

6.18.275.(3)〔伙众开窑诱匿勒卖妇人子女〕②

一、凡伙众开窑,诱取妇人子女藏匿勒卖事发者,不分良人奴婢、已卖未卖,审系

---

① 同治九年(1870)修改。

② 咸丰二年(1852)修改。

开窑情实,为首照光棍例拟斩立决,为从发黑龙江给披甲人为奴。

6.18.275.(4)〔乌喇居住之人混行买人〕

一、盛京、乌喇等处居住之人买人,仍照例用印行买外,若不详询来历,混买人者,系另户,连妻子发往江宁、杭州披甲;系家人,止将本人发往江宁、杭州给穷披甲之人为奴。

6.18.275.(5)〔外省民人买贵州穷民子女〕

一、凡外省民人,有买贵州穷民子女者,令报明地方官,用印准买,但一人不许买至四五人带往外省。仍令各州县约立官媒,凡买卖男妇人口,凭官媒询明来历,定价立契,开载姓名、住址、男女年庚,送官钤印。该地方官预给循环印簿,将经手买卖之人登簿,按月缴换稽查。倘契中无官媒花押,及数过三人者,即究其略卖之罪。倘官媒通同棍徒兴贩,及不送官印契者,俱照例治罪。至来历分明而官媒掯索,许即告官惩治。如地方官不行查明,将苗民男妇用印卖与川贩者,照例议处。至印买苗口以后,给与路照,填注姓名、年貌,关汛员弁验明放行。如有兵役留难勒索,及受贿纵放者,俱照律治罪,该管员弁分别议处。

6.18.275.(6)〔窝隐川贩果有指引捆拐藏匿递卖确据者〕

一、凡窝隐川贩,果有指引、捆拐、藏匿、递卖确据者,审实,照开窑为首例,同川贩首犯皆斩立决,在犯事地方正法。其无指引、捆拐、递卖情事,但窝隐、护送、分赃者,不论赃数,不分首从,俱发近边充军。其止知情窝留,未经分赃者,无论人数多寡,为首者杖一百、流三千里,为从杖一百、徒三年。其邻佑知而不首者,杖一百。

6.18.275.(7)〔收留迷失子女不报及诱拐人犯捕役人等不行查拿及疏纵者〕

一、凡收留迷失子女不报,及诱拐人犯,各衙门番捕不行查拿,经他处缉获,将番捕照缉盗逾限律责处;知而不拿者,照应捕人知罪人所在而不捕律减罪人罪一等发落。该管官按窝留、诱拐人数分别议处。其直隶各省之地方、保甲人等,如见外来之人,带有幼童、幼女,行走住宿,形迹可疑者,盘诘得实,即行捕治。倘有疏纵,经别处拿获,供出容留地方,将容留之家照知情容留拐带例惩治,地方、保甲照窝藏逃人例治罪,该地方官亦照例议处。如有借稽查名色讹诈生事者,均照讹诈例治罪。

6.18.275.(8)〔内地民人略卖海外番仔〕

一、略卖海外番仔之内地民人,不分首从,杖一百、流三千里。俟有便船,仍令带回安插。文武官稽查不力,照外国之人私自进口不行查报,交部分别议处。得赃者,以枉法治罪。

6.18.275.(9)〔贵州云南四川诱拐本地子女在本省售卖〕

一、贵州、云南、四川地方民人,诱拐本地子女,在本省售卖,审无勾通外省流棍情事,仍照诱拐妇人子女本例分别定拟。如捆绑本地子女,在本地售卖,为首拟斩监候,为从发近边充军。

6.18.275.(10)〔贵州杀害荒村民苗人户人命掳卖其妇人子女强绑并诱拐往川贩卖〕

一、凡贵州地方，有外来流棍，勾通本地棍徒，将荒村居住民、苗人户杀害人命，掳其妇人子女，计图贩卖者，不论已卖、未卖，曾否出境，俱照强盗得财律，不分首从皆斩、枭示。其有迫协同行，并在场未经下手，情尚可原者，于疏内声明，减为拟斩监候，请旨定夺。至杀一家三人以上者，仍从重定拟。其用威力强行绑去，及设方略诱往四川贩卖，不论已卖、未卖，曾否出境，为首者拟斩立决，为从者拟绞监候。其有将被拐之人伤害致死者，除为首斩决外，为从者拟斩监候。若审无威力捆缚及设计强卖，实系和同诱拐往川者，不论已卖、未卖，但起行在途，为首者拟绞监候，为从者杖一百、流三千里，被诱之人仍照例拟徒。其窝隐川贩在家，果有指引杀人捆掳，及勾通略诱、和诱子女藏匿递卖者，审实，各与首犯罪同。其无指引勾串等情，但窝隐护送分赃，与仅知情窝留而未分赃者，仍照旧例分别定拟。云南、四川所属地方，如有拐贩捆掳等犯，亦照贵州之例行。其一年限内拿获兴贩棍徒，并不能拿获之文武员弁，均按人数分别议叙、议处。

6.18.275.(11)〔流棍贩卖贵州苗人〕

一、凡流棍贩卖贵州苗人，除本犯照例治罪外，其知情故买者，照违制律杖一百，仍将苗人给亲收领。

6.18.275.(12)〔兴贩妇人子女转卖〕

一、兴贩妇人、子女，转卖与他人为奴婢者，杖一百、流三千里；若转卖与他人为妻妾、子孙，杖一百、徒三年，为从各减一等。地方官匿不申报，别经发觉，交部议处。

6.18.275.(13)〔和诱略卖期亲尊长〕

一、和诱、略卖期亲卑幼，依律分别拟徒外，若略卖期亲尊长，照卑幼强抢期亲尊属嫁卖例拟斩监候；和者，减一等，杖一百、流三千里。如因和诱而奸，仍依律各斩立决。

6.18.275.(14)〔诱拐内外大功以下缌麻以上亲及亲之妻〕

一、诱拐内外大功以下、缌麻以上亲，及亲之妻，审无奸情者，仍依和、略卖大功以下尊卑亲本律，分别和、略，拟以徒、流。若因奸而拐，及因拐而和奸，除从祖祖母、祖姑、从祖伯叔母、从祖伯叔姑、从父姊妹、母之姊妹，及兄弟妻、兄弟子妻者，各依律绞决外，余俱照凡人诱拐律拟军。至诱拐期亲以下、缌麻以上亲之妾，毋论曾否通奸，概依凡人诱拐例定拟。惟奸父、祖妾者，依律斩决，不在此例；诱拐者，仍以凡论。略诱者，绞候；和诱者，发遣。

6.18.275.(15)〔奴雇略卖家长之妻女及子〕

一、奴及雇工略卖家长之妻女及子者，照卑幼强抢期亲尊属嫁卖例拟斩监候。其因略卖而又犯杀伤、奸淫等罪，仍各照本律，分别斩决、凌迟，从重科罪。至略卖家长之期、功以下亲属，仍照例拟绞；和者，改发云贵两广极边烟瘴充军。

6.18.275.(16)〔奸夫诱拐奸妇之案其本人纵容妻妾与人通奸者〕

一、凡奸夫诱拐奸妇之案，除本夫不知奸情，及虽知奸情而迫于奸夫之强悍不能禁绝,并非有心纵容者,奸夫仍依和诱知情为首例拟军,奸妇减等满徒。若系本夫纵容抑勒妻妾与人通奸,致被拐逃者,奸夫于军罪上减一等,杖一百、徒三年;奸妇及为从之犯再减一等,杖九十、徒二年半。本夫、本妇之祖父母、父母,纵容抑勒通奸者,亦照此例办理。

6.18.275.(17)〔将受寄他人十岁以下以上子女卖为奴婢子孙〕

一、凡将受寄他人十岁以下子女,卖为奴婢者,发极边足四千里充军;卖为子孙者,杖一百、徒三年,为从各减一等。若将受寄他人十一岁以上子女,和同卖为奴婢、子孙者,分别首从,各递减一等。子女不知情者,仍照前例问拟。被卖之人俱不坐,给亲属领回。知情故买者,减本犯罪一等,不知者不坐。

6.18.275.(18)〔诱拐愚民雇与洋人承工〕①

一、内地奸民,及在洋行充当通事、买办,设计诱骗愚民,雇与洋人承工,其受雇之人,并非情甘出口,因被拐卖威逼,致父子兄弟离散者,不论所拐系男妇子女,及良人奴婢,已卖未卖,曾否上船出洋,及有无借洋人为护符,但系诱拐已成,为首斩立决,为从绞立决。该地方官获犯审实,一面按约照会外国领事官,将被拐之人立即释放送回;一面录取犯供解审,该督抚提勘后,先行正法,按三个月汇奏一次,仍逐案备招咨部。其华民情甘出口,在英、法等国所属各处承工者,仍准其立约赴通商各口下船,毫无禁阻。

6.18.276 发 冢

6.18.276.1 凡发掘他人坟冢,见棺椁者,杖一百、流三千里;已开棺椁见尸者,绞;监候。发而未至棺椁者,杖一百、徒三年。招魂而葬亦是,为从减一等。若年远冢先穿陷,及未殡埋而盗尸柩尸在柩未殡,或在殡未埋。者,杖九十、徒二年半;开棺椁见尸者,亦绞。杂犯。其盗取器物、砖石者,计赃准凡盗论,免刺。○6.18.276.2 若卑幼发五服以内尊长坟冢者,同凡人论;开棺椁见尸者,斩。监候。若弃尸卖坟地者,罪亦如之。买地人、牙保知情者,各杖八十,追价入官,地归同宗亲属。不知者不坐。若尊长发五服以内卑幼坟冢,开棺椁见尸者,缌麻杖一百、徒三年;小功以上,各递减一等。祖父母、父母发子孙坟冢,开棺椁见尸者,杖八十。其有故而依礼迁葬者,尊长、卑幼俱不坐。○6.18.276.3 若残毁他人死尸,及弃尸水中者,各杖一百、流三千里。谓死尸在家,或在野未殡葬,将尸焚烧、残毁之类。若已殡葬者,自依发冢开棺椁见尸律从重论。若毁弃缌麻以上尊长未葬死尸者,斩。监候。弃他人及尊长而不失其尸及毁而但髡发若伤者,各减一等。凡人减流一等,卑幼减斩一等。○6.18.276.4 毁弃缌麻以上卑幼,死尸。各依凡人毁弃,依服制递减一等;毁弃子孙死尸者,杖八十。其子孙毁弃祖父母、父母,及奴婢、雇工人毁弃家长死尸者,不论残、失与否,斩。监候。律不载妻妾毁弃夫尸,有犯,依缌麻以上尊长律奏请。○6.18.276.5 若穿地得无主死尸,不即掩

① 同治九年(1870)续纂。

埋者，杖八十。若于他人坟墓，为 熏狐狸因而烧棺椁者，杖八十、徒二年；烧尸者，杖一百、徒三年。若缌麻以上尊长，各递加一等。烧棺椁者，各加为杖九十、徒二年半；烧尸者，递加为杖一百、流二千里。不可依服属各递加，致反重于祖父母父母也。卑幼各因其服 依凡人递减一等。若子孙于祖父母、父母，及奴婢、雇工人于家长坟墓熏狐狸者，杖一百；烧棺椁者，杖一百、徒三年；烧尸者，绞。监候。○[6.18.276.6]平治他人坟墓为田园者，虽未见棺椁， 杖一百，仍令改正。 于有主坟地内盗葬者，杖八十，勒限移葬。若将尊长坟冢平治作地，得财卖人，止问诓骗人财，不可作弃尸卖坟地断。计赃轻者，仍杖一百。买主知情，则坐不应重律，追价入官；不知情，追价还主。 ○[6.18.276.7]若地界内有死人，里长、地邻不申报官司检验，而辄移他处及埋藏者，杖八十；以致失尸者，首 杖一百；残毁及弃尸水中者，首 杖六十、徒一年。残弃之人，仍坐流罪。弃而不失，及髡发若伤者，各减一等。杖一百。若邻里自行残毁，仍坐流罪。因而盗取衣服者，计赃准窃盗论，免刺。

条　例

[6.18.276.(1)]〔有服尊长盗卑幼未殡未葬尸柩〕

一、有服尊长盗卑幼未殡未埋尸柩，开棺见尸者，缌麻尊长为首，依发卑幼坟冢开棺见尸杖一百徒三年律，减一等；未开棺椁者，再减一等。如系小功以上尊长为首，各依律以次递减。为从之尊长，亦各按服制，减为首之罪一等。如有卑幼或外人为首、为从，分别服制、凡人，各以首、从论。

[6.18.276.(2)]〔奴雇发掘家长坟冢〕①

一、凡奴婢、雇工人发掘家长坟冢，已行未见棺者，为首绞监候，为从发近边充军；见棺椁者，为首绞立决，为从绞监候；开棺椁见尸者，为首斩立决、枭示，为从斩监候；毁弃、撇撒死尸者，不分首从，皆斩立决、枭示。如有家长、尊卑亲属或外人，为首为从，分别服制、凡人，各以首、从论。

[6.18.276.(3)]〔争坟阻葬开棺易罐埋藏占葬〕

一、民人除无故挖焚已葬尸棺者，仍照例治罪外，其因争坟阻葬，开棺易罐，埋藏占葬者，亦照开棺见尸、残毁死尸各本律治罪。若以他骨暗埋，预立封堆，伪说荫基，审系恃强占葬者，照强占官民山场律治罪；审系私自偷埋者，照于有主坟地内偷葬律治罪；其侵犯他人坟冢者，照发掘他人坟冢律治罪。如果审系地师教诱，将教诱之地师，均照诈教诱人犯法律分别治罪。若地方官隐讳宽纵，不实力查究，照例参处。

[6.18.276.(4)]〔指称旱魃刨坟毁尸〕

一、凡指称旱魃，刨坟毁尸，为首者，照发冢开棺见尸律拟绞监候。如讯明实无嫌隙，秋审入于缓决；若审有挟仇泄忿情事，秋审入于情实。为从帮同刨毁者，改发

---

① 同治九年(1870)修改。

近边充军;年在五十以上,仍发附近充军。其仅止听从同行,并未动手者,杖一百、徒三年。

6.18.276.(5)〔发掘父母五服尊长骸骨占验吉凶〕

一、凡愚民惑于风水,擅称洗筋、检筋名色,将已葬父母及五服以内尊长骸骨,发掘检视,占验吉凶者,均照服制,以毁弃坐罪;帮同洗检之人,俱以为从论。地保扶同隐匿,照知人谋害他人不即阻首律杖一百。若有故而以礼迁葬,仍照律勿论。

6.18.276.(6)〔发掘贝勒贝子公夫人坟冢及历代帝王陵寝及先贤名臣并前代亲王坟墓〕①

一、凡发掘贝勒、贝子、公、夫人等坟冢,开棺椁见尸者,为首斩立决、枭示,为从皆绞立决;见棺者,为首绞立决,为从皆绞监候;未至棺者,为首绞监候,为从发边远充军。如有发掘历代帝王陵寝,及《会典》内有从祀名位之先贤名臣,并前代分藩亲王,或递相承袭分藩亲王坟墓者,俱照此例治罪。若发掘前代分封郡王,及追封藩王坟墓者,除犯至死罪,仍照发掘常人坟冢例定拟外,余各于发掘常人坟冢本罪上加一等治罪。以上所掘金银,交与该督抚饬令地方官修葺坟冢,其玉带、珠宝等物,仍置冢内。

6.18.276.(7)〔盗发他人远年祖坟及辄将他人盗葬之棺发掘抛弃及毁弃尸骸者〕

一、贪人吉壤,将远年之坟盗发者,子孙告发,审有确据,将盗发之人,以开棺见尸律拟绞监候。如非其子孙,又非实有确据之前人古冢,但因有土墩,见人埋葬,辄称伊远祖坟墓,勾引匪类,伙告伙证,陷害无辜,审明,将为首者照诬告入死罪未决律杖一百、流三千里,为从各照诬告为从律科断。若实系本人远祖之坟,被人发掘盗葬,因将所盗葬之棺,发掘抛弃者,照祖父母、父母被杀子孙不告官司而擅杀行凶人律杖六十。若盗葬者,并无发掘等情,止在切近坟旁盗葬,而本家辄行发掘者,应照地界内有死人不报官司而辄移他处律科断;如有毁弃尸骸,照地界内有死人而移尸毁弃律科断。若非系坟地,止在田地场园内盗葬,而地主发掘,开棺见尸,仍照律拟绞。其不开棺见尸者,各照本律减一等治罪。如两造本系亲属,其所侵损之坟冢、棺椁、尸骸,与本身皆有服制者,各照律内服制科断。

6.18.276.(8)〔于他人田园山场或有主坟地及切近坟旁盗葬〕

一、凡盗葬之人,除侵犯他人坟冢,发掘开棺见尸者,仍各按照律例治罪外,如因盗葬后,被地主发掘弃毁,无论所葬系尊长及卑幼尸柩,俱照强占官民山场律杖一百、流三千里。如于有主坟地,及切近坟旁盗葬,尚无侵犯,致被地主发掘等情者,照强占山场满流律量减一等,杖一百、徒三年。若止于田园山场内盗葬者,照强占山场满流律量减二等,杖九十、徒二年半。仍勒限一个月,押令犯属迁移。逾限不迁,即将犯属枷示,候迁移日释放。其唆令盗葬之地师、讼师,与本犯一体治罪。

① 同治九年(1870)修改。

6.18.276.(9)〔殴故杀人案内凶犯毁弃及埋尸灭迹其听从抬弃及抬埋之人〕

一、凡殴、故杀人案内,凶犯起意残毁死尸及弃尸水中,其听从抬弃之人,无论在场有无伤人,俱照弃尸为从律杖一百、徒三年;若埋尸灭迹,其听从抬埋之人,审系在场帮殴有伤,律应满杖者,亦杖一百、徒三年;其在场并未伤人,止于听从抬埋者,照里长地邻弃尸律杖六十、徒一年。如案内余人,起意毁弃及埋尸灭迹,仍照弃尸为首律杖一百、流三千里。不失尸者,各减一等。若受雇抬埋,并不知情者,仍照地界内有死人不报官司而辄移藏律杖八十。至窃、劫之犯,如有在湖河舟次格斗致毙,尸堕水中,漂流不获,及山谷险隘,猝然遇暴,尸沉涧溪,本无毁弃之情,仍依格杀本律科断,毋庸牵引弃尸之律。若系在家黉夜格捕,致死奸盗之犯,或在旷野道途,格杀拒捕盗贼,罪本不应拟抵,将尸毁弃掩埋、移投坑井者,照地界内有死人不报官司私自掩埋律杖八十;因而遗失者,照地界内有死人移置他所以致失尸律杖一百。如有格杀之后,怀挟仇恨,逞凶残毁,投弃水火,割剥损伤者,仍照毁弃死尸本律科罪。其随同协捕共殴之余人,有犯弃毁、移埋等项,俱照此例分别办理。

6.18.276.(10)〔纠众发冢起棺索财取赎及发冢后抛弃尸骨并杀人者〕①

一、纠众发冢起棺,索财取赎,已得财者,将起意及为从下手发掘扛抬棺木之犯,比依强盗得财律,不分首从,皆斩立决;跟随同行在场瞭望之犯,发新疆给官兵为奴。其未经得财者,首犯仍比依强盗得财律斩立决,从犯俱发新疆给官兵为奴。如发冢后将尸骨抛弃道路,并将控告人杀害者,亦照强盗得财律,不分首从,皆斩立决。

6.18.276.(11)〔子孙发掘祖父母父母坟冢〕

一、凡子孙发掘祖父母、父母坟冢,均不分首从,已行未见棺椁者,皆绞立决;见棺椁者,皆斩立决;开棺见尸并毁弃尸骸者,皆凌迟处死。若开棺见尸至三冢者,除正犯凌迟处死外,其子俱发往伊犁当差。如有尊长、卑幼或外人为首为从,分别服制、凡人,各以首从论。

6.18.276.(12)〔子孙盗祖父母父母未殡未埋尸柩〕

一、子孙盗祖父母、父母未殡未埋尸柩,不分首从,开棺见尸者,皆斩立决;如未开棺椁,事属已行,确有显迹者,皆绞立决。如有尊长、卑幼或外人为首为从,分别服制、凡人,各以首从论。

6.18.276.(13)〔有服卑幼盗尊长未殡未埋尸柩〕

一、有服卑幼盗尊长未殡未埋尸柩,未开棺椁者,为首,期亲卑幼发极边足四千里充军,功、缌卑幼发边远充军;为从,期亲卑幼发边远充军,功、缌卑幼发近边充军。开棺见尸者,为首,期亲卑幼实发云贵两广极边烟瘴充军,功、缌卑幼发极边足四千里充军;为从,期亲卑幼发极边足四千里充军,功、缌卑幼发边远充军。如有尊长或外人为首为从,分别服制、凡人,各以首从论。

① 同治九年(1870)修改。

6.18.276.(14)〔有服卑幼发掘尊长坟冢〕①

一、有服卑幼发掘尊长坟冢,未见棺椁者,为首,期亲卑幼发极边足四千里充军,功、缌卑幼发边远充军;为从,期亲卑幼发边远充军,功缌卑幼发近边充军。见棺椁者,为首,期亲卑幼实发云贵两广极边烟瘴充军,功、缌卑幼发极边足四千里充军;为从,期亲卑幼发极边足四千里充军,功、缌卑幼发边远充军。如有尊长或外人为首为从,分别服制、凡人,各以首从论。开棺见尸,并锯缝凿孔,首、从之卑幼,无论期亲、功、缌,均照常人一例问拟。

6.18.276.(15)〔发冢见棺及开棺见尸并见棺锯凿抽取衣饰〕②

一、发掘常人坟冢,开棺见尸,为首者,拟斩立决;为从,无论次数,俱拟绞监候。其发冢见棺,锯缝凿孔,抽取衣饰,尚未显露尸身,为首者拟绞立决,为从俱拟绞监候。发冢开棺见尸为从,帮同下手开棺者,不论次数,秋审俱入情实;在外瞭望一二次者,入于缓决,三次及三次以上者,入于情实。其发冢见棺,锯缝凿孔为从,帮同凿棺锯棺,三次及三次以上者,入于情实,一二次者,入于缓决;在外瞭望,六次者,入于情实,一次至五次者,入于缓决。至发掘常人坟冢,见棺椁为首者,改发近边充军,年五十以上,发附近充军;为从者,杖一百、徒三年。

6.18.276.(16)〔盗未殡未埋尸柩及发年久穿陷之冢未开棺椁及开棺见尸者〕

一、盗未殡未埋尸柩,及发年久穿陷之冢,未开棺椁者,杖一百、徒三年;为从,杖九十、徒二年半。如开棺见尸为首,一次者发边远充军,二次者发极边烟瘴充军,三次者绞;为从,一次者仍照杂犯流罪总徒四年,二次者发边远充军,三次者发极边烟瘴充军,三次以上者亦绞。

6.18.276.(17)〔平治他人坟墓为田园及子孙平治祖坟并奴雇平治家长坟〕

一、平治他人坟墓为田园,未见棺椁,止一冢者,仍照律杖一百。如平治多冢,每三冢加一等,罪止杖一百、徒三年。卑幼于尊长有犯,缌麻、功服各加凡人一等,期亲又加一等。若子孙平治祖坟,并奴仆、雇工人平治家长坟,一冢者,杖一百、徒三年;每一冢加一等,仍照加不至死之例,加至实发云贵、两广极边烟瘴充军为止。其因平治而盗卖坟地,得财者,均按律计赃准窃盗论加一等;赃轻者,各加平治罪一等。知情谋买者,悉与犯人同罪,不知者不坐。如因平治而强占或盗卖,计亩数多,按例应拟徒、流、充军,以至因平治而见棺见尸,并弃毁尸骸,按例应拟军、遣、斩、绞、凌迟者,仍照各本例,从其重者论。其子孙因贫卖地,留坟祭扫,并未平治,又非盗卖者,不在此例。

6.18.276.(18)〔奴雇盗家长未殡未埋尸柩〕

一、奴仆、雇工人盗家长未殡未埋尸柩,未开棺椁,事属已行,确有显迹者,照发冢已行未见棺例,为首斩监候,为从发近边充军;开棺见尸者,照发冢见棺椁例,为首

---

① 同治九年(1870)修改。

② 同治九年(1870)修改。

绞立决，为从绞监候；其毁弃撇撒死尸者，仍照旧例，不分首从，皆斩立决。

6.18.276.(19)〔盗未殡未埋尸柩锯缝凿孔〕

一、盗未殡未埋尸柩，锯缝凿孔，为首，一二次者杖一百、徒三年，三次者照杂犯流罪总徒四年，四次五次者发边远充军，六次及六次以上者发极边烟瘴充军；为从一二次者杖九十、徒二年半，三次者杖一百、徒三年，四次五次者总徒四年，六次七次者发边远充军，八次及八次以上者发极边烟瘴充军。

6.18.276.(20)〔发冢并盗未殡埋尸柩各按所犯本条分别首从并计科断〕

一、发掘坟冢，并盗未殡未埋尸柩，无论已开棺、未开棺，及锯缝凿孔等项人犯，各按其所犯本条之罪，分别首从，并计科断。如一人叠窃，有首有从，则视其为首次数与为从次数罪名相比，从其重者论。若为首各次，并计罪轻，准其将为首次数，归入为从次数内并计科罪。不得以为从次数，作为为首次数并计，亦不得以盗未殡未埋尸柩及锯缝凿孔之案，归入发冢见棺及开棺见尸案内，并计次数治罪。

6.18.276.(21)〔受雇看坟之人发冢及盗未殡未埋尸柩并锯缝凿孔〕

一、受雇看守坟墓，并无主仆名分之人，如有发冢及盗未殡未埋尸柩，并锯缝凿孔与未开棺椁者，或自行盗发，或听从外人盗发，除死罪无可复加外，犯该军、流以下等罪，悉照凡人首从各本律例上加一等问拟。

6.18.276.(22)〔夫毁弃妻尸〕

一、夫毁弃妻尸者，比依尊长毁弃期亲卑幼死尸律，于凡人杖流罪上递减四等，杖七十、徒一年半；不失尸，及毁而但髡发若伤者，再减一等，杖六十、徒一年。

6.18.276.(23)〔发掘坟冢及锯缝凿孔偷窥〕①

一、凡发掘坟冢及锯缝凿孔偷窃之案，但经得财，俱核计所得之赃，照窃盗赃科断，如计赃轻于本罪者，仍依本例定拟；若计赃重于本罪者，即从重治罪。

6.18.277 夜无故入人家

6.18.277.1 凡夜无故入人家内者，杖八十。主家登时杀死者勿论。其已就拘执而擅杀伤者，减斗杀伤罪二等；至死者，杖一百、徒三年。

条　例

6.18.277.(1)〔邻佑人等追捕殴毙窃犯〕

一、邻佑人等，因贼犯黑夜偷窃，或白日入人家内院内偷窃，携赃逃遁，直前追捕，或贼势强横，不能力擒送官，登时仓猝殴毙者，杖一百、徒三年，余人杖八十。若贼已弃赃，及未得财，辄复捕殴致毙，并已被殴跌倒地，及就拘获后辄复叠殴，又捕人多于贼犯，倚众共殴致毙者，仍照擅杀罪人律拟绞监候，余人杖一百。其贼犯持仗拒

---

① 咸丰二年(1852)续纂。

捕,登时格杀者,勿论。

6.18.277.(2)〔事主追捕殴毙窃犯〕

一、凡事主奴仆、雇工皆是。因贼犯黑夜偷窃,或白日入人家内院内偷窃财物,并市野偷窃有人看守器物,登时追捕殴打至死者,不问是否已离盗所、捕者人数多寡、贼犯已未得财,俱杖一百、徒三年,余人杖八十。若贼犯已被殴跌倒地,及已就拘获,辄复叠殴致毙,或事后殴打至死者,均照擅杀罪人律拟绞监候;其旷野白日偷窃无人看守器物,殴打至死者,不问是否登时,亦照擅杀人律拟绞监候,余人均杖一百。如贼犯持仗拒捕,被捕者登时格杀,仍依律勿论。凡刀械、石块,皆是持仗。事在顷刻,势出仓猝,谓之登时。抵格而杀,谓之格杀。

6.18.277.(3)〔贼犯白日盗田园谷麦等类被事主邻佑殴毙〕

一、贼犯旷野白日盗田园谷麦蔬果、柴草木石等类,被事主、邻佑殴打至死者,不问是否登时、有无看守,各照擅杀罪人律拟绞监候。其贼犯持仗拒捕,登时格杀者,仍勿论。

6.18.278 盗贼窝主

6.18.278.1 凡强盗窝主造意,身虽不同行,但分赃者,斩;若行,则不问分赃不分赃,只依行而得财者不分首从皆斩。若不知盗情,只是暂时停歇者,止问不应。若不同行,又不分赃者,杖一百、流三千里。共谋其窝主不曾造谋,但与贼人共知谋情。者,行而不分赃,及分赃而不行,皆斩;若不行又不分赃者,杖一百。○6.18.278.2 窃盗窝主造意,身虽不行,但分赃者,为首论;若不行又不分赃者,为从论,减一等。以临时主意上盗者为首,其窝主若不造意,而但为从者,行而不分赃,及分赃而不行,减造意一等。仍为从论。若不行又不分赃,笞四十。○6.18.278.3 若本不同谋,偶然相遇共为强、窃盗,其强盗固不分首从,若窃盗,则以临时主意上盗者为首,余为从论。○6.18.278.4 其知人略卖、和诱人,及强、窃盗后而分所卖、所盗赃者,计所分赃准窃盗为从论,免刺。○6.18.278.5 若知强、窃盗赃而故买者,计所买物坐赃论;知而寄藏者,减故买一等,各罪止杖一百。其不知情误买及受寄者,俱不坐。

条　例

6.18.278.(1)〔窝主须有造意共谋实情〕

一、推鞫窝主窝藏分赃人犯,必须审有造意、共谋实情,方许以窝主律论斩。若止是勾引容留,往来住宿,并无造意、共谋情状者,但当以窝藏例发遣,毋得附会文致,概坐窝主之罪。

6.18.278.(2)〔大户故纵家人佃仆为盗〕

一、各处大户家人、佃仆,结构为盗,杀官、劫库、劫狱、放火,许大户即送官追问。若大户知情故纵,除实犯死罪外,杖、徒、流罪,俱发附近充军。

6.18.278.(3)〔窝藏强盗二名以上窃盗五名以上〕

一、凡皇亲功臣管庄、家仆、佃户人等,及诸色军民大户,勾引来历不明之人,窝藏强盗二名以上、窃盗五名以上，坐家分赃者，俱问发近边充军。若有造意、共谋之情者，各依律从重科断。干碍皇亲功臣者，参究治罪。

6.18.278.(4)［无藉之徒引贼劫掠及探报消息］

一、凡各处无藉之徒，引贼劫掠，以复私仇，探报消息，致贼逃窜者，照奸细律处斩，枭首示众。

6.18.278.(5)［强盗案内知情买赃之犯］①

一、强盗案内知情买赃之犯，照洋盗例，分别次数定拟。其知而寄藏，及代为销赃者，一次，杖八十、徒二年；二次，杖九十、徒二年半；三次以上，杖一百、徒三年。

6.18.278.(6)［知窃盗赃而接买受寄］②

一、知窃盗赃而接买、受寄，若马骡等畜至二头匹以上、银货坐赃至满数者，俱问罪，不分初犯、再犯，枷号一个月发落。若三犯以上，不分赃数多寡，俱免枷号，发近边充军。接买盗赃，至八十两为满数；受寄盗赃，至一百两为满数；盗后分赃，至一百二十两以上为满数。

6.18.278.(7)［强盗窝主之邻佑知而不首］

一、凡强盗窝主之邻佑，知而不首者，杖一百。

6.18.278.(8)［强窃盗窝家之父兄人等自首及知情分赃］

一、强、窃盗窝家之同居父兄、伯叔与弟自首者，照例免罪，本犯照强盗父兄自首例分别发落外，至父兄人等知情而又分赃，各照强、窃盗为从例减一等治罪。父兄不能禁约子弟窝盗者，各照强、窃盗父兄论。

6.18.278.(9)［造意分赃窝主统赃科罪］

一、凡造意分赃之窝主，不得照窃盗律以一主为重，应统计各主之赃，数在一百二十两以上者，拟绞监候；其在一百二十两以下，亦统计各赃科罪。

6.18.278.(10)［窝线不上盗又未分赃］③

一、凡窝线同行上盗得财者，仍照强盗律定拟。如不上盗，又未得财，但为贼探听事主消息，通线引路，照强盗窝主造意不行又不分赃，改发新疆给官兵为奴。

6.18.278.(11)［容留外省流棍］

一、容留外省流棍者，照勾引来历不明之人例，发近边充军。

6.18.278.(12)［保甲知有为盗窝盗之人瞻隐徇匿］

一、编排保甲保正、甲长、牌头，须选勤慎练达之人点充。如豪横之徒，藉名武断，该管官严查究革，从重治罪。果实力查访盗贼，据实举报，照捕役获盗过半以上例，按名给赏。倘知有为盗、窝盗之人，瞻徇隐匿者，杖八十；如系窃盗，分别贼情轻重惩警。若牌头于保正、甲长处举报，而不行转报者，甲长照牌头减一等、保正减二

---

① 同治九年(1870)修改。

② 同治九年(1870)修改。

③ 同治九年(1870)修改。

等发落,牌头免坐。其一切户婚田土,不得问及保甲,惟人命重情,取问地邻、保甲。赌博为盗贼渊薮,仍令同盗贼一并查举。再地方有堡子、村庄,聚族满百人以上,保甲不能编查,选族中有品望者立为族正,若有匪类,令其举报。倘徇情容隐,照保甲一体治罪。

6.18.278.(13)〔牌头管内有为盗之人〕

一、牌头所管内有为盗之人,虽不知情而失察,坐以不应轻律,笞四十;甲长、保正递减科罪。

6.18.278.(14)〔游荡奸伪之徒潜居京城〕

一、凡来历不明游荡奸伪之徒,潜居京城,令五城司坊,宛、大两县,不时稽查。客店、庵院,取具并无容留甘结,以凭各衙门查阅。赁房居住者,令房主询明保人、来历,并着两邻稽查。倘有此等游棍,协同斥逐。若徇情受贿容留者,除本犯照律治罪、递回原籍外,其容留之客店、寺庙住持、房主一并惩治。该管官不行查出,照例议处。至编户居民住有常业,及候补、候选、读书、贸易诸色人等,确有凭据者,毋许驱逐。倘有借端勒索,混扰良民者,照吓诈例治罪。

6.18.278.(15)〔邻佑地保知情容留老瓜贼〕

一、老瓜贼,本处邻佑、地保有知情容留者,发近边充军。若非知情容留,止系失于稽查,各照不应重律杖八十。其邻佑、地保,及兵役、平民,能侦知瓜贼行踪,赴地方官密禀,该地方官即行严拿,不许指出首人姓名。俟拿获瓜贼审实,将首人给赏。如瓜贼将首人扳害,立案不行。首获之贼系首犯,赏银五十两;系伙犯,赏银二十五两。首获多者,按名赏给。在充公银两内动支。有挟嫌诬首情弊,仍照诬告例治罪。

6.18.278.(16)〔漕船被盗船户舵工人等救护不力〕

一、漕船被盗,船户、舵工人等,除勾留、容隐、分赃,仍照例治罪外,如失事时,有频呼不应,不力为救护者,分别强、窃,照窝主不行不分赃例各减一等治罪。失察之该管员弁,分别议处。其有拿获别帮盗首及窃盗积案巨窝者,交部分别议叙。

6.18.278.(17)〔窝留积匪之家视有无造意同行分赃代卖分别治罪〕

一、窝留积匪之家,果有造意及同行分赃代卖,改发极边烟瘴充军,面刺"改发"二字。如有脱逃被获,即改发新疆酌拨种地当差。其未经造意,又不同行,但经窝留分得些微财物,或止代为卖赃者,均减本犯一等治罪。至窝藏回民行窃犯至遣戍者,亦照窝藏积匪例分别治罪。

6.18.278.(18)〔洋盗案内知情接买盗赃之犯〕

一、洋盗案内知情接买盗赃之犯,不论赃数多寡,一次,杖一百、徒三年;二次,发近边充军;三次以上,发新疆给官兵为奴。

6.18.278.(19)〔曾任及在籍职官窝藏强窃盗〕

一、凡曾任职官,及在籍职官,窝藏窃盗、强盗,按平民窝主本律本例罪应斩决者,加拟枭示;罪应绞候者,加拟绞立决;罪应徒、流、充军者,概行发遣黑龙江当差。

6.18.278.(20)〔西宁地方私设歇家〕

一、西宁地方拿获私歇家,除审有不法重情,实犯死罪外,其但在山僻小路,经年累月,开设私歇家者,为首照私通土苗例发边远充军,为从杖一百、徒三年。

6.18.278.(21)〔强盗窝主造意不行又不分赃及知情存留或知情分赃〕①

一、强盗窝主造意不行又不分赃,改发新疆给官兵为奴。若非造意,又不同行分赃,但知情存留一人,发近边充军;存留二人,亦发新疆给官兵为奴;存留三人以上,于发遣处加枷号三个月;五人以上,加枷号六个月。如知情而又分赃,无论存留人数多寡,仍照窝主律斩。

6.18.278.(22)〔顺天府五城及直隶山东二省窝藏窃盗依人数治罪〕②

一、顺天府、五城及直隶、山东二省,窝藏窃盗一二名者,杖一百、徒三年;三名以上者,发近边充军;五名以上者,实发云贵两广极边烟瘴充军。窝留积匪之家,无论贼犯在彼行窃与否,但经知情窝留,亦实发云贵两广极边烟瘴充军。若罪应拟死,仍各从其重者论。

6.18.278.(23)〔两广奸徒窝匪掳人关禁勒赎坐地分赃〕③

一、广东、广西二省,如有不法奸徒,窝藏匪类,掳人关禁勒赎,坐地分赃者,无论曾否得赃,及所掳人数,并次数多寡,但经造意,虽未同行,即照苗人伏草掳人案内土哨奸民勾通取利造意例拟斩立决;虽未造意,但经事前同谋者,即分别有无凌虐,及致令自尽各情,照掳人首犯分别拟以斩候、发遣。若先未造意同谋,仅止事后窝留,关禁勒赎,如掳人首犯罪应斩、绞者,窝留之犯,发遣新疆给官兵为奴;罪应拟遣者,发极边足四千里充军。倘由本犯自行关禁勒赎,别无窝家者,仍按本例从其重者论。本犯父兄,究明曾否分赃,照盗案例分别发落。邻佑、牌、保,除受贿包庇从重定拟外,若止知情不首,亦照盗案例分别责惩。窝留关禁之房屋,如系房主知情者,房屋一并入官。倘数年后,此风稍息,仍随时奏明,酌量办理。

6.18.278.(24)〔山东匪徒有窝留捻幅匪犯者〕

一、山东省匪徒,有窝留捻、幅匪犯者,无论有无同行,但其窝留之犯,曾经抢夺讹索、强当滋事者,窝主悉照首犯一例治罪。倘数年后,此风稍息,奏明仍照旧例办理。

6.18.278.(25)〔回民窝窃〕

一、回民窝窃罪应极边烟瘴者,改发新疆给官兵为奴。

6.18.279 共谋为盗 此条专为共谋而临时不行者言。

6.18.279.1 凡共谋为强盗,数内一人临时不行,而行者却为窃盗,此共谋而不行者曾分赃,但系

---

① 同治九年(1870)修改。

② 同治九年(1870)修改。

③ 同治九年(1870)修改。

造意者，即为窃盗首；果系余人，并为窃盗从。若不分赃，但系造意者，即为窃盗从；果系余人，并笞五十；必查以临时主意上盗者，为窃盗首。○6.18.279.2 其共谋为窃盗，数内一人临时不行，而行者为强盗，其不行之人，系造意者曾分赃，知情、不知情，并为窃盗首；系造意者，但不分赃，及系余人而曾分赃，俱为窃盗从。以临时主意及共为强盗者，不分首从论。

条 例

6.18.279.(1)〔共谋为盗临时不行事后分赃不分赃〕①

一、共谋为强盗，伙犯临时畏惧不行，而行者仍为强盗，其不行之犯，但事后分赃者，杖一百、流二千里，赃重者仍从重论；不分赃者，杖一百。如因患病及别故不行，事后分赃者，发新疆给官兵为奴；不分赃者，杖一百、徒三年。

6.18.280 公取窃取皆为盗

6.18.280.1 凡盗，公取、窃取皆为盗。公取，谓行盗之人，公然而取其财，如强盗、抢夺；窃取，谓潜行隐面，私窃取其财，如窃盗、掏摸，皆名为盗。器物、钱帛以下兼官、私言之类，须移徙已离盗所，方谓之盗。珠玉、宝货之类，据入手隐藏，纵在盗所未将行亦是为盗。其木石重器，非人力所胜，虽移本处，未驮载间，犹未成盗，不得以盗论。马、牛、驼、骡之类，须出阑圈；鹰、犬之类，须专制在己，乃成为盗。若盗马一匹，别有马随，不合并计为罪。若盗其母而子随者，皆并计为罪。○6.18.280.2 此条乃以上盗贼诸条之通例。未成盗而有显迹证见者，依已行而未得财科断；已成盗者，依律以得财科断。

6.18.281 起除刺字

6.18.281.1 凡盗贼曾经刺字者，俱发原籍收充警迹。该徒者，役满充警；该流者，于流所充警。若有起除原刺字样者，杖六十，补刺。收充警迹，谓充巡警之役，以踪迹盗贼之徒。警迹之人，俱有册籍，故曰收充。若非应起除，而私自用药或火灸去原刺面、膊上字样者，虽不为盗，亦杖六十，补刺原刺字样。

条 例

6.18.281.(1)〔窃盗等犯自毁刺字或他人代毁〕

一、凡窃盗等犯，有自行用药销毁面、膊上所刺之字者，枷号三个月，杖一百，补刺。代毁之人，枷号两个月，杖一百。

6.18.281.(2)〔强盗人命等重犯具题之日先行刺字〕

一、凡强盗，人命重犯、拒捕杀人窃盗，并律应斩决，以及命案内斩、绞监候等犯，

---

① 同治九年(1870)修改。

情重难宥者,该督抚俱于具题之日,交按察使衙门先行刺字,然后递回犯事地方监禁。如系强盗,面上刺“强盗”二字;命案斩、绞等犯,面上刺“凶犯”二字。仍将已经刺字之处,于本内声明。其戏杀、误杀、斗殴杀,俱免刺。直省等处,如遇面刺“强盗”“凶犯”等字样者,即擒拿送官。

6.18.281.(3)〔不法水手刺字〕

一、粮船水手聚众滋事,罪应徒、流者,俱面刺“不法水手”四字。如罪止杖、笞人犯,递回原籍,交地方官严查管束,毋庸刺字。

6.18.281.(4)〔遣犯面上已有原刺之字者〕

一、发遣人犯,如从前面上原刺之字,与现犯事由相同者,毋庸重复叠刺。倘现犯事由各别,仍于左面上另行刺字。

6.18.281.(5)〔串党驾船载客诱赌〕

一、拿获无赖匪徒,串党驾船,设局揽载客商勾诱赌博之犯,审明,无论初犯、再犯,不计次数,概于定案时左面刺“诱赌匪犯”四字。

6.18.281.(6)〔烟瘴改发极边人犯〕

一、由烟瘴改发极边人犯,面上刺“烟瘴改发”四字。

6.18.281.(7)〔蠹役犯赃刺字〕

一、蠹役犯赃,除照例分别赃数治罪外,无论首从,徒罪以下,以“蠹犯”二字刺臂,流罪以上刺面。白役有犯,一体办理。倘犯赃刺字后,仍盘踞衙门充当者,照更名重役例治罪。如有私毁刺字者,即照窃盗销毁刺字例治罪。若定案时,将应刺之犯不行刺字,及刺字后仍无觉察,滥准充当者,该管官交部议处。

6.18.281.(8)〔逃兵〕

一、京外在伍兵丁脱逃被获,及逾限投回者,面上俱刺“逃兵”二字。其军营脱逃之余丁,面上刺“脱逃余丁”四字。

6.18.281.(9)〔台湾逐回游民刺字〕

一、台湾无藉游民,除犯该徒、流以上,仍照定例办理外,若犯止枷、杖,例应逐回原籍管束者,面刺“逐水”字样。

6.18.281.(10)〔偷刨人参之犯刺字〕

一、偷刨人参之犯,计赃应拟满杖者,照窃盗例,初犯刺臂、再犯刺面。如在徒、流以上,仍依旧例,初犯刺右面,再犯刺左面。

6.18.281.(11)〔新疆改发内地人犯〕

一、新疆改发内地人犯,面上刺“改发”二字。如应刺事由者,并刺事由。若犯事到官,年在七十以上、十五以下,及成残废者,仍照律收赎,毋庸刺字。

6.18.281.(12)〔奴仆及平民窃盗抢夺刺字〕

一、奴仆为窃盗,或抢夺,并盗家长财物,俱刺面。其余平民犯抢夺,及窃盗初犯,计赃在徒罪以上者,刺面;如窃盗初犯罪止杖责者,照律于右小臂膊刺字;再犯,左面刺字。不得以赃少罪轻免刺。

6.18.281.(13)〔发冢开棺见尸等犯刺字〕

一、发掘坟冢,除冢先穿陷,及止盗坟冢上砖石器物者,仍照律免刺外,若开棺见尸,及发冢见棺,与发而未见棺者,首从均面刺"发冢"字。其盗未殡未埋尸柩者,面刺"盗棺"字。

6.18.281.(14)〔畏罪自首减等之犯免刺〕

一、凡监守、常人盗仓库钱粮,及抢夺,并一切犯罪应刺事由之犯,如畏罪自首者,各照律例分别减等科断,均免其刺字。惟强盗自首例应外遣者,仍刺地名,不刺事由。

6.18.281.(15)〔回民窃犯刺字〕

一、凡回民行窃,分别初犯、再犯,于臂膊、面上概刺"窃贼"二字。

6.18.281.(16)〔举贡生监寻常过犯免刺〕

一、举贡生监犯罪,例应刺字者,除所犯系党恶、窝匪、卑污下贱,仍行刺字外,若只系寻常过犯,不致行止败类者,免其刺字。

6.18.281.(17)〔应发乌鲁木齐人犯例应刺明及不刺事由者〕

一、应发乌鲁木齐等处人犯,除例应刺明事由者,仍照例刺发外,其例不应刺事由者,即令起解省份,于该犯右面刺"外遣"二字,解赴甘省酌量分发,补刺地名。

6.18.281.(18)〔蒙古抢劫人犯及蒙古逃遣逃军刺字〕

一、凡蒙古、民人、番子人等,有犯抢劫之案,应照蒙古例定拟者,均面刺"抢劫"二字。其蒙古发遣人犯,在配脱逃,面刺"逃遣"二字。至蒙古免死减军人犯,在配脱逃,面刺"逃军"二字。

6.18.281.(19)〔改悔刺字窃犯缉获强盗准起除刺字〕

一、窃盗刺字发落之后,责令充当巡警。如实能改悔,历二三年无过,又经缉获强盗二名以上或窃盗五名以上者,准其起除刺字,复为良民,该地方官编入保甲,听其各谋生理。若不系盗犯,不准滥行缉拿。

6.18.281.(20)〔硝犯刺字〕①

一、兴贩硝磺,犯该徒罪以上者,左面刺"硝犯"二字;罪止拟杖者,右臂刺"硝犯"二字。

---

① 同治九年(1870)续纂。

卷二十六　刑律·人命

6.19 人　命

6.19.282 谋杀人

6.19.282.1 凡谋或谋诸心，或谋诸人。杀人，造意者，斩；监候。从而加功者，绞；监候。不加功者，杖一百、流三千里。杀讫乃坐。若未曾杀讫，而邂逅身死，止依同谋共殴人科断。○6.19.282.2 若伤而不死，造意者，绞；监候。从而加功者，杖一百、流三千里；不加功者，杖一百、徒三年。○6.19.282.3 若谋而已行，未曾伤人者，造意为首者，杖一百、徒三年；为从者，同谋同行，各杖一百，但同谋者，虽不同行，皆坐。○6.19.282.4 其造意者，通承已杀、已伤、已行三项。身虽不行，仍为首论；从者不行，减行而不加功者一等。○6.19.282.5 若因而得财者，同强盗不分首从论，皆斩。行而不分赃，及不行又不分赃，皆仍依谋杀论。

条　例

6.19.282.(1)〔勘问谋杀人犯〕

一、凡勘问谋杀人犯，果有诡计阴谋者，方以造意论斩；下手助殴者，方以加功论绞；谋而已行，人赃见获者，方与强盗同辟。毋得据一言为造谋、指助势为加功、坐虚赃为得财，一概拟死，致伤多命；亦不得以被逼勉从及尚未成伤，将加功之犯率行量减。

6.19.282.(2)〔杀人后取财及掠取家财〕

一、凡谋财害命，照律拟斩立决外，其有因他事杀人后，偶见财物，因而取去者，必审其行凶挟何仇隙、有何证据，果系初无图财之心，杀人后见有随身衣物、银钱，乘便取去者，将所得之财，倍追给主，仍各依本律科断。若杀人后掠取家财，并知有藏蓄而取去者，审得实情，仍同强盗论罪。

6.19.282.(3)〔谋杀奔脱邂逅致死或迫于凶悍失跌致死〕

一、凡谋杀人已行，其人知觉奔逃，或失跌或堕水等项，虽未受伤，因谋杀奔脱，死于他所者，造意者满流，为从满杖。若其人迫于凶悍，当时失跌身死，原谋拟绞监候，为从者杖一百、流三千里。

6.19.282.(4)〔苗人图财害命〕

一、苗人有图财害命之案，均照强盗杀人斩决枭示例办理。

6.19.282.(5)〔僧人逞凶谋故惨杀幼孩〕

一、凡僧人逞凶，谋、故惨杀十二岁以下幼孩者，拟斩立决。其余寻常谋、故杀之案,仍照本律办理。

6.19.282.(6)〔台湾等处商船图财害命〕

一、台湾等处商船图财害命之案,均照苗人图财害命例拟斩立决、枭示,与命、盗案内例应斩枭之犯,均传首厦门示众。仍将犯罪事由,榜贴原犯地方。

6.19.282.(7)〔有服卑幼图财谋杀尊长尊属〕

一、有服卑幼,图财谋杀尊长尊属,各按服制,依律分别凌迟、斩决,均枭首示众。

6.19.282.(8)〔图财害命分别杀死杀伤及得财不得财依首从治罪〕

一、凡图财害命,得财而杀死人命者,首犯与从而加功者,俱拟斩立决;不加功者,拟斩监候;不行而分赃者,实发云贵两广极边烟瘴充军。未得财杀人,为首者,拟斩监候;从而加功者,拟绞监候;不加功者,杖一百、流三千里。伤人未死而已得财者,首犯拟斩监候;从而加功,如刃伤,及折伤以上者,拟绞监候;伤非金刃,又非折伤者,实发云贵两广极边烟瘴充军;不加功者,杖一百、流三千里;不行而分赃者,杖一百、徒三年。未得财伤人,为首者,拟绞监候;从而加功者,杖一百、流三千里;不加功者,杖一百、徒三年。

6.19.282.(9)〔逞忿及图财或因奸谋杀幼孩〕

一、凡谋杀幼孩之案,除年在十一岁以上者,仍照例办理外,如有将十岁以下幼孩,逞忿谋杀者,首犯拟斩立决;若系图财,或有因奸情事,加以枭示。从而加功之犯,俱拟绞立决;其从而不加功者,俱仍照本律杖一百、流三千里。

6.19.282.(10)〔船户店家图财害命〕①

一、船户、店家图财害命,为害行旅,照强盗得财不分首从律皆斩;为首之犯,仍加枭示;同谋不行,事后分赃者,发遣新疆给官兵为奴。至杀人未得财,及伤人未死,并常人图财害命,仍照本例办理。

6.19.283 谋杀制使及本管长官

6.19.283.1 凡奉制命出使而所在官吏谋杀,及部民谋杀本属知府、知州、知县,军士谋杀本管官,若吏卒谋杀本部五品以上长官,已行未伤者,首杖一百、流二千里;已伤者,首绞;流、绞,俱不言皆,则为从各减等。官吏谋杀监候,余皆决不待时。下斩同。已杀者,皆斩。其从而不加功,与不行者,及谋杀六品以下长官,并府州县佐贰、首领官,其非本属、本管、本部者,各依凡人谋杀论。

6.19.284 谋杀祖父母父母

6.19.284.1 凡谋杀祖父母、父母及期亲尊长,外祖父母,夫,夫之祖父母、父母,已行不问已伤、未伤。者预谋之子孙,不分首从,皆斩;已杀者,皆凌迟处死。监故在狱者,仍戮其尸。其为从有服属不同,自依缌麻以上律论;有凡人,自依凡论。凡谋杀服属皆仿此。谋杀缌麻以上尊长,已行者,首杖一百、流二千里;为从杖一百、徒三年。已伤者,首绞;为从加功、不加功,并同凡论。已杀

---

① 同治九年(1870)续纂。

者，皆斩。不问首从。○6.19.284.2 其尊长谋杀本宗及外姻卑幼，已行者，各依故杀罪减二等；已伤者，减一等；已杀者，依故杀法。依故杀法者，谓各依斗殴条内尊长故杀卑幼律问罪。为从者，各依服属科断。○6.19.284.3 若奴婢及雇工人谋杀家长，及家长之期亲、外祖父母，若缌麻以上亲者，兼尊卑言。统主人服属尊卑之亲。罪与子孙同。谓与子孙谋杀祖父母、父母，及期亲尊长、外祖父母，缌麻以上尊长同。若已转卖，依良贱相殴论。

条　例

6.19.284.(1)〔尊长谋杀卑幼为从之犯〕

一、尊长谋杀卑幼，除为首之尊长，仍依故杀法，分别已行、已伤、已杀定拟外，其为从加功之尊长，各按服制，亦分别已行、已伤、已杀三项，各依为首之罪减一等；若同行不加功，及同谋不同行，又各减一等。为从系凡人，仍照凡人谋杀为从科断。

6.19.284.(2)〔抑媳同陷邪淫谋杀灭口〕

一、凡尊长故杀卑幼案内，如有与人通奸，因媳碍眼，抑令同陷邪淫不从，商谋致死灭口者，俱照平人谋杀之律，分别首从，拟以斩、绞监候。

6.19.284.(3)〔子孙谋杀祖父母父母旁人助逆加功〕

一、凡子孙谋杀祖父母、父母案内，如有旁人同谋助逆加功者，拟绞立决。

6.19.284.(4)〔谋杀妻他人起意本夫听从加功〕

一、凡夫谋杀妻之案，系本夫起意者，仍照律办理外，如系他人起意，本夫仅止听从加功者，于绞罪上减一等，杖一百、流三千里。

6.19.284.(5)〔蓄意谋杀子妇〕

一、凡姑谋杀子妇之案，除伊媳实犯殴、詈等罪，仍照本律定拟外，如仅止出言顶撞，辄蓄意谋杀，情节凶残显著者，改发各省驻防给官兵为奴。

6.19.284.(6)〔谋杀期亲尊长为从之犯〕

一、谋杀期亲尊长，正犯罪应凌迟处死者，为从加功之犯，拟以绞候，请旨即行正法；不加功者，仍按律科断。如为从系有服亲属，各按尊卑服制本律定拟。

6.19.284.(7)〔本宗尊长起意商同卑幼之子谋杀卑幼〕

一、本宗尊长，起意谋杀卑幼，罪应绞候之犯，如与死者之子，商同谋杀，致其子罪干凌迟者，将起意之犯，拟绞立决。

6.19.285 杀死奸夫

6.19.285.1 凡妻妾与人奸通，而本夫于奸所亲获奸夫、奸妇登时杀死者勿论。若止杀死奸夫者，奸妇依和奸律断罪，当官嫁卖，身价入官。或调戏未成奸，或虽成奸已就拘执，或非奸所捕获，皆不得拘此律。○6.19.285.2 其妻妾因奸同谋杀死亲夫者，凌迟处死；奸夫处斩。监候。若奸夫自杀其夫者，奸妇虽不知情，绞。监候。

条 例

6.19.285.(1)〔本夫捉奸杀死奸妇分别治罪〕

一、非奸所获奸,将奸妇逼供而杀,审无奸情确据者,依殴妻至死论。如本夫奸所获奸,登时将奸妇杀死,奸夫当时脱逃,后被拿获到官,审明奸情是实,奸夫供认不讳者,将奸夫拟绞监候,本夫杖八十。若奸所获奸,非登时将奸妇杀死,奸夫到官供认不讳,确有实据者,将奸夫拟杖一百、流三千里,本夫杖一百。其非奸所获奸,或闻奸数日,将奸妇杀死,奸夫到官供认不讳,确有实据者,将本夫照已就拘执而擅杀律拟徒,奸夫杖一百、徒三年。

6.19.285.(2)〔本夫及有服亲擅杀图奸未成罪人〕

一、凡本夫及有服亲属,杀死图奸未成罪人,无论登时、事后,俱照擅杀律拟绞监候。

6.19.285.(3)〔奸妇自杀其夫〕

一、奸妇自杀其夫,奸夫果不知情,止科奸罪。

6.19.285.(4)〔例内不言当官嫁卖之奸妇给夫领回〕

一、本夫捉奸止杀奸夫,案内之奸妇,除本律载明当官嫁卖、身价入官者,仍依律办理外,其余条例内不言当官嫁卖者,均给与本夫及亲属领回,听其去留。

6.19.285.(5)〔亲属相奸奸夫起意或与奸妇同谋杀死本夫〕

一、亲属相奸,罪止杖、徒及律应监候者,如奸夫将本夫杀死,或与奸妇商通谋死者,奸妇依律问拟,奸夫拟斩立决。

6.19.285.(6)〔奸夫临时拒捕〕

一、凡奸夫并无谋杀本夫之心,其因本夫捉奸,奸夫情急拒捕,奸妇已经逃避,或本夫追逐,奸夫已离奸所,拒捕杀死本夫,奸妇并未在场,及虽在场而当时喊救,与事后即行首告,并因别事起衅,与奸无涉者,奸妇仍止科奸罪外,其奸夫临时拒捕,奸妇在场并不喊阻救护,而事后又不首告者,应照奸夫自杀其夫奸妇,虽不知情律拟绞监候。

6.19.285.(7)〔未婚夫杀死奸夫〕

一、凡聘定未婚之妻与人通奸,本夫闻知往捉,将奸夫杀死,审明奸情属实,除已离奸所,非登时杀死不拒捕奸夫者,仍照例拟绞外,其登时杀死,及登时逐至门外杀之者,俱照本夫杀死已就拘执之奸夫引夜无故入人家已就拘执而擅杀律拟徒例拟徒;其虽在奸所捉获,非登时而杀者,即照本夫杀死已就拘执之奸夫满徒例加一等,杖一百、流二千里。如奸夫逞凶拒捕,为本夫格杀,照应捕之人擒拿罪人格斗致死律勿论。

6.19.285.(8)〔奸夫自杀其夫奸妇喊救首告〕

一、凡奸夫自杀其夫,奸妇虽不知情,而当时喊救,与事后即行首告,将奸夫指拿到官，尚有不忍致死其夫之心者，仍照本律定拟，该督抚于疏内声明，法司核拟时夹签请旨。

6.19.285.(9)〔母犯奸子杀奸夫父母忿愧自尽〕

一、凡母犯奸淫，其子实系激于义忿，非奸所登时将奸夫杀死，父母因奸情败露，忿愧自尽者，即照罪人不拒捕而擅杀绞监候本例问拟，不得概拟立决。

6.19.285.(10)〔非应许捉奸之人有杀伤者〕

一、凡非应许捉奸之人有杀伤者，各依谋、故、斗杀伤论。如为本夫本妇及有服亲属纠往捉奸，杀死奸夫暨图奸、强奸未成罪人者，无论是否登时，俱照擅杀罪人律拟绞监候。若止殴伤者，非折伤勿论；折伤以上，仍以斗伤定拟。

6.19.285.(11)〔妇女拒奸杀死奸夫〕

一、凡妇女拒奸杀死奸夫之案，如和奸之后，本妇悔过拒绝，确有证据，后被逼奸，将奸夫杀死者，照擅杀罪人律减一等，杖一百、流三千里。其因贪利与之通奸，后以无力资助，拒殴致死者，或先经和奸，后复与他人通奸情密，因而拒绝殴毙者，仍各依谋、故、斗殴等本律定拟。

6.19.285.(12)〔本夫捉奸杀死奸夫分别治罪〕

一、本夫于奸所登时杀死奸夫者，照律勿论。其有奸夫已离奸所，本夫登时逐至门外杀之者，照不应重律杖八十。若于奸所获奸，非登时而杀，并依夜无故入人家已就拘执而擅杀律，杖一百、徒三年；如捉奸已离奸所，非登时杀死不拒捕奸夫者，照罪人不拒捕及已就拘执而擅杀律拟绞监候。若虽系捕获奸夫，或因他故致毙者，仍以谋、故论。至于已经犯奸有据，又复逞凶拒捕，虽非登时，俱依罪人拒捕科断。

6.19.285.(13)〔奸夫奸妇同谋杀纵奸本夫及纵奸本夫杀死奸夫奸妇〕

一、凡因奸同谋杀死亲夫，除本夫不知奸情，及虽知奸情，而迫于奸夫之强悍，不能报复，并非有心纵容者，奸妇仍照律凌迟处死外，若本夫纵容、抑勒妻妾与人通奸，审有确据，人所共知者，或被妻妾起意谋杀，或奸夫起意，系知情同谋，奸妇皆拟斩立决，奸夫拟斩监候；伤而未死，奸妇拟斩监候，奸夫仍照谋杀人伤而不死律，分别造意、加功与不加功定拟。若奸夫自杀其夫，奸妇果不知情，仍依纵容抑勒本条科断。其纵奸之本夫，因别情将奸夫奸妇一齐杀死，虽于奸所登时，仍依故杀论。若本夫抑勒卖奸，故杀妻者，以凡论。其寻常知情纵容，非本夫起意卖奸，后因索诈不遂，杀死奸妇者，仍依殴妻至死律拟绞监候。

6.19.285.(14)〔妾因奸商同奸夫谋杀正妻〕

一、凡妾因奸商同奸夫谋杀正妻，比照奴仆谋杀家长律凌迟处死；若谋杀伤而不死，或已行而未伤，俱比照奴仆谋杀家长已行不论已伤未伤律拟斩立决。奸夫仍分别曾否起意同谋，各照本例办理。至妾若非因奸起衅，殴、故杀正妻，仍照律科断。

6.19.285.(15)〔本夫本妇有服亲属杀死奸妇〕①

一、本夫本妇之有服亲属捉奸,登时杀死奸妇者,奸夫拟杖一百、流三千里;如非登时而杀,将奸夫杖一百、徒三年。其杀奸之亲属,止杀奸夫,不杀奸妇者,仍依登时、非登时各本例分别定拟,奸妇仍止科奸罪。

6.19.285.(16)〔卑幼图奸有服亲属被尊长杀死〕

一、凡卑幼因图奸有服亲属,被尊长忿激致死,审有确据,无论谋、故,悉照擅杀罪人,各按服制,于殴杀卑幼本律例上减一等定拟。至为从在场帮殴有伤之犯,除系死者有服卑幼,仍照卑幼不得杀尊长之例,依殴故杀尊长本律定拟,法司核拟时,夹签请旨办理外,其余无论凡人、尊长,概照斗杀余人律定拟。

6.19.285.(17)〔奸夫同谋杀死亲夫后复将奸妇并幼小子女拐逃〕

一、凡奸夫起意杀死亲夫之案,除奸妇分别有无知情、同谋,照例办理外,奸夫俱拟斩立决。如奸夫虽未起意,而同谋杀死亲夫之后,复将奸妇拐逃,或为妻妾,或得银嫁卖,并拐逃幼小子女卖与他人为奴婢者,亦均斩决。本夫纵奸者,不用此例。

6.19.285.(18)〔本夫捉奸杀死犯奸有服尊长〕

一、本夫捉奸,杀死犯奸有服尊长之案,除犯时不知,依凡人一例定拟,及止殴伤者,仍予勿论外,若于奸所亲获奸夫奸妇,登时杀死者,或奸所而非登时,及非登时又非奸所,或已就拘执而杀,如系本宗期、功尊长,均照卑幼殴故杀尊长本律拟罪,法司夹签声明。奉旨敕下九卿核拟量从末减者,期亲减为拟斩监候,功服减为杖一百、流三千里。若杀系本宗缌麻及外姻功、缌尊长,亦仍照殴、故本律拟罪,法司于核拟时,随本声明,量减为杖一百、流二千里,恭候钦定。

6.19.285.(19)〔妇女拒奸杀死强奸调奸罪人〕

一、妇女拒奸杀人之案,审有确据,登时杀死者,无论所杀系强奸、调奸罪人,本妇均勿论。若捆缚复殴,或按倒叠殴,杀非登时者,所杀系调奸罪人,即照擅杀罪人律减一等,杖一百、流三千里;所杀系强奸罪人,再减一等,杖一百、徒三年,均照律收赎。

6.19.285.(20)〔本夫本妇有服亲属杀死奸夫及奸妇者〕

一、本夫本妇之伯叔、兄弟及有服亲属,皆许捉奸。如有登时杀死奸夫及奸妇者,并依夜无故入人家已就拘执而擅杀律,杖一百、徒三年,伤者勿论。非登时而杀,依擅杀罪人律拟绞监候。若捕获奸夫,或因他故致毙者,仍以谋、故论。如犯奸有据,奸夫逞凶拒捕,虽非登时,俱依罪人拒捕科断。

6.19.285.(21)〔本夫本妇有服亲属杀死犯奸尊长〕②

一、本夫本妇之有服亲属捉奸,杀死犯奸尊长之案,除犯时不知,依凡人一例定

---

① 咸丰二年(1852)修改。

② 咸丰二年(1852)修改。

拟，及止殴伤者，仍予勿论外，如杀死本宗期、功尊长，无论是否登时，皆照卑幼殴故杀期功尊长本律拟罪，法司夹签声明，奉旨敕下九卿核拟量从末减者，期亲及本宗大功、小功，均减为拟斩监候。若杀系本宗缌麻及外姻功、缌尊长，亦仍照殴故杀本律拟罪，法司于核拟时，如系登时杀死者，亦夹签声明，奉旨敕下九卿核拟，减为杖一百、流三千里；若杀非登时，各依本律核拟，毋庸夹签声明。

6.19.285.(22)〔本夫本妇有服亲属杀死犯奸卑幼〕①

一、本夫本妇之有服亲属捉奸，杀死犯奸卑幼之案，如非登时而杀，无论谋、故，各按服制于殴杀卑幼本律例上减一等；如杀系登时，按其殴杀本罪在满徒以上者，即于捉奸杀死凡人满徒上减一等；如殴杀本罪亦止满徒，应递减二等定拟。

6.19.285.(23)〔本夫本妇之祖父母父母捉奸杀死奸夫及止杀奸妇〕

一、凡本夫本妇之祖父母、父母，如有捉奸杀死奸夫者，其应拟罪名，悉与本夫同科；若止杀奸妇者，不必科以罪名。倘被杀奸夫，系有服尊长，仍按本律拟罪，亦照本夫之例，一体夹签声明，分别递减。

6.19.285.(24)〔本夫及亲属捉奸误杀旁人〕

一、本夫登时捉奸，误杀旁人，奸夫当时脱逃者，除本夫照误杀旁人律拟绞候外，将奸夫杖一百、流三千里。其亲属捉奸，误杀旁人，照误杀律科断，奸夫止科奸罪。

6.19.285.(25)〔因奸谋杀本夫为从加功之人〕

一、因奸谋杀本夫之案，除奸妇及起意之奸夫，照例办理外，其为从加功之人，如亦系奸夫，仍拟斩监候；若系平人，照凡人谋杀加功律拟绞监候。

6.19.285.(26)〔拒奸杀死夫之有服尊长〕

一、有服尊长强奸卑幼之妇未成，被本夫本妇忿激至毙，系本宗期、功卑幼，罪应斩决者，无论登时、事后，均照殴死尊长情轻之例，夹签声明；如系本宗缌麻、外姻功缌卑幼，除事后殴毙，仍照殴故杀尊长本律问拟斩候外，若登时忿激至毙，定案时依律问拟，法司核拟，随案减为杖一百、流三千里。

6.19.285.(27)〔本夫及有服亲属杀奸之案登时及非登时之分〕

一、凡本夫及有服亲属杀奸之案，如奸所获奸，忿激即时殴毙者，以登时论；若非奸所而捕殴致毙，及虽在奸所而非即时殴毙，或捆殴致毙者，俱以非登时论。

6.19.285.(28)〔男子拒奸杀人〕

一、男子拒奸杀人，如死者年长凶犯十岁以外，而又当场供证确凿，及死者生供足据，或尸亲供认可凭，三项兼备，无论谋、故、斗杀，凶犯年在十五岁以下，杀系登时者勿论；非登时而杀，杖一百，照律收赎。年在十六岁以上，登时杀死者，杖一百、徒三年；非登时而杀，杖一百、流三千里。至死者虽无生供，而年长凶犯十岁以外，确系拒奸起衅，别无他故，或年长凶犯虽不及十岁，而拒奸供证确凿，及死者生供足据，或

---

① 咸丰二年(1852)修改。

尸亲供认可凭,三项中有一于此,凶犯年在十五岁以下,登时杀死者,杖一百、徒三年;非登时而杀,杖一百、流三千里,俱依律收赎。年在十六岁以上,无论登时与否,均照擅杀罪人律拟绞监候。如死者与凶犯年岁相当,或仅大三五岁,审系因他故致毙人命,捏供拒奸狡饰者,仍分别谋、故、斗杀,各照本律定拟,秋审实、缓,亦照常办理。若供系拒奸,并无证佐及死者生供,审无起衅别情,仍按谋、故、斗杀各本律定拟,秋审俱入于缓决。至先被鸡奸,后经悔过拒绝,确有证据,复被逼奸,将奸匪杀死者,无论谋、故、斗杀,不问凶犯与死者年岁若干,悉照擅杀罪人律拟绞监候。其因他故致毙者,仍依谋、故、斗杀各本律问拟。

6.19.285.(29)〔童养未婚之妻与人奸通照已婚妻例〕

一、凡童养未婚之妻,与人通奸,本夫及夫之祖父母、父母并有服亲属捉奸,杀死奸夫奸妇者,均照已婚妻例问拟。

6.19.285.(30)〔本夫捉奸杀死犯奸有服卑幼之案〕

一、本夫捉奸,杀死犯奸有服卑幼之案,除犯奸卑幼罪犯应死,或卑幼犯奸罪不应死,而杀系奸所登时者,均予勿论外,如卑幼犯奸罪不至死,本夫于奸所获奸,非登时而杀者,于常人满徒上减二等,杖八十、徒二年。如捉奸已离奸所,非登时而杀者,于常人绞候上减二等,杖一百、徒三年;若按其殴杀卑幼本罪止应拟流者,应再减一等。

6.19.285.(31)〔本夫杀奸后奸妇自尽减等治罪〕

一、妇女被人调戏,或与人通奸,其本夫及有服亲属,擅杀调戏罪人及奸夫,应拟绞抵者,如本妇、奸妇畏累自尽,将擅杀之犯减一等,杖一百、流三千里。

6.19.285.(32)〔有服尊长强奸卑幼之妇未成被本夫本妇致毙〕

一、有服尊长强奸卑幼之妇未成,被本夫本妇有服亲属,登时忿激致毙,系缌麻卑幼,定案时依律问拟,法司核拟夹签声明,奉旨敕下九卿核拟,减为杖一百、发近边充军;若杀非登时,仍照殴故杀本律问拟,毋庸夹鉴声请。如系期、功卑幼,无论是否登时,各按服制拟罪,夹签声明,奉旨敕下九卿核拟,减为拟斩监候。

6.19.285.(33)〔奸夫起意商同奸妇谋杀本夫及期尊〕

一、奸夫起意商同奸妇谋杀本夫,复杀死奸妇期亲以上尊长者,奸妇仍照律凌迟处死外,奸夫拟斩立决、枭示。如奸夫听从奸妇,并纠其子谋杀本夫,陷人母子均罹寸磔者,奸夫拟斩立决;若系奸夫起意,加拟枭示。

6.19.285.(34)〔与人聘定未婚妻通奸起意杀死其夫者分别治罪〕

一、与人聘定未婚之妻通奸,起意杀死其夫者,照奸夫起意杀死亲夫例拟斩立决;如系为从同谋,仍照同谋杀死亲夫律拟斩监候。若奸夫虽未起意,而同谋杀死来婚夫之后,复将奸妇娶为妻妾,或拐逃嫁卖者,亦照例斩决。

6.19.285.(35)〔聘定及童养未婚妻因奸起意杀死本夫分别治罪〕

一、聘定未婚妻,因奸起意杀死本夫,应照妻妾因奸同谋杀死亲夫律凌迟处死;

如并未起意，但知情同谋者，即于凌迟处死律上量减为斩立决。若奸夫自杀其夫，未婚妻果不知情，即于奸妇不知情绞监候律上减为杖一百、流三千里。倘实有不忍致死其夫之心，事由奸妇破案者，再于流罪上减为杖一百、徒三年。至童养未婚妻，因奸谋杀本夫，应悉照谋杀亲夫各本律定拟。

6.19.285.(36)〔本夫杀死强奸未成罪人分别治罪〕

一、本夫杀死强奸未成罪人，如系登时忿激致毙者，即照本夫奸所登时杀死奸夫例勿论；若追逐殴打致毙，及虽在登时，系捆殴致毙者，即照奸所获奸非登时而杀例杖一百、徒三年；系事后寻殴致毙者，仍照擅杀罪人律拟绞监候。

6.19.286 谋杀故夫父母

6.19.286.1 凡改嫁妻妾谋杀故夫之祖父母、父母者，并与谋杀见奉舅姑罪同。若妻妾被出，不用此律。若舅姑谋杀已故子孙改嫁妻妾，依故杀律，已行，减二等；已伤，减一等。若奴婢不言雇工人，举重以见义。谋杀旧家长者，以凡人论。谓将自己奴婢转卖他人者，皆同凡人论。余条准此。赎身奴婢，主仆恩义犹存，如有谋杀旧家长者，仍依谋杀家长律科断。

6.19.287 杀一家三人

6.19.287.1 凡杀谓谋杀、故杀、放火行盗而杀。一家谓同居，虽奴婢、雇工人皆是；或不同居，果系本宗五服至亲亦是。非实犯死罪三人，及支解活人者，但一人即坐，虽有罪亦坐，不必非死罪三人也。为首之人，凌迟处死，财产断付死者之家，妻、子不言女，不在缘坐之限。流二千里；为从加功者，斩。财产、妻、子，不在断付、应流之限。不加功者，依谋杀人律减等。○6.19.287.2若将一家三人，先后杀死，则通论。若本谋杀一人，而行者杀三人，不行之人，造意者斩；非造意者，以从者不行，减行者一等论，仍以临时主意杀三人者为首。

条　例

6.19.287.(1)〔犯杀一家非死罪三人及支解人为首监故者〕

一、凡杀一家非死罪三人，及支解人，为首监故者，将财产断付被杀之家，仍锉碎死尸，枭首示众。

6.19.287.(2)〔无心支解但图灭迹及本欲支解杀讫随行〕

一、支解人，如殴杀、故杀人后，欲求避罪，割碎死尸，弃置埋没，原无支解之心，各以殴、故杀论。若本欲支解其人，行凶时势力不遂，乃先杀讫，随又支解，恶状昭著者，以支解论。俱奏请定夺。

6.19.287.(3)〔杀死功缌卑幼一家非死罪二命者〕

一、杀死功服、缌麻卑幼一家非死罪二命者，俱问拟绞决，奏请定夺。仍查明该犯财产，酌断一半给付死者之家。

6.19.287.(4)〔为父报仇杀一家三命分别是否一家及命数定拟〕

一、为父报仇，除因忿逞凶，临时连杀一家三命者，仍照律例定拟外，如起意将杀父之人杀死后，被死者家属经见，虑其报官，复行杀害，致杀一家三命以上者，必究明报仇情节，杀非同时，与临时逞凶连毙数命者有间，将该犯拟斩立决，妻、子免其缘坐。

6.19.287.(5)〔杀一家三命以上凶犯〕

一、凡杀一家三命以上凶犯,审明后依律定罪,一面奏闻,一面恭请王命,先行正法。

6.19.287.(6)〔聚众共殴死一家三命及以上并斗杀之案殴死一家二命三命〕

一、聚众共殴,原无必杀之心,而殴死一家三命,及三命以上者,将率先聚众之人不问共殴与否,拟斩立决;为从下手伤重至死者,拟绞监候。其共殴致死一家二命者,将率先聚众之人,不问共殴与否,拟绞立决;为从下手伤重至死者,拟绞监候。若斗杀之案,殴死一家三命,及三命以上者,拟斩立决;殴死一家二命,或三命而非一家者,拟绞立决。

6.19.287.(7)〔杀一家非死罪二人〕

一、凡杀一家非死罪二人,及杀三人而非一家,内二人仍系一家者,拟斩立决、枭示,酌断财产一半,给被杀二命之家养赡。倘本犯监故,财产仍行断给。如致死一家二命,系一故一斗者,及杀三人而非一家者,与本欲谋杀一人而行者杀三人案内造意不行之犯,俱拟斩立决,奏请定夺,毋庸断给财产。

6.19.287.(8)〔本宗及外姻尊长杀有服卑幼一家主仆雇工非死罪三人〕

一、本宗及外姻尊长,杀缌麻、小功、大功卑幼一家非死罪主、仆、雇工三人者,俱斩决。杀期服卑幼一家主、仆、雇工三人者,绞决;若三人内有功服、缌麻卑幼者,仍从杀死功服缌麻卑幼三人斩决。至杀死一家三命,分均卑幼,内有一人按服制律应同凡论者,斩决、枭示。如谋占财产,图袭官职,杀期服卑幼一家三人者,斩决;杀大功、小功、缌麻卑幼一家三人者,凌迟处死。仍各将犯人财产,断付被杀之家。

6.19.287.(9)〔谋故殴杀缌麻尊长一家二命〕

一、凡谋、故杀缌麻尊长一家二命者,斩决、枭示。殴死缌麻尊长一家二命者,拟斩立决。

6.19.287.(10)〔家长杀奴仆非死罪三人及杀期亲功缌及族中奴仆一家三人〕

一、家长杀奴仆非死罪三人者,官员、旗人发黑龙江当差;民人,发驻防给官员兵丁为奴,被杀人父母妻子,悉放为民。若杀期亲奴仆一家三人者,绞候;杀内外大功、小功、缌麻及族中奴仆一家三人者,俱斩候。

6.19.287.(11)〔为奴遣犯杀死管主一家三人及以上〕

一、凡发遣当差为奴之犯,杀死伊管主一家三人,并三人以上者,除正犯凌迟处死外,其知情之子孙,拟斩立决;不知情者,拟斩监候。若子孙年未及岁,并凶犯之妻妾,俱发驻防给官员兵丁为奴。

6.19.287.(12)〔谋故杀人误杀旁人二三命分别是否临时逞凶治罪〕

一、凡谋、故杀人,而误杀旁人二、三命,除非一家者,仍从一科断,照故杀本律拟斩监候外,如系一家二命,拟以斩决,免其枭示;三命以上,拟以斩枭,俱毋庸酌断财产。

6.19.287.(13)〔杀一家非死罪三四命以上凶犯之子分别其及年并死者绝嗣与否问拟〕

一、杀一家非死罪三四命以上者，凶犯依律凌迟处死。凶犯之子，除同谋加功，及有别项情罪者，仍照本律定拟外，其实无同谋加功，查明被杀之家未至绝嗣者，凶犯之子，年在十六岁以上，改发极边足四千里安置；年在十五岁以下，与凶犯之妻女，俱改发附近充军地方安置。若被杀之家实系绝嗣，将凶犯之子年未及岁者，送交内务府阉割，奏明请旨分赏；十六岁以上者，仍照前例发极边足四千里安置。如未至绝嗣，案内凶犯之妻已故，其年在十五岁以下之子，暂行监禁，俟成丁时再行发配。女已许嫁者，照律归其夫家，不必缘坐。若凶犯之妻已故，其女年在十五以下者，给其亲属领回，不必发配。

6.19.287.(14)〔罪止绞候命犯杀人后支解尸体〕

一、凡谋、故、斗殴杀人，罪止斩、绞监候之犯，若于杀人后挟忿逞凶，将尸头、四肢全行割落，及剖腹取脏掷弃者，俱各照本律例拟罪，请旨即行正法。

6.19.287.(15)〔谋杀人而误杀其人之祖父母父母妻女子孙一家二命及三命以上〕

一、谋杀人，而误杀其人之祖父母、父母、妻女、子孙，一家二命及三命以上，除首犯仍照误杀旁人一家二命及三命以上本律，分别问拟斩决、斩枭外，其为从下手，伤重致死，及知情买药者，如误杀一家二命，及三命而非一家者，发往新疆当差；三命以上，发往新疆给官兵为奴。

6.19.287.(16)〔罪应斩决命犯情节凶残者〕

一、杀死人命罪干斩决之犯，如有将尸身支解，情节凶残者，加拟枭示。

6.19.287.(17)〔杀同主雇工复杀死雇主至三命〕

一、凡杀死同主雇工，复杀死雇主，至三命者，如内有雇主二命，仍分别有无主仆名分，各照凡人谋、故、斗杀一家二命及杀死家长本律本例问拟。若杀死同主雇工及雇主各一命者，不得以一家二命论，仍从一科断。

6.19.288 采生折割人

6.19.288.1 凡采生折割人者，兼已杀及已伤言。首凌迟处死，财产断付死者之家，妻、子及同居家口，虽不知情，并流二千里安置；采生折割人是一事，谓取生人耳目、脏腑之类，而折割其肢体也。此与支解事同，但支解者止欲杀其人而已，此则杀人而为妖术以惑人，故又特重之。为从加功者，斩。财产、家口不在断付、应流之限。不加功者，依谋杀人律减等。若已行而未曾伤人者，首亦斩，妻、子流二千里；财产及同居家口，不在断付、应流之限。为从加功者，杖一百、流三千里。不加功者，亦减一等。里长知而不举者，杖一百，不知者不坐。告获者，官给赏银二十两。

条例

6.19.288.(1)〔采生折割等人亲属首告〕

一、凡采生折割等人，如有亲属首告，或捕送到官，已行者，正犯不免，其缘坐之妻、子及同居家口，得同自首律免罪。

6.19.289 造畜蛊毒杀人

6.19.289.1 凡置造藏畜蛊毒，堪以杀人，及教令人造畜者，并坐斩。不必用以杀人。○6.19.289.2 造畜者，不问已未杀人，财产入官，妻、子及同居家口，虽不知情，并流二千里安置。教令者之财产、妻、子等，不在此限。若以蛊毒毒同居人，其被毒之人父母、妻妾、子孙，不知造蛊情者，不在流远之限。若系知情，虽被毒仍缘坐。若里长知而不举者，各杖一百，不知者不坐。告获者，官给赏银二十两。○6.19.289.3 若造魇魅、符书咒诅，欲以杀人者，凡人子孙、奴婢、工人，雇尊长、卑幼，各以谋杀已行未伤论；因而致死者，各依本谋杀法。欲止令人疾苦无杀人之心者，减谋杀已行未伤二等。其子孙于祖父母、父母，不言妻妾于夫之祖父母、父母，举子孙以见义。奴婢、雇工人于家长者，各不减。仍以谋杀已行论斩。○6.19.289.4 若用毒药杀人者，斩。监候。或药而不死，依谋杀已伤律，绞。买而未用者，杖一百、徒三年。知情卖药者，与犯人同罪，至死减等。不知者，不坐。

条　例

6.19.289.(1)〔铺户人等混卖砒霜信石〕

一、诸色铺户人等，货卖砒霜、信石，审系知情故卖者，仍照律与犯同罪外，若不究明来历，但贪利混卖，致成人命者，虽不知情，亦将货卖之人，照不应重律杖八十。

6.19.289.(2)〔以毒药毒鼠毒兽误毙人命以置毒处所分别科断〕

一、凡以毒药毒鼠毒兽误毙人命之案，如置药饵之处，人所罕到，或置放喂食牲畜处所，不期杀人，实系耳目、思虑所不及者，依过失杀人律收赎；若在人常经过处所置放，因而杀人者，依无故向有人居止宅舍放弹射箭律杖一百、流三千里，仍追给埋葬银一十两。

6.19.290 斗殴及故杀人 独殴曰殴，有从为同谋共殴。临时有意欲杀，非人所知曰故。共殴者惟不及知，仍只为同谋共殴。此故杀所以与殴同条，而与谋有分。

6.19.290.1 凡斗殴杀人者，不问手足、他物、金刃，并绞。监候。○6.19.290.2 故杀者，斩。监候。○6.19.290.3 若同谋共殴人，因而致死者，以致命伤为重，下手致命伤重者，绞；监候。原谋者，不问共殴与否，杖一百、流三千里；余人，不曾下手致命，又非原谋，各杖一百。各，兼人数多寡及伤之轻重言。

条　例

6.19.290.(1)〔同谋共殴人被纠之人殴死其所欲谋殴之人亲属或旁人者〕

一、凡同谋共殴人致死，如被纠之人，殴死其所欲谋殴之父母、兄弟、妻女、子孙及有服亲属者，除下手致死之犯，各按本律例拟抵外，其起意纠殴之犯，不问共殴与否，仍照原谋律杖一百、流三千里。如殴死非其所欲谋殴之人，亦非所欲谋殴之父母、兄弟、妻女、子孙及有服亲属，将起意纠殴之犯，不问共殴与否，照原谋律减一等，杖一百、徒三年。

6.19.290.(2)〔共殴案内原谋及助殴重伤之人监毙病故其下手应拟抵人犯减等〕

一、凡审共殴案内，下手应拟绞抵人犯，果于未经到官之前，遇有原谋及共殴余人内，殴有致死重伤之人，实因本案畏罪自尽，及到官以后、未结之前，监毙在狱，与解审中途因而病故者，准其抵命，将下手应绞之人，减等拟流。若系配发事结之后身故，及事前在家病亡，或因他故自尽，与本案全无干涉者，不得滥引此例，仍将下手之人，依律拟抵。

6.19.290.(3)〔两人共殴人致死分别部位以致命论抵〕

一、凡审理命案，一人独殴人致死，无论致命不致命，皆拟抵偿。若两人共殴人致死，则以顶心、囟门、太阳穴、耳窍、咽喉、胸膛、两乳、心坎、肚腹、脐肚、两胁、肾囊、脑后、耳根、脊背、脊膂、两后胁、腰眼，并顶心之偏左偏右、额颅、额角为致命论抵。

6.19.290.(4)〔同谋共殴人伤皆致命分别以后下手重伤重或原谋拟抵〕

一、凡同谋共殴人伤皆致命，如当时身死，则以后下手重者当其重罪；若当时未死，而过后身死者，当究明何伤致死，以伤重者坐罪。若原谋共殴，亦有致命重伤，以原谋为首；如致命伤轻，则以殴有致命重伤之人拟抵，原谋仍照律拟流。至乱殴不知先后、轻重者，有原谋，则坐原谋为首；无原谋，则坐初斗者为首。

6.19.290.(5)〔文武生员乡绅土豪棍徒依势逞凶武断乡曲及殴人致死〕

一、文武生员、乡绅，及一切土豪势恶、无赖棍徒，除谋、故杀人，及戏杀、误杀、过失杀、斗殴杀伤人者，仍照律治罪外，如有倚仗衣顶及势力，武断乡曲，或凭空诈赖，逞凶横行，欺压平民，其人不敢与争，旁人不敢劝阻，将人殴打至死者，拟斩监候。若受害人有杀伤者，以擅杀伤罪人律科断。

6.19.290.(6)〔约伙寻衅及与人斗殴报复迁怒殴毙人父母〕

一、凡凶徒好斗生事，见他人斗殴，与已毫无干涉，辄敢约伙寻衅，迁怒于其父母，毒殴致毙者，照光棍例分别首从治罪。其本身与人斗殴之后，仍寻殴报复，而迁怒于其父母，毒殴致毙者，拟斩监候。

6.19.290.(7)〔死罪监候人犯在监行凶致死人命〕

一、凡犯死罪监候人犯，在监复行凶致死人命者，照前后所犯斩、绞罪名，从重拟以立决。

6.19.290.(8)〔因斗擅将鸟枪竹铳杀人者〕

一、因争斗擅将鸟枪、竹铳施放杀人者，以故杀论；伤人者，旗人发宁古塔等处，民人发云贵两广烟瘴少轻地方充军。

6.19.290.(9)〔同谋共殴致死二命非一家者原谋监途病故自尽其下手应绞之犯减等〕

一、同谋共殴，致毙二命非一家者，原谋从一科断，拟以满流。如原谋在监在途病故，及因本案畏罪自尽，准其抵命，将下手应绞之犯，一体减等拟流。若致毙非一家三四命以上者，原谋照例按致死人数以次加等问拟，下手致死之犯，均各照例拟抵;如原谋在监在途病故,及畏罪自尽者,下手之犯均各照例拟抵,不准减等。

6.19.290.(10)〔帮殴余人审系持枪刀伤人〕

一、凡同谋共殴人,除下手致命伤重者,依律处绞外,其共殴之人,审系执持枪刀等项凶器伤人者,发近边充军。

6.19.290.(11)〔实系造意首祸方以原谋拟流〕

一、凡同谋共殴人犯,除下手者拟绞外,必实系造意首祸之人,方以原谋拟流。其但曾与谋而未造意者,毋得概拟流罪。

6.19.290.(12)〔纠众至五人以上互殴致毙案内余人持械伤人〕

一、凡纠众互殴,致毙二三命以上案内,执持金刃器械伤人之余人,除实系被纠之人,及纠众不及五人者,仍依各本例问拟外,如有辗转纠人,数至五人以上者,无论其曾否伤人,即照原谋律杖一百、流三千里。如系凶器伤人,仍照本例拟军。若猝遇在场帮护,审非预纠械斗,及互斗止毙一命之余人,有执持凶器及金刃伤人者,各照凶器金刃伤人本律本例定拟,其余仍照余人科断。

6.19.290.(13)〔两家互殴各毙一命各系凶手本宗服亲其应抵人犯免死减等〕

一、凡两家互殴致毙人命,除尊卑服制,及死者多寡不同,或故杀、斗杀,情罪不等,仍照本律定拟外,其两家各毙一命,果各系凶手本宗有服亲属,将应拟抵人犯均免死,减等发近边充军。若原殴伤轻不至于死,越十日后因风身死,及保辜正限外余限内身死者,于军罪上再减一等,杖一百、徒三年。如有服亲属内,有一不同居共财者,各于犯人名下,追银二十两,给付死者之家。若两家凶手,与死者,均系同居亲属,毋庸追埋。

6.19.290.(14)〔两家互殴致死一命其死者亲属当时殴死正凶者分别有无服定拟〕

一、凡两家互殴致死一命,其律应拟抵之正凶,当时被死者无服亲属殴死,将殴死凶手之人杖一百、流三千里;如被死者有服亲属殴死,再减一等,杖一百、徒三年。仍各追埋葬银二十两,给付被杀凶手之家。

6.19.290.(15)〔凶犯立毙救护父母之幼孩〕

一、十岁以下幼孩,因救护父母,被凶犯立时毙命者,照谋杀十岁以下幼孩例拟斩立决。

6.19.290.(16)〔共殴致毙其余谋故杀人等案悉应拟抵不得率请减等〕

一、共殴之案,除致毙一二命,遇有原谋及助殴伤重之余人监毙在狱,与解审中途病故,或因本案畏罪自尽,仍照例准其抵命,将下手应绞之犯减等拟流外,其余谋、故杀人,火器杀人,威力主使制缚,并有关尊长尊属服制之案,悉照本律本例拟抵,不得率请减等。

6.19.290.(17)〔广东等六省纠众互殴之案纠众至一二十人以上致毙彼造多命者〕

一、广东、福建、广西、江西、湖南、浙江等六省纠众互殴之案,除寻常共殴、谋殴,虽人数众多,并非械斗,及台湾械斗之案,仍各照旧例办理外,如审系预先敛费,约期械斗仇杀，纠众至一二十人以上，致毙彼造四命以上者，主谋纠斗之首犯拟绞立决；三十人以上，致毙彼造四命以上，或不及三十人，而致毙彼造十命以上，首犯拟斩立决；四十人以上，致毙彼造十命以上，或不及四十人，而致毙彼造二十命以上，首犯拟斩立决、枭示。如所纠人数虽多，致毙彼造一命者，首犯发极边足四千里充军；二命者，实发云贵两广极边烟瘴充军；三命者，发遣新疆给官兵为奴。若致毙彼造一家二三命，主谋纠斗之首犯，例应分别问拟斩、绞立决者，各从其重者论。其随从下手伤重致死，应行拟抵者，均各依本律例拟抵；伤人及未伤人者，亦各按本律例分别治罪。至彼造仓猝邀人抵御，并非有心械斗者，仍照共殴本例科罪。地方官不将主谋首犯，审出究办，及有心回护，将械斗之案，分案办理，该督抚严参，照官司出入人罪例议处治罪。

6.19.290.(18)〔广东福建二省械斗案内如有贿买顶凶构衅械斗者〕

一、广东、福建二省械斗案内，如有将宗祠田谷贿买顶凶，构衅械斗者，于审明后，除主谋买凶之犯严究定拟外，查明该族祠产，酌留祀田数十亩，以资祭费，其余田亩及所存银钱，按族支分散。若族长、乡约不能指出敛财买凶之人者，族长照共殴原谋例拟以杖流，按致死人数，每一人加一等，罪止发遣新疆为奴；乡约于杖六十、徒一年上，每一人加一等，罪止杖一百、徒三年。

6.19.290.(19)〔广东省纠众谋殴致毙人命之案纠往之人但被彼造致毙者〕

一、广东省纠众谋殴，致毙人命之案，原谋应按致毙彼造人数，分别照例治罪。倘纠往之人，但被彼造致毙者，无论死者人数多寡，及彼造有无原谋，将此造起意纠往之人，照沿江滨海持枪执棍混行斗殴首犯杖流例，拟杖一百、流三千里。

6.19.290.(20)〔斗殴之案被殴之人追赶或互扭后凶犯闪避失跌身死〕①

一、凡斗殴之案，除追殴致被追之人失跌身死，并先殴伤人，致被殴之人回扑失跌身死，及虽未殴伤人，因被揪扭挣脱，致令跌毙者，均仍照律拟绞外，如殴伤人后跑走，被殴之人追赶，自行失跌身死，及彼此揪扭，于松放之后，复自行向人扑殴，因凶犯闪避失跌身死者，均于斗杀绞监候律上减一等，杖一百、流三千里。若仅止口角骂詈，并无揪扭情事，因向人赶殴，自行失跌身死，及被死者扑殴闪避，致令自行失跌身死者，均照不应重律拟杖八十。

6.19.291 屏去人服食

6.19.291.1 凡以他物一应能伤人之物。置人耳、鼻及孔窍中，若故屏去人服用饮食之物，而伤人者，不问伤之轻重，杖八十；谓寒月脱去人衣服，饥渴之人绝其饮食，登高、乘马私去梯、辔之类。致成残、废疾者，杖一百、徒三年；令至笃疾者，杖一百、流三千里，将犯人财产一半给付笃疾之人养赡；至死者，绞。监候。○6.19.291.2 若故用蛇蝎毒蛊咬伤人者，以斗殴伤论；验伤之轻重。如轻则笞四十，至笃疾亦给财产。因而致死者，斩。监候。

---

① 同治九年(1870)续纂。

[6.19.292]戏杀误杀过失杀伤人

[6.19.292.1]凡因戏以堪杀人之事为戏,如比较拳棒之类。而杀伤人,及因斗殴而误杀伤旁人者,各以斗杀伤论。死者并绞,伤者验轻重坐罪。其谋杀、故杀人而误杀旁人者,以故杀论。死者处斩。不言伤,仍以斗殴论。○[6.19.292.2]若知津河水深泥淖而诈称平浅,及桥梁、渡船朽漏不堪渡人而诈称牢固,诓令人过渡,以致陷溺死伤者,与戏杀相等。亦以斗杀伤论。○[6.19.292.3]若过失杀伤人者,较戏杀愈轻。各准斗杀伤罪,依律收赎,给付其被杀伤之家。过失,谓耳目所不及、思虑所不到。如弹射禽兽,因事投掷砖瓦,不期而杀人者;或因升高险足有蹉跌,累及同伴;或驾船使风、乘马惊走、驰车下坡,势不能止;或共举重物,力不能制,损及同举物者。凡初无害人之意,而偶致杀伤人者,皆准斗殴杀伤人罪,依律收赎,给付被杀、被伤之家,以为营葬及医药之资。

条　例

[6.19.292.(1)]〔应偿命罪囚遇赦追银给被杀家属〕

一、应该偿命罪囚,遇蒙赦宥,俱追银二十两,给付被杀家属。如果十分贫难者,量追一半。

[6.19.292.(2)]〔过失杀人绞罪收赎银数〕

一、收赎过失杀人绞罪,与被杀之家营葬,折银十二两四钱二分。其过失伤人收赎银两数目,另载图内。

[6.19.292.(3)]〔捕役拿贼误杀无干之人〕

一、凡捕役拿贼,与贼格斗,而误杀无干之人者,仍照过失杀人律,于犯人名下,追银十二两四钱二分,给付死者之家。

[6.19.292.(4)]〔因戏而误杀旁人〕

一、凡因戏而误杀旁人者,以戏杀论,拟绞监候。

[6.19.292.(5)]〔疯人容隐不报不行看守以致自杀及杀人者〕

一、疯病之人,其亲属、邻佑人等容隐不报,不行看守,以致疯病之人自杀者,照不应重律杖八十;致杀他人者,照知人谋害他人不即阻挡首报律杖一百。如亲属、邻佑人等已经报明,而该管官不严饬看守,以致自杀,及致杀他人者,俱交部议处。

[6.19.292.(6)]〔追给各项埋葬银两〕

一、凡各项埋葬银两,地方官照数追给,取具嫡属收领,然后将该犯释放,报部存案。若不给付,该犯系管押者仍管押,系监禁者仍监禁,勒限追给。如捏称给付,将本犯释放者,告发之日,本犯不准援免,地方官一并从重议处。

[6.19.292.(7)]〔命案死罪人犯奏准赎罪者〕

一、命案内死罪人犯,有奏准赎罪者,追埋葬银四十两,给尸亲收领。

[6.19.292.(8)]〔疯人报官锁禁其曾杀人之犯分别锁锢及取供定拟〕①

一、疯病之人,如家有严密房屋可以锁锢,的当亲属可以管束,及妇女患疯者,俱

---

① 咸丰二年(1852)修改。

报官交与亲属看守，令地方官亲发锁拷，严行封锢。如亲属锁禁不严，致有杀人者，将亲属照例严加治罪。如果痊愈不发，报官验明，取具族长、地邻甘结，始准开放。如不行报官，及私启锁封者，照例治罪。若并无亲属，又无房屋者，即于报官之日，令该管官验讯明确，将疯病之人，严加锁锢监禁，具详立案。如果监禁之后，疯病并不举发，俟数年后诊验情形，再行酌量，详请开释，领回防范。若曾经杀人之犯，到案始终疯迷，不能取供者，即行严加锁锢监禁，不必追取收赎银两。如二三年内偶有病愈者，令该地方官讯取供招，出结转详，照复审供吐明晰之犯，依斗杀律拟绞监候，入于秋审缓决。遇有查办死罪减等恩旨，与复审供吐明晰之犯，一体查办。如不痊愈，即永远锁锢，虽遇恩旨，不准查办。若锁禁不严，以致扰累狱囚者，将管狱、有狱官严加参处，狱卒照例严加治罪。地方官遇有疯病杀人之案，呈报到官，务取被杀之事主切实供词，并取邻佑、地方确实供结，该管官详加验讯。如有假疯妄报，除凶犯即行按律治罪外，将知情捏报之地方、邻佑、亲属人等，照隐匿罪人知情者，减罪人一等律问拟。

6.19.292.(9)〔围场内射兽兵丁因射兽而伤平人者〕

一、围场内射兽兵丁，因射兽而伤平人致死者，照比较拳棒戏杀律拟绞监候，仍追银给付死者之家。如系前锋、护军、亲军、领催及甲兵等，追给银一百两；系跟役，追给银五十两。若伤而未死，前锋等项及甲兵，头等伤者将本犯鞭一百、罚银四十两，二等伤者鞭八十、罚银三十两，三等伤者鞭七十、罚银二十两；如系跟役，所罚银数各减十两，给与被伤之人。

6.19.292.(10)〔深山旷野捕猎施放枪箭不期杀人〕

一、凡民人于深山旷野捕猎，施放枪箭，打射禽兽，不期杀人者，比照捕户于深山旷野安置窝弓不立望竿因而伤人致死律，杖一百、徒三年。若向城市及有人居止宅舍，施放枪箭，打射禽兽，不期杀伤人者，仍依弓箭杀伤人本律科断。各追埋葬银一十两，给与死者之家。

6.19.292.(11)〔过失杀人应追银两力不能交〕

一、凡过失杀人，应追埋葬银两之犯，如有力不能交，咨请豁免者，免其着追，将该犯照不应重律杖责发落。

6.19.292.(12)〔疯病杀人分别留养承祀〕

一、疯犯杀人，永远锁锢。若亲老丁单，例应留养承祀者，如病果痊愈，令地方官诊验明确，加结具题核释。仍责成地方官，饬交犯属领回，严加防范。倘复病发滋事，亲属照例治罪，本犯永远监禁，不准释放；出结之地方官，照例议处。

6.19.292.(13)〔疯病杀人致毙平人非一家二命者〕①

一、疯病杀人，除平人一命，仍照例分别办理外，若致毙平人非一家二命者，拟绞

① 同治九年(1870)修改。

监候,秋审酌入缓决。其连杀平人非一家三命以上,及杀死一家二命者,均拟绞监候;杀死一家三命以上者,拟斩监候,秋审俱入于情实。倘审系装捏疯迷,仍按谋、故、斗杀一家二三命各本律例问拟。

6.19.292.(14)〔因殴及谋杀子而误杀伤旁人及有服卑幼〕

一、凡因殴子而误伤旁人致死者,杖一百、流三千里。因谋杀子而误杀旁人,发近边充军。其因殴子及谋杀子而误杀有服卑幼者,各于殴、故杀卑幼本律上减一等。若误杀有服尊长者,仍依殴、故杀尊长及误杀尊长各本律本例问拟。

6.19.292.(15)〔疯病杀人之犯复审供吐明晰准拟斗杀〕

一、凡疯病杀人之案,总以先经报官有案为据。如诊验该犯始终疯病,语无伦次者,仍照定例永远锁锢。若因一时陡患疯病,猝不及报,以致杀人,旋经痊愈,或到案时虽验系疯迷,迨复审时供吐明晰者,该州县官审明,即讯取尸亲切实甘结,叙详咨部,方准拟以斗杀。如无报案,又无尸亲切结,即确究实情,仍按谋、故各本律定拟。至所杀系有服卑幼罪不至死者,不得以病已痊愈,即行发配,仍依疯病杀人例永远锁锢。

6.19.292.(16)〔谋杀人致下手之犯误杀他人〕

一、谋杀人以致下手之犯误杀旁人,将造意之犯拟斩监候;下手伤重致死,及知情买药者,杖一百、流三千里;余人杖一百。若执持凶器,伤罪重于满流者,从其重者论。如下手之犯另挟他嫌,乘机杀害,并非失误者,审实,将下手之犯,照谋杀人本律拟斩监候;其造意之犯,照谋杀人未伤律拟徒。

6.19.292.(17)〔疯病杀人问拟死罪免勾永远监禁之犯病愈遇有恩旨例得查办释放〕

一、疯病杀人,问拟死罪,免勾永远监禁之犯,病愈后遇有恩旨,例得查办释放者,除所杀系平人,仍照旧办理外,若卑幼致死尊长及妻致死夫,关系服制者,仍永远监禁,不准释放。

6.19.292.(18)〔疯病杀人缓决人犯监禁五年后不发题请留养承祀〕①

一、凡疯病杀人,问拟斩、绞监候之犯,除死系期、功尊长尊属,并连毙平人一家二命,及三命而非一家,应入情实各犯,毋庸查办外,其余应入缓决人犯,如果到案后病愈,监禁至五年后不复举发,遇有亲老丁单,或父母已故,家无次丁,该管官饬取印甘各结,题请留养承祀。倘释放后复行滋事,将出结之地方官,并邻、族人等,分别议处、惩治,本犯仍永远监禁,虽病愈不准再予释放。

6.19.292.(19)〔谋故斗殴而误杀其人之祖父母父母妻子子孙一命〕

一、凡谋、故、斗殴而误杀其人之祖父母、父母、妻女、子孙一命,均依谋、故、斗杀各本律科罪。其因谋杀人而误杀一命案内从犯,杖一百、流三千里。

---

① 同治九年(1870)修改。

6.19.292.(20)〔子孙及子孙妇过失杀祖父母父母〕

一、子孙过失杀祖父母、父母,及子孙之妇过失杀夫之祖父母、父母,定案时仍照本例问拟绞决。法司核其情节,实系耳目所不及、思虑所不到,与律注相符者,准将可原情节,照服制情轻之例,夹签声明,恭候钦定,改为拟绞监候。至妻妾过失杀夫、奴婢过失杀家长,亦照此例办理。

6.19.292.(21)〔因疯致毙期功尊长尊属一命〕①

一、因疯致毙期、功尊长尊属一命,或尊长尊属一家二命,内一命系凶犯有服卑幼,律不应抵,或于致毙尊长尊属之外,复另毙平人一命,俱仍按致死期功尊长尊属本律问拟,准其比引情轻之例,夹签声请,候旨定夺。若致毙期、功尊长尊属一家二命,或二命非一家,但均属期、功尊长尊属,或一家二命,内一命分属卑幼,而罪应绞抵,或于致毙尊长尊属之外,复另毙平人二命,无论是否一家,俱按律拟斩立决,不准夹签声请。

6.19.292.(22)〔妇因疯杀夫或系误伤及情有可悯者〕②

一、凡妇人殴伤本夫致死,罪干斩决之案,审系疯发无知,或系误伤,及情有可悯者,该督抚按律例定拟,于案内将并非有心干犯各情节,分晰叙明。法司会同核复,援引嘉庆十一年(1806)段李氏案内所奉谕旨具题,仍照本条拟罪,毋用夹签。内阁核明,于本内夹叙说帖,票拟九卿议奏,及依议斩决双签进呈,恭候钦定。

6.19.293 夫殴死有罪妻妾

6.19.293.1 凡妻妾因殴骂夫之祖父母、父母,而夫不告官擅杀死者,杖一百。祖父母、父母亲告乃坐。

○6.19.293.2 若夫殴骂妻妾,因而自尽身死者,勿论。若祖父母、父母已亡,或妻有他罪不至死而夫擅杀,仍绞。

条　例

6.19.293.(1)〔与夫角口被殴有重伤致妻自缢者〕

一、妻与夫角口,以致妻自缢,无伤痕者无庸议,若殴有重伤缢死者,其夫杖八十。

6.19.293.(2)〔殴伤无罪妻妾〕

一、凡妻妾无罪,被殴致折伤以上者,虽有自尽实迹,仍依夫殴妻妾致折伤本律科断。

6.19.294 杀子孙及奴婢图赖人

6.19.294.1 凡祖父母、父母故杀子孙,及家长故杀奴婢,图赖人者,杖七十、徒一年半。

○6.19.294.2 若子孙将已死祖父母、父母,奴婢、雇工人将家长身尸未葬。图赖人者,杖一百、

---

① 同治九年(1870)修改

② 咸丰二年(1852)续纂。

徒三年;将期亲尊长,杖八十、徒二年;将大功、小功、缌麻,各递减一等。○6.19.294.4若尊长将已死卑幼及他人身尸图赖人者,杖八十。以上俱指未告官言。○6.19.294.5其告官者,随所告轻重,并以诬告平人律反坐论罪。○6.19.294.6若因图赖而诈取财物者,计赃准窃盗论;抢去财物者,准白昼抢夺论,免刺。各从重科断。图赖罪重,依图赖论;诈取、抢夺罪重,依诈取、抢夺论。

条 例

6.19.294.(1)〔有服亲属互以尸图赖〕

一、有服亲属,互相以尸图赖者,依干名犯义律。

6.19.294.(2)〔妻将夫尸图赖人并夫将妻尸图赖人〕

一、妻将夫尸图赖人,比依卑幼将期亲尊长图赖人律。若夫将妻尸图赖人者,依不应重律。其告官司、诈财、抢夺者,依本律科断。

6.19.294.(3)〔故杀妾及子孙等图赖人者〕

一、故杀妾,及子孙、侄、侄孙,与子孙之妇,图赖人者,无论图赖系凡人及尊卑亲属,俱发附近充军。

6.19.294.(4)〔无赖凶棍冒认尸亲混闹殴打勒措行诈〕

一、无赖凶棍,遇有自尽之案,冒认尸亲,混行吵闹、殴打,或将棺材拦阻打坏,抬去尸首,勒措行诈者,均杖一百,枷号两个月。若该管地方兵役,知而不拿者,各照不应重律治罪。

6.19.294.(5)〔夺产故杀弟侄图赖致被诈之家复有殴故杀尊长酿成立决重案者〕

一、凡兄及伯叔谋夺族人财产,故杀弟侄图赖,致被诈之家,复有殴、故杀尊长,酿成立决重案者,除罪犯应死,悉照各本例定拟外,其罪应军、流者,即照兄及伯叔因争夺弟侄财产故行杀害例拟绞监候。至被诈之家财产,或无人承管,不得以争夺者之后继嗣承受。

6.19.294.(6)〔将父母尸身装伤图赖〕

一、将父母尸身装点伤痕图赖他人,无论金刃、手足、他物,成伤者,俱拟斩立决。

6.19.295弓箭伤人

6.19.295.1凡无故向城市及有人居止宅舍,放弹射箭、投掷砖石者,虽不伤人,笞四十;伤人者,减凡斗伤一等;虽至笃疾,不在断付家产之限。因而致死者,杖一百、流三千里。若所伤系亲属,依名例律。本应重罪,而犯时不知者,依凡人论;本应轻者,听从本法。仍追给埋葬银一十两。

条 例

6.19.295.(1)〔城市人居施放鸟枪竹铳伤人及致死〕

一、凡鸟枪、竹铳,向城市及有人居止宅舍施放者,虽不伤人,笞四十;误伤人者,减汤火伤人律一等；因而致死者，杖一百、流三千里。若在深山旷野施放，误伤人者，减汤火伤人律二等；因而致死者，杖一百、徒三年。皆追征埋葬银一十两。

6.19.296 车马杀伤人

6.19.296.1 凡无故于街市镇店驰骤车马，因而伤人者，减凡斗伤一等；致死者，杖一百、流三千里。若无故于乡村无人旷野地内驰骤，因而伤人不致死者，不论。致死者，杖一百。以上所犯，并追埋葬银一十两。〇6.19.296.2 若因公务急速而驰骤杀伤人者，以过失论。依律收赎，给付其家。

条　例

6.19.296.(1)〔骑马碰伤人将马追给〕

一、凡骑马碰伤人，除依律拟断外，仍将所骑之马，给与被碰之人。若被碰之人身死，其马入官。

6.19.297 庸医杀伤人

6.19.297.1 凡庸医为人用药、针刺，误不如本方，因而致死者，责令别医辨验药饵、穴道，如无故害之情者，以过失杀人论，依律收赎，给付其家。不许行医。〇6.19.297.2 若故违本方，乃以诈心疗人疾病，而增轻作重，乘危以取财物者，计赃准窃盗论；因而致死，及因事私有所谋害，故用反症之药杀人者，斩。监候。

条　例

6.19.297.(1)〔异端法术医人致死〕

一、凡端公、道士，及一切人等，作为异端法术，如圆光、画符等类。医人致死者，照斗杀律拟绞监候；未致死者，杖一百、流三千里。为从，各减一等。

6.19.298 窝弓杀伤人

6.19.298.1 凡打捕户，于深山旷野猛兽往来去处，穿作坑阱，及安置窝弓，不立望竿，及抹眉小索者，虽未伤人，亦笞四十；以致伤人者，减斗杀伤二等；因而致死者，杖一百、徒三年，追征埋葬银一十两。若非深山旷野，致杀伤人者，从弓箭杀伤论。

6.19.299 威逼人致死

6.19.299.1 凡因事户婚、田土、钱债之类。威逼人致自尽死者，审犯人必有可畏之威。杖一百。若官吏、公使人等，非因公务而威逼平民致死者，罪同。以上二项并追埋葬银一十两。给付死者之家。〇6.19.299.2 若卑幼因事逼迫期亲尊长致死者，绞；监候。大功以下，递减一等。〇6.19.299.3 若因行奸、为盗而威逼人致死者,斩。监候。○6.19.299.4 奸不论已成与未成,盗不论得财与不得财。

条 例

6.19.299.(1)〔因奸威逼人致死〕

一、凡因奸威逼人致死人犯,务要审有挟制、窘辱情状,其死者无论本妇、本夫、父母、亲属,奸夫亦以威逼拟斩。若和奸、纵容,而本妇、本夫愧迫自尽,或妻妾自逼死其夫,或父母、夫自逼死其妻、女,或奸妇以别事致死其夫,与奸夫无干者,毋得概坐因奸威逼之条。

6.19.299.(2)〔逼媳卖奸及奸夫抑媳同陷邪淫致媳自尽〕

一、妇女令媳卖奸不从,折磨殴逼,致媳情急自尽者,拟绞监候。若奸妇抑媳同陷邪淫,致媳情急自尽者,改发各省驻防为奴。

6.19.299.(3)〔因奸致夫或父母羞忿自尽〕

一、妇女与人通奸,致并未纵容之父母,一经见闻,杀奸不遂,羞忿自尽者,无论出嫁、在室,俱拟绞立决。其本夫并未纵容,一经见闻,杀奸不遂,因而羞忿自尽者,奸妇拟绞监候。奸夫俱拟杖一百、徒三年。若父母纵容通奸,后因奸情败露,愧迫自尽者,妇女实发驻防给兵丁为奴,奸夫止科奸罪。本夫纵容通奸,后因奸情败露,愧迫自尽者,奸夫、奸妇止科奸罪。如父母、本夫虽知奸情,而迫于奸夫之强悍,不能报复,并非有心纵容者,奸夫、奸妇仍照并未纵容之例科断。

6.19.299.(4)〔妇人因奸有孕堕胎致死〕

一、妇人因奸有孕,畏人知觉,与奸夫商谋用药打胎,以致堕胎身死者,奸夫比照以毒药杀人知情卖药者至死减一等律,杖一百、流三千里。若有服制名分,本罪重于流者,仍照本律从重科断。如奸妇自倩他人买药,奸夫果不知情,止科奸罪。

6.19.299.(5)〔因奸威逼致死一家三命〕

一、因奸威逼人,致死一家三命者,拟斩立决。

6.19.299.(6)〔凡人及亲属相奸奸妇羞愧自尽〕

一、凡和奸之案,奸妇因奸情败露,羞愧自尽者,奸夫杖一百、徒三年。亲属相奸,奸夫按奸罪应发附近充军者,如奸妇因奸情败露,羞愧自尽,奸夫于奸罪上加一等,发近边充军。

6.19.299.(7)〔因与姑通奸被窥破图奸其媳酿命〕

一、奸淫之徒,先与其姑通奸,因被其媳窥破碍眼,即听从奸妇,图奸其媳,不从,致被其姑毒殴自尽者,除奸妇仍发各省驻防为奴外,将图奸酿命之犯拟绞监候,秋审入于情实。

6.19.299.(8)〔因盗烧毁事主一二命以上〕

一、贼犯除有心放火,图窃财物,延烧事主毙命者,仍照例依强盗分别问拟斩决、斩枭外,如因遗落火煤,或因拨门不开,燃烧门闩板壁,或用火煤照亮,窃取财物,致火起延烧,不期烧毙事主一二命,及三命而非一家者,俱照因盗威逼人致死律拟斩监候;若烧毙一家三命者,拟斩立决;三命以上,加以枭示。

6.19.299.(9)〔因事威逼人致死三命以上〕

一、凡因事威逼人致死一家二命,及非一家但至三命以上者,发近边充军;若一家三命以上,发边远充军。仍依律各追给埋葬银两。

6.19.299.(10)〔逼迫本管官致死〕

一、凡军民人等,因事逼迫本管官致死,为首者,比依逼迫期亲尊长致死律绞;为从者,枷号三个月,发近边充军。

6.19.299.(11)〔奉差员役逼死印官〕

一、凡奉差员役,执持勘合、火牌,照数支取,而该地方官不能措办,因而自尽者,勿论。若奉差员役,额外需索,逼死印官者,审实,依威逼致死律杖一百,加徒三年。若有受贿实迹,仍依枉法从重论。

6.19.299.(12)〔强奸犯奸妇女已成未成立时杀死本妇及本妇自尽〕①

一、强奸犯奸妇女已成,将本妇立时杀死者,拟斩立决;致本妇羞愧自尽者,发黑龙江给披甲人为奴。如强奸犯奸妇女未成,将本妇立时杀死者,拟斩监候,秋审时入于情实;致本妇羞愧自尽者,杖一百、流三千里。若妇女犯奸后,已经悔过自新,确有证据者,仍以良人妇女论。

6.19.299.(13)〔奸夫奸妇商谋同死奸妇殒命奸夫审明有无谋故斗杀分别治罪〕

一、奸夫奸妇,商谋同死,若已将奸妇致死,奸夫并无自戕伤痕、同死确据者,审明或系谋、故,或系斗杀,核其实在情节,各按本律拟以斩、绞。不得因有同死之供,稍为宽贷。若奸夫与奸妇因奸情败露,商谋同死,奸妇当即殒命,奸夫业经自戕,因人救阻,医治伤痊,实有确据者,将奸夫减斗杀罪一等律,杖一百、流三千里。如另有拐逃及别项情节,临时酌量,从重定拟。

6.19.299.(14)〔威逼窘辱致死一家二命三命及非一家三命以上〕

一、豪强凶恶之徒,恃财倚势,因事威逼、挟制窘辱,令平民冤苦无申,情极自尽,致死一家三命以上者,拟斩监候;致死一家二命,及非一家但至三命以上者,拟绞监候。如无前项情节,仍照例分别拟军。

6.19.299.(15)〔子孙不孝致祖父母父母自尽〕

一、凡子孙不孝,致祖父母、父母自尽之案,如审有触忤、干犯情节,以致忿激轻生,窘迫自尽者,即拟斩决。其本无触忤情节,但其行为违犯教令,以致抱忿轻生自尽者,拟以绞候。妻妾于夫之祖父母、父母有犯,罪同。

6.19.299.(16)〔妻妾悍泼逼死其夫〕

一、妻妾悍泼,逼迫其夫致死者,拟绞立决。若衅起口角,事涉微细,并无逼迫情

---

① 咸丰二年(1852)修改。

状,其夫轻生自尽者,照子孙违犯教令致父母轻生自尽例,拟绞监候。

6.19.299.(17)〔强奸或调戏服亲致本夫本妇及父母亲属羞忿自尽〕

一、强奸内外缌麻以上亲,及缌麻以上亲之妻,若妻前夫之女、同母异父姐妹,未成,或但经调戏,其夫与父母、亲属及本妇羞忿自尽者,俱拟斩监候;如强奸已成,其夫与父母、亲属及本妇羞忿自尽者,俱拟斩立决。

6.19.299.(18)〔村愚出语猥狎致本妇轻生〕

一、凡村野愚民,本无图奸之心,又无手足勾引、挟制窘辱情状,不过出语亵狎,本妇一闻秽语,即便轻生,照强奸未成本妇羞忿自尽例减一等,杖一百、流三千里。

6.19.299.(19)〔妇女因人亵语戏谑羞忿自尽〕

一、凡妇女因人亵语戏谑,羞忿自尽之案,如系并无他故,辄以戏言觌面相狎者,即照但经调戏本妇羞忿自尽例,拟绞监候。其因他事与妇女角口,彼此詈骂,妇女一闻秽语,气忿轻生,以及并未与妇女觌面相谑,止与其夫及亲属互相戏谑,妇女听闻秽语,羞忿自尽者,仍照例杖一百、流三千里。

6.19.299.(20)〔强奸已成未成本妇被杀伤及夫与父母亲属羞忿自尽并奸夫拒捕杀人〕

一、强奸已成,将本妇杀死者,斩决、枭示;强奸未成,将本妇立时杀死者,拟斩立决;将本妇殴伤,越数日后,因本伤身死者,照因奸威逼致死律,拟斩监候。若强奸人妻女,其夫与父母、亲属闻声赴救,奸夫逞凶拒捕,立时杀死者,俱拟斩立决;若殴伤,越数日后因本伤身死者,亦照因奸威逼致死律,拟斩监候。至强奸已成,其夫与父母、亲属及本妇羞忿自尽者,拟斩监候;如强奸未成,或但经调戏,其夫与父母、亲属及本妇羞忿自尽者,俱拟绞监候。

6.19.299.(21)〔强奸缌麻以上亲及亲之妻未成将本妇杀死〕①

一、强奸本宗缌麻以上亲,及缌麻以上亲之妻,未成,将本妇杀死者,分别服制,拟以凌迟、斩决,仍枭示。系外姻亲属,免其枭示。

6.19.299.(22)〔强奸不从主使本夫杀死本妇〕

一、强奸不从,主使本夫将本妇殴死,主使之人拟斩立决,本夫拟绞监候。

6.19.299.(23)〔调奸和息后追悔致死一命及二命〕

一、凡调奸妇女未成,业经和息之后,如有因人耻笑,其夫与父母、亲属及本妇复追悔抱忿自尽,致死二命者,将调奸之犯改发边远充军;若致死一命者,杖一百、流三千里。

6.19.299.(24)〔秽语村辱致本妇本夫自尽〕

一、因事与妇人角口,秽语村辱,以致本妇气忿轻生,又致其夫痛妻自尽者,拟绞监候,入于秋审缓决。

---

① 咸丰二年(1852)修改。

6.19.299.(25)〔因事用强殴打威逼人致死或重伤残废笃疾〕

一、凡因事用强殴打威逼人致死,果有致命重伤,及成残废、笃疾者,虽有自尽实迹,依律追给埋葬银两,发近边充军;其致命而非重伤,及重伤而非致命之处者,追给埋葬银两,杖一百、徒三年;如非致命又非重伤者,杖六十、徒一年。若逼迫尊长致令自尽之案,除期亲卑幼,刃伤尊长尊属,及折肢,若瞎其一目,并功服卑幼,殴伤尊长尊属至笃疾者,仍依律绞决外,若殴有致命重伤,未成残废者,缌麻卑幼,照凡人加一等,发边远充军,功服卑幼发极边充军,期亲卑幼仍照逼迫本律绞监候;其致命而非重伤,或伤重而非致命之处者,期亲卑幼仍照逼迫本律绞监候,功服发边远充军,缌麻发近边充军;如非致命,又非重伤,期亲卑幼仍照逼迫本律绞监候,功服以下卑幼各于逼迫尊长尊属致死本律上加一等治罪。尊长犯卑幼,各按服制照例科其伤罪。

6.19.300 尊长为人杀私和

6.19.300.1 凡祖父母、父母,及夫,若家长,为人所杀,而子孙、妻妾、奴婢、雇工人私和者,杖一百、徒三年。期亲尊长被杀,而卑幼私和者,杖八十、徒二年;大功以下,各递减一等。其卑幼被杀,而尊长私和者,各依服制减卑幼一等。若妻妾、子孙,及子孙之妇,奴婢、雇工人,被杀,而祖父母、父母、夫、家长私和者,杖八十;受财者,计赃准窃盗论,从重科断。私和就各该抵命者言。赃追入官。○6.19.300.2 常人为他人私和人命者,杖六十。受财,准枉法论。

条　例

6.19.300.(1)〔尸亲受财私和人命〕

一、凡尸亲人等私和人命,除未经得财,或赃罪较轻,仍照律议拟外,如尸亲期服以下亲属,受财私和者,俱计赃准枉法从重论。其祖父母、父母,及夫,若家长,被杀,子孙及妻妾、奴婢、雇工人受贿私和者,无论赃数多寡,俱杖一百、流三千里。若子孙及妻妾、奴婢、雇工人被杀,祖父母、父母、夫、家长受贿私和,无论赃数多寡,俱杖一百。其以财行求者,如系凶犯之缌麻以上有服亲属,及家长、奴婢、雇工人,均不计赃数,拟杖一百。若凶犯罪止军、流者,以财行求之亲属等,各杖九十;罪止拟徒者,各杖八十。说事过钱者,各减受财人罪一等。

6.19.301 同行知有谋害

6.19.301.1 凡知同伴人欲行谋害他人,不即阻当救护,及被害之后,不首告者,杖一百。

6.20 斗　殴

卷二十七　刑律·斗殴上

6.20.302 斗　殴 相争为斗，相打为殴。

6.20.302.1 凡斗殴，与人相争，以手足殴人不成伤者，笞二十；但殴即坐。成伤，及以他物殴人不成伤者，笞三十；他物殴人成伤者，笞四十。所殴之皮肤青赤而肿者为伤。非手足者，其余所执皆为他物，即持兵不用刃持其背柄以殴人亦是。他物拔发方寸以上，笞五十。若殴血从耳目中出，及内损其脏腑而吐血者，杖八十。若止皮破血流及鼻孔出血者，仍以成伤论。以秽物污人头面者，情固有重于伤，所以罪亦如之。杖八十。○6.20.302.2 折人一齿，及手足一指，眇人一目，尚能小视，犹未至瞎。抉毁人耳、鼻，若破伤人骨，及用汤火、铜铁汁伤人者，杖一百。以秽物灌入人口鼻内者，罪亦如之。杖一百。折二齿、二指以上，及尽髡去发者，杖六十、徒一年。髡发不尽，仍堪为髻者，止依拔发方寸以上论。○6.20.302.3 折人肋，眇人两目，堕人胎，及刃伤人者，杖八十、徒二年。堕胎者，谓辜内子死，及胎九十日之外成形者即坐。若子死辜外，及堕胎九十日之内者，仍从本殴伤法论，不坐堕胎之罪。○6.20.302.4 折跌人肢手足。体，腰项。及瞎人一目者，皆成废疾。杖一百、徒三年。○6.20.302.5 瞎人两目，折人两肢，损人二事以上，二事如瞎一目又折一肢之类。及因旧患令至笃疾，若断人舌，令人全不能说话。及毁败人阴阳者，以至不能生育。并杖一百、流三千里。仍将犯人财产一半，断付被伤笃疾之人养赡。若将妇人非理毁坏者，止科其罪，以不妨生育，不在断付财产一半之限。○6.20.302.6 同谋共殴伤人者，各以下手伤重者为重罪。原谋或不曾下手，或虽殴而伤轻，减伤重者一等。凡斗殴不下手伤人者勿论。惟殴杀人，以不劝阻为罪，若同谋殴人至死，虽不下手，及同行知谋，不行救阻者，各依本律，并杖一百。如共殴人，伤皆致命，以最后下手重者当其重罪。如乱殴不知先后轻重者，或二人共打一人，其伤同处，或二人同时各瞎人一目，并须以原谋为首，余人为从。若无原谋，以先斗人为首。○6.20.302.7 若因斗互相殴伤者，各验其伤之轻重定罪。后下手理直者，减本等罪二等；至死，及殴兄姊、伯叔依本律定拟。虽后下手理直者，不减。○6.20.302.8 如甲、乙互相斗殴，甲被瞎一目，乙被折一齿，则甲伤为重，当坐乙以杖一百、徒三年；乙被伤轻，当坐甲以杖一百。若甲系后下手而又理直，则于杖一百上减二等，止杖八十；乙后下手理直，则于杖一百、徒三年上减二等，止杖八十、徒二年。或至笃疾，仍断财养赡。若殴人至死，自当抵命。

条　例

6.20.302.(1)〔凶徒剜瞎人眼故折人肢体等〕

一、凶徒因事忿争，剜瞎人眼睛，故折人肢体，全抉人耳鼻口唇，若非剜瞎、故折、全抉者，照律科罪，不得引例。及断人舌，毁败人阴阳者，发近边充军。

6.20.302.(2)〔护军及兵役持金刃伤人或自伤〕

一、护军兵丁，及食粮当差人役，若执持金刃伤人或自伤者，除革役照律例问拟外，永不准食粮。闲散人有犯，立案永不准食粮充役。

6.20.302.(3)〔沿江滨海持枪执棍混行斗殴〕

一、沿江滨海，有持枪执棍，混行斗殴，将两造为首及鸣锣聚众之犯，杖一百、流三千里；伤人之犯，杖一百、徒三年；其附和未伤人者，各枷号一个月，责四十板。

6.20.302.(4)〔殴伤罪人至笃疾者〕

一、凡殴伤罪人至笃疾者，各照本例分别勿论及以斗伤并减等问拟，俱毋庸断付财产养赡。

6.20.302.(5)〔以非民间常用之物伤人〕

一、凶徒因事忿争，执持凶器伤人，除例载凶器外，其余例未赅载，凡非民间常用之物，均以凶器伤人论。

6.20.302.(6)〔执持凶器伤人及聚众执持凶器伤人滋事〕

一、凶徒因事忿争，执持腰刀、铁枪、弓箭，并铜铁简、剑、鞭、钺、斧、扒头、流星、骨朵、麦穗等项凶器，及库刀、梭镖，骟鸡尾、黄鳝尾、鲫鱼背、海蚌等刀，朴刀、顺刀，并凡非民间常用之刀，但伤人及误伤旁人者，俱发近边充军。如系民间常用之镰刀、菜刀、小刀、柴斧等器，不在此限。若殴人至笃疾者，改发边远充军；如年在五十以上，仍发近边充军。若聚众执持凶器伤人，及围绕房屋，抢检家财，弃毁器物，奸淫妇女，除实犯死罪外，徒罪以上，不分首从，发边远充军。虽执持凶器而未伤人者，杖一百；执凶器自伤者，亦杖一百。其伤人之犯，有能首先拿获者，官给赏银十五两；其次协拿者，给赏银十两；再次协拿者，给赏银五两。未伤人者，不在给赏之限。若因捕拿而受伤者，除官给赏银外，仍验伤痕等第，于犯人名下追给伤银。若果有疯疾，依过失伤人律收赎，将赎银给付被伤之人。

6.20.302.(7)〔回民结伙共殴伤毙人〕

一、凡回民结伙三人以上，执持器械殴人之案，除致毙人命罪应拟抵之犯，仍照民人定拟外，其余纠伙共殴之犯，但有一人执持器械者，不分首从，发云贵两广极边烟瘴充军。如结伙虽在三人以上，而俱徒手争殴，并无执持器械者，均各于军罪上减一等，杖一百、徒三年。结伙在十人以上，虽无执持器械而但殴伤人者，仍照三人以上执持器械之例定拟。

6.20.302.(8)〔夺获凶器伤人之犯〕

一、夺获凶器伤人之犯，照执持凶器伤人军罪上量减一等，杖一百、徒三年。

6.20.302.(9)〔枪手受雇帮殴及枪手学习已成〕

一、各省械斗及共殴之案，如有自称枪手受雇在场帮殴者，杖一百、流三千里。其有杀伤人者，仍按各本律例从其重者论。若并未受雇帮殴，但学习枪手已成，确有证据者，杖一百、徒三年。

6.20.302.(10)〔河南安徽南阳颍州等府凶徒结伙伤人〕

一、豫省南阳、汝宁、陈州、归德、光州五府州所属州县，并安徽颍州、凤阳二府所属州县，及庐州府所属之合肥县，遇有凶徒结伙三人以上，但有一人执持器械伤人之案，除实犯死罪外，其余不分首从，实发云贵两广极边烟瘴充军。如聚众至十人以上，执持器械，无论曾否伤人，不分首从，发新疆给官兵为奴。其寻常因事争殴，不在此例。俟数年后此风稍息，仍循旧例办理。

6.20.302.(11)〔回民并豫皖结伙共殴之案所殴系属尊长及卑幼〕

一、回民，并豫省南阳、汝宁、陈州、归德、光州五府州所属州县，及安徽颍州、凤阳二府所属州县，庐州府所属之合肥县凶徒，遇有结伙共殴之案，除所殴系属尊长，仍就服制中杀伤尊长，及回民并豫省等处凶徒结伙共殴，各本律例相比，从其重者论外，若所殴系属卑幼，即各按服制，于回民并豫省等处凶徒结伙共殴各本例上，依次递减一等科断。其有因卑幼触犯，以理训责者，仍分别服制，各按本律例定拟，不得概援结伙共殴之例。

6.20.302.(12)〔河南安徽南阳颍州等府结伙斗殴之案枪手受雇帮殴者〕

一、各省回民，及豫省南阳、汝宁、陈州、归德、光州五府州所属，并安徽颍州、凤阳二府所属州县，庐州府所属之合肥县凶徒，结伙斗殴之案，有自称枪手受雇帮殴者，除结伙罪在满徒以下，仍按自称枪手本例从重定拟外，如结伙罪应拟军，即将该枪手于应得军罪上各加一等。

6.20.302.(13)〔在逃太监在外滋事及刃伤人〕①

一、凡在逃太监，在外滋事，除犯谋、故、斗杀等案，仍照各本律例分别问拟外，但有执持金刃伤人，确有实据者，发黑龙江给官兵为奴，遇赦不赦。

6.20.302.(14)〔天津锅匪聚众结伙持械及徒手斗殴杀伤抢掠〕②

一、天津锅伙匪徒，聚众数十人，及百人以上，执持火器、军械杀伤人命，或聚众抢掠，扰害商民，审明后就地正法。如被获时持仗拒捕者，照格杀律勿论。其结伙三人以上，但有一人执持器械伤人，除致毙人命罪应拟抵之犯照旧办理外，余俱不分首从，实发云贵两广极边烟瘴充军。若结伙虽在三人以上，而俱徒手并无器械，于军罪上减一等，杖一百、徒三年。结伙在十人以上，虽无器械，但殴伤人者，仍照三人以上执持器械例定拟。其非锅伙斗殴之案，不得援引此例。俟数年后此风稍息，仍照旧例办理。此等案犯，应照罪应军流窃案，解府审明，详司核请咨部，毋庸解省审勘，以免疏失。其斩、绞重犯，仍照例解勘。

6.20.303 保辜限期 保，养也；辜，罪也。保辜，谓殴伤人未至死，当官立限以保之。保人之伤，正所以保己之罪也。

6.20.303.1 凡保辜者，先验伤之重轻，或手足，或他物，或金刃，各明白立限。责令犯人保辜医治。辜限内，皆须因原殴之伤死

---

① 咸丰二年(1852)续纂。

② 同治九年(1870)续纂。

者，如打人头伤，风从头疮而入，因风致死之类以斗殴杀人论。绞。○6.20.303.2其在辜限外，及虽在辜限内，原殴之伤已平复，官司文案明白，被殴之人别因他故死者，谓打人头伤，不因头疮得风，别因他病而死者，是为他故。各从本殴伤法。不在抵命之律。若折伤以上，辜内医治平复者，各减二等。下手理直，减殴伤二等，如辜限内平复，又得减二等，此所谓犯罪得累减也。辜内虽平复，而成残废、笃疾，及辜限满日不平复而死者，各依律全科。全科所殴伤残废、笃疾之罪，虽死亦同伤论。○6.20.303.3手足及以他物殴伤人者，其伤轻，限二十日。平复。○6.20.303.4以刃及汤火伤人者，限三十日。○6.20.303.5折跌肢体，及破骨、堕胎者，无论手足、他物，皆限五十日。

条　例

6.20.303.(1)〔违例抬验斗殴伤重不能动履之人〕

一、凡京城内外及各省州县，遇有斗殴伤重不能动履之人，或具控到官，或经拿获，及巡役、地保人等指报，该管官即行带领仵作，亲往验看，讯取确供，定限保辜，不许扛抬赴验。如有违例抬验者，将违例抬验之亲属，与不行阻止之地保，各照违令律笞五十。因抬验而致伤生者，各照不应重律杖八十。倘内外该管衙门，遇有伤重不能动履之人，仍令扛抬听候验看者，各该上司察实指参，交部议处。

6.20.303.(2)〔斗殴伤重之人验看保辜〕

一、凡斗殴伤重之人，除附近城郭以及事简州县，照例正印官亲诣验看外，其离城窎远之区及繁冗州县，委系不能逐起验看者，许委佐贰、巡捕等官代往据实验报，仍听州县官定限保辜。倘佐贰、巡捕等官验报不实，照例议处。如州县官怠弛推诿，概委佐贰、巡捕等官代验，致滋扰累、捏饰等弊，仍照定例议处。

6.20.303.(3)〔斗殴伤人辜限外余限内因本伤身死者〕

一、斗殴伤人，辜限内不平复，延至限外，若手足、他物、金刃及汤火伤，限外十日之内，折跌肢体及破骨、堕胎，限外二十日之内，果因本伤身死，情正事实者，方拟死罪，奏请定夺。此外不许一概滥拟渎奏。

6.20.303.(4)〔州县承审斗殴受伤及自戕案件起限之日〕

一、州县承审斗殴受伤，及畏罪自戕案件，一面拨医调治速痊，一面讯取确供，提集案犯，即行审理完结，不得以伤痊之日起限。如有借词扣展，致有迟延拖累者，照例查参议处。

6.20.303.(5)〔僧人逞凶毙命虽辜限外不得宽减〕

一、凡僧人逞凶毙命，死由致命重伤者，虽在保辜限外十日之内，不得轻议宽减。

6.20.303.(6)〔刃伤人至筋断辜限〕

一、刃伤人至筋断者，照破骨伤保辜五十日。

6.20.303.(7)〔殴伤因风身死视伤轻重及是否致命限内限外分别绞抵流徒〕

一、凡斗殴之案，如原殴并非致命之处，又非极重之伤，越五日，因风身死者，将殴打之人免其抵偿，杖一百、流三千里；若死在五日以内，仍依本律拟绞监候。如当致命之处而伤轻,或伤重而非致命之处,因风身死者,必死在十日以外,方准声请改流。其致命伤重,及虽非致命,伤至骨损、骨断,即因风身死,在十日以外,仍依律拟以绞抵。若已逾破骨伤保辜五十日正限,尚在余限二十日之内,及手足、他物、金刃伤,正限外余限内,因风身死者,俱照殴人至废疾律杖一百、徒三年。至正限后余限外因风身死者,止科伤罪。其因患他病身死,与本伤无涉者,虽在辜限之内,仍依律从本殴伤法。

6.20.304 宫内忿争

6.20.304.1 凡于宫内忿争者,笞五十;忿争之声彻于御在所,及相殴者,杖一百;折伤以上,加凡斗伤二等;若于临朝之殿内,又递加一等。递加者,如于殿内忿争者,加一等,杖六十;其声彻于御在之所,及殿内相殴者,加一等,杖六十、徒一年。至于折伤以上,加宫内折伤之罪一等,又加凡斗伤罪二等,共加三等。虽至笃疾,并罪止杖一百、流三千里。至死者,依常律断。被殴之人,虽至残废、笃疾,仍拟杖一百,收赎。笃疾之人与有罪焉,故不断财产养赡。

条　例

6.20.304.(1)〔太监皇城及禁城内金刃自伤〕

一、凡太监在紫禁城内持金刃自伤者,斩立决;在紫禁城外皇城内持金刃自伤者,斩监候。

6.20.304.(2)〔行营地方管辖声音帐房及卡门以内谋故斗殴杀伤人〕

一、行营地方,管辖声音账房以内,谋、故杀人,及斗殴金刃杀人者,拟斩立决;谋杀人伤而不死,及斗殴手足、他物杀人者,拟绞立决;金刃伤人者,发伊犁给驻防官兵为奴;金刃自伤,及手足、他物伤人者,杖一百、流三千里。若在管辖声音账房以外、卡门以内,谋、故杀人,及斗殴金刃杀人者,亦拟斩立决;谋杀人伤而不死,及斗殴手足、他物杀人者,拟绞监候,入于情实;金刃伤人者,杖一百、流三千里;金刃自伤,及手足、他物伤人者,杖一百、徒三年。以上除死罪外,犯该遣罪以下者,俱先行插箭随营示众。其在卡门以外,谋、故、斗殴杀伤人及自伤者,均照常律办理。

6.20.304.(3)〔各项人役工匠等在紫禁城及圆明园各门内外谋故斗殴杀伤人〕

一、除太监在紫禁城内外持金刃自伤,分别斩决、监候,仍照旧例办理外,如常人在各处当差,及各官跟役,并内务府各项人役、苑户、钦工匠役等,在紫禁城内,暨圆明园大宫门、大东、大西、大北等门,及西厂等处地方,并各处内围墙以内,谋、故杀人,及斗殴金刃杀人者,拟斩立决;谋杀人伤而不死,及斗殴手足、他物杀人者,拟绞立决;金刃伤人者,发伊犁给驻防官兵为奴;金刃自伤,及手足、他物伤人者,杖一百、流三千里。若在紫禁城午门以外、大清门以内,暨圆明园大宫门、大东、大西、大北等门以外、鹿角木以内,谋、故杀人,及斗殴金刃杀人者,拟斩立决;谋杀人伤而不死,及斗殴手足、他物杀人者,拟绞监候,入于情实;金刃伤人者,杖一百、流三千里;金刃自伤,及手足、他物伤人者,杖一百、徒三年。以上除死罪外,犯该遣罪以下者,俱枷号三个月,再行发配。其东安、西安、地安等门以内,及圆明园鹿角木并各内围墙以外,谋、故、斗殴杀伤人及自伤者,均照常律办理,不得滥引此例。

6.20.305 宗室觉罗以上亲被殴

6.20.305.1 凡宗室、觉罗而殴之者,(虽无伤,)杖六十、徒一年;伤者,杖八十、徒二年;折伤以上,(本罪有)重(于杖八十、徒二年)者,加凡斗二等。(止杖一百、徒三年。)缌麻以上,(兼殴、伤言。)各递加一等。(止杖一百、流三千里,不得加入于死。)笃疾者,绞;(监候。)死者,斩。(监候。)

条　例

6.20.305.(1)〔宗室觉罗在街市与人争殴〕

一、凡宗室、觉罗在家安分,或有不法之徒借端寻衅者,仍照律治罪外,若甘自菲薄,在街市与人争殴,如宗室、觉罗罪止折罚钱粮,其相殴者,亦系现食钱粮之人,一体折罚定拟,毋庸加等。若无钱粮可罚,即照凡斗办理。

6.20.305.(2)〔宗室觉罗茶坊酒肆滋事及先动手殴人〕

一、凡宗室、觉罗与人争殴之案,除审明宗室、觉罗并未与人争较,而常人寻衅擅殴者,仍照例治罪外,如轻入茶坊酒肆,滋事召侮,或与人斗殴,先行动手殴人者,不论曾否腰系黄、红带子,其相殴之人,即照寻常斗殴一体定拟。其宗室、觉罗应得罪名,刑部按例定拟。犯该军、流、徒罪者,照例锁禁拘禁;犯该笞、杖,应否折罚钱粮之处,交宗人府酌量犯案情节,如情罪可恶者,在宗人府实行责打,不准折罚。

6.20.306 殴制使及本管长官

6.20.306.1 凡(朝臣)奉制命出使,而(所在)官吏殴之,及部民殴本属知府、知州、知县,军士殴本管官,若吏卒殴本部五品以上长官,杖一百、徒三年;伤者,杖一百、流二千里;折伤者,绞。(监候。不言笃疾者,亦止于绞。)若(吏卒)殴六品以下长官,各(兼殴与伤及折伤而言。)减(五品以上罪)三等;(军、民、吏卒)殴佐贰官、首领官,又各递减一等。(佐贰官减长官一等,首领减佐贰一等,如军、民、吏卒减三等。各罪轻于凡斗,及与凡斗相等,皆谓之)减罪轻者,加凡斗(兼殴与伤及折伤,)一等。笃疾者,绞;(监候。)死者,(不问制使、长官、佐贰、首领,并)斩。(监候。)若流外(杂职)官,及军、民、吏卒,殴非本管三品以上官者,杖八十、徒二年;伤者,杖一百、徒三年;折伤者,杖一百、流二千里。殴伤(非本管)五品以上官者,减(三品以上罪)二等。若减罪轻(于凡斗伤)及殴伤九品以上(至六品)官者,各加凡斗伤二等。(不言折伤、笃疾、至死者,皆以斗论。)○6.20.306.2 其公使人在外殴打(所在)有司官者,罪亦如之,(亦照殴非本管官之品级科罪。)从(被殴)所属上司拘问。(如统属州县官殴知府,固依殴长官本条,减吏卒二等。若上司官小,则依下条上司官与统属官相殴科之。首领殴衙门长官,固依殴长官本条减吏卒二等。若殴本衙门佐贰官,两人品级与下条九品以上官同,则依下条科之;若品级不与下条同,则止依凡斗。如佐贰、首领自相殴,亦同凡斗论罪。)

条　例

6.20.306.(1)〔军民殴死及谋死在京现任官员〕

一、凡军民人等,殴死在京现任官员,照殴死本管官律拟斩监候。若谋死者,拟斩立决。

6.20.306.(2)〔八旗兵丁及闲散护军披甲将本该管官杀伤及致死者〕

一、八旗兵丁,并无私仇别故,因管教将本管官戳死者,本犯即行正法,妻、子发遣黑龙江,领催、族长各鞭一百。若闲散及护军、披甲人记仇,将该管官动兵刃致伤者,本犯即行正法,妻、子免发遣,领催、族长各鞭五十。若杀死者,领催、族长各鞭八十,系官交部议处。其平日不能管教之该管各官,交部分别议处。

6.20.306.(3)〔军民吏卒闹堂逞凶杀害本官〕

一、部民、军士、吏卒犯罪在官,如有不服拘拿,不遵审断,或怀挟私仇,及假地方公事,挺身闹堂逞凶,杀害本官者,拿获之日,无论本官品级及有无谋故,已杀者,不分首从,皆斩立决;已伤者,为首照光棍例斩决,为从下手者,绞候。其聚众四五十人者,仍照定例科罪。其于非本属、本管、本部各官有犯,或该管官任意凌虐,及不守官箴自取侮辱者,各按其情罪轻重,临时酌量,比引办理。

6.20.306.(4)〔军民人等殴伤本管官及非本管官〕

一、军民人等殴伤本管官及非本管官,如系邂逅干犯,照律问拟流、徒。或本管官与军民人等饮酒、赌博、宿娼,自取凌辱者,俱照凡斗定拟。其有衅起索欠等事,本非理曲,因而有犯者,各照殴伤应得流、徒原律,酌减二等问罪。其自行取辱及负欠之职官,交部议处。

6.20.306.(5)〔兵丁谋故杀本管官之案〕

一、凡兵丁谋、故杀本管官之案,若兵丁系犯罪之人,而本管官亦系同犯罪者,将该兵丁照例拟斩监候,请旨即行正法;斗殴杀者,仍拟绞监候。如本管官与兵丁一同犯罪,致将兵丁杀死者,仍按凡人谋、故、斗杀各本律科断。

6.20.307 佐职统属殴长官

6.20.307.1 凡本衙门首领官及所统属官,殴伤长官者,各减吏卒殴伤长官二等;不言折伤者,若折伤不至笃疾,止以伤论。佐贰官殴长官者,不言伤者,即伤而不至笃疾,止以殴论。又各减首领官之罪二等。若减二等之罪,有轻于凡斗,或与凡斗相等,而减罪轻者,加凡斗一等。谓其有统属相临之义。笃疾者,绞;监候。死者,斩。监候。

6.20.308 上司官与统属官相殴

6.20.308.1 凡监临上司之佐贰、首领官,与所统属之下司官品级高者,及与部民有高官,而相殴者,并同凡斗论。一以监临之重,一以品级之崇,则不得以下司、部民拘之。若非相统属,官品级同,自相殴者,亦同凡斗论。

6.20.309 九品以上官殴长官

6.20.309.1 凡流内九品以上官，殴非本管三品以上之尊官者，不问长官、佐贰，杖六十、徒一年；但殴即坐，虽成伤至内损吐血亦同。折伤以上，及殴伤非本管五品以上，若五品以上殴伤非本管三品以上官者，各加凡斗伤二等。不得加至于死。盖官品相悬，则其罪重，名位相次，则其罪轻，所以辨贵贱也。

6.20.310 拒殴追摄人

6.20.310.1 凡官司差人下所属追征钱粮、勾摄公事，而纳户及应办公事人抗拒不服，及殴所差人者，杖八十；若伤重至内损吐血以上，及所殴差人，或系职官，或系亲属尊长。本犯殴罪重于凡人斗殴者，各于本犯应得重罪上，仍加二等，罪止杖一百、流三千里。至笃疾者，绞；监候。死者，斩。监候。此为纳户及应办公事之人本非有罪，而恃强违命者而言。若税粮违限、公事违错，则系有罪之人，自有罪人拒捕条。

6.20.311 殴受业师

6.20.311.1 凡殴受业师者，加凡人二等；死者，斩。凡者，非徒指儒言，百工技艺亦在内。儒师终身如一。其余学未成或易别业，则不坐；如学业已成，罪亦与儒并科。

条　例

6.20.311.(1)〔谋故殴杀伤受业师及故殴杀伤弟子〕

一、凡谋、故、殴杀及殴伤受业师者，业儒弟子，照谋、故、殴杀及殴伤期亲尊长律；僧、尼、道士、喇嘛、女冠及匠艺人等，照谋、故、殴杀及殴伤大功尊长律，分别治罪。如因弟子违犯教令，以理殴责致死者，儒师照殴死期亲卑幼律，杖一百、徒三年；僧、尼、道士、喇嘛、女冠及匠艺人等照尊长殴死大功卑幼律，拟绞监候。如殴伤弟子，各按殴伤期亲卑幼、大功卑幼本律问拟。若因奸盗别情谋杀弟子者，无论已伤未伤、已杀未杀，悉照凡人分别定拟。其有挟嫌逞凶故杀弟子，及殴杀内执持金刃凶器，非理扎殴致死者，亦同凡论。

6.20.312 威力制缚人

6.20.312.1 凡两相争论事理，其曲直听经官陈告。裁决。若豪强之人以威力挟制捆缚人，及于私家拷打、监禁者，不问有伤、无伤，并杖八十；伤重至内损吐血以上，各验其伤，加凡斗伤二等；因而致死者，绞。监候。若以威力主使他人殴打，而致死伤者，并以主使之人为首，下手之人为从论，减主使一等。

条　例

6.20.312.(1)〔无藉之徒投托势要诱引生事〕

一、在京在外无藉之徒,投托势要,作为心腹,诱引生事,绑缚平民,在于私家拷打,胁骗财物者,枷号一个月,发烟瘴地面充军,势要知情并坐。诱引依教诱,绑缚拷打依威力,胁骗财物依恐吓,从重科罪。须四事俱全,方引此例。

6.20.312.(2)〔旗下家人庄头等在外倚势害民〕

一、旗下家人、庄头等,有在外倚势害民,把持衙门,霸占子女,将良民无故拿至私家捆缚拷打致死者,除本犯照律例从重治罪外,若系内府之人,并将该管官交部议处;系王、贝勒、贝子、公家人,将管理家务官亦交该部议处;系民公、侯、伯、大臣、官员家人,将各主交该部议处;系平人,鞭一百。

6.20.312.(3)〔乡绅私置板棍擅责佃户及奸占佃户妇女〕

一、凡地方乡绅,私置板棍,擅责佃户者,照违制律议处,衿监革去衣顶,杖八十,照例准其纳赎。如将佃户妇女强行奸占为婢妾者,绞监候;如无奸情,照略卖良人为妻妾律杖一百、徒三年,妇女给亲完聚。该地方官不预行严禁,及被害之人告理,而不即为查究者,照徇庇例议处。至有奸顽佃户,拖欠租课、欺慢田主者,杖八十。所欠之租,照数追给田主。

6.20.312.(4)〔主使两人或数人殴一人致死为从及余人〕

一、凡主使两人殴一人、数人殴一人,致死者,以下手伤重之人为从,其余皆为余人。若其人自尽,则不可以致死之罪加之,止照所伤拟罪。如有致死重伤,及成残废、笃疾者,依因事用强殴打例,发近边充军。

6.20.313良贱相殴

6.20.313.1凡奴婢殴良人或殴,或伤,或折伤。者,加凡人一等;至笃疾者,绞;监候。死者,斩。监候。其良人殴伤他人奴婢或殴,或伤,或折伤、笃疾。者,减凡人一等;若死及故杀者,绞。监候。若奴婢自相殴伤、杀者,各依凡斗伤、杀法。相侵财物者,如盗窃、强夺、诈欺诓骗、恐吓求索之类。不用此加减律。仍以各条凡殴伤、杀法坐之。○6.20.313.2若殴内外缌麻、小功亲之奴婢,非折伤勿论。至折伤以上,至笃疾者,各减杀伤凡人奴婢罪二等,大功亲之奴婢减三等。至死者,不问缌麻、小功、大功,杖一百、徒三年。故杀者,绞。监候。过失杀者,各勿论。○6.20.313.3若殴内外缌麻、小功亲之雇工人,非折伤勿论。至折伤以上,至笃疾者,各减凡人罪一等,大功亲之雇工人减二等。至死及故杀者,不问缌麻、大功、小功,并绞。监候。过失杀者,各勿论。雇倩佣工之人,与有罪缘坐为奴婢者不同。然而有主仆之分,故以家长之服属亲疏论。不言殴期亲雇工人者,下条有家长之期亲若外祖父母殴雇工人律也。若他人雇工者,当以凡论。

条　例

6.20.313.(1)〔奴仆殴辱职官〕

一、凡奴仆殴辱职官者,家长笞五十,系官交该部议处。

卷二十八　刑律·斗殴下

6.20.314 奴婢殴家长

6.20.314.1 凡奴婢殴家长者，有伤、无伤，预殴之奴婢，不分首从皆斩；杀者，故杀、殴杀，预殴之奴婢，不分首从，皆凌迟处死；过失杀者，绞；监候。过失伤者，杖一百、流三千里。不收赎。若奴婢殴家长之尊卑、期亲及外祖父母者，即无伤，亦绞；监候。为从减一等。伤者，预殴之奴婢，不问首从、重轻，皆斩；监候。过失杀者，减殴罪二等；过失伤者，又减一等；故杀者，预殴之奴婢皆凌迟处死。殴家长之缌麻亲，兼内外、尊卑，但殴即坐。虽伤亦杖六十、徒一年；小功，杖七十、徒一年半；大功，杖八十、徒二年。折伤以上，缌麻加殴良人罪一等，小功加二等，大功加三等；加者，加入于死。但绞不斩。一殴一伤，各依本法。死者，预殴奴婢，皆斩。故杀亦皆斩监候。○6.20.314.2 若雇工人殴家长，及家长期亲、若外祖父母者，即无伤，亦杖一百、徒三年；伤者，不问重轻，杖一百、流三千里；折伤者，绞；监候。死者，斩；殴家长，斩决；殴家长期亲，若外祖父母，斩监候。故杀者，凌迟处死。过失杀伤者，各减本杀伤罪二等。殴家长之缌麻亲，杖八十；小功，杖九十；大功，杖一百。伤重至内损吐血以上，缌麻、小功，加凡人罪一等；大功，加二等。罪止杖一百、流三千里。死者，各斩。监候。○6.20.314.3 若奴婢有罪，或奸或盗，凡违法罪过皆是。其家长及家长之期亲，若外祖父母，不告官司而私自殴杀者，杖一百。无罪而殴杀或故杀者，杖六十、徒一年。当房人口，指奴婢之夫妇子女。悉放从良。奴婢有罪，不言折伤、笃疾者，非至死勿论也。○6.20.314.4 若家长及家长之期亲，若外祖父母，殴雇工人，不分有罪、无罪，非折伤勿论；至折伤以上，减凡人折伤罪三等；因而致死者，杖一百、徒三年；故杀者，绞。监候。○6.20.314.5 若奴婢、雇工人违犯家长及期亲、外祖父母教令，而依法于臀、腿受杖去处决罚，邂逅致死，及过失杀者，各勿论。

条　例

6.20.314.(1)〔奴婢殴死家长之期亲及外祖父母〕

一、奴婢殴家长之期亲及外祖父母至死者，皆拟斩立决。

6.20.314.(2)〔奴婢过失杀家长〕

一、奴婢过失杀家长者，拟绞立决。

6.20.314.(3)〔契买婢女〕

一、契买婢女，务照价买家人例，旗人，将文契呈明该管佐领先用图记，自赴税课司验印；民人，将文契报明本地方官钤盖印信。至旗人契买民间婢女，在京具报五城、大宛两县，在外具报该地方官，用印立案。倘有情愿用白契价买者，仍从其便。但遇殴杀、故杀，问刑衙门须验红契、白契分别科断。再旗、民所买婢女，已经配给红契家奴者,准照红契办理。

6.20.314.(4)〔家长期亲因奸致死白契所买婢女灭口〕

一、凡家长之期亲,因与人通奸,被白契所买婢女窥破,起意致死灭口之案,除婢女年在十五以上,仍照定例办理外,若将未至十五岁之婢女起意致死者,拟绞立决。若系为从,各依本例科断。

6.20.314.(5)〔为奴遣犯所携妻子被主责打身死〕

一、凡发遣黑龙江等处为奴人犯,有自行携带之妻、子,跟随本犯在主家倚食服役,被主责打身死者,照殴死雇工人例,拟杖一百、徒三年。其妻、子自行谋生,不随本犯在主家倚食者,仍以凡论。

6.20.314.(6)〔家主因图奸占致死奴仆或其妻者〕

一、凡家主将红契所买奴婢,及白契典买恩养已久奴仆之妻,妄行占夺,或图奸不遂,因将奴仆毒殴致死,或将其妻致死,审明确有实据,及本主自认不讳者,即将伊主不分官员、平人,发黑龙江当差。若所杀奴婢,系白契所买,恩养未久者,应照故杀雇工人律拟绞监候。如伊主并无奸占情弊,而奴仆诬陷其主者,仍照干名犯义律治罪。

6.20.314.(7)〔开放责打及故杀身死奴婢之父母妻子〕

一、凡旗民、官员、平人,将奴婢责打身死及故杀者,除照例治罪外,其奴仆之父母妻子,悉行开放,系旗人,听其在旗投主;系民人,放出为民,不得追收身价。

6.20.314.(8)〔奴仆背主投营挟制勒索〕

一、凡奴仆背主投营,挟制家主,勒索原契及妻子、财物,不分首从、得财与未得财,皆斩立决。若止背主投营,审无挟制勒索者,枷号四十日,杖一百,交还原主。该营初虽不知,后知而不举发者,交该部议处。

6.20.314.(9)〔家奴子息俱系家奴及家奴不遵约束或背主逃匿〕

一、凡民人家生奴仆、印契所买奴仆,并雍正十三年(1735)以前白契所买,及投靠养育年久,或婢女招配生有子息者,俱系家奴,世世子孙,永远服役,婚配俱由家主,仍造册报官存案。其婢女招配,并投靠,及所买奴仆,俱写立文契,报明本地方官钤盖印信。如有干犯家长,及家长杀伤奴仆,验明官册、印契,照奴仆本律治罪。至奴仆不遵约束,傲慢顽梗,酗酒生事者,照满洲家人吃酒行凶例,面上刺字,流二千里,交与该地方官,令其永远当苦差。有背主逃匿者,照满洲家人逃走例,折责四十板,面上刺字,交与本主,仍行存案。容留窝藏者,照窝藏逃人例治罪。

6.20.314.(10)〔白契并典当家人隶身长随等杀伤家长及家长缌麻以上亲〕

一、白契所买奴婢,如有杀伤家长及杀伤家长缌麻以上亲者,无论年限及已未配有室家,均照奴婢杀伤家长,一体治罪。其家长杀伤白契所买恩养年久、配有室家者,以杀伤奴婢论。若甫经契买,未配室家者,以杀伤雇工人论。至典当家人、隶身长随，若恩养在三年以上，或未及三年配有妻室者，如有杀伤，各依奴婢本律论。倘甫经典买，或典买、隶身未及三年并未配有妻室，及一切车夫、厨役、水火夫、轿夫、打杂受雇服役人等，平日起居不敢与共，饮食不敢与同，并不敢尔我相称，素有主仆名分，并无典卖字据者，如有杀伤，各依雇工人本律论。若农民佃户、雇倩耕种工作之人，并店铺小郎之类，平日共坐共食，彼此平等相称，不为使唤服役，素无主仆名分者，如有杀伤，各依凡人科断。至典当雇工人等，议有年限，如限内逃匿者，责三十板，仍交与本主服役。

6.20.314.(11)〔和拐契买婢女及家奴并户下陈人将女私聘于人〕

一、契买婢女，伊父母兄弟私自拐逃者，照和诱知情发遣例减一等，杖一百、徒三年，其女给主领回。若契买家奴及户下陈人，将女私聘与人，未成婚者，给还本主；已成婚者，追身价银四十两。无力者，量追一半给主；其嫁女之人，杖一百、徒三年，满日给主管束。娶主知情与同罪，不知者不坐。

6.20.314.(12)〔官员及旗人责打奴雇身死并故杀刃杀及殴杀者〕

一、凡官员将奴婢责打身死者，罚俸二年；故杀者，降二级调用；刃伤者，革职，不准折赎，杖一百。若将族中奴婢殴打死者，降二级调用；故杀者，降三级调用；各追人一口给主；刃杀者，革职，不准折赎，杖一百。殴杀他人奴婢者，革职，追人一口给主；故杀者，依律绞候。旗人将奴婢责打身死者，枷号二十日；故杀者，枷号一个月；刃杀者，枷号两个月；各鞭一百。殴雇工人致死者，枷号四十日，鞭一百。殴族中奴婢致死者，枷号两个月，鞭一百；若将族中奴婢故杀者，枷号三个月，鞭一百；刃杀者，发黑龙江当差。仍各追人一口给主。其奴婢违犯教令，而依法决罚，邂逅致死者，仍依律勿论。

6.20.314.(13)〔官员及旗人殴死故杀赎身及放出奴婢〕

一、官员殴死赎身及放出奴婢，并该奴婢之子女者，照殴死族中奴婢降二级调用例减一等，降一级调用；故杀者，照故杀族中奴婢例，降三级调用。旗人殴死赎身奴婢者，枷号四十日，鞭一百。

6.20.314.(14)〔殴故杀赎身及放出奴婢赎身及放出奴婢干犯家长并家长亲属〕

一、凡家长，及家长之期亲，若外祖父母，殴死赎身奴婢，及该奴婢之子女者，杖一百、徒三年；故杀者，拟绞监候。大功亲属，殴死赎身奴婢者，杖一百、流二千里；小功、缌麻，递加一等。故杀亦绞监候。殴死赎身奴婢之子女者，以良贱相殴论。若赎身奴婢，干犯家长并家长期服以下亲者，俱依雇工人律科断。赎身奴婢之子女，干犯家长及家长期亲、外祖父母，亦以雇工人论；干犯家长大功以下亲，以良贱相殴论。如家长或家长期服以下亲，殴、故杀放出奴婢，及放出奴婢，干犯家长并家长期服以下亲者，仍依奴婢本律定拟。殴、故杀放出奴婢之子女，或放出奴婢之子女干犯家长及家长期服以下亲者，各依雇工人律科断。其殴杀族中无服亲属之奴婢，及奴婢之子女者，杖一百、流三千里；故杀，亦绞监候。若已经赎身放出，如有杀伤、干犯，各依良贱相殴本律论；该奴婢之子女，俱以凡论。

6.20.314.(15)〔妾殴故杀奴婢〕

一、家长之妾,殴、故杀奴婢之案,除系生有子女者,即照家长之期亲殴故杀奴婢本律分别定拟外,其未生子女之妾,殴死隶身服役之婢女者,杖一百、流三千里;故杀者,拟绞监候。若与家长之众奴婢有犯,并非隶身服役之人,俱以凡论。

6.20.314.(16)〔雇工人干犯旧家长〕

一、雇工人等,干犯旧家长之案,如系因求索不遂,辞出后复借端讹诈,或挟家长撵逐之嫌,寻衅报复,并一切理曲肇衅,在辞工以前者,均即照雇工人干犯家长各本律例分别定拟;其辞出之后,别因他故起衅者,仍以凡人论。

6.20.315 妻妾殴夫

6.20.315.1 凡妻妾殴夫者,但殴即坐。杖一百,夫愿离者听。须夫自告乃坐。至折伤以上,各验其伤之轻重,加凡斗伤三等;至笃疾者,绞;决。死者,斩;决。故杀者,凌迟处死。兼魇魅蛊毒在内。○6.20.315.2 若妾殴夫及正妻者,又各加妻殴夫罪一等。加者,加入于死。但绞不斩。于家长则决,于妻则监候。若笃疾者、死者、故杀者,仍与妻殴夫罪同。○6.20.315.3 其夫殴妻,非折伤勿论。至折伤以上,减凡人二等。须妻自告乃坐。先行审问夫、妇,如愿离异者,断罪、离异;不愿离异者,验所伤应坐之罪收赎。仍听完聚。至死者,绞。监候。故杀亦绞。殴伤妾至折伤以上,减殴伤妻二等;至死者,杖一百、徒三年。妻殴伤妾,与夫殴妻罪同。亦须妾自告乃坐。过失杀者,各勿论。盖谓其一则分尊可原,一则情亲当矜也。须得过失实情,不实仍各坐本律。○夫过失杀其妻妾,及正妻过失杀其妾者,各勿论。若妻妾过失杀其夫、妾过失杀正妻,当用此律过失杀句,不可通承上二条言。○6.20.315.4 若殴妻之父母者,但殴即坐。杖六十、徒一年;折伤以上,各加凡斗伤罪二等;至笃疾者,绞;监候。死者,斩。监候。故杀者亦斩。

条 例

6.20.315.(1)〔妻殴夫夫不愿离及妻殴妾折伤概准纳赎〕

一、凡妻殴本夫,如本夫亲告,又复愿离,恩义已绝,应按律的决,不得勒追本夫银两,代妻纳赎。如本夫不愿离异,及正妻殴妾至折伤以上,仍依律科断,概准纳赎。至妾殴夫及正妻,依律分别定拟,杖罪的决,余罪收赎。

6.20.315.(2)〔妾过失杀正妻〕

一、妾过失杀正妻,比照过失杀期亲尊长律杖一百、徒三年,决杖一百,余罪收赎。

6.20.315.(3)〔妻过失杀夫〕

一、妻过失杀夫,妾过失杀家长者,俱拟绞立决。

6.20.316 同姓亲属相殴

6.20.316.1 凡同姓亲属相殴,虽五服已尽,而尊卑名分犹存者,尊长犯卑幼减凡斗一等,卑幼犯尊长加一等。不加至死。至死者，无论尊卑长幼，并以凡人论。斗杀者绞，故杀者斩。

6.20.317 殴大功以下尊长

6.20.317.1 凡卑幼殴本宗及外姻缌麻兄姊，但殴即坐。杖一百；小功兄姊，杖六十、徒一年；大功兄姊，杖七十、徒一年半。尊属又各加一等。折伤以上，各递加凡斗伤一等。罪止杖一百、流三千里。笃疾者，不问大功以下尊属，并绞；死者，斩。绞、斩，在本宗小功、大功兄姊及尊属则决，余俱监候。不言故杀者，亦止于斩也。若本宗及外姻尊长殴卑幼，非折伤勿论。至折伤以上，缌麻卑幼减凡人一等，小功卑幼减二等，大功卑幼减三等；至死者，绞。监候。不言故杀者，亦止于绞也。其殴杀同堂大功弟妹、小功堂侄及缌麻侄孙者，杖一百、流三千里。不言笃疾、至死者，罪止此。仍依律给付财产一半养赡。故杀者，绞。监候。不言过失杀者，盖各准本条论赎之法。兄之妻及伯叔母、弟之妻及卑幼之妇，在殴夫亲属律；侄与侄孙，在殴期亲律。

条　例

6.20.317.(1)〔殴功缌卑幼笃疾及死分别断产养赡〕

一、殴死同堂大功弟妹、小功堂侄及缌麻侄孙，除照律拟流外，仍断给财产一半养赡。其大功以下尊长殴卑幼至笃疾，均照律断给财产。惟殴尊长至笃疾罪应拟绞者，不在断给财产之内。

6.20.317.(2)〔卑幼图奸亲属故杀有服尊长〕

一、凡卑幼图奸亲属起衅，故杀有服尊长之案，按其服属，罪应斩决、凌迟无可复加者，于援引服制本律之上，俱声叙"卑幼因奸故杀尊长"字样。其有图奸亲属，故杀本宗及外姻有服尊长，按律罪止斩候者，均拟斩立决。

6.20.317.(3)〔殴死本宗期功缌麻尊长罪干斩决若系情轻之案〕

一、凡殴死本宗期、功尊长，罪干斩决之案，若系情轻，如卑幼实系被殴，情急抵格，无心适伤致毙之类。该督抚按律例定拟，止于案内将并非有心干犯各情节，分晰叙明，不得两请。法司会同核复，亦照本条拟罪，核其所犯情节实可矜悯者，夹签声明，恭候钦定。若与尊长互斗，系有心干犯，殴打致毙者，亦于案内将有心干犯之处，详细叙明，即按律拟以斩决。其殴死本宗缌麻，及外姻小功、缌麻尊长者，照例拟斩监候，毋庸夹签声明。惟救父情切，及本夫杀奸殴死缌麻尊长，或殴伤缌麻尊长余限外身死之案，随本声请量减，不在此例。

6.20.317.(4)〔卑幼共殴本宗外姻缌麻以上尊长尊属〕

一、卑幼共殴本宗、外姻缌麻以上尊长尊属，致成笃疾之案，除首犯依律分别绞决、绞候外，其听从帮殴之有服卑幼，如仅止手足、他物轻伤，不分服之亲疏，仍依为从减等律，问拟满流；若有折伤及刃伤者，发极边烟瘴充军。

6.20.317.(5)〔功服以下尊长因图财强盗图奸等案杀死卑幼〕

一、功服以下尊长杀死卑幼，如系图谋卑幼财产杀害卑幼之命，并强盗卑幼资财，放火杀人，及图奸谋杀等案，悉照平人谋、故杀律问拟斩候，不得复依服制宽减。其余寻常亲属相盗,及因图诈、图赖他人财物,谋、故杀死卑幼之案,仍依服制科断。

6.20.317.(6)〔功服以下尊长挟嫌杀死卑幼〕

一、功服以下尊长杀死卑幼,因其父兄伯叔素无资助,及相待刻薄,挟有夙嫌,将其十岁以下幼小子女弟侄,迁怒故行杀害,图泄私忿者,悉照凡人谋、故杀本律拟斩监候,不得复依服制科断。其挟嫌谋杀卑幼年在十一岁以上,并其余谋、故杀卑幼之案,仍照律拟绞监候。

6.20.317.(7)〔听从尊长下手殴死本宗功缌尊长尊属〕①

一、凡听从下手殴本宗小功、大功兄姊及尊属至死者,除主使之尊长,仍各按服制以为首科断外,下手之犯,审系迫于尊长威吓,勉从下手,邂逅至死者,照威力主使律为从减等拟流。若尊长仅令殴打,辄行叠殴多伤至死者,下手之犯拟斩监候。其听从殴死缌麻尊长尊属之案,依律减等拟流。

6.20.317.(8)〔殴伤功缌尊长尊属余限内外身死〕②

一、卑幼殴伤缌麻尊长尊属,余限内,果因本伤身死,仍拟死罪,奏请定夺。如蒙宽减,减为杖一百,发边远充军。若在余限外身死,按其所殴伤罪在徒、流以下者,于斩候本罪上减一等,杖一百、流三千里;其原殴伤重至笃疾者,拟绞监候。殴伤功服尊长尊属,正、余限内身死者,照旧办理。其在余限外身死之案,如殴大功、小功尊长尊属至笃疾者,仍依伤罪本律问拟绞决。讯非有心干犯,或系误伤,及情有可悯者,俱拟绞监候。若系折伤,并手足、他物殴伤,本罪止应徒、流者,既在余限之外因伤毙命,均拟绞监候,秋审时统归服制册内拟入情实办理。

6.20.317.(9)〔有服亲属同谋共殴致死之案〕

一、凡有服亲属同谋共殴致死之案,除下手伤重之犯,及期服卑幼律应不分首从者,仍各依本律问拟外,其原谋如系缌麻尊长,减凡人一等;期、功尊长,各以次递减。若系缌麻卑幼,加凡人一等;大功、小功卑幼,各以次递加。

6.20.317.(10)〔殴伤卑幼因风身死〕

一、凡尊长殴伤卑幼因风身死之案,各按服制,依殴死卑幼本律本例定拟,仍查照凡人斗殴因风身死之例,分别正限、余限内外,递减科断。

6.20.317.(11)〔殴伤卑幼余限内身死〕

一、凡尊长殴伤卑幼,保辜正限外、余限内,果因本伤身死,各按服制,于殴死卑幼本律例减一等定拟。罪应拟绞者,奏请定夺。

6.20.317.(12)〔于亲母继母等项之父母及各项甥舅有犯〕

一、凡于亲母之父母有犯,仍照本律定拟外,其于在堂继母之父母,庶子嫡

① 同治九年(1870)修改。

② 咸丰二年(1852)修改。

母在，为嫡母之父母，庶子为在堂继母之父母，庶子不为父后者，为己母之父母，若己母系由奴婢家生女收买为妾，及其父母系属贱族者，不在此例。为人后者，为所后母之父母，及本生母之父母，嫁母之父母等七项有犯，即照卑幼犯本宗小功尊属律，殴杀，谋、故杀，均拟斩立决；谋杀已行已伤，及斗殴伤，亦各照本宗服制本律分别定拟。至亲母、继母等各项甥舅等有犯，俱照外姻尊卑长幼本律治罪。与嫁母之弟兄有犯，以凡论。如尊长有于非所自出之外孙及甥等故加凌虐，或至于死，承审官临时权其曲直，按情治罪，不必以服制为限。

6.20.317.(13)〔持械抵格情同互斗致死期功尊长尊属〕①

一、致死期、功尊长尊属，除与他人斗殴，误伤致毙，或被尊长揪扭，刀械交加，身受多伤，无处躲避，实系徒手抵格适伤致毙，或死者罪犯应死，及淫恶蔑伦，并救亲情切各项情节，仍准夹签外，其余持械抵格，情同互斗，概从本律问拟斩决。不得以被殴抵格、夺刀自戳等词，曲为开脱，夹签声请。

6.20.317.(14)〔致毙平人一命复致毙期功尊长尊属之案〕②

一、致毙平人一命，复致毙期、功尊长尊属之案，除另毙之命，律不应抵，或例得随本减流，并误杀、擅杀、戏杀、殴死妻及卑幼，暨秋审应入可矜等项，及例内指明被杀之尊属尊长，罪犯应死，淫恶蔑伦，并救亲情切，听从尊长主使殴毙，仍按服制拟罪，准将可原情节夹签声请外，其余另犯谋、故、斗杀，复致毙期、功尊属尊长，虽系误杀情轻，亦不准夹签声请，以重伦常。

6.20.317.(15)〔卑幼殴死本宗功服尊长尊属〕③

一、卑幼殴死本宗功服尊长尊属之案，于叙案后毋庸添入"诘非有心致死"句，专用"实属有心干犯"勘语，以免牵混。其例内载明情轻，如被殴抵格无心适伤之类，仍于勘语内声明"并非有心干犯"，以便分别夹签。

6.20.318 殴期亲尊长

6.20.318.1 凡弟妹殴同胞兄姊者，杖九十、徒二年半；伤者，杖一百、徒三年；折伤者，杖一百、流三千里；刃伤，不论轻重。及折肢，若瞎其一目者，绞；以上各依首从法。死者，不分首从皆斩。若侄殴伯叔父母、姑，是期亲尊属。及外孙殴外祖父母，服虽小功，其恩义与期亲并重。各加殴兄姊罪一等；加者，不至于绞。如刃伤、折肢、瞎目者，亦绞。至死者，亦皆斩。其过失杀伤者，各减本杀伤兄姊及伯叔父母、姑、外祖父母罪二等；不在收赎之限。故杀者，皆不分首从。凌迟处死。若卑幼与外人谋、故杀亲属者，外人造意、下手、从而加功、不加功，各依凡人本律科罪，不在皆斩、皆凌迟之限。其期亲兄姊殴杀弟妹，及伯叔、姑殴杀侄并侄孙，若外祖父母殴杀外孙者，杖一百、徒三年；故杀者，杖一百、流二千里；笃疾至折伤以下，俱勿论。过失杀者，各勿论。

---

① 同治九年（1870）续纂。
② 同治九年（1870）续纂。
③ 同治九年（1870）续纂。

条 例

6.20.318.(1)〔卑幼殴期尊执刃赶杀〕

一、凡卑幼殴期亲尊长，执有刀刃赶杀，情状凶恶者，虽未伤，依律发近边充军。

6.20.318.(2)〔故杀及殴死期亲弟妹〕

一、凡故杀期亲弟妹，照故杀大功弟妹律，均拟绞监候。其殴期亲弟妹致死者，照本律满徒加一等，杖一百、流二千里。

6.20.318.(3)〔卑幼误伤尊长至死罪干斩决审非逞凶干犯〕

一、凡卑幼误伤尊长至死，罪干斩决，审非逞凶干犯，仍准叙明可原情节，夹签请旨。其有本犯父母因而自戕殒命者，俱改拟绞决，毋庸量请末减。

6.20.318.(4)〔卑幼争奸将尊长刃伤及折肢〕

一、期亲尊长与卑幼争奸互斗，卑幼将尊长刃伤及折肢，罪干立决者，除卑幼依律问拟外，将争奸肇衅之尊长杖一百、流二千里。如非争奸，仍各依律例本条科断。

6.20.318.(5)〔期亲卑幼因救护父母殴伤伯叔等尊属〕

一、期亲卑幼殴伤伯叔等尊属，审系父母被伯叔父母、姑、外祖父母殴打，情切救护者，照律拟以杖一百、流二千里，刑部夹签声明量减一等，奏请定夺。

6.20.318.(6)〔僧尼干犯在家祖父母父母及杀伤内外有服尊长〕

一、凡僧尼干犯在家祖父母、父母，及杀伤本宗、外姻有服尊长，各按服制定拟。若杀伤本宗、外姻卑幼，无论斗殴、谋、故，俱以凡论。本宗、外姻尊长卑幼，杀伤出家之亲属，仍各依服制科断。道士、女冠、喇嘛有犯，一例办理。

6.20.318.(7)〔内外有服尊长尊属挟嫌故残卑幼至笃疾〕

一、内外有服尊长尊属殴卑幼之案，如由卑幼触犯，依理训责，及因事互殴，邂逅致成笃疾者，期亲尊长尊属及外祖父母，照律勿论；大功以下尊长尊属，照律减科，仍断给财产一半养赡。若卑幼并无干犯，尊长挟有嫌隙，非理毒殴，故残卑幼至笃疾者，期亲兄姊及功服尊长尊属，俱杖一百、徒三年；期亲伯叔、姑、外祖父母，杖九十、徒二年半；缌麻尊长尊属，杖一百、流二千里；不准照律科断，仍均断给财产一半养赡。

6.20.318.(8)〔期尊因争产夺职及挟仇隙执持凶器故杀弟侄〕

一、期亲尊长因争夺弟侄财产、官职，及平素仇隙不睦，有意执持凶器故杀弟侄者，如被杀弟侄年在十一岁以上，将故杀之尊长拟绞监候，仍断给财产一半与被杀之家养赡。若弟侄年在十岁以下，幼小无知，尊长因图占财产、官职，挟嫌惨杀毒毙者，悉依凡人谋故杀律，拟斩监候。如无争夺、挟仇情节，无论年岁，仍照本律例定拟。

6.20.318.(9)〔期亲弟妹殴死兄姊之案〕

一、期亲弟妹殴死兄姊之案，如死者淫恶蔑伦，复殴詈父母，经父母喝令殴毙者，定案时仍照律拟罪，法司核拟时，照王仲贵之案，随本改拟杖一百、流三千里，请旨定夺。其殴毙罪犯应死兄姊,与王仲贵案内情节未符者,仍照殴死尊长情轻之例,照律拟罪,夹签声明,不得滥引此例。

6.20.318.(10)〔期亲以下有服尊长杀死有罪卑幼〕

一、期亲以下有服尊长,杀死有罪卑幼之案,如卑幼罪犯应死者,为首之尊长,俱照擅杀应死罪人律杖一百;听从下手之犯,勿论尊长、凡人,各杖九十。其罪不至死之卑幼,果系积惯匪徒,怙恶不悛,人所共知,确有证据,尊长因玷辱祖宗起见,忿激致毙者,无论谋、故,为首之尊长,悉按服制,于殴杀卑幼各本律本例上减一等;听从下手之犯,无论尊长、凡人,各依余人律杖一百。若卑幼并无为匪确证,尊长假托公忿,报复私仇,或一时一事,尚非怙恶不悛情节,惨忍致死,并本犯有至亲服属,并未起意致死,被疏远亲属起意致死者,如有祖父母、父母者,期亲以下亲属以疏远论;虽无祖父母、父母,尚有期亲服属者,功、缌以下以疏远论,余仿此。均照谋、故、殴杀卑幼各本律本例定拟,不得滥引此例。

6.20.318.(11)〔卑幼因斗施放枪铳致伤期亲尊长尊属及外祖父母〕

一、卑幼如因事争斗,有心施放鸟枪、竹铳,致伤期亲尊长尊属及外祖父母者,照刃伤例问拟绞决。若非有心干犯,或系误伤,及情有可悯者,拟绞监候。

6.20.318.(12)〔殴伤期亲尊长尊属及外祖父母在余限外身亡之案〕①

一、殴伤期亲尊长尊属及外祖父母,正、余限内身死者,照旧办理。其在余限外身死之案,如系金刃致伤,并以手足、他物殴至折肢瞎目者,仍依伤罪本律,问拟绞决。讯非有心干犯,或系误伤,及情有可悯者,俱拟绞监候。若系折伤,并手足、他物殴伤,本罪止应徒、流者,既在余限之外因伤毙命,均拟绞监候,秋审时,统归服制册内拟入情实。其刃伤并折肢、瞎目伤而未死之案,如衅起挟嫌,有心致伤者,依律问拟绞决。若讯非有心干犯,若系误伤,及情有可悯者,俱拟绞监候。均毋庸夹签声请。

6.20.318.(13)〔期亲尊长主使卑幼共殴以次尊长尊属致死之案〕②

一、期亲卑幼,听从尊长主使,共殴以次尊长尊属致死之案,讯系迫于尊长威吓,勉从下手,邂逅致死者,仍照本律问拟斩决,法司核议时夹签声请,恭候钦定。不得将下手伤轻之犯,止科伤罪。如尊长仅令殴打,辄行叠殴多伤至死者,即照本律问拟,不准声请。

6.20.319 殴祖父母父母

6.20.319.1 凡子孙殴祖父母、父母,及妻妾殴夫之祖父母、父母者,皆斩;杀者,皆凌迟处死;其为从有服属不同者,自依各条服制科断。过失杀者,杖一百、流三千里;伤者,杖一百、徒三年。俱不在收赎之例。○6.20.319.2 其子孙违犯教令,而祖父母、父母不依法决罚,而横加殴打,非理殴杀者,杖一百;故杀者,

① 咸丰二年(1852)移改,自刑律·斗殴·殴大功以下尊长条移入。

② 同治九年(1870)修并移改。

无违犯教令之罪为故杀。杖六十、徒一年。嫡、继、慈、养母杀者，终与亲母有间。殴杀、故杀，各加一等。致令绝嗣者，殴杀、故杀，绞。监候。若祖父母、父母，嫡、继、慈、养母非理殴子孙之妇此妇字，乞养者同。及乞养异姓子孙，折伤以下勿论。致令废疾者，杖八十；笃疾者，加一等。子孙之妇，及乞养子孙并令归宗。子孙之妇，笃疾者。追还初归嫁妆，仍给养赡银十两；乞养子孙，笃疾者。拨付合得所分财产养赡。不在给财产一半之限。如无财产，亦量照子孙之妇给银。至死者，各杖一百、徒三年；故杀者，各杖一百、流二千里。其非理殴子孙之妾，各减殴妇罪二等。不在归宗、追给嫁妆、赡银之限。○6.20.319.3其子孙殴骂祖父母、父母，及妻妾殴骂夫之祖父母、父母，而祖父母、父母，夫之祖父母、父母，因其有罪殴杀之，若违犯教令，而依法决罚，邂逅致死，及过失杀者，各勿论。

条　例

6.20.319.(1)〔继母告子不孝及伯叔兄姊等奏告弟侄等打骂〕

一、继母告子不孝，及伯叔父母、兄姊，伯叔祖，同堂伯叔父母、兄姊，奏告弟侄人等打骂者，俱行拘四邻、亲族人等审勘是实，依律问断。若有诬枉，即与辩理。果有显迹伤痕，输情服罪者，不必行勘。

6.20.319.(2)〔子孙误伤祖父母父母致死〕

一、子孙误伤祖父母、父母致死，律应凌迟处死者，仍照本律定拟，援引白鹏鹤案内钦奉谕旨及陇阿候案内钦奉谕旨，恭候钦定。其误伤祖父母、父母，律应斩决者，仍照本律定拟，援引樊魁案内钦奉谕旨，恭候钦定。至误杀、误伤夫之祖父母、父母，亦照此例办理。

6.20.319.(3)〔过失杀祖父母父母〕

一、子孙过失杀祖父母、父母，及子孙之妇过失杀夫之祖父母、父母者，俱拟绞立决。

6.20.319.(4)〔子孙殴伤祖父母父母〕

一、凡子孙殴祖父母、父母案件，审无别情，无论伤之轻重，即行奏请斩决。如其祖父母、父母因伤身死，将该犯锉尸示众。

6.20.319.(5)〔嫡继母殴故杀庶生及前妻之子〕

一、凡嫡母殴、故杀庶生之子，继母殴、故杀前妻之子，审系平日抚如己出，而其子不孝，经官讯验有据。即照父母殴、故杀子孙律，分别拟以杖、徒，不必援照嫡、继母加亲母一等之律。如伊子本无违犯教令，而嫡母、继母非理殴杀、故杀者，除其夫现有子嗣，仍依律加等定拟外，若现在并无子嗣，俱照律拟绞监候，听伊夫另行婚娶。系殴杀者，嫡母、继母俱拟缓决；如系故杀者，嫡母入于缓决，继母入于情实。至嫡母、继母为己子图占财产、官职，故杀庶生及前妻之子者，俱拟绞监候，嫡母入于缓决，继母入于情实。应入缓决者，永远监禁；应入情实者，如蒙恩免勾，仍行永远监禁，遇赦俱不准减等。

6.20.319.(6)〔义子于义父母及义父之祖父母父母并期尊外祖父母有犯〕

一、凡义子过房在十五岁以下，恩养年久，或十六岁以上，曾分有财产，配有室家,若于义父母及义父之祖父母、父母,有犯殴骂、侵盗、恐吓诈欺、诬告等情,即同子孙取问如律。若义父母及义父之祖父母、父母,殴、故杀伤义子者,并以殴、故杀伤乞养异姓子孙论。若过房虽在十五以下,恩养未久,或在十六以上,不曾分有财产,配有室家,有违犯及杀伤者,并以雇工人论。义子之妇,亦依前拟岁数,照本例科断。〇其义子后因本宗绝嗣,有故归宗,而义父母与义父之祖父母、父母,无义绝之状,原分家产、原配妻室不曾拘留,遇有违犯,仍以雇工人论。若犯义绝,及夺其财产、妻室,并同凡人论。义绝,如殴义子至笃疾,当令归宗;及有故归宗,而夺其财产、妻室,亦义绝也。〇义父之期亲尊长并外祖父母,如义子违犯,及杀伤义子者,不论过房年岁,并以雇工人论;义绝者,以凡论。其余亲属,不分义绝与否,并同凡人论。

6.20.319.(7)〔因奸将子女及媳致死灭口〕

一、因奸将子女致死灭口者,无论是否起意,如系亲母,拟绞监候,不论现在有无子嗣,入于缓决,永远监禁。若系嫡母,拟绞监候;继母、嗣母,拟斩监候。查明其夫只此一子,致令绝嗣者,俱入于秋审情实;若未致绝嗣者,入于缓决,永远监禁。至姑因奸将媳致死灭口者,如系亲姑、嫡姑,拟绞监候;若系继姑,拟斩监候。均入于缓决,永远监禁。奸夫仍各分别造意、加功,照律治罪。

6.20.319.(8)〔子妇殴毙翁姑犯夫匿报贿和〕

一、子妇殴毙翁姑之案,如犯夫有匿报、贿和情事,拟绞立决。其仅止不能管教其妻,实无别情者,将犯夫于犯妇凌迟处所,先重责四十板,看视伊妻受刑后,于犯事地方枷号一个月,满日仍重责四十板发落。

6.20.319.(9)〔子妇拒奸殴伤伊翁〕

一、子妇拒奸殴伤伊翁之案,审明实系猝遭强暴,情急势危,仓猝捍拒,或伊翁到官供认不讳,或亲串邻佑指出素日淫恶实迹,或同室之人确有见闻,证据毫无疑义者,仍依殴夫之父母本律定拟。刑部核复时,恭录邢杰案内谕旨,将应否免罪释放之处,奏情定夺。倘系有心干犯,事后装点捏饰,并无确切证据,或设计诱陷伊翁,因而致伤者,仍照本律定拟,不得滥引此例。

6.20.319.(10)〔本宗为人后者之子孙于本生亲属有犯〕

一、凡本宗为人后者之子孙,于本生亲属孝服,只论所后宗支亲属服制。如于本生亲属有犯,俱照所后服制定拟。其异姓义子与伊所生子孙,为本生父母亲属孝服,亦俱不准降等,各项有犯,仍照本宗服制科断。

6.20.319.(11)〔为人后及女出嫁者于本生祖父母父母伯叔兄姊有犯〕

一、为人后及女之出嫁者,如于本生祖父母、父母有犯,仍照殴祖父母父母律定罪。其伯叔、兄姊以下,均依律服图降一等科罪。尊长杀伤卑幼同。

6.20.319.(12)〔子妇拒奸殴毙伊翁〕

一、子妇拒奸殴毙伊翁之案,如果实系猝遭强暴,情急势危,仓猝捍拒,确有证据,毫无疑义者,仍照殴夫之父母本律定拟,刑部核复时,援引林谢氏成案,将可否改为斩监候之处,奏请定夺。若系有心干犯,事后装点捏饰,并无确切证据,或设计诱陷伊翁,因而致死,及事后殴毙,并非仓猝捍拒致死者,仍照本律定拟,不得滥引此例。

6.20.320 妻妾与夫亲属相殴

6.20.320.1 凡妻妾殴夫之期亲以下、缌麻以上本宗、外姻尊长,与夫殴同罪;或殴,或伤,或折伤,各以夫之服制科断。其有与夫同绞罪者,仍照依名例至死减一等,杖一百、流三千里。至死者,各斩。监候。缌麻亲兼妾殴妻之父母在内。此不言故杀者,其罪亦止于斩也。不言殴夫之同姓无服亲属者,以凡人论。○6.20.320.2 若妻殴伤卑属,与夫殴同;各以夫殴服制科断。至死者,绞。监候。此夫之缌麻、小功、大功卑属也,虽夫之堂侄、侄孙及小功侄孙亦是。若殴杀夫之兄弟子,杖一百、流三千里;不得同夫拟徒。故杀者,绞。监候。不得同夫拟流。妾犯者,各从凡斗法。不言夫之自期以下弟妹者,殴夫之弟妹,但减凡一等,则此当以凡论。○6.20.320.3 若期亲以下、缌麻以上尊长殴伤卑幼之妇,减凡人一等;妾,又减一等。至死者,不拘妻、妾,绞。监候。故杀亦绞。○6.20.320.4 若弟妹殴兄之妻,加殴凡人一等。其不言妻殴夫兄之妻者,与夫殴同。○6.20.320.5 若兄姊殴弟之妻,及妻殴夫之弟妹及夫弟之妻,各减凡人一等;若殴妾者,各又减殴妻一等。不言妻殴夫兄之妾者,亦与夫殴同。不言弟妹殴兄之妾,及殴大功以下兄弟妻妾者,皆以凡论。○6.20.320.6 其殴姊妹之夫、妻之兄弟,及妻殴夫之姊妹夫者,有亲无服,皆为同辈,以凡斗论;若妾犯者,各加夫殴、妻殴一等。加不至于绞。○6.20.320.7 若妾殴夫之妾子,减凡人二等;以其近于子也。殴妻之子,以凡人论。所以别妻之子于妾子也。若妻之子殴伤父妾,加凡人一等;所以尊父也。妾子殴伤父妾,又加二等。为其近于母也。共加凡人三等,不加至于绞。至死者,各依凡人论。此通承本节弟妹殴兄之妻以下而言也。死者绞,故杀者斩。

条　例

6.20.320.(1)〔妻之子殴伤生有子女之庶母及妾之子殴伤庶母〕

一、妻之子殴伤生有子女之庶母者,照弟妹殴兄姊律杖九十、徒二年半。妾之子殴伤庶母者,加二等。如殴至死者,俱拟斩监候。其谋、故杀死,亦拟斩监候。于秋审时酌量情罪,分别定拟。

6.20.320.(2)〔嫡孙众孙殴伤及谋故杀庶祖母〕

一、嫡孙、众孙殴伤庶祖母者,照殴伤庶母例,减一等科断;至死者,拟绞监候;谋、故杀者,拟斩监候,秋审时酌量情节办理。若庶祖母殴杀嫡孙、众孙者,仍同凡论。

6.20.321 殴妻前夫之子

6.20.321.1 凡殴妻前夫之子者,谓先曾同居,今不同居者。其殴伤、折伤,减凡人一等;同居者,又减一等。至死者,绞。监候。○6.20.321.2 若殴继父者,亦谓先曾同居,今不同居者。杖六十、徒一年;折伤以上,加凡斗伤一等。同居者,又加一等。至笃疾罪止杖一百、流三千里,不加于死,仍给财产一半养赡。至死者,斩。监候。○6.20.321.3 其故杀及自来不曾同居者,不同父殴子、子殴父,各以凡人论。

6.20.322 妻妾殴故夫父母

6.20.322.1 凡妻妾夫亡改嫁，殴故夫之祖父母、父母者，并与殴舅姑罪同。其旧舅姑殴已故子孙改嫁妻妾者，亦与殴子孙妇同。妻妾被出，不用此律，义已绝也。○6.20.322.2 若奴婢殴旧家长，及家长殴旧奴婢者，各以凡人论。此亦自转卖与人者言之。奴婢赎身，不用此律，义未绝也。

6.20.323 父祖被殴

6.20.323.1 凡祖父母、父母为人所殴，子孙即时少迟，即以斗殴论。救护而还殴，行凶之人，非折伤勿论。至折伤以上，减凡斗三等。虽笃疾，亦得减流三千里为徒二年。至死者，依常律。○6.20.323.2 若祖父母、父母为人所杀，而子孙不告官擅杀行凶人者，杖六十。其即时杀死者勿论。少迟，即以擅杀论。

○6.20.323.3 若与祖父母、父母同谋共殴人，自依凡人首从法。又祖父母、父母被有服亲属殴打，止宜救解，不得还殴。若有还殴者，仍依服制科罪。○6.20.323.4 父、祖外其余亲属人等被人杀，而擅杀行凶人，审无别项情故，依罪人本犯应死而擅杀律，杖一百。

条　例

6.20.323.(1)〔救亲及夫殴毙人命〕

一、人命案内，如有祖父母、父母及夫被人殴打，实系事在危急，其子孙及妻救护情切，因而殴死人者，于疏内声明，分别减等，援例两请，候旨定夺。其或祖父母、父母及夫与人口角，主令子孙及妻将人殴打致死，或祖父母、父母及夫先与人寻衅，其子孙及妻踵至助势，共殴毙命，俱仍照各本律科断，不得援危急救护之例，概拟减等。

6.20.323.(2)〔子孙复仇杀害在逃及释回之杀父凶犯〕①

一、祖父母，父母为人所杀，凶犯当时脱逃，未经到官，后被死者子孙撞遇杀死者，照擅杀应死罪人律杖一百。其凶犯虽经到官拟抵，或于遇赦减等发配后，辄敢潜逃回籍，致被死者子孙擅杀者，杖一百、流三千里。若本犯拟抵后，援例减等问拟军、流，遇赦释回者，国法已伸，不当为仇。如有子孙仍敢复仇杀害者，仍照谋、故杀本律定拟，入于缓决，永远监禁。至释回之犯，复向死者子孙寻衅争闹，或用言讥诮，有心欺凌，确有实据者，即属怙恶不悛，死者子孙忿激难堪，因而起意复仇致毙者，仍于谋、故杀本律上减一等，拟以杖一百、流三千里。

6.20.323.(3)〔救亲殴死有服尊长卑幼〕

一、祖父母、父母被本宗缌麻尊长及外姻小功、缌麻尊长殴打，实系事在危急，卑幼情切救护，因而殴死尊长者，于疏内声明，减为杖一百，发边远充军，照例两请，候旨定夺。若并非事在危急，仍照律拟罪，秋审时核其情节，入于缓决。致父母被卑幼殴打，实系事在危急，救护情切，因而殴死卑幼，罪应绞候者，于疏内声明，减为杖一

---

① 咸丰二年(1852)修改。

百、流三千里，候旨定夺。如殴杀卑幼，罪不应抵者，各于殴杀卑幼本律上减一等，仍断给财产一半养赡。若并非事在危急，仍照殴杀卑幼各本律问拟，均不得滥引此例。

6.20.323.(4)〔殴毙犯亲有服卑幼确系救亲情急且非理曲肇衅者〕①

一、救亲殴毙人命之案，除听从父母主令将人殴死，或父母先与人寻衅，助势共殴，及理曲肇衅，累父母被殴，已复逞凶致毙人命者，虽死系犯亲卑幼，父母业经受伤，应仍将凶犯各照本律定拟，不准声请减等外，若无前项情节，确由救亲起衅，如死者系犯亲本宗、外姻有服卑幼，先将尊长殴伤，共子目击父母受伤，情急救护，将其致毙，不论是否实系事在危急，及有无互殴情形，定案时仍照本律定拟，援引孟传冉案内钦奉谕旨，声明照例两请，候旨定夺。其并非犯亲卑幼，及父母并未受伤之案，应仍分别是否事在危急，照例定拟。如案系谋、故杀，及火器杀人，并死系凶犯有服尊长，虽衅起救亲，均仍各照本律问拟，不得援例声请。

① 同治九年(1870)续纂。

卷二十九　刑律·骂詈

6.21 骂　詈

6.21.324 骂　人

6.21.324.1 凡骂人者，笞一十。互相骂者，各笞一十。

6.21.325 骂制使及本管长官

6.21.325.1 凡奉制命出使而官吏骂之者，及部民骂本属知府、知州、知县，军士骂本管官，若吏卒骂本部五品以上长官，杖一百。若吏卒骂六品以下长官，各（指六品至杂职。各于杖一百上）减三等；（军、民、吏卒）骂（本属、本管、本部之）佐贰官、首领官，又各递减一等，并亲闻乃坐。

条　例

6.21.325.(1)〔毁骂公侯驸马伯及京省文武职三二品以上官〕

一、凡毁骂公、侯、驸马、伯，及京省文职三品以上、武职二品以上官者，杖一百、枷号一个月发落。

6.21.325.(2)〔妄叫冤枉辱骂原问官〕

一、凡在长安门外等处妄叫冤枉，辱骂原问官者，杖一百，用重枷号一个月发落。妇人有犯，罪坐夫男。若不知情，及无夫男者，止坐本妇，照常发落。

6.21.326 佐职统属骂长官

6.21.326.1 凡首领官及统属官骂五品以上长官，杖八十；若骂六品以下长官，减三等。（笞五十。）佐贰官骂长官者，又各减二等。（五品以上，杖六十；六品以下，笞三十。）并亲闻乃坐。

6.21.327 奴婢骂家长

6.21.327.1 凡奴婢骂家长者，绞；（监候。）骂家长之期亲及外祖父母者，杖八十、徒二年；大功，杖八十；小功，杖七十；缌麻，杖六十。若雇工人骂家长者，杖八十、徒二年；骂家长期亲及外祖父母，杖一百；大功，杖六十；小功，笞五十；缌麻，笞四十。并亲告乃坐。（以分相临，恐有谗间之言，故须亲闻。以情相与，或有容隐之意，故须亲告。）

6.21.328 骂尊长

6.21.328.1 凡骂(内、外)缌麻兄姊,笞五十;小功兄姊,杖六十;大功兄姊,杖七十。尊属,(兼缌麻、小功、大功。)各加一等。若骂(期亲同胞)兄姊者,杖一百;伯叔父母、姑、外祖父母,各加(骂兄姊)一等。并须亲告乃坐。(弟骂兄妻,比照殴律,加凡人一等。)

6.21.329 骂祖父母父母

6.21.329.1 凡骂祖父母、父母,及妻妾骂夫之祖父母、父母者,并绞。须亲告乃坐。

条 例

6.21.329.(1)〔毁骂祖父母父母等告息词者〕

一、凡毁骂祖父母、父母,及夫之祖父母、父母,告息词者,奏请定夺。再犯者,虽有息词,不与准理。若祖父母、父母听信后妻、爱子蛊惑,谋袭官职、争夺财产等项,捏告打骂者,究问明白,不拘所犯次数,亦与辩理。

6.21.330 妻妾骂夫期亲尊长

6.21.330.1 凡妻妾骂夫之期亲以下、缌麻以上(内、外)尊长,与夫骂罪同。妾骂夫者,杖八十;妾骂妻者,罪亦如之;若骂妻之父母者,杖六十。并须亲告乃坐。(律无妻骂夫之条者,以闺门敌体之义恕之也。若犯,拟不应笞罪可也。)

6.21.331 妻妾骂故夫父母

6.21.331.1 凡妻妾夫亡改嫁,(其义未绝。)骂故夫之祖父母、父母者,并与骂舅姑罪同。(按妻若夫在被出,与夫义绝,及姑、妇俱改嫁者,不用此律。又子孙之妇守志在室,而骂已改嫁之亲姑者,与骂夫期亲尊属同。若嫡、继、慈、养母已嫁,不在骂姑之例。)○6.21.331.2 若奴婢(转卖与人,其义已绝。)骂旧家长者,以凡人论。(其赎身奴婢骂旧家长者,仍依骂家长本律论。)

卷三十　刑律·诉讼

6.22 诉　讼

6.22.332 越　诉

6.22.332.1 凡军民词讼,皆须自下而上陈告。若越本管官司,辄赴上司称诉者,(即实亦)笞五十。(须本管官司不受理,或受理而亏枉者,方赴上司陈告。)○6.22.332.2 若迎车驾及击登闻鼓申诉而不实者,杖一百;(所诬不实之)事重(于杖一百)者,从(诬告)重(罪)论。得实者免罪。(若冲突仪仗,自有本律。)

条　例

6.22.332.(1)〔车驾行幸有申诉者〕

一、凡车驾行幸瀛台等处,有申诉者,照迎车驾申诉律拟断。车驾出郊行幸,有申诉者,照冲突仪仗律拟断。

6.22.332.(2)〔擅入禁门诉冤〕

一、擅入午门、长安等门内叫诉冤枉,奉旨勘问,得实者,枷号一个月,满日杖一百。若涉虚者,杖一百,发边远地方充军。其临时奉旨止拿犯人治罪者,所诉情词,不分虚实,立案不行,仍将本犯枷号一个月发落。

6.22.332.(3)〔跪午门长安等门及打石狮鸣冤〕

一、凡跪午门、长安等门,及打长安门内石狮鸣冤者,俱照擅入禁门诉冤例治罪。若打正阳门外石狮者,照损坏御桥例治罪。

6.22.332.(4)〔身藏金刃欲行叩阍擅入禁门及违禁入堂子跪告〕

一、凡奸徒身藏金刃,欲行叩阍,擅入午门、长安等门者,不问所告虚实,立案不行,仍杖一百,发近边充军。若违禁入堂子跪告者,杖一百。

6.22.332.(5)〔假以建言为由挟制官府并以奸赃污人及意图翻异聚众击鼓自刎自尽〕

一、凡假以建言为由,挟制官府,及将暧昧不明奸赃事情,污人名节,报复私仇者,文武官俱革职,军民人等皆发附近充军。其有曾经法司、督抚等衙门问断明白,意图翻异,辄于登闻鼓下及长安左右门等处自刎、自缢,撒泼喧呼者,或因小事纠集多人,越墙进院,突入鼓厅,妄行击鼓谎告者,拿送法司,追究主使教唆之人,与首犯俱杖一百、徒三年,余人各减一等。如有捏开大款,欲思报复,并将已经法司、督抚衙门断明事件,意图翻异,聚众击鼓者,将首犯照擅入午门长安等门叫诉冤枉例,发边远地方充军,余人亦各减一等发落。如究出教令主使之人,身虽不行,亦照首犯治罪。至各省军民人等赴京控诉事件,如有在刑部、都察院、步军统领各衙门前,故自伤残者,拿获严追主使教唆之人,与自伤未死之本犯,均照于登闻鼓下及长安左右门自刎自缢例,减一等,杖九十、徒二年半,余人再减一等。如自戕之犯身死,亦究明主使教唆及预谋各犯,分别治罪。倘诬告之罪有重于本罪者,仍各从其重者论。

6.22.332.(6)〔干己词讼故令老幼残疾等抱赍奏诉〕

一、军民人等干己词讼,若无故不行亲赍,并隐下壮丁,故令老幼残疾、妇女家人抱赍奏诉者,俱各立案不行,仍提本身或壮丁问罪。

6.22.332.(7)〔奏告机密重事不实及全诬十人以上〕

一、凡蓦越赴京及赴督抚、按察司官处,各奏告机密重事不实,并全诬十人以上者,发边远充军。如有干系重大事情,临时酌量办理。

6.22.332.(8)〔刁徒身背黄袱口称奏诉直入衙门挟制官吏〕

一、在外刁徒,身背黄袱,头插黄旗,口称奏诉,直入衙门挟制官吏者,所在官司就拿送问。若系干己事情,及有冤枉者,照例审断,仍治以不应重罪。其不系干己事情,别无冤枉,并究追主使之人,一体问罪,俱发近边充军。

6.22.332.(9)〔在外州县事款干碍本官不便控告〕

一、凡在外州县有事款干碍本官,不便控告,或有冤抑审断不公,须于状内将控过衙门审过情节开载明白,上司官方许受理。若未告州县,及已告州县不候审断越诉者,治罪。上司官违例受理者,亦议处。

6.22.332.(10)〔户婚等细事不得于原告所住州县告理〕

一、户婚、田土、钱债、斗殴、赌博等细事,即于事犯地方告理,不得于原告所住之州县呈告。原籍之官,亦不得滥准行关;彼处之官,亦不得据关拘发,违者分别议处。其于事犯地方官处告准,关提质审,而彼处地方官匿犯不解者,照例参处。

6.22.332.(11)〔旗军挟告诈财〕

一、旗军有欲陈告运官不法事情者,许候粮运过淮,并完粮回南之日,赴漕司告理。如赴别衙门挟告诈财者,听该管官即拿送问。犯该徒罪以上,调发近边充军。

6.22.332.(12)〔词讼未经该管衙门辄赴控院司道府〕

一、词讼未经该管衙门控告,辄赴控院、司、道、府,如院、司、道、府滥行准理,照例议处。其业经在该管衙门控理,复行上控,先将原告穷诘,果情理近实,始行准理。如审理属虚,除照诬告加等律治罪外,先将该犯枷号一个月示众。

6.22.332.(13)〔八旗人等违例在地方官滥行呈递〕

一、八旗人等,如有应告地亩,在该旗佐领处呈递。如该佐领不为查办,许其赴部及步军统领衙门呈递。其有关涉民人事件,即行文严查办理。若违例在地方官滥行呈递者,照违制律从重治罪。该管官员,俱各严行议处。

6.22.332.(14)〔民人京控依曾否于本省历控及翻控情节轻重分别办理〕

一、外省民人赴京控诉，究问曾否在本省各衙门呈告有案，令其出结。如未经控理，将该犯解回本省，令督抚等秉公审拟题报。其先经历控本省各衙门，已据审结题咨到部，复又来京翻控者，即交刑部将现控呈词核对原案。如所控情事与原案只小有不符，无关罪名轻重者，毋庸再为审理，即将翻控之犯照律治罪。若核与达部案情迥不相符，而又事关重大者，或曾在本省历控，尚未审结报部，虚实难以悬定者，将该犯交刑部暂行监禁，提取该省案卷来京核对质讯，或交该省督抚审办，或请钦派大臣前往，临时酌量请旨查办。如本省未经呈告，捏称已告者，照诬告加等律再加一等治罪。

6.22.332.(15)〔被告事发赴别衙门朦胧告理或赴京奏诉并牵扯别事希图延宕拖累〕

一、为事官吏、生监、军民人等，赴京奏诉一应事情，审系被人奏告，曾经督抚或在京法司见问未结者，仍行原问各该衙门并问归结。若曾被人在督抚或在京法司具告事发，却又朦胧赴别衙门告理，或未经督抚审结，赴京奏诉，希图延宕，或隐下被人奏告缘由，牵扯别事，希图拖累，赴京奏诉，请行别衙门勘问者，查审明白，将奏告情词，及审出诬控缘由，连犯人转发原问衙门收问归结，仍治以诬告之罪。若已经督抚或在京法司问结发落人犯，赴京奏诉冤枉者，方许改调无碍衙门勘问办理。

6.22.332.(16)〔遇有冤抑之事来京呈控〕

一、军民人等，遇有冤抑之事，应先赴州县衙门具控。如审断不公，再赴该管上司呈明。若再有屈抑，方准来京呈诉。如未经在本籍地方及该上司先行具控，或现在审办未经结案，遽行来京控告者，交刑部讯明，先治以越诉之罪。

6.22.332.(17)〔挟忿摭拾不干己之赃私奏告察核官员〕

一、曾经考察、考核、被劾人员，若怀挟私忿，摭拾察核官员别项赃私，不干己事，奏告以图报复者，不分见任、去任，文武官俱革职为民，已革者问罪。奏告情词，不问虚实，立案不行。

6.22.332.(18)〔各处买卖负欠钱债事情蓦越赴京奏告〕

一、直省客商，在于各处买卖生理，若有负欠钱债等项事情，止许于所在官司陈告，提问发落。若有蓦越赴京奏告者，问罪递回。奏告情词，不问虚实，立案不行。

6.22.332.(19)〔一切并无原案词讼不准由刑部接收呈词〕

一、刑部除呈请赎罪留养外省题咨到部，及现审在部有案者，俱据呈办理外，其余一切并无原案词讼，均应由都察院、五城、步军统领衙门、顺天府及各旗营接收，分别奏、咨，送部审办，概不准由刑部接收呈词。至钱债细事、争控地亩，并无罪名可拟各案，仍照例听城坊及地方有司自行审断，毋得概行送部。

6.22.332.(20)〔军民呈递封章控诉事件〕

一、军民人等控诉事件，俱令向该管官露呈投递。倘敢呈递封章，挟制入奏，无论本人及受雇代递者，接收官员，一面将原封进呈，一面将该犯锁交刑部收禁。如所告得实,本犯系平民,照冲突仪仗妄行奏诉例加一等,发边远充军。若所控虚诬,核其诬告本罪仅止笞、杖、徒者,仍发边远充军,笞、杖罪名到配枷号一个月,徒罪枷号两个月;如诬告罪应拟流者,发极边足四千里充军;应拟附近、近边、边远、极边充军者,实发云贵两广极边烟瘴地方充军;应拟极边烟瘴充军者,改发新疆充当苦差。如因呈递封章,另犯应死罪名,仍各从其重者论。其受雇代递者,俱照受财雇寄例,发近边充军;赃重者,以枉法从重论。

6.22.332.(21)〔已革兵丁挟嫌京控本管官〕

一、已革兵丁,挟嫌蓦越赴京控告本管官,审系全虚者,枷号三个月,杖一百,发烟瘴充军,仍依名例以足四千里为限。

6.22.332.(22)〔负罪人犯呈递封章奏告人罪〕

一、负罪人犯,呈递封章奏告人罪,无论自行投递、遣人投递,及所控是否得实,并将呈词封固投递,挟制入奏者,原犯系应拟笞、杖、枷号、徒罪尚未发落,或徒罪业已发配、役限未满者,俱发极边足四千里充军;原犯军、遣、流罪,无论已未到配,三流俱改发云贵两广极边烟瘴充军,仍照名例以极边四千里为限,军罪实发云贵两广极边烟瘴充军,遣罪在配用重枷枷号一年;原犯斩、绞监候,秋审应入缓决者,改为情实,应入情实者,改为立决;如原犯已至立决,无可复加,仍从原犯罪名科断。倘本案实有屈抑,不赴内外风宪衙门申诉,辄违例递折,除本案准予审理更正外,仍将该犯照冲突仪仗妄行奏诉例,发近边充军。若本案更正之罪,重于近边充军者,加本罪一等调发。如因呈递封章,另犯应死罪名,仍各从其重者论。其受雇代递者,俱照受财雇寄例,发近边充军;赃重者,以枉法从重论。

6.22.332.(23)〔外省民人赴京翻控审虚视所诬轻重分别治罪〕

一、外省民人赴京控诉之案,已据本省审结题咨到部,复又来京翻控,除所控情事,核对原案相符,或字句小有增减,无关罪名轻重,照例毋庸再为审理,将翻控之犯,仍照原拟治罪外,如案外添捏情节,核与原案不符,仍分别奏咨,发交外省审办。讯明并无屈抑,翻控之犯,如后犯所诬之罪重于原犯者,无论已未决配,悉照后犯罪名,军、流递加一等调发;若后犯轻于原犯之罪,即于原犯罪上加一等;如后犯并原犯罪名,已至遣罪,无可复加,在配所用重枷枷号三个月。倘另犯应死罪名,仍各从其重者论。知情受雇来京呈递,审系无干扛帮者,减囚罪一等。

6.22.332.(24)〔私逃遣徒及递籍各犯妄行控诉〕

一、凡遣、军、流犯,及徒罪未满年限,并递籍人犯,私自逃回,如有妄行控诉者,视其应得诬告、翻控各本律例,与脱逃应行加等之罪相比,从其重者论,仍各照原例再加一等。加至遣罪,无可复加,原例重枷枷号三个月者,再加枷号三个月,共用重枷枷号六个月。如另犯应死罪名者,仍各照本律本例科断。

6.22.332.(25)〔递籍犯脱逃呈递封章控诉〕

一、凡呈递封章,系平民仍照原例办理外,如问拟笞、杖、枷责,业已发落递籍,及原犯并无罪名递籍管束之犯，复又脱逃呈递封章者，视其所控虚实，照平民呈递封章例递加一等。原例边远充军者，改发极边足四千里充军；原例极边足四千里充军者，改发极边烟瘴充军；原例极边烟瘴充军者，改发新疆分别当差、为奴；原例遣罪者，在配用重枷枷号三个月；本例有枷号一个月、两个月者，各再递加一个月。倘另犯应死罪名者，仍各从其重者论。

6.22.332.(26)〔遣军以下人犯配所潜逃呈递封章控诉事件〕

一、凡遣、军以下人犯，除在配人犯呈递封章，仍照原例办理外，如由配所潜逃，呈递封章控诉事件，并无屈抑者，照在配呈递封章例，递加一等治罪。原例应发极边足四千里者，改发极边烟瘴充军。遣罪人犯，无可复加，原例在配用重枷枷号一年者，加为枷号一年六个月。如本案实有屈抑，原例应发近边充军者，改发边远充军；原例应加本罪一等者，再递加一等；如已至斩、绞罪名，秋审应缓决者，入于情实；应情实者，改为立决；犯至立决，无可复加，仍照原例科断。倘另犯应死罪名，仍各从其重者论。

6.22.332.(27)〔控诉事件口称必须面见皇上申诉者〕

一、凡控诉事件，口称必须面见皇上始行申诉，虽未递有封章，即照呈递封章挟制入奏之例，分别平民，及递籍人犯脱逃，暨负罪遣、军以下人犯在配在逃，于呈递封章本例上，各加一等科断。罪应边远充军者，改发极边足四千里充军；罪应极边足四千里充军者，改发极边烟瘴充军；罪应极边烟瘴充军者，旗人改发黑龙江当差，民人改发新疆给官兵为奴。其本罪已至发遣，无可复加，应在遣配用重枷枷号三个月者，再加枷号三个月；应枷号一年，暨一年六个月者，各再加枷号六个月；如本例有枷号一个月、两个月、三个月者，亦各递加一个月。原犯斩、绞监候，改为立决。本罪已至立决，无可复加，仍照本例科断。若呈递封章，口称必须面见皇上始行申诉者，又各递加一等。如诬告叛逆，及干名犯义，罪应死者，仍从重论。

6.22.333 投匿名文书告人罪

6.22.333.1 凡投贴隐匿自己姓名文书告言人罪者，绞。监候。虽实亦坐。见者即便烧毁。若不烧毁，将送入官司者，杖八十。官司受而为理者，杖一百。被告言者，虽有指实，不坐。若于方投时能连人与文书捉获解官者，官给银一十两充赏。指告者勿论。若诡写他人姓名词帖，讦人阴私陷人，或空纸用印，虚捏他人文书，买嘱铺兵递送；诈以他人姓名，注附木牌，进入内府，不销名字，陷人得罪者，皆依此律绞。其或系泛常骂詈之语，及虽有匿名文书，尚无投官确据者，皆不坐此律。

条　例

6.22.333.(1)〔捏造悖谬言词投贴匿名揭帖〕

一、凡凶恶之徒，不知国家事务，捏造悖谬言词，投贴匿名揭帖者，将投帖之人拟绞立决。知而不首者，杖一百、流三千里。旁人出首者授以官职，奴仆出首者开户。

捏造寻常谬妄言词,无关国家事务者,依律绞候。

6.22.333.(2)〔布散匿名揭帖及投递部院衙门〕

一、凡布散匿名揭帖,及投递部院衙门者,俱不准行。仍将投递之人,拿送刑部,照例治罪。不行拿送者,交该部议处。接受揭帖具题及审理者,革职。若不肖官员,唆使恶棍粘贴揭帖,或令布散投递者,与犯人罪同。如该管官不严加察拿,别有发觉者,将司坊官、专汛把总、步军校及巡城御史、兼辖营官、步军副尉、总尉、统领,俱交该部分别议处。步军、营兵及司坊衙役,并枷号三个月,杖一百。

6.22.333.(3)〔驻防旗人交结民人捏写匿名揭帖倾陷平人〕

一、驻防旗人,与民人奸匪交结,起意捏写匿名揭帖,倾陷平人者,拟绞立决;为从民人,杖一百、流三千里。如民人起意为首,仍照律拟绞监候;为从旗人,发遣黑龙江等处当差。

6.22.333.(4)〔胥役匿名揭告本管官〕

一、胥役匿名揭告本管官,如所告得实,仍照律拟绞监候;若系诬告,拟绞立决。

6.22.333.(5)〔拾获关系国家大事匿名揭帖〕

一、凡有拾获匿名揭帖者,即将原帖销毁,不准具奏。惟关系国家重大事务者,密行奏闻,候旨密办。

6.22.334 告状不受理

6.22.334.1 凡告谋反、叛逆,官司不即受理差人掩捕者,虽不失事,杖一百、徒三年。因不受理掩捕以致聚众作乱,或攻陷城池,及劫掠人民者,官坐斩。监候。若告恶逆,如子孙谋杀祖父母、父母之类。不受理者,杖一百。告杀人及强盗,不受理者,杖八十。斗殴、婚姻、田宅等事不受理者,各减犯人罪二等,并罪止杖八十。受被告之财者,计赃以枉法罪与不受理罪从重论。○6.22.334.2 若词讼原告、被论即被告。在两处州县者,听原告就被论本管官司告理归结。其各该官司,自分彼此,或受人财推故不受理者,罪亦如之。如上所告事情轻重及受财枉法从重论。○6.22.334.3 若各部、院、督抚、监察御史、按察使及分司巡历去处,应有词讼,未经本管官司陈告,及虽陈告而本宗公事未结绝者,并听部、院等官置簿立限,发当该官司追问,取具归结缘由勾销。若有迟错,而部、院等官不即举行改正者,与当该官吏同罪。轻者,依官文书稽程十日以上吏典笞四十;重者,依不与果决以致耽误公事者杖八十。○6.22.334.4 其已经本管官司陈告,不为受理,及本宗公事已绝,理断不当,称诉冤枉者,各部、院等衙门即便勾问。若推故不受理,及转委有司,或仍发原问官司收问者,依告状不受理律论罪。○6.22.334.5 若本管衙门追问词讼,及大小公事,自行受理,并上司批发。须要就本衙门归结,不得转行批委。致有冤枉、扰害。违者,随所告事理轻重以坐其罪。如所告公事合得杖罪,坐以杖罪;合得笞罪,坐以笞罪;死罪已决放者同罪,未决放减等;徒、流罪,抵徒、流。

条　例

6.22.334.(1)〔户婚田土细事农忙不准受理〕

一、每年自四月初一日至七月三十日，时正农忙，一切民词，除谋反、叛逆、盗贼、人命，及贪赃坏法等重情，并奸牙铺户骗劫客货，查有确据者，俱照常受理外，其一应户婚、田土等细事，一概不准受理，自八月初一日以后，方许听断。若农忙期内受理细事者，该督抚指名题参。

6.22.334.(2)〔地方官自理词讼任意拖延〕

一、各省州县及有刑名之厅卫等官，将每月自理事件，作何审断，与准理、拘提、完结之月日，逐件登记，按月造册，申送该府、道、司、抚、督查考。其有隐漏装饰，按其干犯，别其轻重，轻则记过，重则题参。如该地方官自理词讼，有任意拖延，使民朝夕听候，以致废时失业，牵连无辜，小事累及妇女，甚至卖妻鬻子者，该管上司即行题参。若上司徇庇不参，或被人首告，或被科道纠参，将该管各上司，一并交与该部从重议处。

6.22.334.(3)〔审理徒流笞杖人犯遵限完结〕

一、各府州县，审理徒、流、笞、杖人犯，除应行关提质讯者，务申详该上司批准照例展限外，如无关提应质人犯，该州县俱遵照定限完结。倘敢阳奉阴违，或经发觉，或经该上司指参，将承问官交部照例分别议处。

6.22.334.(4)〔州县自理户婚田土按月填簿注销〕

一、州县自行审理一切户婚、田土等项，照在京衙门按月注销之例，设立循环簿，将一月内事件填注簿内，开明已、未结缘由，其有应行展限及复审者，亦即于册内注明，于每月底送该管知府、直隶州知州查核，循环轮流注销。其有迟延不结，朦混遗漏者，详报督抚咨参，各照例分别议处。

6.22.334.(5)〔巡道巡历提核州县户婚田土词讼号簿〕

一、州县自行审理及一切户婚、田土事件，责成该管巡道巡历所至，即提该州县词讼号簿，逐一稽核。如有未完，勒限催审，一面开单移司报院，仍令该州县将某人告某人某事、于某日审结，造册报销。如有迟延，即行揭参。其有关系积贼、刁棍、衙蠹及胥役弊匿等情，即令巡道亲提究治。知府、直隶州自理词讼，亦如之。如巡道奉行不力，或任意操纵，颠倒是非者，该督抚亦即据实察参，分别议处。

6.22.334.(6)〔隆冬岁暮州县词讼随时审理〕

一、州县词讼，凡遇隆冬岁暮，俱随时审理，不得照农忙之例，停讼展限。该管巡道严加查核，违者照例揭参。

6.22.334.(7)〔州县审理农民词讼视其有无妨农分别展限速断〕

一、州县审理词讼，遇有两造俱属农民，关系丈量踏勘有妨耕作者，如在农忙期内，准其详明上司照例展限，至八月再行审断。若查勘水利、界址等事，现涉争讼，清理稍迟,必致有妨农务者,即令该州县亲赴该处审断速结,总不得票拘至城,或致守候病农。其余一切呈诉无妨农业之事,照常办理,不得停止。仍令该管巡道严加督察,查核申报。如州县将应行审结之事,借称停讼稽延者,照例据实参处。经管道府如不实力查报,该督抚一并严参议处。

6.22.334.(8)〔民间词讼细事州县不经亲审批结〕

一、民间词讼细事,如田亩之界址沟洫、亲属之远近亲疏,许令乡保查明呈报,该州县官务即亲加剖断,不得批令乡地处理完结。如有不经亲审,批发结案者,该管上司即行查参,照例议处。

6.22.334.(9)〔巡道查核州县词讼号簿如有隐匿及迁延不结者〕

一、巡道查核州县词讼号簿,如有告到未完之案,号簿未经造入,即系州县匿不造入,任意迁延不结,先提书吏责处,并将州县揭报,督抚分别严参。其有事虽审结,所告断理不公,该道核其情节可疑者,立提案卷查核改正。如审断已属公平,刁民诬捏反告者,亦即量予究惩。

6.22.335听讼回避

6.22.335.1凡官吏于诉讼人内,关有服亲及婚姻之家,若受业师,或旧为上司与本籍官长有司,及素有仇隙之人,并听移文回避,违者虽罪无增减,笞四十。若罪有增减者,以故出入人罪论。

条 例

6.22.335.(1)〔巡城满汉御史回避同旗同籍之人〕

一、在京巡城满、汉御史承审案件,遇有同旗、同籍之人,满御史应行回避者,会同他城满御史办理;汉御史应行回避者,会同他城汉御史办理。如满、汉御史均应回避,将原案移交他城办理。

6.22.336诬 告

6.22.336.1凡诬告人笞罪者,加所诬罪二等;流、徒、杖罪,不论已决配、未决配,加所诬罪三等,各罪止杖一百、流三千里,不加入于绞。若所诬徒罪人已役、流罪人已配,虽经改正放回,须验其被逮发回之日,于犯人名下追征用过路费给还。被诬之人。若曾经典卖田宅者,着落犯人备价取赎。因而致死随行有服亲属一人者,绞,监候。除偿费、赎产外,仍将犯人财产一半断付被诬之人。至死罪所诬之人,已决者,依本绞、斩反坐诬告人以死。虽坐死罪,仍令备偿、取赎,断付养赡。未决者,杖一百、流三千里,就于配所加徒役三年。○6.22.336.2其犯人如果贫乏,无可备偿路费、取赎田宅,亦无财产断付者,止科其罪。○6.22.336.3其被诬之人诈冒不实,反诬犯人者,亦抵所诬之罪,犯人止反坐本罪。谓被诬之人本不曾致死亲属,诈作致死,或将他人死尸冒作亲属,诬赖犯人者,亦抵绞罪,犯人止反坐诬告本罪,不在加等、备偿路费、取赎田宅、断付财产一半之限。○6.22.336.4若告二事以上，重事告实，轻事招虚，及数事不一，凡所犯罪同等，但一事告实者，皆免罪。各例律罪各等者从一科断，非逐事坐罪也。故告者一事实，即免罪。○6.22.336.5若告二事以上，轻事告实，重事招虚，或告一事诬轻为重者，除被诬之人应得罪名外，皆为剩罪。皆反坐以所剩。不实之罪。若已论决，不问笞、杖、徒、流，全抵剩罪；未论决，所诬笞、杖收赎，徒、流止杖一百，余罪亦听收赎。谓诬轻为重至徒、流罪者，每徒一等，折杖二十。若从徒入流者，三流并准徒四年，皆以一年为所剩罪，折杖四十。若从近流入至远流者，每流一等，准徒半年为所剩罪，亦各折杖二十。收赎者，谓如告一人二事，一事该笞五十是虚，一事该笞三十是实，即于笞五十上，准告实笞三十外，该剩下告虚笞二十，赎银一分五厘；或告一人一事该杖一百是虚，一事该杖六十是实，即于杖一百上，准告实杖六十外，该剩下告虚杖四十，赎银三分；及告一人一事该杖一百、徒三年是虚，一事该杖八十是实，即于杖一百、徒三年上，准告实杖八十外，该剩下告虚杖二十、徒三年之罪，徒五等该折杖一百，通计杖一百二十，反坐原告人杖一百，余剩杖二十，赎银一分五厘；又如告一人一事该杖一百、流三千里，于内问得止招该杖一百，三流并准徒四年，通计折杖二百四十，准告实杖一百外，反坐原告人杖一百，余剩杖四十，赎银三分之类。若已论决，并以剩罪全科，不在收赎之限。至死罪，而所诬之人已决者，反坐以死；未决者，止杖一百、流三千里。不加役。○6.22.336.6若律该罪止者，诬告虽多不反坐。谓如告人不枉法赃二百两，一百三十两是实，七十两是虚，依律不枉法赃一百二十两之上罪应监候绞，即免其罪。○6.22.336.7其告二人以上，但有一人不实者，罪虽轻，犹以诬告论。谓如有人告三人，二人徒罪是实，一人笞罪是虚，仍以一人笞罪上加二等反坐原告之类。○6.22.336.8若各衙门官进呈实封诬告人，及风宪官挟私弹事有不实者，罪亦如告人笞、杖、徒、流、死全诬者坐之。若诬重反坐及全诬加罪轻不及杖一百、徒三年者，从上书诈不实论。以杖一百、徒三年科之。○6.22.336.9若狱囚已招伏罪，本无冤枉，而囚之亲属妄诉者，减囚罪三等，罪止杖一百。若囚已招伏，笞、杖已决、徒、流已配，而自妄诉冤枉，摭拾原问官吏过失而告之者，加所诬罪三等，罪止杖一百、流三千里。若在役限内妄诉，当从已徒而又犯徒律。

条　例

6.22.336.(1)〔词状止许一告一诉告不许波及无辜〕

一、凡词状，止许一告一诉告，实犯实证，不许波及无辜，及陆续投词，牵连原状内无名之人。如有牵连妇女，另具投词。倘波及无辜者，一概不准，仍从重治罪。承审官于听断时，如供证已确，纵有一二人不到，非系紧要犯证，即据现在人犯成招，不得借端稽延，违者议处。

6.22.336.(2)〔挟仇捏名妄控非系公同陈告之事〕

一、凡实系切己之事，方许陈告。若将弁克饷，务须营伍管队等头目率领兵丁公同陈告；州县征派，务须里长率领众民公同陈告，方准受理。如违禁将非系公同陈告之事，怀挟私仇，改捏姓名，砌款粘单，牵连罗织，希图准行妄控者，除所告不准外，照律治以诬告之罪。

6.22.336.(3)〔偷参为从人犯诬扳良民为财主〕

一、偷参为从人犯，诬扳良民为财主及率领头目者，不论旗、民，枷号两个月，改发云贵、两广极边烟瘴充军，旗人仍销除旗档。

6.22.336.(4)〔原告不到案听审及脱逃〕

一、赴各衙门告言人罪，一经批准，即令原告到案投审。若不即赴审，辄行脱逃，及并无疾病、事故，两月不到案听审者，即将被诬及证佐俱行释放，其所告之事，不与审理。拿获原告，专治以诬告之罪。其情虚逃匿，经差缉始行获案者，再加逃罪二等。

6.22.336.(5)〔捏写本词声言奏告恐吓诈赃〕

一、无籍棍徒,私自串结,将不干己事捏写本词,声言奏告,诈赃满数者,准窃盗论。赃至一百二十两以上者为满数。不分首从,俱发近边充军。若妄指宫禁亲藩,诬害平人者,俱枷号三个月,照前发遣。

6.22.336.(6)〔举首诗文书札悖逆〕

一、有举首诗文书札悖逆者,除显有逆迹,仍照律拟罪外,若只是字句失检,涉于疑似,并无确实悖逆形迹者,将举首之人,即以所诬之罪依律反坐。至死罪者,分别已决未决,照例办理。承审官不行详察,辄波累株连者,该督抚、科道察出题参,将承审官照故入人罪律,交部议处。

6.22.336.(7)〔奸徒诈称官司察访挟制陷害诈骗报复〕

一、奸徒串结衙门人役,假以上司察访为由,纂集事件,挟制官府,陷害良善,或诈骗财物,或报复私仇,名为窝访者,审实,依律问罪,用重枷枷号两个月发落;该徒、流者,发近边充军。若计赃逾贯,及虽未逾贯,而被诈之人因而自尽者,均拟绞监候。如系拷打致死者,拟斩监候。为从均各减一等。

6.22.336.(8)〔诬告致尸遭蒸检〕

一、挟仇诬告人谋死人命,致尸遭蒸检,为首者绞候,为从杖一百、流三千里。其有审无挟仇,止以误执伤痕诬告蒸检者,为首发近边充军,为从满徒。其官司刑逼招认妄供者,革职;审出实情者,交部议叙。

6.22.336.(9)〔妄控人命自愿认罪递词求息〕

一、控告人命,如有诬告情弊,即照诬告人死罪未决律治罪,不得听其自行拦息。其间或有误听人言,情急妄告,于未经验尸之先,尽吐实情,自愿认罪,递词求息者,讯明该犯果无贿和等情,照不应重律治罪完结。如有教唆情弊,将教唆之人仍照律治罪。该地方官如有徇私贿纵者,指名题参,照例分别议处。

6.22.336.(10)〔生员代人扛帮作证审属虚诬〕

一、生员代人扛帮作证,审属虚诬,该地方官立行详请褫革衣顶,照教唆词讼本罪上各加一等治罪。如计赃重于本罪者,以枉法从重论。其讯明事属有因,并非捏词妄证者,亦将该生严加戒饬。倘罔知悛改,复蹈前辙,该教官查明再犯案据,开报劣行,申详学政黜革。

6.22.336.(11)〔诬告致祖父母父母及有服尊长卑幼尸遭蒸检〕

一、凡子孙将祖父母、父母死尸,挟仇诬告他人谋害,致尸遭蒸检者,比照毁弃祖父母父母尸律拟斩监候。其有并非挟仇,止以误执伤痕告官蒸检者,照诬告人死罪未决律,杖一百、流三千里,加徒役三年。若期亲以上尊长,按律不应抵命者,诬告人谋死人命,致蒸检卑幼身尸,仍照诬告人死罪未决律治罪。其余亲属、尊长律有应抵之条者,如挟仇诬告人谋死人命,致蒸检卑幼之尸,及卑幼诬告,致蒸检尊长之尸,俱拟绞监候。若并非挟仇,止以误执伤痕告官蒸检者,亦照诬告人死罪未决律定拟。

6.22.336.(12)〔番役妄用脑箍致毙无辜〕

一、番役诬陷无辜,妄用脑箍及竹签、烙铁等刑致毙人命者,以故杀人论。

6.22.336.(13)〔诬告人因而致死〕

一、诬告人因而致死,被诬之人委系平人,及因拷禁身死者,拟绞监候。或将案外之人拖累拷禁致死一二人者,亦拟绞监候。致死三人以上者,依故杀律拟斩监候。若诬轻为重,及虽全诬平人,却系患病在外身死者,止拟应得罪名发落。

6.22.336.(14)〔捕役诬窃为盗〕

一、凡捕役诬窃为盗,拿到案日,该地方官验明并无拷逼情事,或该犯自行诬服,并有别故,例应收禁,因而监毙者,将诬拿之捕役杖一百、流三千里。其吓诈逼认,因而致死,及致死二命者,俱照诬告致死律拟绞监候。拷打致死者,照故杀律拟斩监候。

6.22.336.(15)〔捕役人等奉差缉贼诬良为盗拷诈逼认及教供诬扳〕

一、凡捕役人等奉差缉贼,审非本案正盗,若其人素行不端,或曾经犯窃有案者,将捕役照诬良为盗例减一等,杖一百、徒三年。至其人本系良民,捏称踪迹可疑、素行不轨,妄行拿获,及虽犯窃有案,已改恶为善,确有实据,仍复妄拿,并所获之人,不论平人、窃盗,私行拷打,吓诈财物,逼勒认盗,及所缉盗案已获有正贼,因伙盗未获,将犯有窃案之人,教供诬扳、滥拿充数等弊,俱照诬良为盗例,分别强、窃治罪。

6.22.336.(16)〔诬良为强窃盗拷诈搜夺财物及淫辱妇女〕

一、凡将良民诬指为窃,称系寄卖贼赃,将良民捉拿拷打,吓诈财物,或以起赃为由,沿房搜检,抢夺财物,淫辱妇女,除实犯死罪外,其余不分首从,俱发边远充军。若诬指良民为强盗者,亦发边远充军。其有前项拷、诈等情,俱发极边烟瘴充军。诬指送官,依诬告论;淫辱妇女,以强奸论。

6.22.336.(17)〔捏造奸赃款迹挟仇污蔑致被诬之人自尽〕

一、凡捏造奸赃款迹,写揭字帖,及编造歌谣,挟仇污蔑,以致被诬之人忿激自尽者,照诬告致死例拟绞监候。其乡曲愚民,因事争角,随口斥辱,并无字迹,及并未编造歌谣者,各依应得罪名科断。

6.22.336.(18)〔诬告叛逆被诬之人已决未决〕

一、诬告叛逆,被诬之人已决者,诬告之人拟斩立决;未决者,拟斩监候,俱不及妻子家产。

6.22.336.(19)〔佐证不言实情及实非佐证挺身硬证〕

一、词内干证,令与两造同具甘结。审系虚诬,将不言实情之证佐按律治罪。若非实系证佐之人,挺身硬证者,与诬告人一体治罪,受赃者计赃以枉法从重论。地方官故行开脱者,该督抚题参,交部严加议处。

6.22.336.(20)〔八旗原主子孙混告养子及分户年久之人〕

一、八旗有将伊祖父时,或系养子,或系分户年久之人,子孙复行混告者,该部题参,系官革职,系平人枷号两个月、鞭一百。如有讹诈、逼勒等情,被害人告发审实者,照吓诈律治罪。

6.22.336.(21)〔胥役控告本管官〕

一、胥役控告本管官,除实有切己冤抑,及本官有不法等情,既经承行惧被干连者,仍照例办理外,若一经审系诬告,应于常人诬告加等律上再加一等治罪。

6.22.336.(22)〔直省上司恃势抑勒及被参属员捏词诬揭〕

一、直省各上司,有恃势抑勒者,许属员详报督抚题参。若督抚徇庇不参,或自行抑勒者,准其直揭部科,奏请定夺。审实,将该上司分别议处。若属员已知上司访揭题参,即摭砌款迹,捏词诬揭部科者,该部科查参,将该员解任,令该督抚确审,系诬揭者革职。一事审虚,即行反坐,于诬告加等例上,再加一等治罪。如被参本罪重于诬告罪者,亦于被参本罪上加一等治罪。武职悉照文职例行。

6.22.336.(23)〔官民人等告讦之案事不干己及妄捏干己情事审虚〕

一、凡官、民人等告讦之案,察其事不干已,显系诈骗不遂,或因怀挟私仇,以图报复者,内外问刑衙门,不问虚实,俱立案不行。若呈内胪列多款,或涉讼后复告举他事,但择其切己者,准为审理;其不系干己事情,亦俱立案不行。仍各将该原告照违制律杖一百,再加枷号一个月,系官革职,已革者与民人一例办理。如敢妄捏干己情事耸准,及至提集人证审办,仍系不干已事者,除诬告反坐,罪重者仍从重定拟外,其余无论所告虚实、诈赃多寡、已未入手,俱不分首从,先在犯事地方枷号三个月,满日发近边充军。旗人有犯,销除旗档,一例问发。

6.22.336.(24)〔诬良及疑良为窃捆缚吓逼及拷打致死及致自尽者〕

一、凡诬良为窃之案,如拷打致死者,拟斩监候。若诬告到官,或捆缚吓诈逼认,致令自尽者,俱拟绞监候。其止空言捏指,并未诬告到官,亦无捆缚吓诈逼认情事,死由自尽者,杖一百、流三千里。至疑贼致毙人命之案,讯系因伤身死,仍悉照谋、故、斗杀,共殴及威力制缚主使各本律例定拟。其捆缚拷打致令自尽者,杖一百、流三千里。如殴有致命重伤,及成残废、笃疾,虽有自尽实迹,应于因事用强殴打威逼人致死果有致命重伤及成残废笃疾发近边充军例上,加一等发边远充军。若止空言查问,死由自尽者,杖一百、徒三年。

6.22.336.(25)〔所诬之罪例应加枷者〕

一、诬告之案,如有所诬之罪,按例应加枷号者,即将诬告之人,照律按其所诬之笞、杖、徒、流、充军各本罪,分别加等定拟,俱毋庸加以枷号。

6.22.336.(26)〔兵役及冒充兵役假拿查鸦片烟为由抢夺栽诬〕

一、凡鸦片烟案件,拿获见发有据者方坐,不许妄扳拖累。如兵役人等,并地方棍徒冒充兵役,假以查拿鸦片烟为由,肆行抢夺,并怀挟仇恨,或希图讹诈,栽赃诬赖,审实,不分首从,俱发边远充军。赃至一百二十两以上者,为首拟绞监候。失察各官,交部议处。

6.22.336.(27)〔吸食鸦片烟案止准官弁拿办〕

一、吸食鸦片烟之案，止准地方官弁访拿究办，不许旁人讦告。有讦告者，均不准审理。倘系干犯名义，仍照本律治罪。

6.22.337 干名犯义

6.22.337.1 凡子孙告祖父母、父母，妻妾告夫，及告夫之祖父母、父母者，虽得实，亦杖一百、徒三年；祖父母等，同自首者免罪。但诬告者，不必全诬，但一事诬，即绞。若告期亲尊长、外祖父母，及妾告妻者，虽得实，杖一百；告大功，得实，亦杖九十；告小功，得实，亦杖八十；告缌麻，得实，亦杖七十。其被告期亲、大功尊长，及外祖父母，若妻之父母，及夫之正妻，并同自首免罪；小功、缌麻尊长，得减本罪三等。若诬告罪重于干犯本罪者，各加所诬罪三等。谓止依凡人诬告律加三等，便不失于轻矣。○加罪不入于绞。若徒、流已未决，偿费、赎产、断付，加役，并依诬告本律。若被告无服尊长，减一等，依名例律。○6.22.337.2 其告尊长谋反、大逆、谋叛、窝藏奸细，及嫡母、继母、慈母、所生母杀其父，若所养父母杀其所生父母，及被期亲以下尊长侵夺财产，或殴伤其身，据实应自理诉者，并听卑幼陈告，不在干名犯义之限。其被告之事，各依本律科断，不在干名犯义之限，并同自首免罪之律。被告卑幼同此。又犯奸，及越关，损伤于人于物不可赔偿者，亦同。○6.22.337.3 若告卑幼得实，期亲、大功及女婿，亦同自首免罪；小功、缌麻，亦得减本罪三等。诬告者，期亲减所诬罪三等，大功减二等，小功、缌麻减一等。若夫诬告妻，及妻诬告妾，亦减所诬罪三等。被告子孙、妻妾、外孙及无服之亲，依名例律。○若诬卑幼死，未决，仍依律减等，不作诬轻为重。○6.22.337.4 若奴婢告家长，及家长缌麻以上亲者，与子孙、卑幼罪同；若雇工人告家长，及家长之亲者，各减奴婢罪一等。诬告者不减。又奴婢、雇工人被告得实，不得免罪，以名例不得为容隐故也。○6.22.337.5 其祖父母、父母、外祖父母，诬告子孙、外孙、子孙之妇妾，及己之妾，若奴婢及雇工人者，各勿论。不言妻之父母诬女婿者，在缌麻亲中矣。○6.22.337.6 若女婿与妻父母果有义绝之状，许相告言，各依常人论。义绝之状，谓如身在远方，妻父母将妻改嫁，或赶逐出外，重别招婿，及容止外人通奸；又如，女婿殴妻至折伤，抑妻通奸，有妻诈称无妻，欺妄更娶妻，以妻为妾，受财将妻妾典雇，妄作姊妹嫁人之类。

条　例

6.22.337.(1)〔八旗将家人为养子年久欺压原主子孙〕

一、八旗有将家人为养子分户、开户之人，年久值伊原主之子孙庸懦或至绝嗣，伊等自称原为养子，或谎称近族兄，反行欺压，希图占产争告者，审明系官革职，枷号一个月、鞭八十，平人枷号三个月、鞭一百，将养子分户、开户之档销毁，仍给与原主子孙为奴。

6.22.337.(2)〔奴仆首告家主〕

一、凡奴仆首告家主者，虽所告皆实，亦必将首告之奴仆，仍照律从重治罪。

6.22.337.(3)〔旗下家奴告主犯该徒罪者〕

一、凡旗下家奴告主犯该徒罪者，即于所犯附近地方充配，不准枷责完结。俟徒限满日,照例官卖,将身价给还原主。

6.22.338 子孙违犯教令

6.22.338.1 凡子孙违犯祖父母、父母教令,及奉养有缺者,杖一百。谓教令可从而故违,家道堪奉而故缺者。须祖父母、父母亲告乃坐。

条 例

6.22.338.(1)〔不能养赡致父母自缢死〕

一、子贫不能营生养赡父母,因致父母自缢死者,杖一百、流三千里。

6.22.338.(2)〔呈告恳求发遣子孙及屡次触犯之子孙发遣〕

一、凡呈告触犯之案,除子孙实犯殴、詈,罪干重辟,及仅止违犯教令者,仍各依律例分别办理外,其有祖父母、父母呈首子孙,恳求发遣,及屡次违犯、触犯者,即将被呈之子孙实发烟瘴地方充军,旗人发黑龙江当差。如有祖父母、父母将子孙及子孙之妇一并呈送者,将被呈之妇与其夫一并佥发安置。

6.22.338.(3)〔子孙犯奸盗等致祖父母父母自尽及被杀〕

一、凡子孙有犯奸、盗,祖父母、父母并未纵容,因伊子孙身犯邪淫,忧忿戕生,或被人殴死,及谋、故杀害者,均拟绞立决。如祖父母、父母纵容袒护,后经发觉,畏罪自尽者,将犯奸、盗之子孙改发云贵、两广极边烟瘴充军;被人殴死,或谋、故杀害者,将犯奸、盗之子孙拟绞监候。如祖父母、父母教令子孙犯奸犯盗,后因发觉,畏罪自尽者,将犯奸、盗之子孙杖一百、徒三年;被人殴死,或谋、故杀害者,将犯奸、盗之子孙杖一百、流三千里。若子孙罪犯应死,及谋、故杀人事情败露,致祖父母、父母自尽者,即照各本犯罪名,拟以立决。子孙之妇有犯,悉与子孙同科。

6.22.339 见禁囚不得告举他事

6.22.339.1 凡被囚禁,不得告举他人之事。其为狱官、狱卒非理凌虐者,听告。若应囚禁被问,更首己之别事,有干连之人,亦合准首,依法推问科断。○6.22.339.2 其年八十以上、十岁以下,及笃疾者,若妇人,除谋反、叛逆、子孙不孝,或己身及同居之内为人盗、诈、侵夺财产,及杀伤之类听告,余并不得告。以其罪得收赎,恐故意诬告害人。官司受而为理者,笞五十。原词立案不行。

条 例

6.22.339.(1)〔年老笃疾许人代告〕

一、年老及笃疾之人,除告谋反、叛逆及子孙不孝,听自赴官陈告外,其余公事,许令同居亲属通知所告事理的实之人代告。诬告者,罪坐代告之人。

6.22.340 教唆词讼

6.22.340.1 凡教唆词讼，及为人作词状，增减情罪诬告人者，与犯人同罪。至死者减一等。若受雇诬告人者，与自诬告同。至死者不减等。受财者，计赃以枉法从重论。其见人愚而不能伸冤，教令得实，及为人书写词状而罪无增减者，勿论。奸夫教令奸妇诬告其子不孝，依谋杀人造意律。

条 例

6.22.340.(1)〔教唆或扛帮奏告命盗重罪不实并全诬十人以上〕

一、代人捏写本状，教唆或扛帮赴京，及赴督抚并按察司官处，各奏告强盗、人命重罪不实，并全诬十人以上者，俱问发近边充军。

6.22.340.(2)〔将本状用财雇寄与人赴京奏诉〕

一、凡将本状用财雇寄与人赴京奏诉者，并受雇、受寄之人，俱发近边充军，赃重者从重论。

6.22.340.(3)〔民人投旗卖身后代亲或以民籍旧事具控〕

一、凡民人投充旗下，及卖身后，或代伊亲属具控，或将民籍旧事具控者，概不准理。

6.22.340.(4)〔考取代书〕

一、内外刑名衙门，务择里民中之诚实识字者，考取代书。凡有呈状，皆令其照本人情词据实誊写，呈后登记代书姓名，该衙门验明，方许收受。如无代书姓名，即严行查究。其有教唆、增减者，照律治罪。

6.22.340.(5)〔地方官不能查禁讼师扰害〕

一、讼师教唆词讼，为害扰民，该地方官不能查拿禁缉者，如止系失于觉察，照例严处；若明知不报，经上司访拿，将该地方官照奸棍不行查拿例，交部议处。

6.22.340.(6)〔雇人诬告〕

一、凡雇人诬告者，除受雇之人仍照律治罪外，其雇人诬告之人，照设计教诱人犯法律，与犯法人同罪。

6.22.340.(7)〔违禁撰印贩卖及藏匿讼师秘本〕

一、坊肆所刊讼师秘本，如《惊天雷》《相角》《法家新书》《刑台秦镜》等，一切构讼之书，尽行查禁销毁，不许售卖。有仍行撰造刻印者，照淫词小说例，杖一百、流三千里。将旧书复行印刻及贩卖者，杖一百、徒三年。买者，杖一百。藏匿旧板不行销毁，减印刻一等治罪。藏匿其书，照违制律治罪。其该管失察各官，分别次数交部议处。

6.22.340.(8)〔积惯讼棍恐吓取财〕

一、审理词讼，究出主唆之人，除情重赃多，实犯死罪，及偶为代作词状，情节不实者,俱各照本律查办外,若系积惯讼棍,串通胥吏,播弄乡愚,恐吓诈财,一经审实,即依棍徒生事扰害例,问发云贵两广极边烟瘴充军。

6.22.340.(9)〔钦差驰审重案虚诬根究唆帮讼师〕

一、凡钦差驰审重案,如果审出虚诬,除赴京捏控之人,照诬告例治罪外,其有无讼师唆使扛帮情节,原审大臣即就案严行跟究,按例分别问拟。失察之地方官,从重议处。如无此种情弊,亦即随案声明。

6.22.340.(10)〔教唆词讼诬告人以起意非起意分首从〕

一、教唆词讼诬告人之案,如原告之人并未起意诬告,系教唆之人起意主令者,以主唆之人为首,听从控告之人为从。如本人起意欲告,而教唆之人从旁怂恿者,依律与犯人同罪。有赃者,计赃以枉法从其重者论。若仅止从旁谈论是非,并非唆令控告者,科以不应重杖,不得以教唆论。

6.22.340.(11)〔诬控案件严究代作词状唆讼之人〕

一、凡审理诬控案件,不得率听本犯捏称倩过路不识姓名人书写呈词,务须严究代作词状唆讼之人,指名查拿,依例治罪。

6.22.340.(12)〔具控呈词不能自作者〕

一、凡有控告事件者,其呈词俱责令自作。不能自作者,准其口诉,令书吏及官代书,据其口诉之词,从质书写。如有增减情节者,将代书之人照例治罪。其唆讼棍徒,该管地方官实力查拿,从重究办。

6.22.341 军民约会词讼

6.22.341.1 凡军人有犯人命,管军衙门约会有司检验归问。若奸、盗、诈伪、户婚、田土、斗殴与民相干事务,必须一体约问。与民不相干者,从本管军职衙门自行追问。其有占吝不发,首领官吏以违令论,各笞五十。○6.22.341.2 若管军官越分辄受民讼者,罪亦如之。

条 例

6.22.341.(1)〔军卫有司非掌印官不许擅受词讼〕

一、在外军民词讼,除叛逆机密重事,许提镇、副参、游守等官接受,会同有司追问外,其余不许滥受。凡户婚、田土、斗殴、人命一应词讼,悉赴该管衙门告理。军卫有司,不系掌印官,不许接受词讼。

6.22.341.(2)〔在京缉捕官役不许干预军民词讼〕

一、缉捕官役,惟于京城内外,察访不轨、妖言、人命、强盗重事,其余军民词讼,及在外事情,俱不许干预。

6.22.341.(3)〔州县审办旗人案件分别会审不会审〕

一、凡旗人谋、故、斗杀等案,仍照例令地方官会同理事同知审拟外,其自尽人命等案，即令地方官审理。如果情罪已明，供证已确，免其解犯，仍由同知衙门核转。倘恃旗狡赖，不吐实供，将案内无辜牵连人等先行摘释，止将要犯解赴同知衙门审明。如该同知事外苛驳，借应质名色，滥差提扰，该上司立即题参。

6.22.341.(4)〔州县受理旗民田土户婚债负细事〕

一、凡各省理事厅员，除旗人犯命、盗重案，仍照例会同州县审理外，其一切田土、户婚、债负细事，赴本州县呈控审理。曲在民人，照常发落；曲在旗人，录供加看，将案内要犯审解该厅发落。至控告在官人犯，不论原、被，经州县两次拘传，别无他故，抗不到案者，将情虚逃避之犯，严拿治罪。

6.22.341.(5)〔各处理事同知审理逃人及旗民争角等事〕

一、各处理事同知，遇有逃人案件，并旗人与民人争角等事，俱行审理，不必与旗员会审。

6.22.341.(6)〔泸州土流接壤地方词讼〕

一、川省泸州土流接壤地方，倘有词讼，照军民约会之例，令该州同与该土司公同核报。

6.22.341.(7)〔八旗案件俱交刑部办理〕

一、八旗案件，俱交刑部办理。该旗有应参奏者，仍行参奏。

6.22.342 官吏词讼家人诉

6.22.342.1 凡官吏有争论婚姻、钱债、田土等事，听令家人告官对理，不许公文行移，违者笞四十。

6.22.343 诬告充军及迁徙

6.22.343.1 凡诬告充军者，照所诬地里远近，抵充军役。○6.22.343.2 若官吏故、失出入人军罪者，以故、失出入人流罪论。○6.22.343.3 若诬告人罪应迁徙者，于比流减半准徒二年上，加所诬罪三等，并入所得杖罪通论。凡徒二年者，应杖八十，今加诬告罪三等，流二千里，应得杖一百之罪，并论决之。

卷三十一　刑律·受赃

6.23 受　赃

6.23.344 官吏受财

6.23.344.1 凡官吏（因枉法、不枉法事）受财者，计赃科断。无禄人各减一等。官追夺、除名，吏罢役，（赃止一两，）俱不叙用。○6.23.344.2 说事过钱者，有禄人减受钱人一等，无禄人减二等。（如求索、科敛、吓诈等赃，及事后受财过付者，不用此律。）罪止杖一百、徒二年。（照迁徙比流减半科罪。）有赃者，（过钱而又受钱，）计赃从重论。（若赃重从本律。）

有禄人：（凡月俸一石以上者。）

枉法赃各主者，通算全科。（谓受有事人财，而曲法处断者。受一人财固全科，如受十人财，一时事发，通算作一处，亦全科其罪。若犯二事以上，一主先发已经论决，其他后发，虽轻若等，亦并论之。）

一两以下，杖七十。

一两至五两，杖八十。

一十两，杖九十。

一十五两，杖一百。

二十两，杖六十、徒一年。

二十五两，杖七十、徒一年半。

三十两，杖八十、徒二年。

三十五两，杖九十、徒二年半。

四十两，杖一百、徒三年。

四十五两，杖一百、流二千里。

五十两，杖一百、流二千五百里。

五十五两，杖一百、流三千里。

八十两，（实）绞。（监候。）

不枉法赃各主者，通算折半科罪。（虽受有事人财，判断不为曲法者。如受十人财，一时事发，通算作一处，折半科罪；一主者，亦折半科罪。准半折者皆依此。）

一两以下，杖六十。

一两之上至一十两，杖七十。

二十两，杖八十。

三十两，杖九十。

四十两，杖一百。

五十两，杖六十、徒一年。

六十两，杖七十、徒一年半。

七十两，杖八十、徒二年。

八十两，杖九十、徒二年半。

九十两，杖一百、徒三年。

一百两，杖一百、流二千里。

一百一十两，杖一百、流二千五百里。

一百二十两，杖一百、流三千里。

一百二十两以上，实绞。监候。

无禄人：凡月俸不及一石者。

枉法，扶同听行及故纵之类。一百二十两，绞。监候。

不枉法，一百二十两以上，罪止杖一百、流三千里。

条　例

6.23.344.(1)〔部门书办指称部费招摇撞骗〕

一、各部院衙门书办，有辄敢指称部费，招摇撞骗，干犯国宪，非寻常犯赃可比者，发觉审实，即行处斩。为从知情朋分银两之人，照例发往云贵两广烟瘴少轻地方，严行管束。

6.23.344.(2)〔在官人役取受有事人财枉法〕

一、凡在官人役，取受有事人财，律无正条者，果于法有枉纵，俱以枉法计赃科罪。若尸亲、邻证等项不系在官人役，取受有事人财，各依本等律条科断，不在枉法之律。

6.23.344.(3)〔县总里书犯赃入己及保人歇家串通行贿〕

一、县总、里书，如犯赃入己者，照衙役犯赃拟罪。保人、歇家，串通衙门行贿者，照不系在官人役取受有事人财科断。

6.23.344.(4)〔正身衙役违禁私带白役〕

一、凡正身衙役违禁私带白役者，并杖一百，革役。如白役犯赃，照衙役犯赃例治罪。正身衙役知情同行者，与同罪，不知情不同行者不坐。

6.23.344.(5)〔司道府州县等官察访衙蠹〕

一、司、道、府、州、县等官，不时察访衙蠹，申报该督抚究拟。若该管官员不行察报，经督抚上司访拿，或别经发觉者，照徇庇例交该部议处。如督抚不行访参者，亦交该部议处。其访拿衙蠹并赃私数目，仍应年底造册题报。

6.23.344.(6)〔书役出缺顶买索租及假手书吏定稿〕

一、直省书役年满缺出，遵例召募。有暗行顶买，索取租银者，缺主照枉法受财律计赃定拟，至八十两者绞；顶缺之人照以财行求律，至五百两者，杖一百、徒三年；出结人等依不应重律，杖八十；该管官员交部议处。倘该督抚阳奉阴违，亦照例议处。其年满考职时，务令填写“并无假姓冒籍”字样，方准收考。若有冒籍、冒名等弊事发者，革去职衔，杖一百。不能稽查之该管等官，俱交部议处。至各衙门一切案件，若假手书吏，以致定稿时高下其手，驳诘不已，有赃者，照枉法受财律科罪；无赃者，依不应重律杖八十，革役；该管官员照例议处。如该督抚不行题参，亦交部议处。

6.23.344.(7)〔上司经过属员呈送下程及供应军马〕

一、凡上司经过，属员呈送下程，及供应夫马车辆一切陋规，俱行革除。如属员仍有供应，上司仍有勒索者，俱革职提问。若督抚不行题参，照例议处。其上司随役、家人私自索取，本官不知情者，照例议处。如知情故纵，罪坐本官，照求索所部财物律治罪；其随役、家人，照在官求索无禄人减一等律治罪，并许被索之属员据实详揭。若属员因需索滥行供应，及上司因不迎送供应，别寻他事中伤属员者，将属员及各上司，照例分别议处。

6.23.344.(8)〔书吏舞弊经承贴写知情不举首及举首〕

一、书吏舞文作弊，其知情不首之经承、贴写，俱照本犯罪减一等发落。如有将书吏情弊查出，举首三次者，系书吏，不论已未期满，准其考职即用；如系贴写，准其与期满之书吏一体考职。倘有不肖之徒，希图考职，及怀挟私仇，妄行出首者，照诬告律从重治罪。

6.23.344.(9)〔督抚司道各上司差役扰害乡民〕

一、督、抚、司、道各上司差役扰害乡民，许州县查拿，并许被害人呈告，将该役照例治罪。

6.23.344.(10)〔蠹役吓诈贫民及吓诈毙命〕①

一、内外大小衙门蠹役，恐吓索诈贫民者，计赃一两以下，杖一百；一两至五两，杖一百，加枷号一个月；六两至十两，杖一百、徒三年；十两以上，发近边充军；至一百二十两者，照枉法拟绞。为从分赃，并减一等。其因索诈，致令卖男鬻女者，十两以下，亦照例充发。计赃重于从罪，仍从重论。如吓诈致毙人命，不论赃数多寡、已未入手，拟绞立决；拷打致死，拟斩立决。若死系作奸犯科有干例议之人，系吓逼致自尽者，拟绞监候；拷打致死者，拟斩监候。为从并减一等。

6.23.344.(11)〔官吏婪赃除枉法入己者外限内全完分别减免〕

一、官吏婪赃，审系枉法入己者，虽于限内全完，不准减等。如审无入己各赃，并坐赃致罪者，果能于限内全完，仍照挪移亏空钱粮之犯，准其减免外，其因事受财入己，审明不枉法，及律载准枉法、不枉法论等赃，果于一年限内全完，死罪减二等发落，流、徒以下免罪。若不完，再限一年勒追。全完者，死罪及流、徒以下，各减一等

① 同治九年(1870)修改。

发落;如不完,流、徒以下即行发配,死罪人犯监禁,均再限一年着追。三年限外不完,死罪人犯永远监禁;全完者,奏明请旨,均照二年全完减罪一等之例办理。

[6.23.344.(12)]〔白役诈赃逼命之案〕

一、白役诈赃逼命之案,除将白役照例拟抵外,如正役知情同行,在场帮索,及正役虽未同行,而主使诈赃者,俱发极边足四千里充军;若正役仅止知情同行,并无吓逼情事者,仍照例杖一百、流三千里。其并未主使诈赃,亦未知情同行,但于事后分赃,即于白役死罪上减二等,杖一百、徒三年;赃多者,计赃从重论。若并未分赃,及白役诈赃并未致毙人命者,仍照私带白役例责革,加枷号两个月。

[6.23.344.(13)]〔衙役逼毙人命及索诈私押拷打人犯〕

一、各衙门差役逼毙人命之案,讯无诈赃情事,但经借差倚势,凌虐吓逼,致令忿迫轻生者,为首杖一百、流三千里。其差役子侄亲属,私代办公,逼毙人命,除讯系诈赃起衅,仍照蠹役诈赃毙命例一体问拟外,若非衅起诈赃,为首实发云贵、两广极边烟瘴充军。至差役有因索诈不遂,将奉官传唤人犯,私行羁押,拷打凌虐者,为首枷号两个月,实发云贵两广极边烟瘴充军;其仅止私行羁押,并无拷打凌虐情事,为首杖一百、徒三年。为从,各减一等。

[6.23.344.(14)]〔书差舞弊知法犯法〕

一、凡各衙门书吏、差役,如有舞文作弊、借案生事扰民者,系知法犯法,俱照平人加一等治罪。受财者,计赃从重论。

[6.23.345]坐赃致罪

[6.23.345.1]凡官吏人等,非因(枉法、不枉法之)事而受(人之)财,坐赃致罪。各主者,通算折半科罪,与者减五等。(谓如被人盗财或殴伤,若赔偿及医药之外因而受财之类。各主者,并通算折半科罪,为两相和同取与,故出钱人减受钱人罪五等。又如擅科敛财物,或多收少征,如收钱粮税粮斛面,及检踏灾伤田粮,与私造斛斗秤尺各律所载,虽不入己,或造作虚费人工物料之类,凡罪由此赃者,皆名为坐赃致罪。○官吏坐赃,若不入己者,拟还职役。出钱人有规避事重者,从重论。)

一两以下,笞二十。

一两之上至十两,笞三十。

二十两,笞四十。

三十两,笞五十。

四十两,杖六十。

五十两,杖七十。

六十两,杖八十。

七十两,杖九十。

八十两,杖一百。

一百两,杖六十、徒一年。

二百两,杖七十、徒一年半。

三百两,杖八十、徒二年。

四百两,杖九十、徒二年半。

五百两,罪止杖一百、徒三年。以坐赃非实赃,故至五百两,罪止徒三年。

6.23.346 事后受财 原在事后,故别于受财律。

6.23.346.1 凡官吏有承行之事先不许财,事过之后而受财,事若枉断者,准枉法论;事不枉断者,准不枉法论。无禄人各减有禄人一等;风宪官吏仍加二等。若所枉重者,仍从重论。官吏俱照例为民,但不追夺诰敕。律不言出钱、过钱人之罪,问不应从重可也。

6.23.347 官吏听许财物 原未接受,故别于事后受财律。

6.23.347.1 凡官吏听许财物,虽未接受,事若枉者,准枉法论;事不枉者,准不枉法论,各减受财一等。所枉重者,各从重论。必自其有显迹、有数目者方坐。〇凡律称"准"者,至死减一等,虽满数,亦罪止杖一百、流三千里。此条既称准枉法论,又称减一等,假如听许准枉法赃满数至死减一等,杖一百、流三千里,又减一等,杖一百、徒三年,方合律。此正所谓犯罪得累减也。〇此明言官吏,则其余虽在官之人,不用此律。

条　例

6.23.347.(1)〔听许财物已交未交分别着追〕

一、听许财物,若甫经口许,赃无确据,不得概行议追。如所许财物封贮他处,或写立议单、文券,或交与说事之人,应向许财之人追取入官。若本犯有应得之罪,仍照律科断;如所犯本轻,或本无罪,但许财营求者,止问不应重律。其许过若干、实交若干者,应分别已受、未受数目计赃,并所犯情罪,从重科断。已交之赃,在受财人名下着追;未交之财,仍向许财人名下着追。

6.23.348 有事以财请求

6.23.348.1 凡诸人有事,以财行求官吏,欲得枉法者,计所与财,坐赃论。若有避难就易,所枉法之罪重于与财者,从重论。其赃人官。其官吏刁蹬,用强生事,逼抑取受者,出钱人不坐。避难就易,谓避难当之重罪就易受之轻罪也。若他律避难,则指难解钱粮、难捕盗贼皆是。

条　例

6.23.348.(1)〔以财行求及说事过财者与受财人同科〕

一、凡有以财行求及说事过钱者,审实,皆计所与之赃,与受财人同科。仍分有禄、无禄,有禄人概不减等,无禄人各减一等。其行求说事,过钱之人,如有首从者,为首照例科断;为从,有禄人听减一等,无禄人听减二等。如抑勒诈索取财者,与财人及说事过钱人俱不坐。至于别项馈送,不系行求,仍照律拟罪。

6.23.348.(2)〔受贿顶凶〕

一、奸徒得受正凶贿赂，挺身到官顶认，审系案外之人，在外省业已招解臬司，在京业经法司会审，已属成招定罪，几致正凶漏网者，俱照本犯徒、流、斩、绞之罪，一例全科。若正凶放而还获及逃囚自死者，顶凶之犯，照本罪减一等。其行贿本犯，除应立决者，毋庸另议外，原犯应入情实者，拟为立决；应入缓决者，秋审时拟入情实；原犯军、流等罪，照军流脱逃改调例，加等调发；徒、杖以下，按律各加一等。如尚未成招，罪未议定，旋即破案者，行贿凶犯，仍照原犯罪名问拟；受贿顶凶者，减正犯罪二等。至同案之犯，代认重伤，致脱本犯罪名，已招解者，减正犯罪一等；若原犯本罪，重于所减之罪或相等者，各加本罪一等。未招解者，仍照本罪科断。行贿凶犯，均各照原犯罪名定拟。教诱顶凶者，与犯人同罪。计赃重者，行贿、顶凶、教诱各犯，无论案内案外、已未成招，均以枉法赃从其重者论，照例与、受同科。说合过钱者，各减顶凶之犯罪一等；受财重者，准枉法赃从重论。如有子犯罪而父代认，其子除罪应立决者，毋庸另议外，如犯应斩、绞监候者，俱拟以立决；军、流、徒罪，各以次递加。

6.23.349 在官求索借贷人财物

6.23.349.1 凡监临官吏挟势，及豪强之人，求索、借贷所部内财物，并计（索借之）赃准不枉法论，强者准枉法论，财物给主。（无禄人各减有禄人一等。）○6.23.349.2 若将自己物货散与部民，及低价买物多取价利者，并计余利，准不枉法论，强者准枉法论，物货、价钱并入官、给主。（卖物则物入官，而原得价钱给主；买物则物给主，而所用之价入官。○此下四条，盖指监临官吏，而豪强亦包其中。）○6.23.349.3 若于所部内买物，不即支价，及借衣服、器玩之属，各经一月不还者，并坐赃论。（仍追物还主。）○6.23.349.4 若私借用所部内马、牛、驼、骡、驴及车船、碾磨、店舍之类，各验日计雇赁钱，亦坐赃论，追钱给主。（计其犯时雇工赁值，虽多不得过其本价。）○6.23.349.5 若接受所部内馈送土宜礼物，受者笞四十，与者减一等。若因事（在官）而受者，计赃以不枉法论。其经过去处供馈饮食，及亲故馈送者，不在此限。○6.23.349.6 其出使人于所差去处，求索借贷，卖买多取价利，及受馈送者，并与监临官吏罪同。○6.23.349.7 若去官而受旧部内财物，及求索借贷之属，各减在官时三等。

条　例

6.23.349.(1)〔外任旗员该旗各官于出结时勒索重贿〕

一、凡外任旗员，该旗都统、参领等官，有于出结时勒索重贿，及得缺后要挟求助，或该旗本管王、贝勒及门上人等，有勒取求索等弊，许本官据实密详督抚转奏。倘督抚瞻顾容隐，许本官直揭都察院转为密奏。倘不为奏闻，许各御史据揭密奏。

6.23.349.(2)〔索取土官外国猺獞财物〕

一、文武职官，索取土官、外国、猺獞财物，犯该徒三年以上者，俱发近边充军。

6.23.349.(3)〔云贵等处流官擅自科敛土官财物〕

一、云贵、两广、四川、湖广等处流官，擅自科敛土官财物，佥取兵夫，征价入己，强将货物发卖，多取价利，赃至该徒三年以上者，俱发近边充军。若买卖不曾用强，及赃数未至满徒者，按律计赃治罪。其科敛财物，明白公用，佥取兵夫，不曾征价者，照常发落。

6.23.349.(4)〔苗蛮等地逼勒骚扰激动番蛮〕

一、苗、蛮、黎、獞等僻处外地之人，并改土归流地方，如该管官员有差遣兵役骚扰逼勒、科派供应等弊，因而激动番蛮者，照引惹边衅例从重治罪。

6.23.349.(5)〔巡察之员收受门包〕

一、凡出差巡察之员，所到州县地方，如有收受门包，与者照钻营请托例治罪，受者照婪赃纳贿例治罪。该督抚不行查察，交部议处。

6.23.349.(6)〔长随求索吓诈及收用犯案刺字长随〕

一、长随求索吓诈得财舞弊者，照蠹役诈赃例治罪，并照窃盗例，初犯以"赃犯"二字刺臂，再犯刺面。其有索诈婪赃，托故先期预遁，及本官被参后闻风远扬者，拿获之日，照到官后脱逃例，各加二等治罪，仍追原赃。其各衙门现任大小官员，如有收用犯案刺字长随者，交部议处。

6.23.349.(7)〔省府州县衙门需用布匹紬缎等物毋得于辖地赊买〕

一、各省府州县等衙门，除日用零星需用食物，准其于本地方照市价平买外，其余需用布匹绸缎一切货物等项，或由本籍携带，或在邻境买用，毋得于管辖地方滥行赊买。该管上司仍随时稽察。如有仍在本境赊欠等弊，即严参究治。

6.23.349.(8)〔上司勒荐长随幕宾及长随幕宾钻营引荐并舞弊诈财收受财物〕

一、各上司如有勒荐长随及幕宾者，许属员揭报，将勒荐之上司照例革职。如长随钻营上司引荐，在各衙门招摇撞骗财物者，照衙门蠹役恐吓索诈十两以上例，计赃治罪。幕宾钻营引荐，事后收受为事人礼物，尚非舞弊诈财者，计赃以不枉法论，照衙门书吏加等例治罪。如倚仗声势，欺压本官，舞弊诈财者，亦照蠹役诈赃例，计赃治罪。如钻营引荐，别无情弊，但盘踞属员衙门者，幕宾照书役年满不退例杖一百，长随枷号一个月、杖一百，各递回原籍，分别发落。其属员徇隐不行揭报者，照例革职。若属员营求上司，因所荐幕宾、长随，有勾通行贿等弊，照例分别议处治罪。

6.23.350 家人求索

6.23.350.1 凡监临官吏家人，兄弟、子侄、奴仆皆是。于所部内取受所求索借贷财物，依不枉法。及役使部民，若买卖多取价利之类，各减本官吏罪二等。分有禄、无禄。须确系求索借贷之项，方可依律减等。若因事受财，仍照官吏受财律定罪，不准减等。若本官吏知情，与同罪，不知者不坐。

条　例

6.23.350.(1)〔执事大臣家人私向所管人借贷〕

一、执事大臣，不行约束家人，致令私向所管人等往来交结借贷者，一经发觉，将伊主一并治罪。

6.23.351 风宪官吏犯赃

6.23.351.1 凡风宪官吏受财，及于所按治去处求索借贷人财物，若卖买多取价利，及受馈送之类，各加其余官吏受财以下各款罪二等。加罪不得加至于死。如枉法赃须至八十两方坐绞，不枉法赃须至一百二十两之上方坐绞。○风宪吏无禄者，亦就无禄枉法、不枉法本律断。○其家人如确系求索借贷，得减本官所加之罪二等。若因事受财，不准减等。本官知情，与同罪，不知者不坐。

6.23.352 因公科敛

6.23.352.1 凡有司官吏人等，非奉上司明文，因公擅自科敛所属财物，及管军官吏，科敛军人钱粮、赏赐者，虽不入己，杖六十，赃重者坐赃论；入己者，并计赃以枉法论。无禄人减有禄人之罪一等。至一百二十两，绞监候。○6.23.352.2 其非因公务，科敛人财物入己者，计赃以不枉法论。无禄人罪止杖一百、流三千里。若馈送人者，虽不入己，罪亦如之。

条　例

6.23.352.(1)〔违禁罚取纸札笔墨银朱器皿钱谷银两等项〕

一、凡京城及外省衙门，不许罚取纸札笔墨、银朱器皿、钱谷银两等项，违者计赃论罪。若有指称修理，不分有无罪犯，用强科罚，米谷至五十石，银至二十两以上，绢帛贵细之物值银二十两以上者，事发交部照例议处。

6.23.352.(2)〔未经题请私行勒派商捐〕

一、江南、江西、湖广地方，及黄、运两河，遇有公事，该督抚查实，题请定夺，不许辄派商捐。倘地方官有私行勒派者，即行题参治罪。该督抚失于觉察，一并交部议处。

6.23.353 克留盗赃

6.23.353.1 凡巡捕官已获盗贼，克留赃物不解官者，笞四十；入己者，计赃以不枉法论，仍将其所克之赃并解过赃通论盗罪。若军人弓兵有犯者，计赃虽多，罪止杖八十。仍并赃以论盗罪。

条　例

6.23.353.(1)〔胥捕侵剥盗赃〕

一、胥捕侵剥盗赃者，计赃照不枉法律从重科断。

6.23.354 私受公侯财物

6.23.354.1 凡内外武官,不得于私下或明白接受公、侯、伯所与金银、缎匹、衣服、粮米、钱物。若受者,杖一百,罢职,发边远充军。再犯处死。公侯与者,初犯、再犯免罪,三犯奏请区处。若奉命征讨,与者、受者,不在此限。或绞或斩,律无明文。但初犯充军,即流罪也,再犯加至监候绞,以其干系公、侯、伯,应请自上裁。

卷三十二 刑律·诈伪

6.24 诈 伪

6.24.355 **诈为制书** 诈为，以造作之人为首从坐罪，转相誊写之人非是。

6.24.355.1 凡诈为原无。制书，及增减原有。者，已施行，不分首从，皆斩；监候。未施行者，为首绞。监候。为从者减一等。传写失错者，为首杖一百。为从者减一等。○6.24.355.2 诈为六部、都察院、将军、督抚、提镇、守御紧要隘口衙门文书，套画押字，盗用印信，及将空纸用印者，必盗用印方坐。皆绞。监候。不分首从。未施行者，为首减一等，为从又减一等。○6.24.355.3 诈为察院、布政司、按察司、府、州、县衙门印信、文书者，为首杖一百、流三千里；诈为其余衙门印信、文书者，为首杖一百、徒三年。为从者减一等。未施行者，各分首从。减一等。若有规避事重于前事者，从重论。如诈为出脱人命，以规避抵偿，当从本律科断之类。○6.24.355.4 其诈为制书、文书已施行，及制书、文书所至之处，当该官司知而听行，各与同罪，至死减等。不知者不坐。○6.24.355.5 一将印信空纸，捏写他人文书，投递官司害人者，依投匿名文书告言人罪者律。○6.24.355.6 盗用钦给关防，与印信同，有例。

条 例

6.24.355.(1)［诈为衙门文书诓骗科敛财物］

一、诈为六部等衙门文书，依律问断外，若诈为察院、布政司、按察司、府、州、县及其余衙门文书，诓骗科敛财物者，问发近边充军。

6.24.355.(2)［诈为文书盗用印信及止套画押字］

一、凡诈为各衙门文书盗用印信者，不分有无押字，依律坐罪。若止套画押字，各就所犯事情轻重，查照本等律条科断。其诈为六部各司、军卫各所文书者，俱与其余衙门同科。

6.24.355.(3)［诈为通政史三衙门文书］

一、通政使司、大理寺、盐运司部属各管军所，仍照其余衙门拟断。若情犯深重者，听临时查照比依何衙门，具由奏请定夺。

6.24.356 **诈传诏旨** 诈传，以传出之人为首从坐罪，转相传说之人非是。

6.24.356.1 凡诈传诏旨自内而出者，为首斩。监候。为从者杖一百、流三千里。诈传皇后懿旨、皇太子令旨者，为首绞。监候。为从者杖一百、流三千里。○6.24.356.2 若诈传一品、二品衙门官言语，于各属衙门分付公事，自有所规避者,为首杖一百、徒三年;三品、四品衙门官言语有所规避者,为首杖一百;五品以下衙门官言语者,杖八十,为从者各减一等。若得财而诈传无碍于法者,计赃以不枉法;因得财诈传而变动事情,枉曲法度者,以枉法,各以枉法、不枉法赃罪与诈传规避本罪权之,从重论。○6.24.356.3其诈传诏旨、品官言语,所至之处,当该官司知而听行,各与同罪,至死减一等。不知者不坐。○6.24.356.4若内外各衙门追究钱粮,鞫问刑名公事,当该官吏将奏准合行免追免问事理,妄称奉旨追问者,是亦诈传之罪。斩。监候。

6.24.357 对制上书诈不以实

6.24.357.1 凡对制敷陈及奏事、有职业该行而启奏者。与上书,不系本职,而条陈时务者。诈妄不以实者,杖一百、徒三年。其对、奏、上书,非密谓非谋反、大逆等项。而妄言有密者,加一等。○6.24.357.2若奉制推按问事,转报上不以实者,杖八十、徒二年;若徇私曲法,而所报不实之事重于杖八十、徒二年者,以出入人罪论。

条 例

6.24.357.(1)〔在配军流人犯遣人呈递封章〕

一、发遣、军、流人犯,在配所遣人呈递封章,条陈事务者,无论所言有无可采,原犯军、流,加一等调发;原犯极边烟瘴充军者,发新疆给官兵为奴;原犯遣罪,在配用重枷枷号六个月。如因呈递封章,另犯应死罪名,仍各从其重者论。其受雇代递之人,照为从律减本犯罪一等,拟杖一百、徒三年;计赃重者,准窃盗赃科断。

6.24.358 伪造印信时宪书等

6.24.358.1 凡伪造诸衙门印信及时宪书、起船、起马符验、茶盐引者,为首雕刻斩。监候。为从者减一等,杖一百、流三千里。有能告捕者,官给赏银五十两。伪造关防印记者,为首杖一百、徒三年。告捕者,官给赏银三十两。为从及知情行用者,各减一等。各字承上二项而言。若造而未成者,首、从各减一等。其当该官司知而听行,与同罪,不知者不坐。○6.24.358.2印所重者文,若有篆文,虽非铜铸,亦可以假诈行事。故形质相肖,而篆文俱全者,谓之伪造。惟有其质而文不全者,方谓之造而未成。至于全无形质,而惟描之于纸者,乃谓之描摹也。

条 例

6.24.358.(1)〔伪造关防印记事关军机钱粮假官及止诓骗财物〕

一、凡有伪造诸衙门印信及钦给关防,事关军机,冒支钱粮,假冒官职,大干法纪者,俱拟斩立决,为从者拟绞监候。若非关军机、钱粮、假官等弊,止图诓骗财物,为数多者,俱照律拟斩监候,为从者杖一百、流三千里。若诓骗财物,为数无多,银不及十两,钱不及十千者,为首雕刻者,杖一百、流三千里;为从及知情行用者,各减一等。其伪造关防印记,诓骗财物,为数多者,将为首雕刻之人,发云贵两广烟瘴少轻地方;若为数无多,为首者,仍照律徒三年;为从及知情行用者,各减一等。其造而未成者,又各减一等。若描摹印信行使,诓骗财物,犯该徒罪以上者,问发边远充军。其为数无多,犯该徒罪以下者,各计赃,以次递减。四十两,杖一百、徒三年;三十两,杖九十、徒二年半;二十两,杖八十、徒二年;一十两,杖七十、徒一年半;一两以下,杖六十、徒一年。不得财者,罪止杖一百。

6.24.358.(2)〔盗用钦给关防〕

一、凡盗用总督、巡抚、提学、兵备、屯田、水利等官钦给关防,俱照各官本衙门印信拟罪。若盗及弃毁、伪造,悉与印信同科。

6.24.358.(3)〔伪造假印之案分别首从〕

一、伪造假印之案,如起意者自行雕刻,或他人同谋分赃,代为雕刻者,将起意之人与雕刻之人并以为首论。案内为从者,减一等。若仅受些微价值,代为私雕,并无同谋、分赃情事者,以起意之人为首,雕刻之人为从,与案内为从者并减首犯罪一等。

6.24.358.(4)〔伪造印信之案分别行用得财未行用及造而未成〕

一、伪造印信之案,如假印形质已具、篆文字体已成,仅止笔画少缺,但经行用得财,为数多者,分别首从,拟以斩候、满流。即为数无多,亦分别首从,照例拟以流、徒。甫经雕刻,尚未行用者,各减得财一等。若篆文笔画,实未齐全,又未诓骗得财,方以造而未成科断。其伪造关防印记者,亦照此分别首从,各按本例办理。

6.24.359 私铸铜钱

6.24.359.1 凡私铸铜钱者,绞;监候。匠人罪同。为从及知情买使者,各减一等。告捕者,官给赏银五十两。里长知而不首者,杖一百,不知者不坐。○6.24.359.2 若将时用铜钱剪错薄小,取铜以求利者,杖一百。○6.24.359.3 若以铜、铁、水银伪造金银者,杖一百、徒三年。为从及知情买使者,各减一等。金银成色不足,非系假造,不用此律。

条　例

6.24.359.(1)〔私铸砂壳铜钱首从匠人及知情买使分别治罪并船户夹带私钱〕

一、凡各省拿获私铸之案,不论砂壳、铜钱,核其所铸钱数至十千以上,或虽不及十千,而私铸不止一次,后经发觉者,为首及匠人,俱拟以斩候;为从及知情买使者,俱发新疆给官兵为奴。如受些微雇值,挑水打炭,及停工散局之后,贪其价贱,偶为买使者,照为从遣罪上减一等,杖一百、徒三年。其铸钱不及十千者,首犯、匠人,俱发新疆给官兵为奴;为从及知情买使,并受雇之犯,各照铸钱十千以上从犯之罪,递减一等。其房主、邻佑、总甲、十家长,知而不拿获举首者,杖一百、徒三年;若并不知情,但失于查察者,杖一百。或有空房别舍,误借匪人,一有见闻,立即驱逐,未经首捕者,果未在场,亦未受贿纵容,俱以不知情科断。官船户夹带私钱者,杖一百、徒三年。同船之人知情不禀首,杖八十。若私铸未成,畏罪中止者,首犯与匠人俱改发足四千里充军。仍回避云、贵等省出产铜、铅地方。其雇令挑水、打炭、烧火之人,及房主、邻佑、十家长,知而不拿获举首者,俱杖八十、徒二年,不知情者不坐。方造器具,尚未铸钱,被获审实,将起意为首，并同伙商谋之人，均杖一百、流三千里；凑钱入伙者，照为从减一等律，杖一百、徒三年。凡失察之该地方官，及押船官，不实力访拿，别经发觉，交部照例分别议处。

6.24.359.(2)〔销毁制钱及剪边图利之犯分别首从治罪〕

一、凡各省拿获销毁制钱，及将制钱剪边图利之犯，审实，将为首者拟以斩决，家产入官，为从者绞决。仍令地方官设法密拿。有能拿获者，地方官交部议叙。失察者，地方官及该管上司，交部分别议处。其房主、邻佑、总甲、十家长等，知情受贿，代为隐匿者，依为从例治罪；但知情不首告，并未分赃者，照为从例减一等，杖一百、流三千里；并未知情，止于失察者，俱杖一百。旁人首捕审实者，官给赏银五十两。至私铸之犯，容有即系私销私剪之人，承审官拿获案犯，必先严究有无销毁、剪边情事。倘有确据，即以私销私剪例从重治罪。

6.24.359.(3)〔私铸铅钱以所铸钱数十千上下及首从匠人及知情买使分别治罪〕

一、凡私铸铅钱，如有伙党鸠工，大炉广铸，至十千文以上者，为首及匠人，俱拟绞监候；为从及知情买使者，各减一等，杖一百、流三千里；房主、邻佑、总甲、十家长等，知而不首者，俱杖八十、徒二年。其熔化些须铅斤，铸钱不及十千者，为首及匠人，俱发新疆给官兵为奴；为从及知情买使，并房主人等知而不首，各依次递减。若房主人等，仅止失于查察者，俱杖八十。至私铸铅钱未成，将起意为首之犯杖一百、流三千里；为从及房主人等知而不首，仍各依次递减科断，不知情者不坐。

6.24.359.(4)〔私铸之犯同居父兄不能禁约及知情分利〕

一、拿获私铸，如本犯问拟斩、绞，其知情分利之同居父兄、叔伯与弟，减本犯罪一等，杖一百、流三千里。如本犯问拟发遣，亦减一等，杖一百、徒三年。虽经分利而实系并不知情者，照本犯之罪减二等发落。其父兄不能禁约者，杖一百。有能据实出首，准予免罪，本犯仍照律内得相容隐之亲属互相告言各听如罪人本身自首法科断。

6.24.359.(5)〔收买私铸及剪边钱搀和行使并货卖〕①

一、拿获收买私钱及剪边钱，搀和行使并货卖之案，如收买、搀和、货卖，均在十千以上者，发各省驻防给官员兵丁为奴；收买在十千以上，搀和、货卖不及十千者，于遣罪上减一等，杖一百、徒三年；收买在十千以上，尚未搀和、货卖者，再减一等，杖九十、徒二年半；收买及搀和、货卖均不及十千者，枷号一个月，杖一百；收买不及十千，尚未搀和、货卖者，照不应重律杖八十。

6.24.359.(6)〔地方文武各官严拿私铸〕

一、凡地方文武各官，严拿私铸，务于山陬水滨人迹罕到，及居民繁庶人烟稠密处所，并宜差委妥练员役，不时察访查拿。如遇有私铸之事，知情故纵者，应照例治

① 咸丰二年(1852)修并。

罪外,其不知情者,从前虽漫无觉察,今但能拿获,不论年月远近,俱免其处分。文官拿获者,并免同城武职之处分;武弁拿获者,亦免同城文官之处分。交界之所,此县拿获,彼县亦免处分。至果能实心查拿者,不论本管地方及别州县,准以拿获之多寡,交部量予议叙。若该地方官不加意缉拿,或系上司查出,或被旁人告发,俱仍照例处分。

6.24.359.(7)〔用铜铁锡铅药煮伪造行使假银及知情买使〕

一、凡用铜、铁、锡、铅药煮伪造假银,或骗人行使发觉,为首者,枷号两个月,杖一百,发云贵两广烟瘴少轻地方;为从及知情买使者,枷号两个月,流三千里,至配所杖一百。

6.24.359.(8)〔以铜铅等物搀入银内〕

一、凡将银挖孔,倾入铜、铅等物,及用铜、铅等物,倾成锭锞,外用银皮包好,并铜、铅等物,每两内搀实银二三四五钱不等,伪造银使用者,均照以铜铁水银伪造金银律,分别首从拟徒。

6.24.359.(9)〔假借古钱名色私铸私贩〕

一、奸徒假借前代古钱名色,私铸私贩者,照私钱律一体分别治罪。

6.24.359.(10)〔私铸当十铜大钱及经纪牙行铺户人等折减拒收〕①

一、私铸当十铜大钱,照私铸铜钱例分别定拟。如经纪、牙行人等,于交易时,不照钱面数目字样,任意折减,及与铺户人等通同舞弊,减成定价,甚至造言煽诱,抗不收使,将为首阻挠者,杖八十、徒二年,加枷号两个月;随同附和者,杖六十、徒一年,加枷号一个月。均先于犯事地方枷号示众,满日起解。

6.24.359.(11)〔销毁钱文〕②

一、凡销毁钱文之案,除当十铜钱,仍照销毁制钱例定拟外,如有存留各项停用当百、当五十、当五铜钱,当十铁钱,铅铁制钱,并不赴官售卖,辄自销毁者,于私销制钱为首斩决为从绞决例上酌减一等,为首发边远充军,为从杖一百、流三千里。

6.24.359.(12)〔私铸案知情租房之房主〕③

一、私铸案内,知情租给房屋之房主,照例治罪,房屋入官。

6.24.360 诈假官

6.24.360.1 凡伪造凭札诈为假官,及为伪札,或将有故官员文凭而假与人官者,斩。监候。其知情受假官者,杖一百、流三千里,须有札付、文凭方坐。但凭、札皆系与者所造,故减等。不知者不坐。○6.24.360.2若无官而不曾假造凭札,但诈称有官,有所求为,或诈称官司差遣而捕人,及诈冒见任官员姓名有所求为者,杖一百、徒三年。

---

① 同治九年(1870)续纂。

② 同治九年(1870)续纂。

③ 同治九年(1870)续纂。

以上三项,总重有所求为。若诈称见任官子孙、弟侄、家人、总领,于按临部内有所求为者,杖一百。为从者,各减一等。若得财者,并计赃各主者,以一主为重。准窃盗免刺。从重论。赃轻,以诈科罪。○6.24.360.3其当该官司知而听行,与同罪,不知者不坐。

条 例

6.24.360.(1)〔假冒杂职自首〕

一、凡杂职内有假冒顶替之人,自行出首者,革退回籍,免其治罪。

6.24.360.(2)〔诈冒皇亲族属姻党家人侵渔民利〕

一、凡诈冒皇亲族属、姻党、家人,在京在外,巧立名色,挟骗财物,侵占地土,并有禁山场,拦当船只,掯要银两,出入大小衙门,嘱托公事,贩卖制钱、私盐,包揽钱粮,假称织造,私开牙行,擅搭桥梁,侵渔民利者,除实犯死罪如诈冒假势凌虐、故杀、斗杀、私盐拒捕之类。外,徒罪以上,俱于所犯地方枷号一个月,发近边充军;杖罪以下,亦枷号一个月发落。若被害之人,赴所在官司告诉,不即受理,及虽受理,观望逢迎,不即问断举奏者,各治以罪。

6.24.360.(3)〔假充大臣及近侍官员家人豪横生事〕

一、假充大臣及近侍官员家人名目,豪横乡村,生事害民,强占田土房屋,招集流移住种者,许所在官司拿问。犯该徒罪以上者,发近边充军;杖罪以下,枷号一个月发落。

6.24.360.(4)〔营兵及假冒营兵合伙挟制官司扰害地方〕

一、凡各省各营食粮兵丁,并有不食钱粮,假冒营兵,生事扰民,及合伙挟制官司,扰害地方者,该地方官审明,分别首从,各照律例定拟。如该管文武各官不行稽查转报,督抚、提镇不题参,俱交该部照例分别议处。

6.24.360.(5)〔伪造凭札行使并买受故官凭札冒名赴任〕

一、伪造凭札自为假官者,伪造凭札,并将有故官员凭札卖与他人者,及买受凭札冒名赴任者,俱拟斩监候;知情说合者,杖一百、流三千里。

6.24.360.(6)〔未经考职书吏冒戴顶帽〕

一、凡未经考职书吏冒戴顶帽者,照假冒职官例,杖六十、徒一年。其有把持公事别情,仍照本条按例从重究拟。本管官及地方官失于查察,或有意故纵,分别议处。

6.24.360.(7)〔无官诈称有官及冒称见任官行骗并假冒顶带〕

一、凡无官而诈称有官,并冒称见任官员姓名,并未造有凭札,但系图骗一人、图行一事,犯该徒罪以下者,发近边充军;犯该军、流、遣罪者,拟绞监候。若假冒顶戴,自称职官,止图乡里光荣,无所求为,亦无凭札者,杖六十、徒一年;假冒生监顶戴者,杖一百。

6.24.361 诈称内使等官 官与事俱诈。

6.24.361.1 凡凭空诈称内使、近臣。内阁、六科、六部、都察院、监察御史、按察司官,在外体察事务,欺诈官府,煽惑人民者,虽无伪造札付,斩。监候。知情随行者,减一等。杖一百、流三千里。其当该官司知而听行,与同罪,罪止杖一百、流三千里。不知者不坐。○6.24.361.2 若本无符验诈称使臣乘驿者,杖一百、流三千里,为从者减一等。驿官知而应付者,与同罪;不知情失盘诘者,笞五十。其有符验而应付者不坐。符验系伪造,有伪造符验律;系盗者,依盗符验律。

条例

6.24.361.(1)〔诈冒内官亲属家人恐吓官司骗财〕

一、凡诈冒内官亲属、家人等项名色,恐吓官司,诓骗财物者,除实犯死罪,如盗或伪造符验,或因吓骗殴、故杀死之类。外,其余枷号一个月,发近边充军。所在官司畏徇故纵,不行擒拿者,各治以罪。

6.24.361.(2)〔假差占宿公馆妄拿吓诈扰害军民及致死伤人并自尽者〕

一、凡诈充各衙门差役,假以差遣体访事情、缉捕盗贼为由,占宿公馆,妄拿平人,及搜查客船,吓取财物,扰害军民,犯该徒罪以上者,无论有无签票,枷号一个月,发近边充军。若审系捏造签票,执持锁链,所犯本罪未至拟徒,但经恐吓诈财者,即照蠹役诈赃一例问拟,仍各加枷号一个月。未捏有签票,止系口称奉差吓唬者,杖罪以下,亦枷号一个月发落。若计赃逾贯,及虽未逾贯,而被诈之人因而自尽者,均拟绞监候;拷打致死,及吓诈忿争,殴、故杀被诈之人者,均照罪人杀所捕人律,拟斩监候。为从各减一等。如假差遣有伪造印信批文,或以捕盗抢检伤人,按律应拟死罪者,仍各从其重者论。所在官司阿从故纵者,各治以罪。若被诈之人殴死假差者,照擅杀罪人律拟绞监候。至非被诈之人,有与假差谋、故、斗杀者,仍各按本律科断。

6.24.362 近侍诈称私行 官实而事诈。

6.24.362.1 凡近侍之人,在外诈称私行,体察事务,煽惑人民者,斩。监候。此诈称,系本官自诈称,非他人。

6.24.363 诈为瑞应

6.24.363.1 凡诈为瑞应者,杖六十、徒一年。○6.24.363.2 若有灾祥之类,而钦天监官不以实对者,加二等。

6.24.364 诈病死伤避事

6.24.364.1 凡官吏人等,诈称疾病,临事避难,如难解之钱粮、难捕之盗贼之类者,笞四十;如所避之事重者,杖八十。○6.24.364.2若犯罪待对,故自伤残者,杖一百;诈死者,杖一百、徒三年。伤残以求免拷讯,诈死以求免出官。所避事重于杖一百及徒三年者,各从重论。如侵盗钱粮,仍从侵盗重者论。若无避罪之情,但以恐吓诈赖人,故自伤残者,杖八十。其受雇倩为人伤残者,与犯人同罪;因而致死者,减斗杀罪一等。○6.24.364.3若当该官司知而听行,谓知其诈病而准改差,知其自残避罪而准作残疾,知其诈死而准住提。与同罪,不知者不坐。

条 例

6.24.364.(1)〔各省获罪之犯报称病故〕

一、各省获罪之犯,报称病故者,着该管官员出具印结,并行文原籍地方官稽查。倘有诈称病故者,分别从重治罪。

6.24.364.(2)〔未经到案之犯报称病故〕

一、凡未经到案之犯,报称病故,该抚严饬地方官悉心确查,取具甘结报部。倘有捏报等情,日后发觉,将该地方官与该抚一并严加议处。

6.24.365诈教诱人犯法

6.24.365.1凡诸人设计用言,教诱人犯法,及和同共事,故诱,令人犯法,却自行捕告,或令人捕告,欲求赏给,或欲陷害人得罪者,皆与犯法之人同罪。罪止杖流。"和同令人犯法",看"令"字,还是教诱人而又和同犯法也,若止和同犯法,则宜用自首律。

条 例

6.24.365.(1)〔教诱苗猺狑獞犯法〕

一、苗、猺、狑、獞所住地方,如有外来匪徒教诱犯法,即视所犯之人,如罪应拟杖者,将教诱之人加一等治罪;徒罪以上,教诱之人比照住居苗寨教诱为乱例,问发边远充军;犯该死罪者,教诱之人,与本犯一例拟以斩、绞,遇赦不宥。失察之地方官,照徇庇例议处;隐讳故纵者,照溺职例革职。

6.24.365.(2)〔土幕教诱犯法〕

一、凡土官延幕,必将所延之姓名、年籍,通知专辖州县确加查验。人果端谨,实非流棍,加结通报,方准延入。若知系犯罪之人,私聘入幕,并延请后纵令犯法者,照职官窝匿罪人例革职。如有私聘私就者,即令专辖州县,严加驱逐。若土幕教诱犯法,即视其所犯之轻重,俱照匪徒教诱犯法加等例治罪。败露潜逃,即行指拿重惩。私聘之文武土官,及失察之该管州县,交部分别议处。

6.24.365.(3)〔幕友长随书役等倚官滋事怂令妄为累及本官〕

一、凡地方官有被参降革治罪之案,严究幕友、长随、书役等。除犯诈赃、诬拿等项罪有正条者,仍照例办理外,其但系倚官滋事,怂令妄为,累及本官者,各按本官降革处分上加一等。如本官应降一级者,将该犯杖七十;降二级、三级者,以次递加;至革职者,杖六十、徒一年。本官罪应拟徒者,亦各以次递加一等,加至徒三年而止。

至总徒、准徒、军、流以上者，均与同罪。徒罪以下，将该犯递回各原籍，分别充徒管束，永远不准复充。如有犯罪之后，仍潜身该地，欺瞒后任，改易姓名复充者，察实严加治罪。

6.24.365.(4)〔自称教师演弄拳棒游街射利惑民〕

一、游手好闲不务本业之流，自号教师，演弄拳棒教人，及投师学习，并轮叉舞棍，遍游街市，射利惑民者，严行禁止。如有不遵，一经拿获，将本犯杖一百、流三千里；随同学习者，杖一百、徒三年，限满递籍，严加管束。如坊店、寺院容留不报，地保人等不行查拿，均照不应重律，杖八十。地方文武各官失于觉察，照例议处。若讯明旧日曾学拳棒，迨奉禁以后，并未辗转教人，亦不游街射利者，免议。

卷三十三　刑律·犯奸

6.25 犯　奸

6.25.366 犯　奸

6.25.366.1 凡和奸，杖八十；有夫者，杖九十。刁奸者，无夫、有夫，杖一百。○6.25.366.2 强奸者，绞。监候。未成者，杖一百、流三千里。凡问强奸，须有强暴之状、妇人不能挣脱之情，亦须有人知闻，及损伤肤体、毁裂衣服之属，方坐绞罪。若以强合，以和成，犹非强也。如一人强捉，一人奸之，行奸人问绞，强捉问未成流罪。又如见妇人与人通奸，见者因而用强奸之，已系犯奸之妇，难以强论，依刁奸律。○6.25.366.3 奸幼女十二岁以下者，虽和同强论。○6.25.366.4 其和奸、刁奸者，男女同罪。奸生男女，责付奸夫收养。奸妇从夫嫁卖，其夫愿留者听。若嫁卖与奸夫者，奸夫、本夫各杖八十，妇人离异归宗，财物入官。○6.25.366.5 强奸者，妇女不坐。○6.25.366.6 若媒合容止人在家通奸者，各减犯人和、刁罪一等。○6.25.366.7 如人犯奸已露，而代私和奸事者，各减和、刁、强二等。○6.25.366.8 其非奸所捕获，及指奸者，勿论。若奸妇有孕，奸妇虽有据，而奸夫则无凭。罪坐本妇。

条　例

6.25.366.(1)〔奸职官妻职官奸军民妻军民相奸奴婢相奸及军民与官员军民妾婢相奸〕

一、凡职官及军民奸职官妻者，奸夫、奸妇并绞监候。若职官奸军民妻者，革职，杖一百，的决；奸妇枷号一个月，杖一百。其军民相奸者，奸夫、奸妇各枷号一个月，杖一百。其奴婢相奸，不分一主各主，及军民与官员军民之妾婢相奸者，奸夫、奸妇各杖一百。

6.25.366.(2)〔强奸幼女致死及强和奸幼女〕

一、强奸十二岁以下幼女，因而致死，及将未至十岁之幼女诱去，强行奸污者，照光棍例斩决。其强奸十二岁以下、十岁以上幼女者，拟斩监候；和奸者，仍照虽和同强论律，拟绞监候。

6.25.366.(3)〔调奸图奸未成案乡保不即转报致本妇自尽〕

一、凡调奸、图奸未成者，经本妇告知亲族，乡保即时禀明该地方官，审讯如果有据，即酌其情罪之重轻，分别枷号、杖责，报明上司存案。如本家已经投明乡保，该乡保不即禀官，及禀官不即审理，致本妇怀忿自尽者，将乡保照甲长不行转报窃盗例杖八十，地方官照例议处。

6.25.366.(4)〔奸夫拒伤应捉奸之人〕

一、凡奸夫拒捕,刃伤应捉奸之人,照窃盗拒捕殴所捕人至折伤以上者,拟绞监候。纵容、抑勒,不用此例。

6.25.366.(5)〔川省啯匪有犯轮奸〕

一、川省啯匪有犯轮奸之案,审实,照强盗律,不分首从皆斩;其同行未成奸者,仍依轮奸本例拟绞监候。如因轮奸而杀死人命者,无论成奸与否,俱照强盗杀人例,奏请斩决、枭示。

6.25.366.(6)〔喇嘛和尚强奸致死人命〕

一、凡喇嘛、和尚等,有强奸致死人命者,照光棍例,分别首从定拟。

6.25.366.(7)〔先经和奸后因别故拒绝致将被奸之人杀死〕

一、凡强奸杀死妇女及良家子弟,仍按例问拟斩决外,其有先经和奸,后因别故拒绝,致将被奸之人杀死者,俱仍照谋、故、斗殴本律定拟。

6.25.366.(8)〔因强奸及图奸调奸未成〕

一、强奸妇女,除并未伤人者,已成、未成,仍照本律定拟外,其因强奸执持金刃凶器戳伤本妇,及拒捕致伤其夫与父母并有服亲属,已成奸者,拟斩监候;未成奸者,拟绞监候。如伤非金刃凶器,已成奸者,拟绞监候;未成奸者,发边远充军,年在五十岁以上,发近边充军。其图奸、调奸妇女未成,罪人拒伤本妇,并其夫与父母及有服亲属,如至残废、笃疾罪在满徒以上者,无论金刃、手足、他物,俱照殴所捕人至折伤以上律拟绞监候;但系刃伤者,发极边足四千里安置;若伤非金刃,仍依罪人拒捕律,于本罪上加二等问拟。

6.25.366.(9)〔妇女与人父子通奸致子因奸谋杀其父〕

一、凡妇女与人父子通奸,致其子因奸谋杀其父,酿成逆伦重案者,将犯奸之妇女,实发驻防给兵丁为奴。

6.25.366.(10)〔伙众强行及一人强行或和同鸡奸良人子弟幼童〕①

一、恶徒伙众,将良人子弟抢去,强行鸡奸者,无论曾否杀人,仍照光棍例,为首者拟斩立决;为从若同奸者,俱拟绞监候;余犯发遣黑龙江给披甲人为奴。其虽未伙众,因奸将良人子弟杀死,及将未至十岁之幼童诱去,强行鸡奸者,亦照光棍为首例斩决。如强奸十二岁以下、十岁以上幼童者,拟斩监候;和奸者,照奸幼女虽和同强论律,拟绞监候。若止一人强行鸡奸,并未伤人,拟绞监候;如伤人未死,拟斩监候。其强奸未成,并未伤人者,拟杖一百、流三千里。如刃伤未死,拟绞监候。如和同鸡奸者,照军民相奸例,枷号一个月,杖一百。倘有指称鸡奸诬害等弊,审实,依所诬之罪反坐,至死减一等;罪至斩决者,照恶徒生事行凶例发极边足四千里充军。

① 咸丰二年(1852)修改。

6.25.366.(11)〔强奸十二岁以下幼女幼童未成〕①

一、凡强奸十二岁以下幼女、幼童未成，审有确据者，发黑龙江给披甲人为奴。

6.25.366.(12)〔轮奸良人妇女已成未成及杀死并致本妇自尽〕②

一、轮奸良人妇女已成之案，审实，照光棍例，为首拟斩立决；为从同奸者，拟绞监候；同谋未经同奸余犯，发黑龙江给披甲人为奴。因而杀死本妇者，首犯拟斩立决、枭示；为从同奸又帮同下手者，拟斩立决；同奸而未下手，及下手而未同奸者，均拟绞立决；其同谋而并未下手又未同奸者，发黑龙江给披甲人为奴。如致本妇自尽者，首犯拟斩立决；为从同奸之犯，均拟绞立决；同谋未经同奸余犯，发黑龙江给披甲人为奴。若伙谋轮奸未成，审有实据者，为首发黑龙江给披甲人为奴，为从杖一百、流三千里。因而杀死本妇者，首犯拟斩立决；为从帮同下手者，拟绞立决；未经下手者，发黑龙江给披甲人为奴。如致本妇自尽者，首犯拟斩监候，为从发黑龙江给披甲人为奴。

6.25.366.(13)〔轮奸已经犯奸妇女及因而致死本妇或自尽〕③

一、轮奸已经犯奸妇女已成者，为首发黑龙江给披甲人为奴；为从同奸者，杖一百、流三千里；同谋未经同奸余犯，杖一百、徒三年。因而杀死本妇者，首犯拟斩立决；下手为从同奸者，拟绞立决；未同奸者，绞监候；同奸而未下手者，发黑龙江给披甲人为奴；并未同奸又未下手者，杖一百、流三千里。如致本妇自尽者，首犯拟绞监候；为从同奸者，发黑龙江给披甲人为奴；同谋未经同奸余犯，杖一百、流三千里。若轮奸未成，首犯杖一百、流三千里，为从杖一百、徒三年。因而杀死本妇者，首犯拟斩监候；为从除案系谋杀，仍照谋杀本律，分别曾否加功问拟外，如系殴杀，帮同下手者发黑龙江给披甲人为奴，未经下手者杖一百、徒三年。如致本妇自尽者，首犯发黑龙江给披甲人为奴，为从杖一百、徒三年。如妇女犯奸后，已经悔过自新，审有确证者，仍以良人妇女论。

6.25.367 纵容妻妾犯奸

6.25.367.1 凡纵容妻妾与人通奸，本夫、奸夫、奸妇各杖九十。抑勒妻妾及乞养女与人通奸者，本夫、义父各杖一百，奸夫杖八十，妇女不坐，并离异归宗。○6.25.367.2 若纵容抑勒亲女及子孙之妇妾与人通奸者，罪亦如之。○6.25.367.3 若用财买休卖休，因而和同娶人妻者，本夫、本妇及买休人各杖一百，妇人离异归宗，财礼入官。若买休人与妇人用计逼勒本夫休弃，其夫别无卖休之情者，不坐；买休人及本妇各杖六十、徒一年。妇人余罪收赎，给付本夫，从其嫁卖。妾减一等。媒合人各减犯人买休及逼勒卖休罪一等。其因奸不陈告而嫁卖与奸夫者，本夫杖一百，奸夫、奸妇各尽本法。

---

① 咸丰二年(1852)修改。

② 咸丰二年(1852)修改。

③ 咸丰二年(1852)修改。

6.25.368 亲属相奸

6.25.368.1 凡奸同宗无服之亲,及无服亲之妻者,各杖一百。强者,奸夫斩监候。○6.25.368.2 奸内外缌麻以上亲,及缌麻以上亲之妻,若妻前夫之女,同母异父姊妹者,各杖一百、徒三年;强者,奸夫斩。监候。若奸从祖祖母、祖姑、从祖伯叔母、从祖伯叔姑、从父姊妹、母之姊妹,及兄弟妻、兄弟子妻者,奸夫、奸妇各决绞;惟出嫁祖姑、从祖伯叔姑,监候绞。强者,奸夫决斩。惟强奸小功再从姊妹、堂侄女、侄孙女出嫁降服者,监候斩。○6.25.368.3若奸妻之亲生母者,以缌麻亲论之太轻,还比依母之姊妹论。○6.25.368.4若奸父祖妾、伯叔母、姑、姊妹、子孙之妇、兄弟之女者,奸夫、奸妇各决斩。强者,奸夫决斩。○6.25.368.5凡奸前项亲属妾各减妻一等;强者,绞。监候。其妇女同坐、不同坐,及未成奸、媒合、纵容等件,各详载犯奸律。惟同宗奸生男女,不得混入宗谱,听随便安插。

条　例

6.25.368.(1)〔奸缌麻以上亲及缌麻以上亲之妻并妻前夫女异父姊妹〕

一、凡奸内外缌麻以上亲,及缌麻以上亲之妻,若妻前夫之女、同母异父姊妹者,依律拟罪,奸夫发附近地方充军。

6.25.368.(2)〔奸同宗无服亲及无服亲之妻〕

一、凡奸同宗无服之亲,及无服亲之妻者,各枷号四十日,杖一百。

6.25.368.(3)〔亲属强奸调奸未成〕

一、凡亲属和奸律应死罪者,若强奸未成,发边远充军;调奸未成,杖一百、流三千里。其和奸罪不至死者,若强奸未成,发近边充军;调奸未成,杖一百、徒三年。

6.25.369 诬执翁奸

6.25.369.1 凡男妇诬执亲翁,及弟妇诬执夫兄欺奸者,斩。监候。○6.25.369.2强奸子妇未成,而妇自尽,照亲属强奸未成例科断。○6.25.369.3义子诬执义父欺奸,依雇工人诬家长。○6.25.369.4嫂诬执夫弟,及缌麻以上亲诬执者,俱依诬告。

6.25.370 奴及雇工人奸家长妻

6.25.370.1 凡奴及雇工人奸家长妻女者,各斩。决。○6.25.370.2若奸家长之期亲,若期亲之妻者,绞。监候。妇女减一等。若奸家长之缌麻以上亲,及缌麻以上亲之妻者,各杖一百、流二千里。强者,斩。监候。○6.25.370.3妾各减一等,强者亦斩。监候。军伴、弓兵、门皂,在官役使之人,俱作雇工人。

条　例

6.25.370.(1)〔奴奸家长妾及家长奸仆妇〕

一、凡奴奸家长之妾者,各绞监候。若家长奸家下人有夫之妇者,笞四十,系官交部议处。

6.25.370.(2)〔家长亲属奸奴雇妻女未成致令自尽〕

一、家长之有服亲属,强奸奴仆、雇工人妻女未成,致令羞忿自尽者,杖一百,发近边充军。

6.25.370.(3)〔奴雇强奸家长母与妻女及调奸未成〕①

一、凡奴及雇工人强奸家长之母与妻女,审有损伤肤体,毁裂衣服,及邻证见闻确据者,无论已未成奸,将奴及雇工人拟斩立决。若调奸未成,发黑龙江给披甲人为奴。

6.25.371 奸部民妻女

6.25.371.1 凡军民本管官吏奸所部妻女者,加凡奸罪二等,各罢职役不叙,妇女以凡奸论。○6.25.371.2 若奸囚妇者,杖一百、徒三年,囚妇止坐原犯罪名。若保管在外,仍以奸所部坐之。强者俱绞。

6.25.372 居丧及僧道犯奸

6.25.372.1 凡居父母及夫丧,若僧、尼、道士、女冠,犯奸者,各加凡奸罪二等。相奸之人,以凡奸论。强者,奸夫绞监候,妇女不坐。

条 例

6.25.372.(1)〔僧道官僧道挟妓饮酒〕

一、僧道官、僧人、道士,有犯挟妓饮酒者,俱杖一百,发原籍为民。

6.25.372.(2)〔僧道尼僧女冠犯奸〕

一、僧、道、尼僧、女冠有犯和奸者,于本寺观庵院门首枷号两个月,杖一百。其僧、道奸有夫之妇,及刁奸者,照律加二等,分别杖、徒治罪,仍于本寺观庵院门首,各加枷号两个月。

6.25.373 良贱相奸

6.25.373.1 凡奴奸良人妇女者,加凡奸罪一等。和、刁,有夫、无夫,俱同。强者,斩。良人奸他人婢者,男、妇各减凡奸一等。如强者,仍照凡论,拟绞监候。其强奸未成者,俱杖一百、流三千里。奴婢相奸者,以凡奸论。

6.25.374 官吏宿娼

6.25.374.1 凡文武官吏宿娼者,杖六十。挟妓饮酒,亦坐此律。媒合人减一等。○6.25.374.2 若官员子孙

---

① 咸丰二年(1852)修改。

应袭荫宿娼者,罪亦如之。

条　例

6.25.374.(1)〔生监不守监视挟妓赌博等项〕

一、监生、生员撒泼嗜酒,挟制师长,不守监规、学规,及挟妓、赌博,出入官府,起灭词讼,说事过钱,包揽物料等项者,问发为民,各治以应得之罪。得赃者,计赃从重论。

6.25.375 买良为娼

6.25.375.1 凡娼优、乐人,买良人子女为娼优,及娶为妻妾,或乞养为子女者,杖一百。知情嫁卖者,同罪。媒合人减一等。财礼入官,子女归宗。

条　例

6.25.375.(1)〔人牙领卖妇人逼勒卖奸及逾限不卖图利〕

一、凡借充人牙,将领卖妇人,逼勒卖奸图利者,枷号三个月,杖一百,发云贵、两广烟瘴少轻地方。如虽无局奸图骗情事,但非系当官交领,私具领状,将妇人久养在家,逾限不卖,希图重利者,杖一百。地方官不实力查拿,照例议处。

6.25.375.(2)〔无藉之徒及生监窝顿及架护流娼〕

一、凡无借之徒,及生监、衙役、兵丁,窝顿流娼土妓,引诱局骗,及得受窝顿娼妓之家财物,挺身架护者,照窝赌例治罪。如系偶然存留,为日无几,枷号三个月,杖一百。其窝顿月日经久者,杖一百、徒三年。再犯,杖一百、流三千里。得受娼妓家财物者,仍准枉法计赃从重论。邻保知情容隐者,杖八十;受财者,亦准枉法论,计赃从重科断。其失察之该地方官,交部照例议处。

6.25.375.(3)〔纵容抑勒妻女与人通奸及诱买良家子女为优娼〕①

一、凡纵容抑勒妻妾及亲女、义女、子孙之妇妾等项与人通奸者,除照纵容抑勒犯奸本律治罪外,仍将纵容抑勒之人,在本家门首枷号一个月发落,奸夫及妇女俱照律问拟,毋庸枷号。若有私买良家之女为娼,及设计诱买良家之子为优者,俱枷号三个月,杖一百、徒三年。知情卖者,与同罪。媒合人及串通说合之中保减一等。奸宿者,照抑勒妻女与人通奸奸夫杖八十律拟杖八十。子女不坐,并发归宗。若妇女、男子,自行起意为娼、为优卖奸者,照军民相奸例,枷号一个月,杖一百。宿娼狎优之人,亦照此例,同拟枷、杖。

6.25.375.(4)〔知情租给房屋窝娼及开设软棚并邻保知情容留〕

一、京城内外,拿获窝娼并开设软棚月日经久之犯,除本犯照例治罪外,其租给

---

① 咸丰二年(1852)修改。

房屋之房主,初犯杖八十、徒二年,再犯杖一百、徒三年。知情容留之邻保,杖八十。房屋入官。若甫经窝娼及开设软棚,即被拿获,知情租给之房主杖八十,知情容留之邻保笞四十。若房主、邻佑实不知情,不坐,房屋免其入官。如业主所置房屋,交家人经手,有赁给窝娼开设软棚,伊主实不知情者,罪坐经手之人。倘系官房,即将知情租给经手官房之人,亦照前例治罪。

卷三十四　刑律·杂犯

6.26 杂　犯

6.26.376 拆毁申明亭

6.26.376.1 凡拆毁申明亭房屋，及毁亭中板榜者，杖一百、流三千里。仍各令修立。

条　例

6.26.376.(1)〔缮刻晓谕教民敕谕条约〕

一、凡钦奉教民敕谕，该督抚督率属员缮写刊刻，敬谨悬挂于申明亭。并将旧有一切条约，悉行刊刻木榜晓谕。

6.26.377 夫匠军士病给医药

6.26.377.1 凡军士在镇守之处、丁夫杂匠在工役之所而有疾病，当该镇守、监督官司不为行移所司请给医药救疗者，笞四十；因而致死者，杖八十。若已行移所司，而不差拨良医，及不给对症药饵医治者，罪同。

6.26.378 赌　博

6.26.378.1 凡赌博财物者，皆杖八十，所摊在场之财物入官。其开张赌坊之人，虽不与赌列，亦同罪。坊亦入官。止据见发为坐。职官加一等。○6.26.378.2 若赌饮食者，勿论。

条　例

6.26.378.(1)〔教诱宗室为非〕

一、凡军民人等，擅入宗室府内教诱为非，及赌博诓哄财物者，俱问发近边充军。

6.26.378.(2)〔兵民官员奴仆赌博〕

一、凡赌博，不分兵民，俱枷号两个月，杖一百。偶然会聚开场窝赌，及存留之人抽头无多者，各枷号三个月，杖一百。官员有犯，革职、枷责，不准折赎。奴仆犯者，家主系官，交与该部；系平人，责十板。该管各官不行严查缉拿，别经发觉者，交部议处；总甲笞五十。若旁人出首，或赌博中人出首者，自首人免罪，仍将在场财物一半给首人充赏,一半入官。凡以马吊、混江赌财物者,俱照此例治罪。赌饮食者,坐不应重律。以上俱拿获牌骰、见发有据者方坐,不许妄扳拖累。

6.26.378.(3)〔开场诱赌经旬累月存留赌博之人并官员聚赌〕

一、凡民人将自己银钱,开场诱引赌博,经旬累月,聚集无赖,放头抽头者,初犯杖一百、徒三年,再犯杖一百、流三千里。存留赌博之人,初犯杖八十、徒二年,再犯杖一百、徒三年。输钱者,据实出首免罪,仍追所输之线给还。若官员,无论赌钱、赌饮食等物,有打马吊、斗混江者,俱革职,满杖,枷号两个月。上司与属员斗牌、掷骰者,亦均革职,满杖,枷号三个月。俱永不叙用。如该管上司并督抚容隐属员赌博,及地方官弁疏纵赌博者,俱交部严加议处。稽查兵役,亦照例治罪。

6.26.378.(4)〔拿获赌博穷究牌骰由来〕

一、八旗、直省拿获赌博,务必穷究牌骰之所由来。如不能究出,或被他处查出,将承审官交部议处。倘将无辜之人,混行入罪,照不能查出造卖牌骰例,加一等治罪。其究出造卖之地方官,交部议叙。或所属地方有造卖之家,未经发觉,能缉拿惩治,亦交部议叙。

6.26.378.(5)〔严追赌具来历〕

一、拿获赌博人犯到案,务向各犯严追赌具来历。如不将造卖之人据实供出,即将出有赌具之人,照贩卖为从例杖一百、徒三年。若已将造卖之人供出,该地方官规避失察,朦胧结案,或该犯狡词支饰,承审官不根究实情,后经查出,交部分别议处。

6.26.378.(6)〔描画纸牌及造卖牌骰未成〕

一、凡描画纸牌,照印板造卖之犯减一等治罪。造卖牌骰未成,照造卖已成者减一等治罪。

6.26.378.(7)〔压宝诱赌及开鹌鹑圈赌斗者〕

一、凡压宝诱赌,以及开鹌鹑圈、斗鸡坑、蟋蟀盆赌斗者,将开场及同赌之人,俱照赌博例治罪。其失察之该管官,亦照赌博之该管官员例议处。

6.26.378.(8)〔在京轿夫借名依附潜匿别处开场诱赌〕

一、在京轿夫,有借名依附,潜匿别处开场诱赌,经旬累月者,将为首开场及放赌抽头之犯,均发边远充军;同赌之人,俱枷号三个月,杖一百,递回原籍拘束。其现用轿夫之王大臣,有轿夫在家赌博,不加约束,及任其居住遥远,开场放赌,将坐轿之本主照例议处。

6.26.378.(9)〔匪徒串党驾船设局诱赌〕

一、无赖匪徒串党驾船,设局揽载客商,勾诱赌博,折没货物,掯留行李者,初犯到案,审系仅止一二次者,照开场诱赌例,杖一百、徒三年;三次以上,及再犯者,发云贵两广极边烟瘴充军,并将首犯先于拿获之沿河码头地方,加枷号一个月。其船户知情分赃者,初犯仍照为从论,再犯亦与犯人同罪,船价入官。

6.26.378.(10)〔容留制造赌具之房主〕

一、凡容留制造赌具之房主，如讯不知情，仍照不应重律治罪外，如审系贪得重租，知情包庇，但在一年以外者，将房主与造卖赌具为首之犯一例问拟，发边远充军。即在一年以内，亦将房主照制造为从及贩卖为首例，杖一百、流二千里。若在半年以内，将房主照贩卖为从例杖一百、徒三年。倘地方官拿获造卖赌具之犯，不将窝留造卖月日研究明确，从重定拟者，将承审之员严行参处。

6.26.378.(11)〔现任职官屡次聚赌及经旬累月开场〕

一、凡现任职官，有犯屡次聚赌，及经旬累月开场者，发往乌鲁木齐等处效力赎罪。若偶然犯罪，及聚赌一二次者，仍革职，照例枷责，不准折赎。

6.26.378.(12)〔旗人邀集抓金钱会〕

一、凡旗人有邀集抓金钱会者，将起意邀约之人，照违制律杖一百；随同入会者，照为从律减一等，杖九十。失察之该管官，交部查议。

6.26.378.(13)〔闽省拿获花会首从各犯及贿庇知情容隐并失察〕

一、闽省拿获花会案犯，讯明起意为首者，照造卖赌具例发边远充军。其伙同开设、辗转纠人之犯，照贩卖赌具为首例，杖一百、流二千里。其在场帮收钱文等犯，均照为从例杖一百、徒三年。仍各尽赌博本法，于开设花会处先行枷号两个月，满日定地发配。其被诱入会之人，俱枷号三个月，杖一百。地保、汛兵若有贿庇情事，即照为首本犯一体问拟。如赃重于本罪者，仍计赃从重论。其知情容隐者，虽无受贿情事，亦科以为从之罪，杖一百、徒三年。若甫经开设，实系失于查察者，比照造卖牌骰之保甲知而不首例，杖一百，革役。失察之文武各官，俱照失察赌具例交部议处。如匪徒另立名色，诱赌聚众，数在三十人以上，与花会名异而实同者，均照此例办理。

6.26.378.(14)〔造卖纸牌骰子及藏匿造赌器具〕

一、凡民人造卖纸牌、骰子，为首者，发边远充军；为从及贩卖为首者，杖一百、流二千里；贩卖为从者，杖一百、徒三年。如藏匿造赌器具不行销毁者，照贩卖为从例治罪。若于未获之先，本犯自首，准其免罪，仍详记档案。倘免罪之后，又复造卖，发边远充军。如同居之父兄伯叔等据实出首，本犯亦准免罪。地方、保甲知造卖之人不首报者，杖一百；受财者，计赃准枉法从重论，罪止杖一百、流三千里。

6.26.378.(15)〔奸民私造赌具及开场窝赌邻佑徇隐不首〕

一、奸民私造赌具，或经旬累月，开场窝赌，其左右紧邻，有能据实出首，照例给赏。如有通同徇隐，不即举首者，杖一百。若得财，准枉法从重论，罪止杖一百、徒三年。所得之赃，照追入官。

6.26.378.(16)〔京城内外存留赌博之人〕

一、京城内外拿获赌博，除讯系偶然聚赌窝赌，存留之人照例治罪，房屋免其入官外，如开场聚赌，经旬累月，其租给房屋、棚座之房主、铺户，均照容留旗民开场聚赌定例分别治罪，邻佑亦按例定拟，房屋、棚座概行入官。如业主所置房屋，交家人经手,有赁给聚赌,伊主实不知情者,罪坐经手之人。倘系官房,即将知情租给经手官房之人,亦照前例治罪。

6.26.378.(17)〔奉吉二省设局开赌奸宄托迹致酿重案〕①

一、奉天、吉林二省,如有设局放头、开场聚赌,经年累月,以致奸宄托迹,酿成重案,除实犯抢夺、杀人及窝藏强盗,各照本例治罪外,将设局开赌之犯,照棍徒扰害例科断。其寻常赌博,仍照旧例办理。

6.26.379 阉割火者

6.26.379.1 凡官民之家,不得乞养他人之子阉割火者,惟王家用之。违者杖一百、流三千里,其子给亲。罪其僭分私割也。

条　例

6.26.379.(1)〔私自净身及代倩下手人犯〕

一、凡私自净身人犯,审明委系贫难度日,别无他故者,照例令其自投内务府验看,派拨当差。如有因伤致死者,将代倩下手之犯,照过失杀人律科断。若系畏罪情急,起意阉割,希图漏免者,除实犯死罪,及例应外遣,无可再加外,余俱按其原犯科条,各加一等定拟。其受雇代倩下手阉割之人,与犯人同罪;因而致死者,减斗杀罪一等。

6.26.379.(2)〔诓骗强勒阉割〕②

一、凡诓骗阉割之案,讯系和诱知情者,为首发近边充军。若系设计略诱,讯明被诱之人并不知情,致被强勒阉割者,即照诱拐子女被诱之人不知情例,将为首之犯拟绞监候,均将犯人财产一半断给被伤之人养赡。为从者,各减一等。如略诱阉割,因伤致死者,为首拟斩监候。其有用药饼,及一切邪术,迷拐阉割者,各依迷拐本例从重论。

6.26.379.(3)〔放出为民之太监〕

一、内务府并诸王、贝勒等门上放出为民之太监,除效力年久,本管、本主保留外,不许仍留京师居住。违者,将容留之人从重治罪,将内务府总管、步军统领、巡城御史一并交部议处。如保留为民之太监有生事犯法者,将保留之人交部议处。

6.26.379.(4)〔投充太监报明有司阉割〕

一、投充太监,听其报明有司,阉割后,即令其自行投报总管内务府验明,送内当差,不必由该管州县造册送部。

6.26.379.(5)〔新进太监率行分拨及换进太监疏忽弊混〕

一、新进太监,由内务府验明,年在十六岁以下,并未娶有妻室者,交地方、熟火

---

① 同治九年(1870)续纂。

② 咸丰二年(1852)修改。

两处首领太监管教。其应学艺者,交各该处首领太监,各派年陈老成之人,作为本管太监,照管衣食,查其行止。如堪供策使,告知总管太监等,分拨各处当差。有不安本分者,该本管太监告知总管太监等交出,与年十六岁以上净身投充之太监,均分给亲王、郡王府内,更换年十六岁以下者送进。该本管及首领太监,若不经心查看,率行分拨,经各该处查出该太监劣迹,将本管及首领太监等交内务府治罪。各该王交进太监时,详加审察,并着落同居之太监出具切实甘结,一并交送。倘换进太监,有疏忽弊混,将王府出结之太监治罪。

6.26.380 嘱托公事

6.26.380.1 凡官吏诸色人等,或为人,或为己。曲法嘱托公事者,笞五十,但嘱即坐。不分从、不从。当该官吏听从而曲法者,与同罪,不从者不坐。若曲法事已施行者杖一百;其出入所枉之罪重于杖一百者,官吏以故出入人罪论。若为他人及亲属嘱托以致所枉之罪重于笞五十者,减官吏罪三等;自嘱托己事者,加所应坐本罪一等。○6.26.380.2 若监临势要曲法为人嘱托者,杖一百;所枉重于杖一百者,与官吏同故出入人罪;至死者,减一等。○6.26.380.3 若曲法受赃者,并计赃通算全科。以枉法论。通上官吏人等嘱托者,及当该官吏并监临势要言之。若不曲法而受赃者,只以不枉法赃论。不曲法又不受赃,则俱不坐。○6.26.380.4 若官吏不避监临势要,将嘱托公事实迹,赴上司首告者,升一等。吏候受官之日,亦升一等。

条 例

6.26.380.(1)〔民人结党妄预官府之事〕

一、民人附合结党,妄预官府之事者,杖一百。如有降调黜革之员,贿嘱百姓保留者,审实,将与、受官民,俱照枉法赃治罪。

6.26.381 私和公事 发觉在官。

6.26.381.1 凡私和公事,各随所犯事情轻重,减犯人罪二等,罪止笞五十。若私和人命、奸情,各依本律,不在此止笞五十例。

6.26.382 失 火

6.26.382.1 凡失火烧自己房屋者,笞四十;延烧官民房屋者,笞五十;因而致伤人命者,不分亲属、凡人。杖一百,但伤人者,不坐致伤罪。其罪止坐所由失火之人。若延烧宗庙及宫阙者,绞。监候。○6.26.382.2 社,减一等。皆以在外延烧言。○6.26.382.3 若于山陵兆域内失火者,虽不延烧,杖八十、徒二年;仍延烧山陵兆域内林木者,杖一百、流二千里。若于官府公廨及仓库内失火者,亦杖八十、徒二年。主守仓库之人因而侵欺财物者,计赃以监守自盗论。不分首从。其在外失火而延烧者,各减三等。若主守人因而侵欺财物,不在减等之限。若常人因火而盗取,以常人盗论。如仓库内失火者,杖八十、徒二年,比仓库被窃盗库子尽其财产均追赔偿之例。○6.26.382.4 若于库藏及仓廒内燃火者,虽不失火,杖八十。○6.26.382.5其守卫宫殿及仓库,若掌囚者,但见内外火起,皆不得离所守,违者杖一百。若点放火花爆仗,同违制。

条 例

6.26.382.(1)〔出征行猎处失火〕

一、凡出征行猎处失火者,杖一百。

6.26.382.(2)〔失火延烧官民房屋公廨仓库分别加枷〕

一、失火延烧官民房屋,及官府公廨、仓库失火等案,各照本律笞、杖、充徒定拟,应否赔修,亦照律办理外,失火延烧官民房屋,如数至一百间者,加枷号一个月;至二百间者,加枷号两个月。若延烧官府公廨、仓库官物,及官民房屋至三百间以上者,加枷号三个月。均于失火处所枷示。

6.26.383放火故烧人房屋

6.26.383.1凡放火故烧自己房屋者,杖一百;若延烧官民房屋及积聚之物者,杖一百、徒三年;因而盗取财物者,斩;监候。杀伤人者,以故杀伤论。○6.26.383.2若放火故烧官民房屋,及公廨、仓库,系官积聚之物者,不分首从,皆斩。监候。须于放火处捕获,有显迹证验明白者乃坐。其故烧人空闲房屋,及田场积聚之物者,各减一等。○6.26.383.3并计所烧之物减价,尽犯人财产折锉赔偿,还官、给主。除烧残见在外,其已烧物,令犯人家产折为银数,系一主者,全偿;系众主者,计所故烧几处,将家产锉为几分而赔偿之。即官、民,亦品搭均偿。若家产罄尽者免追,赤贫者止科其罪。○若奴婢、雇工人犯者,以凡人论。

条 例

6.26.383.(1)〔故烧系官钱粮草束〕

一、凡各边仓场,若有故烧系官钱粮草束者,拿问明白,将正犯枭首示众。烧毁之物,先尽犯人家产折锉赔偿。不敷之数,着落经收看守之人照数均赔。

6.26.383.(2)〔仅图泄忿烧毁房屋致死一家二命及三命者〕

一、挟仇放火,除有心烧死一家三命,或一家二命者,仍各按律例拟以斩决、凌迟外,其止欲烧毁房屋柴草泄忿,并非有心杀人者,如致死一二命,应照挟仇放火因而杀人及焚压人死例,首犯拟斩立决,为从商谋下手燃火者拟绞监候;若致死一家三命以上,首犯斩决、枭示,从犯拟绞立决。

6.26.383.(3)〔棍徒纠谋图财或挟嫌放火故烧房屋公廨仓库及致死伤人〕

一、凶恶棍徒,纠众商谋,计图得财,放火故烧官民房屋,及公廨、仓库,或官积聚之物,并街市镇店人居稠密之地,已经烧毁,抢夺财物者,均照强盗律,不分首从拟斩立决,杀伤人者枭示;有因焚压致死者,将为首之人枭示。仍照强盗例,将法所难宥、情有可原者,于疏内声明。若本非同伙,借名救火,乘机抢掠财物者,照抢夺律加一等,分别首从治罪。其恶徒谋财放火,有已经烧毁房屋,尚未抢掠财物,又未伤人者,为首拟斩监候；为从商谋下手燃火者，枷号两个月，发近边充军；诱胁同行者，杖一百、徒三年。如谋财放火，随即救熄，尚未烧毁，为首拟绞监候；为从商谋下手燃火者，杖一百、流三千里；诱胁同行者，枷号两个月，责四十板。若并非图财，而怀挟私仇，放火烧毁房屋，因而杀人及焚压人死者，为首拟斩立决，为从商谋下手燃火者拟绞监候。其未伤人及伤而不死者，为首拟斩监候，为从者发近边充军，诱胁同行者并杖一百、徒三年。如挟仇放火，当被救熄，尚未烧毁，为首枷号两个月，发近边充军；为从者枷号两个月，杖一百、徒三年。若图财挟仇，故烧空地闲房，及场园堆积柴草等物者，首犯枷号两个月，杖一百、流三千里。如系孤村旷野内，并不毗民居闲房，及田场积聚之物者，杖一百、徒三年，为从各减一等。当被救熄，尚未烧毁者，又各减一等。地方文武官弁，遇有此等恶徒放火，不即赴援扑灭，协力擒拿，照例议处；地方、保甲人等，照不应重律治罪。

6.26.384 搬做杂剧

6.26.384.1 凡乐人搬做杂剧戏文，不许装扮历代帝王后妃，及先圣先贤、忠臣烈士神像，违者杖一百。官民之家，容令装扮者，与同罪。其神仙道扮及义夫节妇、孝子顺孙劝人为善者，不在禁限。

条　例

6.26.384.(1)〔唱演夜戏〕

一、城市乡村，如有当街搭台悬灯唱演夜戏者，将为首之人，照违制律杖一百，枷号一个月。不行查拿之地方、保甲，照不应重律杖八十；不实力奉行之文武各官，交部议处。若乡保人等有借端勒索者，照索诈例治罪。

6.26.384.(2)〔旗员违禁赴戏院看戏〕

一、凡旗员赴戏园看戏者，照违制律杖一百。失察之该管上司，交部议处。如系闲散世职，将该管都统等交部议处。

6.26.384.(3)〔旗人因贫登台卖艺〕

一、凡旗人因贫糊口，登台卖艺，有玷旗籍者，连子孙一并销除旗档，毋庸治罪。该管参、佐领，限三个月内据实报出免议；逾限不报，照例分别议处。

6.26.385 违　令

6.26.385.1 凡违令者，笞五十。谓令有禁制而律无罪名者。如故违诏旨，坐违制；故违奏准事例，坐违令。

6.26.386 不应为

6.26.386.1 凡不应得为而为之者，笞四十；事理重者，杖八十。律无罪名，所犯事有轻重，各量情而坐之。

卷三十五　刑律·捕亡

6.27 捕　亡

6.27.387 应捕人追捕罪人

6.27.387.1 凡在官应捕人承官差追捕罪人而推故不行，若知罪人所在而不即捕者，减罪人所犯罪一等。以最重之罪人为主减科之。仍戴罪，限三十日内，能自捕得一半以上，虽不及一半，但所获者最重，功足赎罪，皆免其罪。虽一人捕得，余人亦同。若于限内虽未及捕获，而罪人已死及自首各尽者，亦免罪。其罪人或死或首，犹有不尽者，止以不尽之人犯罪减等为坐。其非专充应捕人，临时差遣者，或推故不行，或知而不捕，各减应捕人罪一等。仍责限获免。其应捕人及非应捕人有受财故纵者，不给捕限，各与囚之最重者同罪；亦须犯有定案，可与同科。所受之赃重于囚罪者，计赃全科。以无禄人枉法从重论。

条　例

6.27.387.(1)〔隔省地方官纵令劫夺盗犯及徇庇不解并捕役贿纵〕

一、隔属隔省密拿强盗及人命案内应拟斩、绞重犯，有纵令劫夺，及徇庇不解，其该管官题参解任。如在隔省，移咨会参解任。俟获犯审明，具题开复。该管之乡地甲邻严拿究治。若本无抢犯徇庇等弊，而捕役贿纵，捏称被劫者，将捕役照诬告律治罪。原参之员，即行开复。误听捕役之员，交部议处。

6.27.387.(2)〔番役缉拿人犯稽不送官及私拷勒索得财纵放〕

一、步军统领衙门番役，只许于京城内外五城所属地方缉拿人犯。既经拿获，属提督管辖者，限即日送该管营弁转送提督衙门；属五城管辖者，限即日送该管官转送御史衙门。如稽留数日，始行送官，将番役究明私拷勒索情弊，分别定拟。如有得财纵放，照衙役犯赃例治罪。其地属州县者，行文州县佥差擒捕。或有密拿要犯，州县不能擒捕，必须番役擒捕者，奏闻请旨后行。

6.27.387.(3)〔通缉脱逃要犯〕

一、脱逃要犯，务将该犯年貌、籍贯、有无须痣，详细开明，行文通缉。各州县于文到之日，差捕认缉，一面填写印票，分给各乡总甲，遍行察访。如果遍缉无踪，年底取具甘结，转详咨部。仍令接缉务获，知照销案。

6.27.387.(4)〔协缉逃逸命盗要犯〕

一、缉捕强盗、人命，或关系紧要案内人犯，如有逃逸，一面行文八旗并提督、五城协力缉捕,一面牌行直隶附近京城之涿州、良乡、通州、昌平、河间等处州县。部文到日,即行捕缉,再行补报督抚。

6.27.387.(5)〔协缉犯命盗重案脱逃之王公等之辛者库家人等〕

一、凡王公等之辛者库、家人等有犯命盗重案脱逃者,该衙门查拿之时,即行文知会伊主,协同捕缉。一年限满不获,将办理包衣事务官交部议处;其该管王、贝勒、贝子、公等,各罚俸一个月。未获逃犯,仍照案协同缉拿。

6.27.387.(6)〔五城司坊等官途次遇有凶徒不法拘执解讯〕

一、五城司坊等官,若于途次遇有凶徒不法等事,不论何城,并准当时拘执,录取口供,详解该城御史审讯,一面报明本城御史存案。其有暧昧隐避等事,亦许密详该城御史查拿,仍密详本城存案,造册送院注销。倘该役借端讹诈,驾词妄禀,及司坊官擅作威福,拘拿自审,或纵役滋扰,该御史题参,分别议处治罪。若押坊捕役,因非本管地方,明知故纵,及有受贿情弊,严加治罪。大、宛二县,亦不论五城及该县所属,遇有凶犯不法等事,亦一体缉拿。

6.27.387.(7)〔正身番役私用白役及番役缉拿提拿人犯预给印票〕

一、步军统领衙门正身番役,俱照各部院经承、贴写送查之例,将番役年貌、籍贯按季造册,并出具并无白役、圆扁子印结,移送河南道御史考核。倘番役私用白役,别经发觉,将番役及所用白役,照吏典人等额外滥充律治罪。该统领及不行详查之该御史,一并交部议处。至番役缉拿窃盗、斗殴之类,每名预给印票一张,开明款项,发交收执,并将预给印票款项,移明河南道查核。如系提拿审案人犯,务必给与印票,将应拿人犯姓名逐一开明。有应密者,给与密票,亦于票内开明人犯姓名。如无票私拿,即将该番役解送刑部究讯治罪。失察该管官,交部严加议处。

6.27.387.(8)〔官役潜通信息致罪人逃避〕

一、官役奉公缉捕罪人,除受财故纵,照律与囚同罪外,其未经得贿,潜通信息,致罪人逃避者,如所纵之囚,罪在军、流以下者,亦与囚同科,不准减等;若系斩、绞、外遣等罪,将该犯减发极边烟瘴充军。

6.27.387.(9)〔山东省兵役通盗及故纵〕

一、山东省地方,如有兵役通盗之案,除实犯死罪,无可再加,仍照旧办理外,其罪未至死,各于应得本罪上加一等定拟。若不分赃,不漏信,但知盗窝所在,纵不即捕者,讯出故纵情节,即照寻常强窃盗窝主之例,加一等分别治罪。俟该省盗风稍息,再奏明复归旧例。

6.27.387.(10)〔州县广缉重犯滥给印票及差人雇倩代缉并借端勒索〕

一、州县广缉重犯,不得滥给缉票。先将该犯年貌、案由,并差役年貌、籍贯,及所差名数,一面详明督抚,知照各该省,一面改用通关,给与差役携带在身,密行侦缉。如有踪迹,即将通关呈报该地方官,添差拿解。如缉无踪迹,仍投换回文以为凭验。倘有滥给印票,及差人雇倩白役代缉,以及借端勒索,除差人照例治罪外,仍将滥给印票,及佥差不慎之承缉官,照例严加议处。

6.27.387.(11)〔各省团练私拿逃军逃流并一切寻常案犯〕①

一、各省团练,除奸细、土匪并盗贼,及遇有要犯,经官札令协缉者,准其拿解外,其余逃军、逃流,并一切寻常案犯,仍责成地方官拿解。倘该团练私拿酿命,即照谋、故、斗杀各本律定拟。

6.27.388 罪人拒捕

6.27.388.1 凡犯罪事发而逃走、及犯罪虽不逃走,官司差人追捕,有抗拒不服追捕者,各于本罪上加二等,罪止杖一百、流三千里。本应死者,无所加。殴所捕人至折伤以上者,绞;监候。杀所捕人者,斩。监候。为从者各减一等。○6.27.388.2 若罪人持仗拒捕,其捕者格杀之,及在禁或押解已问结之囚逃走,捕者逐而杀之,若囚因追逐窘迫而自杀者,不分囚罪应死、不应死,皆勿论。○6.27.388.3 若囚虽逃走,已就拘执,及罪人虽逃走,不拒捕,而追捕之人恶其逃走,擅杀之或折伤者,此皆囚之不应死者。各以斗杀伤论。若罪人本犯应死之罪而擅杀者,杖一百。以捕亡一时忿激言。若有私谋,另议。

条 例

6.27.388.(1)〔捕役误毙已获罪犯〕

一、凡罪犯业经拿获,捕役借称设法制缚,误伤其命者,仍照已就拘执而杀之律,以斗杀论。倘捕役受人贿嘱,将罪人致死者,照谋杀人首从律治罪。

6.27.388.(2)〔强盗拒捕杀伤官兵在旁目睹虽非下手者〕

一、强盗拒捕杀伤官兵之案,除同伙伤人之时,该犯不在一处者,仍照例拟罪外,其同在一处,或三五成群,虽非下手之人,既在旁目睹,即系同恶共济,法所难宽,即行斩决。

6.27.388.(3)〔豫省南阳等属杀死捻匪及捻匪拒捕杀伤〕②

一、豫省南阳、汝宁、陈州、光州四府州所属州县,及安徽省属,捻匪行凶扰害,被害之家,当场致伤及杀死捻匪者,无论是否登时,概予勿论。差役、地保杀死捻匪者,悉杖一百;伤者暨格杀,均勿论。如有挟嫌杀害,借端泄忿情事,仍照谋、故、斗殴各本律治罪。若差、保庇护捻匪,不行拘拿,照故纵律,与本犯同罪;受财者,以贿纵论。其捻匪拒捕杀死应捕之人者,依罪人拒捕杀人律,拟斩监候;伤者,但系刃伤及折伤以上,不论是否残废、笃疾,各依殴所捕人至折伤以上律,拟绞监候。俟数年后捻匪敛戢,仍各照旧办理。

---

① 同治九年(1870)续纂。

② 咸丰二年(1852)修改。

6.27.388.(4)〔奸盗罪人拒伤应捉奸人及事主并他项罪人拒伤所捕人〕①

一、窃盗拒捕刃伤事主，奸夫拒捕刃伤应捉奸之人，及折伤以上，依例分别问拟斩、绞外，若伤非事主，并非例得捉奸之人，以及别项罪人拒捕，如殴所捕人至残废、笃疾，罪在满徒以上者，方依律拟以绞候。其但系刃伤、火器伤，及刃伤以下，仍各加本罪二等问拟。若本罪已至拟流，有拒捕者，即按五军外遣，以次递加二等，罪止发往新疆酌拨种地当差。

6.27.388.(5)〔事发已经到官之犯被获及被获时有拒伤者〕②

一、罪人在逃，除逃在未经到官以前者，仍照律不加逃罪外，如事发已经到官，脱逃之犯，被获时均照本律加逃罪二等。其犯该军、流者，亦递加二等问拟。至此等事发，在逃之犯被获时，有拒捕者，如本罪已至满流，而拒殴在折伤以上，或系刃伤及火器伤者，均拟绞监候；折伤以下者，改发近边充军。犯该充军者，各以次递加二等调发。若犯该极边烟瘴者，改发新疆给官兵为奴。其事发到官后在逃，原犯未至满流者，仍依拒捕律加罪二等。如拒殴在折伤以上，即照别项罪人拒捕例，分别拟罪。

6.27.388.(6)〔围场内偷打牲口及伐木人拒捕及杀伤〕

一、拿获围场内偷打牲口、砍伐木植人等，若缉拿时曾经拒捕，不肯就擒者，照拒捕律加本罪二等问拟。犯至发遣者，先枷号三个月，再行照例发遣。殴所捕人至折伤以上者，拟绞监候。杀人者，拟斩监候。

6.27.388.(7)〔杀死放火及无故扰害凶徒并强奸未成各罪人〕

一、凡凶徒挟仇放火，及实在凶恶棍徒，无故生事，行凶扰害，并强奸未成各罪人，被害之人，及本妇有服亲属，登时忿激致死者，均杖一百、徒三年，余人杖八十。如杀非登时，仍照擅杀罪人律拟绞监候，余人杖一百。

6.27.388.(8)〔罪人拒杀差役〕

一、凡一切犯罪事发，官司差人持票拘捕，及拘获后佥派看守押解之犯，如有逞凶拒捕，杀死差役者，为首无论谋、故、殴杀，俱拟斩立决；为从谋杀加功，及殴杀下手伤重致死者，俱拟绞立决；其但系殴杀帮同下手者，不论手足、他物、金刃，拟绞监候；在场助势未经帮殴成伤者，改发极边足四千里充军。若案内因事牵连，奉票传唤之人，被追情急，拒毙差役，以及别项罪人拒捕，并聚众中途打夺，均仍照拒捕、追摄、打夺各本律本例科断。如差役非奉官票，或虽经奉票，而有借差吓诈、凌虐罪犯情事，致被殴死者，各照平人谋、故、斗杀本律定拟，均不得以拒捕杀人论。

6.27.388.(9)〔卑幼因奸盗图脱拒杀尊长尊属〕

一、凡卑幼因奸因盗图脱，拒杀缌麻尊长尊属者，按律问拟斩候，仍请旨即行正法。

---

① 咸丰二年(1852)修改。

② 咸丰二年(1852)修改。

6.27.388.(10)〔强奸未成罪人被本妇之子杀死〕

一、强奸未成罪人,被本妇之子登时杀死者,勿论。若杀非登时,杖一百、徒三年。图奸未成罪人,被本妇之子登时杀死者,杖一百、徒三年。非登时杀死者,杖一百、流三千里。

6.27.388.(11)〔本夫本妇及有服亲属并事主殴伤奸盗放火等项罪人〕

一、本夫及本夫、本妇有服亲属,捉奸殴伤奸夫,或本妇及本夫、本妇有服亲属,殴伤图奸、强奸未成罪人,或男子拒奸殴伤奸匪,或事主殴伤贼犯,或被害之人殴伤挟仇放火凶徒及实在凶恶棍徒,至折伤以上者,无论登时、事后、概予勿论。期服以下尊长卑幼,因捉奸、拒奸,或因尊长卑幼强奸、图奸,殴伤尊长卑幼者,悉照此例勿论。此外不得滥引,仍按殴伤尊长卑幼各本律例问拟。其旷野白日盗田野谷麦者,以别项罪人论。其余擅杀伤别项罪人,除殴非折伤勿论外,如殴至折伤以上,按其擅杀之罪,应以斗杀拟绞者,仍以斗伤定拟。若擅杀之罪止应拟满徒者,亦减二等科断。

6.27.388.(12)〔擅杀奸盗及别项罪人案内余人〕

一、凡擅杀奸盗及别项罪人案内余人,无论谋杀加功,及刃伤、折伤以上,并凶器伤人,悉照共殴余人律杖一百。正犯罪止拟徒者,余人杖八十。如有挟嫌、妒奸、谋故别情,乘机杀伤,图泄私忿者,仍照谋、故杀,及刃伤、折伤、凶器伤人各本律本例问拟。

6.27.388.(13)〔贼犯自割发辫襟带图脱误伤事主捕人〕①

一、窃盗被追拒捕刃伤事主者,窃盗拒捕杀人案内为从帮殴刃伤者,窃盗临时拒捕杀人案内为从帮殴刃伤者,窃盗临时拒捕伤人未死为首刃伤者,奸夫拒捕刃伤应捉奸之人者,罪人事发在逃被获时拒捕本罪已至满流而拒殴在折伤以上者,抢夺杀人案内为从帮殴刃伤者,抢夺伤人未死刃伤为首者,以上各项,除审系有心逞凶,拒捕刃伤,仍各照本例分别问拟斩、绞监候外,如实系被事主及应捕之人扭获,情急图脱,用刀自割发辫襟带,以致误伤事主、捕人者,各于死罪上减一等,应绞候者,减为实发云贵两广极边烟瘴充军,应斩候者减发新疆给官兵为奴。

6.27.388.(14)〔直隶一省抢窃案犯拒杀差役之案〕

一、直隶一省抢窃案犯拒杀差役之案,除奉票指拿有名者,仍照定例分别斩绞立决、监候外,其捕役奉票指案承缉抢窃各犯者,票内虽未指明姓名,而该犯确系本案正贼,及捕役奉票躧缉盗贼票内,并未指明何案,及各犯姓名者,或遇贼犯正在抢窃,或经事主喊指捕拿,赃证确凿,虽未到官,实属事发;并贼犯先经捕役奉票拿获送官责释有案,并无吓诈凌虐,而该犯挟嫌报复,或纠伙凶殴者,亦属藐法有据,以上三项,凡有杀伤者,各照罪人拒捕本律定拟。若捕殴致死者,亦依本律分别擅杀、格杀科断。如伤未至死者,捕役殴伤贼匪,非折伤勿论,折伤以上减二等;贼匪拒伤捕役者,于本罪上加二等治罪。其非奉官票,及奉票而有吓诈、凌虐情事者,各照平人谋、

① 同治九年(1870)修改。

故、斗殴杀伤本律科断。俟该省盗风稍息，仍复旧例遵行。

6.27.388.(15)〔奸匪抢窃等犯拒捕火器伤人〕

一、奸匪抢窃，并罪人事发在逃，犯该满流等犯，如拒捕时，有施放鸟枪、竹铳拒伤捕人，按刃伤及折伤本例应拟死罪者，悉照刃伤及折伤以上例，分别问拟斩、绞监候。若犯非奸匪抢窃，并本罪未至满流，或执持系别项凶器者，仍各照本例办理。

6.27.388.(16)〔山东省捻匪幅匪杀伤事主兵役及被事主兵役杀死〕

一、山东省捻匪、幅匪强劫、抢夺、讹索扰害，被害之人当场将其杀死者，无论是否登时，概予勿论。兵丁、差役、地保及邻佑应捕人等，杀死捻匪、幅匪者，各照擅杀应死罪人律杖一百；格杀及伤者，均勿论。如有挟嫌杀害，借端泄忿情事，仍依谋、故、斗杀各本律治罪。若兵役、地保徇庇不拿，与本犯同罪；受财者，以贿纵论。其捻匪、幅匪杀伤事主，除强劫、抢夺例有专条外，如讹索不遂，杀伤被害之人，即照抢夺杀伤事主例分别定拟。杀伤兵役人等，仍依罪人拒捕本律科断。倘数年后此风稍息，奏明仍照旧办理。

6.27.389 狱囚脱监及反狱在逃

6.27.389.1 凡犯罪被囚禁而脱监，及解脱自带锁杻越狱在逃者，如犯笞、杖、徒、流，各于本罪上加二等。如因自行脱越而窃放同禁他囚罪重者，与他因罪重者同罪，并罪止杖一百、流三千里。本犯应死者，依常律。○6.27.389.2 若罪囚反狱在逃者，无论犯人原罪重轻，但谋助力者，皆斩。监候。同牢囚人不知反情者不坐。

条　例

6.27.389.(1)〔各处监狱俱分建内外两处〕

一、各处监狱俱分建内外两处，强盗并斩、绞重犯，俱禁内监；军、流以下，俱禁外监。再另置一室，以禁女犯。

6.27.389.(2)〔搜检夹带金刃及严禁取入砖石树木铜铁等物〕

一、获犯到案，并解审发回之时，州县官当堂细加搜检，无有夹带金刃等物，方许进监。并严禁禁卒，不许将砖石树木、铜铁器皿之类，混行取入。如有买酒入监者，将禁卒严行责治。

6.27.389.(3)〔原拟斩决斩枭及拟斩免死发遣盗犯越狱并在途脱逃〕

一、凡杀人盗犯，及未杀人之首盗，与伤人之伙盗，原拟斩枭及斩决，若越狱脱逃被获者，并于本地方斩决、枭示。其未杀伤人之伙盗，原系拟斩免死发遣之犯，如越狱脱逃被获者，于本地方拟斩立决。若因越狱杀伤兵役者，亦拟斩、枭示。其外省越狱及在途脱逃盗犯，被别省拿获，即令拿获之地方官审报该抚具题，刑部查明原卷奏闻，行令拿获之地方立决。其从部刺字发遣，在途用酒灌醉、用药迷倒解差，乘间远扬者,该地方官报部,亦行令拿获之地方拟斩立决。若因脱逃杀伤兵役者,斩决,枭示。其疏纵之该管官,照例议处。刑书、禁卒有无贿纵,与不严加肘锁,少差兵役,及差非正身,以致中途脱逃者,地方官及兵役照例议处治罪。

6.27.389.(4)〔为越狱人犯通线剃头及毁字之人〕

一、拿获越狱人犯,务究通线与剃头,并代为销毁刺字情弊。通线之人,与囚同罪,至死者拟绞监候。其代为剃头,并销毁刺字之人,俱枷号两个月,责四十板。

6.27.389.(5)〔在监斩绞人犯强横不法及赌博〕

一、在监斩、绞人犯,如有强横不法及赌博等事,杖一百,仍严加锁拷,俟秋审分别定拟。知情故纵之禁卒,照开局窝赌例杖一百、徒三年。提牢官失于觉察,狱官故为徇隐,交部分别议处。军、流等犯有犯,亦照此问拟。

6.27.389.(6)〔斩绞重犯越狱脱逃管狱有狱官奏参〕

一、斩、绞重犯,如有越狱脱逃,将管狱官及有狱官即时题参,按例分别议处,不得同军、流等犯越狱,按照疏防例限扣参。

6.27.389.(7)〔自号牢头凌虐同囚〕

一、斩、绞人犯,如有在监年久,自号牢头,串通禁卒、捕役,挟制同囚,吓诈财物,教供诬陷,少不遂欲,恣意凌虐,凶恶显著者,审实,即照死罪人犯在监行凶致死人命例,依原犯罪名拟以立决。其寻常过犯,酌量严惩示儆。

6.27.389.(8)〔罪囚结伙反狱持械杀伤及未伤人〕

一、罪囚由监内结伙反狱,如有持械杀伤官弁役卒,及并未伤人首从各犯,不论原犯罪名轻重,悉照劫囚,分别杀伤,一例科罪。

6.27.389.(9)〔狱囚纠伙三人以上及仅止一二人并无伙谋潜行越狱脱逃〕

一、犯罪囚禁在狱,私纠伙党三人以上,穿穴逾墙,乘禁卒人等一时疏懈,潜行越狱脱逃者,除原犯斩、绞立决,应即正法外,其原犯斩、绞监候人犯,无论首伙,俱改为立决;原犯军、流,律应加二等调发者,俱改为拟绞监候,秋审时,为首入于情实,为从入于缓决;原犯徒罪,律应加二等问拟者,为首改为拟绞监候,秋审时入于缓决,为从发往伊犁给兵丁为奴;原犯杖、笞,律应加二等问拟者,为首发往伊犁为奴,为从实发烟瘴充军。〇若仅止一二人犯,乘间穿穴逾墙,因而脱逃,并无预谋纠伙情事者,原犯斩、绞立决,即行正法;其原犯斩、绞监候,应入情实人犯,毋论首伙,俱改为立决,应入缓决者,入于秋审情实;原犯军、流,律应加等改发者,为首改为拟绞监候,入于缓决,为从发往伊犁给兵丁为奴;原犯徒罪,律应加等问拟者,为首发往伊犁给兵丁为奴,为从实发烟瘴充军;原犯杖、笞,律应加等问拟者,为首改为实发烟瘴充军,为从问拟满流。其盗犯潜行越狱脱逃,仍各按本例定拟。如有劫狱、反狱者,即照劫囚、反狱定例办理。

6.27.389.(10)〔疏脱在监凌迟斩绞重犯狱官革留协缉获非本案正犯〕

一、羁禁罪应凌迟、斩绞立决、监候重犯,越狱脱逃,将有狱、管狱各官革职,留于地方，照例限五年协缉。如于限内拿获他处案犯，并非本案正犯，仍按限协缉。限满无获，照例分别治罪。

6.27.389.(11)〔疏脱在监凌迟斩绞重犯狱官革留立限协缉无获分别治罪〕

一、羁禁罪应凌迟、斩绞立决、监候重犯，越狱脱逃，将管狱官革职拿问。除五日内拿获，革去顶戴，改为革职留任，四年无过，题请开复；四个月限内拿获，即行革职，免其拿问外，如不能拿获，留于地方协缉。五年限满不获，审系禁役贿纵、故纵脱逃者，发往军台效力赎罪；若审明禁役并无贿纵、故纵情事，果系依法看守，偶致疏纵脱逃者，拟以杖一百、徒三年。有狱官暂行革职留任，俟四个月限满不获，仍留任一年督缉。如再不获，按其未获名数，议降、议革，留于该地方，协同接任官缉捕。五年限内拿获，题请开复。限满不获，查系禁役贿纵、故纵者，无论名数多寡，概行革职，发往军台效力赎罪。若并无贿纵情弊，系降调之员，仍照未获名数，分别降革完结；系革职之员，拟以杖一百、徒三年。至一案内只系一名脱逃者，有狱官革职留任。四个月限满不获，仍留任一年督缉。如再不获，即行革任，留于该地方协缉。五年限内拿获，题请开复。限满不获，审系依法看守，偶致疏纵者，仍以革职完结；系禁役贿纵、故纵者，拟以杖一百、徒三年。倘犯被他人捕获者，仍照例科罪。至军、流等犯越狱脱逃，及斩、绞人犯越狱拿获案内另有军、流人犯未获，其有狱、管狱各官，仍照旧例交部分别议处。

6.27.390徒流人逃

6.27.390.1凡徒、流、迁徙、充军囚人已到配所，于所役限内而逃者，一日笞五十，每三日加一等，罪止杖一百，仍发配所。其徒囚照依原犯该徒年分从新拘役，役过月日，并不准理。○6.27.390.2若官司起发已经断决徒、流、迁徙、充军囚徒，未到配所，中途在逃者，其计日论。罪亦如配所限内而逃者论之。○6.27.390.3配所主守及途中押解人不觉失囚者，一名杖六十，每一名加一等，罪止杖一百，皆听一百日内追捕。配所提调官及途中长押官，减主守及押解人罪三等。限内能自捕得，或他人捕得，若囚已死及自首，皆免罪。故纵者，不分官、役，各与囚之徒、流、迁徙、充军同罪。受财者，计所受赃以枉法从重论。赃罪重，以枉法科之；纵罪重，仍以故纵科之。

条　例

6.27.390.(1)〔刨参遣犯脱逃被获〕

一、发遣云贵两广极边烟瘴刨参人犯，脱逃被获，发往伊犁等处给兵丁为奴。

6.27.390.(2)〔行凶发与披甲人为奴人犯永禁来京〕

一、凡行凶发与披甲人为奴之犯，伊主或给亲戚，或亲携来京，或差做买卖来京，永行禁止。若伊主搬移来京，亦留下另给披甲之人为奴。

6.27.390.(3)〔保甲疏脱在配军流罪犯逾限不获及贿纵〕

一、军、流罪犯在配所脱逃,一面移咨原籍地方勒限缉拿,一面令该管官悬立赏格,勒限一百日严缉。将该犯拿获到案,各照定例分别治罪外,其看守之保甲,革役免罪。如逾限不获一名者,杖八十,每一名加一等,罪止杖一百。受财故纵者,计赃以枉法论。失察之该管官并兼辖官,交部议处。

6.27.390.(4)〔在川流民犯罪递籍复逃入川及失察容隐分别治罪〕

一、在川流民犯罪递回原籍,复逃至川者,如无为匪,照逃人例杖一百,递回原籍。如有为匪,所犯在杖一百以下者,并杖六十、徒一年。如所犯在徒一年以上者,各照所犯之罪加一等问拟。其递回原籍之时,行文原籍地方官严行管束。如有复逃入川,及川省该地方官将逃回人犯失察容隐,俱按逃回名数,交部议处。其原籍地保人等,若于该犯出境之时,随即呈报,在一百日限内,或经该管官拿获,或经别处拿获,俱准免罪。逾限不获,将地保照因人连累致罪例,减罪人罪二等发落。倘有知情隐匿者,与犯人同罪,罪止杖一百。受财故纵者,以枉法计赃治罪。其川省之地保人等,如有知情、受贿等弊,亦照原籍地保分别治罪。

6.27.390.(5)〔解审重犯遣军流徒并递籍收管人犯漏批年貌及雇倩顶替〕

一、解审命、盗重犯,及军、流、徒、遣,并发回原籍收管、审讯等犯,务于批文内载叙事由,开明该犯年貌、疤痣、箕斗,令沿途地方查明转递。如有中途雇倩顶替情事,除本犯、解役人等照例究拟治罪外,将佥差不慎之员分别议处。如原文内未经开载,将遗漏开造之员照例议处。

6.27.390.(6)〔徒犯中途脱逃被获〕①

一、徒犯脱逃,如系在配脱逃被获,仍照律治罪外,其有中途脱逃被获者,各于本罪上递加一等。杖六十、徒一年者,加为杖七十、徒一年半,以次递加。至徒三年者,加为总徒四年;总徒四年者,加为准徒五年,各杖一百。准徒五年者,改为杖一百、流二千里。至免死及寻常遣、军、流犯,有尚未到配,中途脱逃者,均即照已经到配脱逃各本例,讯明有无另犯不法,分别办理。

6.27.390.(7)〔军流人犯脱逃被获遇赦分别情节准否援赦〕

一、军、流人犯脱逃被获遇赦,核其情节,准其援赦者,不分初犯、再犯、三犯,俱免枷号,仍发原配。如原犯情节较重,不准援赦者,按照逃走次数,照例枷号调发。

6.27.390.(8)〔遣犯脱逃分别有无不服管束行凶为匪拒捕治罪〕②

一、秋审缓决人犯,遇赦免死减等发遣黑龙江等处者,如非不服伊主管束,或因思家,或因力难受苦,乘间潜逃,并无行凶为匪、拒捕之处,被获者,五次以内,递回发遣处枷号三个月,投回者免罪;脱逃至五次以外,被获者枷号六个月,投回者枷号三

① 咸丰二年(1852)修改。

② 咸丰二年(1852)修改。

个月；十次以外，被获者枷号九个月，投回者枷号六个月，俱鞭一百。若不服伊主管束，脱逃后复行凶为匪，及拿获时有拒捕者，照原犯死罪，即行正法。其非秋审案内免死减等，系平常发遣人犯，在配脱逃，并无行凶为匪，亦无拒捕情事，被获者，五次以内，递回发遣处枷号一个月，投回者免罪；脱逃至五次以外，被获者枷号三个月，投回者枷号一个月；十次以外，被获者枷号六个月，投回者枷号三个月，均鞭一百。如逃走后复行凶为匪，并拿获时拒捕者，即照现在所犯定拟。如犯该斩、绞监候罪名，应缓决者入于情实，应情实者改为立决；犯该军、流、发遣者，改为绞监候；犯该徒者，递回发遣处，枷号三个月；罪止笞、杖者，递回发遣处，枷号两个月，俱鞭一百。其例应立决者，拿获之日，令该地方官审明该犯原犯情罪、逃走年月，并分给为奴之旗分、佐领及伊主姓名，照例定拟，详报督抚具题。刑部逐一查核确实，会议题复，将该犯即在拿获地方正法，仍行文发遣处所出示晓谕。至军、流人犯脱逃后，行凶杀人为匪，犯该斩、绞者，仍按各本律定拟。应监候者监候，应立决者立决。

6.27.390.(9)〔军流人犯逃回原籍容留及知情不首〕

一、逃回原籍之军、流人犯，本籍地方官于咨缉文到，即传该犯亲属、邻保人等，逐一讯问根由下落。如果未逃回，即取确实供结，详请咨送刑部及配所省份存案。仍令保、邻不时侦缉，一经回籍，立即首报。倘容留不行举首，别经发觉，即将房主、邻保，照知情藏匿罪人减罪人一等律杖一百、徒三年。其虽不容留，但明知不首者，各杖一百。容留之亲属，除祖、父、子孙、夫妻、奴仆外，俱照不应重律杖八十，不得援亲属得相容隐之条。若逃往别处，其知情容留，及知而不首之人，罪亦如之。率混详报之地方官，及逃往别处，不行查出之地方官，一并交部分别议处。

6.27.390.(10)〔黔省查拿游匪递籍充徒复潜入黔及窝留失察〕

一、黔省查拿游匪，除斩、绞、军、流，照例办理外，其犯该杖徒者，递回原籍充徒发落。并开明该犯姓名、年貌、籍贯，通饬各属备案，仍令各照定例办理。若本犯回籍之后，复敢潜入黔境，一经拿获，讯无为匪，照逃人例杖一百，递回原籍。如有为匪，犯在杖一百以下者，并杖六十、徒一年；犯在徒一年以上者，各照所犯之罪加一等。其窝留之人，照知人犯罪藏匿律减罪人一等问拟。失于查察之原籍及黔省地保人等，照川省之例，分别知情、受贿等弊，一例治罪。原籍失察脱逃，并黔省失察容留地方文武各官，均照例分别议处。

6.27.390.(11)〔疏脱军流徒犯主守押解人给限追捕〕

一、军、流、徒犯，在配及中途脱逃，主守、押解人等，审无知情、贿纵情弊，照律给限追捕。限内能自捕得，准其依律免罪。如系他人捕获，或囚已死及自首，均依失囚律治罪，不准宽免。

6.27.390.(12)〔严缉在配脱逃外遣及新疆改发重犯〕

一、外遣及新疆改发重犯，在配脱逃，一面行文报部，一面知会各该犯原籍地方，并将该犯犯事原案全行抄录，同年貌册一并分咨各直省督抚及盛京、黑龙江、吉林等处将军,各饬所属,一体严缉。获日,查照原案审明照例办理。

6.27.390.(13)〔在京拟徒人犯分别由顺天府发配及解回追银定地发配〕

一、凡在京问拟徒罪人犯,除顺天府所属民人,及各省民人无应追银两,毋庸递回原籍着追者,仍令府尹发配外,其余各省民人有应追之项,俱递回各该督抚着追完日,照伊原籍应发地方发配充徒。俟年限满日,交原籍地方官管束。若系强、窃盗,及光棍案内之犯,不许出境。倘有私自出境,依不应重律杖八十,加枷号一个月。其管束不严之原籍地方官,交部议处。仍令五城,大、宛二县,并巡捕营,严行查拿。倘有前项人犯,容留京城潜住,发觉者,将地方官交部议处;总甲、人役,并知情容留之房主,各依不应重律杖八十。如有旗人容留居住,将知情容留之房主,若系另户,并族长,若系家人,并伊主,及领催,各鞭八十;该佐领、骁骑校交部议处。

6.27.390.(14)〔回民因行窃窝窃发遣脱逃被获〕

一、回民因行窃、窝窃发遣,脱逃被获,并无行凶为匪及拒捕情事者,初次,递回配所,用重枷枷号六个月,二次枷号九个月,三次及三次以外枷号一年。如逃走后复行凶为匪,并拿获时有拒捕者,除犯该斩、绞监候改为立决,犯该军、流、发遣改为绞候,仍照原例办理外,如犯该徒罪,递回配所,枷号一年;犯该笞、杖,递回配所,枷号九个月。满日俱鞭一百,遇赦俱不准援减。

6.27.390.(15)〔流罪人犯中途在配脱逃被获〕

一、凡流罪人犯,如有中途在配脱逃被获,原犯流二千里者,改为流二千五百里;原犯流二千五百里者,改为流三千里。俱从该犯原籍地方,计程发配。初次枷号一个月,二次枷号两个月,三次枷号三个月,照例改发。

6.27.390.(16)〔满流及免死减等流犯并军犯中途在配脱逃被获〕

一、凡免死减等流犯,中途在配脱逃被获者,改发近边充军,及原犯寻常案内流三千里人犯,中途在配脱逃被获者,改发附近充军,均就其现配地方,计程发配。若表内现配应发之地,与该犯原籍相近,而又地处边境,再无别处可以改发者,即照表内应发地方加一等改发。各按照脱逃次数,分别枷号。其原犯附近、近边、边远、极边、烟瘴各犯,仍各由原籍以次递加,照例调发。

6.27.390.(17)〔年老遣犯脱逃逾限不获开除停缉〕

一、各省遣犯脱逃,内有年老者,以年逾七十为准,如在逃时年已六十,勒限十年,年已五十,勒限二十年,逾限未获,即于汇咨通缉案内开除停缉。倘后经缉获,仍照例质明办理。

6.27.390.(18)〔洋盗案内遣犯在配脱逃分别原犯情节及逃后有无行凶问拟〕

一、洋盗案内,被掳过船,随同上盗,问拟发遣之犯,在配脱逃被获者,查明发遣原案,除被掳后甘心从盗者,仍照免死盗犯例正法外,若并非甘心从盗,实系掳捉过船,逼令入伙上盗者,如脱逃后并无行凶为匪,即照平常发遣人犯脱逃被获例,递回原遣处,枷号一个月,鞭一百。如脱逃后行凶为匪,亦照平常发遣人犯逃后行凶为匪例,分别问拟。

6.27.390.(19)〔充军常犯责令当差及累次脱逃分别治罪〕①

一、充军常犯,至配后责令照例当差,不得任其闲散。如有脱逃,系附近充军者,初次,枷号一个月,调发近边;二次,枷号两个月,调发边远;三次,枷号三个月,调发极边足四千里;四次,枷号四个月,改发极边烟瘴。其本犯近边、边远、极边足四千里者,各以次递加调发。至烟瘴少轻人犯在配脱逃者,枷号一个月,改发极边烟瘴;极边烟瘴脱逃者,改发新疆酌拨种地当差。即令拿获之州县,一面收禁,一面关查配所原案,究明有无行凶为匪及脱逃次数,将应行改调之处,申详督抚咨部核拟完结,毋庸递回原配审断。其尚未到配,中途脱逃者,亦照此例办理。

6.27.390.(20)〔免死发遣新疆盗犯等项在配脱逃〕

一、免死减等发遣新疆盗犯,并由黑龙江、吉林减回内地充军拟流之盗犯,及未伤人之首盗闻拿投首,窝家、盗线闻拿投首,曾经伤人及行劫二次以上之伙盗闻拿投首,伙盗能将盗首逃匿地方供出一年限内拿获,四项改发云贵两广极边烟瘴充军之犯,如在配无故脱逃,已逾五日拿获者,无论有无行凶为匪,请旨即行正法。若于五日内拿获,该管将军、大臣、督抚严行确审。如系仅在附近处所,暂行躲避,并未远扬,或偶有事故,未向伊主及看役告知,实非逃走者,新疆遣犯,在配所用重枷枷号三个月,杖一百,责令伊主严加管束;由黑龙江、吉林减回内地充军拟流,并改发云贵两广充军四项人犯,俱调发新疆给官兵为奴,均毋庸具奏。如再脱逃拿获,奏请即行正法。

6.27.390.(21)〔原犯实犯死罪免死减军人犯在配脱逃并逃后复有行凶为匪〕②

一、原犯实犯死罪免死减军人犯,在配脱逃,并无行凶为非者,初次枷号两个月,无论近边、边远,俱调发极边地方充军;二次枷号三个月,调发极边烟瘴充军;犯至三次者,改发新疆酌拨种地当差。如逃后复有行凶为匪,按其后犯情节,仅止枷、杖者,仍照脱逃本律加等调发,到配后科以后犯枷、杖之罪;若后犯情节,罪应徒、流以上者,即于逃罪加等调发本例上,再加一等改发。倘后犯之罪,重于改发罪名者,各从其重者论,仍分别次数加拟枷号。若后犯已至斩、绞监候罪名,应缓决者入于情实,应情实者加拟立决。至强盗自首免死减等充军人犯,在配脱逃,例应正法者,仍照定例办理。

6.27.390.(22)〔蒙古发内地驿站当差人犯在配脱逃〕

一、蒙古发内地驿站当差人犯,在配脱逃,原发山东、河南者,初次,调发福建、湖广等省,加枷号一个月;二次,调发云贵两广极边烟瘴,加枷号两个月;三次者,仍发回原调处所加枷号三个月,各责四十板。其原发福建、湖广等省者,以次调发极边烟

---

① 咸丰二年(1852)修改。

② 咸丰二年(1852)修改。

瘴而止。如系免死减等人犯,在配脱逃,并无行凶为匪者,亦一体加调。若逃后复有行凶为匪,按其后犯情节,仅止枷、杖者,仍照脱逃本例加等调发,到配后科以后犯枷、杖之罪;若后犯情节,罪应徒、流以上者,即与逃罪加等调发本例上再加一等改发,仍照例至极边烟瘴而止,均各分次数枷责、刺字。倘罪无可加,每一等再加枷号两个月。如原犯免死减等之罪本应外遣,因系蒙古改发内地者,仍依免死遣犯逃回行凶为匪例,照原犯死罪,即行正法。

6.27.390.(23)〔由京递回复逃来京人犯及疏纵地方官治罪〕

一、在京问拟枷责、杖、笞递回原籍人犯,取具地方官收管,令该地方官造册,每月朔望点卯。如有私行脱逃来京者,该管官即申报上司及原犯事地方查拿,仍将疏纵之地方官照例议处。如隐匿不报,将地方官查明咨部议处。其逃犯被获,审有为匪不法者,从重归结。若但经复逃来京,不论次数,各按其原犯之罪,如由枷责递回者,即照违制律杖一百;由笞、杖递回者,照不应重律杖八十;其原犯并无罪名者,照不应轻律笞四十,各加枷号一个月。满日仍递回原籍,折责发落,严加管束。

6.27.390.(24)〔由京递籍人犯脱逃来京及滋事主守及容留人等分别治罪〕

一、由京递籍人犯,脱逃来京,主守之乡保等笞四十。逃后滋事者,乡保等杖六十,每一名加一等,罪止杖一百。知情容留之房主、邻保,亦照知情藏匿罪人律,减本犯一等治罪。其容留并未滋事之递籍逃犯,照容留滋事递籍逃犯例再减一等。知而不首者,又递减一等。受财者,各计赃以枉法从重论。其容留之亲属,除祖、父、子孙、夫妻、奴仆外,其余亲属人等,照不应轻律笞四十。

6.27.390.(25)〔主守乡保疏脱遣军流徒各犯及房主人等容隐〕

一、凡遣、军、流、徒各犯,仅止脱逃者,主守之乡保等,及容留军、流逃犯之房主、邻保,仍照各本例治罪外,如遣、军、流犯逃后滋事,主守之乡保等杖一百,每一名加一等,罪止杖一百、徒三年。知情容留之房主、邻保,照知情藏匿罪人减罪人一等律,再加一等治罪。知而不首者,仍杖一百。其徒犯逃后滋事,失察之乡保等杖八十,每一名加一等,罪止杖八十、徒二年。知情容留之房主、邻保,照知情藏匿罪人律减本犯罪一等治罪。容留并未滋事之逃徒,照容留滋事逃徒例再减一等。但知而不首者,各杖八十。受财者,各计赃以枉法从重论。其容留之亲属,除祖、父、子孙、夫妻、奴仆外,其余亲属人等,系容留徒罪人犯,照不应轻律笞四十;容留遣、军、流犯,俱照不应重律杖八十。

6.27.390.(26)〔传习邪教人犯在配脱逃及逃后滋事或另犯重罪〕

一、传习邪教人犯,除拟发额鲁特为奴各犯,曾奉有谕旨,如在配脱逃被获,即行正法者,应钦遵办理外,其余问拟遣、军、流、徒人犯,若仅止脱逃,并未滋事者,于寻常遣、军、流、徒脱逃加等调发例上,各加一等治罪。如逃后滋事,或另犯重罪,及妄行控诉、呈递封章者,各视寻常逃犯所应得罪名,加一等定拟。其遣、军应加枷号者,按照寻常逃犯应得枷号月数,递加一等。如已至斩、绞罪名,应缓决者入于情实,应情实者加为立决。犯至立决无可复加者,仍照原例科断。倘另犯应死罪名,仍各从其重者论。其失察、容留之人,于常犯脱逃之失察容留例上,分别是否滋事,各加一等惩处。

6.27.390.(27)〔免死发遣盗犯脱逃〕①

一、发遣免死盗犯,如脱逃拿获,例应请旨正法者,于审明后即行正法,毋庸候部核复。

6.27.391 稽留囚徒

6.27.391.1 凡应徒、流、迁徙、充军囚徒,断决后,当该原问官司限一十日内,如原定法式锁杻,差人管押,牢固关防,发遣所拟地方交割。若限外无故稽留不送者,三日笞二十,每三日加一等,以吏为首科断。罪止杖六十。因稽留而在逃者,就将当该提调官住俸勒限严捕。吏,抵在逃犯人本罪发遣,候捕获犯人到官替役,以囚至配所之日疏放。○6.27.391.2 若邻境官司遇有囚递到,稽留不即递送者,罪亦如之。稽留者验日坐罪,致逃者抵罪发遣。○6.27.391.3 若发遣之时,提调官吏,不行如法锁杻,以致囚徒中途解脱,自带锁杻在逃者,与押解失囚之人同罪。分别官、吏,罪止杖一百,责限擒捕。○6.27.391.4 并罪坐所由。疏失之人。受财者,计赃以枉法从重论。统承上言。

条　例

6.27.391.(1)〔外遣人犯患病留养及捏报失察〕

一、凡外遣人犯,务令依限解赴。如有患病应留养者,山海关以内州县,责成直隶总督查察,山海关以外州县,责成盛京将军及奉天府府尹查察。必验明患病确实,具结申请,方准照例留养。如有本系无病,及病已痊愈,率行捏结,及漫无觉察,任其迁延者,即将各该州县及该旗员等严查参处。并饬各属将每年有无患病留养人犯,及已未起解之处,按季报明该督、该府尹,造册报部查核。直省递解人犯,一体照此办理。

6.27.391.(2)〔隔省递籍人犯州县转递册报〕

一、凡隔省递籍人犯,该州县一面发递,一面关会原籍,并知照经过地方官。无论长解、短解,务遵定例加差转递。各该州县仍于季底将有无递解过某省人犯若干名造册,由府汇详督抚,分咨各省,转行查核,照案咨复。其本省递解人犯,亦责成各州县,彼此关复查结。

6.27.391.(3)〔军犯及在逃军犯起解程限〕

一、各处有司起解在逃军犯及充军人犯,量地远近,定立程限,责令管送。若长解纵容在家迁延,不即起程,违限一年之上者,解人发附近充军。受财者,计赃以枉

---

① 同治九年(1870)续纂。

法从其重者论。正犯原系附近,发近边;原系近边,发边远;原系边远,发极边地方,各充军。

6.27.391.(4)〔军流徒等犯假捏患病及逾限不行起解〕

一、外省发遣官常各犯,及发往军台效力赎罪废员,与军、流、徒罪人犯,于文到之日,均限一个月即行起解,勿得任其逗遛,各该督抚将各犯起解月日专咨报部。如有迟逾,即行指参。倘实因患病,逾限不能起解者,地方官验看属实,加具并无捏饰印甘各结,详明督抚起限,亦不得过两个月,该督抚亦即咨部查核。如有假捏,及逾限不行起解者,别经发觉,将该州县及失察之各上司,分别交部议处。

6.27.391.(5)〔递解人犯中途因事截留〕

一、各省递解人犯,如遇前途水阻,及另有事故,不能前进,即由附近州县,详报该省督抚,查看情形属实,迅即飞咨邻省截留,不准州县擅自知会。仍饬令最近之州县,将接到人犯,分别监狱大小,酌留一二十名,再令各上站挨次留禁,由该州县开具犯名、事由,申报该省上司,咨报查考。一俟前路疏通,即行起解。如有州县擅用公文私信,知会上站截留,即由该督抚据实严参。

6.27.391.(6)〔距省窎远州县起解遣犯〕①

一、凡各省距省窎远之各厅州县,问拟遣、军、流犯,各督抚于出咨后,即令造册先行定地,并发给咨牌。存俟奉到部复,即行佥差起解,不准稍有稽滞。仍将发给咨牌,并起解日期,报部查核。

6.27.392 主守不觉失囚

6.27.392.1 凡狱卒不觉失囚者,减囚原犯之罪二等;以囚罪之最重者为坐。若囚自内反狱在逃,又减不觉罪二等,听给限一百日戴罪追捕。限内能自捕得,及他人捕得,若囚已死,及自首,狱卒皆免罪;司狱官典,减狱卒罪三等。其提牢官曾经躬亲逐一点视罪囚,锁杻俱已如法,取责狱官、狱卒牢固收禁文状者,不坐。若提牢官于该日不曾点视,以致失囚反逃者,与狱官同罪。若提牢官、狱卒、官典故纵者,不给捕限,官、役各与囚同罪。至死减等。罪虽坐定,若未断之间,能自捕得,及他人捕得,若囚已死,及自首,各减囚罪一等。受财故纵者,计赃以枉法从重论。○6.27.392.2 若贼自外入狱劫囚,力不能敌者,官、役各免罪。○6.27.392.3 若押解在狱罪囚中途不觉失囚者,罪亦如之。如狱卒减二等,仍责限捕获免罪;如有故纵及受财者,并与囚同罪;系劫者,免科。

条　例

6.27.392.(1)〔看守人役疏脱枷号人犯〕

一、枷号人犯脱逃,看守人役,亦照律拟断。

---

① 咸丰二年(1852)续纂。

6.27.392.(2)〔违例滥派押解要犯员弁〕

一、直隶等省,如遇紧要官犯等类,务择现任文武员弁,派委押解。其试用效力未经历练者,概不得滥行派委。如有违例滥派,以致疏失者,除押解之员按照律例分别议罪外,仍将原委之文武各上司,分别有无误失,交部议处。

6.27.392.(3)〔解役疏脱应拟斩绞重犯疏脱之犯案情未定者〕

一、解役疏脱应拟斩、绞重犯,审有违例雇替、托故潜回情事,应照故纵律与囚同罪者,如疏脱之犯案情未定,将解役牢固监候,俟逃犯拿获定罪,再行照例办理。

6.27.392.(4)〔斩绞重犯解审中途脱逃〕

一、解审斩、绞重犯,中途脱逃,除原犯斩、绞立决者,即行正法外,其原犯斩、绞监候之犯,核其情节,如秋审时应入情实者,即改为立决,应入缓决者,即改入情实。

6.27.392.(5)〔解役疏脱故纵斩绞重犯佥差护解各官分别治罪〕

一、解审罪应凌迟、斩绞立决、监候重犯,中途脱逃,佥差不慎之长解官,及拨兵添差护解之地方文武各官,俱照吏部定例,分别议以降留、降调、革职并革职留任,限一年缉拿。限内全获,题请开复。如限满不获,查系依法管解,偶致疏脱者,即照吏例以降革完结,毋庸治罪。若审系解役贿纵、故纵,概行革职,拟以杖一百、徒三年。倘犯被他人捕得者,仍照例科罪。至军、流等犯解审脱逃,及斩、绞人犯解审脱逃拿获案内另有军、流等犯未获,其佥差、护解各官,仍照旧例交部分别议处。

6.27.392.(6)〔发遣黑龙江等处人犯沿途官员不亲押解〕

一、凡发遣黑龙江、宁古塔等处人犯,沿途官员,并不亲身押解,交与兵丁解送,或不谨慎看守,以致罪人脱逃者,官交部严加议处,将兵丁照徒流人逃本律治罪,再加枷号一个月。

6.27.392.(7)〔狱卒疏脱及贿纵监犯越狱〕

一、凡监犯越狱,如狱卒果系依法看守,一时疏忽,偶致脱逃,并无贿纵情弊,审有确据者,依律减囚罪二等治罪。仍给限一百日,限内能自捕得,准其依律免罪。如他人捕获,或囚已死,及自首,概不准免罪。其有将在监斩、绞重犯松放狱具,以致脱逃,将松放之该禁卒严行监禁。俟拿获逃犯之日,究明贿纵属实,即照所纵囚罪全科。本犯应入秋审情实者,亦入情实;应绞决者,亦拟绞决;应斩决以上者,亦即拟以斩决。如系徇情松放狱具,或托故擅离,或倩人代守,防范疏懈,乘间潜逃者,亦照故纵律与囚同罪,至死减一等,不准照旧例减囚罪二等问拟。

6.27.392.(8)〔解审军流徒犯役卒疏脱故纵及违例雇倩等〕

一、凡解审军、流、徒犯,中途脱逃,审系役卒受贿故纵,即以囚罪全科;赃多者,以枉法从其重者论。如系依法管解,偶致疏脱者,给限百日,能于限内捕得,均依律免罪。若限满无获,长解减囚罪二等,短解减三等。倘审有违例雇倩情弊,亦限百日,限内捕得,将起意违例雇倩之犯,减囚罪二等,余皆免罪。若限满无获,起意违例雇倩者,减囚罪一等,余皆减二等。

6.27.392.(9)〔兵役押解发遣新疆并寻常遣犯疏脱故纵及违例雇替等〕①

一、押解发遣新疆人犯,中途脱逃,系免死减等例应正法之盗犯,除有心贿纵,仍照与囚同罪律定拟外,如审有违例雇替,托故潜回,或在途开放锁镣,止图便于行走,以致脱逃,并无故纵情弊者,将押解兵役,暂行监禁,另选干役,押同该兵役亲属躧缉。百日限内捕得,将起意违例雇替、托故潜回及开放锁镣之犯,减逃犯本罪一等拟徒;限满无获,杖一百、流二千里。其余兵役,及代替之人,限内拿获,各减逃犯本罪二等;限满无获,各减一等发落。如系依法管解,偶致疏脱,亦将该兵役等暂行监禁一年。限满捕得者,各减逃犯本罪二等;限满无获,各减一等发落。如系寻常遣犯脱逃,将押解人等杖八十,再加枷号一个月。故纵、贿纵者,仍照律与囚同罪。其由新疆改发烟瘴及黑龙江等处人犯,中途脱逃者,亦照此分别办理。

6.27.392.(10)〔解审斩绞重犯解役疏脱故纵及违例雇替等〕

一、解审斩、绞重犯,除解役受贿,徇情故纵,以致脱逃,本犯旋即就获,质审明确,分别依律定拟外,其在途开放锁镣,以致脱逃,本犯未获者,将解役究审,严行监禁。俟拿获正犯之日,究明贿纵属实,将解役照所纵囚罪全科。如无贿纵情弊,仍照故纵律与囚同罪,至死减一等发落。倘监禁已至十年,正犯尚未拿获,将解役照流犯监候待质十年限满之例先行发配。俟缉获正犯质明,分别办理。如十年限内,遇有恩旨,不准查办。其并未开放锁镣,但审有违例雇替,托故潜回,无故先后散行,止任一人押解,以致脱逃者,将违例雇替、潜回、散行之解役,即照故纵律与囚同罪,至死减一等发落,不准照旧例减囚罪二等问拟。果系依法管解,偶致疏脱,审有确据者,除短解兵役依律减二等治罪外,将长解二名暂行监禁。本官另选干役,押同原解之亲属,上紧躧缉,酌限一年。如能限内拿获,审无贿纵别情,仍将长解依律减二等拟徒。或限内无获,即照逃犯本罪减一等问拟满流。他人捕得,亦不准依律宽免。佥差不慎之地方官,视解役所得之罪,分别议处。

6.27.392.(11)〔兵役疏脱贿纵押解军流罪犯〕②

一、押解军、流罪犯,中途脱逃,押解兵役人等,除有受贿故纵情事,仍从重定拟外,如系依法管解,偶致疏脱者,将押解兵役人等,照配所看守保甲例拟杖八十;佥差不慎,及押解之员,交部议处。

6.27.392.(12)〔解审斩绞重犯解役违例雇替〕③

一、解审斩、绞重犯,审有违例雇替等情,其例应与囚罪同至死减等发落之解役,仍于本罪上加一等定拟。

---

① 咸丰二年(1852)修改。
② 咸丰二年(1852)续纂。
③ 同治九年(1870)续纂。

6.27.393 知情藏匿罪人 以非亲属及罪人未到官者言。

6.27.393.1 凡知他人犯罪事发，官司差人追唤，而将犯罪之人藏匿在家，不行捕告，及指引所逃道路，资给所逃衣粮，送令隐匿他所者，各减罪人所犯罪一等。“各”字指藏匿、指引、资给说。○如犯数罪，藏匿人止知一罪，以所知罪减等罪之。若亲属纠合外人藏匿，亲属虽免罪、减等，外人仍科藏匿之罪。其事未发，非官司捕唤而藏匿，止问不应。其已逃他所，有辗转相送，而隐藏罪人，知情转送、隐藏者皆坐，减罪人一等。不知者勿论。○6.27.393.2 若知官司追捕罪人，而漏泄其事，致令罪人得以逃避者，减罪人所犯罪一等。亦不给捕限。未断之间，能自捕得者免漏泄之罪。若他人捕得，及罪人已死，若自首，又各减一等。“各”字，指他人捕得及囚死、自首说。

条　例

6.27.393.(1)〔西山窑工犯窃赌开设锅伙毙命私埋及窑户匿纵并县丞失察故纵〕

一、宛平县属西山门头沟地方，开采煤窑，该县设立印簿，给发窑户，令将佣工人等姓名、籍贯、来去缘由，十日一报该县丞考查，并令西路同知就近稽查。如该窑户不将各项工人开报，照脱漏户口律治罪。若各项工人有犯窃犯赌，或聚众逞凶，致成人命，该窑户知情不行报究，发觉之日，除本犯按律治罪外，该窑户照总甲容留棍徒例杖八十。其有开设连夏锅伙，诓诱贫民，逼勒入窑，关禁不容脱身者，照凶恶棍徒例，分别首从科断。窑户知情纵容者，照知情藏匿罪人律治罪。各窑锅伙内，若将工作患病之人，忍心抬弃，及病故不即报官者，照夫匠在工役之所有病官司不给医药救疗，及地界内有死人不申报官司辄移他处律，分别治罪。其殴打致毙者，仍照谋、故、斗杀各本律问拟。该管县丞失察开设连夏锅伙，及致毙人命私埋匿报等案，分别加等议处；受财故纵者，按枉法赃及故出人罪各律，严参治罪；得受规礼者，计赃科断；失察病故之人私埋匿报者，照例议处。

6.27.394 盗贼捕限

6.27.394.1 凡捕强、窃盗贼，以事发于官之日为始，限一月内捕获。当该捕役、汛兵一月不获强盗者，笞二十，两月笞三十，三月笞四十，捕盗官罚俸两个月；捕役、汛兵一月不获窃盗者，笞一十，两月笞二十，三月笞三十，捕盗官罚俸一个月。限内获贼及半者免罪。○6.27.394.2 若被盗之人经隔二十日以上告官者，去事发日已远，不拘捕限，缉获。捕杀人贼，与捕强盗限同。凡官罚俸，必三月不获，然后行罚。

条　例

6.27.394.(1)〔直隶各省审案定限及迟延察参〕

一、直隶各省审理案件，寻常命案，限六个月；盗劫及情重命案，钦部事件，并抢夺、发掘坟墓,一切杂案,俱定限四个月。其限六个月者,州县三个月解府州,府州一个月解司,司一个月解督抚,督抚一个月咨题;限四个月者,州县两个月解府州,府州二十日解司,司二十日解督抚,督抚二十日咨题。如案内正犯及要证未获,情事未得确实者,题明展限。按察司自理事件,限一个月完结;府州县自理事件,俱限二十日审结。上司批审事件,限一个月审报。若隔属提人及行查者,以人、文到日起限。如有迟延情弊,该督抚察参。若该督抚将迟延各官,徇情不行题参,察出一并交部议处。

6.27.394.(2)〔承审命盗及钦部案件二参限期及接审委审分限〕

一、凡承审命、盗及钦部事件,至限满不结,该督抚照例咨部,即于限满之日接算,再限二参四个月。仍令州县两个月解府州,府州、臬司、督抚各分限二十日。如逾限不结,该督抚将易结不结情由,详查注明题参,照例议处。至承审官内有升任、革职、降调,及因公他往,委员接审者,如前官承审未及一月者,准其按审过日期扣展;一月以上离任者,准其展限一个月。分限三个月、两个月事件,前官承审历限过半离任者,准其扣半加展。如前官于二参限内离任者,接任官准其以到任之日起,无论六个月、四个月事件,俱扣限四个月审结。至原问官审断未当,及犯供翻易情节,督抚另委贤员,或会同原问官审理,委审之员,扣限一个月,该管各上司,亦统限一个月核转具题,总以两个月完结。如官员承审案件,借端巧为掩饰,不行速结者,令该督抚题参,交与该部严加议处。上司徇庇不行题参,及下属已经解审,混行驳查,以致承审官违限,并知属官例限将满,借端故为派委,希图展限者,一并交部议处。督抚参迟延时,将何月日解审、驳查次数声明,听部查核。

6.27.394.(3)〔承审土苗案件定限及拿解承缉人犯〕

一、凡承审土苗案件,俱以获犯到官日为始,照内地限期审结。限满不结,照例咨参,接扣限期完结。如仍不审结,该督抚照例题参。若该犯居土官所辖地方,该土官准州县移会,徇庇不行拿解,经督抚核实题参,将土官革职,择伊子弟之贤者承袭。若该犯居隔属隔省者,以文到日为始,限四个月拿解。如庇匿不解,交部议处。如果凶犯实系在逃,俱限六个月承缉。限满无获,交部分别议处。

6.27.394.(4)〔命盗杂案内行查展限及现获续获人犯分别扣限审结〕

一、官员审理命、盗、钦部事件及一切杂案内,有余犯到案,因正犯及要证未获,情词未得,或盘获贼犯,究出多案,事主未经认赃,必须等候方可审拟,或因隔省行查,限内实难完结者,承问官将此等情由,预行申详督抚,分别题咨展限。若正犯、要证,及盗窃案内首从人犯,已经到案,间有余犯未获者,即将现获之犯,据情研审,按限定结,不得借词展限,亦不得延至日久,应就现犯审结之日起限。若承审期内,遇有续获之犯,如到案在州县分限以内者,即行一并审拟,毋庸另展限期;如到案已在州县分限以外,不能并案审拟者,将续获人犯另行展案,扣限四个月完结。如间有获犯到案,时在州县分限将满者,亦不得逾违统限。如该上司不遵定例,严加查核。听其借端迟延，捏词扣展限期者，承审官及各上司俱交部分别议处。

6.27.394.(5)〔盗案审限及虚实未分展限〕

一、盗案获犯到官，无论首盗、伙盗，缉获几名，如供证确凿，赃迹显明者，一经获犯，限四个月完结。如果虚实情形未分，盗赃未确，限内不能完结者，承审官立即据实详报，逐细声明，该管上司核明，预行咨部，准其展限两个月完结。倘承审官有将易结之盗案，滥请展限，该督抚漫为咨部者，承审官革职，各该上司交部分别议处。

6.27.394.(6)〔黔省苗疆承审命盗案限〕

一、黔省苗疆地方承审命、盗案件，州县各照原定分限，寻常命案三个月，盗案及情重命案两个月，审理完结。其加展两月、三月之例，概行停止。

6.27.394.(7)〔查办命盗重案以监候待质迁延时日〕

一、命、盗重案，内外问刑衙门，各宜迅速查办。应缉拿者，上紧缉拿，应定拟者，即行定拟。若承审官不能审出实情，以监候待质迁延时日者，该堂官、督抚查出，即严行参处。

6.27.394.(8)〔京城勒限缉拿要犯及寻常命盗并承追赃罚等项〕

一、刑部行文五城兵马司、大宛二县查拿之案，如关系偷盗仓库钱粮，并隐匿要紧重犯，即于文内添注“要犯。勒限缉拿”字样，限满无获，照京城定例议处。其余寻常命、盗，如限满无获，照外省定例议处。倘该管官不行呈报题参，察出一并交部议处。其五城兵马司承追赃罚、变产等项，如限满不完，照大宛二县承追杂项钱粮例议处。如该御史不行开送，察出，将该御史一并交与吏部议处。仍令该司坊官，将历年承追之项，造具清册三本，一送刑部，一送都察院，一送该城御史查核。

6.27.394.(9)〔交界地方失事及窃匪等项窜入邻境关会协缉〕

一、凡交界地方失事，探实赃、盗之处，无论隔县、隔府、隔省，一面差役执持印票即行密拿，一面移文关会。拿获之后，仍报明地方官添差移解。其一应窃匪、窝赌、窝娼等类，有窜入邻境者，亦照此例一面差役往拿，一面关会协缉。倘有疏纵牵制，不行缉拿，交部分别议处。捕役借端骚扰，越境诬拿平民，照诬良为盗例治罪。

6.27.394.(10)〔京城盗案勒限缉捕分别有无拿获议处〕

一、凡京城内有强盗劫财伤人者，该汛值宿领催、兵丁，俱枷号四十日，斥革发落；步军统领、总尉、副尉、步军校，俱交部分别降罚，贼犯限一年缉拿。获半者开复；如不获，又失事者，降调。若正阳、崇文、宣武三门关厢内失事者，该汛兼辖五营武职，及文职兵马司官，俱交各该部降罚；专汛千、把总及马步兵丁，各杖一百，贼犯限一年缉拿。全获者开复；缉拿一半者，免其议处；不及一半者，仍照定例议处；不获者，兼辖各官俱降调，千、把总俱革职，兵丁枷号四十日，斥革发落，贼犯交接管官缉拿。

6.27.394.(11)〔隔省隔属关提人犯〕

一、凡隔省关提人犯，承问官一面详请督抚移咨，一面差人关会隔省该地方官添差协缉。如擅给批牌,竟行拘提,及隔省地方官徇庇不行协缉,均交部议处。至本省内隔属关提人犯,亦行令该地方官添差拘提。如违例擅自拘拿者,捕役照诬良为盗例治罪,原差地方官交部议处。关提人犯,谓关提寻常对质人犯。若盗贼匪人,不用此例。

6.27.394.(12)〔承缉盗案地方官假借捏报及贿盗狡供并兵役获犯给赏〕

一、凡承缉各官,有假借别州县所获之盗,指为本案盗首,别州县亦扶同搪塞,或先报盗首脱逃,或捏报盗首病故,后经发觉者,将从前假借、扶同、隐匿、捏报之该地方文武各官,交部议处。其邻境他省之文武官,有能拿获别案内首盗、伙盗,质审明确者,该地方文武各官,交部分别议叙,兵役分别酌量给赏。若不在伙内之人,首出盗首,即行拿获者,地方官从优给赏。捕役拿获盗首者,亦从优给赏。若盗首不获,将承缉捕役家口监禁勒比。如获盗过半之外,又获盗者,地方官亦酌量给赏。若州县贿盗狡供,辗转行查,希图销案者,照易结不结例治罪。

6.27.394.(13)〔苗蛮地方失事缉凶〕

一、苗蛮地方,一有失事,该防汛官即带兵追捕,地方官即差役严拿,一面申报上司,并移会邻近营汛,协力穷追。如未能弋获,查明凶犯本名,确系何处贼蛮,会同该衙门添差缉获。如徇庇不发,并承审官不严行追究,及文武官弁明知案犯下落,不实力擒拿,以致逃匿者,并交部议处。若捕役搜捕案犯,牵累良民,照诬指良民为盗例,从重治罪。

6.27.394.(14)〔捕役串通盗犯教供妄认〕

一、凡捕役串通盗犯,教供妄认别案盗犯,以图销案,州县官失于觉察,审出,交部议处;捕役照诬良为盗发边远充军例减一等,杖一百、徒三年。如有贿买情弊,以枉法从重论。

6.27.394.(15)〔邻县关提人犯〕

一、邻县关提人犯,限文到二十日拿解。逾限不发,交部议处。听信地保、差役捏称并无其人,并久经外出,空文回复,措不发人者,地方官议处外,其地保、差役照不应律治罪。受财者,以枉法从重论。藏匿要犯,按律究拟,本犯从重问断。

6.27.394.(16)〔京城缉捕窃贼勒限〕

一、五城地方有失窃案件,该司坊官即申报该巡城御史及都察院山东道,于失事之日起,勒限四个月缉拿,山东道按限提比。如限内贼犯未获,及获不及半者,该城御史即行查参,交部议处。如承缉限满,该城不行报参,及山东道御史不实力稽察者,令都察院查参,一并议处。其五营所辖地方失窃,该营专汛武职,交步军统领,亦照司坊官一体参处。

6.27.394.(17)〔司道府厅提比捕役〕

一、凡司道提比捕役,除积案久逃之犯,仍照旧例遵行,其新报之案,司道不得即行提比,专令该管之府厅比缉。仍将比过各案,并捕役姓名,报明该道查核,按季汇报臬司,转申督抚查核。倘经年累月,总未获报,该府厅有徇隐之处,一并题参,交部议处。

6.27.394.(18)〔京城窃案坊官隐讳不报〕

一、凡五城地方事主报有失窃案件,该司坊官隐讳不报者,照步军校讳窃例议处。

6.27.394.(19)〔隔省关提人犯〕

一、凡隔省关提人犯,承问官务将人犯紧要缘由及关提月日,通报各上司稽考。如准关之州县,迟延不即解送,及听信地保人等捏称并无其人,措不发解者,该督抚立即严参。至审结题咨时,亦将关到日期,扣明程限,声明有无迟延,听候部议。如承审之州县,将并非紧要案犯,借称关提不到者,该督抚亦即查明,严参议处。

6.27.394.(20)〔行文邻境缉拿强劫拒捕重犯〕

一、凡各省州县,遇有强劫、拒捕等重案,立即选差干捕擒拿,一面将失盗情形,申报所辖之府州,及关移接壤别属之州县。其专辖之知府、知州,立即通饬阖属,各选派干捕,悬立赏格,分路侦缉,无获则一体比追。其非本府州所属,而境地相接之州县,如遇移关一到,亦即照此协力差捕搜拿。

6.27.394.(21)〔盗案隔省关查口供展限〕

一、盗案如有隔省关查口供,必需时日者,许申详督抚,咨部展限两个月。其通省行查之事,令督抚查明,将最后送到逾限之府、州、县职名附参,照钦部事件例交部议处。

6.27.394.(22)〔京城命案凶犯勒限严缉〕

一、五城遇有承缉凶犯,选差干捕,勒限严缉。如一月不获,照例责比;三月至五月不获者,即将该捕役从重责革,枷号两个月示惩,另选干捕踹缉。如捕役果能实力拿获者,照拿获盗案之例,于赃罚银两内,令巡城科道酌量赏给。至巡捕五营所属地方,原与五城联络,遇有不知姓名之人被伤身死,据指挥相验的实,该汛武职,即行呈报步军统领衙门,照例勒限严缉正凶,仍于限内报明兵部。俟文职审明是仇是盗,将武职各官照例查议。其五营捕役,应照五城限缉之例,令该汛武弁选差干捕,报明注册,勒限严缉,按期责比。如逾限不获,即行枷号、责革,仍令另差干捕,实力缉拿。如该汛捕役,有能于限内缉获正凶者,量加奖赏,于步军统领衙门房租项下动支发给,汇入年终奏销。

6.27.394.(23)〔京城遇有仇盗未明之案〕

一、京城遇有仇、盗未明之案,巡捕五营武职等官,照文职缉凶之例,一体扣限查参。俟获犯之日,如审系盗案,仍照例将专辖、兼辖各官补参疏防。

6.27.394.(24)〔京城奴仆偷家长财物勒限比缉〕

一、五城所辖地方,如有奴仆偷盗家长财物脱逃者,一经呈报,该坊官即照民人被窃之案,一体通报巡城御史及都察院山东道,照例比缉,勒限查参。倘隐匿不报,察出照讳窃例参处。其营汛武职,亦照司坊官一体参处。

6.27.394.(25)〔本身应缉及外省通缉遣犯册报及稽察〕

一、凡各本省应缉外遣逃犯,分晰年分、名数,登注事由及已未就获为一册;外省通缉者,于每年汇造寻常军流逃犯册内,划出另为一册,年终由臬司衙门汇册造报,督抚于开印后咨部查核。该督抚将本省及通缉各案,分折具奏。其通缉遣犯,各督抚于文到日,即饬属分差缉拿,将缉役姓名申报,责成该管道、府不时稽察。如有怠忽不实力奉行者,该道、府揭参,将该地方官议处。

6.27.394.(26)〔协缉在逃命盗重犯〕

一、凡命、盗等案要犯负罪在逃,承缉官于事发之日,开明年貌、事由,一面差役密拿,一面具详。该省督抚接据详文,即径檄邻省接壤之州县,一体实力协缉,仍移咨邻省督抚,彼此督缉。倘接壤州县接奉文檄,以非本管督抚,心存畛域之见,视为通缉具文,致犯藏境内,别经发觉,即听原行之督抚查参,交部照例议处。

6.27.394.(27)〔严缉供出伙盗〕

一、营弁拿获盗、劫重犯,立即解交该弁所驻之地方有司衙门,严行究诘。如供出首伙姓名,该地方官一面通报各上司,一面迅速移咨该处营弁,设法缉拿,毋许稍有迟延。至地方捕役拿获盗犯,该州县讯出伙党姓名,亦即移会地方武弁,一体协缉。其承缉、招解,该地方官仍依例限办理,毋庸营弁先行会同讯供。

6.27.394.(28)〔各省审办无关人命徒案逾限及册报〕

一、各省审办无关人命徒罪案件,即照承审一切杂案定限四个月之例,州县两个月解府州,府州二十日详司,司二十日详督抚,督抚二十日批结。至批结之后,由该臬司按季汇齐,务于每季后二十日内,造册详报该督抚,该督抚务于十日内出咨报部,总不得过一月之限。其报部册内,务逐案详叙供招,并将人犯到案,及州县、府、司、督抚审转、批结各日期,详细明注,听候查核。倘有审办迟逾分限,及造册报部迟延者,交部议处。

6.27.394.(29)〔卑幼擅杀期功尊长等案审限〕

一、卑幼擅杀期功尊长,子孙违犯教令致祖父母父母自尽,属下人殴伤本管官,并妻妾谋死本夫,奴婢殴故杀家长等案,承审官限一月内审解,府、司、督抚各限十日审转具题。如州县官于正限届满,尚未审结,即于限满之日,接扣二参限期,州县限二十日,府、司、督抚仍各限十日完结。如有迟延,分别初参、二参,照例议处。至杀死三命、四命之案,该督抚即提至省城,督同速审。其审解限期,悉照卑幼擅杀期功尊长之例办理。

6.28 断　狱

卷三十六　刑律·断狱上

6.28.395 囚应禁而不禁

6.28.395.1 凡（鞫狱官于）狱囚应禁而不（收）禁，（徒犯以上、妇人犯奸收禁。官犯公私罪、军民轻罪、老幼废疾散禁。）应锁杻而不用锁杻，及（囚本有锁杻而为）脱去者，（各随囚重轻论之。）若囚该杖罪，（当该官司）笞三十；徒罪，笞四十；流罪，笞五十；死罪，杖六十。若应杻而锁、应锁而杻者，各减（不锁杻罪）一等。○6.28.395.2 若囚自脱去，（锁杻，）及司狱官典、狱卒私与囚脱去锁杻者，罪亦如（鞫狱官脱去）之。（罪。）提牢官知（自脱与脱之情）而不举者，与（官典、狱卒）同罪，不知者不坐。○6.28.395.3 其（鞫狱官于囚之）不应禁而禁，及不应锁杻而锁杻者，（倚法虐民，）各杖六十。○6.28.395.4 若（鞫狱、司狱、提牢官典，狱卒）受财（而故为操纵轻重）者，并计赃以枉法从重论。（有禄人八十两律绞。）

条　例

6.28.395.(1)〔擅将轻罪人犯以大枷枷号及先责后枷并患病不保致毙〕

一、凡枷号人犯，除例有正条，及催征税粮，用小枷枷号、朝枷夜放外，敢有将轻罪人犯，用大枷枷号，及用连根带须竹板伤人者，交部议处。因而致死者，照非法殴打致死律杖一百、徒三年。应枷号者，定于满日责放，不许先责后枷。遇患病，即行保释医治，痊日补枷。若先责后枷，遇患病不即行保释医治，以致毙命者，交部严加议处。督抚不行察参，或经科道纠参，督抚、司道一并议处。

6.28.395.(2)〔侵挪钱粮分别散禁锁禁勒比监追及在监自尽〕

一、侵欺钱粮数至一千两以上，挪移钱粮数至五千两以上者，令该管官严行锁禁监追。其侵欺在一千两以下，挪移不及五千两者，散禁官房，严加看守，勒限一年催比。如逾限不完，即锁禁监追。若应行监禁之犯，不行监追，及失于防范，以至自尽者，将该管之州县官，均照溺职例革职。其该管之上司官，或徇隐，或失察，交部分别议处。

6.28.395.(3)〔递籍人犯经过州县分别应否收监及不得先责后解〕

一、递回原籍人犯，如系奉特旨，及犯徒罪以上援免解交地方官管束之犯，经过州县仍照例收监。其犯笞、杖等轻罪，递回安插者，承审衙门于递解票内，注明“不应收监”字样，前途接递州县，即差役押交坊店歇宿，仍取具收管，毋得滥行监禁。至递解人犯，有应行责惩者，亦于文移内声明，令原籍地方官折责，毋得先责后解。违者，交部分别议处。

6.28.395.(4)〔解审军流以上人犯相距五十里外不及收监者〕

一、解审军、流以上人犯,令各州县酌量地方情形,如有相距在五十里以外,不及收监者,先期拨役前往,于寄宿处所,传齐地保人等,知会汛兵,支更巡逻,往回一体办理。倘有疏虞,地保、营汛俱照原解兵役治罪,地方官从重议处。

6.28.395.(5)〔关外解犯住居歇店领催乡约派夫帮同看守〕

一、山海关外,往来解送人犯,住居歇店,该店主即通知该屯领催、乡约,按户派夫,帮同押解兵丁,看守支更。如有疏脱,即将押解官兵、更夫、领催、乡约等,一并送交盛京刑部审讯,分别治罪。

6.28.395.(6)〔直省无监狱地方遇有解犯到境〕

一、直省并无监狱地方,该管官遇有解犯到境,即行接收,多拨兵役,于店房内严加看守,毋致疏虞。如有借词推诿,不收人犯,仅令原解兵役看守,致犯脱逃者,该督抚即行严参,交部从重议处。

6.28.395.(7)〔札萨克蒙古徒罪以上人犯解送监禁〕

一、各扎萨克蒙古徒罪以上人犯,一面报部,一面委员解送应监禁之地方官监禁。

6.28.396 故禁故勘平人

6.28.396.1 凡官吏怀挟私仇,故禁平人者,杖八十;平人系平空无事,与公事毫不相干,亦无名字在官者,与下文公事干连之平人不同。因而致死者,绞。监候。提牢官及司狱官典、狱卒,知而不举首者,与同罪,至死者减一等。不知者不坐。若因该问公事干连平人在官,本无招罪而不行保管,误禁致死者,杖八十。如所干连事方讯鞫,有文案应禁者,虽致死勿论。○6.28.396.2 若官吏怀挟私仇故勘平人者,虽无伤,杖八十;折伤以上,依凡斗伤论;因而致死者,斩。监候。同僚官及狱卒知情而与之共勘者,与同罪,至死者减一等。不知情而共勘及虽共勘而但依法拷讯者,虽至死伤,不坐。若因公事干连平人在官,事须鞫问,及正犯罪人赃仗、证佐明白,而干连之人独为之相助匿非,不服招承,明立文案,依法拷讯,邂逅致死者,勿论。

条　例

6.28.396.(1)〔将不应夹讯之人滥用夹棍及应夹之人因夹致死〕

一、强窃盗、人命,及情罪重大案件正犯,及干连有罪人犯,或证据已明,再三详究,不吐实情,或先已招认明白,后竟改供者,准夹讯外,其别项小事,概不许滥用夹棍。若将案内不应夹讯之人滥用夹棍,及虽系应夹之人因夹致死,并恣意叠夹致死者,将问刑官题参治罪。若有别项情弊,从重论。

6.28.396.(2)〔佐贰武弁衙门擅设夹棍拶指及司官未经呈准擅用〕

一、内而法司,外而督抚、按察使、正印官,许酌用夹棍、拶指外,其余大小衙门,概不准擅用。若堂官发司审理事件,呈请批准,方许用夹棍、拶指。若不呈请而擅用,及佐贰并武弁衙门擅设夹棍、拶指等刑具者,该堂官及督抚题参,交部议处,正印官亦照失察例处分。

6.28.396.(3)〔重犯监禁轻犯交保候审不准另设名目私禁轻犯〕

一、凡内外大小问刑衙门设有监狱,除监禁重犯外,其余干连,并一应轻罪人犯,即令地保保候审理。如有不肖官员,擅设仓铺、所店等名,私禁轻罪人犯,及致淹毙者,该督抚即行指参,照律拟断。

6.28.396.(4)〔拷讯人犯致死及勒诈并受嘱故拷讯平人致死〕

一、承审官吏,凡遇一切命案、盗案,将平空无事,并无名字在官之人,怀挟私仇,故行勘讯致死者,照律拟罪外,倘事实无干,或因其人家道殷实,勒诈不遂,暗行贿嘱罪人诬扳,刑讯致死者,亦照怀挟私仇故勘平人致死律,拟斩监候。如有将干连人犯,不应拷讯,误执已见,刑讯致毙者,依决人不如法因而致死律,杖一百。其有将干连人犯,不应拷讯,任意叠夹致毙者,照非法殴打致死律,杖一百、徒三年。如有将徒、流人犯,拷讯致毙二命者,照决人不如法加一等,杖六十、徒一年;三命以上,递加一等,罪止杖一百、徒三年。其有将笞、杖人犯,致毙二命者,照非法殴打致死律加一等,杖一百、流二千里;致毙三命以上者,递加一等,罪止杖一百、流三千里。若因公事干连人犯,依法拷讯,邂逅致死,或受刑之后,因他病而死者,均照邂逅致死律勿论。如有奸徒挟仇诬告平人,官吏知情,受其嘱托,因而拷讯致死者,本犯依诬告律拟抵,官吏照为从律满流。如有诬告平人,官吏不知情,依法拷讯致死者,将诬告之人拟抵,官吏交部议处。若被诬之人不肯招承,因而叠夹致毙,照非法殴打致死律定拟。均不得删改律文内“怀挟私仇”字样,混引故勘平人,概拟重辟。在外不按实具题,在内含糊照复,照官司出入人罪律,分别治罪。

6.28.396.(5)〔直省州县自理之案不得擅用夹讯〕

一、直省州县自理之案,不得擅用夹讯。其申报事件,有曾经夹讯者,将夹讯几次,或未曾夹讯之处,于招册内据实声明,该管上司于解审时详加察验。如有朦胧隐匿情弊,即行题参。至佐贰奉上司批发审理事件,有应夹讯者,详明上司,改委印官审理;系印官批发者,呈明印官,掣回自行审理。如有违例用刑者,督抚题参,交部严加议处。

6.28.396.(6)〔任意私设非刑及滥拷无辜之人并凌虐人犯致毙〕

一、凡问刑各衙门一切刑具,除例载夹棍、拶指、枷号、竹板,遵照题定尺寸、式样,官为印烙颁发外,其拧耳、跪链、压膝、掌责等刑,准其照常行用。如有私自创设刑具,致有一、二、三号不等,及私造小夹棍、木棒棰、连根带须竹板,或擅用木架撑执、悬吊、敲踝、针刺手指,或数十斤大锁,并联枷,或用荆条互击其背,及例禁所不及赅载,一切任意私设者,均属非刑,仍即严参,照违制律杖一百。其有将无辜干连之人滥行拷讯,及将应行审讯之犯恣意凌虐,因而致毙人命者,照非法殴打致死律治罪。上司各官不即题参,照徇庇例议处。

6.28.396.(7)〔轻罪及干连人证交保书差需索凌虐〕①

一、直省审办案件,轻罪及干连人证,交保看管。倘该书差串通需索凌虐,于凌虐罪囚本律上加一等治罪,赃重者以枉法从重论。其押保店名目,严行禁革。

6.28.397 淹 禁

6.28.397.1 凡狱囚情犯已完,在内法司、在外督抚审录无冤,别无追勘未尽事理,其所犯笞、杖、徒、流、死罪应断决者,限三日内断决;系徒、流应起发者,限一十日内起发。若限外不断决、不起发者,当该官吏,过三日笞二十,每三日加一等,罪止杖六十。因过限不断决、不起发而淹禁致死者,若囚该死罪,杖六十;流罪,杖八十;徒罪,杖一百;杖罪以下,杖六十、徒一年。惟重囚照例监候。

条 例

6.28.397.(1)〔恩诏赦款内到后仍将应免人犯滥行监禁及有情罪可疑罪囚奏请违限〕

一、凡恩诏颁到赦款内,除已经刑部法司复核明白,应免罪囚,逐一详查,登时释放,另行题明外,如有情罪可疑者,限赦到一月内即汇疏奏请。其未经法司核复明白者,俟法司核复文到之日,即时释放,毋得耽延时日。如赦到奏请违限,及将应免轻罪人犯,并无辜之人,仍滥行监禁者,交该部议处。

6.28.397.(2)〔各省审结叛案内应解部流徙人口家产违限〕

一、各省审结叛案,凡有应解部流徙入官人口、家产,俱立限两个月,自该省起解。解送人役,仍定行程限期。违者题参。

6.28.397.(3)〔府厅州县册报在监人犯巡道查核有无淹禁滥禁〕

一、各直省府、厅、州、县,凡有监狱之责者,除照向例设立循环簿,填注每日出入监犯姓名,申送上司查阅外,并令与专管监狱之司狱、吏目、典史等官,各将监禁人犯,无论新收、旧管,逐名开载,填注犯案事由、监禁年月,及现在作何审断之处,造具清册,按月申送该管守巡道。该管守巡道,认真查核。如有滥禁、淹禁情弊,即将有狱官随时参处。仍令该道因公巡历至府、厅、州、县之便,亲提在监人犯,查照清册,逐名点验。其有填注隐漏者,将有狱官及管狱官一并参处,并令该道每季将府、厅、州、县所报监犯清册,汇送督抚、臬司查核。若府、厅、州、县有淹禁、滥禁情弊,该道未行揭报,经督抚查出,或别经发觉,即将该道一并交部议处。

6.28.398 凌虐罪囚

6.28.398.1 凡狱卒纵肆非理在禁凌虐殴伤罪囚者,依凡斗伤论。验伤轻重定罪。克减官给罪囚之衣粮

---

① 同治九年(1870)续纂。

者，计克减之物为赃，以监守自盗论。因殴伤、克减而致死者，不论囚罪应死不应死，并绞。监候。司狱官典及提牢官知而不举者，与同罪，至死者减一等。有不知，坐以不应。

条　例

6.28.398.(1)〔凌虐程递及递解在途罪囚及受财故纵或杀害者〕

一、在内法司问发程递人犯，在外问刑衙门程递来京及递解别省人犯，除原有杻镣照旧外，其押解人役，若擅加杻镣，非法乱打，搜检财物，剥脱衣服，逼致死伤，及受财故纵，并听凭狡猾之徒买求杀害者，除实犯死罪外，徒罪以上，俱枷号两个月，发烟瘴充军。

6.28.398.(2)〔狱官禁卒将轻罪滥用重锁重罪私用轻锁〕

一、除强盗、十恶、谋故杀重犯，用铁锁、杻镣各三道，其余斗殴、人命等案罪犯，以及军、流、徒罪等犯，止用铁锁、杻镣各一道；笞、杖等犯，止用铁锁一道。如狱官、禁卒，将轻罪滥用重锁，重罪私用轻锁，及应三道而用九道，应九道而用三道，将狱官题参，禁卒革役；受贿者，照枉法从重论；任意轻重者，照不应锁杻而锁杻律治罪。提牢官失于觉察，交部议处。

6.28.398.(3)〔解役在途教唆人犯抢夺及病犯不行留养致有病故〕

一、凡部发递解，及外省解部，并解别省军、流、徒罪发回安插人犯，佥差官员，务选有家业正役解送。如解役在途教唆人犯通同抢夺者，俱照白昼抢夺律例治罪。中途患病者，原解即报明所在官司，亲身验明，出具印结，即着该地方官留养医治。随行亲属病者，亦准存留，候病痊起解，仍将患病日期报部。如不行留养，致有病故，及受贿嘱托捏病迟延者，将该地方官交部议处。其取结后犯人身死者，官、役免议。若未取病结，在途身死者，佥差官员，交该部照例按名议处。一名，解役杖六十、徒一年；每一名加一等，罪止杖一百、徒三年。

6.28.398.(4)〔官员擅取病呈致死监犯〕

一、凡官员擅取病呈，致死监犯者，依谋杀人造意律斩监候。狱官、禁卒人等，听从指使下手者，依从而加功律绞监候；未曾下手者，依不加功律杖一百、流三千里。

6.28.398.(5)〔狱内不许用匣床〕

一、凡问刑衙门，不许于狱内用匣床。违者，官革职，杖一百、流三千里；禁卒杖一百，革役。

6.28.398.(6)〔押解兵役驿夫及押解官奸污犯人妻女〕

一、凡押解兵役、驿夫人等，敢于中途奸污犯人妻女者，依奸囚妇律杖一百、徒三年。押解官虽不知情，亦交该部严加议处。如押解官自犯奸污，及凌虐勒财者，交该部从重议罪。其被害犯人系流徙宁古塔等处者，许赴盛京户部控告；系解京及解各省者，许赴刑部并所在官司控告。

6.28.398.(7)〔狱卒受贿嘱谋死本犯〕

一、凡狱卒有受罪人仇家贿嘱，谋死本犯者，依谋杀人首从律治罪。

6.28.398.(8)〔犯人出监查问有无狱卒人等凌虐需索〕

一、凡犯人出监之日,提牢官、司狱细加查问。如有禁卒人等凌虐需索者,计赃治罪,仍追赃给还犯人。提牢官、司狱不行查问,事发之日,亦照失察例议处。

6.28.398.(9)〔徒罪以下人犯患病保外医治及捏病并保出故纵〕

一、徒罪以下人犯患病者,狱官报明承审官,即行赴监验看是实,行令该佐领、骁骑校、地方官,取具的保,保出调治,俟病痊即送监审结。其外解人犯,无人保出者,令其散处外监,加意调治。如狱官不即呈报,及承审官不即验看保释者,俱照淹禁律治罪。若本犯无病而串通狱官、医生,捏称有病者,该犯并狱官、医生,俱照诈病避事律治罪。或病已痊愈,而该佐领、骁骑校、地方官,不即送监审结者,将本犯及该佐领、骁骑校、地方官,亦俱照诈病避事律治罪。若保出故纵者,将保人治以本犯应得之罪;疏脱者,减二等。仍将取保不的之该佐领、骁骑校,该地方官,题参议处。若有受贿情弊,计赃以枉法从重论。至督抚题报监毙人犯,将本犯所犯罪名、所患病症,及有无凌虐、曾否保释,逐一声明。如有朦胧情弊,查出交部分别议处。

6.28.398.(10)〔番役私拷取供〕

一、番役将盗犯及死罪人犯,私拷取供者,枷号一个月,杖一百;将军、流以下等犯,私拷取供者,各递加一等治罪。如有逼索银钱,计赃以枉法从重论。该犯有诬指捏诳情弊,照诬告律治罪。该管官失察、故纵,交部分别议处。

6.28.398.(11)〔斩绞监候及军流人犯薙发〕

一、凡内外斩、绞监候之犯,每遇秋审时,责令狱官监看剃发一次;军、流人犯,每季剃发一次,仍令留顶心一片。

6.28.398.(12)〔秋审解省人犯薙发〕

一、秋审解省人犯,俟审毕发回后,方许剃发。

6.28.398.(13)〔刑部监犯患病沉危查验有无凌虐情事〕

一、刑部监犯患病沉危,医生呈报救治后,提牢官回堂,移会满、汉查监御史,即日赴部查验。如有监毙人犯,无论因病、因刑,及猝患暴病身死,不及呈报救治者,均移会满、汉查监御史,率领指挥一员,限一日内赴部,会同刑部司官相验。倘承审官有非法拷打,及将不应刑讯之人,滥刑致毙,并禁卒有凌虐罪囚各情事,即严参究办。至步军统领、都察院、顺天府、五城各衙门,并各省送部之案,务将人犯是否患病,及曾否刑讯受伤之处,于文内详晰声明。若送到人犯,受有刑伤,及病势沉重者,刑部立即移咨查监御史,亦于一日内赴部查验立案。

6.28.398.(14)〔刑部监犯越狱并在狱滋事提牢官禁卒分别治罪〕①

一、刑部监犯越狱,并在狱滋事之案,该禁卒等,分别有无受财故纵治罪,除至死无可加外,余各于本罪上加一等。流罪以上,先于刑部门口枷号两个月;徒罪以下,

---

① 同治九年(1870)续纂。

枷号一个月。如有挟嫌设法陷害本官情事,照恶棍设法诈官实在光棍拟斩例,分别首从严办。如该提牢官知情徇隐故纵,照私罪严参革职;若止疏于防范,失于觉察,照公罪交部议处。

6.28.399 与囚金刃解脱

6.28.399.1 凡狱卒以金刃及他物如毒药之类。凡可以使人自杀,及解脱锁杻之具,而与囚者,杖一百。因而致囚在逃,及于狱中自伤,或伤人者,并杖六十、徒一年。若致囚狱中自杀者,杖八十、徒二年。致囚反狱而逃及在狱杀人者,绞。监候。其囚脱越反狱在逃,狱卒于未断罪之间,能自捕得,及他人捕得,若囚已死,及自首者,各减一等。○6.28.399.2 若常人非狱卒。以可解脱之物与囚人,及子孙与在狱之祖父母、父母,奴婢、雇工人与在狱之家长者,各减狱卒一等。○6.28.399.3 若司狱官典及提牢官知而不举者,与同罪,至死者减一等。○6.28.399.4 若狱卒、常人及提牢、司狱官典受财者,计赃以枉法从重论。赃重论赃,赃轻论本罪。○6.28.399.5 若狱囚失于检点防范致囚自尽原非纵与可杀之具。者,狱卒杖六十,司狱官典各笞五十,提牢官笞四十。

6.28.400 主守教囚反异“反”训“翻”。

6.28.400.1 凡司狱官典、狱卒,教令罪囚反异,成案,变乱已经勘定之事情,及与通传言语,于外人,以致罪人扶同有所增入他人减去自己之罪者,以故出入人罪论。外人犯教令、通传有所增减者,减主守一等。○6.28.400.2 若狱官典、卒容纵外人入狱,及与囚通传言语走泄事情,于囚罪无增减者,笞五十。○6.28.400.3 若狱官典、卒、外人受财者,并计入己赃,以枉法从重论。

条　例

6.28.400.(1)〔书办皂隶及官员家仆人等擅自出入监所〕

一、凡书办、皂隶及官员家仆人等,有擅自出入监所者,令提牢官、司狱、禁卒立拿回堂,将书、隶革役,责四十板,递回原籍;家人枷号一个月,责四十板,家人之主交部议处。若不行拘拿,被查出者,提牢官、司狱俱以失察例议处。

6.28.400.(2)〔访拿刑部衙门外探听之徒〕

一、步军统领,酌量派出番役,在刑部衙门外左近密行访拿。若有探听之徒,照私入刑部衙门例,枷号一个月、责三十板,系官交部议处。如有受贿通信教供情弊,察实,将书、役并行贿之人,均计赃从重治罪。

6.28.400.(3)〔擅入在京各问刑衙门〕

一、在京问刑各衙门,如有闲杂人等,擅自出入,及跟随听审人犯,私人窥探者,本犯及守门领催、兵皂俱责治,于衙门首,枷号一个月,责三十板;官员犯者,交该部议处。如因出入窥探,而又另犯教供勾串等弊,仍按照律例从重治罪。

6.28.401 狱囚衣粮

6.28.401.1 凡狱囚无家属者应请给衣粮、有疾病者应请给医药而不请给,患病重者,除死罪不开锁杻外,其余应脱去锁杻而不请脱去,犯笞罪者,应保管出外而不请保管,及疾至危笃者,应听家人入视而不请听,以上虽非司狱官典、狱卒所主,是不申请上司,司狱官典、狱卒笞五十。因而致死者,若囚该死罪,杖六十;流罪,杖八十;徒罪,杖一百;杖罪以下,杖六十、徒一年。提牢官知而不举者,与狱官典、卒同罪。○6.28.401.2 若司狱官已申禀上司,而上司官吏不即施行者,一日笞一十,每一日加一等,罪止笞四十。因而致死者,若囚该死罪,杖六十;流罪,杖八十;徒罪,杖一百;杖罪以下,杖六十、徒一年。

条 例

6.28.401.(1)〔解部及递解外省犯人给与衣粮〕

一、凡解部及递解外省各项犯人,有司官照支给囚粮之例,按程给与口粮。如遇隆冬停遣,照重囚例,每名给与衣帽。倘有官侵吏蚀,照冒销钱粮律治罪。

6.28.401.(2)〔囚犯果有冤滥许管狱官据实申明〕

一、凡司狱吏目、典史,专管囚禁。如犯人果有冤滥,许管狱官据实申明。如府、州、县不准,许即直申宪司各衙门提讯。

6.28.401.(3)〔牢狱禁繫囚徒应须洗涤设备给养各事〕

一、凡牢狱禁系囚徒,年七十以上、十五以下、废疾散收,轻重不许混杂。锁杻常须洗涤,席荐常须铺置。冬设暖床,夏备凉浆。凡在禁囚犯,日给仓米一升,冬给絮衣一件,病给医药。看犯支更禁卒,夜给灯油。并令于本处有司在官钱粮内支放,狱官预期申明关给,毋致缺误。有官者犯私罪,除死罪外,徒、流锁收,杖以下散禁;公罪,自流以下皆散收。

6.28.401.(4)〔刑狱选用医生年底稽考优劣〕

一、内外刑狱医治罪囚,各选用医生二名,每遇年底,稽考优劣。如医治痊愈者多,照例俟六年已满,在内咨授吏目,在外咨授典科、训科。不能医治,病死多者,即责革更换。

6.28.401.(5)〔私行扣克囚粮〕

一、刑部赴仓支领囚粮,每石给脚价银五分。倘狱卒人等私行扣克,照律严加治罪。狱官通同作弊,一体治罪。其失察之提牢官,交部议处。

6.28.401.(6)〔刑部南北两监板棚禁卒等私相租赁〕

一、刑部南、北两监板棚,不许禁卒人等私相租赁。如有受贿顶租等弊,将狱卒人等从重治罪。

6.28.401.(7)〔赤贫并无家属送饭羁禁枷号及待质等犯日给老米一升〕

一、五城司坊羁禁人犯,及刑部等衙门发交各司坊枷号及看守牵连待质等犯,果系赤贫，并无家属送饭者，每人每日给老米一升，按季造报户部核销。

6.28.401.(8)〔斩绞及军流遣犯俱着赭衣〕

一、斩、绞重犯，及军、流、遣犯，在监及解审、发配，俱着赭衣。

6.28.401.(9)〔犯属入监探视〕

一、刑部在监现审人犯，除未结各案，及监禁待质官、常各犯，均不准亲属探视外，其已结各案，许令犯人祖父母、父母、伯叔、兄弟、妻妾、子孙，一月两次入视。其随从入视之使役人等，不越两名。提牢、司狱各官定立号簿，将某日某案某犯某亲属入监探视，逐一详讯登记。每日满、汉提牢司员，轮流一人在外厅值宿；司狱二员，在南、北两监内厅值宿，严行查察。如有捏称犯属，入监教供舞弊情事，一经察觉，严拿本犯究办。将未能查出之提牢、司狱各官，分别议处，自行查出免议。若有送饮食者，提牢官验明，禁子转送。至各直省司、府、州、县监狱，责成司狱吏目、典史专管。于未经结案，并待质监犯，严禁不许亲属探视。其已结各案犯属入监探视，亦逐一登记号簿，一体详密稽查。如有奸徒捏名入监舞弊，即据实分别拿究、参处。其盗犯妻子家口，均不许放入监门探视。违者，妻子家口枷号两个月、责四十板，妇女照例收赎；提牢、司狱等官吏参处。

6.28.401.(10)〔禁卒及解役人等私行传递或代买鸦片烟与犯人吸食者〕

一、内外问刑衙门收禁人犯，如有禁卒人等私行传递，或代买鸦片烟与犯人吸食者，发极边烟瘴充军。其奉官解递、看守之犯，解役、看役人等有犯前项情弊，发近边充军。赃重者，计赃以枉法从重论。失察之该管各官，交部议处。

6.28.402 功臣应禁亲人入视

6.28.402.1 凡功臣及五品以上（文武）官犯罪应禁者，许令（服属）亲人入视。（犯）徒、流（应发配）者，并听亲人随行。若在禁及（徒、流已）至配所，或中途病死者，在京原问官，在外随处官司，开具（在禁、在配、在途）致死缘由，差人引领（其人视、随行之）亲人诣阙，奏请发放。违者，杖六十。

6.28.403 死囚令人自杀

6.28.403.1 凡死罪囚已招服罪，而囚（畏惧刑戮）使令亲戚故旧自杀，或令（亲故）雇倩（他）人杀之者，亲故及（雇倩）下手之人，各依（亲属、凡人斗殴）本杀罪减二等。若囚虽已招服罪，不曾令亲故自杀，及虽曾令（亲故）自杀，而未招服罪（其亲故）辄（自）杀讫，或雇倩人杀之者，（不令自杀，已有幸生之心；未招服罪，或无可杀之罪。）亲故及下手之人，各以（亲属、凡人）斗杀伤论。（不减等。）○6.28.403.2 若（死囚）虽已招服罪，而囚之子孙为祖父母、父母，及奴婢、雇工人为家长（听令自下手，或令雇倩他人杀之）者，皆斩。（监候。雇倩之人仍依本杀罪减二等。）

6.28.404 老幼不拷讯

6.28.404.1 凡应八议之人，（礼所当优。）及年七十以上，（老所当恤。）十五以下，（幼所当慈。）若废疾（疾所当矜。）者，如有犯罪,官司并不合用刑拷讯,皆据众证定罪。违者,以故失入人罪论。故入抵全罪,失入减三等。其于律得相容隐之人,以其情亲有所讳。及年八十以上,十岁以下,若笃疾,以其免罪有所恃。皆不得令其为证。违者,笞五十。皆以吏为首,递减科罪。

6.28.405 鞫狱停囚待对

6.28.405.1 凡鞫狱官推问当处罪囚,有同起内犯罪人伴,见在他处官司,当处停囚专待其人对问者,虽彼此职分不相统摄,皆听直行文书勾取。他处官司于文书到后,限三日内即将所勾待问人犯发遣。违限不发者,一日笞二十,每一日加一等,罪止杖六十。当处鞫狱者,无以其不发而中止,仍行移他处本管上司,问违限之罪督令将所取犯人解发。○6.28.405.2 若起内应合对问同伴罪囚,已在他处州县事发见问者,是彼此俱属应鞫。听轻囚移就重囚,若囚罪相等者,听少囚从多囚。若囚数相等者,以后发之囚送先发官司并问。若两县相去三百里之外者,往返移就,恐致疏虞。各从事发处归断。移文知会。如违轻不就重、少不从多、后不送先、远不各断者,笞五十。若违法反将重囚移就轻囚、多囚移就少囚者,当处官司,随即收问,不得互相推避。仍申达彼处所管上司,究问所属违法移囚笞五十之罪。若当处官司囚到不受者,一日笞二十,每一日加一等,罪止杖六十。

条　例

6.28.405.(1)〔校尉等有犯应提拿者〕

一、凡校尉等有犯应提拿者,移咨銮舆卫提拿,不得差拘。

6.28.405.(2)〔钦部事件限期具题〕

一、凡钦部等事件,直省督抚俱以文到日为始,限四个月具题。总督辖两省者,隔省事件,限六个月具题。两广总督、广东巡抚所属琼州,亦照隔省例,限六个月。福建台湾府,限十个月。其湖广衡州等府所属,有苗民二十六州县,及乾州、平溪等卫,距省窎远,凡命盗案件,俱于定限外,各展限两个月。

6.28.405.(3)〔新任及署印督抚钦部等事件限内难以完结准分别展限者〕

一、督、抚新任,及署理印务,如钦部等事件,原限内难于完结,准分别展限。原限四个月展两月,原限六个月展三月。遇公事出境,一切事件,准题请展限。若监临科场,准按日扣限;隔省提人,准到日扣限。

6.28.405.(4)〔刑部行文八旗内务府五城顺天府提人限期查送〕

一、刑部行文八旗、内务府、五城、顺天府提人,限文到三日内,即行查送过部。或人犯有他故不到,即将情由报明。如违,将该管官参处。倘人犯已至,而胥役勒索,不行放入,经司务厅查出,照例严加治罪。如徇隐不究,察出,或被首告,将该司务一并参处。

6.28.405.(5)〔邻境关提人犯展限〕

一、邻境关提人犯,照各省关查口供之例,展限两个月。倘逾限不发,照例参处。

6.28.405.(6)〔参审提省审办限期具题〕

一、凡参审之案，督抚于具题后，即行提人犯、要证赴省。其无关紧要之证佐，及被害人等，止令州县录供保候。俟奉旨到日，率同在省司、道审理。其有应行委员查办之处，亦即就近酌委。以奉旨文到之日扣限起，旧限四个月者，限两个月具题；总督隔省，旧限六个月者，限四个月具题。如果案情繁重，实有不能依限完结者，督抚据实先期奏明，请旨展限。如在旧限四个月、六个月内完结者，宽其议处。若逾旧限不结，照例查参议处。

6.28.405.(7)〔盗案隔省关查口供及审限〕

一、盗犯已获，只须关取隔省人证等口供定案，无犯可审者，均照钦部事件例，州县分限两个月，府、司、督抚共限两个月，统扣四个月完结，不得照承审盗案全限例扣展。遇有迟延，照例参处。

6.28.405.(8)〔各省军流等犯督抚查核复讯〕

一、各省军、流等犯，臬司审解之日，将人犯暂停发回，听候督抚查核。如有应行复讯者，即行提讯。其或情罪本轻，供证明确，毫无疑窦者，亦不必概行解送，致滋稽延拖累。

6.28.405.(9)〔刑部发城取保犯证〕

一、刑部发城取保犯证，如系五城送部之案，其案犯住址即在原城所管地方，仍发交原城司坊官取保。其余各衙门移送案内应行取保人证，俱按其居址坐落何城，发交该城司坊官就近取保。其由外省州县提到人证，即令本人自举亲识寓居所在，交城就近发保，仍将保人姓名报部查核。其并无亲识者，酌量交城看守。

6.28.405.(10)〔在京衙门承审刑部现审事件及命盗应会三法司等案审限〕

一、凡在京衙门承审事件，限一个月完结。刑部现审事件，杖、笞等罪，限十日完结；遣、军、流、徒等罪，应入汇题者，限二十日完结；命、盗等案，应会三法司者，限一个月完结。其斗殴杀伤之犯到案后，以伤经平复，及因伤身死之日为始；内外移咨行察，及提质，并案犯患病，以查复及提到并病愈之日为始；接审者，以接审之日为始，仍将应行扣限，及三法司会审日期，并于科道衙门注销内声明。倘该司员任意因循，或三法司不即会审，以致逾限，书役得以乘机作弊者，将书役严加治罪，承审司员，及会审迟延之堂、司官，交部分别议处。若内外移咨行察，催文至三次无回文者题参；行文八旗、内务府、五城、顺天府提人，于文到三日内无故不行送部者，亦照例参处。

6.28.406 依告状鞫狱

6.28.406.1 凡鞫狱，须依原告人所告本状推问。若于本状外别求他事，摭拾被告人罪者，以故入人罪论。或以全罪科，或以增轻作重科。同僚不署文案者不坐。○6.28.406.2 若因其所告本状，事情，或法应掩捕、搜检，因掩捕而检得被犯别罪，事合推理者，非状外摭拾者比。不在此故入同论之限。

条　例

6.28.406.(1)〔鞫狱止将状内有名人犯审拟〕

一、凡鞫狱,止将状内有名人犯审拟。如光棍案件,伙党人多,仍行严拿究审。无干牵连者,即行释放。

6.28.407 原告人事毕不放回

6.28.407.1 凡告词讼,对问得实,被告已招服罪,原告人别无待对事理,鞫狱官司当随即放回。若无待对事,故稽留三日不放者,笞二十,每三日加一等,罪止笞四十。

条　例

6.28.407.(1)〔督抚应题案件内有诬枉及轻罪牵连人犯分别释放交保〕

一、督抚应题案件,有牵连人犯情罪稍轻者,准取的保,俟具题发落。其重案内有挟仇扳害者,承问官申解督抚详审。果系诬枉,即行释放,不得令候结案。若承问官审系无辜牵连者,不必解审,即行释放,止录原供申报。

6.28.407.(2)〔题奏案内拟杖笞人犯先行责释〕

一、凡内外题奏案件,内有拟以杖、笞人犯,审结日即先行责释,仍于题奏之日声明。

6.28.408 狱囚诬指平人

6.28.408.1 凡囚在禁诬指平人者,以诬告人加三等论。其本犯罪重于加诬之罪者,从原重者论。○6.28.408.2 若本囚无诬指平人之意,官吏鞫问狱囚,非法拷讯,故行教令诬指平人者,以故入人全罪论。○6.28.408.3 若官司追征逋欠钱粮,逼令欠户诬指平人代纳者,计所枉征财物坐赃论,罪止杖一百、徒三年,以赃不入己也。其物给代纳本主。○6.28.408.4 其被囚诬指之平人,无故稽留,三日不放回者,笞二十,每三日加一等,罪止杖六十。○6.28.408.5 若官司鞫囚,而证佐之人有所偏徇,不言实情,故行诬证,及化外人有罪,通事传译番语有所偏私,不以实对,致断罪有出入者,证佐人减罪人罪二等。证佐不说实情,出脱犯人全罪者,减犯人全罪二等。若增减其罪者,亦减犯人所得增减之罪二等之类。通事与同罪。谓化外人本有罪,通事扶同传说出脱全罪者,通事与犯人同得全罪。若将化外人罪名增减传说者,以所增减之罪坐通事。谓如化外人本招承杖六十,通事传译增作杖一百,即坐通事杖四十;又如化外人本招承杖一百,通事传译减作笞五十,即坐通事笞五十之类。

卷三十七　刑律·断狱下

6.28.409官司出入人罪

6.28.409.1 凡官司故出入人罪，全出全入者，徒不折杖，流不折徒。以全罪论。谓官吏因受人财，及法外用刑，而故加以罪、故出脱之者，并坐官吏以全罪。○6.28.409.2若于罪不至全入，但增轻作重，于罪不至全出，但减重作轻，以所增减论，致死者坐以死罪。若增轻作重，入至徒罪者，每徒一等折杖二十；入至流罪者，每流一等折徒半年；入至死罪已决者，坐以死罪。若减重作轻者，罪亦如之。○6.28.409.3若断罪失于入者，各减三等；失于出者，各减五等。并以吏典为首，首领官减吏典一等，佐贰官减首领官一等，长官减佐贰官一等科罪。坐以所减三等、五等。○6.28.409.4若囚未决放，及放而还获，若囚自死，故出入、失出入，各听减一等。其减一等，与上减三等、五等，并先减而后算，折其剩罪以坐。不然，则其失增失减、剩杖剩徒之罪，反有重于全出全入者矣。

凡故增笞从徒，如犯笞一十，故增作杖八十、徒二年，徒三等，折杖六十，原包杖一百，通折杖一百六十，除犯该笞一十，合坐官吏剩杖一百五十。未决者减一等，杖七十、徒一年半，折杖一百四十，除犯该笞一十，合坐剩杖一百三十，其剩罪俱全抵，不在收赎之限。

凡故增杖从徒，如犯杖八十，故增作杖六十、徒一年，通折杖一百二十，除犯该杖八十，合坐官吏剩笞四十。未决者减一等，杖一百，除犯该杖八十，合坐剩笞二十。

凡故增杖从流，如犯杖八十，故增作杖一百、流二千五百里，流二等折徒一年，三流原包五徒，折杖二百、徒一年，除犯该杖八十，合坐官吏剩杖一百二十、徒一年。未决者，减一等，杖一百、徒三年，通折杖二百，除犯该杖八十，合坐剩杖一百二十。

凡故增轻徒从重徒，如犯杖六十、徒一年，故增作杖九十、徒二年半，徒四等折杖八十，除犯该徒一年折杖二十，合坐官吏剩杖六十。以徒从徒，不必包杖一百算也，虽包算其罪亦同。未决者减一等，杖八十、徒二年，折杖六十，除犯该折杖二十，合坐剩笞四十。

凡故增徒从流，如犯杖七十、徒一年半，通折杖一百四十，故增作流二千里，折徒半年，三流原包五徒，折杖二百、徒半年，除犯该杖一百四十，合坐官吏剩杖六十、徒半年。未决者减一等，杖一百、徒三年，折杖二百，除犯该杖一百四十，合坐剩杖六十。

凡增近流从远流。如犯杖一百、流二千里，折徒半年，故增作流三千里，折徒一年半，除犯该徒半年，合坐官吏剩徒一年。以流从流，不必包五徒折杖二百算。未决者，减尽无科。减远流从近流者，仿此。

凡故增笞、杖、流、徒至死，如增至死罪，本无折法，已决者反坐以死，若未决及囚自死者,并听减等。流三千里,原包五徒,折杖二百、徒一年半,各随其本应得之罪除之,坐以剩罪。

凡故减徒从笞,如犯杖六十、徒一年,折杖一百二十,故减作笞五十,除已得笞五十,合坐官吏剩杖七十。未放者减一等,杖一百,除已得笞五十,合坐剩笞五十。

凡故减徒从杖,如犯杖九十、徒二年半,折杖一百八十,故减作杖一百,除已得杖一百,合坐官吏剩杖八十。未放者减一等,杖八十、徒二年,折杖一百六十,除已得杖一百,合坐剩杖六十。

凡故减重徒从轻徒,如犯杖一百、徒三年,折杖二百,故减作杖七十、徒一年半,折杖一百四十,除已得杖一百四十,合坐官吏剩杖六十。未放者减一等,杖九十、徒二年半,折杖一百八十,除已得杖一百四十,合坐剩笞四十。

凡故减流从笞,如犯杖一百、流二千里折徒半年,故减作笞四十,三流原包五徒,折杖二百、徒半年,除已得笞四十,合坐官吏剩杖一百六十、徒半年。未放者减一等,杖一百、徒三年,折杖二百,除已得笞四十,合坐剩杖一百六十。减流从杖仿此。

凡故减流从徒,如犯杖一百、流三千里折徒一年半,故减作杖八十、徒二年,折杖一百六十,三流原包五徒,折杖二百、徒一年半,除已得杖一百六十,合坐官吏剩笞四十、徒一年半。未放者减一等,杖一百、徒三年,折杖一百六十,合坐剩笞四十。

凡故减死罪从笞、杖、徒、流,如死囚已放者,反坐以死。若未放及放而还获,若囚自死者,并听先减去一等,依律折除。

凡失增笞从杖,如犯笞三十,失增作杖一百,失入减三等,该杖七十,除犯该笞三十,吏典为首合坐剩笞四十。未决者又减一等,合坐吏典首罪笞三十。

凡失增笞从徒,如犯笞一十,失增作杖一百、徒三年,失入减三等,杖七十、徒一年半,折杖一百四十,除犯该笞一十,吏典为首合坐剩杖一百三十。未决者又减一等,杖六十、徒一年,折杖一百二十,除犯该笞一十,合坐吏典首罪杖一百一十。增杖从徒仿此。

凡失增杖从流,如犯杖一百,失增作杖一百、流三千里,失入减三等,杖八十、徒二年,折杖一百六十,除犯该杖一百,吏典为首合坐剩杖六十。未决者又减一等,杖七十、徒一年半,折杖一百四十,除犯该杖一百,合坐吏典首罪笞四十。

凡失增轻徒从重徒,如犯杖六十、徒一年折杖二十,失增作杖一百、徒三年,失入减三等,杖七十、徒一年半,徒二等折杖四十,除犯该杖二十,吏典为首,合坐剩笞二十,首领官减一等、笞一十,佐贰官减尽无科。未决者又减一等,杖六十、徒一年,则与本该罪名同矣,虽吏典亦减尽无科。以徒从徒,及以徒从流,俱不包杖一百之数。

凡失增徒从流,如犯杖六十、徒一年折杖二十,失增作杖一百、流三千里,失入减三等,杖八十、徒二年折杖六十,除犯该杖二十,吏典为首合坐剩笞四十。未决者又减一等,杖七十、徒一年半折杖四十,除犯该杖二十,合坐吏典首罪笞二十。

凡失增笞、杖、徒、流入死,如死囚已决者,亦减三等。若未决及囚自死,又减一等。吏典为首。其减至徒罪，亦折杖除之。

凡失减杖从笞，如犯杖一百，失减作笞三十，失出减五等，笞五十，除已得笞三十，吏典为首合坐剩笞二十。未放者又减一等，笞四十，除已得笞三十，合坐吏典罪笞一十。

凡失减徒从笞，如犯杖七十、徒一年半，失减作笞二十，失出减五等，杖七十，除已得笞二十，吏典为首合坐剩笞五十。未放者又减一等，杖六十，除已得笞二十，合坐吏典首罪笞四十。减徒从杖仿此。

凡失减流从笞，如犯杖一百、流三千里，失减作笞一十，失出减五等，杖六十、徒一年折杖一百二十，除已得笞一十，吏典为首合坐剩杖一百一十。未放者又减一等，杖一百，除已得笞一十，合坐吏典首罪杖九十。

凡失减流从徒，如犯杖一百、流三千里，失减作杖六十、徒一年，失出减五等，杖六十、徒一年，吏典为首减尽无科。

凡失减死罪从流、徒、杖、笞，如死囚已放者，亦减五等。若未放及放而还获，或囚自死者，又减一等。其徒亦折杖除之。

按：故增笞从徒条内，官吏合坐剩杖一百三十，其剩罪俱全抵，不在收赎之限。所谓全抵者，非满杖以上，皆决杖也。凡增笞、杖从徒，减徒从笞、杖，及增减徒从徒者，每徒一等折杖二十。若所剩杖数至满杖以上，则减杖加徒。如剩杖一百一十，应作笞五十、徒一年；一百二十，应作杖六十、徒一年；一百三十，应作杖六十、徒一年半；一百四十，应作杖七十、徒年半之类。其增笞、杖、徒作流，减流作笞、杖、徒，及增减流、徒者，每流一等折徒半年。如犯笞一十，故增作流二千五百里，流二等折徒一年，三流原包五徒，除已得笞一十，合坐剩罪杖九十、徒四年；如犯流三千里，故减作笞二十，流三等折徒年半，三流原包五徒，除已得笞二十，合坐剩罪杖八十、徒四年半之类。故曰全抵，剩罪，不在收赎之限。总之折徒不得至五年，而决杖不得过一百也。

条　例

6.28.409.(1)〔承审官改造口供故行出入及草率枉坐者〕

一、承审官改造口供，故行出入者，革职。故入死罪已决者，抵以死罪。其草率定案，证据无凭，枉坐人罪者，亦革职。

6.28.409.(2)〔承审官增减原供及按察使故为删改〕

一、凡初次供招，不许擅自删改，俱应详载揭帖。若承问官增减原供，希图结案，按察使依样转详，该督抚严察题参。不行察参，将督抚交部一并议处。按察使亦不得借简招之名，故为删改。倘遇有意义不明，序次不顺，与情罪并无干碍，即就近核正申转，将改本备案，不得发换销毁。违者，依改造口供故行出入例议处。

6.28.409.(3)〔审办谋反谋叛之罪捏诬陷害妄议株连及籍产者〕

一、凡谋反、谋叛之罪，照律连坐籍没，其余情罪详载律内，俱应照律拟议，不得存心陷害，借言情罪重大，诬指朋党，妄议株连父母、兄弟、妻子，籍没家产。若承审官于本罪外，捏造此等言语，株连父母、兄弟、妻子，籍没家产者，即照故入人死罪律治罪。

6.28.409.(4)〔州县承审逆伦罪关凌迟重案有故入失入〕

一、州县承审逆伦罪关凌迟重案，如有故入、失入，除业经定罪招解者，分别已决、未决，按律定拟外，其虽未招解，业已定供通详，经上司提审平反，究明故入、失入,各照本律减一等问拟。其余寻常审案,仍照旧办理。

6.28.409.(5)〔知府直隶州讯出关系生死大案实情改拟得当〕

一、知府、直隶州,有将各州县审拟错误、关系生死出入大案,虚公研鞫,究出实情,改拟得当,经上司核定题达,部议准行者,交与吏部查明,奏请送部引见。

6.28.409.(6)〔凡驳饬改正之案刑部检查府州县原详据实核办〕

一、凡驳饬改正之案,刑部即检查该府、州、县原详,据实核办。如原详本无错误,经上司饬驳,致错拟罪名者,将该上司议处;如原详未奉饬驳,该上司代为承当,除原拟之员,仍按例处分外,将该管上司,照徇庇例严议。

6.28.410 辩明冤枉

6.28.410.1 凡内外问刑衙门辩明冤枉,须要开具本囚所枉事迹,实封奏闻,委官追问其冤情得实,被诬之人,依律改正,所枉之罪坐原告、诬告。原问官吏。以故失入罪论。○6.28.410.2 若罪囚事本无冤枉,朦胧辩明者,杖一百、徒三年。既曰朦胧,则原告、原问官为其诬矣。若所诬罪重于杖一百、徒三年者,以故出入人罪论。所辩之罪人知情,与朦辩同罪,如原犯重,止从重论。不知者不坐。

条　例

6.28.410.(1)〔法司明知冤枉不与辩理〕

一、法司凡遇一应称冤调问,及各衙门奏送人犯,如有冤枉,及情罪有可矜疑者,即与辩理,具奏发落,毋拘成案。若明知冤枉,不与辩理者,以故入人罪论。

6.28.410.(2)〔法司遇有重囚称冤许移三法司会问〕

一、法司遇有重囚称冤,原问官员辄难辩理者,许该衙门移文会同三法司堂上官辩理。果有冤枉,及情可矜疑者,奏请定夺。

6.28.410.(3)〔在外审理案件应照案犯籍贯批委该地方官审理〕

一、凡在外审理事件,应照案内人犯籍贯,批委该管地方官审理明白,申详完结。既经批委,不得反复改批别属。如果情事未明,务须详细指驳。倘原问官仍复朦混申详,即题参议处,另委别官审理。若督抚等官将事理已明之案,故生枝节,屡行批驳,迟延不结者,亦交该部议处。

6.28.410.(4)〔会审重案并事涉两邑之案及承审错误另行委审〕

一、凡审理事件,除事涉两邑,或案情重大,发审之初,即委员会审者,仍令会同审详外,其因承审错误,另委别官审理者,专责委员虚心质讯,毋庸原问官会审。至定案后,如原问官果有徇私枉断、故出故入情弊,仍照例参处。其或供情疏漏,或援引拘泥,误出无心,经委员改正者,照审处错误例议处。

6.28.410.(5)〔命盗案件经该督抚臬司驳审者〕

一、命、盗案件,经该督抚、臬司驳审,除案情重大,须该知府赴省审理,或系委派会审,仍听该督抚随时酌量办理外,如果案情与原招并无出入,即由附省知府审转,仍许原审知府一体列衔申详。倘审理错谬关系重大者,即将承审之州县,及率转之知府,一并开参,照例分别议处。

6.28.410.(6)〔处决人犯临刑时呼冤〕

一、凡处决人犯,有临刑时呼冤者,奏闻复鞫。如审明实有冤抑,立为申雪,将原审官参奏,照例惩治。如系妄行翻异,冀延显戮,除原犯斩罪仍即处斩外,如原犯绞罪者,亦改为斩罪,即行正法。

6.28.410.(7)〔在督抚司道及知府上控之件分别亲提及委审并刁徒捏款诬控等〕

一、各省督抚,除事关重大,案涉疑难,应行提审要件,或奉旨发交审办,以及民人控告官员营私枉法、滥刑毙命各案,俱令率同司、道等亲行研审,并司、道等官接受所属控词,遇有前项各情,或经上司批发之案,亦即亲提审办。间有户婚、田土案件,头绪纷繁,必须酌派妥员,代为查审者,于结案时,仍由该司、道等官复勘定拟具详,不得仅委属员承审外,其余上控之件,讯系原问各官,业经定案,或案虽未定,而有抑勒画供、滥行羁押,及延不讯结,并书役诈赃舞弊情事,如在督抚处具控,即发交司、道审办,或距省较远,即发交该管守巡道审办;如在司、道处具控,即分别发交本属知府或邻近府、州、县审办;如在府、州处具控,即由该府、州亲提审办,概不准复交原问官,并会同原问官办理。审明后,按其罪名系例应招解者,仍照旧招解;系例不招解者,即由委审之员详结。其有委审之后,复经上控者,即令各上司衙门亲提研鞫,不得复行委审。若命、盗等案尚未成招,寻常案件尚无堂断,而上控呈词内,又无抑勒画供、滥行羁押,及延不讯结,并书吏诈赃舞弊各等情,应即照本宗公事未结绝者发当该官司追问律,仍令原问官审理,该管上司,仍照律取具归结缘由勾销。倘有应亲提而委审,或应亲提、委审而发交原问衙门者,即令该督抚指名严参,交部照例议处。其所委之员若有瞻徇、听嘱等弊,亦即严参治罪。该督抚有违例委审者,亦照例议处。至于刁健之徒,本无冤抑,或因负罪受惩,掩饰己非,捏款诬控,或因斗殴、婚姻、田宅等事,不赴本管官控理,辄赴上司衙门架词妄控者,仍按律治罪。

6.28.411 有司决囚等第

6.28.411.1 凡有司于狱囚始而鞫问明白,继而追勘完备,军、流、徒罪,各从府、州、县决配。至死罪者,在内法司定议,在外听督抚审录无冤,依律议拟,斩、绞情罪。法司复勘定议,奏闻候有回报,应立决者,委官处决。故延不决者,杖六十。○6.28.411.2 其公同审录之际,若犯人自行反异,原招,或家属代诉称冤,审录官即便再与推鞫。事果违枉,即公同将原问、原审官吏,通问改正。同将原问、原审之官吏通行提问,改正其罪。○6.28.411.3 若囚犯明称冤抑,审录官不为申理改正者,以入人罪故、或受赃挟私。失或一时不及参究论。

条　例

6.28.411.(1)〔秋审并行文及正法各限期〕

一、秋审时,督抚将重犯审拟情实、缓决、可矜具题,限五月内到部。刑部将原案及法司看语并督抚看语,刊刷招册,送九卿、詹事、科道各一册。八月内,在金水桥西,会同详核情实、缓决、可矜,分拟具题,请旨定夺。其盛京等处案件,亦造入各省秋审案内具题。俟命下日,先后咨行直省,将情实人犯,于霜降后冬至前正法。其咨文到地方限期,云南、贵州、四川、广西、广东、福建限四十日,江西、浙江、湖南、甘肃限二十五日,江南、陕西、湖北限十八日,河南限十二日,山东、山西限九日,直隶限四日,盛京限十五日,宁古塔限一个月。限内迟延不到者,该督抚将迟延地方官察明指参。至于秋审具题后,如有新结重案,俱入次年秋审。

6.28.411.(2)〔刑部现监重犯每年一次朝审〕

一、刑部现监重犯,每年一次朝审。刑部堂议后,即奏请特派大臣复核。俟核定具奏后,摘紧要情节,刊刷招册,送九卿、詹事、科道各一册。于八月初间,在金水桥西,会同详审,拟定情实、缓决、可矜具题,请旨定夺。其情实者,与各省秋审情实人犯,刑科皆于本省勾到前五日复奏一次,经御笔勾除者正法,其余仍监固。

6.28.411.(3)〔各省每年题结斩绞重案〕

一、各省每年题结斩、绞重案,刑部于次年开印后,分类摘叙简明事由,缮折奏闻。

6.28.411.(4)〔印官公出处决重囚〕

一、凡立决之犯,部文到日,如正印官公出,令同城之州同、州判、县丞、主簿等官,会同本城武职,遵查不停刑日,代行监决。若该地方无佐贰官,令该知府于部文到时,即委府属之同知、通判、经历等官,速至该州县,会同武职,代行监决。该佐贰等官监斩后,将正印官因何事公出,并现委某官,于何年月日,会同武职某官,监决何犯,逐一详报各上司查核。

6.28.411.(5)〔南郊北郊大祀之期在京立决重犯停刑〕

一、凡遇南郊、北郊大祀之期,前五日、后五日,刑部及顺天府衙门,凡在京立决重犯,俱停止题奏。其核复外省速议及立决本章,仍止回避斋戒日期。

6.28.411.(6)〔秋审勾到各省本章及朝审案件分由各道御史及京畿道承办〕

一、凡秋审勾到时,遇某省本章,即着某道御史承办。朝审案件,令京畿道专办。行刑时,着刑科给事中及刑部侍郎一人监视。

6.28.411.(7)〔每年秋朝审御史与掌道与审〕

一、凡每年秋审,遇审某省,即令某道御史与掌道一体上班。朝审,令京畿道御史同掌道与审。

6.28.411.(8)〔各省官犯审结分别补疏题请〕

一、各省官犯,如系贪酷败检,侵亏狼藉,及有心巧诈,不尽臣职,罪应斩、绞之员,其审题结案,在行刑之日以前者,着皆补疏题请;情实予勾者,即行刑之日已过,亦着行刑;在行刑以后审结者,入下年新事册内,刑部仍粘签声明。其寻常私罪案犯,无前项情节者,着牢固监候,俟次年秋审办理,不得概请补入本年情实。

6.28.411.(9)〔各省秋审本揭及九卿会审刑部招册〕

一、各省秋审本揭,如系新事初次入秋审者,照旧备叙案由,确加看语,以凭会核。其旧事缓决人犯,摘叙简明略节,依次汇为一本具题。俱不必叙入问供,以省繁冗。至九卿会审时,刑部分送招册内,除情实未勾,及初次入秋审者,仍刷印招册分送详核外,其旧事已入缓决者,不必重复备册,分送会审,止于会审时逐一唱名,进呈秋审本内,亦开列起数、名数具题。若旧事内有一二案尚须商议,并该督抚前拟情实后改缓决、前拟缓决后改可矜之案,仍听刑部摘出,临期印册,分送九卿公同会议。朝审案犯,一体办理。

6.28.411.(10)〔刑部奉特交事件分别奏结会题专题汇题〕

一、刑部奉特交事件,即审明无罪可科,应具折复奏。如罪至斩、绞,仍会同三法司核拟,特题完结。其他案件,除杖、枷等罪竟行发落外,犯该遣、军、流、徒,及军、流、徒折枷等罪,倘非寻常经见之事,及酌重酌轻之案,并犯罪文自生监以上、武自骁骑校以上,或本身虽白丁,系现任大员子弟,犯该断决者,俱详叙供招,不拘件数、时日,随结随题。内有酌重酌轻案件,仍于改拟之处粘贴黄签,恭呈御览,俟奉旨之日发落。寻常徒、流、军、遣等罪,于审结之日,先行发落,按季汇题。

6.28.411.(11)〔秋审可矜人犯内情切天伦义激杀人者〕

一、秋审可矜人犯内,如子妇不孝,詈殴翁姑,其夫忿激致毙,或因该犯之母,素有奸夫,已经拒绝,后复登门寻衅,以致拒殴致毙者,此等情切天伦,一时义激,与寻常狠斗者不同,刑部会同九卿,遇有似此罪犯,案情既确,俱量为区别,照免死减等例,再减一等发落,仍逐案随本声明请旨。

6.28.411.(12)〔缌麻服属人犯停勾二次之后〕

一、缌麻服属人犯,于停勾二次之后,亦照期功以上例,大学士会同刑部一体省核,改入缓决。

6.28.411.(13)〔各省每年秋审臬司核办招册〕

一、各省每年秋审,臬司核办招册,务须先期定稿,陆续移咨在省司、道,会同虚衷商榷,联衔具详,督抚复核定拟。至期,会审司、道等官,俱赴督抚衙门办理。

6.28.411.(14)〔秋审人犯分别应否解审〕

一、直省每年应入秋审案犯,于应勘时,仍令各督抚提解省城,率同在省司、道,公同会勘,定拟具题。至缓决人犯,解审一次之后,情罪无可更定者,只令有司叙由详报,停其解审。其曾拟情实未经勾决之犯,及前拟缓决后改情实,并缓决人犯内情可矜疑者,仍照例解审。

6.28.411.(15)〔秋审人犯径解臬司〕

一、秋审人犯解省之时,俱令州县径行解司,仍报明该管各府。审后亦即由司给发护牌,分发各州县收禁,仍汇文行知各该府。

6.28.411.(16)〔直省委员押解秋审人犯止令逐程交替〕

一、直省委员押解秋审人犯,止令逐程交替,不必长解守候。其交替之时,将人犯并解役,当面点交前站委员收明,始回本地。其审毕发回时,亦照此逐程发递。

6.28.411.(17)〔各省奉到立决人犯部文遇停刑期案存臬署〕①

一、各省奉到立决人犯部文,该督抚按程按日计算,如由府厅州转行州县,在正月、六月停刑期内者,即将部文密存按察使内署,仍按程日计算行至州县已非停刑日期,钉封专差驰递。该州县奉到部文,即日处决。

6.28.411.(18)〔审办逆伦重案分别距省远近于犯地及省垣正法并枭示〕

一、凡审办逆伦重案,除子孙殴伤、误伤、误杀及过失杀祖父母、父母,仍各照定例办理外,其子孙殴杀祖父母、父母之案,无论是否因疯,悉照本律问拟。如距省在三百里以内,无江河阻隔者,均于审明后,即恭请王命,委员会同该地方官,押赴犯事地方,即行正法。若距省在三百里以外,即在省垣正法,仍将首级解回犯事地方枭示。

6.28.411.(19)〔在京应行立决人犯正值祈祷雨雪停刑〕

一、应行立决人犯,应在京处决者,如适当雨泽愆期清理刑狱之时,并祈雨、祈雪期内,刑部将此等应结案牍,暂行停止题奏。俟雨泽沾足,再行请旨。如系应在外省处决者,俱照常题奏。

6.28.411.(20)〔距京路远各省,应入秋审案件移行道府预行复审〕

一、距京路远各省,应入秋审案件,于每年冬季道员巡历复审之时,臬司衙门将已经审结具题,约计次年热审可以接准部咨者,逐一查明,移行该道、府,同已经接准部咨各案,一体预行复审,造册申送。如至期遇有未准部咨,及部驳另审者,臬司照例扣除,仍知会该道,归入下年秋审。

6.28.411.(21)〔各省官犯定案收禁及勾到行刑〕

一、各省官犯于定案时,即在按察使衙门收禁。秋审勾本到省,照刑部决囚之例,将情实官犯,全行绑赴市曹,即令按察使监视行刑,奉到谕旨,当场开读,按照予勾之犯,验明处决。

6.28.411.(22)〔刑部核复各省审题案件〕

一、刑部核复各省审题事件,内有余犯拟罪未当,应驳令复审,而正犯应立正典刑,无庸质讯,其罪又无可加者,即先决正犯,不必一概驳令复审。

6.28.411.(23)〔祖父母父母因子孙触犯呈送发遣〕

一、凡祖父母、父母,因子孙触犯,呈送发遣之案,该州县于讯明后,不必解勘,止

---

① 咸丰二年(1852)修改。

详府、司核明，转详督抚核咨，俟部复准，即定地起解。若系嫡母、继母及嗣父母呈送发遣，仍照旧解勘。

6.28.411.(24)〔云南处决重囚印官公出又无同城佐贰准由吏目等官监决〕

一、云南省处决重囚，部文到日，如州县无同城佐贰，印官公出，除公出报府有案，并县在附郭者，仍照定例由府委员监决外，其非附郭首县，如有猝奉调遣不及报府者，部文到日，即准令该吏目、典史，会同营员，代为监决。仍将印官因何公出，及代为监决缘由，具报上司查核，毋庸申请本府另行委员。

6.28.411.(25)〔秋审朝审勾决榜揭示众〕

一、每年秋审勾到后，大学士会同刑部，将已勾、未勾情节，摘叙简明事由奏闻，行知各督抚于处决时，揭示通衢晓谕。朝审，由刑部发交该城榜示。其各省官犯，俱俟朝审勾到后，奏闻颁发。

6.28.411.(26)〔凶盗逆犯干涉军机应立决及刑鞫者〕

一、凡凶盗逆犯，干涉军机，应行立决，及须刑鞫者，均即随时办理，声明咨部，毋庸拘泥停刑旧例。其寻常案件，仍照定例月日停刑。

6.28.411.(27)〔勾决人犯绑出之日步军派员护送〕

一、每年朝审勾到，刑部将人犯绑出之日，步军统领衙门派步军翼尉一员护送。

6.28.411.(28)〔秋朝审情实官常犯十次未勾改入缓决〕

一、秋、朝审情实官、常犯，有经十次未勾者，刑部查明奏闻，下次改入缓决，不得擅改可矜。其官犯已改缓决后，如遇查办缓决三次以上时，不得与常犯一例减等。其中或有应行宽宥者，恭候谕旨办理。

6.28.411.(29)〔直省处决重囚其州县近而道府远者〕

一、直省处决重囚，部文到省之日，除州县远而道府近者，仍照旧例办理外，其州县近而道府远者，不必由道府转行，该督抚即派委在省之同知等官，驰往监决。

6.28.411.(30)〔五城及顺天府遇有应行递解之匪类凶顽及疯病等项人犯〕

一、凡五城、提督、顺天府各衙门，遇有应行递解之下贱匪类，并凶顽生事，及实患疯病等项人犯，除籍系直隶，就近递回者，听各该衙门照旧办理外，其余应解回别省人犯，均叙明案由，交送刑部，核明应解与否，分别办理，三月汇奏一次。

6.28.411.(31)〔库尔哈喇乌苏命盗等案〕

一、库尔喀喇乌苏地方，遇有一切命、盗等案，俱责令营员，会同粮员查验讯供，解送迪化州办理。

6.28.411.(32)〔大宛两县秋审勾决及应斩绞重犯〕

一、大、宛两县秋审勾决，及一应斩、绞立决重犯，刑部于奉旨后，即一面径行顺天府府尹，转饬该县就近办理，一面仍行文直隶总督备案。

6.28.411.(33)〔外省有关人命徒犯均照军流人犯解司审转〕

一、外省徒罪案件，如有关系人命者，均照军、流人犯解司审转，督抚专案咨部核复,仍令年终汇题。其寻常徒罪,各督抚批结后,即详叙供招,按季报部查核。

6.28.411.(34)〔滇省离省窎远各属秋审人犯免其解者〕

一、滇省秋审,除曲靖等八府,及距省不远之直隶四厅州人犯,仍解省会鞫外,其离省窎远之永昌、顺宁、丽江、昭通、广南、普洱等六府,即责令不由审转之各道员,于冬季巡历时,亲加研鞫,不必会同该府;其由该道审转,如迤西之景东、永北两厅人犯,令迤南道亲审,迤南之镇沅直隶州及州属恩乐县人犯,令迤西道亲审。倘该道不亲加勘鞫,仅以册结了事,以致案有冤抑,该督抚严参究治。

6.28.411.(35)〔秋朝审处决重囚及一应立决人犯冬至夏至停刑〕

一、秋、朝审处决重囚,及一应立决人犯,如遇冬至以前,十日为限,夏至以前,五日为限,俱停止行刑。若文到正值冬至、夏至斋戒日期,及已过冬至、夏至者,于冬至七日、夏至三日以后,照例处决。

6.28.411.(36)〔抢窃计赃问拟军流各犯毋庸转解司道勘转〕①

一、抢窃计赃、计次、计人数,并勒赎得赃,问拟军、流各犯,及捉人勒赎,仅止图利关禁,暨听从掳捉,罪止遣、军,并抢窃逾贯,首犯已故,从犯罪止拟流之案,除直隶州所属,向例由道审转者,仍由该管道审转,毋庸解司,及各道所辖直隶州,离道较远,仍照旧章径行解司外,其余各厅、州、县,概将人犯解该管府、厅、州审转具详,由司复核,专案请咨,毋庸转解司、道勘转。倘犯供翻异,由该管府、厅、州就近查提质讯,或发回另审。若有关系拒捕,及凌虐重情,并干碍参处之案,仍分别解司、解道,以昭详慎。倘承办之员,有故勘及捏饰情弊,致犯申诉冤抑,仍令各督抚严参提审。

6.28.411.(37)〔擅杀问拟绞候秋审缓决之犯分别准否减等〕

一、擅杀问拟绞候,入于秋审缓决办理之犯,除谋、故、火器杀人,或连毙二命,及各毙各命致毙人数在四名以上者,均不准一次减等外,其余俱于缓决一次后,即予减等发落。其遇有亲老丁单,应行查办留养者,仍照向例分别办理。

6.28.411.(38)〔奉天省办理旗民事件无分满汉由所属州县审理〕

一、奉天所属十二州县,办理旗民事件,无分满汉,俱令自行审理。于讯明定拟之后,旗人笞、杖等罪,概行移旗发落,仍知照该州县备案。至承审时,遇有旗人应刑讯之处,仍照例刑讯。

6.28.411.(39)〔绿营革兵有犯加等治罪〕

一、凡绿营兵丁,因事斥革后,即移明地方官,另记年貌册档,严加管束,按季点验稽查。若有作奸犯科,除实犯死罪外,犯军、流以下,俱照凡人加一等治罪。管束不严之本犯父兄,如犯在军、流以上,照不能禁约子弟为盗例杖一百;如在徒、杖以下,照不能禁约子弟为窃例笞四十。邻佑知情容隐者,即视其父兄应得罪名,减二等治罪。约束不严之地方官,交部议处。

---

① 同治九年(1870)修改。

6.28.411.(40)〔扈驾官员之跟随仆役在途殴毙人命等案〕

一、凡扈从车驾官员之跟随、仆役,如有在途次殴毙人命等案,该督抚即行具奏,恭候钦派大臣,会同行在法司审明,迅速办理,不得拘泥寻常例限。其余日行事件,亦不得辗转稽迟。违者,将该督抚交部严加议处。

6.28.411.(41)〔盛京刑部审题案件经部驳回复审〕

一、盛京刑部审办题奏案件,有经部议驳者,刑部即奏请交盛京将军,或别部侍郎内特派一员,会同复审。如系咨驳之案,即声明交与盛京将军详细会审。

6.28.411.(42)〔各省秋审斩决重犯发回州县监禁侍决〕

一、各省秋审斩、绞重犯,俟督抚审勘后,俱发回各州县监禁,接准部文后,即于犯事地方处决。惟福建之台湾府属,甘肃之哈密、安西、玉门、敦煌等厅州县,斩、绞监候人犯,专令按察使照旧收监。其应支囚粮、衣药,及遇有疏脱、监毙事件,俱查照定例,一体办理。

6.28.411.(43)〔招解逆匪凶盗罪应斩枭立决人犯到省留禁待决〕

一、凡各省州县招解逆匪凶盗罪应斩枭、立决人犯,该督抚于各州县解犯到省,审明题奏后,即留禁按察使监及首府、县监,牢固监禁,俟奉到逆匪凶盗案内部文,按察使会同督抚标中军,督率府县,亲提各犯验明,绑赴市曹,监视处决。应枭示者,仍传首犯事地方示众。

6.28.411.(44)〔发遣新疆黑龙江为奴遣犯到配俱不决杖〕

一、凡人犯到配,除五徒、三流照应得杖数折责外,其发遣新疆、黑龙江当差为奴者,到配时照例安插,俱不决杖。若问拟五军及总徒、准徒罪名,俱于逐案引律出语内,声明至配所杖一百折责发落。

6.28.411.(45)〔各省驻防旗人犯该斩绞者即在理事同知衙门收禁〕

一、各省驻防旗人,犯该斩、绞者,毋庸解部,即在理事同知衙门收禁。如有应入秋审人犯,令将军、都统等悉心确核,分别情实、缓决、可矜,造册题达,刑部、九卿会核具题。至勾到时,某省驻防,即另册同各省应勾人犯一体办理。

6.28.411.(46)〔解送秋审人犯州县相距七十里以外不及收禁者〕

一、各省起解秋审人犯,各州县如有相距在七十里以外,不及收禁者,该地方官预期选拨干役,前赴寄宿之处,传齐地保,知会营汛,同原解兵役支更巡逻防范。审后发回,一体办理。倘有疏脱及纵放等情,将各该役照短解兵役例,与原解兵役分别治罪。

6.28.411.(47)〔秋审情实罪干服制官犯常犯免勾后请旨缓决〕

一、凡官犯,及常犯罪干服制,由立决改为监候者,又卑幼听从尊长主使殴死本宗小功大功兄姊及尊属,例应斩候者,刑部于秋审时,俱列入情实,各另缮一册,列于各该省常犯情实黄册之前,进呈候勾。官犯俟十次免勾之后,服制常犯俟两次免勾之后,大学士会同刑部堂官,将人犯招册,复加详勘。其有实在情节可宽者,摘叙案情,确加看语,请旨改入缓决。

6.28.411.(48)〔命盗案内由死罪减为军流者专本具题〕

一、凡命、盗案内,本例系由死罪减为发遣、军、流者,定案时仍专本具题,不得同寻常军、遣等案,咨部汇题完结。其罪应斩、绞、凌迟人犯,在监病故者,随案咨部完结,毋庸具题。

6.28.411.(49)〔戏误杀及窝赃满贯问拟绞候缓决犯秋朝审一次减等〕

一、戏杀、误杀,及窃赃满贯,并三犯窃盗赃至五十两以上,问拟绞候,应入缓决之案,秋、朝审一次之后,刑部查核奏明,将戏杀、误杀之犯减为杖一百、流三千里。窃赃满贯、三犯窃盗赃至五十两以上之犯,减发云贵两广极边烟瘴充军。其抢夺满贯人犯,及误杀案内,所杀系其人之祖父母、父母、伯叔父母、妻、兄弟、子孙、在室女者,俱俟查办缓决时,再行照例办理,不在此例。

6.28.411.(50)〔湖南省凤凰乾州永绥三厅命盗案犯由厅径解臬司审转〕

一、湖南省凤凰、乾州、永绥三厅命、盗案犯,由厅径行招解,臬司审转,毋庸解道。其秋审人犯,即责成不由审转之该管本道,亲历复勘。遇有异同,仍遵定例办理。

6.28.411.(51)〔五城及步军统领衙门审理案件分别案情自结及送部审办〕

一、五城及步军统领衙门审理案件,如户婚、田土、钱债细事,并拿获窃盗、斗殴、赌博,以及一切寻常讼案,审明罪止枷、杖、笞责者,照例自行完结。其旗民词讼,各该衙门均先详审确情,如应得罪名在徒、流以上者,方准送部审办,不得以情节介在疑似,滥行送部。若将不应送部之案,率意送部者,刑部将原案驳回,仍据实奏参。如例应送部之案,而自行审结,亦即查参核办。至查拿要犯,必须赃证确凿,方可分别奏咨,交部审鞫。若将案外无辜之人,率行拿送,一经刑部审明并非正犯,即将该管官员参奏,番捕人等照例治罪。其斗殴养伤者,务当依限报痊,验明传讯,毋许借伤延宕。饬坊查拘人证要犯,限一两日送部。若逾限,催至三次不到者,即将司坊官参处。

6.28.411.(52)〔贵州普安州命盗重案径解臬司〕

一、贵州直隶普安州一应命、盗重案,径行招解臬司,毋庸解道审转。

6.28.411.(53)〔秋审官犯法部年终汇单具奏〕

一、秋、朝审官犯,刑部于每年年终,汇开清单,具奏一次。单内将所犯事由、罪名,及监禁年分,并该犯年岁,详细注明。

6.28.411.(54)〔山东省凡有赌博奸拐等案在地窖内破获者〕

一、山东省凡有赌博、奸拐、窝藏窃盗、容留邪匪等案,在地窖内被获者,各就所犯本条加一等治罪,并将地窖平毁。

6.28.411.(55)〔广西东兰州属等距州县城过远地方分驻州同等官代勘盗案〕

一、广西东兰州属之那地土州、凌云县属之天峨哨,去州县城在三百里以外,及全州属之西延州同、西隆州属之八达州同，去州城在一百里以外之盗案，准令该处分驻州同、州判、县丞，会同营汛，前往代勘录供，送交该州县承审。如有查勘不实，照例议处。其东兰、凌云，去州县不及三百里，全州、西隆州，去州不及一百里之盗案，仍由该州县自行往勘。

6.28.411.(56)〔秋审查办留养承祀之案〕

一、秋审查办留养承祀之案，如距省在八百里以内府州所属者，由该督抚督同臬司，亲提犯属、尸亲、族邻人等，逐加研讯。实系亲老丁单，及孀妇独子，方准查办。倘亲属实在老病不能就道者，州县查明，禀请督抚遴委道府大员前往，就近查讯，取具供结，详报督抚、臬司复核办理。其距省在八百里以外府州所属，及正犯例不解省，向由该管巡道审转者，即由该管巡道，就近提齐犯属、尸亲、族邻人等，查取供结详办。若犯属及尸亲等籍隶他省者，即移咨所辖之该省督抚，按照离省道路远近，分别提审，讯取供结，报部核办。

6.28.411.(57)〔距省窎远之府州所属秋审人犯均免解省〕①

一、距省窎远之府州所属秋审人犯，均免其解省。如广西省泗城、镇安、太平三府所属之凌云、西林、西隆、小镇安、天保、归顺、奉议、崇善、龙州、宁明、永康、左州、养利等各厅州县人犯，责成左江道；思恩府属之武缘、百色人犯，责成右江道；贵州省黎平府本属，及所管之古州、下江、开泰、永从、锦屏各厅县，责成贵东道；江苏省徐州府所属各州县，责成徐州道；海州所属各县，及淮安府所属之阜宁、安东二县，责成淮海道；淮安府所属之山阳、盐城、清河、桃源四县，责成淮扬道；安徽省凤阳、颍州二府，及泗州所属各州县，责成庐凤道；河南省汝宁府及光州所属各州县，责成南汝光道；湖北省郧阳、襄阳二府所属各州县，责成安襄郧道；宜昌、施南二府所属各州县，责成荆宜施道；湖南省永顺、沅州二府所属各县，及靖州所属各县，责成辰沅永靖道；山西省大同、朔平二府所属各州县，责成雁平道；口外归化等五厅所属，责成归绥道；平阳、蒲州二府及解州、绛州所属各州县，责成河东道；陕西省榆林、延安二府，及绥德州所属，责成延榆绥道；汉中、兴安二府各属，责成陕安道；江西省南安、赣州、宁都三府州各属，责成南赣宁道；四川省之宁远、重庆、夔州、绥定四府，及酉阳、忠州、叙永厅等府州所属，并广东省之高州、廉州、雷州、潮州四府所属，及浙江省之温州、处州二府所属，均责成该管道员；甘肃省西宁府所属之循化、贵德、丹噶尔三厅，并大通一县，责成西宁道；庆阳府所属五州县，泾州直隶州并所属三县，责成平庆泾道；宁夏府所属五州县，责成宁夏道；阶州直隶州并所属二县，责成巩秦阶道；肃州直隶州并所属一县，安西直隶州并所属敦煌、玉门二县，及哈密厅，责成安肃道，各于冬季巡历时，逐一亲加研鞫，造册加结，移报院司汇核，不必会同该府。倘有鸣冤翻异者，即将本犯解省，听候院司复审。如有续行补入之案，补勘移报。倘该道不实力奉行，或有

① 咸丰二年(1852)修改。

冤抑不为昭雪,或任犯混供,率行解省,该督抚严参究治。

6.28.411.(58)〔距省窎远厅州县寻常军流徒及命案拟徒人犯毋庸解省〕①

一、距省窎远府、厅、州所属之各厅、州、县,寻常遣、军、流、徒人犯,及命案拟徒人犯,均毋庸解省。如广西省泗城、镇安、太平三府所属者,解赴左江道;思恩府所属之百色、武缘两处,解右江道;云南省昭通府所属者,解赴迤东道;大理、丽江、永昌、顺宁四府,及永北、景东、蒙化三厅,并所属者,解赴迤西道;普洱府,及镇沅、元江二州,并所属者,解赴迤南道;贵州省黎平府本属,及所管之古州、下江、开泰、永从、锦屏各厅县,解赴贵东道;大定府所属之威宁州、水城厅,解赴贵西道;贵阳、石阡、大定、兴义、遵义、安顺、都匀、镇远、思南、思州、铜仁十一府,及平越州所属者,解赴各该管府州;江苏省徐州府所属者,解赴徐州道;海州所属,及淮安府所属之阜宁、安东二县,解赴淮海道;淮安府所属之山阳、盐城、清河、桃源四县,解赴淮扬道;安徽省凤阳、颍州二府所属,及泗州并所属者,解赴庐凤道;河南省汝宁府所属,及光州并所属者,解赴南汝光道;湖北省郧阳、襄阳二府所属者,解赴安襄郧道;宜昌、施南二府所属者,解赴荆宜施道;湖南省永顺、沅州二府所属,及靖州、凤凰、永绥、乾州、晃州、古丈坪五厅,并所属者,解赴辰沅永靖道;四川省宁远、重庆、夔州、绥定四府所属,及酉阳、忠州、叙永厅、石柱厅,并所属者,解赴该管巡道;山西省大同、朔平二府所属者,解赴雁平道;口外归化等五厅,并所属者,解赴归绥道;平阳、蒲州二府所属,及解州、绛州,并所属者,解赴河东道;陕西省榆林府所属者,解赴延榆绥道;汉中、兴安二府所属者,解赴陕安道;江西省南安、赣州二府所属,及宁都州,并所属者,解赴南赣宁道;广东省雷州、琼州二府所属者,解赴雷琼道;高州、廉州二府所属者,解赴高廉道;潮州府所属者,解赴惠潮嘉道;浙江省温州、处州二府所属者,解赴温处道;福建省台湾府所属者,解赴台湾道;直隶省承德府所属者,解赴热河道;宣化府所属,及张家口、独石口、多伦诺尔厅,并所属者,解赴口北道;永平府所属,及遵化州,并所属者,解赴通永道;顺德、广平、大名三府所属者,解赴大名道;甘肃省西宁府所属之循化、贵德、丹噶尔三厅,大通一县,解赴西宁道;庆阳府所属之五州县,泾州直隶州,并所属三县,解赴平庆泾道;宁夏府所属之五州县,解赴宁夏道;阶州直隶州,并所属二县,解赴巩秦阶道;肃州直隶州,并所属一县,安西直隶州,并所属敦煌、玉门二县,及哈密厅,解赴安肃道,就近审转,详报院司核办。倘有鸣冤翻异,分别提审解省。其命案内遣、军、流犯,仍各解省复审。

6.28.411.(59)〔应拟斩绞人犯染患重病及监故督抚限期派验及题报〕

一、凡应拟斩、绞人犯,染患重病,该督抚接到州县通详,即先具文报部,仍责成该督抚详加查核。如有假捏情事,立将承审及核转各员,严行参处。倘督抚不行详察,经部核对原咨,查出弊窦,将该督抚一并严参。其前项人犯,遇有在监病故,无论

① 咸丰二年(1852)修改。

曾否结案,及已未入秋审情实、缓决,该州县立时详报,该督抚据详,派员前往相验。若时逢盛暑,或离省窎远之各厅、州、县,该管道、府据报,即派邻近之员往验。如病故系新旧事情实人犯,该督抚于接到详文之日,先行题报,总不得过十日之限。其派员相验,及研讯刑禁人等有无凌虐情弊,除去程限日期,以一月为限,具文报部。若系缓决,及应入次年秋审情实人犯,仍照向例办理。如验报迟逾,分别交部议处。

6.28.411.(60)〔罪应凌迟斩枭斩决等案分别题奏〕①

一、凡罪应凌迟之案,如谋反、大逆但共谋者,谋杀祖父母、父母者,妻妾杀夫之祖父母、父母者,妻妾谋杀故夫祖父母、父母者,杀一家非死罪三人及支解人为首者,谋杀期亲尊长、外祖父母者,情可矜悯,例准夹签声明之案,仍专本具题。采生折割人为首者,子孙殴死祖父母,父母者,纠众行劫在狱罪囚、持械拒杀官弁为首及下手杀官者,尊长谋占财产图袭官职杀功缌卑幼一家三人者,发遣当差为奴之犯杀死伊管主一家三人者,罪囚由监内结伙反狱持械拒杀官弁为首及下手杀官者,妻妾因与有服亲属通奸同谋杀死亲夫者;若与平人通奸谋杀,仍专本具题。并罪应斩枭案内,如卑幼图财强奸谋杀尊长者,杀一家非死罪二人如死系父祖子孙及服属期亲者,洋盗、会匪及强盗拒杀官差者;罪应斩决案内,如子孙殴祖父母、父母及妻妾殴夫之祖父母、父母者,暨两造赴京呈控,奏交该省审办,或曾经刑部奏驳之案,俱专折具奏。其余寻常罪应凌迟、斩枭之案,仍循例具题。各督抚于专奏折尾,将援照刑部议定条款,例得专折陈奏之处声明。倘有强行比附,率意改题为奏,刑部即参奏驳回,仍令照例具题。或应奏不奏,亦即查参。

6.28.411.(61)〔滇省审办结盟扰害匪徒罪应遣流人犯毋庸解省〕②

一、滇省审办结盟扰害匪徒,除犯该死罪者,仍行解省审办外,其罪应遣、军、流罪人犯,无论离省道途远近,均令该管府州审转,臬司复核详咨,毋庸解省审勘。倘承办之员,有故勘及捏饰情弊,以致案犯申诉冤抑者,令各督抚严行究参,提省审办。

6.28.412 检验尸伤不以实

6.28.412.1 凡官司初检验尸伤,若承委牒到托故迁延不即检验,致令尸变,及虽即检验,不亲临尸所监视,转委吏卒,凭臆增减伤痕。若初、检与复检官吏相见,扶同尸状,及虽亲临监视,不为用心检验,移易、如移脑作头之类。轻重、如本轻报重、本重报轻之类。增减如少增作多、如有减作无之类。尸伤不实,定执要害致死根因不明者,正官杖六十,同检首领官杖七十,吏典杖八十。仵作行人检验不实,扶同尸状者,罪亦如吏典以杖八十坐之。其官吏、仵作因检验不实而罪有增减者,以失出入人罪论。失出减五等,失入减三等。○6.28.412.2 若官吏、仵作受财,故检验不以实致罪有增减者,以故出入人罪论。赃重于故出故入之罪者,计赃以枉法各从重论。止坐受财检验不实之人。其余不知情者,仍以失出入人罪论。

---

① 咸丰二年(1852)修改。

② 咸丰二年(1852)续纂。

条　例

6.28.412.(1)〔遇告讼人命之检验〕

一、遇告讼人命,有自缢、自残及病死而妄称身死不明,意在图赖诈财者,究问明确,不得一概发检,以启弊窦。其果系斗杀、故杀、谋杀等项当检验者,在京委刑部司官及五城兵马司、京县知县,在外委州县正印官,务须于未检验之先,即详鞫尸亲、证佐、凶犯人等,令其实招以何物伤何致命之处,立为一案,随即亲诣尸所,督令仵作如法检报,定执要害致命去处,细验其圆长、斜正、青赤、分寸,果否系某物所伤,公同一干人众,质对明白,各情输服,然后成招。或尸久发变,青赤颜色亦须详辨,不许听凭仵作混报拟抵。其仵作受财,增减伤痕,扶同尸状,以成冤狱,审实,赃至满数者,依律从重科断。不先究致死根因明确,概行检验者,官吏以违制论。

6.28.412.(2)〔自缢溺水身死别无他故准告免检〕

一、诸人自缢、溺水身死,别无他故,亲属情愿安葬,官司详审明白,准告免检。若事主被强盗杀死,苦主自告免检者,官与相视伤损,将尸给亲埋葬。其狱囚患病,责保看治而死者,情无可疑,亦许亲属告免复检。若据杀伤而死者,亲属虽告,不听免检。

6.28.412.(3)〔人命重案检验尸伤勿得违例三检〕

一、凡人命重案,必检验尸伤,注明致命伤痕。一经检明,即应定拟。若尸亲控告伤痕互异者,许再行复检。勿得违例三检,致滋拖累。如有疑似之处,委别官审理者,所委之官,带同仵作亲诣尸所,不得吊尸检验。

6.28.412.(4)〔外省驻防旗人命案之相验〕

一、凡外省驻防旗人,遇有命案,该管旗员即会同理事同知、通判,带领领催、尸亲人等,公同检验。一面详报上司,一面会同审拟。如无理事同知、通判之处,即会同有司官公同检验,详报审拟。

6.28.412.(5)〔地方印官验尸扰累差役需索尸亲捏诬及刁徒藉命打抢等〕

一、凡人命呈报到官,该地方印官立即亲往相验。止许随带仵作一名、刑书一名、皂隶二名。一切夫马饭食,俱自行备用。并严禁书役人等,不许需索分文。其果系轻生自尽,殴非重伤者,即于尸场审明定案,将原、被、邻、证人等释放。如该地方印官不行自备夫马,取之地方者,照因公科敛律议处;书役需索者,照例计赃分别治罪。如故意迟延拖累者,照易结不结例处分。若系自尽,并无他故,尸亲捏词控告,按诬告律科断。如刁悍之徒,借命打抢者,照白昼抢夺例拟罪,仍追抢毁物件给还原主。其勒索私和者,照私和律科断,勒索财物入官。至该管上司于州县所报自尽命案,果属明确无疑者,不得苛驳,准予立案。若情事未明,仍即秉公指驳,俟其详复核夺。

6.28.412.(6)〔人命案件印官公出邻邑印官代往及派委本城佐贰相验〕

一、地方呈报人命到官,正印官公出,壤地相接不过五、六十里之邻邑印官未经公出，即移请代往相验。或地处窎远，不能朝发夕至，又经他往，方许派委同知、通判、州同、州判、县丞等官，毋得滥派杂职。其同知等官相验，填具结格通报，仍听正印官承审。如有相验不实，照例参处。

6.28.412.(7)〔自尽命案尸亲远居别属一时不能到案〕

一、检验自尽人命，如尸亲远居别属，一时不能到案，该地方官应即验明，立案殓埋。

6.28.412.(8)〔检验量伤照工部颁发工程制尺〕

一、凡检验量伤尺寸，照工部颁发工程制尺，一例制造备用，不得任意长短，致有出入。

6.28.412.(9)〔京师旗人命案之相验〕

一、凡京师内城正身旗人，及香山等处各营房旗人，遇有命案，令本家禀报该佐领，径报刑部相验。街道命案，无论旗、民，令步军校呈报步军统领衙门，一面咨明刑部，一面飞行五城兵马司指挥星往相验，径报刑部。其外城地方人命，亦无论旗、民，俱令总甲呈报该城指挥，该城指挥即速相验，呈报该城御史，转报刑部、都察院；若系旗人，并报该旗。

6.28.412.(10)〔黔蜀等省命案府州县印官公出同城并无佐贰准令杂职相验〕

一、凡黔、蜀等省遇有命案，其府、州、县原无佐贰，及虽有佐贰而不同城者，印官公出，准令经历、知事、吏目、典史等官，酌带谙练仵作，速往如法相验，写立伤单，报明印官，回日查验填图通报。如印官不能即回，仍请邻邑印官查验填报。其讯无别故之自尽、病毙等案，验明即准取结殓埋，仍由印官通详立案。如代验后，查有增减伤痕情弊，即将原验官照检验不实例分别议处。其各省所属府、州、县内，有与黔、蜀等省相似者，一体酌量办理，其余仍照定例遵行。

6.28.412.(11)〔各省州县命案印官公出同城并无佐贰而邻封窎远由吏目典目验伤〕

一、凡各省州县同城并无佐贰，邻封窎远地方，遇有呈报人命，印官公出，如原系吏目、典史分辖地方，即日可以往返者，仍饬吏目、典史验立伤单，申报印官复验。其距城遥远，往返必须数日处所，该吏目、典史据报，一面移会该管巡检就近往验，填注伤单，一面申请印官复验通报。如印官不能即回，即申请邻邑代验通详。倘该巡检相验不实，或有受贿情弊，即行分别参究。

6.28.412.(12)〔五城遇有金刃自戕投井投缳等命案转报刑部核复审结〕

一、凡五城遇有命案，除道途倒毙、客店病亡，经该城验讯属实，即自行完结外，其余金刃自戕、投井、投缳等案，俱令该城指挥照例验报，由该城御史审讯，转报刑部核复审结。倘有漏报，将该城官员指名参处。

6.28.412.(13)〔归化城各协厅相验命案〕

一、归化城各协厅所属，遇有呈报命案到官，即令该通判星往验明，填格录供通详。仍照例详请都统派委蒙古官员会同审拟，毋庸详派会验，致滋稽延。倘该通判等相验不实,以及迟延贻误,令该管上司分别参处。

6.28.412.(14)〔州县额设仵作及考试工食并奖惩之法〕

一、凡州县额设仵作,大县三名,中县二名,小县一名。并于额设之外,再募一二人,令其跟随学习。每名给发《洗冤录》一部,选委明白刑书一人,与仵作逐细讲解。每年开印后,该州县将额设、学习名数,造具花名清册,申送该管府、州,汇册通送院、司存案。该管府、州,每年随时就近提考一次。考试之法,即令每人讲解《洗冤录》一节。如果明白,当堂从优给赏。倘讲解悖谬,饬令分别责革及勒限学习,另募充补。仍汇册申报院、司查核,并将召募非人、懈于查察之州县,分别查参。至仵作工食,每名拨给皂隶工食一份。学习者,两人共给皂隶工食一份。若有暧昧难明之事,检验得法,果能洗雪沉冤,该管上司赏给银十两。倘有故行出入,审有受贿情弊,照例治罪。若仵作额缺不行募补,州县官及各上司均交部分别议处。倘州县不将仵作补足,因而私侵工食银两者,州县官革职提问,该管上司一并交部议处。在京五城司坊额设仵作,即责成该巡城御史,每年照此办理。

6.28.412.(15)〔在京五城司坊每城各添设额外学习仵作〕

一、在京五城司坊,每城额设仵作一名之外,各添设额外学习仵作一名,令该巡城御史召募考试充当。其工食照额设仵作减半赏给,每名月给工食银五钱,由户部支领,以资养赡。遇有额设仵作病故、革退,即以额外仵作顶补,再行考募学习之人。

6.28.412.(16)〔黔省命案如逢盛暑印官公出邻封窎远准代验之杂职等官取立伤单〕

一、黔省州县命案,如逢盛暑,印官公出不能即回,邻封窎远,往返数日者,准代验之杂职等官取立伤单,将尸棺殓。其州县未行复验缘由,及原验杂职衔名,俱于原题内声叙。如有伤痕不符等弊,将原验官参处。若印官计日即回,邻封相距不远者,仍照旧例行。

6.28.412.(17)〔吏役有犯命案别属吏仵验办〕

一、京师五城吏役有犯命案,本城官员,概令回避,该巡城御史速调别城指挥,带领本管吏仵,前往相验办理。其各省州县,如本州县吏役有犯命案,即就近禀请该上司,立委别州县带领本管吏仵,前往验办。

6.28.412.(18)〔京师五城平日案件坌集准委副指挥及吏目代验〕

一、京师五城指挥相验,城内不得过两日,关外不得过三日。如一时案件坌集,指挥不能分身者,准委副指挥、吏目代验,仍归指挥承办。倘指挥有心规避,委验之员有心推卸者,巡城御史稽查参奏。御史姑容,经他人查出参奏者,一并交部议处。

6.28.412.(19)〔广西东兰州属距州县城过远地方命案该处分驻州同等官代验〕

一、广西东兰州属之那地土州、凌云县属之天峨哨地方,去州县城在三百里,及全州属之西延州同、西隆州属之八达州同,去州城在一百里以外之命案,准令该处分驻州同、州判、县丞带领谙练吏仵,前往代验,填格取结,送交该州县承审。如有勘验不实,照例议处。其东兰、凌云去州县不及三百里,全州、西隆州去州不及一百里之命案,仍各照旧例办理。

6.28.412.(20)〔奉天省昌阁岫岩凤凰城距厅三百里外命案准照磨等官代验〕

一、奉天省昌图、岫岩、凤凰城各厅所属命案,如距厅在三百里以外者,准令照磨及分防巡检,带领谙练吏仵,前往代验,填格取结,送交各该厅承审。如有勘验不实,增减伤痕情弊,分别照例议处。其讯无别故自尽、病毙等案,亦准取结验埋,由各该厅通详立案。若距厅不及三百里者,仍照旧例办理。

6.28.412.(21)〔差役看押人犯身死及差役秘押毙命私埋并凶徒毙人私埋之开检〕

一、差役奉官暂行看押人犯,有在押身死者,无论有无凌虐,均令禀明本管官,传到尸亲,眼同验明,不得任听私埋。如有私埋情事,经尸亲控告破案者,官为究明致死根由,详请开检,无庸取具尸亲甘结。检明后,除讯系差役索诈凌虐致毙者,仍照各本律例从重治罪外,若止系因病身死,即将私埋之差役杖七十、徒一年半;控告之尸亲,讯无挟仇情节,仍按诬告各本律分别科断。地方官有任听私埋,及庇护差役,不即开检者,交部分别严加议处。至差役私押毙命之案,应令禀请邻封州县,传到尸亲,眼同验明究办。若有私埋匿报,以及一切凶徒挟仇、谋财,致毙人命私埋灭迹者,经尸亲告发之后,如业将致死根由究问明白,毫无疑义,而尸伤非检不明者,亦即详请开检,按例惩办,均无庸取具尸亲甘结。

6.28.413 决罚不如法

6.28.413.1 凡官司决人不如法 如应笞而用杖 者,笞四十;因而致死者,杖一百,当该官吏 均征埋葬银一十两。给付死者之家。 行杖之人,各减一等。不追银。 其行杖之人,若决不及肤者,依验所决 不及肤 之数抵罪,或由主使,或由行杖, 并罪坐所由。若受财 而决不如法、决不及肤、 者,计赃以枉法从重论。○6.28.413.2 若监临 有司、管军、 之官,因公事 主令下手者, 于人虚怯去处,非法殴打,及亲自以大杖或金刃、手足,殴人至折伤以上者,减凡斗伤罪二等;致死者,杖一百、徒三年,追埋葬银一十两。其听使下手之人各减一等,并罪坐所由。如由监临坐监临,由下手坐下手。若非公事,以故勘平人论。 若 官司决法人、监临责打人, 于人臀腿受刑去处,依法决打,邂逅致死,及 决打之后 自尽者,各勿论。

6.28.414 长官使人有犯

6.28.414.1 凡在外各衙门长官,及 在内奉制 出使人员,于所在去处有犯 一应公、私等罪、 者,所部属官等,流罪以下, 不得 越分 辄便推问,皆须 开具所犯事由 申复 本管 上司区处。若犯死罪,先行 收管,听候 上司 回报。所掌 本衙门 印信,及仓库、牢狱、 锁钥,发付次官收掌。若无长官,次官掌印 有犯 者,亦同长官。违者,部属官吏 笞四十。

6.28.415 断罪引律令

6.28.415.1 凡 官司 断罪,皆须具引律例,违者 如不具引, 笞三十。若 律有 数事共一条,官司 止引所犯本罪者听。所犯之罪止合一事,听其摘引一事以断之。○6.28.415.2其特旨断罪,临时处治,不为定律者,不得引比为律。若辄引比致断罪有出入者,以故失论。故行引比者,以故出入人全罪及所增减坐之;失于引比者,以失出入人罪减等坐之。

条　例

6.28.415.(1)〔问官更引重例及以情罪可恶字样坐人罪者〕

一、承问各官审明定案,务须援引一定律例。若先引一例,复云不便照此例治罪,更引重例,及加"情罪可恶"字样坐人罪者,以故入人罪论。

6.28.415.(2)〔非实在光棍者不得一概照光棍例定拟〕

一、例载比照光棍条款,仍照例斟酌定拟外,其余情罪相仿,尚非实在光棍者,不得一概照光棍例定拟。

6.28.415.(3)〔未经通行著为定例成案严禁混行牵引〕

一、除正律、正例而外,凡属成案,未经通行著为定例,一概严禁,毋得混行牵引,致罪有出入。如督抚办理案件,果有与旧案相合,可援为例者,许于本内声明,刑部详加查核,附请著为定例。

6.28.416 狱囚取服辩 服者心服,辩者辩理。不当则辩,当则服。或服或辩,故曰服辩。

6.28.416.1凡狱囚有犯徒、流、死罪,鞫狱官司各唤本囚及其家属到官具告所断罪名,仍责取囚服辩文状。以服其心。若不服者,听其文状中自行辩理,更为详审。违者,徒、流罪笞四十,死罪杖六十。○6.28.416.2其囚家属远在三百里之外,不及唤告者,止取本囚服辩文状,不在具告家属罪名之限。

6.28.417 赦前断罪不当

6.28.417.1凡官司遇赦,但经赦前处断刑名,罪有不当,若处轻为重其情本系赦所必原。者,当依律改正从轻;以就恩宥。若处重为轻,其情本系常赦所不免者,当依律贴断,以杜幸免。若处轻为重、处重为轻,系官吏于赦前故出入而非失出入者,虽会赦并不原宥。其故出入之罪。若系失出入者,仍从赦宥之。

条　例

6.28.417.(1)〔特差恤刑有审豁者原问官俱不追究〕

一、遇直省特差恤刑之时,有审豁者,原问官俱不追究。恐官虑罪及己,不肯辩明冤枉也。则会赦可以类推。

6.28.417.(2)〔承审官错拟罪名遇赦免议〕

一、承问官审理事件,错拟罪名者,不拘犯罪轻重,错拟官员,遇赦免议。

6.28.417.(3)〔督抚承问叩阍事件轻罪与赦款相符即行释放〕

一、督抚承问叩阍事件,除情罪重大不在赦款者,仍依限审结具题外,其余轻罪与赦款相符,即行释放,汇题销案。

6.28.417.(4)〔奉恩诏以前直省亏空已结各案分别释回着追〕

一、奉恩诏以前,直省亏空已结各案,令各督抚分晰造册送部。其案内人犯有罪名而会赦邀免者,俱准释回原旗、籍。如案内有不应豁免之项,即行文原旗、籍着追。其甫经审题各案,俟已结之日,将并无罪名已结各犯,查明任所有无资财,取结报部,亦令释回原旗、籍。倘本案已清,别案有查追事件,清结之日,亦即报部释回原旗、籍。其奉恩诏以后之案,不在此列。

6.28.417.(5)〔原非侵盗入己照侵盗拟罪等犯遇恩赦豁免查明奏请定夺〕

一、原非侵盗入己,照侵盗拟罪之犯,较之实犯侵欺,情罪稍轻,及亏空军需钱粮,系由挪移获罪,或经核减着赔,尚与入己军需有间,遇恩赦豁免,行令各该旗、省咨报户部查明,会同刑部奏请定夺。

6.28.418 闻有恩赦而故犯

6.28.418.1 凡闻知将有恩赦而故犯罪以觊幸免者,加常犯一等,其故犯至死者,仍依常律。虽会赦并不原宥。○6.28.418.2 若官司闻知将有恩赦,而故论决囚罪者,以故入人罪论。若常赦所不原而论决者,不坐。

6.28.419 徒囚不应役

6.28.419.1 凡盐场、铁冶拘役徒囚,应入役而不入役,及徒囚因病给假,病已痊可,不令计日贴补假役者,其徒囚与监守者,各过三日笞二十,每三日加一等,罪止杖一百。○6.28.419.2 若徒囚年限未满,监守之人故纵逃回,及容令雇人代替者,照依囚人应役未满月日,抵数徒役,其监守虽多,并罪坐所由。纵容之人。受财者,计赃以枉法从重论。仍拘徒囚之逃回、雇替者依律论罪、计日论其逃、雇之罪。贴役。贴补其逃、雇之役。

6.28.420 妇人犯罪

6.28.420.1 凡妇人犯罪,除犯奸及死罪收禁外,其余杂犯,责付本夫收管。如无夫者,责付有服亲属、邻里保管。随衙听候,不许一概监禁。违者,笞四十。○6.28.420.2 若妇人怀孕,犯罪应拷决者,依上保管,皆待产后一百日拷决。若未产而拷决,因而堕胎者,官吏减凡斗伤罪三等;致死者,杖一百、徒三年。产限未满而拷决致死者,减一等。○6.28.420.3 若孕妇犯死罪,听令稳婆入禁看视,亦听产后百日乃行刑。未产而决者,杖八十;产讫限未满而决者,杖七十;其过限不决者,杖六十。○6.28.420.4 失者,失于详审而犯者。各减三等。兼上文诸款而言。如不应禁而禁,笞一十;怀孕不应拷决而拷决堕胎杖七十,致死者杖七十徒一年半;产限未满而拷决致死者杖六十、徒一年;及犯死罪不应刑而刑,未产而决者,笞五十;未满限而决者,笞四十;过限不决者,笞三十。

条　例

6.28.420.(1)〔未产拷决不堕胎及产限未满拷决不致死者〕

一、未产拷决不堕胎,及产限未满拷决不致死者,依不应轻律。

6.28.420.(2)〔妇女除犯奸盗人命禁止提审〕

一、妇女有犯奸、盗、人命等重情,及别案牵连,身系正犯,仍行提审。其余小事牵连,提子侄兄弟代审。如遇亏空累赔、追赃、搜查家产、杂犯等案,将妇女提审,永行禁止,违者以违制治罪。

6.28.420.(3)〔妇女非实犯死罪不得羁禁〕

一、妇女除实犯死罪例应收禁者,另设女监羁禁外,其非实犯死罪者,承审官拘提录供,即交亲属保领,听候发落,不得一概羁禁。

6.28.420.(4)〔拟徒收赎妇女毋庸解审〕

一、凡拟徒收赎妇女,除系案内紧要证犯,仍行转解质审外,其经该州县审讯明确,毋庸解审者,即交亲属收管,听候发落。

6.28.420.(5)〔律应凌迟斩决犯妇怀孕者产后限满分别审鞫审解或行刑〕

一、犯妇怀孕,律应凌迟、斩决者,除初审证据未确,案涉疑似,必须拷讯者,仍俟产后百日限满审鞫。若初审证据已明,供认确凿者,于产后一月起限审解。其罪应凌迟处死者,产后一月期满,即按律正法。

6.28.420.(6)〔斩绞监候妇女秋审解勘及应停其解审者〕

一、斩、绞监候妇女,秋审解勘经过地方,俱派拨官媒伴送。其业经解勘一次,情罪显然,无可改拟者,下次即停其解审。如有外省定拟情实、可矜具题,经九卿会核改拟缓决者,次年秋审核准无异,亦即停其解审。

6.28.420.(7)〔妇女犯斩枭者免其枭示〕

一、妇女犯斩枭者,即拟斩立决,免其枭示。

6.28.421 死囚复奏待报

6.28.421.1 凡死罪囚,不待复奏回报而辄处决者,杖八十。若已复奏回报应决者,听三日乃行刑。若限未满而刑,及过三日之限不行刑者,各杖六十。○6.28.421.2 其犯十恶之罪应死,及强盗者,虽决不待时,若于禁刑日而决者,笞四十。

条　例

6.28.421.(1)〔直省决过人犯分别专题汇奏〕

一、直省人命、强盗,将全招开列奏疏内。其反叛案内人犯,决过即行题报。余概于年底汇奏。

6.28.421.(2)〔庆贺穿朝服祭享斋戒封印并上元等节不理刑名〕

一、凡遇庆贺穿朝服，及祭享斋戒，封印，上元、端午、中秋、重阳等节，每月初一、初二，并穿素服日期，俱不理刑名。四月初八日，不宰牲，亦不理刑名。内外一体遵行。

6.28.421.(3)〔勾决重囚简去二复〕

一、凡勾决重囚，向例刑科三次复奏。今简去二复，于勾到之后，再将原本进呈御览，遵奉施行。

6.28.422 断罪不当

6.28.422.1 凡断罪，应决配而收赎，应收赎而决配，各依出入人罪，减故、失一等。○若应绞而斩，应斩而绞者，杖六十。此指故者言也。若系失者，减三等。其已处决讫，别加残毁死尸者，笞五十。仇人砍毁其尸，依别加残毁。○6.28.422.2 若反逆缘坐人口，应入官而放免，及非应入官而入官者，各以出入人流罪故、失论。若系有故，则以故出入流罪论；无故而失于详审者，以失出入流罪论。

条　例

6.28.422.(1)〔苗夷有犯分别外结题结及苗人自相争讼〕

一、凡苗夷有犯军、流、徒罪折枷责之案，仍从外结，抄招送部查核。其罪应论死者，不准外结，亦不准以牛马银两抵偿，务按律定拟题结。如有不肖之员，或隐匿不报，或捏改情节，在外完结者，事发之日，交部议处。其一切苗人与苗人自相争讼之事，俱照苗例归结，不必绳以官法，以滋扰累。

6.28.422.(2)〔凡斩绞案件倘刑部所见既确改拟题复不必辗转驳审〕

一、凡斩、绞案件，如督抚拟罪过轻，而部议从重者，应驳令再审。如拟罪过重而部议从轻，其中尚有疑窦者，亦当驳令妥拟。倘刑部所见既确，即改拟题复，不必辗转驳审，致滋拖累。

6.28.422.(3)〔州县审解案件如招供已符罪名未协上司檄驳申复〕

一、凡州县审解案件，如供招已符，罪名或有未协，该上司不必将人犯发回，止用檄驳。俟该州县改正申复，即行招解，督抚核复，分别咨题完结。

6.28.422.(4)〔外省题本案件遇有不引本律定拟妄行减等者〕

一、外省题本案件，遇有不引本律定拟，妄行援照别条减等者，刑部即将本案改正，并将该督抚、臬司参奏，毋庸再行驳令另拟。

6.28.422.(5)〔卑幼殴死期功尊长之案应将是否有心干犯声叙明确〕

一、卑幼殴死期功尊长之案，务令承审各员严究确情，按律定拟。仍将是否有心干犯之处，于疏内声明，不准稍涉含混。其有声叙未确，经刑部核复时改正具题，即将承审之员随本附参，交吏部分别从重议处。

6.28.422.(6)〔部驳刑案督抚不得固执原题含糊了结〕①

一、凡直省督抚,于一切刑名事件,务各研究确情,毋稍迁就。其由刑部驳审之案,无论失出失入,一经讯得实情,即当据实平反,毋得固执原题,含糊了结。如委审之员,有瞻徇回护情弊,即着从严参办。

6.28.423 吏典代写招草

6.28.423.1 凡诸衙门鞫问刑名等项,必据犯者招草,以定其罪。若吏典人等为人改写,及代写招草,增减其正实情节,致官司断罪有出入者,以故出入人罪论。若犯人果不识字,许令在官不干碍之人依其亲具招情代写。若吏典代写,即罪无出入,亦以违制论。

条 例

6.28.423.(1)〔有司谳狱时以供词辄交经承致有改易〕

一、各有司谳狱时,令招房书吏照供录写,当堂读与两造共听,果与所供无异,方令该犯画供,该有司亲自定稿,不得假手胥吏,致滋出入情弊。如有司将供词辄交经承,致有增删改易者,许被害人首告,督抚察实题参,将有司官照失出入律议处,经承、书吏照故出入律治罪。受财者,计赃以枉法从重论。

---

① 咸丰二年(1852)续纂。

[7]工　律

卷三十八　工律·营造

[7.29]营　造

[7.29.424]擅造作

[7.29.424.1]凡军民官司有所营造，应申上而不申上，应待报而不待报，而擅起差人工者，即不科敛财物，各计所役人雇工钱，每日八分五厘五毫，以坐赃致罪论。○[7.29.424.2]若非法所当为而辄行营造，及非时所可为而辄行起差人工营造者，虽已申请得报，其计役坐赃之罪亦如不申上待报者坐之。○[7.29.424.3]其军民官司如遇城垣坍倒，仓库公廨损坏，事势所不容缓，一时起差丁夫、军人修理者，虽不申上待报，不为擅专。不在此坐赃论罪之限。○[7.29.424.4]若营造计料申请合用财物及人工多少之数于上而不实者，笞五十。若因申请不实，以少计多，而于合用本数之外，或已损财物，或已费人工，各并计所损物价，及所费雇工钱，罪有重于笞五十者，以坐赃致罪论。罪止杖一百、徒三年。赃不入己，故不还官。

条　例

[7.29.424.(1)]〔在京各处修理工程〕

一、凡在京各处修理工程，工价银五十两以内、物料银二百两以内者，照依各处印文，准其修理。其工价银五十两以上、物料银二百两以上者，着该处料估启奏，工部差官复核，会同该处官员、首领监修，将用过钱粮，着管工官名下销算。如多用钱粮，不行启奏，即便承修者，将行文与承修堂、司官，交与该部议处。若物料、工价甚多，而分为几段，陆续行文，俱称五十两以内不奏者，查出亦交与该部议处。

[7.29.424.(2)]〔修理行宫并各省仓廒工程〕

一、凡修理行宫并各省仓廒等项工程，一应动用钱粮事件，令该督抚奏闻，该部议复，再行修理。工完之日，督抚亲自查明。倘有开报浮多，据实核减，造册具题，该部详核题销。如有不行启奏，擅自咨部请销，而该部据咨完结者，即行题参，交该部议处。

[7.29.424.(3)]〔各省修建工程〕

一、凡各省修建一应工程，如物料价银五百两以上、工价银二百两以上者，该督抚将动支银两，及工料细数，预行确估题报，工部查明定议，会同户部指定款项题复，准其动用兴修。俟工竣之日,督抚亲自查核,造册题报,工部核明准销,仍知照户部查核。其物料价银五百两以下、工价银二百两以下者,该督抚咨明工部定议,知照户部,令其动项兴修。工竣,逐一造册题销。倘有需用物料、工价甚多,而分为几处,陆续咨报,并未题明,辄行修建者,查出题参。其有应动用存公银两者,该督抚将确估工料细数,咨报工部查明,知照户部,准其动用。工完造报,工部将准销银数,造入该年存公册内,咨送户部查核。

7.29.424.(4)〔紧急工程酌量预发钱粮修造限期竣工核销〕

一、紧急工程,不及先行料估核算者,酌量工程之大小,预发钱粮,派员修造。俱以领银之日起限,如物料、工价二百两以内者限一个月,五百两以内者限两个月,一千两至二千两以内者限三个月,三千两至五千两以内者限四个月,如式完竣。工竣之后,限十日内呈递销算清册,限十五日该司核算呈堂。如不遵定限完工,及工竣之日,不照限呈递清册,或已递清册,该司不据实核算者,照例分别议处。如管工官或有限期已届,修理未完,而因避处分捏报工竣者,另行指参,交部议处。其工竣核销,如有应缴银两,不及交库完结者,将该员参革,照例勒限催追。限内全完,准其开复。逾限不完,照侵蚀正项钱粮例治罪,仍着落家产追银还库。该司官员扶同徇隐,并交部议处。

7.29.424.(5)〔各省委员修理城工保固〕

一、各省委员修理城工,督、抚、布、按每人各管一处。若城工有数处者,则令分管;一二处者,则令挨管。如有修筑不坚,三年之内倾圮者,着承修之员与专管之上司分赔。倘上司因干系己身赔修,故意隐匿者,一经发觉,责令专修,并交部治罪。

7.29.424.(6)〔工程核减请豁银两分别银数在千两上下治罪追赔〕

一、凡遇工程核减,除浮冒侵欺,仍按本律定拟外,如实系核减,本身现在无力完交,请豁银数在一千两以上者,照知府分赔属员侵欺不完治罪之例治罪。以十分为率,如未完之数在五分以内者,杖一百;至六分者,杖六十、徒一年,每一分加一等;十分无完者,杖一百、徒三年,均不准纳赎。如数不及一千两者,仍照旧例请豁,免其治罪。如本身已故,而子孙无力完缴者,仍照例请豁,毋庸议罪。至核减款内,采买水脚等项应追核减银两,如果力不能完,自应照例请豁,免其治罪。其余经费项下,若长支、滥领、误发,以及分赔之非由属员侵欺,并代赔、着赔之项,若欠项零星,不及一千两者,果系力不能完,照例豁免。如数在千两以上者,请豁时,应令该旗、籍于本折内声明,或将本身照现定工程核减治罪之例酌减一等问拟,或免其治罪之处,请旨定夺。

7.29.425 虚费工力采取不堪用

7.29.425.1 凡官司役使人工,采取木石材料及烧造砖瓦之类,虚费工力而不堪用者,其役使之官司及工匠人役,并计所费雇工钱坐赃论。罪止杖一百、徒三年。若有所造作,及有所毁坏,如拆屋坏墙之类。备虑不谨而误杀人者，官司、人役，并以过失杀人论。采取不堪，造毁不备，工匠、提调官，各以所由经手管掌之人为罪。不得滥及也。若误伤，不坐。

7.29.426 造作不如法

7.29.426.1 凡官司造作官房器用之类。不如法者，笞四十。若成造军器不如法，及织造缎匹粗糙纰薄者，物尚堪用，各笞五十。若造作、织造各不如法，甚至全不堪用及稍不堪用，应再改造而后堪用者，各并计所损财物，及所费雇工钱，罪重于笞四十、五十者，坐赃论。罪止杖一百、徒三年。其应供奉御用之物，加坐赃罪二等。罪止流二千五百里。工匠各以所由造作、织造之人为罪。局官减工匠一等，提调官吏又减局官一等。以上造作、织造不如法、不堪用等项，并着工匠、局官、提调官吏均偿物价、工钱还官。

条　例

7.29.426.(1)〔打造弓箭擅改式样货卖者〕

一、凡打造弓箭，擅改式样货卖者，笞五十。

7.29.427 冒破物料

7.29.427.1 凡造作局院头目、工匠，有于合用数外，虚冒多破物料而侵欺入己者，计入己赃，以监守自盗论，不分首从，并赃论罪，至四十两斩。追物还官。若未入己，只坐以计料不实之罪。○7.29.427.2 局官并承委复实官吏，知情扶同捏报，不举者，与冒破同罪。至死减一等。失觉察者，减三等，罪止杖一百。

条　例

7.29.427.(1)〔各省督抚将军等衙门收贮军器有侵欺物料挪移虚报〕

一、直隶各省督抚、将军、提镇所辖各标、营等衙门，收贮军器，经上司官查盘，若有侵欺物料，挪移掩饰，虚数开报者，俱以监守自盗论。赃重者，照侵欺仓库钱粮例治罪。该管官不查报，并失察之上司官，俱交该部照例分别议处。

7.29.427.(2)〔河工工程估计过多物料数目不符及克减侵冒〕

一、河工估计工程，总河及该督抚分司委员确查。工段丈尺，桩埽料物，如果与所估物料数目相符，核实具题，发帑兴修。如估计过多，物料数目不符，查出即行指参。承查之员扶同徇隐，交部议处。至完工之日，再行确查。如工程单薄，物料克减，钱粮不归实用，以致修筑不坚固，将承修之员立即参究，分别入己、不入己定罪，侵冒银两，勒限追赔。

7.29.427.(3)〔直属抢修等工年需物料限内不能办足及秤收短少并搀入旧烂〕

一、直属抢修等工，每年应需物料，务于八月内预动银两，给发购办，按照漕规价值，据实秤收，毋许重收累民。十月照额办足交工，取具并无短少印甘各结存案。倘承办之员，限内不能如数办足，将料物秤收短少，希冀掩饰，并将旧烂物料搀入，或经厅、汛印官,于互相秤收之时,查出揭报,或经该督访闻,立即严参议处。如过期发银,购办迟滞,分别查参。其上年余剩物料,该管河道查盘实数,出具并无亏空印结呈报。倘盘查缺少,扶同徇隐,及有霉烂、侵亏等弊,即将文武汛员,与盘查不实之上司,一并参处,照数分赔补项。

7.29.427.(4)〔各省修造标营船只不如式及监验查收之员需索等〕

一、各省修造标营船只,着道员、副将会同领价,道员遴委同知、通判,副将遴委都司、守备,协同办料修造。如系将军标下船只,即遴委参领以下等官同领同办。倘承修之员修不如式,贻误军工,以及监验、查收之员需索措勒,并船上什物不即交代清楚,兵丁私行盗卖,以致短少残缺者,该督抚等即将该管将弁指名题参。其头舵人等照例治罪,分别着追。如该管上司不行查察,故为徇隐,一经发觉,照例议处。

7.29.427.(5)〔浙省承修塘工侵亏物料及保固限内坍塌〕

一、浙省修筑塘工,估需银两,饬令承修之员专案请领,不得牵混并领,亦不得通融挪用。领银之后,将办过物料数目申报上司,委员查验。如堆贮物料与所报相符,承查之员,加具保结,申详贮用。倘有亏缺及挪移、掩饰情弊,即行揭参。查验官扶同徇隐,一并参处。至各塘保固限内,如有坍塌,即着落承修之员赔修。若遇有异常潮汐,委非人力可施,查明工程坚固、钱粮俱归实用者,准取结保题,免其赔修。如物料苟简,工程草率,钱粮不归实用,致有冲塌,照例题参,着落赔修。

7.29.427.(6)〔豫省水利不行预筑致灾及侵蚀钱粮工程不固〕

一、豫省应修水利地方,有动用帑项者,承修各员,果能实力办理,俟保固三年之后,该督抚核题,并交部分别议叙。倘有不预行修筑,以致田亩被淹,即将各员交部分别议处。若侵蚀钱粮,工程不能坚固,承修之员,照侵欺河工钱粮例参革治罪。该管各官徇隐不报,俱照例议处。

7.29.427.(7)〔各省修建工程所需物料承办各员浮开捏报〕

一、凡各省修建工程,所需物料,该督抚等转饬承办各员,不必拘泥各省从前造报物料定价,悉照时价确估造报。工竣之日,另行委员查勘,并取具并无捏饰印结详报,该督抚等确访时价,详细核明,据实题咨,工部再行核销。倘承办各员浮开捏报,即照冒销钱粮例指参。所委各员查验不实,照扶同徇隐例参处。

7.29.427.(8)〔京城采办物料承办官侵蚀赢余〕

一、京城物料价值,经工部会同内务府确访时价,酌中更定。一应采办,工部遵照定例给发。如有赢余,并无别项需用,承办官竟行侵蚀,查出照例参究。倘其中有匠作、搬运等费,许承办官将缘由呈明核夺。如该员并不呈报,照应申上而不申上例议处。

7.29.427.(9)〔修造工程夫头人等领帑侵蚀及私逃〕

一、凡修造工程,如夫头人等领帑侵蚀及私逃者,俱照常人盗仓库钱粮律,计赃治罪。

7.29.428 带造缎匹

7.29.428.1 凡监临、主守官吏,将自己物料,辄于官局带造缎匹者,杖六十,缎匹入官,工匠笞五十。局官知而不举者,与(监守官吏)同罪;(亦杖六十。)失觉察者,减三等。(则笞三十。若局官违禁带造,监守官吏亦坐不举、失察之罪。)

7.29.429 织造违禁龙凤文缎匹

7.29.429.1 凡民间织造违禁龙凤文苎丝、纱罗货卖者,杖一百,缎匹入官。(若买而僭用者,杖一百、徒三年;未用者,笞三十。)○7.29.429.2 机户及挑花、挽花工匠同罪,(亦杖一百。)

7.29.430 造作过限

7.29.430.1 凡各处(每年)额造常课缎匹、军器,(工匠)过限不纳齐足者,以(所造之数)十分为率,一分,工匠笞二十,每一分加一等,罪止笞五十。局官减工匠一等,提调官吏又减局官一等。○7.29.430.2 若(官司)不依期计拨(额造之)物料(于工匠)者,局官笞四十,提调官吏减一等。(工匠不坐。)

7.29.431 修理仓库

7.29.431.1 凡(内外)各处公廨、仓库、局院(一应)系官房舍,(非文卷所关,则钱粮所及。)但有损坏,当该官吏,随即移文(所在)有司(计料)修理,违者笞四十。若因(不请修)而损坏官物者,依律科(以笞四十之)罪,赔偿所损之物。(还官。)若(当该官吏)已移文有司,而失误(施行,不即修理)者,罪坐有司,(亦笞四十。损坏官物,亦追赔偿。当该官吏不坐。)

条　例

7.29.431.(1)〔营房墩台失修坍塌题参着落赔修〕

一、各省营房、墩台,该管地方文武员弁会同协办,修造完竣,严督兵丁加谨守护。如遇坍损,立即报明印、汛各员,会同查勘修理,造入交代。于离任时,取具接任官印结,详报该管上司查核存案。倘平日不随时修葺,以致坍塌,经后官详揭,即行题参,着落印、汛员弁分认赔修。如去任员弁无力赔修,文员即着落不严查之道、府赔修,武弁即着落不严查之将、备赔修。如兵丁作践拆毁,严惩责革,着落汛弁独赔。如汛弁无力,即着落该管将、备分赔。至交代之时,后官如有勒掯滥接等弊,该管上司查实,亦即题参,交部议处。

7.29.432 有司官吏不住公廨

7.29.432.1 凡各府、州、县有司官吏,不住公廨内官房,而住街市民房者,杖八十。○7.29.432.2 若埋没公用器物(有毁失而不还官)者,以毁失官物论。(毁者,计赃准窃盗加二等,免刺;失者,依减毁官物三等追赔。)

条　例

7.29.432.(1)〔铺设修衙派累兵民及离任官员家人毁盗在官物件〕

一、凡各省督抚、提镇及有属员等官到任,其属员派累兵民修理衙署,备办铺设,及州县守御等官到任,其属下人役预为铺设,修理衙署,派及兵民,并官员每年指称添换器物,修饰衙署,派累兵民者,该管上司即行指实题参,文员照科敛律治罪,武弁照克扣律治罪。如该上司徇庇不参,或勒令属员修理衙署,添换器物,发觉之日,将该上司一并交部分别议处。再官员升任或去任,除自置器皿外,署内一应物件,俱着清载簿籍,移交接任官员。倘将在官物件,被家人毁盗,将家人照毁盗官物律治罪。其毁盗物件,着落旧任官照数赔补。

卷三十九　工律·河防

7.30 河　防

7.30.433 盗决河防

7.30.433.1 凡盗决官河防者，杖一百。盗决民间之圩岸陂塘者，杖八十。若因盗决而致水势涨漫，毁害人家，及漂失财物，淹没田禾，计物价重于杖者，坐赃论。罪止杖一百、徒三年。因而杀伤人者，各减斗杀伤罪一等。各字承河防、圩岸陂塘说。若或取利，或挟仇，故决河防者，杖一百、徒三年。故决圩岸陂塘，减二等。漂失计所失物价为赃重于徒者，准窃盗论，罪止杖一百、流三千里，免刺。因而杀伤人者，以故杀伤论。

条　例

7.30.433.(1)〔黄河运河堤岸工程坚固陡遇冲决〕

一、凡黄河一年之内，运河三年之内，堤工陡遇冲决，而所修工程实系坚固，于工完之日，已经总河、督抚保题者，止令承修官赔修四分，其余六分，准其开销。如该员修筑钱粮俱归实用，工程已完，未及题报，而陡遇冲决者，该总河、督抚将冲决情形，并该员工程果无浮冒之处，据实保题，亦令赔修四分，其余俱准开销。如黄河一年之外，运河三年之外，堤工陡遇冲决，而该管各官实系防守谨慎，并无疏虞懈弛者，该总河、督抚查明具题，止令防守该管各官共赔四分，内河道分司、知府共赔二分，同知、通判、守备、州县共赔一分半，县丞、主簿、千总、把总共赔半分，其余六分准其开销。其承修、防守各员，俱令革职留任，戴罪效力。工完之日，方准开复。倘总河、督抚有保题不实者，后经查出，照徇庇例严加议处，所修工程，仍照定例勒令各官分赔还项。若河员有将完固堤工故行毁坏，希图兴修，借端侵蚀钱粮者，该总河察访奏闻，于工程处正法。

7.30.433.(2)〔故决盗决南旺等湖并阻绝泉源及闸官人等盗水取利〕

一、故决、盗决山东南旺湖，沛县昭阳湖、蜀山湖，安山积水湖，扬州高宝湖，淮安高家堰、柳蒲湾，及徐邳上下滨河一带各堤岸，并河南、山东临河大堤，及盗决格月等堤，如但经故、盗决，尚未过水者，首犯先于工次枷号一个月，发边远充军。其已经过水，尚未侵损、漂没他人田庐财物者，首犯枷号两个月，发极边烟瘴充军。既经过水，又复侵损、漂没他人田庐财物者，首犯枷号三个月，实发云贵两广极边烟瘴充军。因而杀伤人者，照故杀伤问拟。从犯均先于工次枷号一个月，各减首犯罪一等。其阻绝山东泰山等处泉源，有干漕河禁例，军民俱发近边充军。闸官人等，用草卷搁闸板，盗泄水利，串同取财，犯该徒罪以上，亦发近边充军。

7.30.434 失时不修堤防

7.30.434.1 凡不先事修筑河防，及虽修而失时者，提调官吏，各笞五十。若毁害人家，漂失财物者，杖六十。因而致伤人命者，杖八十。○7.30.434.2 若不先事修筑圩岸，及虽修而失时者，笞三十。因而淹没田禾者，笞五十。○7.30.434.3 其暴水连雨损坏堤防，非人力所致者，勿论。

条　例

7.30.434.(1)〔河工包揽闸夫溜夫捞浅铺夫〕

一、凡运河一带，用强包揽闸夫、溜夫二名之上，捞浅铺夫三名之上，俱问发附近充军；揽当一名，不曾用强生事者，问罪，枷号一个月发落。

7.30.434.(2)〔遇河工紧要工程倡造浮议及指称夫头揽雇勒掯〕

一、遇河工紧要工程，如有浮议动众，以致众力懈弛者，将倡造之人拟斩监候；附和传播者杖一百，即于工所枷号一个月。其指称夫头，包揽代雇，勒掯良民者，二名以上，发附近充军；一名者，杖一百，枷号一个月发落。

7.30.434.(3)〔楚省岁修堤塍措勒业户〕

一、楚省岁修堤塍，如有措勒业户，将夫工包折银钱者，照河工包揽闸夫溜夫捞浅铺夫例，分别名数定拟。

7.30.434.(4)〔河工采办料物奸民串保领银亏帑误工〕

一、河工承修各员采办料物，如有奸民串保领银，侵分入己，以致亏帑误工，该总河将承办官参究，仍将亏帑奸民，发该州县严查追比。倘有徇纵等情，亦即查参，交部议处。其亏帑串保奸民审实，照常人盗仓库钱粮律计赃治罪。应追银两逾限不完，着落原领官名下追赔。

7.30.434.(5)〔违禁增盖房屋有碍堤工〕

一、凡堤工，宜加意慎重，以固河防。除现在已成房屋，无碍堤工者，免其迁移外，如再有违禁增盖者，即行驱逐治罪。并将徇纵、容隐之官弁，交部分别议处。

7.30.435 侵占街道

7.30.435.1 凡侵占街巷道路，而起盖房屋，及为园圃者，杖六十，各令拆毁、修筑复旧。其所居自己房屋，穿墙而出秽污之物于街巷者，笞四十；穿墙出水者，勿论。

条　例

7.30.435.(1)〔京城作践街道淤塞沟渠损坏城脚御道护栅等处〕

一、在京内外街道，若有作践，掘成坑坎，淤塞沟渠，盖房侵占，或傍城使车，撒放牲口，损坏城脚，及大清门前御道、棋盘，并护门栅栏，正阳门外御桥南北，本门月城、将军楼、观音堂、关王庙等处，作践损坏者，俱问罪，枷号一个月发落。

7.30.436 修理桥梁道路

7.30.436.1 凡桥梁道路，府、州、县佐贰官（职专）提调，于农隙之时，常加点视修理，（桥梁）务要坚完、（道路务要）平坦。若损坏失于修理，阻碍经行者，提调官吏笞三十。（此原有桥梁而未修理者。）○7.30.436.2 若津渡之处，应造桥梁而不造，应置渡船而不置者，笞四十。（此原未有桥梁而应造置者。）

卷四十七　总类·比引律条

比引律条

按：律无正条，则比引科断。今略举数条开列于后，余可例推。

B.1〔**僧道徒弟与师共犯罪**〕

一、僧道徒弟与师共犯罪，徒弟比依家人共犯律免科。

B.2〔**强窃盗犯捕役带同投首**〕

一、强、窃盗犯，捕役带同投首，有教令及贿求，故捏情弊，比照受财故纵律治罪。

B.3〔**发卖猪羊肉灌水及米麦等插和沙土**〕

一、发卖猪羊肉灌水，及米麦等插和沙土货卖者，比依客商将官盐插和沙土货卖律，杖八十。

B.4〔**男女定婚未曾过门私下通奸**〕

一、男女定婚，未曾过门，私下通奸，比依子孙违犯教令律，杖一百。

B.5〔**打破信牌**〕

一、打破信牌，比依毁官文书律，杖一百。

B.6〔**运粮一半在逃**〕

一、运粮一半在逃，比依凡奉制书有所施行而违者律，杖一百。

B.7〔**既聘未娶子孙之妇骂舅姑**〕

一、既聘未娶子孙之妇骂舅姑，比依子孙违犯教令律，杖一百。

B.8〔**遗失京城门锁钥**〕

一、遗失京城门锁钥，比依遗失印信律，杖九十、徒二年半。

B.9〔妻之子打庶母伤者〕

一、妻之子打庶母伤者，比依弟妹殴兄姊律，杖九十、徒二年半。

B.10〔杀义子〕

一、杀义子，比依杀兄弟之子律，杖一百、徒三年；故杀者，杖一百、流二千里。

B.11〔考职贡监生假冒顶替〕

一、考职贡监生假冒顶替者，比照诈假官律治罪。

B.12〔奸义子妇〕

一、奸义子妇，比依奸缌麻以上亲之妻律，杖一百、徒三年；强者，斩。

B.13〔奸乞养子妇〕

一、奸乞养子妇，比依奸妻前夫之女律科断，其子与妇断还本宗；强者，斩。

B.14〔奸义妹〕

一、奸义妹，比依奸同母异父姊妹律，杖一百、徒三年；强者，斩。

B.15〔奸妻之亲生母〕

一、奸妻之亲生母者，比依母之姊妹论。

B.16〔奸义女〕

一、奸义女，比依奸妻前夫之女律，杖一百、徒三年；强者，斩。

B.17〔偷盗所挂犯人首级丢弃水中〕

一、偷盗所挂犯人首级，丢弃水中，比依拆毁申明亭板榜律，杖一百、流三千里。

B.18〔夫弃妻之尸〕

一、夫弃妻之尸，比依尊长弃毁缌麻以下卑幼之尸律，杖一百、流三千里。

B.19〔兄调戏弟妇〕

一、兄调戏弟妇，比依强奸未成律，杖一百、流三千里。

B.20〔**拖累平人致死**〕

一、拖累平人致死,比依诬告人因而致死一人律,绞。

B.21〔**官吏打死监候犯人**〕

一、官吏打死监候犯人,比依狱卒非理凌虐罪囚致死律,各绞。

B.22〔**弓兵奸职官妻**〕

一、弓兵奸职官妻,比依奴及雇工人奸家长期亲之妻律,绞。

B.23〔**伴当奸舍人妻**〕

一、伴当奸舍人妻,比依奴及雇工人奸家长期亲之妻律,绞。

B.24〔**奴婢诽谤家长**〕

一、奴婢诽谤家长,比依骂家长律,绞。

B.25〔**奴婢放火烧主房屋**〕

一、奴婢放火烧主房屋,比依奴婢骂家长律,绞。

B.26〔**弃毁祖宗神主**〕

一、弃毁祖宗神主,比依弃毁父母死尸律,斩。

B.27〔**义子骂义父母**〕

一、义子骂义父母,比依子孙骂祖父母律,立绞

B.28〔**骂亲王**〕

一、骂亲王,比依骂祖父母律,立绞。

B.29〔**义子奸义母**〕

一、义子奸义母,比依雇工人奸家长妻律,立斩。

B.30〔**谋杀义父之期服兄弟**〕

一、谋杀义父之期服兄弟,比依雇工人谋杀家长之期亲律,已行者,立斩;已杀者,凌迟。

督捕则例

［原　疏］

〔兵部督捕:会同改定则例请旨刊刷疏(康熙十五年)〕

兵部督捕谨题:为钦奉上谕,会同改定则例事。

康熙十五年(1676)正月十四日,奉上谕:"谕兵部督捕衙门:逃人事情关系旗下重大。前因恐致百姓株连困苦,故将条例屡行更改减定,期于兵、民两益。近见各该地方官奉行疏玩,缉获日少,旗下民生深为未便。兹应遣部院大臣会同尔衙门,将新旧条例逐一详定,务俾永远可行。其应差官员职名,着即开列具奏。特谕。钦此。"钦遵。将卿员以上职名开列,于康熙十五年正月二十四日题。

本月二十六日奉旨:"着索额图、熊赐履、梁清标、介山、折尔肯、达哈塔、田六善会同详定。钦此。"钦遵。臣等会同督捕衙门,将新旧条例逐一酌量,重加详细定议,缮造满汉黄册二本进呈御览,恭候命下之日刊刷,通行内外。着各该督抚亦行刊刻,晓谕民间遵行可也。臣等未敢擅便,谨题请旨等因。

康熙十五年二月二十七日题。

四月初五日奉旨:"依议。其册内所批一款,仍照现行例行,册并发。"

[奏　疏]

〔徐本等:重修《督捕则例》告竣恭请圣裁折(乾隆八年)〕

律例馆总裁官大学士臣徐本等谨奏:为恭请圣裁,以昭法守事。

窃查律例为刑名准则,民命攸关。《大清律例》全书仰蒙皇上睿鉴周详,钦加厘定。至于旗逃一项,乃律书所未备。自我朝定鼎之初,世祖章皇帝特命臣工纂成《督捕则例》,嗣于康熙十五年(1676)复蒙圣祖仁皇帝钦点大学士臣索额图等重加酌定,刊布遵行,迄今七十余年,未经修辑。其间有内外臣工条奏奉旨准行,尚未载入例内者;有钦奉谕旨改定,而例内仍载原文者;更有旧例相沿,而与现今钦定之刑律互异者,或事一而例歧,或情同而罪异。查阅易致混淆,援引恐滋高下。前经臣等奏请,将《督捕则例》重加修辑,奉旨:"依议。钦此。"钦遵。臣等率同提调官臣德昌,纂修官臣唐绍祖、臣周琬、臣阿林泰、臣兆珠纳等,将旧刻条例并现行成例详细参核,所有前后互异者更正之;款分事同者,并辑之;间有例意不足及字句繁冗未明者,增删之。谨就旧刻则例一百一十三条内,二条分为五条,又四条并为二条,敬拟删除三十四条,增入二十三条,共计现在纂定则例一百三条,恭缮清汉黄册各二本,装潢二函进呈御览,伏候钦定。至地方各官拿获逃人议叙加级之处,例由刑部磨对册籍,转行咨送,应仍载入,以备检查。其失察议处各条,吏部、兵部俱有处分则例,无庸重载。间有议罪兼及处分者,止声明交部议处。仍将例内议处、议叙各条移送吏部、兵部分别查核,载入各该部处分则例内,用昭划一,以便遵行。臣等未敢擅便,谨奏请旨,等因。于乾隆八年(1743)三月十四日奏。

本月十六日奉旨:"知道了。钦此。"

〔衔　名(康熙十五年)〕

太子太傅、户部尚书、保和殿大学士，加一级	臣	索额图
刑部尚书、武英殿大学士，加一级	臣	熊赐履
经筵讲官、户部尚书，加一级	臣	梁清标
都察院左都御史	臣	介　山
经筵讲官、吏部左侍郎，管右侍郎事，加一级食俸，又加一级	臣	折尔肯
都察院左副都御史，加二级	臣	达哈塔
都察院左副都御史，加二级	臣	田六善
经筵讲官、兵部督捕左侍郎，加一级	臣	郭四海
右侍郎	臣	李赞元
刑部尚书，加三级	臣	陶　赖
经筵讲官、尚书，加二级	臣	张廷枢
左侍郎，暂理仓场事务，兼太仆寺事	臣	阿锡鼐
左侍郎，加三级	臣	王景曾
右侍郎，加二级	臣	六　相
右侍郎	臣	周道新
督捕司郎中，加一级	臣	李　雍
员外郎，加一级	臣	那　秦
员外郎，兼太常寺寺丞，加二级	臣	吉尔赛
署督捕司事主事，加一级	臣	李　存
主事	臣	阎纮玺

〔衔　名(乾隆八年)〕

武英殿监理

和硕和亲王	臣	弘　昼

总裁官衔名

经筵讲官、太子太保、东阁大学士,兼礼部尚书、兼管户部尚书事务,加六级	臣	徐　本
经筵讲官、议政大臣、协办内阁大学士事务、礼部尚书,仍管太常寺鸿胪寺事务,加二级	臣	三　泰
经筵讲官、吏部尚书,加三级又军功加二级,纪录十五次又军功纪录二次	臣	史贻直
议政大臣、内大臣、刑部尚书,兼内务府总管,纪录四次	臣	来　保

刑部堂官衔名

议政大臣、内大臣、刑部尚书,兼内务府总管,纪录四次	臣	来　保
经筵讲官、吏部尚书,暂兼管刑部尚书事,加二级又军功加二级,纪录十五次又军功纪录二次	臣	史贻直
经筵讲官、刑部尚书	臣	张　照
正蓝旗满洲都统,兼刑部左侍郎,暂兼管户部侍郎事,纪录四次	臣	盛　安
刑部左侍郎,纪录二次,署理福建巡抚印务	臣	周学健
刑部右侍郎,世袭骑都尉,纪录十二次	臣	托　时

提调官衔名

刑部堂主事	臣	德　昌
刑部奉天司员外郎,纂修官,兼管提调事	臣	图　南
刑部四川清吏司额外员外郎,纂修官,兼管提调事	臣	周　琬

纂修官衔名

刑部贵州清吏司郎中	臣	唐绍祖
刑部四川清吏司额外员外郎	臣	周　琬
刑部奉天司额外主事	臣	阿林泰

原任巴沟通判	臣	兆珠纳
刑部奉天司员外郎	臣	图　南
刑部江苏清吏司主事,兼管纂修事	臣	涂锡禧

收掌官衔名

刑部笔帖式	臣	岳　凝
刑部笔帖式	臣	富尼汉

翻译官衔名

候补笔帖式	臣	明　德
	臣	成　善

誊录官衔名

候补笔帖式	臣	满　普
	臣	福尔泰
	臣	德克进
	臣	克星额
	臣	马受福
	臣	明　善
	臣	坤　禄
	臣	马进泰

武英殿监造

内务府南苑郎中,兼佐领,加五级,纪录十次	臣	雅尔岱
内务府慎刑司员外郎,纪录一次	臣	永　忠
内务府广储司司库,加二级	臣	三　格
监造,加一级	臣	李　保
监造	臣	郑桑格
库掌	臣	李延伟
库掌	臣	虎什泰

督捕则例　卷上

D.1 另户旗人逃走

一、在京旗下官员逃走,一次者革职,销除旗档。其另户满洲、蒙古、汉军闲散旗人,初次逃走,或实因病迷,一月以内投回者免罪,被获者鞭一百,俱仍准挑差。如已逾一月,无论投回、拿获,及二次逃走者,均销除旗档为民,听其自谋生理。刑部于岁终,将报逃人数汇疏以闻。若盛京并各省驻防及屯居旗人,有犯逃走,俱照此例分别办理。其各省驻防失察逃走兵丁之该管各官,交部分别议处。在京及各处旗下另户妇女,有犯逃走,亦照此科断。至吉林、黑龙江所属旗人,初次逃走,被获者鞭一百,一年以内自行投回者免罪,一年以外投回者鞭六十;二次逃走者,无论投回、拿获,俱销除旗档为民。

D.2 窝逃及邻佑人等分别治罪

一、凡旗、民知情窝留旗下逃人者,照知情藏匿罪人律,各减罪人一等治罪。民人邻佑、地方、十家长知情不首者,杖八十。旗人该管领催,及家奴之主知情者,鞭八十,系官交部议处,不知者俱不坐。其失察及明知逃人不行查拿之地方文武官,交部分别察议。

D.3 另户人不刺字

一、凡另户、护军、兵丁及闲散人逃走者,免其刺字。宗室公以上家下庄头并户部官庄头、光禄寺园头逃走者,亦照另户人例免刺。其庄头家下壮丁逃走者,仍照常刺字。

D.4 十日内拿获不刺字

一、凡逃人十日内拿获者,鞭一百,免刺,不算逃走次数。凡逃人计算次数,家奴以曾经刺字为坐,另户以曾经鞭责记有档案为坐。过十日者,即照例治罪。若窃骑马骡,持带器械逃走,被获者,不论十日内外,枷号两个月,鞭一百。系家奴仍照例刺字。其奴仆偷窃伊主财物逃走,计赃重者,照刑例从重治罪。

D.5 逃人自回自首

一、凡旗下家人初次逃走,一年内投回者免罪,一年以外投回者,鞭六十;二次逃走,六个月内投回者免罪,六个月以外投回者鞭八十;三次逃走,三个月内投回者免罪，三个月以外投回者鞭一百，免其刺字。俱不算逃走次数。三次后复行逃走者，虽自行投回，即照初次拿获例治罪，窝家人等免议。其有经刑部发落之后，复在该旗吃酒行凶者，即行送部发遣。再该旗圈销逃档文内，务将投回逃犯在外有无为匪，及逃走次数、月日多寡之处，声明咨部，照例治罪。

D.6 同逃先回

一、凡数人同逃后，商量一同投回，内一二人先回，供明余犯住处提来者，均照逃人自回例，分别年限、次数科断，窝家人等免究。若不曾同商投回者，除先回各犯，照自回例科断外，其余各犯，照常鞭、刺，窝家人等照例治罪。

D.7 携带同逃

一、凡逃人年六十岁以上、十五岁以下者，俱免鞭、刺，至三次亦免发遣。其窝家及地方官功过，照例核议。其祖、父带子孙逃，伯叔、兄带弟侄逃，及夫带妻逃、父带女逃、子带伊母，并兄弟带姊妹逃走者，为首带逃者，分别次数，照例治罪，应刺字者，仍行刺字。其随逃之子孙、弟侄、妇、女，俱免其鞭责、刺字。不算逃走次数。

D.8 亲属首逃

一、凡逃人被伊祖父母、父母、子孙出首者，将逃人照自首自回例科断，仍着该管官取具实系亲属甘结申送。如有假捏情弊，将出结之人，照证佐不言实情律，减二等，逃人仍照逃例治罪。查报不实之该管官，交部议处。

D.9 各主逃人前后通算次数

一、凡逃人被获发落给主后，伊主转卖与人，复从后买之主家逃走者，以鞭、刺计算前后次数，共至三次者，即照例发遣。

D.10 逃人另犯他罪

一、凡逃人在逃走处犯事，一并发觉，拿送刑部，该堂官照例分司，会同督捕司官审定，从重归结。应刺"逃人"字样者，仍照例刺字。

D.11 赦后逃人

一、凡正身旗人二次逃走，其初次逃走在赦前者，免其并算，照初次逃走例，分别办理。旗下家人三次逃走，有二次逃走在赦前者，俱免通算。其于赦后逃走三次者，方拟发遣。

D.12 外省驻防属下人逃

一、凡外省驻防大臣、官员人等属下人役,在京逃走者,听刑部衙门审拟。其在外所随人役逃走者,俱交与该督抚审理,照例造册咨送刑部查核。若有窝家及三次逃人,咨报刑部,照例办理。

D.13 公主属下人逃

一、凡公主等家下人逃走者,照例鞭、刺。公主等所属另户逃走者,亦照旗下另户人例治罪,免其刺字。窝家、地方官,俱照常议。其口外蒙古之逃人拿解者,咨送理藩院归结。地方官功过无庸议;窝家分别知情、不知情,照例办理。

D.14 逃人起除刺字

一、凡逃人用药起除面上所刺之字者,枷号三个月、鞭一百。如央人代为起除者,将代为起除之人,枷号两个月、鞭一百。所毁之字,仍行补刺。

D.15 逃人不实供伊主住址

一、凡逃人不实供伊主住址者,除照例鞭、刺外,加枷号一个月。

D.16 私拿逃人

一、凡逃人之主,及平素认识逃人之人,在京附近地方,或在屯庄等处,及出差遇见逃人者,准其拘拿外,至有访得逃人下落,令其在刑部控告,或向附近地方官呈告拿解,不许私自拘拿。若违例私自往拿者,地方官及窝家免议。违例私拿之人,若系闲散,鞭一百;系官,交部议处。

D.17 旗人私出境外

一、凡闲散旗人,及旗下官员,私自出境取债探亲者,均照逃走例,分别办理。庄屯居住之另户人,照闲散例办理。其另户家人私自出境者,本犯照例治罪,本主免议。

D.18 旗人出境索诈行私

一、凡旗人私自出境需索财物,借端挟诈,及嘱托行私者,销除旗档,按其所犯罪名,照民人一例问拟,系官革职,亦销除旗档,犯罪重于杖一百者,照例治罪,不准折赎。如将家仆明知差去者,其主系闲散,鞭一百;系官,交部议处;差去之家人,枷号一个月,鞭一百。

D.19 旗人告假领票

一、凡八旗兵丁及拜唐阿,如有告假前往各省以及口外者,俱令禀明该管官,系何事、前往何处及告假限期,详晰声明存档,给领印票,回日圈销。倘有告假逾限不回,及回而不交纳原领印票者,鞭五十。如不领印票私行前往,或领有印票私往别处者,俱鞭一百。至八旗闲散旗人告假出外营生,无论前往何处,俱报明该参领注册,由佐领给与图记,即准外出营生,不必勒定限期。如有事逗遛,准其报明地方官,行文该旗,回京仍准挑差。若已逾一年,并无地方官展限文书报明该旗者,即销除旗档。倘在外滋事,照民人例问拟。或投往亲族任所,自恃尊长,挟诈需索,准外任各官呈明上司究办。其告假时,该参领随时呈报都统存案,年终汇咨户、兵二部。倘该管参、佐领有勒掯情事,查出参处。八旗降革、休致之官员,已退钱粮之兵丁,未食钱粮之举贡生监,均照闲散例。其各省驻防旗人,亦一律分别办理。

D.20 逃人外娶之妻所生子女

一、凡逃人在逃走处所娶之妻,及所生子女,审明断归逃人,给与逃人之主。若有强夺霸娶者,照律治罪。

D.21 逃人外生之女

一、凡逃人将外娶妻所生之女聘嫁与人者,不论已婚、未婚,断给伊夫完聚外,若将带逃之妻外生之女私聘与人,未婚者,追还财礼,将女断给伊主;已婚者,不拘年限,俱免其离异,向私娶之人追银四十两给主,如贫难无力,量追一半。其嫁女之逃人,照例鞭、刺。知情聘娶者杖一百,媒合人等杖八十,不知者不坐。

D.22 已卖逃人外娶妻所生子女

一、凡逃人在外娶有妻室、生有子女,被获时,将妻室、子女未曾供出,已经完结,其主随将逃人卖与他人之后,始行发觉者,将逃人外娶妻及所生子女,俱断归逃人,给与后买之主。

D.23 奉天府江宁等处旗下逃人

一、凡奉天府等处居住旗人逃走者,盛京刑部审理;其江宁等处驻防旗人逃走者,俱交与各该督抚审理,均依逃走例,分别办理,仍报明刑部查核。

D.24 卖身行诈

一、凡棍徒在地方犯事,潜逃来京,卖身旗下,复回原籍,借逃行诈,除实犯死罪外,犯该徒罪以下者,照犯罪潜逃例加二等治罪;犯该流罪以上者,发各省驻防给官员兵丁为奴。

D.25 借逃行诈

一、凡奸棍结党,在地方借逃报仇,诈害良民者,照凶恶棍徒生事扰害良民例,发极边足四千里充军;旗下家奴,发各省驻防给官员兵丁为奴。

D.26 地方官唆逃行诈

一、凡地方官教令逃人指扳富室为窝家,计图诈害者,革职,照指使犯人诬扳平人例分别治罪。得赃者,仍以枉法从重论。

D.27 首告逃人

一、凡旗人在部及各衙门首告逃人,指明窝留处所,移咨该抚查拿。若无逃人,咨复到日,审系谎告、仇告者,将首告之人,照诬告例治罪。如民人首告逃人,许令在该管地方官处告理查拿。若无逃人,审系谎告、仇告者,将首告之民人,照诬告例治罪。若有希图财贿,串通谎告行诈,拖累平民者,均照凶恶棍徒生事扰害良民例,发极边足四千里充军;旗下家奴,发各省驻防给官员兵丁为奴。如首告逃人之人,不候审理逃避者,除所告不准,仍行注册,候拿获日,照诬告例治罪。若有人首告逃人,该地方官并不拿解,日后另行发觉者,将不行拿解之该管各官,交部议处。

D.28 投递逃牌

一、凡投递逃牌,在京限五日,二百里以内者限十日,四百里以内者限十五日,赴该管衙门投递。若不递逃牌者,拿获逃人入官,给与八旗兵丁为奴。若逃人之主将逃牌已交领催,领催遗漏不递者,将该领催鞭一百。若从前已递逃牌,逃人自回,不销逃档,后逃人复逃,而伊主不递新档,仍留旧档者,将逃人之主鞭七十;拿获逃人,俱免其入官,仍给原主。

D.29 呈报逃人

一、凡有护军、披甲人逃走,该管佐领、骁骑校,务行据实呈报,不得瞻顾避忌,谎称患病发狂,朦混呈报。如有朦混谎报者,将该管各官交部议处。其满洲等家下、庄头拖欠地租,偷典地亩,并带家业逃走者,仍将逃人带逃家业分为三分,一分给与出首之人,二分给与逃人之主。

D.30 遗漏逃牌

一、凡遗漏投递逃牌者,将逃人入官。若夫妻、父子同逃,一半递有逃牌,一半遗漏不递者，其夫妻、父子不便拆散，俱免其入官，将遗漏投递逃牌之人鞭七十，窝家人等及地方官俱照常究议。

D.31 谎递逃牌

一、凡旗下家人逃走属实者，准递逃牌。若将屯庄居住不曾逃走之人，谎递逃牌，系闲散，鞭七十；系官，交部议处。如有不服呼唤，抗拒避匿，以致伊主报逃者，将伊主免罪，家奴不科逃罪，照子孙违犯教令律鞭一百。

D.32 谎报逃人携带兵器

一、凡旗人并不制备军器，遇查验之时，谎称家人携带逃去者，照私卖军器律治罪。

D.33 行提逃人带逃财物

一、凡逃人带逃物件，载在原递册内者，准行提；如不载在原递册内，虽告不准行。如册内所载审系虚开者，免其行提，将逃人仍治逃罪。

D.34 逃人告提妻子

一、凡逃人告有外娶之妻及所生子女，行提审虚者，枷号一个月，鞭一百。如将别人之妻子，仇诬系伊妻子，告提审虚者，枷号三个月，鞭一百。

D.35 旗人契买民人

一、凡旗人契买民人，着用该地方正印官印信。若有在地方犯罪案缉之匪类卖身者，保人枷号三个月、杖一百，其原价向卖身之人追取给主。卖身之民，递回原籍，枷号三个月、杖一百；如原犯之罪重者，从重归结。

D.36 保卖旗人

一、凡将旗下家人称系民人保卖者，将保人并卖身之人，俱枷号三个月、杖一百。若卖身之人系逃人，除系初次、二次逃走，仍照本例治罪外，如逃至三次，照逃走三次例，发各省驻防给官员兵丁为奴，保人照窝家例治罪。

D.37 谎开籍贯卖身

一、凡卖身之人，谎开籍贯，假捏姓名卖身者，枷号两个月、杖一百，仍断与买主；保人枷号一个月、杖一百。若谎写他人姓名卖身，审系仇怨计图陷害者，照光棍为首例治罪；知情之保人，俱照光棍为从例治罪。

D.38 冒称逃人

一、凡雍正十三年(1735)十一月十九日以前白契所买之人,逃走被获者,中证明白,所买是实,应断与所买之人。如中证不明,所买不实,应断为民。或无中证,或失落文契,但逃人招称系某人家所买属实者,即断与买主。若伊并未卖身,串通冒称系某人家人,并冒抵逃人姓名者,均杖一百、徒三年。其原非买主,串通谎认者,系官交部议处,系闲散枷号四十日、鞭一百。如有行诈得赃,及另犯他罪者,审明从重归结。

D.39 派往驻防满洲兵丁临行及中途脱逃

一、派往各省驻防满洲兵丁,有临行自京脱逃及中途脱逃,自行投回者,免其治罪,仍行派往;若被拿获者,削除旗籍,责八十板,带锁发往伊犁,充当步甲苦差。如在配复行脱逃,自行投回者,免其治罪,严加管束;拿获者,用重枷枷号三个月、鞭一百。

D.40 察哈尔蒙古并厄鲁特逃走分别治罪

一、察哈尔蒙古等,如有逃走,或一月内自回,并一月外自回,或被拿获,俱照旗逃例一体办理。其归并察哈尔之陈厄鲁特如有逃走者,亦照察哈尔蒙古等办理。其新归并之厄鲁特如有逃走者,即于拿获之处正法;其自行投回者,不论年月,即发往广东、广西、云南、贵州烟瘴地方,如不安分,即在彼处正法。

D.41 白契所买之人逃走

一、凡白契家人逃走,悉照红契家人例,报部记档。拿获之日,按照次数分别治罪。其有偷带器械等事,亦照例刺字问拟。如本主遗漏不报,将家奴照例入官。或本主已报,由佐领处遗漏者,将领催等按例惩治。

D.42 八旗家人逃走分别次数治罪

D.42.1 一、凡旗下家人初次逃走者,左面刺清、汉"逃人"字,鞭一百;二次逃走者,右面刺字,枷号一个月、鞭一百,均交旗给主领回。如伊主不愿领回者,免其刺字,交县与民人一体管束。三次逃走者,发各省驻防给官员兵丁为奴,照例刺字。旗下家人妇女有犯逃走者,亦照此科断,按律收赎,均免刺字。

D.42.2 一、盛京旗下家奴,如为匪畏罪逃走,初次枷号两个月,二次改发各省驻防为奴。

D.43 开除丁粮

一、凡卖身旗下之人,有丁徭者,即开除丁粮。如原籍居址无可稽查,并无丁徭可除者,令地方官晓谕存案。倘日后逃回,仍作逃人查拿。

D.44 断出为民纳粮当差

一、凡审明逃犯,例应断出为民者,即递解原籍,交与地方官,令其纳粮当差。仍令地方官一面申详督抚,一面具文报部。

D.45 拿获逃人地方官记功

一、凡旗下家人逃走,无论红契、白契,俱照例鞭、刺,交与伊主,拿获之地方官记功。

D.46 无主认领之逃人计算次数

一、凡无主认领之逃人,分别鞭、刺,照例入官,给八旗兵丁为奴。若再逃者,连前计算次数至三次者,发各省驻防给官员兵丁为奴。

D.47 逃犯已故免提妻子

一、凡逃人逃走后,在外娶有妻室,及生有子女,或本主首告行提,或被地方官拿获,审明之后,逃人身故者,其外娶之妻及所生子女,仍断与原主。若未发觉之先,逃人已故,虽有外娶妻室及所生子女,伊主呈告,或旁人出首,俱不准行。

D.48 逃人无主认领

一、凡地方官将逃人拿解到案,审明实系逃人,如无主认领,照例鞭、刺,入官,给八旗兵丁为奴。其窝家、地方人等及地方官,照例究议。若逃人入官后,有被原主认识者,仍给与原主。

D.49 旗人所买蒙古人逃

一、凡旗人所买喀尔喀等处蒙古人逃走者,亦照逃人例分别治罪。

D.50 口外逃人娶妻

一、凡口外蒙古人逃进内地娶妻者,将所娶之妻,断归母家。其公主属下人役,在逃走处娶妻者,拿获审明,断给逃人完聚。

D.51 外省驻防逃人

一、凡外省驻防逃人,属都统者,赴都统衙门投递逃牌;属将军及城守尉者,赴各该衙门投递逃牌,各该衙门用印文转行该督抚存案。其盛京所属逃人,将逃牌送盛京刑部存案。于每年四月内,造册咨送刑部,备案存查。至盛京刑部及该督抚拿获逃人,应鞭、刺者照例鞭、刺,应发遣者咨部发遣。亦于每年四月内,将拿获过逃人姓名、旗色、佐领、主名,并拿获日期,及官员职名,造具清册,咨送刑部磨对议叙。若自回逃人,令该管佐领等,呈报各该管衙门圈销逃册,照例完结。仍将完结缘由,移会缉拿逃人之衙门,一体圈销逃册。

D.52 外省获逃会审

一、凡各省将军、城守尉等拿获逃人,照例会同同城文员审理。

督捕则例　卷下

D.53 末家断作窝家

一、凡逃人逃走，换住数家被获者，将末家断作窝家。

D.54 移住窝逃

一、凡移住别处窝隐逃人者，将移住之处两邻、十家长、地方及地方官，俱照例治罪。

D.55 驻防窝带逃人

一、凡往各省驻防官员及闲散人等窝带逃人者，俱照旗人窝逃例分别治罪。

D.56 盛京等处并各边口严查逃人

一、凡盛京、宁古塔、黑龙江将军及边汛等官，各于所属内缉拿逃人，务期必获。如彼处土著之人，将逃人隐匿不行举出，经旁人出首拿获者，将隐匿之人，照窝逃例分别治罪。再沿边地方总兵官，责令所辖守边、守口官弁，将出边之人严加盘查。若将逃人疏忽放出者，将守口之官弁、兵丁，照地方及地方官失于查察例究处；故纵者，从重论。

D.57 口外逃人交扎萨克查拿

一、凡口外有旗下逃人，交与该扎萨克及管辖之人，于各旗佐领下严加查拿，解部治罪。

D.58 游牧处所窝隐逃人

一、边外八旗游牧处所官员，凡游牧之处住有逃人者，应不时巡查缉拿。若将逃人隐匿，不行举出，经旁人出首拿获者，将窝家人等俱照例治罪。

D.59 宁古塔水手等役窝逃

一、凡宁古塔等处驻防地方水手、炮手等役，窝隐旗下逃人者，系旗人照旗人窝逃例，系民人照民人窝逃例，分别治罪。

D.60 边外屯庄窝逃

一、凡边外居住旗人窝隐逃人者,将窝家及该管领催照例治罪。

D.61 营伍窝逃

一、凡营伍内窝隐逃人者,若有保人,将保人断作窝家。知情留住之房主,减窝家罪一等,罪止杖一百,不知者不坐。其不行查出之管队及外委百总,减房主罪二等,罪止杖八十。该管之把总、千总,交部议处。

D.62 运粮等船窝逃

一、凡粮船并回空船只,各该押运官及千、百总,将人数填写印票,不时稽查。若有窝隐逃人者,将留住逃人之人,断作窝家;屯丁头目,照地方例治罪;运丁减窝家一等,罪止杖一百;百总减运丁二等,罪止杖八十,仍革去百总,不知者不坐。领运千总并督运各官,均交部议处。

D.63 军船商船窝逃

一、凡军船、商船,该管官将本船男妇数目给与印票,抄关之官,查照票内数目放行。若有票内无名之人,即行拿解。如逃人过一关,至二关拿获,或被首告拿获者,将不行盘拿放过关之官,交部议处,船主断作窝家。

D.64 官员赴任后家人窝逃

一、凡汉文武官员赴任之后,有本家人窝隐逃人者,本官不知情免罪,将窝逃之人断作窝家。

D.65 僧道窝逃

一、凡僧、尼、道士窝隐逃人者,照民例治罪。

D.66 笃疾废疾收赎

一、凡逃人、窝家,及邻佑、地方、十家长等犯,如有笃疾、废疾者,审验明确,俱准其照例收赎。

D.67 老幼收赎

一、凡窝留逃人,及邻佑、十家长、地方人等,如有年逾七十及年未及十六岁者,照例问拟,准其收赎,仍取具并无虚冒假捏甘结存案。

D.68妇人窝逃

一、凡妇人窝隐逃人，应罪坐夫男。如夫男外出，实不知情，及只身孀妇，并无夫男者，应将本妇照窝隐逃人例分别问拟，依律收赎。邻佑、十家长、地方人等，照例治罪，地方官交部议处。

D.69逃人原娶之妻

一、凡逃人逃回原籍，在伊原娶之妻家居住被获者，审明，将逃人之妻，断给逃人完聚，其窝家人等照例治罪。

D.70出首逃人

一、凡逃人被窝家出首者，窝家人等免罪。若窝家不行出首，或该管地方、十家长、邻佑人等，内有一人出首者，止将窝家照例治罪，其余邻佑、十家长、地方等俱行免罪。如窝逃之人一村居住，族中人等及主仆互相出首者，窝家亦免罪。至拿解逃人，地方官将窝家暂行拘禁，不许一并解送，候该管衙门审明实系逃人，行文地方官，将窝家审拟发落。

D.71雇觅逃人佣工

一、凡将逃人雇觅佣工，及赁房与住者，照窝家例，分别知情、不知情治罪。若有保人者，将保人照窝家例治罪。其雇主、房主，及十家长、地方、邻佑，并地方官，俱免议。

D.72将房地卖与逃人

一、凡将房地卖与逃人者，如有保逃人之人，将保人作为窝家。如无保人，或有引进之人，将引进之人作为窝家。其邻佑、十家长、地方及地方官，俱免议。如无保人及引进之人，将房地之主仍断作窝家，邻佑、地方、十家长俱照例治罪。

D.73文武官员窝逃

一、凡汉文武官员，并进士、举人、贡监生员，及有顶戴人员，窝隐逃人者，俱照民人窝逃例，分别知情、不知情办理。知情者，照犯私罪例科断；不知者不坐。八旗文武官员有犯，亦照此例。邻佑、地方、十家长及地方官，俱照例究议。其误典、误买及雇觅佣工，仍照例将保人或引进之人断作窝家。

D.74窝家出首逃人妻子

一、凡逃人，如被别处及旁人拿获后，窝家将逃人妻子出首者，将窝家照闻拿自首例减二等治罪,地方官免议。若逃人未被拿获之先,窝家将逃人妻子出首者,窝家免罪,地方官仍记功。

D.75 奉天锦州民并流徙人窝逃

一、凡奉天等处所属民人,及流徙尚阳堡、宁古塔之民人,窝隐逃人者,俱照窝家例,分别知情、不知情科断。

D.76 行提定限

一、凡道府、州县、卫所官员,行文提取逃人,及行文移查案件,一百里以内者,往返限十日解复。如不解复,行催一次,再限十日解复。每百里,往返加限五日;一千里以外者,每百里,往返加限四日。递加扣算。若行催后,逾限不解不复者,交部议处。

D.77 逃人在空地盖房居住

一、凡逃人逃走,在空地盖房居住者,将地主照窝家例分别治罪。如系无主之地,将乡长作为窝家,地方、十家长作为邻佑。如无乡长,将地方作为窝家,十家长作为邻佑。地方官功过,照常议。

D.78 逃人居住未过例限

一、凡逃人逃走,或无一定住处,或雇觅佣工,或赁住店房,未过限者,其不知情之窝家、邻佑人等均免治罪,地方官亦免议处。

D.79 妄扳窝家

一、凡逃人诬扳窝家,提来审虚者,将逃人发遣。仍刺字。若续供之窝家,提来审明,又属诬扳者,将逃人刺字,不论逃走次数,照奸棍诈害良民例发遣。如年力强壮者,改发乌鲁木齐等处,分别种地、为奴。逃罪重者,从重归结。

D.80 行提窝家

一、凡逃人供有窝家,行文地方官查报并无其人,复行文该督抚详查,如果以并无窝家咨复者,除将逃人照逃例治罪外,仍加枷号一个月。若逃人所供窝家属实,该地方官不行详查,朦混率复,日后别经发觉者,将地方官并该督抚,均交部议处。

D.81 解送逃人

一、凡直隶各省拿解逃人,严加肘锁,每一名,差有家产正身解役二名递解。其经过地方官,将逃人肘锁验明,每一名,亦换差有家产正身解役二名递解。如不差有家产正身解役，及少差解役，以致疏脱，或解役同逃人逃走者，地方官交部议处。将解役审明，系疏脱者，照不觉失囚例，减本犯罪二等科断；如本犯罪轻，减尽无科者，将解役照不应轻律折责发落。故纵者与同罪，至死减一等。若有受贿情弊，计赃以枉法从重论。解役将逃人案内牵连人犯中途疏脱者，亦照此科断。如地方官照例佥差押解，而解役疏脱人犯，或同逃人逃走者，将解役审明，照例分别治罪；佥差不慎之地方官，亦交部议处。

D.82 **逃人中途患病**

一、凡解送逃人，中途患病，原解即报明该地方官，验明患病属实者，暂留看守，拨医调治，仍报明该管上司报部存案。俟病愈可以行走，即便转解前途。如将无病逃人谎称有病，故为留滞，或将实在患病者，反不留住，即留而不拨医调治，及病愈后不即行转解者，将该地方官交部议处。解役不报及谎报者，照例治罪。

D.83 **同解逃人一人患病**

一、凡同批起解逃人，内一人患病，将患病之人留养调治，将别犯先行起解。如系夫妻、父子，俱准其存留调治，俟病痊之日一同起解。

D.84 **解役雇倩代解**

一、凡解送逃人之解役，不亲身押解，私自倩人代替者，将解役并代替之人各杖一百。若代替之人于中途疏脱逃人，或同逃人逃走者，审明，照例分别从重治罪。原佥差之地方官，交部议处。

D.85 **递解逃人逾限**

一、凡直隶各省州县拿获逃人，详报督抚，请咨起解，即于批文内限定日期。若逾限者，将逾限之地方官，交部议处。

D.86 **买逃邀功**

一、凡或有地方官员，觅买旗下奴仆，谎称逃人，申解邀功者，交部严加议处。其知情卖逃之人，系官交部议处，系闲散及兵丁枷号一个月、鞭一百。所卖之奴仆，照例入官，给与八旗兵丁为奴。若并无逃人，地方官捏写空名，造册报部，希图邀功者，亦照此例从重究议。

D.87 **领催兵丁疏脱逃人**

一、凡领催、兵丁疏脱逃人，照解役疏脱逃人例，审明或系疏脱，或系故纵，分别治罪。受财卖放者，计赃以枉法从重论。

D.88徒流留养

一、凡逃人案内各犯，罪应拟流，本身已故者，妻、子免流。若拟流、拟徒各犯之祖父母、父母老疾，家无以次成丁者，该地方官确实查报，照刑例分别枷号、折责，俱准其存留养亲。若有假捏情事，除本犯仍照原拟治罪外，将查报不实之该地方官，交部议处。

D.89解役疏脱逃人

一、凡解役押解逃人中途脱逃者，如审系疏脱，将解役减本犯罪二等科断，给限一百日戴罪追捕。限内能自捕得，免罪。故纵者，不给捕限，与逃人同罪，至死减一等。罪虽坐定，未断之先，能自捕得，减逃人罪一等科断。受财者，不在此限。计赃以枉法从重论。若他人捕得，及逃人已死或自首，均不准减免。其疏脱逃人之同行解役，有实因患病落后，在经过地方官处呈明有据者，免罪。

D.90热审减等

一、凡逃人案内问拟枷号、杖责人犯，遇热审，每年于小满后十日起，至立秋前一日止。如立秋在六月内，以七月初一日为止。俱照例准其减等发落，笞罪宽免。

D.91误行刺字

一、凡官员将不应刺字人犯误行刺字者，交部议处。

D.92解役逗遛

一、凡解役押送逃人到部，不即投文，歇宿店房，无故稽留，三日者，笞二十，每三日加一等，罪止杖六十。店家知情留住者，减解役一等治罪，不知者不坐。若解役受贿、诈赃，及有所规避者，审明，各从重论。

D.93解役伙逃抢夺

一、凡解役伙同逃人沿途抢夺，扰害村庄，除伤人者，照抢夺伤人律，分别首从，从重问拟外，抢夺伤人，以下手伤人者为首。未伤人者，将解役照白昼抢夺为首例，杖一百、徒三年；逃人照为从律，减一等治罪。仍尽本法刺字。逃罪重者，科其逃罪。计赃重者，各从重论。

D.94地方官拿解良民

一、凡地方官将实系平民，妄作逃人拿解者，交部议处。如教唆他犯诬扳，计图诈害，或故行拿解，希图议叙者，照故入人罪例，分别治罪。

D.95 监禁迟滞

一、凡地方官拿获逃人,即申详该督抚给咨解部。如无故监禁迟留过一月者,或被告发,或被部内查知,将该地方官交部议处。

D.96 文武官员功过

一、凡知州、知县,卫所千总、卫守备,查解逃人十五名者,加一级;查解逃人三十名者,加二级。知府及直隶州知州所属地方,查解逃人三十名者,加一级;查解六十名者,加二级。道官,及管卫所掌印都司所属地方,查解逃人四十五名者,加一级;查解九十名者,加二级。巡抚所属地方,查解逃人二百名者,纪录一次;四百名者,加一级。以上获逃数多者,俱照此递加。同知、通判、吏目、典史,自行拿获之逃人,各照掌印官例。五城兵马司掌印指挥,照知府例;副指挥、吏目,照知县例。盐运司所属地方查解逃人,将运使照道官例,分司照知府例,管盐场大使照典史例。在京钱局查解逃人者,将所管之官照知府例;外省钱局查解逃人者,布政使照道官例,钱局同知照知县例。窑厂查解逃人者,将所管之官照知府例。营伍武官查解逃人者,将守备、都司、佥书各官,照州县例,游击、参将、副将照知府例,总兵官照道官例,提督照巡抚例。将此功一年一叙。若不足议叙之数者,并于下年通算议叙。如仍不足数,将前一年之功截去,止留一年之功于次年接算,不准三年合算。

D.97 总督府尹不议功过

一、凡拿获逃人并失察逃人,各省总督及顺天府、奉天府府尹,功过均免议。

D.98 上司议叙

一、凡州县、卫所等官拿获逃人未足议叙之数,而该上司官以所辖各属统算,虽已足议叙之数者,不准议叙。

D.99 拿获逃人解送册籍

一、凡文武官员获解逃人记功者,知会该巡抚。其奉天府所属官员拿获逃人记功者,移会府尹,令巡抚、府尹转行知照原拿获之地方官。临叙功时,将拿获逃人年月、姓名,及获逃官员之职名,开造清册,每年四月内解部,与部内底册查核议叙。

D.100 拿获带逃幼小子女

一、凡拿获逃人,如带有十五岁以下之子女一同获解者,地方官不记功。另行拿解者,照十五岁之子女只身逃走例,将地方官一体记功。若被伊主认获,及旁人出首者,将失察之地方官,及窝家、邻佑人等,仍照例分别究议。

D.101 在京旗人逃后行窃

一、凡在京满洲、蒙古、汉军正身、闲散旗人,逃后有犯抢、窃,均销除旗档。其初犯罪止笞、杖、枷责者,免其刺字,交县管束;徒罪以上,悉照民人一体刺字、发配。各省驻防旗人有犯,亦照此例办理。

D.102 马兰泰宁等处兵丁逃回

一、凡发往马兰、泰宁二处壮丁,脱逃被获,或自行投回者,照旗逃例分别治罪。

D.103 黑龙江三姓等处改发之旗人逃走

D.103.1 一、八旗发遣拉林人犯,有私自逃回者,拿获之日,即行请旨拟斩立决。如在盛京等处拿获者,该将军等讯明情节,具奏请旨,即于现获处所正法。其在京暨各省拿获者,由刑部审明,请旨交旗正法。

D.103.2 一、八旗应发拉林、阿尔楚喀人犯,俱停其发往,改发黑龙江三姓等处充当苦差。该将军于解到之时,均匀酌拨安置,不得令其群聚一处。其在配行凶为匪,不自悛改者,即销去旗档,改发云贵、两广等省,交与地方官严行管束,有犯即照民人例治罪。并令该将军等,将一年内有无另行改发之处,年终汇奏。

D.103.3 一、移住拉林闲散满洲内,如有越过边津逃回京城者,拿获时遵旨正法外,其初次逃走,不出该管地方,无论不行告假私自走出,及自回、被获者,俱枷号一个月,鞭一百;二次逃走者,连妻、子发往伊犁等处,折磨差使。

D.104 官庄壮丁脱逃

一、官庄壮丁如有逃走,该管官即行具报缉拿,获日照例惩治。至发遣人犯入在官庄内者,如有脱逃,亦令报部缉获,究其有无行凶为匪,按其原犯罪名,照脱逃例分别议拟。该管各官,按照逃人名数,分别议处。

D.105 八旗逃人通行呈报

一、八旗一切逃人,该旗照例一面咨报刑部外,一面即将该犯实在逃走日期,径报步军统领衙门、顺天府、五城迅速查拿。其刑部接到旗咨之日,亦即速行知应行缉犯各衙门,一体严拿。

D.106 伊犁等处卡伦缉捕逃人不力

一、伊犁等处盘获逃犯,究出经过卡伦地方未经查拿者,将该处失察经过官员,并失察之地方官,及该管大臣,交部分别议处,兵丁鞭七十。如有藏匿负罪潜逃之犯,将失察官员,并失察之地方官,及该管大臣,交部从重分别议处,兵丁鞭八十。

D.107 厄鲁特回子逃走

一、凡厄鲁特回子逃走被获,如关系重情,仍听理藩院定拟奏闻请旨外,如止系犯逃,无论拿获、投回,初次枷号一个月、鞭一百,给主严加管束;二次发福州、广州,赏给旗下官兵为奴。其京城居住,并王公等带来家下厄鲁特回子逃走,仍照旗下家人逃走例,分别次数、年月办理。

三流道里表

奏　疏

〔刑部:请旨重修《三流道里表》疏(乾隆四十五年)〕

刑部谨奏:为请旨事。窃臣部律例馆内所纂《三流道里表》一书,于乾隆八年(1743)纂辑告成,嗣于乾隆二十年(1755)复经修订,中外遵行各在案。臣等查阅原书所载,凡罪犯三流者,定地编发,每省每府之犯,皆注明二千里者发某省某府、二千五百者发某省某府、三千里者发某省某府,各有一定配所,不得迁就趋避。书内绘图列表,展卷瞭如。迄今二十余年未经重辑。

伏惟我皇上德盛化神,幅员广辟,为从古所未有。数十年间,增辟新置之府、州、县,既为旧表所未备,而各省奏请裁并、增设、改名之府、州、县,亦与旧表多有未符。远近稍有参差,罪名即关出入。如直隶增设承德府等处,陕甘增设镇西府州等处,云南改订武定等府、州九处,以及各省改属邻府及州改直隶者不下百十余处。外省各守令,每有拘泥旧名而不知道途之异昔,亦有计算程站而不知接壤之何方者。虽经随时改调更正,而往返咨请,案牍徒繁,防范不易,且亦有需时日,每致到配迟延。

再查三流事隶刑部,五军隶兵部。事同一例,业经兵部将《五军道里表》奏明重加增修,于上年告成。臣等按五军表内系专分近边、极边、烟瘴等项地方,并各边地相距远近里数。至三流表则内地、边方皆有发遣之犯,自二千里至三千里,不尽在五军所发地面,其头绪尤为繁杂纷纭。今细核原书内所分里数,与现在所行程途,尚有未尽吻合之处。如湖北施南府至江西九江府,系二千里表内,列于二千五百里之下。又河南、陕州至甘肃凉州府,系二千五百里,而表内列于三千里之下。其中误近为远、误远为近,就臣等所见及者,已有数十余处。此外尚恐有沿袭从前老例旧文,未尽厘正者。诚宜及时确查,考订成书,以彰盛代同轨之治。理合奏明,请旨重加增修。如蒙俞允,臣部通行各督抚按照原表所列各府、州,其中道里远近数目不确,及增设新地、裁并别属,与改府、改州、改名之处,与原表不同者,一一详晰注明。其接壤相错之处,尤宜递查各邻省,彼此画一更正,并将各本省舆图,分划里数,绘图贴说,一并造册送部。臣部即据各册悉心通盘核算,合各省错出之情形,订每府相距之数目,按照原表款式,逐条订正,以期画一无歧。俾各省地方官员办理案犯,按册可稽,一归简易明速,似有裨益。并请以奉旨之日为始,统以一年之内,各督抚即送所造清册图说到部,不得逾限。臣等督率提调、纂修等,同加考订,所需供事,即于臣部律例馆供事内,拣选熟习者,派令承办,令其自备资斧,毋庸支领公费。其缮写黄册,亦即令该供事等恭录,不必另添誊录生。俟纂辑完竣之日,缮写黄册进呈御览,恭候钦定颁行。俟命下之日,臣部遵奉施行。为此谨奏请旨。

乾隆四十五年(1780)四月初十日发报具奏。

十五日奉旨:“知道了。钦此。”

〔刑部:修辑《三流道里表》告竣折(乾隆四十九年)〕

刑部谨奏:为修辑《三流道里表》告竣事。

窃查乾隆四十五年(1780)年四月内,臣部奏明《三流道里表》一书,自乾隆八年(1743)纂辑告成,至二十年(1755)复经修订,迄今二十余年未加重辑。我皇上德盛化神,幅员广辟,为从古所未有,数十年间增辟、新置之府、州、县既为旧表所未备,各省府、厅、州、县裁并、增设、改名、改属,与旧表多有未符。且查核原书内所分里数,与现在所行程途,亦未尽吻合。其间有误远为近、误近为远近是。里数远近,稍有参差,则罪名即关出入。请旨重加修辑。通行各省督抚等,将原表所列府州及增设新地、裁并别属与改府、改州道里数目,逐细递查确实,造册送部。臣等督率提调、纂修等官,详加考订。所需供事,即于臣部律例馆供事内,拣派承办,令其自备资斧,毋庸支给公费,并毋庸另添誊录生。俟完竣,缮写黄册进呈,恭候钦定颁行等因具奏。奉旨"知道了。钦此"钦遵。当经臣部行文各省去后,嗣据各督抚、府尹陆续造册,于上年八九月间先后到齐。臣等督率满汉提调、纂修等官,及所派供事,将原表内各府州三等流犯应发道里,按照各督抚等造报里数,逐一详细确查,通盘核校。其与原表符合者,仍依原表编发,未符者,核实更正。至增设、改隶之府、厅、直隶州三等流犯应配地方,各按现在程途里数编定应发省份,并于每府、厅、州表后加具按语,详晰声明。并将此次奏修《三流道里表》原委及历年奏准停发省份,并均匀酌发事件,酌定凡例十四则,列于卷首,以备各省问刑衙门查核,展卷了如。计分一省为一本,敬缮黄册共十九本,装潢成帙,恭呈御览,伏候钦定发下。臣部即缮写正本,刊刻刷印,先行颁发各省遵照办理。仍另缮宋字样本,送交武英殿刊刻完竣,归入《律例全书》内,永远遵行。所有此次办理道里表人员,除臣等及提调、纂修等官,不敢仰邀议叙外,其原派供事潘肇封等二十五人,自派办以来,日夕在馆,查核缮办实皆奋勉。此项道里表自乾隆二十年以后,并未重加修订,头绪较为纷繁,其所需一切纸张等项,均系该供事等自备,未入开销,亦未照各馆之例支给饭食公费。今赶办完竣,可否照臣部律例馆清汉书成之例,量予优叙之处,出自皇上天恩。如蒙俞允,臣部造册移咨吏部,照例办理。至缮办正本样册,仍令该供事等在馆办理。为此谨奏。

乾隆四十九年(1784)十月初二日奏。

本日奉旨:"着照例议叙。钦此。"

〔刑部:修辑《三流道里表》告竣折(嘉庆十六年)〕

刑部谨奏:为修辑《三流道里表》告竣事。

查嘉庆八年(1803)五月,臣部奏明《三流道里表》一书,自乾隆四十五年(1780)修改之后,迄今又逾二十余年未经重辑。检查历年以来钦奉谕旨,并各督抚陆续奏准,府、厅、州、县裁并、增设、改名、改属之处,多与旧表未符。如按现在表文编发,不但道里远近悬殊,即罪名亦关出入。若不及时确查更正,办理恐致歧误。请旨重加修辑,通行各督抚,详查造册报部。臣等率同提调、纂修等官,逐条订正。所需供事,即于臣部律例馆供事内,拣派承办。令其自备资斧,毋庸支给公费,亦不另添誊录生。俟完竣,缮写黄册,进呈御览,恭候钦定。至所需板片,亦令该供事等捐资办理。既省靡费,并得速行办竣等因具奏。奉旨"依议。钦此"钦遵。行文各省去后,嗣据各督抚陆续查明造册送部,惟福建、江苏等省未经送到。经臣部于嘉庆十二年(1807)十二月奏明请旨,饬交各该省速行造送在案。兹据陆续造送,于十四年(1809)十二月到齐。臣等随率同满汉提调、纂修等官,及所派供事,将原表内各府州三等流犯应发道里,按照各督抚造报里数,逐一详细确查,通盘核校。除与原表符合者,仍依旧编发外,其未符者,核实更正。至增设、改隶之府、厅、州三等流犯应配地方,各按现在程途里数,编定应发省份。并于每府、厅、州表后,加具按语,详晰声明。并将此次奏修《三流道里表》原委及历年奏准停发省份,并均匀配发事件,酌定凡例十三则,列于卷首,以备各省问刑衙门查核,展卷了如。计分一省为一本,敬缮黄册共十九本,装潢成帙,恭呈御览,伏候钦定发下。臣部遵照原奏,令该供事等捐资购觅板片,缮写宋字刊刻,颁发各省,并归入《律例全书》内,永远遵行。所有此次办理道里表人员,除臣等及提调、纂修等官,不敢仰邀议叙外,其原派供事潘云等三十一名,自派办以来,日夕在馆。查核缮办实皆奋勉。此项道里表,自乾隆四十五年以后,并未重加修订,头绪较为纷繁,其所需一切纸张、板片、刻工等项,均系该供事等自备,未入开销,亦未照各馆之例,支给饭食公费。今办理完竣,可否照上次书成之例,量加优叙之处,出自圣恩。如蒙俞允,臣部照例分别等第,造册咨送吏部查办。为此谨奏请旨。

嘉庆十六年(1810)正月十二日奏。

本日奉旨:"照例议叙。钦此。"

凡 例

凡 例(嘉庆十六年)

一、编发流犯,从前未有成书时,俱解交巡抚衙门,按照里数,临时酌发。嗣以各省分拨之处,多寡失均,不免趋避拣择。于乾隆八年(1743)纂辑《三流道里表》一书,将某省某府属流犯应流二千里者,发何省何府属安置,应流二千五百里者,发何省何府属安置,应流三千里者,发何省何府属安置,按计程途,限定地址,逐省逐府分别开载,展卷明晰。自四十五年(1780)修辑后,又阅二十余年。今纂辑重新款例,一遵旧式。凡有增添改易,与旧表不符之处,俱各加按语于后。

一、各省历年裁减合并及改名之府、州、县,里至无殊,而统属有所移易、名目有所改更者,今俱按照吏部更定原文,及现在各省送到地图,逐加考订改易,以符现行事例。

一、流犯以罪之重轻,分别路之远近,是以有二千里、二千五百里、三千里,列为三等之殊。若道里过于参差,即罪名有所出入。虽其中疆域相错,不能无咫尺之差,而向来总以不得有逾百里为限。现经各省督抚,将地方里数彻底挨查,或因有新开道路,或因有增添驿站,其远近路程,与从前旧表,每有未符,俱于册内声请更正。今据册详核,凡里数或有余或不足者,悉行核实计算改正。

一、入籍他省流犯,应查明另行改发。盖新籍既定,即与土著无异,例从新籍起算,恐所发之省与该犯旧籍府属比接,则密迩故乡,易滋流弊。应令承审各官,于定案时声明原籍,听该督抚等临时分别改发。

一、寄居他省流犯,不得仍流寄居地方。凡寄居他省,尚未入籍之人,例照原籍计算。若所发之地,即系该犯寄居之所,则与故土无殊。应令承审官于定案时,声明该犯寄居处所,听该督抚等临时酌量改发。其犯流官犯,由原籍计算定地编发者,若应发地方系犯事任所,即与寄居者无异,亦令该督抚等酌量另行改发,以归画一。

一、同案流犯,应分别安置。查一案内有二、三人或四、五人,情罪相同,无可区别者,此等流犯,生本同乡,犯复同案,配又同所,则始终朋比,易滋事端。应令该督抚等于发配时,分别酌发。

一、各省民人,在别省犯流罪者,除本犯有应追银两,讯明本犯原籍产业可以变赔者,仍解回原籍发配外,其赃项已经追完,及移查原籍实无产业者,承审官照例按本犯原籍应流地方,即于犯事处起解发配。

一、原犯流罪人犯,如中途或在配脱逃被获,应加等调发者,原犯系二千里、二千五百里,俱从原籍地方,计程发配;原犯系三千里者,就现配地方,计程发配。若调发应配之所即系原籍相近之处,或地处边境,再无别处可以改发者,即照表内应发地方,加一等改发。

一、流犯家属,除例应佥遣者,仍行佥遣外,其余一应流犯家属,均毋庸佥配。如有情愿随带者,亦照例听其自便,不得官为资送。

一、顺天直隶各州、县,于乾隆十九年(1754)奏明,畿辅郡县,不便安置流犯。今各省应发顺天直隶各州、县流犯,俱停止编发。

一、奉天、锦州二府属,于乾隆十六年(1751)奏明,奉天为国朝根本重地,不宜聚积匪类。一应军、流人犯,悉行停止安置。今各省应发奉天各州县者,俱停止编发。

一、解配流犯,原表内系径解知府、直隶州衙门,令该府、州于本属州县内通行酌发。先由起解省份之巡抚,行文知照配所之巡抚,其人犯另文直解配所。府、州于人犯解到时,即报明该管上司知照原籍。应仍旧制。

一、乾隆三十六年(1771)以后,据广西臬使、山西巡抚、浙江巡抚等,各以安置流犯,有一县集至百余名者,有一县仅止二三十名者。缘各省犯案,时多时少,照表指发,致有多寡不均。奏请各省佥发流犯,俱按照道里表内应发省份,照改发遣犯之例,毋庸指定府、州,听该省督抚酌量州县大小远近,均匀拨发。起解省份,于起解之先,预行咨明,令配所督抚指定应改发地方,先期饬知入境首站州、县,随到随发。奏准纂入例册,遵行在案。但此等事非常有,嗣后各省安置流犯,倘有时多时少,过于参差者,仍听各督抚临时酌拨,报部存案。一俟均匀之后,仍照旧制,按表分发。

凡　例(乾隆四十九年)

一、编发流犯，从前未有成书时，俱解交巡抚衙门，按照里数，临时酌发。嗣以各省分拨之处，多寡失均，不免趋避拣择。于乾隆八年(1743)纂辑《三流道里表》一书，将某省某府属流犯应流二千里者，发何省何府属安置，应流二千五百里者，发何省何府属安置，应流三千里者，发何省何府属安置，按计程途，限定地址，逐省逐府分别开载，展卷即明，已阅四十余年。今纂辑重新款例，一遵旧式。凡有增添改易，与旧表不符之处，俱各加按语于后。

一、圣德遐敷，疆舆广辟。数十年以来，增辟、新置之府、州、县，如直隶之增设承德府等处，甘肃增设镇西府等处，云南增并武定府等处，皆旧表所未有。今俱按照各省督抚册造里数，逐府详加参核，分别增入，以昭同轨之盛。

一、各省历年裁减合并及改名之府、州、县，里至无殊，而统属有所移易、名目有所改更者，今俱按照吏部更定原文，与兵部新修《五军道里表》及现在各省送到地图，逐加考订改易，以符现行事例。

一、流犯以罪之重轻，分别路之远近，是以有二千里、二千五百里、三千里，列为三等之殊。若道里过于参差，即罪名有所出入。虽其中疆域相错，不能无咫尺之差，而向来总以不得有逾百里为限。现经各省督抚，将地方里数彻底挨查，或因有新开道路，或因有增添驿站，其远近路程，与从前旧表，每有未符，俱于册内声请更正。今据册详核，凡里数或有余或不足者，悉行核实计算改正。

一、入籍他省流犯，应查明另行改发。盖新籍既定，即与土著无异，例从新籍起算，恐所发之省与该犯旧籍府属比接，则密迩故乡，易滋流弊。应令承审各官，于定案时声明原籍，听该督抚等临时分别改发。

一、寄居他省流犯，不得仍流寄居地方。凡寄居他省，尚未入籍之人，例照原籍计算。若所发之地，即系该犯寄居之所，则与故土无殊。应令承审官于定案时，声明该犯寄居处所，听该督抚等临时酌量改发。其犯流官犯，由原籍计算定地编发者，若应发地方系犯事任所，即与寄居者无异，亦令该督抚等酌量另行改发，以归画一。

一、同案流犯，应分别安置。查一案内有二、三人或四、五人，情罪相同，无可区别者，此等流犯，生本同乡，犯复同案，配又同所，则始终朋比，易滋事端。应令该督抚等于发配时，分别酌发。

一、各省民人，在别省犯流罪者，除本犯有应追银两，讯明本犯原籍产业可以变赔者，仍解回原籍发配外，其赃项已经追完，及移查原籍实无产业者，承审官照例按本犯原籍应流地方，即于犯事处起解发配。

一、原犯流罪人犯，如中途或在配脱逃被获，应加等调发者，原犯系二千里、二千五百里，俱从原籍地方，计程发配；原犯系三千里者，就现配地方，计程发配。若调发应配之所即系原籍相近之处，或地处边境，再无别处可以改发者，即照表内应发地方，加一等改发。

一、流犯家属，除例应佥遣者，仍行佥遣外，其余一应流犯家属，均毋庸佥配。如有情愿随带者，亦照例听其自便，不得官为资送。

一、顺天直隶各州县，于乾隆十九年（1754）奏明，畿辅郡县，不便安置流犯。今各省应发顺天直隶各州县流犯，俱停止编发。

一、奉天、锦州二府属，于乾隆十六年（1751）奏明，奉天为国朝根本重地，不宜聚积匪类。一应军、流人犯，悉行停止安置。今各省应发奉天各州县者，俱停止编发。

一、解配流犯，原表内系径解知府、直隶州衙门，令该府、州于本属州、县内通行酌发。先由起解省份之巡抚，行文知照配所之巡抚，其人犯另文直解配所。府、州于人犯解到时，即报明该管上司知照原籍。应仍旧制。

一、乾隆三十六年（1771）以后，据广西臬使、山西巡抚、浙江巡抚等，各以安置流犯，有一县集至百余名者，有一县仅止二三十名者。缘各省犯案，时多时少，照表指发，致有多寡不均。奏请各省佥发流犯，俱按照道里表内应发省份，照改发遣犯之例，毋庸指定府、州，听该省督抚酌量州县大小远近，均匀拨发。起解省份，于起解之先，预行咨明，令配所督抚指定应改发地方，先期饬知入境首站州、县，随到随发。奏准纂入例册，遵行在案。但此等事非常有，嗣后各省安置流犯，倘有时多时少，过于参差者，仍听各督抚临时酌拨，报部存案。一俟均匀之后，仍照旧制，按表分发。

衔 名

衔 名(乾隆八年)

武英殿监理

和硕和亲王	臣	弘昼

总裁官衔名

经筵讲官、太子太保、东阁大学士,兼礼部尚书、兼管户部尚书事务,加六级	臣	徐本
经筵讲官、议政大臣、协办内阁大学士事务、礼部尚书,仍管太常寺鸿胪寺事务,加二级	臣	三泰
经筵讲官、吏部尚书,加三级,又军功加二级,纪录十五次,又军功纪录二次	臣	史贻直
议政大臣、内大臣、刑部尚书,兼内务府总管,纪录四次	臣	来保

刑部堂官衔名

议政大臣、内大臣、刑部尚书,兼内务府总管,纪录四次	臣	来保
经筵讲官、吏部尚书,暂兼管刑部尚书事,加三级,又军功加二级,纪录十五次,又军功纪录二次	臣	史贻直
经筵讲官、刑部尚书	臣	张照
正蓝旗满洲都统,兼刑部左侍郎,暂兼管户部侍郎事,纪录四次	臣	盛安
刑部左侍郎,纪录二次,署理福建巡抚印务	臣	周学健
刑部右侍郎,世袭骑都尉,纪录十二次	臣	托时
刑部右侍郎,纪录二次	臣	钱陈群

提调官衔名

刑部堂主事	臣	德昌
刑部奉天司员外郎,纂修官,兼管提调事	臣	图南
刑部四川清吏司额外员外郎,纂修官,兼管提调事	臣	周琬

纂修官衔名

刑部贵州清吏司郎中	臣	唐绍祖
刑部四川清吏司额外员外郎	臣	周　琬
刑部奉天司额外主事	臣	阿林泰
原任巴沟通判	臣	兆珠纳
刑部奉天司员外郎	臣	图　南
刑部江苏清吏司主事,兼管纂修事	臣	涂锡禧

收掌官衔名

刑部笔帖式	臣	岳　宁
	臣	富尼汉

翻译官衔名

候补笔帖式	臣	明　德
	臣	成　善

誊录官衔名

候补笔帖式	臣	满　普
	臣	福尔泰
	臣	德克进
	臣	克星额
	臣	马受福
	臣	明　善
	臣	坤　禄
	臣	马进泰

武英殿监造

内务府南苑郎中,兼佐领,加五级,纪录十次	臣	雅尔岱
内务府慎刑司员外郎,纪录一次	臣	永　忠
内务府广储司司库,加二级	臣	三　格
监造,加一级	臣	李　保
监造	臣	郑桑格
库掌	臣	李延伟
	臣	虎什泰

衔　名(乾隆四十九年)

总裁官		
经筵日讲起居注官、太子太保、武英殿大学士、领文渊阁事、管理吏部刑部户部三库、兼掌翰林院事、御前大臣、领侍卫内大臣、兼管镶黄旗满洲都统、诚谋英勇公	臣	阿　桂
议政大臣、刑部尚书、镶红旗蒙古都统、世袭一等男、又一云骑尉	臣	喀宁阿
刑部尚书,管理顺天府事务	臣	胡季堂
刑部左侍郎,正红旗汉军副都统	臣	穆精阿
刑部左侍郎	臣	姜　晟
原任刑部右侍郎	臣	景　禄
原任刑部右侍郎	臣	杜玉林
提调官		
通政使司参议,兼部行走	臣	阮葵生
刑部河南清吏司郎中	臣	玉　德
刑部直隶清吏司郎中	臣	墙见羹
纂修官		
刑部督捕清吏司郎中	臣	查克顺
刑部陕西清吏司郎中	臣	姜开阳
协办纂修官		
原任刑部直隶清吏司郎中	臣	庆　兴
刑部四川清吏司郎中	臣	苏尔通阿
刑部安徽清吏司员外郎	臣	怀　谦
刑部直隶清吏司员外郎	臣	祖之望
刑部浙江清吏司员外郎	臣	方　昂
刑部广东清吏司员外郎	臣	张华甫
刑部广西清吏司员外郎	臣	周元良
刑部山西清吏司主事	臣	关　柱

刑部陕西清吏司主事	臣	全士潮
刑部四川清吏司主事	臣	王仕基

收掌官

刑部笔帖式	臣	锡灵阿
	臣	佛尔卿额

翻译官

刑部笔帖式	臣	哈　理
	臣	舒宁阿
	臣	伽蓝保
	臣	希　明

誊录官

刑部笔帖式	臣	达灵阿
	臣	舒　进
	臣	永　清
	臣	穆　禄
	臣	台　福
	臣	伊常阿

直隶省

顺天府三等流犯应流地方	
二千里	顺天府所属各州县流犯,凡犯该流二千里者,发山西直隶解州属安邑等县安置
二千五百里	凡犯该流二千五百里者,发陕西西安府属临潼等县安置
三千里	凡犯该流三千里者,发陕西直隶鄜州并所属洛川等县安置
顺天府属五州十九县 大兴县　宛平县　良乡县　固安县　永清县　东安县　香河县　通　州　三河县 武清县　宝坻县　宁河县　昌平州　顺义县　密云县　怀柔县　涿　州　房山县 霸　州　文安县　大城县　保定县　蓟　州　平谷县	

保定府三等流犯应流地方	
二千里	保定府所属各州县流犯,凡犯该流二千里者,发陕西同州府属华州等州县安置
二千五百里	凡犯该流二千五百里者,发陕西直隶邠州属三水等县安置
三千里	凡犯该流三千里者,发甘肃直隶秦州并所属各县安置
保定府属二州十五县 清苑县　满城县　安肃县　定兴县　新城县　唐　县　博野县　望都县　容城县 完　县　蠡　县　雄　县　祁　州　束鹿县　安　州　高阳县　新安县	

直隶易州三等流犯应流地方	
二千里	直隶易州所属各县流犯,凡犯该流二千里者,发陕西同州府属潼关等厅县安置
二千五百里	凡犯该流二千五百里者,发湖北德安府属云梦等县安置
三千里	凡犯该流三千里者,发甘肃直隶秦州属清水等县安置
直隶易州属二县 涞水县　广昌县	

承德府三等流犯应流地方	
二千里	承德府所属各州县流犯,凡犯该流二千里者,发山西直隶霍州并所属各县安置
二千五百里	凡犯该流二千五百里者,发山西蒲州府属猗氏等县安置
三千里	凡犯该流三千里者,发陕西西安府属三原等县安置
承德府属一州五县 滦平县　平泉州　丰宁县　建昌县　赤峰县　朝阳县	

永平府三等流犯应流地方	
二千里	永平府所属各州县流犯,凡犯该流二千里者,发山西直隶代州并所属各县安置
二千五百里	凡犯该流二千五百里者,发山西直隶解州属安邑等县安置
三千里	凡犯该流三千里者,发陕西西安府属临潼等县安置
永平府属一州六县 卢龙县　迁安县　抚宁县　昌黎县　滦　州　乐亭县　临榆县	

河间府三等流犯应流地方	
二千里	河间府所属各州县流犯,凡犯该流二千里者,发陕西同州府属华州等州县安置
二千五百里	凡犯该流二千五百里者,发陕西直隶乾州属永寿等县安置
三千里	凡犯该流三千里者,发甘肃平凉府属隆德等县安置
河间府属一州十县 河间县　献　县　阜城县　肃宁县　任邱县　交河县　宁津县　景　州　吴桥县 故城县　东光县	

天津府三等流犯应流地方	
二千里	天津府所属各州县流犯,凡犯该流二千里者,发山西平阳府属曲沃等县安置
二千五百里	凡犯该流二千五百里者,发陕西同州府属华州等州县安置
三千里	凡犯该流三千里者,发陕西凤翔府属岐山等县安置
天津府属一州六县 天津县　青　县　静海县　沧　州　南皮县　盐山县　庆云县	

正定府三等流犯应流地方	
二千里	正定府所属各州县流犯,凡犯该流二千里者,发陕西西安府属咸阳等县安置
二千五百里	凡犯该流二千五百里者,发甘肃平凉府属平凉等县安置
三千里	凡犯该流三千里者,发甘肃巩昌府属会宁等县安置
正定府属一州十三县 正定县 获鹿县 井陉县 阜平县 栾城县 行唐县 灵寿县 平山县 元氏县 赞呈县 晋 州 无极县 藁城县 新乐县	

直隶冀州三等流犯应流地方	
二千里	直隶冀州所属各县流犯,凡犯该流二千里者,发陕西同州府属华州等州县安置
二千五百里	凡犯该流二千五百里者,发陕西直隶邠州并所属各县安置
三千里	凡犯该流三千里者,发甘肃平凉府属隆德等县安置
直隶冀州属五县 南宫县 新河县 枣强县 武邑县 衡水县	

直隶赵州三等流犯应流地方	
二千里	直隶赵州所属各县流犯,凡犯该流二千里者,发陕西西安府属长安等县安置
二千五百里	凡犯该流二千五百里者,发甘肃直隶泾州并所属各县安置
三千里	凡犯该流三千里者,发甘肃巩昌府属会宁等县安置
直隶赵州属五县 柏乡县 隆平县 高邑县 临城县 宁晋县	

直隶深州三等流犯应流地方	
二千里	直隶深州所属各县流犯,凡犯该流二千里者,发陕西西安府属渭南等县安置
二千五百里	凡犯该流二千五百里者,发陕西直隶邠州属长武等县安置
三千里	凡犯该流三千里者,发甘肃平凉府属静宁等州县安置
直隶深州属三县 武强县 饶阳县 安平县	

直隶定州三等流犯应流地方	
二千里	直隶定州所属各县流犯,凡犯该流二千里者,发陕西西安府属临潼等县安置
二千五百里	凡犯该流二千五百里者,发陕西直隶邠州属长武等县安置
三千里	凡犯该流三千里者,发甘肃平凉府属静宁等州县安置
直隶定州属二县 曲阳县　深泽县	

顺德府三等流犯应流地方	
二千里	顺德府所属各县流犯,凡犯该流二千里者,发陕西直隶邠州属长武等县安置
二千五百里	凡犯该流二千五百里者,发甘肃平凉府属静宁等州县安置
三千里	凡犯该流三千里者,发甘肃兰州府属皋兰等县安置
顺德府属九县 邢台县　沙河县　南和县　平乡县　广宗县　巨鹿县　唐山县　内邱县　任　县	

广平府三等流犯应流地方	
二千里	广平府所属各州县流犯,凡犯该流二千里者,发陕西直隶鄜州并所属各县安置
二千五百里	凡犯该流二千五百里者,发浙江绍兴府属萧山等县安置
三千里	凡犯该流三千里者,发甘肃兰州府属金县等县安置
广平府属一州九县 永年县　曲周县　肥乡县　鸡泽县　广平县　邯郸县　成安县　威　县　清河县 磁　州	

大名府三等流犯应流地方	
二千里	大名府所属各州县流犯,凡犯该流二千里者,发陕西直隶鄜州并所属各县安置
二千五百里	凡犯该流二千五百里者,发甘肃巩昌府属会宁等县安置
三千里	凡犯该流三千里者,发甘肃兰州府属皋兰等县安置
大名府属一州六县 元城县　大名县　南乐县　清丰县　东明县　开　州　长垣县	

宣化府三等流犯应流地方	
二千里	宣化府所属各州县流犯,凡犯该流二千里者,发山西平阳府属临汾等县安置
二千五百里	凡犯该流二千五百里者,发山西蒲州府属永济等县安置
三千里	凡犯该流三千里者,发江苏直隶通州属如皋等县安置
宣化府属三州七县 宣化县 赤城县 万全县 龙门县 怀来县 蔚 州 西宁县 怀安县 延庆州 保安州	

直隶遵化州三等流犯应流地方	
二千里	直隶遵化州所属各县流犯,凡犯该流二千里者,发山西直隶霍州属赵城等县安置
二千五百里	凡犯该流二千五百里者,发山西蒲州府属临晋等县安置
三千里	凡犯该流三千里者,发陕西西安府属耀州等州县安置
直隶遵化州属二县 玉田县 丰润县	

盛 京

奉天府三等流犯应流地方	
二千里	奉天府所属各州县流犯,凡犯该流二千里者,发山西直隶平定州并所属各县安置
二千五百里	凡犯该流二千五百里者,发山西太原府属榆次等县安置
三千里	凡犯该流三千里者,发山西直隶霍州并所属各县安置
奉天府属二州六县 承德县 辽阳州 海城县 盖平县 复 州 宁海县 开原县 铁岭县	

锦州府三等流犯应流地方	
二千里	锦州府所属各州县流犯,凡犯该流二千里者,发山西太原府属榆次等县安置
二千五百里	凡犯该流二千五百里者,发山西直隶霍州并所属各县安置
三千里	凡犯该流三千里者,发山西直隶解州属安邑等县安置
锦州府属二州二县 锦 县 宁远州 广宁县 义 州	

江苏省

江宁府三等流犯应流地方	
二千里	江宁府所属各县流犯，凡犯该流二千里者，发河南直隶陕州属阌乡等县安置
二千五百里	凡犯该流二千五百里者，发陕西直隶乾州属武功等县安置
三千里	凡犯该流三千里者，发福建汀州府属长汀等县安置
江宁府属七县 上元县　江宁县　句容县　溧水县　江浦县　六合县　高淳县	

淮安府三等流犯应流地方	
二千里	淮安府所属各县流犯，凡犯该流二千里者，发陕西同州府属潼关等厅县安置
二千五百里	凡犯该流二千五百里者，发陕西直隶鄜州并所属各县安置
三千里	凡犯该流三千里者，发陕西延安府属安塞等县安置
淮安府属六县 山阳县　阜宁县　盐城县　清河县　安东县　桃源县	

扬州府三等流犯应流地方	
二千里	扬州府所属各州县流犯，凡犯该流二千里者，发河南直隶陕州并所属各县安置
二千五百里	凡犯该流二千五百里者，发山西太原府属阳曲等县安置
三千里	凡犯该流三千里者，发福建兴化府属莆田等县安置
扬州府属二州六县 江都县　甘泉县　仪征县　高邮州　兴化县　宝应县　泰　州　东台县	

徐州府三等流犯应流地方	
二千里	徐州府所属各州县流犯，凡犯该流二千里者，发陕西直隶乾州属武功等县安置
二千五百里	凡犯该流二千五百里者，发陕西汉中府属凤县等县安置
三千里	凡犯该流三千里者，发甘肃巩昌府属陇西等县安置
徐州府属一州七县 铜山县　萧　县　砀山县　丰　县　沛　县　邳　州　宿迁县　睢宁县	

直隶海州三等流犯应流地方	
二千里	直隶海州所属各县流犯,凡犯该流二千里者,发陕西同州府属潼关等厅县安置
二千五百里	凡犯该流二千五百里者,发陕西直隶乾州属永寿等县安置
三千里	凡犯该流三千里者,发陕西延安府属安塞等县安置
直隶海州属二县 赣榆县　沭阳县	

直隶通州三等流犯应流地方	
二千里	直隶通州所属各县流犯,凡犯该流二千里者,发河南直隶陕州并所属各县安置
二千五百里	凡犯该流二千五百里者,发山西太原府属阳曲等县安置
三千里	凡犯该流三千里者,发福建兴化府属莆田等县安置
直隶通州属二县 如皋县　泰兴县	

苏州府三等流犯应流地方	
二千里	苏州府所属各厅县流犯,凡犯该流二千里者,发河南河南府属巩县等县安置
二千五百里	凡犯该流二千五百里者,发陕西同州府属潼关等厅县安置
三千里	凡犯该流三千里者,发陕西直隶乾州属武功等县安置
苏州府属一厅九县 吴　县　长洲县　元和县　昆山县　新阳县　常熟县　昭文县　吴江县　震泽县 太湖厅	

松江府三等流犯应流地方	
二千里	松江府所属各县流犯,凡犯该流二千里者,发河南陈州府属扶沟等县安置
二千五百里	凡犯该流二千五百里者,发河南河南府属渑池等县安置
三千里	凡犯该流三千里者,发陕西西安府属临潼等县安置
松江府属七县 华亭县　奉贤县　娄　县　金山县　上海县　南汇县　青浦县	

常州府三等流犯应流地方	
二千里	常州府所属各县流犯,凡犯该流二千里者,发福建延平府属南平等县安置
二千五百里	凡犯该流二千五百里者,发陕西西安府属渭南等县安置
三千里	凡犯该流三千里者,发陕西凤翔府属凤翔等县安置
常州府属八县 武进县　阳湖县　无锡县　金匮县　江阴县　宜兴县　荆溪县　靖江县	

镇江府三等流犯应流地方	
二千里	镇江府所属各县流犯,凡犯该流二千里者,发河南直隶陕州并所属各县安置
二千五百里	凡犯该流二千五百里者,发陕西西安府属咸阳等县安置
三千里	凡犯该流三千里者,发陕西凤翔府属陇州等州县安置
镇江府属四县 丹徒县　丹阳县　金坛县　溧阳县	

直隶太仓州三等流犯应流地方	
二千里	直隶太仓州所属各县流犯,凡犯该流二千里者,发河南开封府属荥阳等县并陈州府属淮宁等县安置
二千五百里	凡犯该流二千五百里者,发河南直隶陕州并所属各县安置
三千里	凡犯该流三千里者,发陕西西安府属兴平等县安置
直隶太仓州属四县 镇洋县　崇明县　嘉定县　宝山县	

安徽省

安庆府三等流犯应流地方	
二千里	安庆府所属各县流犯,凡犯该流二千里者,发福建福州府属闽清等县安置
二千五百里	凡犯该流二千五百里者,发陕西西安府属渭南等县安置
三千里	凡犯该流三千里者,发陕西直隶邠州属长武等县安置
安庆府属六县 怀宁县　桐城县　潜山县　太湖县　宿松县　望江县	

徽州府三等流犯应流地方	
二千里	徽州府所属各县流犯,凡犯该流二千里者,发河南开封府属新郑等县安置
二千五百里	凡犯该流二千五百里者,发山东莱州府属昌邑等县安置
三千里	凡犯该流三千里者,发陕西西安府属咸阳等县安置
徽州府属六县 歙　县　休宁县　婺源县　祁门县　黟　县　绩溪县	

宁国府三等流犯应流地方	
二千里	宁国府所属各县流犯,凡犯该流二千里者,发福建延平府属顺昌等县安置
二千五百里	凡犯该流二千五百里者,发陕西西安府属渭南等县安置
三千里	凡犯该流三千里者,发陕西直隶邠州属长武等县安置
宁国府属六县 宣城县　宁国县　泾　县　太平县　旌德县　南陵县	

池州府三等流犯应流地方	
二千里	池州府所属各县流犯,凡犯该流二千里者,发河南直隶许州属襄城等县安置
二千五百里	凡犯该流二千五百里者,发陕西同州府属华阴等县安置
三千里	凡犯该流三千里者,发山西直隶代州属崞县等县安置
池州府属六县 贵池县　青阳县　铜陵县　石埭县　建德县　东流县	

太平府三等流犯应流地方	
二千里	太平府所属各县流犯,凡犯该流二千里者,发河南直隶陕州属灵宝等县安置
二千五百里	凡犯该流二千五百里者,发陕西西安府属醴泉等县安置
三千里	凡犯该流三千里者,发甘肃平凉府属平凉等县安置
太平府属三县 当涂县　芜湖县　繁昌县	

庐州府三等流犯应流地方	
二千里	庐州府所属各州县流犯,凡犯该流二千里者,发福建延平府属南平等县安置
二千五百里	凡犯该流二千五百里者,发福建福州府属福清等县安置
三千里	凡犯该流三千里者,发甘肃直隶秦州属清水等县安置
庐州府属一州四县 合肥县　庐江县　舒城县　无为州　巢　县	

凤阳府三等流犯应流地方	
二千里	凤阳府所属各州县流犯,凡犯该流二千里者,发陕西西安府属咸宁等县安置
二千五百里	凡犯该流二千五百里者,发福建邵武府属邵武等县安置
三千里	凡犯该流三千里者,发福建福州府属闽清等县安置
凤阳府属二州五县 凤阳县　怀远县　定远县　寿　州　凤台县　宿　州　灵璧县	

颍州府三等流犯应流地方	
二千里	颍州府所属各州县流犯,凡犯该流二千里者,发浙江金华府属兰溪等县安置
二千五百里	凡犯该流二千五百里者,发甘肃平凉府属隆德等县安置
三千里	凡犯该流三千里者,发福建建宁府属瓯宁等县安置
颍州府属一州五县 阜阳县　颍上县　霍邱县　亳　州　太和县　蒙城县	

直隶广德州三等流犯应流地方	
二千里	直隶广德州所属该县流犯,凡犯该流二千里者,发福建建宁府属浦城等县安置
二千五百里	凡犯该流二千五百里者,发陕西同州府属华州等州县安置
三千里	凡犯该流三千里者,发陕西凤翔府属岐山等县安置
直隶广德州属一县 建平县	

直隶滁州三等流犯应流地方	
二千里	直隶滁州所属各县流犯,凡犯该流二千里者,发陕西同州府属华州等州县安置
二千五百里	凡犯该流二千五百里者,发陕西直隶邠州并所属各县安置
三千里	凡犯该流三千里者,发甘肃平凉府属静宁等州县安置
直隶滁州属二县 全椒县　来安县	

直隶和州三等流犯应流地方	
二千里	直隶和州所属该县流犯,凡犯该流二千里者,发河南直隶陕州属阌乡等县安置
二千五百里	凡犯该流二千五百里者,发福建延平府属南平等县安置
三千里	凡犯该流三千里者,发甘肃直隶秦州属清水等县安置
直隶和州属一县 含山县	

直隶六安州三等流犯应流地方	
二千里	直隶六安州所属各县流犯,凡犯该流二千里者,发福建延平府属南平等县安置
二千五百里	凡犯该流二千五百里者,发福建福州府属福清等县安置
三千里	凡犯该流三千里者,发甘肃平凉府属平凉等县安置
直隶六安州属二县 英山县　霍山县	

直隶泗州三等流犯应流地方	
二千里	直隶泗州所属各县流犯,凡犯该流二千里者,发浙江金华府属永康等县安置
二千五百里	凡犯该流二千五百里者,发福建建宁府属建安等县安置
三千里	凡犯该流三千里者,发福建福州府属古田等县安置
直隶泗州属三县 盱眙县　天长县　五河县	

山东省

济南府三等流犯应流地方	
二千里	济南府所属各州县流犯,凡犯该流二千里者,发江苏苏州府属吴江等县安置
二千五百里	凡犯该流二千五百里者,发浙江绍兴府属上虞等县安置
三千里	凡犯该流三千里者,发浙江台州府属黄岩等县安置
济南府属一州十五县 历城县 章邱县 邹平县 淄川县 长山县 新城县 齐河县 齐东县 济阳县 德　州 德平县 禹城县 临邑县 平原县 陵　县 长清县	

泰安府三等流犯应流地方	
二千里	泰安府所属各州县流犯,凡犯该流二千里者,发安徽池州府属青阳等县安置
二千五百里	凡犯该流二千五百里者,发浙江宁波府属鄞县等县安置
三千里	凡犯该流三千里者,发浙江温州府属永嘉等县安置
泰安府属一州六县 泰安县 东平州 东阿县 平阴县 新泰县 莱芜县 肥城县	

武定府三等流犯应流地方	
二千里	武定府所属各州县流犯,凡犯该流二千里者,发江苏常州府属无锡等县安置
二千五百里	凡犯该流二千五百里者,发浙江杭州府属仁和等县安置
三千里	凡犯该流三千里者,发浙江台州府属天台等县安置
武定府属一州九县 惠民县 阳信县 海丰县 乐陵县 滨　州 利津县 沾化县 蒲台县 青城县 商河县	

兖州府三等流犯应流地方	
二千里	兖州府所属各县流犯,凡犯该流二千里者,发浙江杭州府属富阳等县安置
二千五百里	凡犯该流二千五百里者,发浙江金华府属永康等县安置
三千里	凡犯该流三千里者,发浙江温州府属瑞安等县安置
兖州府属十县 滋阳县 曲阜县 宁阳县 邹 县 泗水县 滕 县 峄 县 阳谷县 寿张县 汶上县	

沂州府三等流犯应流地方	
二千里	沂州府所属各州县流犯,凡犯该流二千里者,发浙江金华府属兰溪等县安置
二千五百里	凡犯该流二千五百里者,发浙江处州府属青田等县安置
三千里	凡犯该流三千里者,发浙江台州府属太平等县安置
沂州府属一州六县 兰山县 郯城县 费 县 莒 州 沂水县 蒙阴县 日照县	

曹州府三等流犯应流地方	
二千里	曹州府所属各州县流犯,凡犯该流二千里者,发浙江绍兴府属萧山等县安置
二千五百里	凡犯该流二千五百里者,发浙江金华府属汤溪等县安置
三千里	凡犯该流三千里者,发浙江温州府属永嘉等县安置
曹州府属一州十县 菏泽县 曹 县 濮 州 范 县 观城县 朝城县 郓城县 单 县 城武县 定陶县 巨野县	

东昌府三等流犯应流地方	
二千里	东昌府所属各州县流犯,凡犯该流二千里者,发安徽徽州府属休宁等县安置
二千五百里	凡犯该流二千五百里者,发浙江严州府属建德等县安置
三千里	凡犯该流三千里者,发陕西榆林府属榆林等县安置
东昌府属一州九县 聊城县 堂邑县 博平县 茌平县 清平县 莘 县 冠 县 馆陶县 恩 县 高唐州	

青州府三等流犯应流地方	
二千里	青州府所属各县流犯,凡犯该流二千里者,发安徽庐州府属舒城等县安置
二千五百里	凡犯该流二千五百里者,发山西朔平府属右玉等县安置
三千里	凡犯该流三千里者,发浙江温州府属乐清等县安置
青州府属十一县 益都县 博山县 临淄县 博兴县 高苑县 乐安县 寿光县 昌乐县 临朐县 安邱县 诸城县	

登州府三等流犯应流地方	
二千里	登州府所属各州县流犯,凡犯该流二千里者,发河南开封府属祥符等县安置
二千五百里	凡犯该流二千五百里者,发山西直隶沁州属武乡等县安置
三千里	凡犯该流三千里者,发安徽徽州府属婺源等县安置
登州府属一州九县 蓬莱县 黄 县 福山县 栖霞县 招远县 莱阳县 宁海州 文登县 荣城县 海阳县	

莱州府三等流犯应流地方	
二千里	莱州府所属各州县流犯,凡犯该流二千里者,发安徽宁国府属宣城等县安置
二千五百里	凡犯该流二千五百里者,发安徽徽州府属黟县等县安置
三千里	凡犯该流三千里者,发山西大同府属天镇等县安置
莱州府属二州五县 掖 县 平度州 潍 县 昌邑县 胶 州 高密县 即墨县	

直隶济宁州三等流犯应流地方	
二千里	直隶济宁州所属各县流犯,凡犯该流二千里者,发浙江杭州府属富阳等县安置
二千五百里	凡犯该流二千五百里者,发浙江金华府属永康等县安置
三千里	凡犯该流三千里者,发浙江温州府属瑞安等县安置
直隶济宁州属三县 金乡县 嘉祥县 鱼台县	

直隶临清州三等流犯应流地方	
二千里	直隶临清州所属各县流犯,凡犯该流二千里者,发安徽宁国府属太平等县安置
二千五百里	凡犯该流二千五百里者,发浙江严州府属桐庐等县安置
三千里	凡犯该流三千里者,发陕西榆林府属榆林等县安置
直隶临清州属三县 武城县 夏津县 邱 县	

山西省

太原府三等流犯应流地方	
二千里	太原府所属各州县流犯,凡犯该流二千里者,发安徽颍州府属蒙城等县安置
二千五百里	凡犯该流二千五百里者,发江苏扬州府属仪征等县安置
三千里	凡犯该流三千里者,发江苏苏州府属吴江等县安置
太原府属一州十县 阳曲县 太原县 榆次县 太谷县 祁 县 徐沟县 交城县 文水县 岢岚县 岚 县 兴县	

直隶平定州三等流犯应流地方	
二千里	直隶平定州所属各县流犯,凡犯该流二千里者,发安徽颍州府属阜阳等县安置
二千五百里	凡犯该流二千五百里者,发江苏镇江府属丹阳等县安置
三千里	凡犯该流三千里者,发浙江嘉兴府属秀水等县安置
直隶平定州属二县 盂 县 寿阳县	

直隶忻州三等流犯应流地方	
二千里	直隶忻州所属各县流犯,凡犯该流二千里者,发安徽凤阳府属宿州等州县安置
二千五百里	凡犯该流二千五百里者,发江苏江宁府属江浦等县安置
三千里	凡犯该流三千里者,发江苏淮安府属山阳等县安置
直隶忻州属二县 定襄县 静乐县	

直隶代州三等流犯应流地方	
二千里	直隶代州所属各县流犯,凡犯该流二千里者,发河南南阳府属南阳等县安置
二千五百里	凡犯该流二千五百里者,发江苏徐州府属睢宁等县安置
三千里	凡犯该流三千里者,发湖南直隶澧州并所属各县安置
直隶代州属三县 五台县　崞　县　繁峙县	

直隶保德州三等流犯应流地方	
二千里	直隶保德州所属该县流犯,凡犯该流二千里者,发河南归德府属商丘等县安置
二千五百里	凡犯该流二千五百里者,发湖北德安府属安陆等县安置
三千里	凡犯该流三千里者,发江苏镇江府属丹徒等县安置
直隶保德州属一县 河曲县	

平阳府三等流犯应流地方	
二千里	平阳府所属各州县流犯,凡犯该流二千里者,发湖北汉阳府属汉阳等县安置
二千五百里	凡犯该流二千五百里者,发湖南直隶澧州属慈利等县安置
三千里	凡犯该流三千里者,发湖南长沙府属湘潭等县安置
平阳府属一州十县 临汾县　洪洞县　浮山县　乡宁县　岳阳县　曲沃县　翼城县　太平县　襄陵县 汾西县　吉　州	

蒲州府三等流犯应流地方	
二千里	蒲州府所属各县流犯,凡犯该流二千里者,发湖北襄阳府属均州等州县安置
二千五百里	凡犯该流二千五百里者,发湖南直隶澧州属慈利等县安置
三千里	凡犯该流三千里者,发湖南辰州府属辰溪等县安置
蒲州府属六县 永济县　临晋县　虞乡县　荣河县　万泉县　猗氏县	

直隶解州三等流犯应流地方	
二千里	直隶解州所属各县流犯,凡犯该流二千里者,发江苏江宁府属六合等县安置
二千五百里	凡犯该流二千五百里者,发江苏淮安府属清河等县安置
三千里	凡犯该流三千里者,发湖南长沙府属醴陵等县安置
直隶解州属四县 安邑县　夏　县　平陆县　芮城县	

直隶绛州三等流犯应流地方	
二千里	直隶绛州所属各县流犯,凡犯该流二千里者,发湖北汉阳府属黄陂等县安置
二千五百里	凡犯该流二千五百里者,发安徽宁国府属泾县等县安置
三千里	凡犯该流三千里者,发湖南长沙府属长沙等县安置
直隶绛州属五县 垣曲县　闻喜县　绛　县　稷山县　河津县	

直隶隰州府三等流犯应流地方	
二千里	直隶隰州所属各县流犯,凡犯该流二千里者,发湖北德安府属安陆等县安置
二千五百里	凡犯该流二千五百里者,发湖北武昌府属咸宁等县安置
三千里	凡犯该流三千里者,发江苏苏州府属吴江等县安置
直隶隰州属三县 大宁县　蒲　县　永和县	

潞安府三等流犯应流地方	
二千里	潞安府所属各县流犯,凡犯该流二千里者,发湖北宜昌府属东湖等县安置
二千五百里	凡犯该流二千五百里者,发安徽徽州府属歙县等县安置
三千里	凡犯该流三千里者,发湖南衡州府属衡山等县安置
潞安府属七县 长治县　长子县　屯留县　襄垣县　潞城县　壶关县　黎城县	

汾州府三等流犯应流地方	
二千里	汾州府所属各州县流犯，凡犯该流二千里者，发山东青州府属益都等县安置
二千五百里	凡犯该流二千五百里者，发甘肃兰州府属渭源等县安置
三千里	凡犯该流三千里者，发甘肃西宁府属碾伯等县安置
汾州府属一州七县 汾阳县　孝义县　平遥县　介休县　石楼县　临　县　永宁州　宁乡县	

直隶沁州三等流犯应流地方	
二千里	直隶沁州所属各县流犯，凡犯该流二千里者，发陕西延安府属甘泉等县安置
二千五百里	凡犯该流二千五百里者，发甘肃巩昌府属陇西等县安置
三千里	凡犯该流三千里者，发甘肃兰州府属皋兰等县安置
直隶沁州属二县 沁源县　武乡县	

泽州府三等流犯应流地方	
二千里	泽州府所属各县流犯，凡犯该流二千里者，发湖北黄州府属蕲水等县安置
二千五百里	凡犯该流二千五百里者，发安徽徽州府属婺源等县安置
三千里	凡犯该流三千里者，发浙江金华府属兰溪等县安置
泽州府属五县 凤台县　高平县　阳城县　陵川县　沁水县	

直隶辽州三等流犯应流地方	
二千里	直隶辽州所属各县流犯，凡犯该流二千里者，发山东济南府属长山等县安置
二千五百里	凡犯该流二千五百里者，发甘肃巩昌府属伏羌等县安置
三千里	凡犯该流三千里者，发甘肃兰州府属皋兰等县安置
直隶辽州属二县 和顺县　榆社县	

大同府三等流犯应流地方	
二千里	大同府所属各州县流犯,凡犯该流二千里者,发陕西西安府属临潼等县安置
二千五百里	凡犯该流二千五百里者,发山东青州府属诸城等县安置
三千里	凡犯该流三千里者,发甘肃平凉府属静宁等州县安置
大同府属二州七县 大同县　怀仁县　浑源州　应　州　山阴县　阳高县　天镇县　广灵县　灵邱县	

宁武府三等流犯应流地方	
二千里	宁武府所属各县流犯,凡犯该流二千里者,发陕西西安府属同官等县安置
二千五百里	凡犯该流二千五百里者,发山东莱州府属掖县等县安置
三千里	凡犯该流三千里者,发甘肃巩昌府属安定等县安置
宁武府属四县 宁武县　偏关县　神池县　五寨县	

朔平府三等流犯应流地方	
二千里	朔平府所属各州县流犯,凡犯该流二千里者,发陕西西安府属渭南等县安置
二千五百里	凡犯该流二千五百里者,发陕西直隶邠州属长武等县安置
三千里	凡犯该流三千里者,发甘肃平凉府属静宁等州县安置
朔平府属一州三县 右玉县　朔　州　左云县　平鲁县	

直隶霍州三等流犯应流地方	
二千里	直隶霍州所属各县流犯,凡犯该流二千里者,发湖北汉阳府属孝感等县安置
二千五百里	凡犯该流二千五百里者,发湖南直隶澧州属石门等县安置
三千里	凡犯该流三千里者,发湖南长沙府属湘阴等县安置
直隶霍州属二县 赵城县　灵石县	

陕西省

西安府三等流犯应流地方	
二千里	西安府所属各厅州县流犯，凡犯该流二千里者，发山东济南府属章邱等县安置
二千五百里	凡犯该流二千五百里者，发山东沂州府属莒州等州县安置
三千里	凡犯该流三千里者，发山东登州府属宁海等州县安置
西安府属二厅一州十五县 长安县 宁陕厅 咸宁县 孝义厅 咸阳县 兴平县 临潼县 高陵县 鄠 县 蓝田县 泾阳县 三原县 盩厔县 渭南县 富平县 醴泉县 同官县 耀 州	

直隶商州三等流犯应流地方	
二千里	直隶商州所属各县流犯，凡犯该流二千里者，发山东东昌府属茌平等县安置
二千五百里	凡犯该流二千五百里者，发山东青州府属益都等县安置
三千里	凡犯该流三千里者，发山东登州府属黄县等县安置
直隶商州属四县 镇安县 雒南县 山阳县 商南县	

同州府三等流犯应流地方	
二千里	同州府所属各厅州县流犯，凡犯该流二千里者，发山东青州府属益都等县安置
二千五百里	凡犯该流二千五百里者，发山东登州府属黄县等县安置
三千里	凡犯该流三千里者，发湖南长沙府属善化等县安置
同州府属一厅一州八县 大荔县 潼关厅 朝邑县 郃阳县 澄城县 韩城县 白水县 华 州 华阴县 蒲城县	

直隶乾州三等流犯应流地方	
二千里	直隶乾州所属各县流犯,凡犯该流二千里者,发山东东昌府属恩县等县安置
二千五百里	凡犯该流二千五百里者,发山东青州府属临朐等县安置
三千里	凡犯该流三千里者,发山东登州府属蓬莱等县安置
直隶乾州属二县 武功县　永寿县	

直隶邠州三等流犯应流地方	
二千里	直隶邠州所属各县流犯,凡犯该流二千里者,发山东东昌府属博平等县安置
二千五百里	凡犯该流二千五百里者,发山东沂州府属蒙阴等县安置
三千里	凡犯该流三千里者,发山东登州府属黄县等县安置
直隶邠州属三县 三水县　淳化县　长武县	

凤翔府三等流犯应流地方	
二千里	凤翔府所属各州县流犯,凡犯该流二千里者,发山东东昌府属聊城等县安置
二千五百里	凡犯该流二千五百里者,发山东青州府属临淄等县安置
三千里	凡犯该流三千里者,发山东莱州府属掖县等县安置
凤翔府属一州七县 凤翔县　岐山县　宝鸡县　扶风县　郿　县　麟游县　汧阳县　陇　州	

汉中府三等流犯应流地方	
二千里	汉中府所属各厅州县流犯,凡犯该流二千里者,发河南开封府属汜水等县安置
二千五百里	凡犯该流二千五百里者,发河南南阳府属裕州等州县并汝宁府属遂平等县安置
三千里	凡犯该流三千里者,发湖北德安府属应山等县安置
汉中府属二厅一州八县 南郑县　褒城县　城固县　洋　县　西乡县　定远厅　凤　县　宁羌州　沔　县 略阳县　留坝厅	

兴安府三等流犯应流地方	
二千里	兴安府所属各厅县流犯，凡犯该流二千里者，发湖北汉阳府属汉阳等县安置
二千五百里	凡犯该流二千五百里者，发安徽安庆府属太湖等县安置
三千里	凡犯该流三千里者，发安徽庐州府属合肥等县安置
兴安府属一厅六县 安康县　平利县　洵阳县　白河县　紫阳县　石泉县　汉阴厅	

延安府三等流犯应流地方	
二千里	延安府所属各县流犯，凡犯该流二千里者，发河南彰德府属内黄等县安置
二千五百里	凡犯该流二千五百里者，发山东济南府属历城等县安置
三千里	凡犯该流三千里者，发山东莱州府属潍县等县安置
延安府属十县 肤施县　安塞县　甘泉县　保安县　安定县　宜川县　延长县　延川县　定边县　靖边县	

直隶鄜州三等流犯应流地方	
二千里	直隶鄜州所属各县流犯，凡犯该流二千里者，发山东东昌府属冠县等县安置
二千五百里	凡犯该流二千五百里者，发山东济南府属长山等县安置
三千里	凡犯该流三千里者，发山东莱州府属掖县等县安置
直隶鄜州属三县 洛川县　中部县　宜君县	

直隶绥德州三等流犯应流地方	
二千里	直隶绥德州所属各县流犯，凡犯该流二千里者，发河南怀庆府属孟县等县安置
二千五百里	凡犯该流二千五百里者，发河南彰德府属内黄等县安置
三千里	凡犯该流三千里者，发山东济南府属历城等县安置
直隶绥德州属三县 米脂县　清涧县　吴堡县	

榆林府三等流犯应流地方	
二千里	榆林府所属各州县流犯,凡犯该流二千里者,发河南河南府属渑池等县安置
二千五百里	凡犯该流二千五百里者,发河南卫辉府属新乡等县安置
三千里	凡犯该流三千里者,发河南南阳府属南阳等县安置
榆林府属一州四县 榆林县　神木县　府谷县　葭　州　怀远县	

甘肃省

兰州府三等流犯应流地方	
二千里	兰州府所属各州县流犯,凡犯该流二千里者,发陕西汉中府属城固等县安置
二千五百里	凡犯该流二千五百里者,发四川保宁府属剑州等州县安置
三千里	凡犯该流三千里者,发山东东昌府属冠县等县安置
兰州府属二州四县 皋兰县　金　县　狄道州　渭源县　靖远县　河　州	

平凉府三等流犯应流地方	
二千里	平凉府所属各州县流犯,凡犯该流二千里者,发四川保宁府属昭化等县安置
二千五百里	凡犯该流二千五百里者,发湖北德安府属应山等县安置
三千里	凡犯该流三千里者,发湖北黄州府属黄冈等县安置
平凉府属二州三县 平凉县　华亭县　固原州　静宁州　隆德县	

巩昌府三等流犯应流地方	
二千里	巩昌府所属各厅州县流犯,凡犯该流二千里者,发陕西兴安府属汉阴等厅县安置
二千五百里	凡犯该流二千五百里者,发四川顺庆府属西充等县安置
三千里	凡犯该流三千里者,发四川重庆府属巴县等县安置
巩昌府属一厅一州八县 陇西县　安定县　会宁县　通渭县　漳　县　宁远县　伏羌县　西和县　岷　州 洮州厅	

直隶阶州三等流犯应流地方	
二千里	直隶阶州府所属各县流犯，凡犯该流二千里者，发陕西兴安府属白河等县安置
二千五百里	凡犯该流二千五百里者，发河南开封府属汜水等县安置
三千里	凡犯该流三千里者，发四川直隶忠州属梁山等县安置
直隶阶州属二县 文　县　成　县	

直隶秦州三等流犯应流地方	
二千里	直隶秦州所属各县流犯，凡犯该流二千里者，发陕西兴安府属平利等县安置
二千五百里	凡犯该流二千五百里者，发四川重庆府属定远等县安置
三千里	凡犯该流三千里者，发四川直隶忠州属垫江等县安置
直隶秦州属五县 秦安县　清水县　礼　县　徽　县　两当县	

庆阳府三等流犯应流地方	
二千里	庆阳府所属各州县流犯，凡犯该流二千里者，发山西太原府属徐沟等县并潞安府属襄垣等县安置
二千五百里	凡犯该流二千五百里者，发山东曹州府属郓城等县安置
三千里	凡犯该流三千里者，发湖北汉阳府属孝感等县安置
庆阳府属一州四县 安化县　合水县　环　县　正宁县　宁　州	

宁夏府三等流犯应流地方	
二千里	宁夏府所属各州县流犯，凡犯该流二千里者，发陕西汉中府属留坝等厅县安置
二千五百里	凡犯该流二千五百里者，发河南开封府属郑州等州县安置
三千里	凡犯该流三千里者，发河南归德府属虞城等县安置
宁夏府属一州四县 宁夏县　宁朔县　平罗县　灵　州　中卫县	

西宁府三等流犯应流地方	
二千里	西宁府所属各县流犯,凡犯该流二千里者,发陕西凤翔府属宝鸡等县安置
二千五百里	凡犯该流二千五百里者,发陕西汉中府属褒城等县安置
三千里	凡犯该流三千里者,发山西直隶霍州属赵城等县安置
西宁府属三县 西宁县　碾伯县　大通县	

凉州府三等流犯应流地方	
二千里	凉州府所属各县流犯,凡犯该流二千里者,发陕西凤翔府属宝鸡等县安置
二千五百里	凡犯该流二千五百里者,发陕西延安府属甘泉等县安置
三千里	凡犯该流三千里者,发四川保宁府属昭化等县安置
凉州府属五县 武威县　镇番县　永昌县　古浪县　平番县	

甘州府三等流犯应流地方	
二千里	甘州府所属各厅县流犯,凡犯该流二千里者,发陕西凤翔府属陇州等州县安置
二千五百里	凡犯该流二千五百里者,发陕西汉中府属凤县等县安置
三千里	凡犯该流三千里者,发陕西汉中府属沔县等县安置
甘州府属一厅二县 张掖县　山丹县　抚彝厅	

直隶肃州三等流犯应流地方	
二千里	直隶肃州所属该县流犯,凡犯该流二千里者,发本省巩昌府属陇西等县安置
二千五百里	凡犯该流二千五百里者,发陕西直隶邠州属长武等县安置
三千里	凡犯该流三千里者,发陕西汉中府属凤县等县安置
直隶肃州属一县 高台县	

镇西府三等流犯应流地方	
二千里	镇西府所属各县流犯，凡犯该流二千里者，发本省直隶肃州属高台县安置
二千五百里	凡犯该流二千五百里者，发本省甘州府属山丹等县安置
三千里	凡犯该流三千里者，发本省凉州府属古浪等县安置
镇西府属二县 宜禾县　奇台县	

直隶泾州三等流犯应流地方	
二千里	直隶泾州所属各县流犯，凡犯该流二千里者，发四川保宁府属苍溪等县安置
二千五百里	凡犯该流二千五百里者，发湖北德安府属安陆等县安置
三千里	凡犯该流三千里者，发湖北黄州府属蕲水等县安置
直隶泾州属三县 崇信县　镇原县　灵台县	

直隶安西州三等流犯应流地方	
二千里	直隶安西州所属各县流犯，凡犯该流二千里者，发本省凉州府属平番等县安置
二千五百里	凡犯该流二千五百里者，发本省巩昌府属会宁等县安置
三千里	凡犯该流三千里者，发本省直隶秦州属清水等县安置
直隶安西州属二县 敦煌县　玉门县	

直隶迪化州三等流犯应流地方	
二千里	直隶迪化州所属各县流犯，凡犯该流二千里者，发本省直隶安西州属敦煌等县安置
二千五百里	凡犯该流二千五百里者，发本省直隶安西州安置
三千里	凡犯该流三千里者，发本省直隶肃州安置
直隶迪化州属三县 昌吉县　阜康县　绥来县	

直隶哈密厅三等流犯应流地方	
二千里	直隶哈密厅流犯,凡犯该流二千里者,发本省甘州府属山丹等县安置
二千五百里	凡犯该流二千五百里者,发本省凉州府属古浪等县安置
三千里	凡犯该流三千里者,发本省兰州府属皋兰等县安置

四川省

成都府三等流犯应流地方	
二千里	成都府所属各州县流犯,凡犯该流二千里者,发本省夔州府属巫山等县安置
二千五百里	凡犯该流二千五百里者,发湖北宜昌府属东湖等县安置
三千里	凡犯该流三千里者,发湖北安陆府属潜江等县安置
成都府属三州十三县 成都县 华阳县 双流县 温江县 新繁县 金堂县 新都县 郫 县 灌 县 彭 县 崇宁县 简 州 崇庆州 新津县 汉 州 什邡县	

直隶资州三等流犯应流地方	
二千里	直隶资州所属各县流犯,凡犯该流二千里者,发湖北宜昌府属归州等州县安置
二千五百里	凡犯该流二千五百里者,发湖北荆州府属江陵等县安置
三千里	凡犯该流三千里者,发湖北汉阳府属汉川等县安置
直隶资州属四县 仁寿县 资阳县 井研县 内江县	

直隶绵州三等流犯应流地方	
二千里	直隶绵州所属各县流犯,凡犯该流二千里者,发本省夔州府属云阳等县安置
二千五百里	凡犯该流二千五百里者,发湖北宜昌府属巴东等县安置
三千里	凡犯该流三千里者,发湖北直隶荆门州属当阳等县安置
直隶绵州属五县 德阳县 安 县 绵竹县 梓潼县 罗江县	

直隶茂州三等流犯应流地方	
二千里	直隶茂州所属该县流犯，凡犯该流二千里者，发本省夔州府属万县等县安置
二千五百里	凡犯该流二千五百里者，发本省重庆府属綦江等县安置
三千里	凡犯该流三千里者，发湖北宜昌府属东湖等县安置
直隶茂州属一县 汶川县	

宁远府三等流犯应流地方	
二千里	宁远府所属各厅州县流犯，凡犯该流二千里者，发本省重庆府属璧山等县安置
二千五百里	凡犯该流二千五百里者，发本省直隶忠州属垫江等县安置
三千里	凡犯该流三千里者，发本省夔州府属奉节等县安置
宁远府属一厅一州三县 西昌县　冕宁县　盐源县　会理州　越巂厅	

保宁府三等流犯应流地方	
二千里	保宁府所属各州县流犯，凡犯该流二千里者，发贵州大定府属毕节等县安置
二千五百里	凡犯该流二千五百里者，发云南曲靖府属马龙等州县安置
三千里	凡犯该流三千里者，发湖北武昌府属江夏等县安置
保宁府属二州七县 阆中县　苍溪县　南部县　广元县　昭化县　巴　州　通江县　南江县　剑　州	

顺庆府三等流犯应流地方	
二千里	顺庆府所属各州县流犯，凡犯该流二千里者，发贵州大定府属黔西等州县安置
二千五百里	凡犯该流二千五百里者，发贵州镇远府属黄平等州县安置
三千里	凡犯该流三千里者，发湖北武昌府属江夏等县安置
顺庆府属二州八县 南充县　西充县　蓬　州　营山县　仪陇县　广安州　渠　县　大竹县　邻水县 岳池县	

叙州府三等流犯应流地方	
二千里	叙州府所属各厅县流犯,凡犯该流二千里者,发湖北宜昌府属归州等州县安置
二千五百里	凡犯该流二千五百里者,发湖北荆州府属松滋等县安置
三千里	凡犯该流三千里者,发湖北汉阳府属汉川等县安置
叙州府属一厅十一县 宜宾县 庆符县 富顺县 南溪县 长宁县 高 县 筠连县 珙 县 兴文县 隆昌县 屏山县 马边厅	

重庆府三等流犯应流地方	
二千里	重庆府所属各州县流犯,凡犯该流二千里者,发湖南宝庆府属新宁等县安置
二千五百里	凡犯该流二千五百里者,发湖北汉阳府属汉阳等县安置
三千里	凡犯该流三千里者,发湖北黄州府属广济等县安置
重庆府属二州十一县 巴 县 江津县 长寿县 永川县 荣昌县 綦江县 南川县 合 州 涪 州 铜梁县 大足县 璧山县 定远县	

直隶酉阳州三等流犯应流地方	
二千里	直隶酉阳州所属各县流犯,凡犯该流二千里者,发本省叙州府属宜宾等县安置
二千五百里	凡犯该流二千五百里者,发本省直隶绵州属罗江等县安置
三千里	凡犯该流三千里者,发本省保宁府属广元等县安置
直隶酉阳州属三县 秀山县 黔江县 彭水县	

直隶忠州三等流犯应流地方	
二千里	直隶忠州所属各县流犯,凡犯该流二千里者,发贵州直隶普安州安置
二千五百里	凡犯该流二千五百里者,发湖北黄州府属黄冈等县安置
三千里	凡犯该流三千里者,发江西九江府属德化等县安置
直隶忠州属三县 酆都县 垫江县 梁山县	

夔州府三等流犯应流地方	
二千里	夔州府所属各县流犯,凡犯该流二千里者,发本省成都府属汉州等州县安置
二千五百里	凡犯该流二千五百里者,发云南曲靖府属平彝等县安置
三千里	凡犯该流三千里者,发广西桂林府属永福等县安置
夔州府属六县 奉节县　巫山县　云阳县　万　县　开　县　大宁县	

绥定府三等流犯应流地方	
二千里	绥定府所属各县流犯,凡犯该流二千里者,发陕西汉中府属凤县等县安置
二千五百里	凡犯该流二千五百里者,发湖南长沙府属宁乡等县安置
三千里	凡犯该流三千里者,发湖南衡州府属衡阳等县安置
绥定府属三县 达　县　东乡县　新宁县	

直隶太平厅三等流犯应流地方	
二千里	直隶太平厅流犯,凡犯该流二千里者,发本省重庆府属綦江等县安置
二千五百里	凡犯该流二千五百里者,发贵州镇远府属施秉等县安置
三千里	凡犯该流三千里者,发湖南常德府属龙阳等县安置

龙安府三等流犯应流地方	
二千里	龙安府所属各县流犯,凡犯该流二千里者,发本省直隶忠州属垫江等县安置
二千五百里	凡犯该流二千五百里者,发甘肃直隶秦州并所属各县安置
三千里	凡犯该流三千里者,发湖北宜昌府属归州等州县安置
龙安府属四县 平武县　江油县　石泉县　彰明县	

潼川府三等流犯应流地方	
二千里	潼川府所属各县流犯,凡犯该流二千里者,发贵州安顺府属永宁等州县安置
二千五百里	凡犯该流二千五百里者,发湖北荆州府属宜都等县安置
三千里	凡犯该流三千里者,发湖北安陆府属天门等县安置
潼川府属八县 三台县　射洪县　盐亭县　中江县　遂宁县　蓬溪县　乐至县　安岳县	

直隶眉州三等流犯应流地方	
二千里	直隶眉州所属各县流犯,凡犯该流二千里者,发本省夔州府属云阳等县安置
二千五百里	凡犯该流二千五百里者,发湖北宜昌府属归州等州县安置
三千里	凡犯该流三千里者,发湖北荆州府属松滋等县安置
直隶眉州属三县 丹棱县　彭山县　青神县	

嘉定府三等流犯应流地方	
二千里	嘉定府所属各县流犯,凡犯该流二千里者,发贵州安顺府属镇宁等州县安置
二千五百里	凡犯该流二千五百里者,发湖北宜昌府属东湖等县安置
三千里	凡犯该流三千里者,发湖北安陆府属潜江等县安置
嘉定府属七县 乐山县　峨眉县　洪雅县　夹江县　犍为县　荣　县　威远县	

直隶邛州三等流犯应流地方	
二千里	直隶邛州所属各县流犯,凡犯该流二千里者,发贵州安顺府属清镇等县安置
二千五百里	凡犯该流二千五百里者,发贵州直隶普安州安置
三千里	凡犯该流三千里者,发湖北荆州府属松滋等县安置
直隶邛州属二县 大邑县　蒲江县	

直隶泸州三等流犯应流地方	
二千里	直隶泸州所属各县流犯,凡犯该流二千里者,发广西庆远府属思恩等县安置
二千五百里	凡犯该流二千五百里者,发湖北荆州府属江陵等县安置
三千里	凡犯该流三千里者,发湖南常德府属龙阳等县安置
直隶泸州属三县 纳溪县　合江县　江安县	

雅州府三等流犯应流地方	
二千里	雅州府所属各州县流犯,凡犯该流二千里者,发贵州大定府属黔西等州县安置
二千五百里	凡犯该流二千五百里者,发湖北宜昌府属巴东等县安置
三千里	凡犯该流三千里者,发湖北荆州府属宜都等县安置
雅州府属一州五县 雅安县　天全州　名山县　荥经县　芦山县　清溪县	

直隶叙永厅三等流犯应流地方	
二千里	直隶叙永厅所属该县流犯,凡犯该流二千里者,发湖南宝庆府属武冈等州县安置
二千五百里	凡犯该流二千五百里者,发湖南长沙府属宁乡等县安置
三千里	凡犯该流三千里者,发湖北安陆府属天门等县安置
直隶叙永厅属一县 永宁县	

直隶石柱厅三等流犯应流地方	
二千里	直隶石柱厅流犯,凡犯该流二千里者,发本省直隶绵州并所属各县安置
二千五百里	凡犯该流二千五百里者,发云南曲靖府属马龙等州县安置
三千里	凡犯该流三千里者,发湖南衡州府属衡阳等县安置

直隶理番厅三等流犯应流地方	
二千里	直隶理番厅流犯,凡犯该流二千里者,发贵州遵义府属绥阳等县安置
二千五百里	凡犯该流二千五百里者,发本省夔州府属巫山等县安置
三千里	凡犯该流三千里者,发湖北宜昌府属东湖等县安置

直隶松潘厅三等流犯应流地方	
二千里	直隶松潘厅流犯,凡犯该流二千里者,发本省直隶忠州属垫江等县安置
二千五百里	凡犯该流二千五百里者,发陕西凤翔府属凤翔等县安置
三千里	凡犯该流三千里者,发湖北宜昌府属巴东等县安置

江西省

南昌府三等流犯应流地方	
二千里	南昌府所属各州县流犯,凡犯该流二千里者,发河南开封府属陈留等县安置
二千五百里	凡犯该流二千五百里者,发山西泽州府属凤台等县安置
三千里	凡犯该流三千里者,发广西南宁府属隆安等县安置
南昌府属一州七县 南昌县　新建县　丰城县　进贤县　奉新县　靖安县　武宁县　义宁州	

饶州府三等流犯应流地方	
二千里	饶州府所属各县流犯,凡犯该流二千里者,发湖北襄阳府属光化等县安置
二千五百里	凡犯该流二千五百里者,发四川夔州府属巫山等县安置
三千里	凡犯该流三千里者,发河南直隶陕州属阌乡等县安置
饶州府属七县 鄱阳县　余干县　乐平县　浮梁县　德兴县　安仁县　万年县	

广信府三等流犯应流地方	
二千里	广信府所属各县流犯,凡犯该流二千里者,发河南汝宁府属信阳等州县并湖北安陆府属钟祥等县安置
二千五百里	凡犯该流二千五百里者,发河南开封府属杞县等县安置
三千里	凡犯该流三千里者,发河南河南府属洛阳等县安置
广信府属七县 上饶县　玉山县　弋阳县　贵溪县　铅山县　广丰县　兴安县	

南康府三等流犯应流地方	
二千里	南康府所属各县流犯,凡犯该流二千里者,发湖北郧阳府属郧县等县安置
二千五百里	凡犯该流二千五百里者,发河南直隶陕州并所属各县安置
三千里	凡犯该流三千里者,发陕西西安府属长安等县安置
南康府属四县 星子县　都昌县　建昌县　安义县	

九江府三等流犯应流地方	
二千里	九江府所属各县流犯,凡犯该流二千里者,发福建漳州府属龙溪等县安置
二千五百里	凡犯该流二千五百里者,发河南直隶陕州属灵宝等县安置
三千里	凡犯该流三千里者,发陕西西安府属咸阳等县安置
九江府属五县 德化县　德安县　瑞昌县　湖口县　彭泽县	

建昌府三等流犯应流地方	
二千里	建昌府所属各县流犯,凡犯该流二千里者,发安徽颍州府属亳州等州县安置
二千五百里	凡犯该流二千五百里者,发河南开封府属尉氏等县安置
三千里	凡犯该流三千里者,发河南河南府属渑池等县安置
建昌府属五县 南城县　新城县　南丰县　广昌县　泸溪县	

抚州府三等流犯应流地方	
二千里	抚州府所属各县流犯,凡犯该流二千里者,发湖南辰州府属辰溪等县安置
二千五百里	凡犯该流二千五百里者,发贵州镇远府属镇远等县安置
三千里	凡犯该流三千里者,发广西南宁府属宣化等县安置
抚州府属六县 临川县　金溪县　崇仁县　宜黄县　乐安县　东乡县	

临江府三等流犯应流地方	
二千里	临江府所属各县流犯,凡犯该流二千里者,发贵州思州府属青溪等县安置
二千五百里	凡犯该流二千五百里者,发贵州直隶平越州属湄潭等县安置
三千里	凡犯该流三千里者,发四川直隶忠州属梁山等县安置
临江府属四县 清江县　新淦县　新喻县　峡江县	

瑞州府三等流犯应流地方	
二千里	瑞州府所属各县流犯,凡犯该流二千里者,发河南开封府属杞县等县安置
二千五百里	凡犯该流二千五百里者,发贵州直隶平越州属湄潭等县安置
三千里	凡犯该流三千里者,发四川直隶忠州属梁山等县安置
瑞州府属三县 高安县　新昌县　上高县	

袁州府三等流犯应流地方	
二千里	袁州府所属各县流犯,凡犯该流二千里者,发贵州直隶平越州属余庆等县安置
二千五百里	凡犯该流二千五百里者,发河南汝宁府属汝阳等县安置
三千里	凡犯该流三千里者,发山西泽州府属高平等县安置
袁州府属四县 宜春县　分宜县　萍乡县　万载县	

赣州府三等流犯应流地方	
二千里	赣州府所属各厅县流犯,凡犯该流二千里者,发安徽凤阳府属凤阳等县安置
二千五百里	凡犯该流二千五百里者,发广西南宁府属横州等州县安置
三千里	凡犯该流三千里者,发河南开封府属郑州等州县安置
赣州府属一厅八县 赣　县　雩都县　信丰县　兴国县　会昌县　安远县　长宁县　龙南县　定南厅	

吉安府三等流犯应流地方	
二千里	吉安府所属各厅县流犯,凡犯该流二千里者,发安徽颍州府属亳州等州县安置
二千五百里	凡犯该流二千五百里者,发贵州都匀府属清平等县安置
三千里	凡犯该流三千里者,发山西泽州府属高平等县安置
吉安府属一厅九县 莲花厅　庐陵县　泰和县　吉水县　永丰县　安福县　龙泉县　万安县　永新县　永宁县	

南安府三等流犯应流地方	
二千里	南安府所属各县流犯,凡犯该流二千里者,发广西浔州府属桂平等县安置
二千五百里	凡犯该流二千五百里者,发安徽颍州府属蒙城等县安置
三千里	凡犯该流三千里者,发河南开封府属陈留等县安置
南安府属四县 大庾县　南康县　上犹县　崇义县	

直隶宁都州三等流犯应流地方	
二千里	直隶宁都州所属各县流犯,凡犯该流二千里者,发广东肇庆府属德庆等州县安置
二千五百里	凡犯该流二千五百里者,发河南归德府属柘城等县安置
三千里	凡犯该流三千里者,发河南怀庆府属武陟等县安置
直隶宁都州属二县 瑞金县　石城县	

福建省

福州府三等流犯应流地方	
二千里	福州府所属各县流犯,凡犯该流二千里者,发广东广州府属东莞等县安置
二千五百里	凡犯该流二千五百里者,发湖南长沙府属善化等县安置
三千里	凡犯该流三千里者,发湖南常德府属桃源等县安置
福州府属十县 闽　县　侯官县　古田县　屏南县　闽清县　长乐县　连江县　罗源县　永福县　福清县	

泉州府三等流犯应流地方	
二千里	泉州府所属各县流犯,凡犯该流二千里者,发广东广州府属三水等县安置
二千五百里	凡犯该流二千五百里者,发浙江嘉兴府属石门等县安置
三千里	凡犯该流三千里者,发广西浔州府属武宣等县安置
泉州府属五县 晋江县　南安县　惠安县　安溪县　同安县	

建宁府三等流犯应流地方	
二千里	建宁府所属各县流犯,凡犯该流二千里者,发广东潮州府属惠来等县安置
二千五百里	凡犯该流二千五百里者,发广东惠州府属归善等县安置
三千里	凡犯该流三千里者,发广东广州府属三水等县安置
建宁府属七县 建安县　瓯宁县　建阳县　崇安县　浦城县　政和县　松溪县	

延平府三等流犯应流地方	
二千里	延平府所属各县流犯,凡犯该流二千里者,发广东惠州府属陆丰等县安置
二千五百里	凡犯该流二千五百里者,发安徽凤阳府属定远等县安置
三千里	凡犯该流三千里者,发广东肇庆府属高要等县安置
延平府属六县 南平县　将乐县　沙　县　尤溪县　顺昌县　永安县	

汀州府三等流犯应流地方	
二千里	汀州府所属各县流犯，凡犯该流二千里者，发广东肇庆府属德庆等州县安置
二千五百里	凡犯该流二千五百里者，发广西平乐府属昭平等县安置
三千里	凡犯该流三千里者，发广西柳州府属雒容等县安置
汀州府属八县 长汀县　宁化县　上杭县　武平县　清流县　连城县　归化县　永定县	

兴化府三等流犯应流地方	
二千里	兴化府所属各县流犯，凡犯该流二千里者，发江西瑞州府属高安等县安置
二千五百里	凡犯该流二千五百里者，发广东韶州府属英德等县安置
三千里	凡犯该流三千里者，发湖南衡州府属衡阳等县安置
兴化府属二县 莆田县　仙游县	

邵武府三等流犯应流地方	
二千里	邵武府所属各县流犯，凡犯该流二千里者，发湖南常德府属武陵等县安置
二千五百里	凡犯该流二千五百里者，发湖南辰州府属辰溪等县安置
三千里	凡犯该流三千里者，发贵州镇远府属镇远等县安置
邵武府属四县 邵武县　光泽县　泰宁县　建宁县	

漳州府三等流犯应流地方	
二千里	漳州府所属各县流犯，凡犯该流二千里者，发广东肇庆府属德庆等州县安置
二千五百里	凡犯该流二千五百里者，发广西浔州府属桂平等县安置
三千里	凡犯该流三千里者，发广西柳州府属马平等县安置
漳州府属七县 龙溪县　漳浦县　南靖县　长泰县　平和县　诏安县　海澄县	

福宁府三等流犯应流地方	
二千里	福宁府所属各县流犯,凡犯该流二千里者,发江西抚州府属临川等县安置
二千五百里	凡犯该流二千五百里者,发江西临江府属新喻等县安置
三千里	凡犯该流三千里者,发湖南长沙府属醴陵等县安置
福宁府属五县 霞浦县　福鼎县　福安县　宁德县　寿宁县	

直隶永春州三等流犯应流地方	
二千里	直隶永春州所属各县流犯,凡犯该流二千里者,发浙江衢州府属龙游等县安置
二千五百里	凡犯该流二千五百里者,发广西梧州府属苍梧等县安置
三千里	凡犯该流三千里者,发广西浔州府属武宣等县安置
直隶永春州属二县 德化县　大田县	

直隶龙岩州三等流犯应流地方	
二千里	直隶龙岩州所属各县流犯,凡犯该流二千里者,发广东肇庆府属高要等县安置
二千五百里	凡犯该流二千五百里者,发广西梧州府属藤县等县安置
三千里	凡犯该流三千里者,发广西柳州府属象州等州县安置
直隶龙岩州属二县 漳平县　宁洋县	

台湾府三等流犯应流地方	
二千里	台湾府所属各县流犯,凡犯该流二千里者,发广东广州府属东莞等县安置
二千五百里	凡犯该流二千五百里者,发湖南长沙府属善化等县安置
三千里	凡犯该流三千里者,发湖南常德府属桃源等县安置
台湾府属四县 台湾县　凤山县　嘉义县　彰化县	

浙江省

杭州府三等流犯应流地方	
二千里	杭州府所属各州县流犯,凡犯该流二千里者,发山东兖州府属邹县等县安置
二千五百里	凡犯该流二千五百里者,发湖北汉阳府属孝感等县安置
三千里	凡犯该流三千里者,发湖北襄阳府属宜城等县安置
杭州府属一州八县 钱塘县　仁和县　海宁州　富阳县　余杭县　临安县　於潜县　新城县　昌化县	

嘉兴府三等流犯应流地方	
二千里	嘉兴府所属各县流犯,凡犯该流二千里者,发山东济南府属历城等县安置
二千五百里	凡犯该流二千五百里者,发山东莱州府属潍县等县安置
三千里	凡犯该流三千里者,发湖北安陆府属钟祥等县安置
嘉兴府属七县 嘉兴县　秀水县　嘉善县　海盐县　石门县　平湖县　桐乡县	

湖州府三等流犯应流地方	
二千里	湖州府所属各县流犯,凡犯该流二千里者,发山东济南府属长清等县安置
二千五百里	凡犯该流二千五百里者,发湖北汉阳府属汉阳等县安置
三千里	凡犯该流三千里者,发陕西西安府属临潼等县安置
湖州府属七县 乌程县　归安县　长兴县　德清县　武康县　安吉县　孝丰县	

宁波府三等流犯应流地方	
二千里	宁波府所属各县流犯,凡犯该流二千里者,发山东兖州府属峄县等县安置
二千五百里	凡犯该流二千五百里者,发山东泰安府属肥城等县安置
三千里	凡犯该流三千里者,发河南南阳府属叶县等县安置
宁波府属六县 鄞　县　慈溪县　奉化县　镇海县　定海县　象山县	

绍兴府三等流犯应流地方	
二千里	绍兴府所属各县流犯,凡犯该流二千里者,发山东泰安府属新泰等县安置
二千五百里	凡犯该流二千五百里者,发山东济南府属齐东等县安置
三千里	凡犯该流三千里者,发湖北襄阳府属宜城等县安置
绍兴府属八县 山阴县　会稽县　萧山县　诸暨县　余姚县　上虞县　嵊　县　新昌县	

台州府三等流犯应流地方	
二千里	台州府所属各县流犯,凡犯该流二千里者,发江苏徐州府属宿迁等县安置
二千五百里	凡犯该流二千五百里者,发山东泰安府属新泰等县安置
三千里	凡犯该流三千里者,发湖北汉阳府属汉川等县安置
台州府属六县 临海县　黄岩县　天台县　仙居县　宁海县　太平县	

金华府三等流犯应流地方	
二千里	金华府所属各县流犯,凡犯该流二千里者,发山东沂州府属郯城等县安置
二千五百里	凡犯该流二千五百里者,发山东泰安府属泰安等县安置
三千里	凡犯该流三千里者,发湖北襄阳府属光化等县安置
金华府属八县 金华县　兰溪县　东阳县　义乌县　永康县　武义县　浦江县　汤溪县	

衢州府三等流犯应流地方	
二千里	衢州府所属各县流犯,凡犯该流二千里者,发湖北德安府属应城等县安置
二千五百里	凡犯该流二千五百里者,发湖北襄阳府属襄阳等县安置
三千里	凡犯该流三千里者,发湖北郧阳府属郧县等县安置
衢州府属五县 西安县　龙游县　江山县　常山县　开化县	

严州府三等流犯应流地方	
二千里	严州府所属各县流犯,凡犯该流二千里者,发山东沂州府属蒙阴等县安置
二千五百里	凡犯该流二千五百里者,发山东济南府属长清等县安置
三千里	凡犯该流三千里者,发湖北襄阳府属光化等县安置
严州府属六县 建德县　淳安县　桐庐县　遂安县　寿昌县　分水县	

温州府三等流犯应流地方	
二千里	温州府所属各厅县流犯,凡犯该流二千里者,发江苏扬州府属高邮等县安置
二千五百里	凡犯该流二千五百里者,发湖北汉阳府属汉阳等县安置
三千里	凡犯该流三千里者,发山东泰安府属泰安等县安置
温州府属一厅五县 永嘉县　瑞安县　乐清县　平阳县　泰顺县　玉环厅	

处州府三等流犯应流地方	
二千里	处州府所属各县流犯,凡犯该流二千里者,发湖北黄州府属黄冈等县安置
二千五百里	凡犯该流二千五百里者,发山东沂州府属蒙阴等县安置
三千里	凡犯该流三千里者,发山东济南府属历城等县安置
处州府属十县 丽水县　青田县　缙云县　松阳县　遂昌县　龙泉县　庆元县　云和县　宣平县 景宁县	

湖北省

武昌府三等流犯应流地方	
二千里	武昌府所属各州县流犯,凡犯该流二千里者,发浙江严州府属建德等县安置
二千五百里	凡犯该流二千五百里者,发浙江绍兴府属山阴等县安置
三千里	凡犯该流三千里者,发浙江台州府属临海等县安置
武昌府属一州九县 江夏县　武昌县　嘉鱼县　蒲圻县　咸宁县　崇阳县　通城县　兴国州　大冶县 通山县	

汉阳府三等流犯应流地方	
二千里	汉阳府所属各州县流犯,凡犯该流二千里者,发浙江严州府属建德等县安置
二千五百里	凡犯该流二千五百里者,发浙江绍兴府属山阴等县安置
三千里	凡犯该流三千里者,发浙江台州府属天台等县安置
汉阳府属一州四县 汉阳县　汉川县　孝感县　黄陂县　沔阳州	

安陆府三等流犯应流地方	
二千里	安陆府所属各县流犯,凡犯该流二千里者,发江苏江宁府属江浦等县安置
二千五百里	凡犯该流二千五百里者,发江苏苏州府属长洲等县安置
三千里	凡犯该流三千里者,发浙江湖州府属乌程等县安置
安陆府属四县 钟祥县　京山县　潜江县　天门县	

襄阳府三等流犯应流地方	
二千里	襄阳府所属各州县流犯,凡犯该流二千里者,发山西汾州府属永宁等州县安置
二千五百里	凡犯该流二千五百里者,发山西大同府属大同等县安置
三千里	凡犯该流三千里者,发广东直隶南雄州属始兴县安置
襄阳府属一州六县 襄阳县　宜城县　南漳县　枣阳县　谷城县　光化县　均　州	

郧阳府三等流犯应流地方	
二千里	郧阳府所属各县流犯,凡犯该流二千里者,发安徽安庆府属太湖等县安置
二千五百里	凡犯该流二千五百里者,发江西临江府属新淦等县安置
三千里	凡犯该流三千里者,发江苏镇江府属丹阳等县安置
郧阳府属六县 郧　县　房　县　竹山县　竹溪县　保康县　郧西县	

德安府三等流犯应流地方	
二千里	府德安所属各州县流犯，凡犯该流二千里者，发江苏常州府属无锡等县安置
二千五百里	凡犯该流二千五百里者，发江苏松江府属金山等县安置
三千里	凡犯该流三千里者，发浙江杭州府属余杭等县安置
德安府属一州四县 安陆县　云梦县　应城县　随　州　应山县	

黄州府三等流犯应流地方	
二千里	黄州府所属各州县流犯，凡犯该流二千里者，发浙江严州府属桐庐等县安置
二千五百里	凡犯该流二千五百里者，发山西蒲州府属永济等县安置
三千里	凡犯该流三千里者，发山西朔平府属朔州等州县安置
黄州府属一州七县 黄冈县　黄安县　蕲水县　罗巴县　麻城县　蕲　州　广济县　黄梅县	

荆州府三等流犯应流地方	
二千里	荆州府所属各县流犯，凡犯该流二千里者，发山西潞安府属襄垣等县安置
二千五百里	凡犯该流二千五百里者，发山西直隶忻州并所属各县安置
三千里	凡犯该流三千里者，发山西朔平府属平鲁等县安置
荆州府属七县 江陵县　公安县　石首县　监利县　松滋县　枝江县　宜都县	

宜昌府三等流犯应流地方	
二千里	宜昌府所属各州县流犯，凡犯该流二千里者，发山西潞安府属潞城等县安置
二千五百里	凡犯该流二千五百里者，发山西太原府属阳曲等县安置
三千里	凡犯该流三千里者，发山西朔平府属平鲁等县安置
宜昌府属二州五县 东湖县　归　州　长阳县　兴山县　巴东县　长乐县　鹤峰州	

施南府三等流犯应流地方	
二千里	施南府所属各县流犯,凡犯该流二千里者,发河南开封府属新郑等县安置
二千五百里	凡犯该流二千五百里者,发江西南昌府属进贤等县安置
三千里	凡犯该流三千里者,发山西太原府属祁县等县安置
施南府属六县 恩施县 宣恩县 来凤县 咸丰县 利川县 建始县	

直隶荆门州三等流犯应流地方	
二千里	直隶荆门州所属各县流犯,凡犯该流二千里者,发安徽直隶和州并所属含山县安置
二千五百里	凡犯该流二千五百里者,发江苏常州府属无锡等县安置
三千里	凡犯该流三千里者,发浙江杭州府属仁和等县安置
直隶荆门州属二县 当阳县 远安县	

湖南省

长沙府三等流犯应流地方	
二千里	长沙府所属各州县流犯,凡犯该流二千里者,发贵州直隶平越州属湄潭等县安置
二千五百里	凡犯该流二千五百里者,发四川重庆府属长寿等县并直隶忠州及所属各县安置
三千里	凡犯该流三千里者,发四川重庆府属荣昌等县安置
长沙府属一州十一县 长沙县 善化县 湘潭县 湘阴县 宁乡县 浏阳县 醴陵县 益阳县 湘乡县 攸 县 安化县 茶陵州	

岳州府三等流犯应流地方	
二千里	岳州府所属各县流犯,凡犯该流二千里者,发山西泽州府属凤台等县安置
二千五百里	凡犯该流二千五百里者,发山西直隶沁州属武乡等县安置
三千里	凡犯该流三千里者,发山西直隶代州并所属各县安置
岳州府属四县 巴陵县 临湘县 华容县 平江县	

直隶澧州三等流犯应流地方	
二千里	直隶澧州所属各县流犯,凡犯该流二千里者,发贵州安顺府属永宁等州县安置
二千五百里	凡犯该流二千五百里者,发四川叙州府属隆昌等县安置
三千里	凡犯该流三千里者,发云南楚雄府属广通等县安置
直隶澧州属五县 石门县　安乡县　慈利县　安福县　永定县	

宝庆府三等流犯应流地方	
二千里	宝庆府所属各州县流犯,凡犯该流二千里者,发江西南康府属都昌等县安置
二千五百里	凡犯该流二千五百里者,发浙江金华府属兰溪等县安置
三千里	凡犯该流三千里者,发广东潮州府属澄海等县安置
宝庆府属一州四县 邵阳县　新化县　城步县　武冈州　新宁县	

衡州府三等流犯应流地方	
二千里	衡州府所属各县流犯,凡犯该流二千里者,发浙江衢州府属龙游等县安置
二千五百里	凡犯该流二千五百里者,发河南怀庆府属武陟等县安置
三千里	凡犯该流三千里者,发山西平阳府属翼城等县安置
衡州府属七县 衡阳县　清泉县　衡山县　耒阳县　常宁县　安仁县　酃　县	

直隶桂阳州三等流犯应流地方	
二千里	直隶桂阳州所属各县流犯,凡犯该流二千里者,发江西广信府属上饶等县安置
二千五百里	凡犯该流二千五百里者,发四川夔州府属奉节等县安置
三千里	凡犯该流三千里者,发河南怀庆府属河内等县安置
直隶桂阳州属三县 临武县　蓝山县　嘉禾县	

常德府三等流犯应流地方	
二千里	常德府所属各县流犯,凡犯该流二千里者,发江西广信府属玉山等县安置
二千五百里	凡犯该流二千五百里者,发山西直隶沁州并所属各县安置
三千里	凡犯该流三千里者,发江苏苏州府属长洲等县安置
常德府属四县 武陵县　桃源县　龙阳县　沅江县	

辰州府三等流犯应流地方	
二千里	辰州府所属各县流犯,凡犯该流二千里者,发安徽安庆府属宿松等县安置
二千五百里	凡犯该流二千五百里者,发安徽宁国府属南陵等县安置
三千里	凡犯该流三千里者,发江苏江宁府属句容等县安置
辰州府属四县 沅陵县　泸溪县　辰溪县　溆浦县	

直隶乾州厅三等流犯应流地方	
二千里	直隶乾州厅流犯,凡犯该流二千里者,发安徽安庆府属宿松等县安置
二千五百里	凡犯该流二千五百里者,发安徽宁国府属南陵等县安置
三千里	凡犯该流三千里者,发江苏江宁府属句容等县安置

直隶凤凰厅三等流犯应流地方	
二千里	直隶凤凰厅流犯,凡犯该流二千里者,发安徽安庆府属宿松等县安置
二千五百里	凡犯该流二千五百里者,发安徽宁国府属南陵等县安置
三千里	凡犯该流三千里者,发江苏江宁府属句容等县安置

直隶永绥厅三等流犯应流地方	
二千里	直隶永绥厅流犯,凡犯该流二千里者,发安徽安庆府属宿松等县安置
二千五百里	凡犯该流二千五百里者,发安徽宁国府属南陵等县安置
三千里	凡犯该流三千里者,发江苏江宁府属句容等县安置

沅州府三等流犯应流地方	
二千里	沅州府所属各县流犯，凡犯该流二千里者，发湖北黄州府属蕲水等县安置
二千五百里	凡犯该流二千五百里者，发河南河南府属嵩县等县安置
三千里	凡犯该流三千里者，发安徽庐州府属巢县等县安置
沅州府属三县 芷江县　黔阳县　麻阳县	

永州府三等流犯应流地方	
二千里	永州府所属各州县流犯，凡犯该流二千里者，发福建邵武府属光泽等县安置
二千五百里	凡犯该流二千五百里者，发福建延平府属沙县等县安置
三千里	凡犯该流三千里者，发福建福州府属侯官等县安置
永州府属一州七县 零陵县　祁阳县　东安县　道　州　宁远县　永明县　江华县　新田县	

直隶靖州三等流犯应流地方	
二千里	直隶靖州所属各县流犯，凡犯该流二千里者，发湖北宜昌府属归州等州县安置
二千五百里	凡犯该流二千五百里者，发江西南康府属都昌等县安置
三千里	凡犯该流三千里者，发浙江金华府属兰溪等县安置
直隶靖州属三县 会同县　通道县　绥宁县	

直隶郴州三等流犯应流地方	
二千里	直隶郴州所属各县流犯，凡犯该流二千里者，发江西广信府属上饶等县安置
二千五百里	凡犯该流二千五百里者，发河南直隶许州属临颍等县安置
三千里	凡犯该流三千里者，发河南怀庆府属河内等县安置
直隶郴州属五县 永兴县　宜章县　兴宁县　桂阳县　桂东县	

永顺府三等流犯应流地方	
二千里	永顺府所属各县流犯,凡犯该流二千里者,发四川夔州府属奉节等县安置
二千五百里	凡犯该流二千五百里者,发安徽安庆府属怀宁等县安置
三千里	凡犯该流三千里者,发四川重庆府属璧山等县安置
永顺府属四县 永顺县　龙山县　保靖县　桑植县	

河南省

开封府三等流犯应流地方	
二千里	开封府所属各厅州县流犯,凡犯该流二千里者,发浙江嘉兴府属石门等县安置
二千五百里	凡犯该流二千五百里者,发浙江宁波府属慈溪等县安置
三千里	凡犯该流三千里者,发浙江温州府属永嘉等县安置
开封府属一厅二州十四县 祥符县　陈留县　杞　县　通许县　尉氏县　洧川县　鄢陵县　中牟县　兰阳县 仪封厅　郑　州　荥阳县　荥泽县　汜水县　禹　州　密　县　新郑县	

陈州府三等流犯应流地方	
二千里	陈州府所属各县流犯,凡犯该流二千里者,发浙江严州府属桐庐等县安置
二千五百里	凡犯该流二千五百里者,发浙江台州府属宁海等县安置
三千里	凡犯该流三千里者,发浙江温州府属泰顺等县安置
陈州府属七县 淮宁县　商水县　西华县　项城县　沈邱县　太康县　扶沟县	

直隶许州三等流犯应流地方	
二千里	直隶许州所属各县流犯,凡犯该流二千里者,发浙江嘉兴府属石门等县安置
二千五百里	凡犯该流二千五百里者,发浙江宁波府属慈溪等县安置
三千里	凡犯该流三千里者,发浙江温州府属乐清等县安置
直隶许州属四县 临颍县　襄城县　郾城县　长葛县	

归德府三等流犯应流地方	
二千里	归德府所属各州县流犯,凡犯该流二千里者,发浙江绍兴府属上虞等县安置
二千五百里	凡犯该流二千五百里者,发浙江衢州府属开化等县安置
三千里	凡犯该流三千里者,发福建建宁府属建安等县安置
归德府属一州七县 商丘县　宁陵县　鹿邑县　夏邑县　永城县　虞城县　睢　州　柘城县	

彰德府三等流犯应流地方	
二千里	彰德府所属各县流犯,凡犯该流二千里者,发山东登州府属荣城等县安置
二千五百里	凡犯该流二千五百里者,发江西南昌府属进贤等县安置
三千里	凡犯该流三千里者,发湖南衡州府属常宁等县安置
彰德府属七县 安阳县　汤阴县　临漳县　林　县　内黄县　武安县　涉　县	

卫辉府三等流犯应流地方	
二千里	卫辉府所属各县流犯,凡犯该流二千里者,发山东登州府属栖霞等县安置
二千五百里	凡犯该流二千五百里者,发湖南长沙府属湘潭等县安置
三千里	凡犯该流三千里者,发湖南永州府属零陵等县安置
卫辉府属十县 汲　县　新乡县　获嘉县　淇　县　辉　县　延津县　浚　县　滑　县　封丘县 考城县	

怀庆府三等流犯应流地方	
二千里	怀庆府所属各县流犯,凡犯该流二千里者,发山东登州府属福山等县安置
二千五百里	凡犯该流二千五百里者,发浙江杭州府属仁和等县安置
三千里	凡犯该流三千里者,发浙江衢州府属龙游等县安置
怀庆府属八县 河内县　济源县　原武县　修武县　武陟县　孟　县　温　县　阳武县	

河南府三等流犯应流地方	
二千里	河南府所属各县流犯,凡犯该流二千里者,发江苏扬州府属宝应等县安置
二千五百里	凡犯该流二千五百里者,发湖南长沙府属湘潭等县安置
三千里	凡犯该流三千里者,发湖南永州府属祁阳等县安置
河南府属十县 洛阳县　偃师县　巩　县　孟津县　宜阳县　登封县　永宁县　新安县　渑池县　嵩　县	

直隶陕州三等流犯应流地方	
二千里	直隶陕州所属各县流犯,凡犯该流二千里者,发江苏扬州府属仪征等县安置
二千五百里	凡犯该流二千五百里者,发甘肃西宁府属西宁等县安置
三千里	凡犯该流三千里者,发甘肃甘州府属抚彝等县安置
直隶陕州属三县 灵宝县　阌乡县　卢氏县	

南阳府三等流犯应流地方	
二千里	南阳府所属各州县流犯,凡犯该流二千里者,发湖南沅州府属麻阳等县安置
二千五百里	凡犯该流二千五百里者,发山西朔平府属右玉等县安置
三千里	凡犯该流三千里者,发浙江台州府属黄岩等县安置
南阳府属二州十一县 南阳县　南召县　镇平县　唐　县　泌阳县　桐柏县　邓　州　内乡县　新野县　淅川县　裕　州　舞阳县　叶　县	

汝宁府三等流犯应流地方	
二千里	汝宁府所属各州县流犯,凡犯该流二千里者,发浙江杭州府属仁和等县安置
二千五百里	凡犯该流二千五百里者,发广西桂林府属全州等州县安置
三千里	凡犯该流三千里者,发甘肃宁夏府属宁夏等县安置
汝宁府属一州八县 汝阳县　正阳县　上蔡县　新蔡县　西平县　遂平县　确山县　信阳州　罗山县	

直隶光州三等流犯应流地方	
二千里	直隶光州所属各县流犯,凡犯该流二千里者,发浙江严州府属建德等县安置
二千五百里	凡犯该流二千五百里者,发广西桂林府属阳朔等县安置
三千里	凡犯该流三千里者,发甘肃宁夏府属宁夏等县安置
直隶光州属四县 光山县　固始县　息　县　商城县	

直隶汝州三等流犯应流地方	
二千里	直隶汝州所属各县流犯,凡犯该流二千里者,发江苏淮安府属清河等县安置
二千五百里	凡犯该流二千五百里者,发浙江绍兴府属山阴等县安置
三千里	凡犯该流三千里者,发甘肃凉州府属武威等县安置
直隶汝州属四县 鲁山县　郏　县　宝丰县　伊阳县	

广东省

广州府三等流犯应流地方	
二千里	广州府所属各县流犯,凡犯该流二千里者,发广西太平府属养利等州县安置
二千五百里	凡犯该流二千五百里者,发江西南康府属建昌等县安置
三千里	凡犯该流三千里者,发湖北黄州府属蕲水等县安置
广州府属十四县 南海县　番禺县　顺德县　东莞县　从化县　龙门县　新宁县　增城县　香山县 新会县　三水县　清远县　新安县　花　县	

直隶连州三等流犯应流地方	
二千里	直隶连州所属各县流犯,凡犯该流二千里者,发广西南宁府属宣化等县安置
二千五百里	凡犯该流二千五百里者,发湖南常德府属桃源等县安置
三千里	凡犯该流三千里者,发湖南辰州府属辰溪等县安置
直隶连州属二县 阳山县　连山县	

韶州府三等流犯应流地方	
二千里	韶州府所属各县流犯,凡犯该流二千里者,发福建福州府属古田等县安置
二千五百里	凡犯该流二千五百里者,发贵州思州府属青溪等县安置
三千里	凡犯该流三千里者,发贵州贵阳府属龙里等县安置
韶州府属六县 曲江县　乐昌县　仁化县　乳源县　翁源县　英德县	

直隶南雄州三等流犯应流地方	
二千里	直隶南雄州所属该县流犯,凡犯该流二千里者,发浙江衢州府属西安等县安置
二千五百里	凡犯该流二千五百里者,发广西柳州府属来宾等县安置
三千里	凡犯该流三千里者,发湖南常德府属武陵等县安置
直隶南雄州属一县 始兴县	

惠州府三等流犯应流地方	
二千里	惠州府所属各州县流犯,凡犯该流二千里者,发江西赣州府属雩都等县安置
二千五百里	凡犯该流二千五百里者,发江西临江府属新淦等县安置
三千里	凡犯该流三千里者,发江西抚州府属东乡等县安置
惠州府属一州九县 归善县　博罗县　长宁县　永安县　海丰县　陆丰县　龙川县　连平州　河源县 和平县	

潮州府三等流犯应流地方	
二千里	潮州府所属各县流犯,凡犯该流二千里者,发江西南康府属建昌等县安置
二千五百里	凡犯该流二千五百里者,发安徽安庆府属潜山等县安置
三千里	凡犯该流三千里者,发安徽凤阳府属定远等县安置
潮州府属九县 海阳县　丰顺县　潮阳县　揭阳县　饶平县　惠来县　大埔县　澄海县　普宁县	

嘉应府三等流犯应流地方	
二千里	嘉应府所属各县流犯，凡犯该流二千里者，发江西广信府属弋阳等县安置
二千五百里	凡犯该流二千五百里者，发广西南宁府属宣化等县安置
三千里	凡犯该流三千里者，发湖南长沙府属宁乡等县安置
嘉应府属五县 程乡县　长乐县　兴宁县　平远县　镇平县	

肇庆府三等流犯应流地方	
二千里	肇庆府所属各州县流犯，凡犯该流二千里者，发江西临江府属峡江等县安置
二千五百里	凡犯该流二千五百里者，发江西九江府属德安等县安置
三千里	凡犯该流三千里者，发湖北荆州府属枝江等县安置
肇庆府属一州十二县 高要县　四会县　新兴县　阳春县　阳江县　高明县　恩平县　广宁县　开平县 鹤山县　德庆州　封川县　开建县	

高州府三等流犯应流地方	
二千里	高州府所属各州县流犯，凡犯该流二千里者，发广西南宁府属宣化等县安置
二千五百里	凡犯该流二千五百里者，发江西吉安府属万安等县安置
三千里	凡犯该流三千里者，发湖南常德府属龙阳等县安置
高州府属一州五县 茂名县　电白县　信宜县　化　州　吴川县　石城县	

廉州府三等流犯应流地方	
二千里	廉州府所属各州县流犯，凡犯该流二千里者，发广西平乐府属平乐等县安置
二千五百里	凡犯该流二千五百里者，发湖南直隶郴州属永兴等县安置
三千里	凡犯该流三千里者，发湖南长沙府属湘潭等县安置
廉州府属一州二县 合浦县　钦　州　灵山县	

雷州府三等流犯应流地方	
二千里	雷州府所属各县流犯,凡犯该流二千里者,发广西桂林府属阳朔等县安置
二千五百里	凡犯该流二千五百里者,发湖南直隶靖州属通道等县安置
三千里	凡犯该流三千里者,发贵州思州府属玉屏等县安置
雷州府属三县 海康县　遂溪县　徐闻县	

琼州府三等流犯应流地方	
二千里	琼州府所属各州县流犯,凡犯该流二千里者,发广西柳州府属来宾等县安置
二千五百里	凡犯该流二千五百里者,发广西桂林府属兴安等县安置
三千里	凡犯该流三千里者,发湖南直隶靖州并所属各县安置
琼州府属三州十县 琼山县　澄迈县　定安县　文昌县　会同县　乐会县　临高县　儋　州　昌化县 万　州　陵水县　崖　州　感恩县	

直隶罗定州三等流犯应流地方	
二千里	直隶罗定州所属各县流犯,凡犯该流二千里者,发湖南直隶靖州属会同等县安置
二千五百里	凡犯该流二千五百里者,发贵州镇远府属镇远等县安置
三千里	凡犯该流三千里者,发贵州贵阳府属贵筑等县安置
直隶罗定州属二县 东安县　西宁县	

广西省

桂林府三等流犯应流地方	
二千里	桂林府所属各州县流犯,凡犯该流二千里者,发江西吉安府属万安等县安置
二千五百里	凡犯该流二千五百里者,发江西赣州府属会昌等县安置
三千里	凡犯该流三千里者,发浙江严州府属桐庐等县安置
桂林府属二州七县 临桂县　兴安县　灵川县　阳朔县　永宁州　永福县　义宁县　全　州　灌阳县	

柳州府三等流犯应流地方	
二千里	柳州府所属各州县流犯，凡犯该流二千里者，发湖北武昌府属蒲圻等县安置
二千五百里	凡犯该流二千五百里者，发湖北汉阳府属孝感等县安置
三千里	凡犯该流三千里者，发河南汝宁府属确山等县安置
柳州府属一州七县 马平县　雒容县　罗城县　柳城县　怀远县　来宾县　融　县　象　州	

庆远府三等流犯应流地方	
二千里	庆远府所属各州县流犯，凡犯该流二千里者，发湖南常德府属龙阳等县安置
二千五百里	凡犯该流二千五百里者，发湖南辰州府属沅陵等县安置
三千里	凡犯该流三千里者，发贵州思州府属清溪等县安置
庆远府属四州四县 宜山县　天河县　河池州　思恩县　东兰州　忻城县　南丹州　那地州	

思恩府三等流犯应流地方	
二千里	思恩府所属各州县流犯，凡犯该流二千里者，发湖南长沙府属善化等县安置
二千五百里	凡犯该流二千五百里者，发湖南岳州府属华容等县安置
三千里	凡犯该流三千里者，发湖北汉阳府属汉川等县安置
思恩府属二州三县 武缘县　宾　州　迁江县　上林县　田　州	

泗城府三等流犯应流地方	
二千里	泗城府所属各州县流犯，凡犯该流二千里者，发本省桂林府属兴安等县安置
二千五百里	凡犯该流二千五百里者，发湖南衡州府属清泉等县安置
三千里	凡犯该流三千里者，发湖南长沙府属宁乡等县安置
泗城府属一州二县 凌云县　西隆州　西林县	

平乐府三等流犯应流地方	
二千里	平乐府所属各州县流犯,凡犯该流二千里者,发湖北荆州府属公安等县安置
二千五百里	凡犯该流二千五百里者,发贵州安顺府属镇宁等县安置
三千里	凡犯该流三千里者,发四川夔州府属巫山等县安置
平乐府属一州七县 平乐县　恭城县　富川县　贺　县　荔浦县　修仁县　昭平县　永安州	

梧州府三等流犯应流地方	
二千里	梧州府所属各县流犯,凡犯该流二千里者,发湖南长沙府属益阳等县安置
二千五百里	凡犯该流二千五百里者,发湖北荆州府属公安等县安置
三千里	凡犯该流三千里者,发贵州安顺府属镇宁等州县安置
梧州府属五县 苍梧县　藤　县　容　县　岑溪县　怀集县	

直隶郁林州三等流犯应流地方	
二千里	直隶郁林州所属各县流犯,凡犯该流二千里者,发湖南直隶靖州并所属各县安置
二千五百里	凡犯该流二千五百里者,发湖南常德府属龙阳等县安置
三千里	凡犯该流三千里者,发江西吉安府属庐陵等县安置
直隶郁林州属四县 博白县　北流县　陆川县　兴业县	

浔州府三等流犯应流地方	
二千里	浔州府所属各县流犯,凡犯该流二千里者,发湖南长沙府属宁乡等县安置
二千五百里	凡犯该流二千五百里者,发湖北武昌府属蒲圻等县安置
三千里	凡犯该流三千里者,发湖北宜昌府属东湖等县安置
浔州府属四县 桂平县　平南县　贵　县　武宣县	

南宁府三等流犯应流地方	
二千里	南宁府所属各州县流犯，凡犯该流二千里者，发湖南直隶靖州属会同等县安置
二千五百里	凡犯该流二千五百里者，发贵州镇远府属镇远等县安置
三千里	凡犯该流三千里者，发广东嘉应府属程乡等县安置
南宁府属六州三县 宣化县　新宁州　隆安县　横　州　永淳县　上思州　归德州　果化州　忠　州	

太平府三等流犯应流地方	
二千里	太平府所属各州县流犯，凡犯该流二千里者，发湖南宝庆府属邵阳等县安置
二千五百里	凡犯该流二千五百里者，发广东惠州府属海丰等县安置
三千里	凡犯该流三千里者，发湖北武昌府属咸宁等县安置
太平府属十八州二县 崇善县　养利州　左　州　永康州　罗阳县　万承州　思陵州　宁明州　凭祥州 太平州　安平州　茗盈州　结安州　佶伦州　龙英州　都结州　龙　州　江　州 思　州　上下冻州	

镇安府三等流犯应流地方	
二千里	镇安府所属各州县流犯，凡犯该流二千里者，发本省桂林府属全州等州县并梧州府属苍梧等县安置
二千五百里	凡犯该流二千五百里者，发广东广州府属增城等县安置
三千里	凡犯该流三千里者，发广东惠州府属海丰等县安置
镇安府属五州一县 天保县　下雷州　奉议州　归顺州　向武州　都康州	

云南省

云南府三等流犯应流地方	
二千里	云南府所属各州县流犯，凡犯该流二千里者，发四川直隶资州属资阳等县安置
二千五百里	凡犯该流二千五百里者，发四川直隶绵州属梓潼等县安置
三千里	凡犯该流三千里者，发四川夔州府属巫山等县安置
云南府属四州七县 昆明县　富民县　宜良县　嵩明州　晋宁州　呈贡县　安宁州　罗次县　禄丰县 昆阳州　易门县	

大理府三等流犯应流地方	
二千里	大理府所属各州县流犯,凡犯该流二千里者,发贵州贵阳府属贵筑等县安置
二千五百里	凡犯该流二千五百里者,发贵州镇远府属镇远等县安置
三千里	凡犯该流三千里者,发湖南沅州府属芷江等县安置
大理府属四州三县 太和县　赵　州　云南县　邓川州　浪穹县　宾川州　云龙州	

临安府三等流犯应流地方	
二千里	临安府所属各州县流犯,凡犯该流二千里者,发四川叙州府属隆昌等县安置
二千五百里	凡犯该流二千五百里者,发四川重庆府属长寿等县安置
三千里	凡犯该流三千里者,发四川直隶绵州属梓潼等县安置
临安府属三州五县 建水县　石屏州　阿迷州　宁　州　通海县　河西县　嶍峨县　蒙自县	

楚雄府三等流犯应流地方	
二千里	楚雄府所属各州县流犯,凡犯该流二千里者,发贵州镇远府属黄平等州县安置
二千五百里	凡犯该流二千五百里者,发广西柳州府属柳城等县安置
三千里	凡犯该流三千里者,发湖南常德府属桃源等县安置
楚雄府属三州四县 楚雄县　定远县　广通县　南安州　镇南州　姚　州　大姚县	

澂江府三等流犯应流地方	
二千里	澂江府所属各县流犯,凡犯该流二千里者,发四川直隶资州属资阳等县安置
二千五百里	凡犯该流二千五百里者,发四川直隶茂州属汶川县安置
三千里	凡犯该流三千里者,发广西平乐府属平乐等县安置
澂江府属二州二县 河阳县　江川县　新兴州　路南州	

直隶景东厅三等流犯应流地方	
二千里	直隶景东厅流犯，凡犯该流二千里者，发贵州安顺府属永宁等州县安置
二千五百里	凡犯该流二千五百里者，发贵州贵阳府属贵定等县安置
三千里	凡犯该流三千里者，发贵州思州府属玉屏等县安置

广南府三等流犯应流地方	
二千里	广南府所属该县流犯，凡犯该流二千里者，发贵州安顺府属安平等县安置
二千五百里	凡犯该流二千五百里者，发本省永昌府属腾越等州县安置
三千里	凡犯该流三千里者，发湖南辰州府属辰溪等县安置
广南府属一县 宝宁县	

直隶广西州三等流犯应流地方	
二千里	直隶广西州所属各县流犯，凡犯该流二千里者，发本省永昌府属腾越等州县安置
二千五百里	凡犯该流二千五百里者，发四川成都府属成都等县安置
三千里	凡犯该流三千里者，发广西桂林府属临桂等县安置
直隶广西州属二县 师宗县　弥勒县	

顺宁府三等流犯应流地方	
二千里	顺宁府所属各州县流犯，凡犯该流二千里者，发贵州安顺府属永宁等州县安置
二千五百里	凡犯该流二千五百里者，发贵州贵阳府属贵定等县安置
三千里	凡犯该流三千里者，发贵州思州府属玉屏等县安置
顺宁府属一州一县 顺宁县　云　州	

曲靖府三等流犯应流地方	
二千里	曲靖府所属各州县流犯,凡犯该流二千里者,发四川直隶绵州属德阳等县安置
二千五百里	凡犯该流二千五百里者,发湖南常德府属龙阳等县安置
三千里	凡犯该流三千里者,发湖南长沙府属湘潭等县安置
曲靖府属六州二县 南宁县　霑益州　陆凉州　罗平州　马龙州　寻甸州　平彝县　宣威州	

直隶武定州三等流犯应流地方	
二千里	直隶武定州所属各县流犯,凡犯该流二千里者,发贵州黎平府属永从等县安置
二千五百里	凡犯该流二千五百里者,发广西柳州府属马平等县安置
三千里	凡犯该流三千里者,发广西平乐府属平乐等县安置
直隶武定州属二县 元谋县　禄劝县	

丽江府三等流犯应流地方	
二千里	丽江府所属各州县流犯,凡犯该流二千里者,发贵州兴义府属安南等县安置
二千五百里	凡犯该流二千五百里者,发贵州贵阳府属贵定等县安置
三千里	凡犯该流三千里者,发贵州黎平府属永从等县安置
丽江府属二州一县 丽江县　鹤庆州　剑川州	

直隶元江州三等流犯应流地方	
二千里	直隶元江州所属该县流犯,凡犯该流二千里者,发四川直隶泸州属纳溪等县安置
二千五百里	凡犯该流二千五百里者,发四川重庆府属巴县等县安置
三千里	凡犯该流三千里者,发四川直隶资州并所属各县安置
直隶元江州属一县 新平县	

普洱府三等流犯应流地方	
二千里	普洱府所属该县流犯,凡犯该流二千里者,发贵州大定府属毕节等县安置
二千五百里	凡犯该流二千五百里者,发四川叙州府属隆昌等县安置
三千里	凡犯该流三千里者,发四川成都府属简州等州县安置
普洱府属一县 宁洱县	

直隶蒙化厅三等流犯应流地方	
二千里	直隶蒙化厅流犯,凡犯该流二千里者,发贵州贵阳府属龙里等县安置
二千五百里	凡犯该流二千五百里者,发贵州思州府属清溪等县安置
三千里	凡犯该流三千里者,发湖南辰州府属辰溪等县安置

永昌府三等流犯应流地方	
二千里	永昌府所属各州县流犯,凡犯该流二千里者,发本省临安府属宁州等州县安置
二千五百里	凡犯该流二千五百里者,发贵州贵阳府属贵筑等县安置
三千里	凡犯该流三千里者,发贵州都匀府属都江等厅县安置
永昌府属一州二县 保山县　永平县　腾越州	

直隶永北厅三等流犯应流地方	
二千里	直隶永北厅流犯,凡犯该流二千里者,发贵州安顺府属镇宁等州县安置
二千五百里	凡犯该流二千五百里者,发贵州都匀府属都匀等县安置
三千里	凡犯该流三千里者,发广西柳州府属怀远等县安置

开化府三等流犯应流地方	
二千里	开化府所属该县流犯,凡犯该流二千里者,发贵州贵阳府属龙里等县安置
二千五百里	凡犯该流二千五百里者,发四川重庆府属永川等县安置
三千里	凡犯该流三千里者,发四川成都府属汉州等州县安置
开化府属一县 文山县	

东川府三等流犯应流地方	
二千里	东川府所属该县流犯,凡犯该流二千里者,发四川成都府属新都等县安置
二千五百里	凡犯该流二千五百里者,发广西桂林府属阳朔等县安置
三千里	凡犯该流三千里者,发陕西汉中府属宁羌等州县安置
东川府属一县 会泽县	

直隶镇沅州三等流犯应流地方	
二千里	直隶镇沅州所属该县流犯,凡犯该流二千里者,发贵州直隶普安州安置
二千五百里	凡犯该流二千五百里者,发贵州安顺府属安平等县安置
三千里	凡犯该流三千里者,发贵州镇远府属施秉等县安置
直隶镇沅州属一县 恩乐县	

昭通府三等流犯应流地方	
二千里	昭通府所属各县流犯,凡犯该流二千里者,发四川直隶绵州属梓潼等县安置
二千五百里	凡犯该流二千五百里者,发广西桂林府属阳朔等县安置
三千里	凡犯该流三千里者,发广西平乐府属贺县等县安置
昭通府属一州二县 恩安县　永善县　镇雄州	

贵州省

贵阳府三等流犯应流地方	
二千里	贵阳府所属各州县流犯,凡犯该流二千里者,发湖南长沙府属湘乡等县安置
二千五百里	凡犯该流二千五百里者,发湖南衡州府属耒阳等县安置
三千里	凡犯该流三千里者,发广东韶州府属曲江等县安置
贵阳府属三州四县 贵筑县　龙里县　贵定县　修文县　开　州　定番州　广顺州	

思州府三等流犯应流地方	
二千里	思州府所属各县流犯，凡犯该流二千里者，发湖北武昌府属江夏等县安置
二千五百里	凡犯该流二千五百里者，发广东韶州府属曲江等县安置
三千里	凡犯该流三千里者，发广东广州府属清远等县安置
思州府属二县 玉屏县　清溪县	

思南府三等流犯应流地方	
二千里	思南府所属各县流犯，凡犯该流二千里者，发湖北安陆府属天门等县安置
二千五百里	凡犯该流二千五百里者，发江西南昌府属丰城等县安置
三千里	凡犯该流三千里者，发安徽安庆府属太湖等县安置
思南府属三县 安化县　婺川县　印江县	

镇远府三等流犯应流地方	
二千里	镇远府所属各州县流犯，凡犯该流二千里者，发湖南衡州府属耒阳等县安置
二千五百里	凡犯该流二千五百里者，发广东韶州府属乐昌等县安置
三千里	凡犯该流三千里者，发江西南安府属大庾等县安置
镇远府属一州三县 镇远县　施秉县　天柱县　黄平州	

石阡府三等流犯应流地方	
二千里	石阡府所属该县流犯，凡犯该流二千里者，发四川成都府属新津等县安置
二千五百里	凡犯该流二千五百里者，发湖北黄州府属蕲水等县安置
三千里	凡犯该流三千里者，发广东韶州府属英德等县安置
石阡府属一县 龙泉县	

铜仁府三等流犯应流地方	
二千里	铜仁府所属该县流犯,凡犯该流二千里者,发四川重庆府属荣昌等县安置
二千五百里	凡犯该流二千五百里者,发江西广信府属兴安等县安置
三千里	凡犯该流三千里者,发广东肇庆府属封川等县安置
铜仁府属一县 铜仁县	

黎平府三等流犯应流地方	
二千里	黎平府所属各县流犯,凡犯该流二千里者,发江西袁州府属萍乡等县安置
二千五百里	凡犯该流二千五百里者,发广东广州府属东莞等县安置
三千里	凡犯该流三千里者,发广东惠州府属龙川等县安置
黎平府属三县 开泰县　锦屏县　永从县	

安顺府三等流犯应流地方	
二千里	安顺府所属各州县流犯,凡犯该流二千里者,发湖南长沙府属湘乡等县安置
二千五百里	凡犯该流二千五百里者,发湖南衡州府属衡阳等县安置
三千里	凡犯该流三千里者,发江西南康府属安义等县安置
安顺府属二州三县 普定县　镇宁州　永宁州　清镇县　安平县	

兴义府三等流犯应流地方	
二千里	兴义府所属各州县流犯,凡犯该流二千里者,发湖南宝庆府属武冈等县安置
二千五百里	凡犯该流二千五百里者,发湖南长沙府属善化等县安置
三千里	凡犯该流三千里者,发湖南衡州府属清泉等县安置
兴义府属一州二县 贞丰州　普安县　安南县	

都匀府三等流犯应流地方	
二千里	都匀府所属各厅州县流犯，凡犯该流二千里者，发四川成都府属双流等县安置
二千五百里	凡犯该流二千五百里者，发湖南直隶郴州并所属各县安置
三千里	凡犯该流三千里者，发广东直隶南雄州属始兴县安置
都匀府属一厅二州三县 都匀县　麻哈州　独山州　清平县　荔波县　都江厅	

直隶平越州三等流犯应流地方	
二千里	直隶平越州所属各县流犯，凡犯该流二千里者，发四川成都府属新津等县安置
二千五百里	凡犯该流二千五百里者，发湖南直隶郴州属宜章等县安置
三千里	凡犯该流三千里者，发河南开封府属郑州等州县安置
直隶平越州属三县 瓮安县　湄潭县　余庆县	

直隶普安州三等流犯应流地方	
二千里	直隶普安州所属该县流犯，凡犯该流二千里者，发湖南宝庆府属武冈等县安置
二千五百里	凡犯该流二千五百里者，发湖南长沙府属善化等县安置
三千里	凡犯该流三千里者，发湖南衡州府属清泉等县安置
直隶普安州属一县 兴义县	

大定府三等流犯应流地方	
二千里	大定府所属各州县流犯，凡犯该流二千里者，发四川保宁府属广元等县安置
二千五百里	凡犯该流二千五百里者，发湖南衡州府属衡山等县安置
三千里	凡犯该流三千里者，发湖南直隶郴州属宜章等县安置
大定府属三州一县 平远州　黔西州　威宁州　毕节县	

遵义府三等流犯应流地方	
二千里	遵义府所属各州县流犯,凡犯该流二千里者,发湖南长沙府属善化等县安置
二千五百里	凡犯该流二千五百里者,发江西袁州府属分宜等县安置
三千里	凡犯该流三千里者,发江西九江府属德安等县安置
遵义府属一州四县 遵义县　桐梓县　绥阳县　正安州　仁怀县	

直隶仁怀厅府三等流犯应流地方	
二千里	直隶仁怀厅流犯,凡犯该流二千里者,发四川成都府属双流等县安置
二千五百里	凡犯该流二千五百里者,发湖南长沙府属宁乡等县安置
三千里	凡犯该流三千里者,发江西袁州府属分宜等县安置

附录：《大清律例（同治九年）》律例全目

1 名　例

1.1.1 五　刑

1.1.1.(1)〔笞杖用竹板及竹板尺寸〕

1.1.1.(2)〔夹棍拶指尺寸〕

1.1.1.(3)〔枷号尺寸〕

1.1.1.(4)〔夹棍验烙〕

1.1.1.(5)〔正月六月停刑〕

1.1.1.(6)〔军流徒罪杖责〕

1.1.1.(7)〔罪应杖笞人犯热审减免〕

1.1.1.(8)〔赎刑〕

1.1.1.(9)〔律例未经开明准纳赎不准纳赎者〕

1.1.1.(10)〔奉祀祀丞等官并乐舞生有犯〕

1.1.1.(11)〔太常寺厨役有犯〕

1.1.1.(12)〔僧道官及僧道有犯〕

1.1.1.(13)〔妇女犯奸分别的决收赎〕

1.1.1.(14)〔犯官革职后另犯〕

1.1.1.(15)〔生员好讼多事〕

1.1.1.(16)〔官员有参婪赃革职提问〕

1.1.1.(17)〔妇女非犯奸盗不孝杖罪纳赎〕

1.1.1.(18)〔进士举贡监生及一切有顶戴官等有犯〕

1.1.2 十　恶

1.1.3 八　议

1.1.4 应议者犯罪

1.1.4.(1)〔三品以上大员革职拿问不用刑夹〕

1.1.4.(2)〔系黄红带之宗室觉罗犯罪〕

1.1.4.(3)〔宗室犯圈禁之罪〕

1.1.4.(4)〔宗室犯军流以上具奏〕

1.1.4.(5)〔宗室缘事发遣遇赦〕

1.1.4.(6)〔宗室犯事到官俱先摘去顶戴〕

1.1.4.(7)〔宗室觉罗二次犯流以上实发〕

1.1.4.(8)〔宗室觉罗妇女出名具控〕

1.1.4.(9)〔宗室觉罗人等串结捏控〕

1.1.4.(10)〔已革宗室觉罗有犯〕

1.1.4.(11)〔宗室觉罗王公吸食鸦片〕

1.1.5 应议者之父祖有犯

1.1.5.(1)〔阵亡者之父祖子孙有犯寻常斗殴杀等死罪〕

1.1.6 职官有犯

1.1.6.(1)〔大小土官有犯〕

1.1.6.(2)〔荫生文武生员有犯〕

1.1.6.(3)〔犯官题参提讯〕

1.1.6.(4)〔委审参案〕

1.1.6.(5)〔被参虚审开复〕

1.1.6.(6)〔盛京居住满洲蒙古汉军文武官员有犯〕

1.1.7 文武官犯公罪

1.1.7.(1)〔休职病故旗员未完罚俸〕

1.1.8 文武官犯私罪

1.1.8.(1)〔属员题参即摘印委署〕

1.1.9 犯罪免发遣

1.1.9.(1)〔盛京新满州等犯法〕

1.1.9.(2)〔寡廉鲜耻有玷旗籍者实发寻常旗犯照例折枷〕

1.1.9.(3)〔旗人殴死有服卑幼〕

1.1.9.(4)〔旗下家奴犯军流等罪〕

1.1.9.(5)〔旗人犯窝窃等罪〕

1.1.10 军籍有犯

1.1.11 犯罪得累减

1.1.12 以理去官

1.1.12.(1)〔致仕及封赠官〕

1.1.13 无官犯罪

1.1.13.(1)〔无官犯赃有官事发有官犯赃黜革事发〕

又犯罪者〕
1.1.21.(2)〔家主图占为奴遣犯妻女〕
1.1.21.(3)〔闽省沿海金刃伤人拟徒之犯在配或回籍再犯〕
1.1.21.(4)〔发遣人犯辱官诈财生事不法〕
1.1.21.(5)〔另户旗人犯逃人匪类等罪遣犯不行改过〕
1.1.21.(6)〔新疆黑龙江为奴遣犯在配行窃〕
1.1.21.(7)〔免死盗犯在配偷窃官粮〕
1.1.21.(8)〔发遣行窃窝窃回犯在配在逃行窃〕
1.1.21.(9)〔免死发遣盗犯及平常遣犯在配杀人及犯他罪〕
1.1.21.(10)〔军犯在配复犯徒流军罪〕
1.1.21.(11)〔烟瘴充军窃犯在配复行窃〕
1.1.21.(12)〔寻常窃盗问拟军流徒罪之犯在配在逃行窃〕
1.1.21.(13)〔乌鲁木齐遣犯在配滋事犯法及脱逃并逃后犯法〕
1.1.22 老小废疾收赎
1.1.22.(1)〔老幼废疾犯罪收赎枷号亦免〕
1.1.22.(2)〔内外现审各省审拟具题案内人犯及到部人犯老小废疾〕
1.1.22.(3)〔教令七岁以下九十以上犯罪〕
1.1.22.(4)〔七十以上十五以下人犯秋审可矜减流收赎〕
1.1.22.(5)〔瞎一目之人犯军流徒杖等罪〕
1.1.22.(6)〔七十以上十五以下犯流以下收赎后再犯〕
1.1.22.(7)〔秋审减流人犯笃疾收赎〕
1.1.22.(8)〔十岁十五岁以下殴毙人命分别依死者年龄等情声请〕
1.1.22.(9)〔年老废疾之人翻控审虚〕
1.1.23 犯罪时未老疾
1.1.24 给没赃物
1.1.24.(1)〔命案内减等人犯应追埋葬银〕
1.1.24.(2)〔隐漏赎锾罚款〕
1.1.24.(3)〔八旗应入官之人〕
1.1.24.(4)〔官役犯赃案内〕
1.1.24.(5)〔归旗人员内有应追赃者〕
1.1.24.(6)〔断付死者之财产〕
1.1.24.(7)〔亏空贪赃官吏应追赔银两〕
1.1.24.(8)〔入官什物之变卖〕
1.1.24.(9)〔入官田房产业售买〕
1.1.24.(10)〔八旗催追侵贪银两〕
1.1.24.(11)〔缘事查抄而兄弟未经分产者〕
1.1.24.(12)〔追罚变赃赎银两承追例限〕
1.1.24.(13)〔州县被盗库项力难完缴〕
1.1.24.(14)〔比追抢夺窃盗之赃〕
1.1.24.(15)〔参革汉军官员应完款项〕
1.1.24.(16)〔应追官员因公核减借欠等项〕
1.1.24.(17)〔盗赃未能起获着地方官罚赔〕
1.1.24.(18)〔违例入官房屋〕
1.1.24.(19)〔监追还官入官给主赃物〕
1.1.24.(20)〔无主及不应给主之窃盗赃〕
1.1.25 犯罪自首
1.1.25.(1)〔亲属首告〕
1.1.25.(2)〔被虏从贼乘间来归〕
1.1.25.(3)〔律得容隐亲属首告强盗〕
1.1.25.(4)〔窃盗自首免刺〕
1.1.25.(5)〔捕役带同强窃盗犯投首〕
1.1.25.(6)〔强盗同居之父兄等人出首〕
1.1.25.(7)〔闻拿投首〕
1.1.25.(8)〔越狱限内投首〕
1.1.25.(9)〔因变逸出重囚自行投案〕
1.1.25.(10)〔脱逃即应正法人犯投回及父兄代首〕
1.1.25.(11)〔诱拐之犯自首〕
1.1.25.(12)〔鸦片案内人犯自首〕
1.1.26 二罪俱发以重论
1.1.26.(1)〔律不应拟抵之人命案件其致死三命者〕
1.1.26.(2)〔身犯两罪援引各律各例俱应斩决者〕
1.1.26.(3)〔两犯凌迟〕
1.1.27 犯罪共逃
1.1.28 同僚犯公罪

1.1.45.(29)〔八旗正身吃酒行凶发遣吉林等处〕
1.1.45.(30)〔发遣黑龙江等处旗犯分别当差为奴〕
1.1.45.(31)〔发往伊犁等处为奴及当差遣犯种地及入厂效力〕
1.1.45.(32)〔发遣新疆废员派令管厂年满奏请〕
1.1.45.(33)〔下五旗呈送包衣人发遣〕
1.1.45.(34)〔发遣回疆各犯在配酗酒滋事〕
1.1.45.(35)〔发往黑龙江及各省驻防为奴人犯分别赏给〕
1.1.45.(36)〔曾为职官及举贡生监等犯该发遣〕
1.1.45.(37)〔发遣新疆等处效力官犯分别年限奏请释回〕
1.1.45.(38)〔各处永远枷号人犯枷示十年后酌量发遣〕
1.1.45.(39)〔内地回民犯罪应发回疆〕
1.1.45.(40)〔新疆各城驻扎官兵跟役及绿营兵丁酗酒滋事〕
1.1.45.(41)〔停发新疆改发内地人犯〕
1.1.45.(42)〔军台效力废员三年期满无力完缴台费〕
1.1.45.(43)〔发遣回城为奴人犯酌给章京等役使〕
1.1.45.(44)〔应发往乌鲁木齐伊犁等地为奴及充苦差各犯〕
1.1.45.(45)〔新疆等处在配遣犯酌设散总遣头〕
1.1.45.(46)〔应发各省驻防给官兵为奴之犯〕
1.1.45.(47)〔应发黑龙江改发四省烟瘴之例〕
1.1.45.(48)〔应发新疆为奴人犯改发驻防之例〕
1.1.45.(49)〔应发新疆改发极边足四千里分别锁带杆礅及枷号之例〕

1.1.46 充军地方

1.1.46.(1)〔各省充军人犯由府州县统辖专管〕
1.1.46.(2)〔应发奉天直隶等处军流永行停止〕

2 吏　律

2.2 职　制

2.2.47 官员袭荫

2.2.47.(1)〔武臣受伤阵亡赏恤〕
2.2.47.(2)〔武职守城失机及犯不孝致典刑者〕
2.2.47.(3)〔世职实犯死罪及免死充军〕
2.2.47.(4)〔世职官亡故户无承袭〕
2.2.47.(5)〔世职官物故无人承袭〕
2.2.47.(6)〔世袭官员因罪革退〕
2.2.47.(7)〔世职年老户无承袭及袭职之员年幼者〕
2.2.47.(8)〔诈称父亡冒袭官职〕
2.2.47.(9)〔通事及色目人等拨置不该承袭之人争袭土官〕
2.2.47.(10)〔土官袭职及应袭之人未满岁〕
2.2.47.(11)〔土官故绝无子及弟〕
2.2.47.(12)〔土舍嫡妻护印〕
2.2.47.(13)〔土官病故查明应袭之人承袭及支庶子弟酌给头衔〕
2.2.47.(14)〔銮仪卫及养象校尉出缺替补〕
2.2.47.(15)〔以乞养子等冒袭及用财买嘱冒袭〕

2.2.48 大臣专擅选官

2.2.48.(1)〔不由铨选推举朦胧奏请希求进用〕

2.2.49 文官不许封公侯

2.2.50 滥设官吏

2.2.50.(1)〔旧吏索顶头钱〕
2.2.50.(2)〔八行运役仓役以一身而充两三役及保送旗人〕
2.2.50.(3)〔书吏悬挂空名〕

2.2.51 信　牌

2.2.51.(1)〔违例差遣人役〕
2.2.51.(2)〔差票须随时缴销〕

2.2.52 贡举非其人

2.2.52.(1)〔乡会试考官及举子通同作弊〕
2.2.52.(2)〔有司朦胧送补岁贡生员〕
2.2.52.(3)〔举监生儒应试夹带夫匠人役通同作弊〕
2.2.52.(4)〔学臣及提调官考试舞弊〕
2.2.52.(5)〔下第诸生逞忿混闹〕
2.2.52.(6)〔学政滥行录送文理荒谬官卷〕
2.2.52.(7)〔考职贡监生作弊治罪及身故缴照〕
2.2.52.(8)〔乡会试考官及举子通同作弊〕

2.2.53 举用有过官吏

2.2.53.(1)〔犯侵盗钱粮等罪衙役复入应役〕

2.2.53.(2)〔退役部院书办更名重役〕

2.2.53.(3)〔在外各衙门书役役满不退〕

2.2.53.(4)〔大宛两县人不准充当在京衙门书吏〕

2.2.53.(5)〔稽查役满书役回籍章程〕

2.2.53.(6)〔除名贴写捏报诡名〕

2.2.53.(7)〔革监易名复捐〕

2.2.53.(8)〔不准保升捐复并永不叙用文武各员等改名弊混以图选用〕

2.2.54 擅离职役

2.2.54.(1)〔肄业监生及承差官吏倩人代替〕

2.2.54.(2)〔归旗外任旗员子弟因事告假〕

2.2.55 官员赴任过限

2.2.55.(1)〔升除出外文职无故迁延赴任〕

2.2.55.(2)〔外任汉军归旗人员定限催令回籍〕

2.2.55.(3)〔汉官革职离任按限起程〕

2.2.55.(4)〔问有罪名革职京官按限起程〕

2.2.56 无故不朝参公座

2.2.57 擅勾属官

2.2.58 奸　党

2.2.59 交结近侍官员

2.2.59.(1)〔罢闲官吏擅入禁门交结〕

2.2.59.(2)〔现居外任各旗王公所属不许私谒邸第〕

2.2.60 上言大臣德政

2.2.60.(1)〔百姓保留督抚及督抚等官授意保留〕

2.3 公　式

2.3.61 讲读律令

2.3.62 制书有违

2.3.63 弃毁制书印信

2.3.63.(1)〔府州县官交代遗漏隐匿案卷〕

2.3.63.(2)〔隐匿收存朱批奏折〕

2.3.63.(3)〔奉行条例汇齐造册〕

2.3.63.(4)〔售卖诰命旧轴〕

2.3.63.(5)〔臬司卷宗词讼造册钤印移交〕

2.3.64 上书奏事犯讳

2.3.65 事应奏而不奏

2.3.65.(1)〔州县官不详报小民疾苦〕

2.3.65.(2)〔各省学臣发审事件〕

2.3.65.(3)〔各省京控分别情节轻重奏咨〕

2.3.65.(4)〔职官自尽专折奏闻〕

2.3.66 出使不复命

2.3.67 官文书稽程

2.3.67.(1)〔内外衙门公事程限〕

2.3.67.(2)〔部院衙门一切应行事件〕

2.3.67.(3)〔刑部应会三法司书题事件〕

2.3.67.(4)〔州县承审案件犯证患病扣限〕

2.3.67.(5)〔刑部行查外省案件〕

2.3.67.(6)〔州县承审命案详请检验驳查扣限〕

2.3.67.(7)〔各部事件题结及行查会稿〕

2.3.67.(8)〔报部难结事件通缉已届四十年〕

2.3.67.(9)〔刑部议复斩绞监候立决本章〕

2.3.67.(10)〔各处专咨报部由刑部改题之案〕

2.3.68 照刷文卷

2.3.68.(1)〔各部院衙门科抄并见理事件〕

2.3.68.(2)〔在京衙门钱粮刑名案件〕

2.3.68.(3)〔各省汇题事件〕

2.3.68.(4)〔各省汇奏事件〕

2.3.68.(5)〔军流人犯专咨报部〕

2.3.69 磨勘卷宗

2.3.70 同僚代判署文案

2.3.70.(1)〔各部司员诿不画押及堂官逼勒〕

2.3.70.(2)〔院寺堂官推故不到刑部会审者〕

2.3.70.(3)〔藩臬两司审勘参案罪有出入〕

2.3.71 增减官文书

2.3.72 封掌印信

2.3.73 漏使印信

2.3.73.(1)〔添改稿案俱钤印〕

2.3.73.(2)〔奏销册内漏印及洗补添注〕

2.3.73.(3)〔陵寝采办祭品及钱粮行文出境等事〕

2.3.74 擅用调兵印信

2.3.74.(1)〔以官印用于私书〕

3 户 律

3.4 户 役

3.4.75 脱漏户口

3.4.75.(1)〔直隶各省编审〕

3.4.75.(2)〔八旗比丁之年〕

3.4.76 人户以籍为定

3.4.76.(1)〔应试童生诈冒〕

3.4.76.(2)〔各旗白契家奴分别准否赎身〕

3.4.76.(3)〔捏称乾隆元年前放出家奴营求入于民籍〕

3.4.76.(4)〔承领官地庄头归入汉军或民籍考试〕

3.4.76.(5)〔民间世仆放出三代后子孙始得报捐考试〕

3.4.76.(6)〔八旗契买家奴本主愿令其赎身者〕

3.4.76.(7)〔数辈出力家奴伊主听其赎身〕

3.4.76.(8)〔累代出力家奴本主呈明出户〕

3.4.76.(9)〔乐籍堕民丐户皆令削籍改业为良〕

3.4.76.(10)〔远年契买家奴实系民人有籍可查者〕

3.4.76.(11)〔家奴不堪驱使本主准其赎身〕

3.4.76.(12)〔八旗绝户家奴无族人可归者〕

3.4.76.(13)〔给与旗下家人为嗣民人〕

3.4.76.(14)〔投充及契买家奴查明原系灶户准其放归〕

3.4.76.(15)〔顺天府考试究出冒籍情弊〕

3.4.76.(16)〔娼优隶卒子孙不准入考捐监〕

3.4.76.(17)〔宛大两县人员出仕同乡京官出结〕

3.4.76.(18)〔随配所入籍之军流人犯子孙不准复回原籍考试〕

3.4.76.(19)〔织造税务监督等衙门收用长随〕

3.4.76.(20)〔卫所官军人等置买民田一体坐派粮差〕

3.4.76.(21)〔放出家奴应试出仕〕

3.4.76.(22)〔私行典卖及放赎为奴遣犯〕

3.4.76.(23)〔愿在外省居住八旗汉军人等有犯〕

3.4.76.(24)〔习教人犯子孙三世后始准考试报捐〕

3.4.76.(25)〔闲散旗人告假出外营生或年久愿入民籍〕

3.4.77 私创庵院及私度僧道

3.4.77.(1)〔擅行兴造寺观神祠〕

3.4.77.(2)〔户内不及三丁或十六以上出家〕

3.4.77.(3)〔僧道犯罪还俗原籍安插〕

3.4.77.(4)〔应付火居等项僧道滥受生徒〕

3.4.77.(5)〔僧道为匪不法〕

3.4.77.(6)〔僧道停发度牒〕

3.4.78 立嫡子违法

3.4.78.(1)〔无子立嗣及立嗣后生子〕

3.4.78.(2)〔无子守志合承夫分凭族长择继〕

3.4.78.(3)〔嗣子不得于亲听其告官别立〕

3.4.78.(4)〔乞养异姓义子情愿归宗〕

3.4.78.(5)〔争继酿成命案争继房分不准继嗣〕

3.4.78.(6)〔朦混抱养继立紊乱旗籍〕

3.4.78.(7)〔应继之人有嫌及应为其子立后者〕

3.4.79 收留迷失子女

3.4.79.(1)〔八旗呈报迷失幼童幼女〕

3.4.80 赋役不均

3.4.80.(1)〔岁额差役不许分外加增〕

3.4.80.(2)〔本无部派物料捏称坐派〕

3.4.80.(3)〔绅衿优免丁银而借名滥冒者〕

3.4.80.(4)〔绅衿齐民一体编次保甲〕

3.4.80.(5)〔七十以上许一丁侍养〕

3.4.81 丁夫差遣不平

3.4.82 隐蔽差役

3.4.83 禁革主保里长

3.4.83.(1)〔直省各府州县编赋役册〕

3.4.84 逃避差役

3.4.84.(1)〔兵荒逃避之民附籍复业当差〕

3.4.84.(2)〔挨勘流民名籍编排保甲〕

3.4.84.(3)〔躲避差役潜逃夷峒海岛〕

3.4.85 点差狱卒

3.4.86 私役部民夫匠

3.4.87 别籍异财

3.4.87.(1)〔父母许令分析〕

3.6 婚 姻

3.6.101 男女婚姻

3.6.101.(1)〔嫁娶皆由主婚及定婚未成亲而身故〕

3.6.101.(2)〔禁指腹割襟为婚〕

3.6.101.(3)〔招婿明立婚书并仍立继〕

3.6.101.(4)〔女家悔婚男家强抢〕

3.6.102 典雇妻女

3.6.102.(1)〔将妻妾作姊妹及将亲女并姊妹嫁卖后托故领回及抢回〕

3.6.103 妻妾失序

3.6.104 逐婿嫁女

3.6.105 居丧嫁娶

3.6.105.(1)〔孀妇自愿改嫁或守志母家夫家强抢或强嫁〕

3.6.106 父母囚禁嫁娶

3.6.107 同姓为婚

3.6.108 尊卑为婚

3.6.108.(1)〔前后夫子女苟合成婚〕

3.6.108.(2)〔尊卑为婚其间情犯稍有可疑者及中表为婚〕

3.6.109 娶亲属妻妾

3.6.109.(1)〔收伯叔兄弟妾〕

3.6.109.(2)〔乡愚不知例禁曾向亲族地保告知成婚〕

3.6.110 娶部民妇女为妻妾

3.6.111 娶逃走妇女

3.6.112 强占良家妻女

3.6.112.(1)〔强夺良人妻女转卖投献〕

3.6.112.(2)〔强夺良家妻女奸占为从〕

3.6.112.(3)〔卑幼图财强卖尊长及尊长图财强卖卑幼〕

3.6.112.(4)〔强夺良家妻女中途夺回及妇女并亲属羞忿自尽〕

3.6.112.(5)〔聚众伙谋抢夺妇女〕

3.6.112.(6)〔聚众伙谋抢夺曾经犯奸妇女〕

3.6.112.(7)〔聚众伙谋抢夺兴贩妇女〕

3.6.113 娶乐人为妻妾

3.6.114 僧道娶妻

3.6.115 良贱为婚姻

3.6.116 出 妻

3.6.116.(1)〔妻犯七出有三不去之理〕

3.6.116.(2)〔期约五年无过不娶及夫逃亡三年不还〕

3.6.117 嫁娶违律主婚媒人罪

3.6.117.(1)〔婢女不令婚配致令孤寡〕

3.6.117.(2)〔福建台湾民人与番人结亲〕

3.6.117.(3)〔湖南民苗结亲〕

3.6.117.(4)〔嫁娶违律应行离异者与其夫及夫之亲属有犯〕

3.6.117.(5)〔以已未挑选旗女许字民人〕

3.7 仓 库

3.7.118 钱 法

3.7.118.(1)〔各省开采铜铅〕

3.7.118.(2)〔承办铜商逾限舞弊及办员侵欺〕

3.7.118.(3)〔云南铜厂经放预给工本银两舞弊〕

3.7.118.(4)〔私造铜器售卖及私藏铜器〕

3.7.119 收粮违限

3.7.119.(1)〔举贡生监文武进士及在籍有顶带人员欠纳钱粮〕

3.7.119.(2)〔挂欠漕粮弁丁依所欠分数治罪〕

3.7.119.(3)〔分赔漕粮弁丁挂欠〕

3.7.119.(4)〔同搬运丁混行互结赤贫无赖之丁以致挂欠者〕

3.7.119.(5)〔兵役上司书役抗粮不纳〕

3.7.119.(6)〔绅衿欠粮州县册报题参〕

3.7.120 多收税粮斛面

3.7.120.(1)〔各处仓粮每石收耗米三升〕

3.7.120.(2)〔社仓捐谷听民自便〕

3.7.120.(3)〔借社仓谷石取息免息〕

3.7.120.(4)〔贡监生员分别贫生富生定限全完〕

3.7.120.(5)〔职官子弟及积匪人等打搅仓场或挟制运纳军民财物〕

3.7.120.(6)〔已革花户及箐头夫役等人勒索与现充花户容隐分赃〕

3.7.134.(2)〔解部钱粮物料当该官吏不给批书及书役索诈〕

3.7.134.(3)〔粮船抵坝起米违限及措勒需索及支放米石搀沙舞弊等犯〕

3.7.135 起解金银足色

3.7.136 损坏仓库财物

3.7.136.(1)〔州县仓廒新旧交代若有毁烂倾圮〕

3.7.137 转解官物

3.7.137.(1)〔侵盗船粮捏报漂没〕

3.7.137.(2)〔运粮官员旗军人等犯该命盗重罪〕

3.7.137.(3)〔空重漕船沿途州县卫所违限出境〕

3.7.137.(4)〔解饷到汛少拨护兵或护兵私回〕

3.7.137.(5)〔粮船到淮米色霉变分别着落赔补〕

3.7.137.(6)〔稽查头船水手及在途生事惩治并徇纵各官议处〕

3.7.137.(7)〔委解铜斤颜料违不按运更换及收铜舞弊〕

3.7.137.(8)〔起解京协及盐课银两潜行小路疏失着解官赔补〕

3.7.137.(9)〔解饷失鞘文员分赔〕

3.7.137.(10)〔刨取及买卖白土搀和漕粮〕

3.7.137.(11)〔粮船被窃及被盗〕

3.7.137.(12)〔舵工侵米五石以上〕

3.7.137.(13)〔解役潜行小路不请拨护〕

3.7.137.(14)〔押鞘兵役失事分别治罪〕

3.7.137.(15)〔朝鲜贡使护送约束及所携银物商运损赔〕

3.7.137.(16)〔粮船在内河失风至三支以上及捏报失风〕

3.7.137.(17)〔解运铜斤因循怠惰〕

3.7.137.(18)〔各省起解各部院饭银等项〕

3.7.137.(19)〔正项亏短买米回漕运粮旗丁及卖米之人分别治罪〕

3.7.137.(20)〔粮船水手隐匿腰牌为匪及匪徒冒充水手滋事〕

3.7.137.(21)〔丁舵人等用药用水灌涨漕米〕

3.7.137.(22)〔转运漕粮掣欠逾额〕

3.7.137.(23)〔漕粮起剥转运匪徒滋扰及把持吃食分肥〕

3.7.138 拟断赃罚不当

3.7.138.(1)〔查估追变之员勘报不实瞻徇延缓〕

3.7.138.(2)〔承追赃罚银两本犯身死勿征〕

3.7.139 守掌在官财物

3.7.139.(1)〔旗员侵蚀收贮钱粮〕

3.7.140 隐瞒入官家产

3.7.140.(1)〔罪犯入官财产止应着追正犯〕

3.7.140.(2)〔欠帑入官地亩不准本人认买〕

3.7.140.(3)〔欠帑人员力不能完不得株连分居亲族人等〕

3.7.140.(4)〔坟地祭产免予亏空入官〕

3.7.140.(5)〔隐匿侵盗案内家产计值定罪〕

3.7.140.(6)〔承追案件行查欠员历过任所〕

3.7.140.(7)〔官员赃赔各项无产可追者由原籍题豁〕

3.8 课　程

3.8.141 盐　法

3.8.141.(1)〔越境兴贩官司引盐〕

3.8.141.(2)〔兵民聚众十人以上持械兴贩私盐拒捕杀人及伤〕

3.8.141.(3)〔回空粮船夹带私盐闯闸闯关聚众持械拒捕杀伤人〕

3.8.141.(4)〔豪强盐徒聚众十人以上驾船持械拒敌官兵杀人及伤〕

3.8.141.(5)〔伪造盐引印信转卖骗财〕

3.8.141.(6)〔盐课不曾完纳总催买嘱官吏指仓指囤扶同作弊〕

3.8.141.(7)〔灶丁贩私大使失察〕

3.8.141.(8)〔拿获贩私盐犯〕

3.8.141.(9)〔盐场无藉之徒把持官府诈害客商〕

3.8.141.(10)〔贩私盐徒装点客商被格伤后挟制控告〕

3.8.141.(11)〔盐船大江失风失水〕

3.8.141.(12)〔贫难小民老幼残疾及无依老妇买盐挑卖〕

3.8.141.(13)〔巡盐兵捕夹带私贩〕

3.8.141.(14)〔收买肩贩官盐越境货卖拒捕杀伤〕

3.10.153.(2)〔违例贩私运京粗米出城〕

3.10.153.(3)〔滨临水次铺户违禁存储粗米分别有无回漕定拟〕

3.10.154 把持行市

3.10.154.(1)〔控追牙行侵欠依其有无中饱分别治罪勒追〕

3.10.154.(2)〔甘肃西宁等处势豪之家包收番货逼令贱售及勒索〕

3.10.154.(3)〔牙行及无藉之徒用强邀截客货〕

3.10.154.(4)〔内附人员及大臣官员家人霸占要津倚势欺陵及干预词讼肆行非法〕

3.10.154.(5)〔衙门公私所需货物不得充用牙行纵役私取〕

3.10.154.(6)〔赊买番货及故意拖延骗勒远人〕

3.10.154.(7)〔粮船雇觅短纤棍徒勒价聚殴〕

3.10.154.(8)〔把持京城官地井水〕

3.10.155 私造斛斗秤尺

3.10.156 器用布绢不如法

4 礼　律

4.11 祭　祀

4.11.157 祭　享

4.11.157.(1)〔郊祀致斋三日〕

4.11.157.(2)〔大祀中祀小祀涤治牺牲之期〕

4.11.158 毁大祀丘坛

4.11.158.(1)〔天地等坛内纵畜作践及私种〕

4.11.158.(2)〔天坛放鹰打枪成群饮酒游戏〕

4.11.159 致祭祀典神祇

4.11.160 历代帝王陵寝

4.11.161 亵渎神明

4.11.161.(1)〔僧道军民刁奸妇女诱逃并诓骗财物〕

4.11.162 禁止师巫邪术

4.11.162.(1)〔邪教惑众地方不行严禁〕

4.11.162.(2)〔邪术避刑及相传授〕

4.11.162.(3)〔私刻地亩经及占验推测之书〕

4.11.162.(4)〔邪教事件州县讳匿辄自完结从严惩处〕

4.11.162.(5)〔左道异端煽惑人民〕

4.11.162.(6)〔传习白阳等邪教习念荒诞不经咒语拜师传徒惑众〕

4.11.162.(7)〔邪教案内发遣回城情节较重之犯〕

4.11.162.(8)〔奉天主教之人免查禁〕

4.12 仪　制

4.12.163 合和御药

4.12.163.(1)〔煎调御药〕

4.12.164 乘舆服御物

4.12.165 收藏禁书

4.12.166 御赐衣物

4.12.167 失误朝贺

4.12.168 失　仪

4.12.168.(1)〔朝参近侍〕

4.12.168.(2)〔圣驾出入〕

4.12.169 奏对失序

4.12.170 朝见留难

4.12.171 上书陈言

4.12.171.(1)〔台省及督抚挟私及纠言不实〕

4.12.172 见任官辄自立碑

4.12.173 禁止迎送

4.12.173.(1)〔上司入城过境属员交界迎送〕

4.12.173.(2)〔提镇等官赴任属员越境远送〕

4.12.173.(3)〔文武官员出入开道〕

4.12.173.(4)〔官员引导过市〕

4.12.173.(5)〔书役迎接新官〕

4.12.173.(6)〔属员与上司亲属子侄交通贿嘱〕

4.12.174 公差人员欺凌长官

4.12.174.(1)〔越礼犯分擅入公堂正门〕

4.12.175 服舍违式

4.12.175.(1)〔公侯文武各官及生儒服式僭越及民间违禁擅用〕

4.12.175.(2)〔曾经断罪之父祖车马衣物子孙概不得用〕

4.12.175.(3)〔房屋不得施用重拱重檐〕

4.12.175.(4)〔庶民男女衣服〕

4.12.175.(5)〔帐幔〕

4.12.175.(6)〔伞盖〕

5.14.205 从征违期

5.14.205.(1)〔官兵从征违期及出征兵丁违法乱行〕

5.14.206 军人替役

5.14.206.(1)〔兵丁不亲出征以奴仆代替〕

5.14.207 主将不固守

5.14.207.(1)〔贼众入寇交锋伤掳入境掳杀及突入掳掠〕

5.14.207.(2)〔失守城池专城武职守土州县及同城知府捕盗等官分别治罪〕

5.14.207.(3)〔统兵将帅玩视军务〕

5.14.207.(4)〔兵饷充足不行固守一闻贼警弃城先逃者〕

5.14.207.(5)〔文武员弁无备仓猝及重兵畏葸失守要隘〕

5.14.207.(6)〔督抚提镇不行固守省城驻地盗贼生发闻警先逃〕

5.14.207.(7)〔失守城池案内文武员弁如有可原情节酌议减免〕

5.14.208 纵军掳掠

5.14.208.(1)〔借通城为名烧毁良民庐舍抢掠子女财物〕

5.14.208.(2)〔调台湾兵丁借端需索扰害番社〕

5.14.208.(3)〔凯撤回营兵丁强行携带良民子女及逆犯家属及典买民人〕

5.14.209 不操练军士

5.14.209.(1)〔驾炮夜不收守墩军人轮班不去〕

5.14.210 激变良民

5.14.210.(1)〔刁恶之徒聚众抗官〕

5.14.210.(2)〔直省刁民约会抗粮敛钱构讼罢考罢市抗官塞署殴官等〕

5.14.211 私卖战马

5.14.211.(1)〔披甲随围偷卖官肥马〕

5.14.211.(2)〔民人出口私贩骟马〕

5.14.212 私卖军器

5.14.212.(1)〔私当军器〕

5.14.213 毁弃军器

5.14.213.(1)〔兵丁遗失器械〕

5.14.213.(2)〔箭上不书姓名〕

5.14.214 私藏应禁军器

5.14.214.(1)〔苗猓蛮户带刀出入及私藏违禁等物〕

5.14.214.(2)〔台民私造鸟枪〕

5.14.214.(3)〔窝囤兴贩硫黄〕

5.14.214.(4)〔官员商民携带军器途中防护者〕

5.14.214.(5)〔违例售卖火药〕

5.14.214.(6)〔私造及私藏鸟枪竹铳〕

5.14.214.(7)〔私铸红衣等大小炮位及抬枪〕

5.14.214.(8)〔私制藤牌〕

5.14.214.(9)〔私行煎挖硝磺合成火药及济匪〕

5.14.214.(10)〔违例私运川滇黔产黑铅出境〕

5.14.215 纵放军人歇役

5.14.215.(1)〔擅拨下班军士与人役使〕

5.14.216 公侯私役官军

5.14.217 从征守御官军逃

5.14.217.(1)〔守御兵丁拐带饷米马匹脱逃〕

5.14.217.(2)〔旗丁无故弃船潜逃〕

5.14.217.(3)〔驻防兵丁逃走〕

5.14.217.(4)〔京外在伍兵丁脱逃〕

5.14.217.(5)〔派往伊犁等处换防种地之满汉兵丁犯逃〕

5.14.217.(6)〔随征兵丁脱逃分别治罪〕

5.14.218 优恤军属

5.14.218.(1)〔八旗阵亡人无嗣妻室及父母〕

5.14.219 夜　禁

5.14.219.(1)〔旗丁无故城外宿〕

5.15 关　津

5.15.220 私越冒度关津

5.15.220.(1)〔雇倩口内之人往口外种地及砍木烧炭〕

5.15.220.(2)〔民人无票私出口外及贿纵徇庇〕

5.15.220.(3)〔土官土人不请咨牌私出外省〕

5.15.220.(4)〔引领游民偷越缘边关口及引送夹带违禁货物人口出口〕

5.15.220.(5)〔指引逃匪偷越出口〕

5.15.220.(6)〔所买奴婢不当官立契载入口票私

5.15.225.(28)〔拿获偷渡过台客民及客头船户分别治罪〕

5.15.225.(29)〔守口员弁查验沿海各省商渔船只如有人照不符及年貌箕斗不合〕

5.15.225.(30)〔将米谷等偷运外洋接济奸匪〕

5.15.225.(31)〔私贩铜铁等项出洋及将铁锅出洋货卖〕

5.15.225.(32)〔偷越番界启衅诱乱〕

5.15.225.(33)〔贡船到岸未曾盘验先行接买番货及私与外国人交通买卖〕

5.15.225.(34)〔山海关所属冷口一带近边州县内地商民额外携带钢铁出口及无照夹带〕

5.15.225.(35)〔洋面失事听事主赴进口所在文武衙门详报行查缉拿〕

5.15.225.(36)〔商人携带引茶货物在喀什噶尔等处与越卡进内之布鲁特等私相交易〕

5.15.225.(37)〔黄金白银违例出洋〕

5.15.225.(38)〔官员及兵丁买食洋药〕

5.15.225.(39)〔仿铸洋钱图利〕

5.15.225.(40)〔台湾地方拿获番割讯有散发改装擅娶番妇〕

5.15.225.(41)〔台湾奸民私煎硝磺合成火药及与生番交易并偷漏出海〕

5.15.225.(42)〔开设烟馆及在馆吸食〕

5.15.225.(43)〔官员及兵丁吸食洋药〕

5.15.225.(44)〔戒烟后存留烟灰未毁弃〕

5.15.226 私役弓兵

5.16 厩 牧

5.16.227 牧养畜产不如法

5.16.227.(1)〔解送军营马匹倒毙及有盗卖别情〕

5.16.228 孳生马匹

5.16.228.(1)〔管领游牧马群每三年整顿视其孳生多少分别赏罚〕

5.16.229 验畜产不以实

5.16.229.(1)〔州县验解备用马匹马贩交通官吏兽医兜揽作弊〕

5.16.230 养疗瘦病畜产不如法

5.16.231 乘官畜脊破领穿

5.16.231.(1)〔车驾行幸所需马匹不按时饮喂私自驰骤及倒毙走失损伤〕

5.16.232 官马不调习

5.16.233 宰杀马牛

5.16.233.(1)〔开设汤锅宰杀堪用马匹〕

5.16.233.(2)〔宰杀耕牛私开圈店及贩卖与宰杀之人〕

5.16.233.(3)〔买宰堪用牲畜〕

5.16.233.(4)〔附京地方窝藏偷窃马匹宰剥〕

5.16.234 畜产咬踢人

5.16.235 隐匿孳生官畜产

5.16.235.(1)〔屯庄居住旗人畜养马匹〕

5.16.235.(2)〔盗卖抵换口外群内马匹〕

5.16.236 私借官畜产

5.16.237 公使人等索借马匹

5.17 邮 驿

5.17.238 递送公文

5.17.238.(1)〔无印信文字〕

5.17.238.(2)〔马夫沉匿平常及军情机密文书〕

5.17.238.(3)〔遗失马上飞递公文〕

5.17.238.(4)〔擅敢拆动军台文报以致漏泄事情〕

5.17.238.(5)〔刑部咨行各省立决人犯公文〕

5.17.239 邀取实封公文

5.17.240 铺舍损坏

5.17.240.(1)〔急递铺之设置〕

5.17.241 私役铺兵

5.17.242 驿使稽程

5.17.242.(1)〔不依勘合随即供应驿马廪给以致迟误军务军情〕

5.17.242.(2)〔赍奏不骑驿马致违限者〕

5.17.242.(3)〔用强包揽驿递夫役及各铺司兵不容正身着役〕

5.17.243 多乘驿马

5.17.243.(1)〔勘合之外多给夫马及差使硬派民间牲口〕

6.18.263 盗园陵树木

6.18.263.(1)〔车马过陵及守陵官民入陵〕

6.18.263.(2)〔知情私买坟茔树木房屋碑石等物者〕

6.18.263.(3)〔盗采官山土石树木开窑及烧山等〕

6.18.263.(4)〔子孙盗卖祖坟树株房屋碑石等物及奴仆他人盗卖者〕

6.18.263.(5)〔盗砍他人坟树〕

6.18.263.(6)〔私入红椿火道偷打牲畜及失火延烧草木殿宇墙垣〕

6.18.263.(7)〔盗官参分别红白青椿治罪〕

6.18.263.(8)〔盗砍陵树枝杈分别红白青椿治罪〕

6.18.264 监守自盗仓库钱粮

6.18.264.(1)〔监守盗漕粮〕

6.18.264.(2)〔小船人户受雇偷载漕粮盗卖者〕

6.18.264.(3)〔侵盗应追之赃承追及全无家产力不能完申报豁免〕

6.18.264.(4)〔侵贪本犯身故监追其子〕

6.18.264.(5)〔监守盗钱粮入己者依银数治罪限内完交减免及身故无产豁免〕

6.18.264.(6)〔盗卖盗买过淮漕白二粮及失察官弁〕

6.18.264.(7)〔监守盗漕粮依赃数定罪限内完交减免及盗卖官船板木〕

6.18.265 常人盗仓库钱粮

6.18.265.(1)〔窃盗库贮银钱仓贮漕粮〕

6.18.265.(2)〔盗窃漕粮〕

6.18.265.(3)〔京城守城兵丁由城上钓搧偷窃仓米〕

6.18.265.(4)〔经纪花户车户人等非监守盗窃漕粮〕

6.18.266 强　盗

6.18.266.(1)〔强盗杀人放火行奸打劫狱库干系城衙并积至百人以上俱枭示〕

6.18.266.(2)〔响马强盗〕

6.18.266.(3)〔老瓜贼用药迷人及在路杀害同行〕

6.18.266.(4)〔事主报盗止许到官听审一次认赃一次〕

6.18.266.(5)〔事主续报失单及捕役私起赃物诬栽混认瞒赃等弊〕

6.18.266.(6)〔洋盗案内被胁为匪服役者等投首及治罪收赎〕

6.18.266.(7)〔粤东行劫伙众四十人以上或不及四十人而有别项重情〕

6.18.266.(8)〔地方官员抑勒讳盗或改强为窃〕

6.18.266.(9)〔盗犯捕获他盗及同犯解官投首〕

6.18.266.(10)〔投首之贼扳害平人〕

6.18.266.(11)〔拿获盗犯供出行劫别案〕

6.18.266.(12)〔鞫审强盗必须赃证明确〕

6.18.266.(13)〔强盗重案交印官审鞫不许捕官私讯捕役私拷〕

6.18.266.(14)〔强盗窃犯审明伙盗赃数或行窃次数并确认赃物即分别定拟〕

6.18.266.(15)〔强盗行劫邻佑知而不协拿〕

6.18.266.(16)〔拿获别省盗犯即由拿获省份讯明定拟及须移解质审者〕

6.18.266.(17)〔强盗案内知而不首或强逼为盗临时逃避劫后分与赃物〕

6.18.266.(18)〔审题盗窃等案一犯应拟斩绞两案罪名相同者〕

6.18.266.(19)〔强盗同居父兄伯叔与弟知情分赃及得财不知情〕

6.18.266.(20)〔爬越入城行劫〕

6.18.266.(21)〔盗首无欲劫之家悉由引线指出〕

6.18.266.(22)〔旗人有犯盗劫〕

6.18.266.(23)〔御驾驻跸及巡幸之处匪徒偷窃附近仓廒〕

6.18.266.(24)〔因窃盗强奸妇女〕

6.18.266.(25)〔十五岁以下盗犯审系诱胁随行上盗〕

6.18.266.(26)〔盗案免死为奴遣犯不服管束及欺凌平人〕

6.18.266.(27)〔老瓜贼内传授技艺在家分赃者〕

6.18.266.(28)〔封记审实盗犯家产候奏结变赔〕

6.18.266.(29)〔现获强窃盗赃不足原失将盗犯家产变赔〕

6.18.266.(30)〔用药迷人取财〕

6.18.266.(31)〔强盗自首〕

6.18.266.(32)〔刃伤事主应绞窃犯闻拿畏惧送还原赃〕

6.18.266.(33)〔窃犯弃财与未经得财逃走拒捕杀伤事主〕

6.18.266.(34)〔窃盗临时拒捕杀伤事主邻佑〕

6.18.266.(35)〔捕役兵丁为盗并分赃通贼交往巨盗及漏信致令脱逃〕

6.18.266.(36)〔行劫漕船〕

6.18.266.(37)〔情有可原发遣盗犯脱逃者〕

6.18.266.(38)〔洋盗案内接赃瞭望之犯〕

6.18.266.(39)〔虚诬捏饰盗情及借以陷害平人讹诈官役〕

6.18.266.(40)〔纠伙行劫明知官帑〕

6.18.266.(41)〔地保汛兵隐匿不报窃盗或首报迟延〕

6.18.266.(42)〔粮船水手行劫抢夺故斗杀人拒捕〕

6.18.266.(43)〔山东省结捻结幅强劫得赃及执持军器聚众抢夺得赃不得赃〕

6.18.266.(44)〔广东广西二省行劫后复将事主等捉回勒赎〕

6.18.266.(45)〔盗劫之案把风接赃等犯虽未分赃〕

6.18.266.(46)〔京城大宛并五城所属地方盗犯斩决枭示〕

6.18.266.(47)〔京城盗犯持火执械威吓掷打虽未得财伤人〕

6.18.266.(48)〔川省差役扫通案内掳掠人牲盗财烧屋拒捕杀伤人及教贼诬扳〕

6.18.266.(49)〔用药及邪术迷拐幼小子女〕

6.18.267 劫　囚

6.18.267.(1)〔纠众劫囚杀伤官弁役卒〕

6.18.267.(2)〔尊长率领卑幼家长率领奴雇殴差夺犯杀伤或致死〕

6.18.267.(3)〔聚众中途夺犯伤差及致死〕

6.18.267.(4)〔官司勾摄罪人纠谋聚众持械打夺伤差及一时斗殴杀伤〕

6.18.267.(5)〔一二人中途夺犯伤差及致死〕

6.18.268 白昼抢夺

6.18.268.(1)〔凡问白昼抢夺〕

6.18.268.(2)〔黔楚两省相接红苗彼此仇忿聚众抢夺〕

6.18.268.(3)〔苗人抢夺土官约束不严或教令通同〕

6.18.268.(4)〔聚众结伙抢夺以人数及有无持械定拟〕

6.18.268.(5)〔沙民伙众争地及持械聚众抗官〕

6.18.268.(6)〔因荒伙众抢夺挟制官长及纠众罢市辱官〕

6.18.268.(7)〔苗人聚众烧劫抢掳〕

6.18.268.(8)〔台湾盗劫及聚众散札竖旌妄布邪言抢夺杀人放火等案罪应立决之犯枭示传首〕

6.18.268.(9)〔饥民爬抢〕

6.18.268.(10)〔新疆兵役抢夺杀人强盗〕

6.18.268.(11)〔失火乘机抢夺但经得财〕

6.18.268.(12)〔总甲捕役以巡捕勾摄为由殴打平人抢夺财物〕

6.18.268.(13)〔大江洋海出哨兵弁乘危捞抢追赃给主与自首宽减〕

6.18.268.(14)〔边海居民并船户乘危抢夺及致商民淹毙或伤人〕

6.18.268.(15)〔抢夺窃盗杀人如数人共杀一人以致命金刃他物主使下手先后分首从〕

6.18.268.(16)〔抢窃拒伤事主两人同场拒伤一人以金刃他物及致命先后下手分首从〕

6.18.268.(17)〔白昼抢夺杀伤人〕

6.18.268.(18)〔大江洋海出哨兵弁乘危捞抢致商民淹毙及伤杀人者〕

6.18.268.(19)〔初犯再犯及三犯抢夺并抢窃并发〕

6.18.268.(20)〔抢夺得财赃至八十及一百二十两以上〕

6.18.268.(21)〔回民结伙抢夺〕

6.18.268.(22)〔川省匪徒等在场市横行抢劫伤人

及拒捕杀人〕

6.18.268.(23)〔川省匪徒等在野拦抢伤人未伤人及杀人〕

6.18.268.(24)〔奉天地方匪徒纠伙持械抢夺〕

6.18.268.(25)〔湖北省匪徒聚众十人以上抢夺及不满十人持械入室吓禁事主搜劫财物〕

6.18.268.(26)〔抢夺洋药〕

6.18.268.(27)〔抢夺无人看守空室财物〕

6.18.269 窃　盗

6.18.269.(1)〔偷窃衙署服物〕

6.18.269.(2)〔计赃罪应满流改近军〕

6.18.269.(3)〔京城捕役获贼呈报迟延及勒索事主〕

6.18.269.(4)〔捕役私自搜赃中饱〕

6.18.269.(5)〔拿获窃犯供出邻省邻邑之案〕

6.18.269.(6)〔偷窃外国到京贡使人犯〕

6.18.269.(7)〔朝鲜使臣来京在途被窃〕

6.18.269.(8)〔湖南湖北等省罪拟杖徒抢窃及兴贩私盐等犯分别加带铁杆石墩〕

6.18.269.(9)〔店家船户等行窃商民及纠匪分赃〕

6.18.269.(10)〔窃盗三犯按第三次犯窃赃数分别定拟〕

6.18.269.(11)〔丢包诓取财物〕

6.18.269.(12)〔旗人及旗下家奴肆行偷窃〕

6.18.269.(13)〔父兄不能禁约子弟为窃盗及知情分赃〕

6.18.269.(14)〔事主追捕窃盗失足身死及失财自尽〕

6.18.269.(15)〔两广等省匪徒明知窃情表里为奸勒赎事主者〕

6.18.269.(16)〔随驾官员之跟役偷盗马匹器械逃回及官兵失察过关〕

6.18.269.(17)〔兵役人等犯窃及豢养包庇窃贼劫匪窝家〕

6.18.269.(18)〔窃盗再犯加枷交保管束后复行为窃及行在拿获窃犯〕

6.18.269.(19)〔现任官员出使赴任及接送眷属被窃财物〕

6.18.269.(20)〔旗人初犯窃〕

6.18.269.(21)〔得免并计问拟军流徒罪窃犯在配释回复犯〕

6.18.269.(22)〔抢窃夺掏摸等犯两遇恩赦再犯〕

6.18.269.(23)〔窃盗两邀恩典再犯〕

6.18.269.(24)〔积匪猾贼〕

6.18.269.(25)〔山东及安徽省罪应枷杖窃犯如有携带铁枪及倚众拒伤等情加系铁杆〕

6.18.269.(26)〔未免并计问拟军流徒罪窃犯在配释回复犯〕

6.18.269.(27)〔四川陕西等省结伙携械绺窃罪应杖徒匪徒分别加带铁杆石墩巨石〕

6.18.269.(28)〔各省营镇责成将备缉贼及营员会同质审〕

6.18.269.(29)〔窃盗三犯按赃数分别绞遣军流〕

6.18.269.(30)〔回民结伙持械及徒手行窃〕

6.18.269.(31)〔直隶省寻常窃盗依初犯再犯次数人数有无结伙持械加枷或加带铁杆〕

6.18.269.(32)〔窃贼结伙持械分别三人十人问拟军徒〕

6.18.270 盗马牛畜产

6.18.270.(1)〔盗御马〕

6.18.270.(2)〔盗卖骑操及所养官马〕

6.18.270.(3)〔偷盗官马〕

6.18.270.(4)〔偷盗蒙古马匹〕

6.18.270.(5)〔察哈尔蒙古有犯偷窃民间马牛及御官马者〕

6.18.270.(6)〔右卫地方八旗官马驼只被窃〕

6.18.270.(7)〔行围巡幸地方偷窃马匹〕

6.18.270.(8)〔奉天旗民偷窃马匹〕

6.18.270.(9)〔冒领太仆寺官马〕

6.18.270.(10)〔民人蒙古番子偷窃四项牲畜〕

6.18.270.(11)〔盗牛〕

6.18.270.(12)〔窃盗蒙古四项牲畜〕

6.18.270.(13)〔蒙古偷窃牲畜数案并发〕

6.18.270.(14)〔新降六项蒙古人等偷窃四项牲畜〕

6.18.274 诈欺官私取财

6.18.274.(1)〔指称买官买缺规避处分买求中式诓骗官吏举监生员财物〕

6.18.274.(2)〔指称衙门打点名色诓骗财物〕

6.18.274.(3)〔雇倩包揽积惯随棚枪手代考〕

6.18.274.(4)〔漕粮起运头伍派敛已裁陋规或于定数之外多行勒索〕

6.18.274.(5)〔积惯棍徒捏称给与记认诓骗应试生童财物〕

6.18.274.(6)〔代倩枪手已成未成〕

6.18.274.(7)〔京城钱铺侵蚀藏匿银钱闭门逃走〕

6.18.274.(8)〔京城钱铺关闭如有包揽折扣及借名取钱毁窗抢物者〕

6.18.274.(9)〔内地商民与外夷交易负欠潜逃诓骗财物〕

6.18.274.(10)〔京城假称金店等私自换银出票〕

6.18.274.(11)〔京城私设钱铺〕

6.18.274.(12)〔京城短保钱铺关闭不能开发〕

6.18.274.(13)〔奸民卖空买空设局赌赛市价〕

6.18.275 略人略卖人

6.18.275.(1)〔将腹里人口强略卖境外〕

6.18.275.(2)〔诱拐妇人子女及以药饼邪术迷拐幼小子女〕

6.18.275.(3)〔伙众开窖诱匿勒卖妇人子女〕

6.18.275.(4)〔乌喇居住之人混行买人〕

6.18.275.(5)〔外省民人买贵州穷民子女〕

6.18.275.(6)〔窝隐川贩果有指引捆拐藏匿递卖确据者〕

6.18.275.(7)〔收留迷失子女不报及诱拐人犯捕役人等不行查拿及疏纵者〕

6.18.275.(8)〔内地民人略卖海外番仔〕

6.18.275.(9)〔贵州云南四川诱拐本地子女在本省售卖〕

6.18.275.(10)〔贵州杀害荒村民苗人户人命掳卖其妇人子女强绑并诱拐往川贩卖〕

6.18.275.(11)〔流棍贩卖贵州苗人〕

6.18.275.(12)〔兴贩妇人子女转卖〕

6.18.275.(13)〔和诱略卖期亲尊长〕

6.18.275.(14)〔诱拐内外大功以下缌麻以上亲及亲之妻〕

6.18.275.(15)〔奴雇略卖家长之妻女及子〕

6.18.275.(16)〔奸夫诱拐奸妇之案其本人纵容妻妾与人通奸者〕

6.18.275.(17)〔将受寄他人十岁以下以上子女卖为奴婢子孙〕

6.18.275.(18)〔诱拐愚民雇与洋人承工〕

6.18.276 发　冢

6.18.276.(1)〔有服尊长盗卑幼未殡未葬尸柩〕

6.18.276.(2)〔奴雇发掘家长坟冢〕

6.18.276.(3)〔争坟阻葬开棺易罐埋藏占葬〕

6.18.276.(4)〔指称旱魃刨坟毁尸〕

6.18.276.(5)〔发掘父母五服尊长骸骨占验吉凶〕

6.18.276.(6)〔发掘贝勒贝子公夫人坟冢及历代帝王陵寝及先贤名臣并前代亲王坟墓〕

6.18.276.(7)〔盗发他人远年祖坟及辄将他人盗葬之棺发掘抛弃及毁弃尸骸者〕

6.18.276.(8)〔于他人田园山场或有主坟地及切近坟旁盗葬〕

6.18.276.(9)〔殴故杀人案内凶犯毁弃及埋尸灭迹其听从抬弃及抬埋之人〕

6.18.276.(10)〔纠众发冢起棺索财取赎及发冢后抛弃尸骨并杀人者〕

6.18.276.(11)〔子孙发掘祖父母父母坟冢〕

6.18.276.(12)〔子孙盗祖父母父母未殡未埋尸柩〕

6.18.276.(13)〔有服卑幼盗尊长未殡未埋尸柩〕

6.18.276.(14)〔有服卑幼发掘尊长坟冢〕

6.18.276.(15)〔发冢见棺及开棺见尸并见棺锯凿抽取衣饰〕

6.18.276.(16)〔盗未殡未埋尸柩及发年久穿陷之冢未开棺椁及开棺见尸者〕

6.18.276.(17)〔平治他人坟墓为田园及子孙平治祖坟并奴雇平治家长坟〕

6.18.276.(18)〔奴雇盗家长未殡未埋尸柩〕

6.18.276.(19)〔盗未殡未埋尸柩锯缝凿孔〕

6.18.276.(20)〔发冢并盗未殡埋尸柩各按所犯本条分别首从并计科断〕

6.18.276.(21)〔受雇看坟之人发冢及盗未殡未埋尸柩并锯缝凿孔〕

6.18.276.(22)〔夫毁弃妻尸〕

6.18.276.(23)〔发掘坟冢及锯缝凿孔偷窥〕

6.18.277 夜无故人人家

6.18.277.(1)〔邻佑人等追捕殴毙窃犯〕

6.18.277.(2)〔事主追捕殴毙窃犯〕

6.18.277.(3)〔贼犯白日盗田园谷麦等类被事主邻佑殴毙〕

6.18.278 盗贼窝主

6.18.278.(1)〔窝主须有造意共谋实情〕

6.18.278.(2)〔大户故纵家人佃仆为盗〕

6.18.278.(3)〔窝藏强盗二名以上窃盗五名以上〕

6.18.278.(4)〔无藉之徒引贼劫掠及探报消息〕

6.18.278.(5)〔强盗案内知情买赃之犯〕

6.18.278.(6)〔知窃盗赃而接买受寄〕

6.18.278.(7)〔强盗窝主之邻佑知而不首〕

6.18.278.(8)〔强窃盗窝家之父兄人等自首及知情分赃〕

6.18.278.(9)〔造意分赃窝主统赃科罪〕

6.18.278.(10)〔窝线不上盗又未分赃〕

6.18.278.(11)〔容留外省流棍〕

6.18.278.(12)〔保甲知有为盗窝盗之人瞻隐徇匿〕

6.18.278.(13)〔牌头管内有为盗之人〕

6.18.278.(14)〔游荡奸伪之徒潜居京城〕

6.18.278.(15)〔邻佑地保知情容留老瓜贼〕

6.18.278.(16)〔漕船被盗船户舵工人等救护不力〕

6.18.278.(17)〔窝留积匪之家视有无造意同行分赃代卖分别治罪〕

6.18.278.(18)〔洋盗案内知情接买盗赃之犯〕

6.18.278.(19)〔曾任及在籍职官窝藏强窃盗〕

6.18.278.(20)〔西宁地方私设歇家〕

6.18.278.(21)〔强盗窝主造意不行又不分赃及知情存留或知情分赃〕

6.18.278.(22)〔顺天府五城及直隶山东二省窝藏窃盗依人数治罪〕

6.18.278.(23)〔两广奸徒窝匪捉人关禁勒赎坐地分赃〕

6.18.278.(24)〔山东匪徒有窝留捻幅匪犯者〕

6.18.278.(25)〔回民窝窃〕

6.18.279 共谋为盗

6.18.279.(1)〔共谋为盗临时不行事后分赃不分赃〕

6.18.280 公取窃取皆为盗

6.18.281 起除刺字

6.18.281.(1)〔窃盗等犯自毁刺字或他人代毁〕

6.18.281.(2)〔强盗人命等重犯具题之日先行刺字〕

6.18.281.(3)〔不法水手刺字〕

6.18.281.(4)〔遣犯面上已有原刺之字者〕

6.18.281.(5)〔串党驾船载客诱赌〕

6.18.281.(6)〔烟瘴改发极边人犯〕

6.18.281.(7)〔蠹役犯赃刺字〕

6.18.281.(8)〔逃兵〕

6.18.281.(9)〔台湾逐回游民刺字〕

6.18.281.(10)〔偷刨人参之犯刺字〕

6.18.281.(11)〔新疆改发内地人犯〕

6.18.281.(12)〔奴仆及平民窃盗抢夺刺字〕

6.18.281.(13)〔发冢开棺见尸等犯刺字〕

6.18.281.(14)〔畏罪自首减等之犯免刺〕

6.18.281.(15)〔回民窃犯刺字〕

6.18.281.(16)〔举贡生监寻常过犯免刺〕

6.18.281.(17)〔应发乌鲁木齐人犯例应刺明及不刺事由者〕

6.18.281.(18)〔蒙古抢劫人犯及蒙古逃遣逃军刺字〕

6.18.281.(19)〔改悔刺字窃犯缉获强盗准起除刺字〕

6.18.281.(20)〔硝犯刺字〕

6.19 人　命

6.19.282 谋杀人

6.19.282.(1)〔勘问谋杀人犯〕

6.19.282.(2)〔杀人后取财及掠取家财〕

6.19.282.(3)〔谋杀奔脱邂逅致死或迫于凶悍失跌致死〕

6.19.282.(4)〔苗人图财害命〕

6.19.282.(5)〔僧人逞凶谋故惨杀幼孩〕

6.19.282.(6)〔台湾等处商船图财害命〕

6.19.282.(7)〔有服卑幼图财谋杀尊长尊属〕

6.19.282.(8)〔图财害命分别杀死杀伤及得财不得财依首从治罪〕

6.19.282.(9)〔逞忿及图财或因奸谋杀幼孩〕

6.19.282.(10)〔船户店家图财害命〕

6.19.283谋杀制使及本管长官

6.19.284谋杀祖父母父母

6.19.284.(1)〔尊长谋杀卑幼为从之犯〕

6.19.284.(2)〔抑媳同陷邪淫谋杀灭口〕

6.19.284.(3)〔子孙谋杀祖父母父母旁人助逆加功〕

6.19.284.(4)〔谋杀妻他人起意本夫听从加功〕

6.19.284.(5)〔蓄意谋杀子妇〕

6.19.284.(6)〔谋杀期亲尊长为从之犯〕

6.19.284.(7)〔本宗尊长起意商同卑幼之子谋杀卑幼〕

6.19.285杀死奸夫

6.19.285.(1)〔本夫捉奸杀死奸妇分别治罪〕

6.19.285.(2)〔本夫及有服亲擅杀图奸未成罪人〕

6.19.285.(3)〔奸妇自杀其夫〕

6.19.285.(4)〔例内不言当官嫁卖之奸妇给夫领回〕

6.19.285.(5)〔亲属相奸奸夫起意或与奸妇同谋杀死本夫〕

6.19.285.(6)〔奸夫临时拒捕〕

6.19.285.(7)〔未婚夫杀死奸夫〕

6.19.285.(8)〔奸夫自杀其夫奸妇喊救首告〕

6.19.285.(9)〔母犯奸子杀奸夫父母忿愧自尽〕

6.19.285.(10)〔非应许捉奸之人有杀伤者〕

6.19.285.(11)〔妇女拒奸杀死奸夫〕

6.19.285.(12)〔本夫捉奸杀死奸夫分别治罪〕

6.19.285.(13)〔奸夫奸妇同谋杀纵奸本夫及纵奸本夫杀死奸夫奸妇〕

6.19.285.(14)〔妾因奸商同奸夫谋杀正妻〕

6.19.285.(15)〔本夫本妇有服亲属杀死奸妇〕

6.19.285.(16)〔卑幼图奸有服亲属被尊长杀死〕

6.19.285.(17)〔奸夫同谋杀死亲夫后复将奸妇并幼小子女拐逃〕

6.19.285.(18)〔本夫捉奸杀死犯奸有服尊长〕

6.19.285.(19)〔妇女拒奸杀死强奸调奸罪人〕

6.19.285.(20)〔本夫本妇有服亲属杀死奸夫及奸妇者〕

6.19.285.(21)〔本夫本妇有服亲属杀死犯奸尊长〕

6.19.285.(22)〔本夫本妇有服亲属杀死犯奸卑幼〕

6.19.285.(23)〔本夫本妇之祖父母父母捉奸杀死奸夫及止杀奸妇〕

6.19.285.(24)〔本夫及亲属捉奸误杀旁人〕

6.19.285.(25)〔因奸谋杀本夫为从加功之人〕

6.19.285.(26)〔拒奸杀死夫之有服尊长〕

6.19.285.(27)〔本夫及有服亲属杀奸之案登时及非登时之分〕

6.19.285.(28)〔男子拒奸杀人〕

6.19.285.(29)〔童养未婚之妻与人奸通照已婚妻例〕

6.19.285.(30)〔本夫捉奸杀死犯奸有服卑幼之案〕

6.19.285.(31)〔本夫杀奸后奸妇自尽减等治罪〕

6.19.285.(32)〔有服尊长强奸卑幼之妇未成被本夫本妇致毙〕

6.19.285.(33)〔奸夫起意商同奸妇谋杀本夫及期尊〕

6.19.285.(34)〔与人聘定未婚妻通奸起意杀死其夫者分别治罪〕

6.19.285.(35)〔聘定及童养未婚妻因奸起意杀死本夫分别治罪〕

6.19.285.(36)〔本夫杀死强奸未成罪人分别治罪〕

6.19.286谋杀故夫父母

6.19.287杀一家三人

6.19.287.(1)〔犯杀一家非死罪三人及支解人为首监故者〕

6.19.287.(2)〔无心支解但图灭迹及本欲支解杀讫随行〕

6.19.287.(3)〔杀死功缌卑幼一家非死罪二命者〕

6.19.287.(4)〔为父报仇杀一家三命分别是否一家及命数定拟〕

6.19.287.(5)〔杀一家三命以上凶犯〕

6.19.287.(6)〔聚众共殴死一家三命及以上并斗杀之案殴死一家二命三命〕

6.19.287.(7)〔杀一家非死罪二人〕

6.19.287.(8)〔本宗及外姻尊长杀有服卑幼一家主仆雇工非死罪三人〕

6.19.287.(9)〔谋故殴杀缌麻尊长一家二命〕

6.19.287.(10)〔家长杀奴仆非死罪三人及杀期亲功缌及族中奴仆一家三人〕

6.19.287.(11)〔为奴遣犯杀死管主一家三人及以上〕

6.19.287.(12)〔谋故杀人误杀旁人二三命分别是否临时逞凶治罪〕

6.19.287.(13)〔杀一家非死罪三四命以上凶犯之子分别其及年并死者绝嗣与否问拟〕

6.19.287.(14)〔罪止绞候命犯杀人后支解尸体〕

6.19.287.(15)〔谋杀人而误杀其人之祖父母父母妻女子孙一家二命及三命以上〕

6.19.287.(16)〔罪应斩决命犯情节凶残者〕

6.19.287.(17)〔杀同主雇工复杀死雇主至三命〕

6.19.288 采生折割人

6.19.288.(1)〔采生折割等人亲属首告〕

6.19.289 造畜蛊毒杀人

6.19.289.(1)〔铺户人等混卖砒霜信石〕

6.19.289.(2)〔以毒药毒鼠毒兽误毙人命以置毒处所分别科断〕

6.19.290 斗殴及故杀人

6.19.290.(1)〔同谋共殴人被纠之人殴死其所欲谋殴之人亲属或旁人者〕

6.19.290.(2)〔共殴案内原谋及助殴重伤之人监毙病故其下手应拟抵人犯减等〕

6.19.290.(3)〔两人共殴人致死分别部位以致命论抵〕

6.19.290.(4)〔同谋共殴人伤皆致命分别以后下手重伤重或原谋拟抵〕

6.19.290.(5)〔文武生员乡绅土豪棍徒依势逞凶武断乡曲及殴人致死〕

6.19.290.(6)〔约伙寻衅及与人斗殴报复迁怒殴毙人父母〕

6.19.290.(7)〔死罪监候人犯在监行凶致死人命〕

6.19.290.(8)〔因斗擅将鸟枪竹铳杀人者〕

6.19.290.(9)〔同谋共殴致死二命非一家者原谋监途病故自尽其下手应绞之犯减等〕

6.19.290.(10)〔帮殴余人审系持枪刀伤人〕

6.19.290.(11)〔实系造意首祸方以原谋拟流〕

6.19.290.(12)〔纠众至五人以上互殴致毙案内余人持械伤人〕

6.19.290.(13)〔两家互殴各毙一命各系凶手本宗服亲其应抵人犯免死减等〕

6.19.290.(14)〔两家互殴致死一命其死者亲属当时殴死正凶者分别有无服定拟〕

6.19.290.(15)〔凶犯立毙救护父母之幼孩〕

6.19.290.(16)〔共殴致毙其余谋故杀人等案悉应拟抵不得率请减等〕

6.19.290.(17)〔广东等六省纠众互殴之案纠众至一二十人以上致毙彼造多命者〕

6.19.290.(18)〔广东福建二省械斗案内如有贿买顶凶构衅械斗者〕

6.19.290.(19)〔广东省纠众谋殴致毙人命之案纠往之人但被彼造致毙者〕

6.19.290.(20)〔斗殴之案被殴之人追赶或互扭后凶犯闪避失跌身死〕

6.19.291 屏去人服食

6.19.292 戏杀误杀过失杀伤人

6.19.292.(1)〔应偿命罪囚遇赦追银给被杀家属〕

6.19.292.(2)〔过失杀人绞罪收赎银数〕

6.19.292.(3)〔捕役拿贼误杀无干之人〕

6.19.292.(4)〔因戏而误杀旁人〕

6.19.292.(5)〔疯人容隐不报不行看守以致自杀及杀人者〕

6.19.292.(6)〔追给各项埋葬银两〕

6.19.292.(7)〔命案死罪人犯奏准赎罪者〕

6.19.292.(8)〔疯人报官锁禁其曾杀人之犯分别锁锢及取供定拟〕

6.19.292.(9)〔围场内射兽兵丁因射兽而伤平人者〕

6.19.292.(10)〔深山旷野捕猎施放枪箭不期杀人〕

6.19.292.(11)〔过失杀人应追银两力不能交〕

6.19.292.(12)〔疯病杀人分别留养承祀〕

6.19.292.(13)〔疯病杀人致毙平人非一家二命者〕

6.19.292.(14)〔因殴及谋杀子而误杀伤旁人及有服卑幼〕

6.19.292.(15)〔疯病杀人之犯复审供吐明晰准拟斗杀〕

6.19.292.(16)〔谋杀人致下手之犯误杀他人〕

6.19.292.(17)〔疯病杀人问拟死罪免勾永远监禁之犯病愈遇有恩旨例得查办释放〕

6.19.292.(18)〔疯病杀人缓决人犯监禁五年后不发题请留养承祀〕

6.19.292.(19)〔谋故斗殴而误杀其人之祖父母父母妻子子孙一命〕

6.19.292.(20)〔子孙及子孙妇过失杀祖父母父母〕

6.19.292.(21)〔因疯致毙期功尊长尊属一命〕

6.19.292.(22)〔妇因疯杀夫或系误伤及情有可悯者〕

6.19.293 夫殴死有罪妻妾

6.19.293.(1)〔与夫角口被殴有重伤致妻自缢者〕

6.19.293.(2)〔殴伤无罪妻妾〕

6.19.294 杀子孙及奴婢图赖人

6.19.294.(1)〔有服亲属互以尸图赖〕

6.19.294.(2)〔妻将夫尸图赖人并夫将妻尸图赖人〕

6.19.294.(3)〔故杀妾及子孙等图赖人者〕

6.19.294.(4)〔无赖凶棍冒认尸亲混闹殴打勒措行诈〕

6.19.294.(5)〔夺产故杀弟侄图赖致被诈之家复有殴故杀尊长酿成立决重案者〕

6.19.294.(6)〔将父母尸身装伤图赖〕

6.19.295 弓箭伤人

6.19.295.(1)〔城市人居施放鸟枪竹铳伤人及致死〕

6.19.296 车马杀伤人

6.19.296.(1)〔骑马碰伤人将马追给〕

6.19.297 庸医杀伤人

6.19.297.(1)〔异端法术医人致死〕

6.19.298 窝弓杀伤人

6.19.299 威逼人致死

6.19.299.(1)〔因奸威逼人致死〕

6.19.299.(2)〔逼媳卖奸及奸夫抑媳同陷邪淫致媳自尽〕

6.19.299.(3)〔因奸致夫或父母羞忿自尽〕

6.19.299.(4)〔妇人因奸有孕堕胎致死〕

6.19.299.(5)〔因奸威逼致死一家三命〕

6.19.299.(6)〔凡人及亲属相奸奸妇羞愧自尽〕

6.19.299.(7)〔因与姑通奸被窥破图奸其媳酿命〕

6.19.299.(8)〔因盗烧毁事主一二命以上〕

6.19.299.(9)〔因事威逼人致死三命以上〕

6.19.299.(10)〔逼迫本管官致死〕

6.19.299.(11)〔奉差员役逼死印官〕

6.19.299.(12)〔强奸犯奸妇女已成未成立时杀死本妇及本妇自尽〕

6.19.299.(13)〔奸夫奸妇商谋同死奸妇殒命奸夫审明有无谋故斗杀分别治罪〕

6.19.299.(14)〔威逼窘辱致死一家二命三命及非一家三命以上〕

6.19.299.(15)〔子孙不孝致祖父母父母自尽〕

6.19.299.(16)〔妻妾悍泼逼死其夫〕

6.19.299.(17)〔强奸或调戏服亲致本夫本妇及父母亲属羞忿自尽〕

6.20.312.(4)〔主使两人或数人殴一人致死为从及余人〕

6.20.313 良贱相殴

6.20.313.(1)〔奴仆殴辱职官〕

6.20.314 奴婢殴家长

6.20.314.(1)〔奴婢殴死家长之期亲及外祖父母〕

6.20.314.(2)〔奴婢过失杀家长〕

6.20.314.(3)〔契买婢女〕

6.20.314.(4)〔家长期亲因奸致死白契所买婢女灭口〕

6.20.314.(5)〔为奴遣犯所携妻子被主责打身死〕

6.20.314.(6)〔家主因图奸占致死奴仆或其妻者〕

6.20.314.(7)〔开放责打及故杀身死奴婢之父母妻子〕

6.20.314.(8)〔奴仆背主投营挟制勒索〕

6.20.314.(9)〔家奴子息俱系家奴及家奴不遵约束或背主逃匿〕

6.20.314.(10)〔白契并典当家人隶身长随等杀伤家长及家长缌麻以上亲〕

6.20.314.(11)〔和拐契买婢女及家奴并户下陈人将女私聘于人〕

6.20.314.(12)〔官员及旗人责打奴雇身死并故杀刃杀及殴杀者〕

6.20.314.(13)〔官员及旗人殴死故杀赎身及放出奴婢〕

6.20.314.(14)〔殴故杀赎身及放出奴婢赎身及放出奴婢干犯家长并家长亲属〕

6.20.314.(15)〔妾殴故杀奴婢〕

6.20.314.(16)〔雇工人干犯旧家长〕

6.20.315 妻妾殴夫

6.20.315.(1)〔妻殴夫夫不愿离及妻殴妾折伤概准纳赎〕

6.20.315.(2)〔妾过失杀正妻〕

6.20.315.(3)〔妻过失杀夫〕

6.20.316 同姓亲属相殴

6.20.317 殴大功以下尊长

6.20.317.(1)〔殴功缌卑幼笃疾及死分别断产养赡〕

6.20.317.(2)〔卑幼图奸亲属故杀有服尊长〕

6.20.317.(3)〔殴死本宗期功缌麻尊长罪干斩决若系情轻之案〕

6.20.317.(4)〔卑幼共殴本宗外姻缌麻以上尊长尊属〕

6.20.317.(5)〔功服以下尊长因图财强盗图奸等案杀死卑幼〕

6.20.317.(6)〔功服以下尊长挟嫌杀死卑幼〕

6.20.317.(7)〔听从尊长下手殴死本宗功缌尊长尊属〕

6.20.317.(8)〔殴伤功缌尊长尊属余限内外身死〕

6.20.317.(9)〔有服亲属同谋共殴致死之案〕

6.20.317.(10)〔殴伤卑幼因风身死〕

6.20.317.(11)〔殴伤卑幼余限内身死〕

6.20.317.(12)〔于亲母继母等项之父母及各项甥舅有犯〕

6.20.317.(13)〔持械抵格情同互斗致死期功尊长尊属〕

6.20.317.(14)〔致毙平人一命复致毙期功尊长尊属之案〕

6.20.317.(15)〔卑幼殴死本宗功服尊长尊属〕

6.20.318 殴期亲尊长

6.20.318.(1)〔卑幼殴期尊执刃赶杀〕

6.20.318.(2)〔故杀及殴死期亲弟妹〕

6.20.318.(3)〔卑幼误伤尊长至死罪干斩决审非逞凶干犯〕

6.20.318.(4)〔卑幼争奸将尊长刃伤及折肢〕

6.20.318.(5)〔期亲卑幼因救护父母殴伤伯叔等尊属〕

6.20.318.(6)〔僧尼干犯在家祖父母父母及杀伤内外有服尊长〕

6.20.318.(7)〔内外有服尊长尊属挟嫌故残卑幼至笃疾〕

6.20.318.(8)〔期尊因争产夺职及挟仇隙执持凶器故杀弟侄〕

6.20.318.(9)〔期亲弟妹殴死兄姊之案〕

6.20.318.(10)〔期亲以下有服尊长杀死有罪卑幼〕

6.20.318.(11)〔卑幼因斗施放枪铳致伤期亲尊长尊属及外祖父母〕

6.22.332.(16)〔遇有冤抑之事来京呈控〕

6.22.332.(17)〔挟忿摭拾不干己之赃私奏告察核官员〕

6.22.332.(18)〔各处买卖负欠钱债事情蓦越赴京奏告〕

6.22.332.(19)〔一切并无原案词讼不准由刑部接收呈词〕

6.22.332.(20)〔军民呈递封章控诉事件〕

6.22.332.(21)〔已革兵丁挟嫌京控本管官〕

6.22.332.(22)〔负罪人犯呈递封章奏告人罪〕

6.22.332.(23)〔外省民人赴京翻控审虚视所诬轻重分别治罪〕

6.22.332.(24)〔私逃遣徒及递籍各犯妄行控诉〕

6.22.332.(25)〔递籍犯脱逃呈递封章控诉〕

6.22.332.(26)〔遣军以下人犯配所潜逃呈递封章控诉事件〕

6.22.332.(27)〔控诉事件口称必须面见皇上申诉者〕

6.22.333 投匿名文书告人罪

6.22.333.(1)〔捏造悖谬言词投贴匿名揭帖〕

6.22.333.(2)〔布散匿名揭帖及投递部院衙门〕

6.22.333.(3)〔驻防旗人交结民人捏写匿名揭帖倾陷平人〕

6.22.333.(4)〔胥役匿名揭告本管官〕

6.22.333.(5)〔拾获关系国家大事匿名揭帖〕

6.22.334 告状不受理

6.22.334.(1)〔户婚田土细事农忙不准受理〕

6.22.334.(2)〔地方官自理词讼任意拖延〕

6.22.334.(3)〔审理徒流笞杖人犯遵限完结〕

6.22.334.(4)〔州县自理户婚田土按月填簿注销〕

6.22.334.(5)〔巡道巡历提核州县户婚田土词讼号簿〕

6.22.334.(6)〔隆冬岁暮州县词讼随时审理〕

6.22.334.(7)〔州县审理农民词讼视其有无妨农分别展限速断〕

6.22.334.(8)〔民间词讼细事州县不经亲审批结〕

6.22.334.(9)〔巡道查核州县词讼号簿如有隐匿及迁延不结者〕

6.22.335 听讼回避

6.22.335.(1)〔巡城满汉御史回避同旗同籍之人〕

6.22.336 诬　告

6.22.336.(1)〔词状止许一告一诉告不许波及无辜〕

6.22.336.(2)〔挟仇捏名妄控非系公同陈告之事〕

6.22.336.(3)〔偷参为从人犯诬扳良民为财主〕

6.22.336.(4)〔原告不到案听审及脱逃〕

6.22.336.(5)〔捏写本词声言奏告恐吓诈赃〕

6.22.336.(6)〔举首诗文书札悖逆〕

6.22.336.(7)〔奸徒诈称官司察访挟制陷害诈骗报复〕

6.22.336.(8)〔诬告致尸遭蒸检〕

6.22.336.(9)〔妄控人命自愿认罪递词求息〕

6.22.336.(10)〔生员代人扛帮作证审属虚诬〕

6.22.336.(11)〔诬告致祖父母父母及有服尊长卑幼尸遭蒸检〕

6.22.336.(12)〔番役妄用脑箍致毙无辜〕

6.22.336.(13)〔诬告人因而致死〕

6.22.336.(14)〔捕役诬窃为盗〕

6.22.336.(15)〔捕役人等奉差缉贼诬良为盗拷诈逼认及教供诬扳〕

6.22.336.(16)〔诬良为强窃盗拷诈搜夺财物及淫辱妇女〕

6.22.336.(17)〔捏造奸赃款迹挟仇污蔑致被诬之人自尽〕

6.22.336.(18)〔诬告叛逆被诬之人已决未决〕

6.22.336.(19)〔佐证不言实情及实非佐证挺身硬证〕

6.22.336.(20)〔八旗原主子孙混告养子及分户年久之人〕

6.22.336.(21)〔胥役控告本管官〕

6.22.336.(22)〔直省上司恃势抑勒及被参属员捏词诬揭〕

6.22.336.(23)〔官民人等告讦之案事不干己及妄捏干己情事审虚〕

6.22.336.(24)〔诬良及疑良为窃捆缚吓逼及拷打致死及致自尽者〕

6.22.336.(25)〔所诬之罪例应加枷者〕

6.22.336.(26)〔兵役及冒充兵役假拿查鸦片烟为由抢夺栽诬〕

6.22.336.(27)〔吸食鸦片烟案止准官弁拿办〕

6.22.337 干名犯义

6.22.337.(1)〔八旗将家人为养子年久欺压原主子孙〕

6.22.337.(2)〔奴仆首告家主〕

6.22.337.(3)〔旗下家奴告主犯该徒罪者〕

6.22.338 子孙违犯教令

6.22.338.(1)〔不能养赡致父母自缢死〕

6.22.338.(2)〔呈告恳求发遣子孙及屡次触犯之子孙发遣〕

6.22.338.(3)〔子孙犯奸盗等致祖父母父母自尽及被杀〕

6.22.339 见禁囚不得告举他事

6.22.339.(1)〔年老笃疾许人代告〕

6.22.340 教唆词讼

6.22.340.(1)〔教唆或扛帮奏告命盗重罪不实并全诬十人以上〕

6.22.340.(2)〔将本状用财雇寄与人赴京奏诉〕

6.22.340.(3)〔民人投旗卖身后代亲或以民籍旧事具控〕

6.22.340.(4)〔考取代书〕

6.22.340.(5)〔地方官不能查禁讼师扰害〕

6.22.340.(6)〔雇人诬告〕

6.22.340.(7)〔违禁撰印贩卖及藏匿讼师秘本〕

6.22.340.(8)〔积惯讼棍恐吓取财〕

6.22.340.(9)〔钦差驰审重案虚诬根究唆帮讼师〕

6.22.340.(10)〔教唆词讼诬告人以起意非起意分首从〕

6.22.340.(11)〔诬控案件严究代作词状唆讼之人〕

6.22.340.(12)〔具控呈词不能自作者〕

6.22.341 军民约会词讼

6.22.341.(1)〔军卫有司非掌印官不许擅受词讼〕

6.22.341.(2)〔在京缉捕官役不许干预军民词讼〕

6.22.341.(3)〔州县审办旗人案件分别会审不会审〕

6.22.341.(4)〔州县受理旗民田土户婚债负细事〕

6.22.341.(5)〔各处理事同知审理逃人及旗民争角等事〕

6.22.341.(6)〔泸州土流接壤地方词讼〕

6.22.341.(7)〔八旗案件俱交刑部办理〕

6.22.342 官吏词讼家人诉

6.22.343 诬告充军及迁徙

6.23 受 赃

6.23.344 官吏受财

6.23.344.(1)〔部门书办指称部费招摇撞骗〕

6.23.344.(2)〔在官人役取受有事人财枉法〕

6.23.344.(3)〔县总里书犯赃入己及保人歇家串通行贿〕

6.23.344.(4)〔正身衙役违禁私带白役〕

6.23.344.(5)〔司道府州县等官察访衙蠹〕

6.23.344.(6)〔书役出缺顶买索租及假手书吏定稿〕

6.23.344.(7)〔上司经过属员呈送下程及供应军马〕

6.23.344.(8)〔书吏舞弊经承贴写知情不举首及举首〕

6.23.344.(9)〔督抚司道各上司差役扰害乡民〕

6.23.344.(10)〔蠹役吓诈贫民及吓诈毙命〕

6.23.344.(11)〔官吏婪赃除枉法入己者外限内全完分别减免〕

6.23.344.(12)〔白役诈赃逼命之案〕

6.23.344.(13)〔衙役逼毙人命及索诈私押拷打人犯〕

6.23.344.(14)〔书差舞弊知法犯法〕

6.23.345 坐赃致罪

6.23.346 事后受财

6.23.347 官吏听许财物

6.23.347.(1)〔听许财物已交未交分别着追〕

6.23.348 有事以财请求

6.23.348.(1)〔以财行求及说事过财者与受财人同科〕

6.23.348.(2)〔受贿顶凶〕

6.23.349 在官求索借贷人财物

6.23.349.(1)〔外任旗员该旗各官于出结时勒索重贿〕

6.23.349.(2)〔索取土官外国猺獞财物〕

6.23.349.(3)〔云贵等处流官擅自科敛土官财物〕

6.23.349.(4)〔苗蛮等地逼勒骚扰激动番蛮〕

6.23.349.(5)〔巡察之员收受门包〕

6.23.349.(6)〔长随求索吓诈及收用犯案刺字长随〕

6.23.349.(7)〔省府州县衙门需用布匹绸缎等物毋得于辖地赊买〕

6.23.349.(8)〔上司勒荐长随幕宾及长随幕宾钻营引荐并舞弊诈财收受财物〕

6.23.350 家人求索

6.23.350.(1)〔执事大臣家人私向所管人借贷〕

6.23.351 风宪官吏犯赃

6.23.352 因公科敛

6.23.352.(1)〔违禁罚取纸札笔墨银朱器皿钱谷银两等项〕

6.23.352.(2)〔未经题请私行勒派商捐〕

6.23.353 克留盗赃

6.23.353.(1)〔胥捕侵剥盗赃〕

6.23.354 私受公侯财物

6.24 诈 伪

6.24.355 诈为制书

6.24.355.(1)〔诈为衙门文书诓骗科敛财物〕

6.24.355.(2)〔诈为文书盗用印信及止套画押字〕

6.24.355.(3)〔诈为通政史三衙门文书〕

6.24.356 诈传诏旨

6.24.357 对制上书诈不以实

6.24.357.(1)〔在配军流人犯遣人呈递封章〕

6.24.358 伪造印信时宪书等

6.24.358.(1)〔伪造关防印记事关军机钱粮假官及止诓骗财物〕

6.24.358.(2)〔盗用钦给关防〕

6.24.358.(3)〔伪造假印之案分别首从〕

6.24.358.(4)〔伪造印信之案分别行用得财未行用及造而未成〕

6.24.359 私铸铜钱

6.24.359.(1)〔私铸砂壳铜钱首从匠人及知情买使分别治罪并船户夹带私钱〕

6.24.359.(2)〔销毁制钱及剪边图利之犯分别首从治罪〕

6.24.359.(3)〔私铸铅钱以所铸钱数十千上下及首从匠人及知情买使分别治罪〕

6.24.359.(4)〔私铸之犯同居父兄不能禁约及知情分利〕

6.24.359.(5)〔收买私铸及剪边钱搀和行使并货卖〕

6.24.359.(6)〔地方文武各官严拿私铸〕

6.24.359.(7)〔用铜铁锡铅药煮伪造行使假银及知情买使〕

6.24.359.(8)〔以铜铅等物搀入银内〕

6.24.359.(9)〔假借古钱名色私铸私贩〕

6.24.359.(10)〔私铸当十铜大钱及经纪牙行铺户人等折减拒收〕

6.24.359.(11)〔销毁钱文〕

6.24.359.(12)〔私铸案知情租房之房主〕

6.24.360 诈假官

6.24.360.(1)〔假冒杂职自首〕

6.24.360.(2)〔诈冒皇亲族属姻党家人侵渔民利〕

6.24.360.(3)〔假充大臣及近侍官员家人豪横生事〕

6.24.360.(4)〔营兵及假冒营兵合伙挟制官司扰害地方〕

6.24.360.(5)〔伪造凭札行使并买受故官凭札冒名赴任〕

6.24.360.(6)〔未经考职书吏冒戴顶帽〕

6.24.360.(7)〔无官诈称有官及冒称见任官行骗并假冒顶带〕

6.24.361 诈称内使等官

6.24.361.(1)〔诈冒内官亲属家人恐吓官司骗财〕

6.24.361.(2)〔假差占宿公馆妄拿吓诈扰害军民及致死伤人并自尽者〕

6.24.362 近侍诈称私行

诱赌〕

6.26.378.(9)〔匪徒串党驾船设局诱赌〕

6.26.378.(10)〔容留制造赌具之房主〕

6.26.378.(11)〔现任职官屡次聚赌及经旬累月开场〕

6.26.378.(12)〔旗人邀集抓金钱会〕

6.26.378.(13)〔闽省拿获花会首从各犯及贿庇知情容隐并失察〕

6.26.378.(14)〔造卖纸牌骰子及藏匿造赌器具〕

6.26.378.(15)〔奸民私造赌具及开场窝赌邻佑徇隐不首〕

6.26.378.(16)〔京城内外存留赌博之人〕

6.26.378.(17)〔奉吉二省设局开赌奸宄托迹致酿重案〕

6.26.379 阉割火者

6.26.379.(1)〔私自净身及代倩下手人犯〕

6.26.379.(2)〔诓骗强勒阉割〕

6.26.379.(3)〔放出为民之太监〕

6.26.379.(4)〔投充太监报明有司阉割〕

6.26.379.(5)〔新进太监率行分拨及换进太监疏忽弊混〕

6.26.380 嘱托公事

6.26.380.(1)〔民人结党妄预官府之事〕

6.26.381 私和公事

6.26.382 失　火

6.26.382.(1)〔出征行猎处失火〕

6.26.382.(2)〔失火延烧官民房屋公廨仓库分别加枷〕

6.26.383 放火故烧人房屋

6.26.383.(1)〔故烧系官钱粮草束〕

6.26.383.(2)〔仅图泄忿烧毁房屋致死一家二命及三命者〕

6.26.383.(3)〔棍徒纠谋图财或挟嫌放火故烧房屋公廨仓库及致死伤人〕

6.26.384 搬做杂剧

6.26.384.(1)〔唱演夜戏〕

6.26.384.(2)〔旗员违禁赴戏院看戏〕

6.26.384.(3)〔旗人因贫登台卖艺〕

6.26.385 违　令

6.26.386 不应为

6.27 捕　亡

6.27.387 应捕人追捕罪人

6.27.387.(1)〔隔省地方官纵令劫夺盗犯及徇庇不解并捕役贿纵〕

6.27.387.(2)〔番役缉拿人犯稽不送官及私拷勒索得财纵放〕

6.27.387.(3)〔通缉脱逃要犯〕

6.27.387.(4)〔协缉逃逸命盗要犯〕

6.27.387.(5)〔协缉犯命盗重案脱逃之王公等之辛者库家人等〕

6.27.387.(6)〔五城司坊等官途次遇有凶徒不法拘执解讯〕

6.27.387.(7)〔正身番役私用白役及番役缉拿提拿人犯预给印票〕

6.27.387.(8)〔官役潜通信息致罪人逃避〕

6.27.387.(9)〔山东省兵役通盗及故纵〕

6.27.387.(10)〔州县广缉重犯滥给印票及差人雇倩代缉并借端勒索〕

6.27.387.(11)〔各省团练私拿逃军逃流并一切寻常案犯〕

6.27.388 罪人拒捕

6.27.388.(1)〔捕役误毙已获罪犯〕

6.27.388.(2)〔强盗拒捕杀伤官兵在旁目睹虽非下手者〕

6.27.388.(3)〔豫省南阳等属杀死捻匪及捻匪拒捕杀伤〕

6.27.388.(4)〔奸盗罪人拒伤应捉奸人及事主并他项罪人拒伤所捕人〕

6.27.388.(5)〔事发已经到官之犯被获及被获时有拒伤者〕

6.27.388.(6)〔围场内偷打牲口及伐木人拒捕及杀伤〕

6.27.388.(7)〔杀死放火及无故扰害凶徒并强奸未成各罪人〕

6.27.388.(8)〔罪人拒杀差役〕

6.27.388.(9)〔卑幼因奸盗图脱拒杀尊长尊属〕

6.27.388.(10)〔强奸未成罪人被本妇之子杀死〕

6.27.388.(11)〔本夫本妇及有服亲属并事主殴伤奸盗放火等项罪人〕

6.27.388.(12)〔擅杀奸盗及别项罪人案内余人〕

6.27.388.(13)〔贼犯自割发辫襟带图脱误伤事主捕人〕

6.27.388.(14)〔直隶一省抢窃案犯拒杀差役之案〕

6.27.388.(15)〔奸匪抢窃等犯拒捕火器伤人〕

6.27.388.(16)〔山东省捻匪幅匪杀伤事主兵役及被事主兵役杀死〕

6.27.389 狱囚脱监及反狱在逃

6.27.389.(1)〔各处监狱俱分建内外两处〕

6.27.389.(2)〔搜检夹带金刃及严禁取入砖石树木铜铁等物〕

6.27.389.(3)〔原拟斩决斩枭及拟斩免死发遣盗犯越狱并在途脱逃〕

6.27.389.(4)〔为越狱人犯通线剃头及毁字之人〕

6.27.389.(5)〔在监斩绞人犯强横不法及赌博〕

6.27.389.(6)〔斩绞重犯越狱脱逃管狱有狱官奏参〕

6.27.389.(7)〔自号牢头凌虐同囚〕

6.27.389.(8)〔罪囚结伙反狱持械杀伤及未伤人〕

6.27.389.(9)〔狱囚纠伙三人以上及仅止一二人并无伙谋潜行越狱脱逃〕

6.27.389.(10)〔疏脱在监凌迟斩绞重犯狱官革留协缉获非本案正犯〕

6.27.389.(11)〔疏脱在监凌迟斩绞重犯狱官革留立限协缉无获分别治罪〕

6.27.390 徒流人逃

6.27.390.(1)〔刨参遣犯脱逃被获〕

6.27.390.(2)〔行凶发与披甲人为奴人犯永禁来京〕

6.27.390.(3)〔保甲疏脱在配军流罪犯逾限不获及贿纵〕

6.27.390.(4)〔在川流民犯罪递籍复逃入川及失察容隐分别治罪〕

6.27.390.(5)〔解审重犯遣军流徒并递籍收管人犯漏批年貌及雇倩顶替〕

6.27.390.(6)〔徒犯中途脱逃被获〕

6.27.390.(7)〔军流人犯脱逃被获遇赦分别情节准否援赦〕

6.27.390.(8)〔遣犯脱逃分别有无不服管束行凶为匪拒捕治罪〕

6.27.390.(9)〔军流人犯逃回原籍容留及知情不首〕

6.27.390.(10)〔黔省查拿游匪递籍充徒复潜入黔及窝留失察〕

6.27.390.(11)〔疏脱军流徒犯主守押解人给限追捕〕

6.27.390.(12)〔严缉在配脱逃外遣及新疆改发重犯〕

6.27.390.(13)〔在京拟徒人犯分别由顺天府发配及解回追银定地发配〕

6.27.390.(14)〔回民因行窃窝窃发遣脱逃被获〕

6.27.390.(15)〔流罪人犯中途在配脱逃被获〕

6.27.390.(16)〔满流及免死减等流犯并军犯中途在配脱逃被获〕

6.27.390.(17)〔年老遣犯脱逃逾限不获开除停缉〕

6.27.390.(18)〔洋盗案内遣犯在配脱逃分别原犯情节及逃后有无行凶问拟〕

6.27.390.(19)〔充军常犯责令当差及累次脱逃分别治罪〕

6.27.390.(20)〔免死发遣新疆盗犯等项在配脱逃〕

6.27.390.(21)〔原犯实犯死罪免死减军人犯在配脱逃并逃后复有行凶为匪〕

6.27.390.(22)〔蒙古发内地驿站当差人犯在配脱逃〕

6.27.390.(23)〔由京递回复逃来京人犯及疏纵地方官治罪〕

6.27.390.(24)〔由京递籍人犯脱逃来京及滋事主守及容留人等分别治罪〕

6.27.390.(25)〔主守乡保疏脱遣军流徒各犯及房主人等容隐〕

6.27.390.(26)〔传习邪教人犯在配脱逃及逃后滋事或另犯重罪〕

6.27.390.(27)〔免死发遣盗犯脱逃〕

6.27.391 稽留囚徒

6.27.391.(1)〔外遣人犯患病留养及捏报失察〕

6.27.391.(2)〔隔省递籍人犯州县转递册报〕

6.27.391.(3)〔军犯及在逃军犯起解程限〕

6.27.391.(4)〔军流徒等犯假捏患病及逾限不行起解〕

6.27.391.(5)〔递解人犯中途因事截留〕

6.27.391.(6)〔距省窎远州县起解遣犯〕

6.27.392 主守不觉失囚

6.27.392.(1)〔看守人役疏脱枷号人犯〕

6.27.392.(2)〔违例滥派押解要犯员弁〕

6.27.392.(3)〔解役疏脱应拟斩绞重犯疏脱之犯案情未定者〕

6.27.392.(4)〔斩绞重犯解审中途脱逃〕

6.27.392.(5)〔解役疏脱故纵斩绞重犯佥差护解各官分别治罪〕

6.27.392.(6)〔发遣黑龙江等处人犯沿途官员不亲押解〕

6.27.392.(7)〔狱卒疏脱及贿纵监犯越狱〕

6.27.392.(8)〔解审军流徒犯役卒疏脱故纵及违例雇倩等〕

6.27.392.(9)〔兵役押解发遣新疆并寻常遣犯疏脱故纵及违例雇替等〕

6.27.392.(10)〔解审斩绞重犯解役疏脱故纵及违例雇替等〕

6.27.392.(11)〔兵役疏脱贿纵押解军流罪犯〕

6.27.392.(12)〔解审斩绞重犯解役违例雇替〕

6.27.393 知情藏匿罪人

6.27.393.(1)〔西山窑工犯窃赌开设锅伙毙命私埋及窑户匿纵并县丞失察故纵〕

6.27.394 盗贼捕限

6.27.394.(1)〔直隶各省审案定限及迟延察参〕

6.27.394.(2)〔承审命盗及钦部案件二参限期及接审委审分限〕

6.27.394.(3)〔承审土苗案件定限及拿解承缉人犯〕

6.27.394.(4)〔命盗杂案内行查展限及现获续获人犯分别扣限审结〕

6.27.394.(5)〔盗案审限及虚实未分展限〕

6.27.394.(6)〔黔省苗疆承审命盗案限〕

6.27.394.(7)〔查办命盗重案以监候待质迁延时日〕

6.27.394.(8)〔京城勒限缉拿要犯及寻常命盗并承追赃罚等项〕

6.27.394.(9)〔交界地方失事及窃匪等项窜入邻境关会协缉〕

6.27.394.(10)〔京城盗案勒限缉捕分别有无拿获议处〕

6.27.394.(11)〔隔省隔属关提人犯〕

6.27.394.(12)〔承缉盗案地方官假借捏报及贿盗狡供并兵役获犯给赏〕

6.27.394.(13)〔苗蛮地方失事缉凶〕

6.27.394.(14)〔捕役串通盗犯教供妄认〕

6.27.394.(15)〔邻县关提人犯〕

6.27.394.(16)〔京城缉捕窃贼勒限〕

6.27.394.(17)〔司道府厅提比捕役〕

6.27.394.(18)〔京城窃案坊官隐讳不报〕

6.27.394.(19)〔隔省关提人犯〕

6.27.394.(20)〔行文邻境缉拿强劫拒捕重犯〕

6.27.394.(21)〔盗案隔省关查口供展限〕

6.27.394.(22)〔京城命案凶犯勒限严缉〕

6.27.394.(23)〔京城遇有仇盗未明之案〕

6.27.394.(24)〔京城奴仆偷家长财物勒限比缉〕

6.27.394.(25)〔本身应缉及外省通缉遣犯册报及稽察〕

6.27.394.(26)〔协缉在逃命盗重犯〕

6.27.394.(27)〔严缉供出伙盗〕

6.27.394.(28)〔各省审办无关人命徒案逾限及册报〕

6.27.394.(29)〔卑幼擅杀期功尊长等案审限〕

6.28 断狱

6.28.395 囚应禁而不禁

6.28.395.(1)〔擅将轻罪人犯以大枷枷号及先责后枷并患病不保致毙〕

6.28.395.(2)〔侵挪钱粮分别散禁锁禁勒比监追

及在监自尽〕

6.28.395.(3)〔递籍人犯经过州县分别应否收监及不得先责后解〕

6.28.395.(4)〔解审军流以上人犯相距五十里外不及收监者〕

6.28.395.(5)〔关外解犯住居歇店领催乡约派夫帮同看守〕

6.28.395.(6)〔直省无监狱地方遇有解犯到境〕

6.28.395.(7)〔札萨克蒙古徒罪以上人犯解送监禁〕

6.28.396 故禁故勘平人

6.28.396.(1)〔将不应夹讯之人滥用夹棍及应夹之人因夹致死〕

6.28.396.(2)〔佐贰武弁衙门擅设夹棍拶指及司官未经呈准擅用〕

6.28.396.(3)〔重犯监禁轻犯交保候审不准另设名目私禁轻犯〕

6.28.396.(4)〔拷讯人犯致死及勒诈并受嘱故拷讯平人致死〕

6.28.396.(5)〔直省州县自理之案不得擅用夹讯〕

6.28.396.(6)〔任意私设非刑及滥拷无辜之人并凌虐人犯致毙〕

6.28.396.(7)〔轻罪及干连人证交保书差需索凌虐〕

6.28.397 淹　禁

6.28.397.(1)〔恩诏赦款内到后仍将应免人犯滥行监禁及有情罪可疑罪囚奏请违限〕

6.28.397.(2)〔各省审结叛案内应解部流徙人口家产违限〕

6.28.397.(3)〔府厅州县册报在监人犯巡道查核有无淹禁滥禁〕

6.28.398 凌虐罪囚

6.28.398.(1)〔凌虐程递及递解在途罪囚及受财故纵或杀害者〕

6.28.398.(2)〔狱官禁卒将轻罪滥用重锁重罪私用轻锁〕

6.28.398.(3)〔解役在途教唆人犯抢夺及病犯不行留养致有病故〕

6.28.398.(4)〔官员擅取病呈致死监犯〕

6.28.398.(5)〔狱内不许用匣床〕

6.28.398.(6)〔押解兵役驿夫及押解官奸污犯人妻女〕

6.28.398.(7)〔狱卒受贿嘱谋死本犯〕

6.28.398.(8)〔犯人出监查问有无狱卒人等凌虐需索〕

6.28.398.(9)〔徒罪以下人犯患病保外医治及捏病并保出故纵〕

6.28.398.(10)〔番役私拷取供〕

6.28.398.(11)〔斩绞监候及军流人犯薙发〕

6.28.398.(12)〔秋审解省人犯薙发〕

6.28.398.(13)〔刑部监犯患病沉危查验有无凌虐情事〕

6.28.398.(14)〔刑部监犯越狱并在狱滋事提牢官禁卒分别治罪〕

6.28.399 与囚金刃解脱

6.28.400 主守教囚反异

6.28.400.(1)〔书办皂隶及官员家仆人等擅自出入监所〕

6.28.400.(2)〔访拿刑部衙门外探听之徒〕

6.28.400.(3)〔擅入在京各问刑衙门〕

6.28.401 狱囚衣粮

6.28.401.(1)〔解部及递解外省犯人给与衣粮〕

6.28.401.(2)〔囚犯果有冤滥许管狱官据实申明〕

6.28.401.(3)〔牢狱禁繫囚徒应须洗涤设备给养各事〕

6.28.401.(4)〔刑狱选用医生年底稽考优劣〕

6.28.401.(5)〔私行扣克囚粮〕

6.28.401.(6)〔刑部南北两监板棚禁卒等私相租赁〕

6.28.401.(7)〔赤贫并无家属送饭羁禁枷号及待质等犯日给老米一升〕

6.28.401.(8)〔斩绞及军流遣犯俱着赭衣〕

6.28.401.(9)〔犯属入监探视〕

6.28.401.(10)〔禁卒及解役人等私行传递或代买

鸦片烟与犯人吸食者〕

6.28.402 功臣应禁亲人入视

6.28.403 死囚令人自杀

6.28.404 老幼不拷讯

6.28.405 鞫狱停囚待对

6.28.405.(1)〔校尉等有犯应提拿者〕

6.28.405.(2)〔钦部事件限期具题〕

6.28.405.(3)〔新任及署印督抚钦部等事件限内难以完结准分别展限者〕

6.28.405.(4)〔刑部行文八旗内务府五城顺天府提人限期查送〕

6.28.405.(5)〔邻境关提人犯展限〕

6.28.405.(6)〔参审提省审办限期具题〕

6.28.405.(7)〔盗案隔省关查口供及审限〕

6.28.405.(8)〔各省军流等犯督抚查核复讯〕

6.28.405.(9)〔刑部发城取保犯证〕

6.28.405.(10)〔在京衙门承审刑部现审事件及命盗应会三法司等案审限〕

6.28.406 依告状鞫狱

6.28.406.(1)〔鞫狱止将状内有名人犯审拟〕

6.28.407 原告人事毕不放回

6.28.407.(1)〔督抚应题案件内有诬枉及轻罪牵连人犯分别释放交保〕

6.28.407.(2)〔题奏案内拟杖笞人犯先行责释〕

6.28.408 狱囚诬指平人

6.28.409 官司出入人罪

6.28.409.(1)〔承审官改造口供故行出入及草率枉坐者〕

6.28.409.(2)〔承审官增减原供及按察使故为删改〕

6.28.409.(3)〔审办谋反谋叛之罪捏诬陷害妄议株连及籍产者〕

6.28.409.(4)〔州县承审逆伦罪关凌迟重案有故入失入〕

6.28.409.(5)〔知府直隶州讯出关系生死大案实情改拟得当〕

6.28.409.(6)〔凡驳饬改正之案刑部检查府州县原详据实核办〕

6.28.410 辩明冤枉

6.28.410.(1)〔法司明知冤枉不与辩理〕

6.28.410.(2)〔法司遇有重囚称冤许移三法司会问〕

6.28.410.(3)〔在外审理案件应照案犯籍贯批委该地方官审理〕

6.28.410.(4)〔会审重案并事涉两邑之案及承审错误另行委审〕

6.28.410.(5)〔命盗案件经该督抚臬司驳审者〕

6.28.410.(6)〔处决人犯临刑时呼冤〕

6.28.410.(7)〔在督抚司道及知府上控之件分别亲提及委审并刁徒捏款诬控等〕

6.28.411 有司决囚等第

6.28.411.(1)〔秋审并行文及正法各限期〕

6.28.411.(2)〔刑部现监重犯每年一次朝审〕

6.28.411.(3)〔各省每年题结斩绞重案〕

6.28.411.(4)〔印官公出处决重囚〕

6.28.411.(5)〔南郊北郊大祀之期在京立决重犯停刑〕

6.28.411.(6)〔秋审勾到各省本章及朝审案件分由各道御史及京畿道承办〕

6.28.411.(7)〔每年秋朝审御史与掌道与审〕

6.28.411.(8)〔各省官犯审结分别补疏题请〕

6.28.411.(9)〔各省秋审本揭及九卿会审刑部招册〕

6.28.411.(10)〔刑部奉特交事件分别奏结会题专题汇题〕

6.28.411.(11)〔秋审可矜人犯内情切天伦义激杀人者〕

6.28.411.(12)〔缌麻服属人犯停勾二次之后〕

6.28.411.(13)〔各省每年秋审臬司核办招册〕

6.28.411.(14)〔秋审人犯分别应否解审〕

6.28.411.(15)〔秋审人犯径解臬司〕

6.28.411.(16)〔直省委员押解秋审人犯止令逐程交替〕

6.28.411.(17)〔各省奉到立决人犯部文遇停刑期案存臬署〕

6.28.411.(18)〔审办逆伦重案分别距省远近于犯

地及省垣正法并枭示〕

6.28.411.(19)〔在京应行立决人犯正值祈祷雨雪停刑〕

6.28.411.(20)〔距京路远各省应入秋审案件移行道府预行复审〕

6.28.411.(21)〔各省官犯定案收禁及勾到行刑〕

6.28.411.(22)〔刑部核复各省审题案件〕

6.28.411.(23)〔祖父母父母因子孙触犯呈送发遣〕

6.28.411.(24)〔云南处决重囚印官公出又无同城佐贰准由吏目等官监决〕

6.28.411.(25)〔秋审朝审勾决榜揭示众〕

6.28.411.(26)〔凶盗逆犯干涉军机应立决及刑鞫者〕

6.28.411.(27)〔勾决人犯绑出之日步军派员护送〕

6.28.411.(28)〔秋朝审情实官常犯十次未勾改入缓决〕

6.28.411.(29)〔直省处决重囚其州县近而道府远者〕

6.28.411.(30)〔五城及顺天府遇有应行递解之匪类凶顽及疯病等项人犯〕

6.28.411.(31)〔库尔哈喇乌苏命盗等案〕

6.28.411.(32)〔大宛两县秋审勾决及应斩绞重犯〕

6.28.411.(33)〔外省有关人命徒犯均照军流人犯解司审转〕

6.28.411.(34)〔滇省离省窎远各属秋审人犯免其解者〕

6.28.411.(35)〔秋朝审处决重囚及一应立决人犯冬至夏至停刑〕

6.28.411.(36)〔抢窃计赃问拟军流各犯毋庸转解司道勘转〕

6.28.411.(37)〔擅杀问拟绞候秋审缓决之犯分别准否减等〕

6.28.411.(38)〔奉天省办理旗民事件无分满汉由所属州县审理〕

6.28.411.(39)〔绿营革兵有犯加等治罪〕

6.28.411.(40)〔扈驾官员之跟随仆役在途殴毙人命等案〕

6.28.411.(41)〔盛京刑部审题案件经部驳回复审〕

6.28.411.(42)〔各省秋审斩决重犯发回州县监禁待决〕

6.28.411.(43)〔招解逆匪凶盗罪应斩枭立决人犯到省留禁待决〕

6.28.411.(44)〔发遣新疆黑龙江为奴遣犯到配俱不决杖〕

6.28.411.(45)〔各省驻防旗人犯该斩绞者即在理事同知衙门收禁〕

6.28.411.(46)〔解送秋审人犯州县相距七十里以外不及收禁者〕

6.28.411.(47)〔秋审情实罪干服制官犯常犯免勾后请旨缓决〕

6.28.411.(48)〔命盗案内由死罪减为军流者专本具题〕

6.28.411.(49)〔戏误杀及窝赃满贯问拟绞候缓决犯秋朝审一次减等〕

6.28.411.(50)〔湖南省凤凰乾州永绥三厅命盗案犯由厅径解臬司审转〕

6.28.411.(51)〔五城及步军统领衙门审理案件分别案情自结及送部审办〕

6.28.411.(52)〔贵州普安州命盗重案径解臬司〕

6.28.411.(53)〔秋审官犯法部年终汇单具奏〕

6.28.411.(54)〔山东省凡有赌博奸拐等案在地窖内破获者〕

6.28.411.(55)〔广西东兰州属等距州县城过远地方分驻州同等官代勘盗案〕

6.28.411.(56)〔秋审查办留养承祀之案〕

6.28.411.(57)〔距省窎远之府州所属秋审人犯均免解省〕

6.28.411.(58)〔距省窎远厅州县寻常军流徒及命案拟徒人犯毋庸解省〕

6.28.411.(59)〔应拟斩绞人犯染患重病及监故督抚限期派验及题报〕

6.28.411.(60)〔罪应凌迟斩枭斩决等案分别题奏〕

6.28.411.(61)〔滇省审办结盟扰害匪徒罪应遣流

人犯毋庸解省〕

6.28.412 检验尸伤不以实

6.28.412.(1)〔遇告讼人命之检验〕

6.28.412.(2)〔自缢溺水身死别无他故准告免检〕

6.28.412.(3)〔人命重案检验尸伤勿得违例三检〕

6.28.412.(4)〔外省驻防旗人命案之相验〕

6.28.412.(5)〔地方印官验尸扰累差役需索尸亲捏诬及刁徒藉命打抢等〕

6.28.412.(6)〔人命案件印官公出邻邑印官代往及派委本城佐贰相验〕

6.28.412.(7)〔自尽命案尸亲远居别属一时不能到案〕

6.28.412.(8)〔检验量伤照工部颁发工程制尺〕

6.28.412.(9)〔京师旗人命案之相验〕

6.28.412.(10)〔黔蜀等省命案府州县印官公出同城并无佐贰准令杂职相验〕

6.28.412.(11)〔各省州县命案印官公出同城并无佐贰而邻封窎远由吏目典目验伤〕

6.28.412.(12)〔五城遇有金刃自戕投井投缳等命案转报刑部核复审结〕

6.28.412.(13)〔归化城各协厅相验命案〕

6.28.412.(14)〔州县额设仵作及考试工食并奖惩之法〕

6.28.412.(15)〔在京五城司坊每城各添设额外学习仵作〕

6.28.412.(16)〔黔省命案如逢盛暑印官公出邻封窎远准代验之杂职等官取立伤单〕

6.28.412.(17)〔吏役有犯命案别属吏仵验办〕

6.28.412.(18)〔京师五城平日案件坌集准委副指挥及吏目代验〕

6.28.412.(19)〔广西东兰州属距州县城过远地方命案该处分驻州同等官代验〕

6.28.412.(20)〔奉天省昌阁岫岩凤凰城距厅三百里外命案准照磨等官代验〕

6.28.412.(21)〔差役看押人犯身死及差役秘押毙命私埋并凶徒毙人私埋之开检〕

6.28.413 决罚不如法

6.28.414 长官使人有犯

6.28.415 断罪引律令

6.28.415.(1)〔问官更引重例及以情罪可恶字样坐人罪者〕

6.28.415.(2)〔非实在光棍者不得一概照光棍例定拟〕

6.28.415.(3)〔未经通行著为定例成案严禁混行牵引〕

6.28.416 狱囚取服辩

6.28.417 赦前断罪不当

6.28.417.(1)〔特差恤刑有审豁者原问官俱不追究〕

6.28.417.(2)〔承审官错拟罪名遇赦免议〕

6.28.417.(3)〔督抚承问叩阍事件轻罪与赦款相符即行释放〕

6.28.417.(4)〔奉恩诏以前直省亏空已结各案分别释回着追〕

6.28.417.(5)〔原非侵盗入己照侵盗拟罪等犯遇恩赦豁免查明奏请定夺〕

6.28.418 闻有恩赦而故犯

6.28.419 徒囚不应役

6.28.420 妇人犯罪

6.28.420.(1)〔未产拷决不堕胎及产限未满拷决不致死者〕

6.28.420.(2)〔妇女除犯奸盗人命禁止提审〕

6.28.420.(3)〔妇女非实犯死罪不得羁禁〕

6.28.420.(4)〔拟徒收赎妇女毋庸解审〕

6.28.420.(5)〔律应凌迟斩决犯妇怀孕者产后限满分别审鞫审解或行刑〕

6.28.420.(6)〔斩绞监候妇女秋审解勘及应停其解审者〕

6.28.420.(7)〔妇女犯斩枭者免其枭示〕

6.28.421 死囚复奏待报

6.28.421.(1)〔直省决过人犯分别专题汇奏〕

6.28.421.(2)〔庆贺穿朝服祭享斋戒封印并上元等节不理刑名〕

6.28.421.(3)〔勾决重囚简去二复〕

《比引律条》全目

B.1〔僧道徒弟与师共犯罪〕
B.2〔强窃盗犯捕役带同投首〕
B.3〔发卖猪羊肉灌水及米麦等插和沙土〕
B.4〔男女定婚未曾过门私下通奸〕
B.5〔打破信牌〕
B.6〔运粮一半在逃〕
B.7〔既聘未娶子孙之妇骂舅姑〕
B.8〔遗失京城门锁钥〕
B.9〔妻之子打庶母伤者〕
B.10〔杀义子〕
B.11〔考职贡监生假冒顶替〕
B.12〔奸义子妇〕
B.13〔奸乞养子妇〕
B.14〔奸义妹〕
B.15〔奸妻之亲生母〕
B.16〔奸义女〕
B.17〔偷盗所挂犯人首级丢弃水中〕
B.18〔夫弃妻之尸〕
B.19〔兄调戏弟妇〕
B.20〔拖累平人致死〕
B.21〔官吏打死监候犯人〕
B.22〔弓兵奸职官妻〕
B.23〔伴当奸舍人妻〕
B.24〔奴婢诽谤家长〕
B.25〔奴婢放火烧主房屋〕
B.26〔弃毁祖宗神主〕
B.27〔义子骂义父母〕
B.28〔骂亲王〕
B.29〔义子奸义母〕
B.30〔谋杀义父之期服兄弟〕

《督捕则例》全目

D.1 另户旗人逃走
D.2 窝逃及邻佑人等分别治罪
D.3 另户人不刺字
D.4 十日内拿获不刺字
D.5 逃人自回自首
D.6 同逃先回
D.7 携带同逃
D.8 亲属首逃
D.9 各主逃人前后通算次数
D.10 逃人另犯他罪
D.11 赦后逃人
D.12 外省驻防属下人逃
D.13 公主属下人逃
D.14 逃人起除刺字
D.15 逃人不实供伊主住址
D.16 私拿逃人
D.17 旗人私出境外
D.18 旗人出境索诈行私
D.19 旗人告假领票
D.20 逃人外娶之妻所生子女
D.21 逃人外生之女
D.22 已卖逃人外娶妻所生子女
D.23 奉天府江宁等处旗下逃人
D.24 卖身行诈
D.25 借逃行诈
D.26 地方官唆逃行诈
D.27 首告逃人
D.28 投递逃牌
D.29 呈报逃人
D.30 遗漏逃牌
D.31 谎递逃牌
D.32 谎报逃人携带兵器
D.33 行提逃人带逃财物
D.34 逃人告提妻子
D.35 旗人契买民人
D.36 保卖旗人
D.37 谎开籍贯卖身
D.38 冒称逃人
D.39 派往驻防满洲兵丁临行及中途脱逃
D.40 察哈尔蒙古并厄鲁特逃走分别治罪
D.41 白契所买之人逃走
D.42 八旗家人逃走分别次数治罪
D.43 开除丁粮
D.44 断出为民纳粮当差
D.45 拿获逃人地方官记功
D.46 无主认领之逃人计算次数
D.47 逃犯已故免提妻子
D.48 逃人无主认领
D.49 旗人所买蒙古人逃
D.50 口外逃人娶妻
D.51 外省驻防逃人
D.52 外省获逃会审
D.53 末家断作窝家
D.54 移住窝逃
D.55 驻防窝带逃人
D.56 盛京等处并各边口严查逃人
D.57 口外逃人交扎萨克查拿
D.58 游牧处所窝隐逃人
D.59 宁古塔水手等役窝逃
D.60 边外屯庄窝逃
D.61 营伍窝逃
D.62 运粮等船窝逃
D.63 军船商船窝逃
D.64 官员赴任后家人窝逃
D.65 僧道窝逃
D.66 笃疾废疾收赎

D.67 老幼收赎
D.68 妇人窝逃
D.69 逃人原娶之妻
D.70 出首逃人
D.71 雇觅逃人佣工
D.72 将房地卖与逃人
D.73 文武官员窝逃
D.74 窝家出首逃人妻子
D.75 奉天锦州民并流徙人窝逃
D.76 行提定限
D.77 逃人在空地盖房居住
D.78 逃人居住未过例限
D.79 妄扳窝家
D.80 行提窝家
D.81 解送逃人
D.82 逃人中途患病
D.83 同解逃人一人患病
D.84 解役雇倩代解
D.85 递解逃人逾限
D.86 买逃邀功
D.87 领催兵丁疏脱逃人
D.88 徒流留养
D.89 解役疏脱逃人
D.90 热审减等
D.91 误行刺字
D.92 解役逗遛
D.93 解役伙逃抢夺
D.94 地方官拿解良民
D.95 监禁迟滞
D.96 文武官员功过
D.97 总督府尹不议功过
D.98 上司议叙
D.99 拿获逃人解送册籍
D.100 拿获带逃幼小子女
D.101 在京旗人逃后行窃
D.102 马兰泰宁等处兵丁逃回
D.103 黑龙江三姓等处改发之旗人逃走
D.104 官庄壮丁脱逃
D.105 八旗逃人通行呈报
D.106 伊犁等处卡伦缉捕逃人不力
D.107 厄鲁特回子逃走